VINÍCIUS MENDONÇA

20
24

CURSO DE DIREITO DO SEGURO E RESSEGURO

Dados Internacionais de Catalogação na Publicação (CIP) de acordo com ISBD

M539c Mendonça, Vinícius

Curso de Direito do Seguro e Resseguro / Vinícius Mendonça. - Indaiatuba, SP : Editora Foco, 2024.

592 p. ; 17cm x 24cm.

Inclui índice e bibliografia.

ISBN: 978-65-5515-930-1

1. Direito. 2. Direito Comercial. 3. Direito do Seguro e Resseguro. I. Título.

2023-2627　　　　　　　　　　　　　　　　　　　　　　　　　CDD 346.07　　CDU 347.7

Elaborado por Vagner Rodolfo da Silva - CRB-8/9410

Índices para Catálogo Sistemático:

1. Direito Comercial 346.07
2. Direito Comercial 347.7

VINÍCIUS MENDONÇA

CURSO DE DIREITO DO SEGURO E RESSEGURO

2024 © Editora Foco

Autor: Vinícius Mendonça
Diretor Acadêmico: Leonardo Pereira
Editor: Roberta Densa
Assistente Editorial: Paula Morishita
Revisora Sênior: Georgia Renata Dias
Capa Criação: Leonardo Hermano
Diagramação: Ladislau Lima e Aparecida Lima
Impressão miolo e capa: FORMA CERTA

DIREITOS AUTORAIS: É proibida a reprodução parcial ou total desta publicação, por qualquer forma ou meio, sem a prévia autorização da Editora FOCO, com exceção do teor das questões de concursos públicos que, por serem atos oficiais, não são protegidas como Direitos Autorais, na forma do Artigo 8º, IV, da Lei 9.610/1998. Referida vedação se estende às características gráficas da obra e sua editoração. A punição para a violação dos Direitos Autorais é crime previsto no Artigo 184 do Código Penal e as sanções civis às violações dos Direitos Autorais estão previstas nos Artigos 101 a 110 da Lei 9.610/1998. Os comentários das questões são de responsabilidade dos autores.

NOTAS DA EDITORA:

Atualizações e erratas: A presente obra é vendida como está, atualizada até a data do seu fechamento, informação que consta na página II do livro. Havendo a publicação de legislação de suma relevância, a editora, de forma discricionária, se empenhará em disponibilizar atualização futura.

Erratas: A Editora se compromete a disponibilizar no site www.editorafoco.com.br, na seção Atualizações, eventuais erratas por razões de erros técnicos ou de conteúdo. Solicitamos, outrossim, que o leitor faça a gentileza de colaborar com a perfeição da obra, comunicando eventual erro encontrado por meio de mensagem para contato@editorafoco.com.br. O acesso será disponibilizado durante a vigência da edição da obra.

Impresso no Brasil (10.2023) – Data de Fechamento (10.2023)

2024

Todos os direitos reservados à
Editora Foco Jurídico Ltda.
Rua Antonio Brunetti, 593 – Jd. Morada do Sol
CEP 13348-533 – Indaiatuba – SP

E-mail: contato@editorafoco.com.br
www.editorafoco.com.br

Aos meus pais, pelo carinho e pelo incentivo; e, a minha avó, cuja lembrança viverá sempre em nossos corações (*in memoriam*).

A todos os profissionais do mercado de seguros e resseguros comprometidos com a criação de soluções inovadoras para a mitigação de riscos em prol da humanidade.

PREFÁCIO

Foi com grande prazer que recebi o convite do advogado, professor e mestre em Direito Comercial Vinícius de Carvalho Pires Mendonça para prefaciar seu mais novo trabalho acadêmico.

Trata-se de obra que vem preencher um espaço importante do mercado editorial por apresentar de forma didática os principais tópicos da disciplina de Direito do Seguro e Resseguro com vistas à sua aplicação nos cursos de graduação e pós-graduação.

Ao apresentar de forma sistemática os principais fundamentos do Direito do Seguro e Resseguro, a obra propicia ao leitor a compreensão da matéria como um todo unitário em razão da sua abordagem como um microssistema jurídico, formado por princípios e objetivos específicos a serem observados para sua aplicação jurídica adequada.

Mas o mérito da obra não se limita a apresentar uma abordagem tradicional da matéria sob a ótica jurídica. Ela vai ainda mais longe, ao tratar o seguro e o resseguro sob uma perspectiva multidisciplinar, com a apresentação dos fundamentos técnicos essenciais para a compreensão da atividade empresarial desenvolvida pelas seguradoras e resseguradoras.

Trata-se de obra perfeitamente alinhada aos mais avançados estudos do Direito produzidos no âmbito internacional por destacar a necessidade de que as intervenções estatais realizadas no mercado segurador e ressegurador sejam previamente ponderadas em face dos custos econômicos gerados para a estrutura solvencial do sistema de contribuições financiado pela mutualidade.

Diante do seu conhecimento a respeito dos fundamentos do mercado, o autor em várias oportunidades não se furta de apresentar o seu posicionamento pessoal a respeito de questões jurídicas relevantes com vistas a possibilitar, do ponto de vista prudencial, o funcionamento ótimo dos produtos securitários e ressecuritários.

A louvável dedicação acadêmica do autor à matéria, com formação e produção científica na área, encontra-se evidenciada pela escolha dos tópicos a serem abordados no programa de estudo delineado.

Primeiramente, apresenta uma estruturação dos pressupostos didático-científicos da disciplina de Direito do Seguro e Resseguro e oferece ao leitor uma detalhada viagem ao tempo com o objetivo de apresentar o percurso histórico do desenvolvimento do seguro e do resseguro no mundo e no Brasil.

Em sequência, apresenta as informações relacionadas à estruturação dos mercados de seguros e resseguros e os aspectos pertinentes às diferentes políticas regulatórias adotadas pelos países mais desenvolvidos com o objetivo de contribuir para a ampliação da visão do Direito comparado a respeito da matéria.

Em relação aos pressupostos de desenvolvimento da atividade, o autor aborda os requisitos mínimos referentes à estruturação dos programas de governança corporativa, gerenciamento de riscos, conformidade legal e de capital regulatório exigidos pela SU-SEP e pela ANS para garantia da integridade técnico-financeira dos agentes econômicos com operações no País.

A obra também apresenta, de maneira atual, os aspectos relacionados ao impacto das novas tecnologias digitais no mercado de seguros e nos produtos ofertados no mercado, analisando os benefícios que podem ser gerados tanto para os segurados quanto para os demais envolvidos na cadeia produtiva do mercado segurador e ressegurador, inclusive, sob a ótica de utilização do *sandbox* regulatório.

Nos tópicos voltados para a análise dos seguros de danos e de pessoas, analisa os principais pontos debatidos no âmbito do Direito do Seguro, possibilitando ao leitor o conhecimento das discussões jurídicas mais atuais e relevantes existentes nos tribunais brasileiros sobre a matéria.

O autor também aborda de maneira abrangente questões importantes do resseguro e seus aspectos jurídicos, um contrato baseado nos usos e costumes internacionais e de considerável relevância técnica para a manutenção do funcionamento financeiramente sadio das sociedades seguradoras em razão da sua grande capacidade de pulverização de riscos em nível regional e global.

A obra apresenta ainda os temas relacionados ao direito processual envolvendo litígios securitários e ressecuritários e destaca a importância da uniformização dos precedentes judiciais com vistas ao tratamento sistemático das soluções jurídicas aplicadas à matéria, bem como da adoção dos métodos alternativos de solução de controvérsias visando à promoção de soluções jurídicas mais céleres e técnicas.

Por fim, a obra aborda um tema de alta relevância jurídica referente aos procedimentos de direção fiscal, intervenção e liquidação extrajudicial instaurados pela SUSEP e pela ANS, aos quais poucos doutrinadores dão atenção, embora seja assunto de extrema importância e fonte de discussões jurídicas relevantes.

Com base nesta breve apresentação, é possível constatar os méritos do autor por abordar temas essenciais para o estudo da disciplina de Direito do Seguro e Resseguro, demonstrando o riquíssimo campo científico propiciado pela matéria aos profissionais que se disponham a se dedicar de maneira aprofundada a este tema.

É sem sombra de dúvida uma obra que se tornará referência na sua área de atuação para estudantes e profissionais que pretendam exercer atividade no mercado de seguros e de resseguros, propiciando, de maneira panorâmica, o conhecimento de tópicos fundamentais da teoria e da prática securitária e ressecuritária.

Em conclusão, uma obra que chega a nós em momento muito especial e oportuno, onde a sensibilidade ao risco e, por conseguinte, a relevância do seguro e resseguro para a sociedade como um todo, chegam a patamares nunca antes vistos.

Marcelo Mansur Haddad

Doutor em Direito Internacional pela Universidade de São Paulo – USP.
Professor de Direito da Fundação Getulio Vargas.
Advogado.

SUMÁRIO

PREFÁCIO VII

INTRODUÇÃO 1

PARTE I
FUNDAMENTOS DE DIREITO DO SEGURO

1. DIREITO DO SEGURO 7

    1.1   Denominação.. 7

    1.2   Autonomia didática 8

    1.3   Objeto 10

    1.4   Topologia... 11

    1.5   Fontes.. 12

    1.6   Subdivisões.. 13

2. HISTÓRIA DO SEGURO 17

    2.1   História e desenvolvimento do seguro no mundo.................................... 17

          2.1.1   Seguro na Idade Antiga... 17

          2.1.2   Seguro na Idade Média 21

          2.1.3   Seguro na Idade Moderna 22

          2.1.4   Seguro na Idade Contemporânea 25

    2.2   História e desenvolvimento do seguro no Brasil...................................... 28

          2.2.1   Início da atividade seguradora 29

          2.2.2   Nacionalização da atividade seguradora 32

          2.2.3   Modernização do mercado de seguros brasileiro......................... 33

3. MERCADO SEGURADOR MUNDIAL 37

    3.1   Tipos e características... 37

    3.2   Dados estatísticos.. 38

    3.3   Atividade seguradora e sistemas de regulação 39

          3.3.1   Estados Unidos da América 40

          3.3.2   Reino Unido 41

	3.3.3	Portugal	43
	3.3.4	Espanha	44
	3.3.5	França	44
	3.3.6	Alemanha	45
	3.3.7	Itália	46
	3.3.8	União Europeia	47
	3.3.9	Mercosul	49

4. MERCADO SEGURADOR BRASILEIRO 51

4.1 Dados estatísticos 51

4.2 Política Nacional de Seguros 52

4.3 Sistema Nacional de Seguros Privados 55

    4.3.1 Conselho Nacional de Seguros Privados – CNSP 55

    4.3.2 Superintendência de Seguros Privados – SUSEP 57

    4.3.3 Supervisão dos mercados correlacionados 58

        4.3.3.1 Mercado de previdência complementar aberta e de capitalização 59

        4.3.3.2 Mercado de seguros e planos de saúde privados 60

        4.3.3.3 Supervisores indiretos 62

    4.3.4 Resseguradores 63

    4.3.5 Sociedades seguradoras 63

    4.3.6 Corretores 63

    4.3.7 Entidades auxiliares do mercado segurador 65

4.4 Atividade seguradora: governança corporativa, risco e *compliance* 66

    4.4.1 Requisitos da atividade seguradora 67

        4.4.1.1 Requisitos de governança, constituição e funcionamento 68

        4.4.1.2 Requisitos técnicos atuariais 71

        4.4.1.3 Requisitos de conformidade legal 78

        4.4.1.4 Requisitos de preservação de dados pessoais 79

    4.4.2 *Insurtechs*: características, regulação e *sandbox* 82

        4.4.2.1 *Startups* 82

        4.4.2.2 *Insurtechs* 83

        4.4.2.3 Regulação e *sandbox* 85

    4.4.3 Processos administrativos 87

        4.4.3.1 Processos administrativos sancionadores 87

        4.4.3.2 Termos de ajustamento de conduta – TAC's 89

5. ANÁLISE ECONÔMICA DO DIREITO DO SEGURO 91

5.1   Direito e Economia 91

5.2   Postulados da AED aplicados ao seguro 93

     5.2.1   Escassez de recursos 93

     5.2.2   Maximização racional 93

     5.2.3   Equilíbrio 94

     5.2.4   Incentivos 94

     5.2.5   Eficiência 95

5.3   Custos transacionais e equilíbrio econômico-contratual 96

5.4   Teoria de incentivos comportamentais aplicada aos seguros 99

6. REGIME JURÍDICO DO CONTRATO DE SEGURO 103

6.1   Definições do contrato de seguro no mundo 103

     6.1.1   Inglaterra 103

     6.1.2   Estados Unidos da América 111

     6.1.3   Portugal 112

     6.1.4   Espanha 112

     6.1.5   França 112

     6.1.6   Alemanha 113

     6.1.7   Itália 114

     6.1.8   União Europeia 114

6.2   Definição do contrato de seguro no Brasil 114

     6.2.1   Natureza da obrigação 115

     6.2.2   Unidade conceitual 116

6.3   Princípios securitários 118

     6.3.1   Princípio da mutualidade 118

     6.3.2   Princípio da pulverização dos riscos 119

     6.3.3   Princípio da máxima boa-fé 120

     6.3.4   Princípio da cooperação 120

     6.3.5   Princípio da transparência 121

     6.3.6   Princípio da proibição de agravamento do risco 121

     6.3.7   Princípio da mitigação dos danos sofridos 122

     6.3.8   Princípio indenitário 122

     6.3.9   Princípio da equivalência entre o prêmio e o risco 123

     6.3.10   Princípio da transindividualização de interesses 123

6.4	Formação contratual – aspectos gerais		124
	6.4.1	Objeto	124
	6.4.2	Partes	125
	6.4.3	Requisitos	126
		6.4.3.1 Interesse segurável	126
		6.4.3.2 Risco	126
		6.4.3.3 Prêmio	128
		6.4.3.4 Garantia	129
		6.4.3.5 Empresarialidade	129
	6.4.4	Características	130
		6.4.4.1 Contrato típico	130
		6.4.4.2 Contrato bilateral-sinalagmático	130
		6.4.4.3 Contrato oneroso	131
		6.4.4.4 Contrato aleatório *versus* comutativo	131
		6.4.4.5 Contrato consensual *versus* formal	132
		6.4.4.6 Contrato de execução continuada	132
		6.4.4.7 Contrato de adesão *versus* paritário	132
		6.4.4.8 Contrato principal	133
		6.4.4.9 Contrato *intuitu personae*	133
6.5	Regras de interpretação		134
	6.5.1	Interpretação restritiva	134
	6.5.2	Interpretação em favor do aderente	135
6.6	Cláusulas de limitação e de exclusão de riscos		137
	6.6.1	Eventos extraordinários excluídos das coberturas comuns	138
	6.6.2	Epidemias e pandemias	139
6.7	Instrumentos		144
	6.7.1	Proposta	144
	6.7.2	Apólice	146
	6.7.3	Condições gerais	147
	6.7.4	Bilhete de seguro	148
	6.7.5	Certificado e nota de cobertura	148
	6.7.6	Outros anexos	148
6.8	Modalidades de seguros		149
	6.8.1	Seguro quanto à natureza social ou privada	149
	6.8.2	Seguro quanto à natureza facultativa ou obrigatória	150

6.8.3	Seguro quanto à natureza de danos ou de pessoas	150
6.8.4	Seguro à base de ocorrências ou de reclamações	151
6.8.5	Seguros compreensivos	151
6.8.6	Cosseguro	151
6.8.7	Resseguro	152
6.8.8	Retrocessão	152
6.8.9	Do seguro no país e no exterior	153
6.9	Liquidação do sinistro	154
6.9.1	Definição	154
6.9.2	Normas gerais	154
6.9.3	Instrumentos técnicos	155
6.10	Extinção contratual	155
6.10.1	Resilição unilateral ou bilateral	155
6.10.2	Resolução	156
6.10.3	Rescisão	156
6.10.4	Utilização total da importância segurada	156
6.10.5	Expiração do prazo de vigência	157
6.11	Prescrição	157
7. SEGURO ELETRÔNICO		161
7.1	Definição	161
7.2	Mercados de seguros digitais	162
7.3	Modalidades	163
7.3.1	Seguro eletrônico interpessoal	163
7.3.2	Seguro eletrônico interativo	163
7.3.3	Seguro eletrônico intersistêmico	164
7.3.4	Seguro eletrônico inteligente	165
7.4	Requisitos de segurança	166
7.4.1	Autenticidade e não repúdio	167
7.4.2	Confidencialidade	167
7.4.3	Integridade	167
7.4.4	Disponibilidade	167
7.5	Princípios contratuais eletrônicos	168
7.5.1	Princípio da equivalência funcional	168
7.5.2	Princípio da neutralidade tecnológica	168

7.5.3	Princípio da não diferenciação dos meios eletrônicos		169
7.5.4	Princípio da aplicação paritária das normas jurídicas		169
7.6	Normas para a contratação de seguros por meios eletrônicos		169
7.6.1	Lei do Marco Civil da Internet		169
7.6.2	Regulamento do Comércio Eletrônico		174
7.6.3	Normas para Contratação de Seguros por Meios Remotos		174
	7.6.3.1	Conceitos operacionais	175
	7.6.3.2	Requisitos de segurança informacional das operações eletrônicas	175
	7.6.3.3	Proposta e apólice de seguro eletrônicas	176
	7.6.3.4	Protocolos de solicitações do segurado	176
	7.6.3.5	Boletos de pagamento e informações sobre a cobertura	176
7.6.4	Normas internacionais sobre Comércio Eletrônico		177

8. SEGURO DE DANOS 179

8.1	Definição		179
8.2	Modalidades de seguros de danos		179
8.2.1	Seguro de automóvel		179
8.2.2	Seguro de responsabilidade civil		180
8.2.3	Seguro habitacional		180
8.2.4	Seguro de transportes		181
8.2.5	Seguro empresarial		181
8.2.6	Seguro ambiental		181
8.2.7	Seguro de engenharia		182
8.2.8	Seguro de diretores e administradores		182
8.2.9	Seguro de riscos cibernéticos		182
8.2.10	Seguro de crédito à exportação		182
8.2.11	Seguro garantia		183
8.2.12	Seguro rural		183
8.3	Direitos do segurado		183
8.3.1	Direito à informação sobre o seguro contratado		183
8.3.2	Direito à prestação da garantia securitária		184
8.3.3	Direito à redução do prêmio em caso de alteração considerável do risco		185
8.3.4	Direito ao reembolso das despesas feitas em favor do segurador		185
8.3.5	Direito a suscitar uma única recondução tácita		186
8.4	Obrigações do segurado		186

8.4.1	Obrigação de pagar o prêmio	187
8.4.2	Obrigação de proceder com boa-fé	187
8.4.3	Obrigação de comunicar a alteração do risco	189
8.4.4	Obrigação de comunicar o sinistro	189
8.4.5	Obrigação de evitar o agravamento do risco	190
8.4.6	Obrigação de colaborar com o segurador na liquidação do sinistro	190
8.5	Direitos do segurador	191
8.5.1	Direito de exigir o prêmio	191
8.5.2	Direito a suspender a garantia em caso de inadimplemento do segurado	191
8.5.3	Direito a suspender a garantia em caso de alteração considerável do risco	192
8.5.4	Direito a suspender e a rescindir o contrato em caso de dolo do segurado	192
8.5.5	Direito a reajustar o prêmio em caso de majoração do risco	192
8.5.6	Direito a garantir apenas os riscos predeterminados	193
8.5.7	Direito a opor as defesas cabíveis em face do representante e do estipulante	193
8.5.8	Direito à sub-rogação	194
8.6	Obrigações do segurador	194
8.6.1	Obrigação de garantir um legítimo interesse segurável	194
8.6.2	Obrigação de informar sobre o seguro contratado e alterações posteriores	195
8.6.3	Obrigação de atualizar o pagamento feito em atraso que tenha dado causa	195
8.6.4	Obrigação de pagar em dobro o prêmio de risco que sabe passado	196
8.6.5	Obrigação de pagar em dinheiro	196
8.6.6	Obrigação de preservar as bases técnicas do seguro	196
8.6.7	Obrigação de tomar as medidas para mitigar os efeitos gravosos do risco	197
8.6.8	Obrigação de defender o instituto do seguro da fraude	197
8.6.9	Outras obrigações do segurador	198
9. SEGURO DE AUTOMÓVEL		**199**
9.1	Definição	199
9.2	Evolução histórica	199
9.3	Mercado de seguro de automóvel	200
9.3.1	Modalidade compreensiva	201
9.3.2	Seguro de automóvel por valor determinado	201
9.3.3	Seguro de automóvel por valor de mercado	201

9.3.4	Cobertura de vigência longa, curta ou intermitente	202
9.3.5	As formas de adimplemento do objeto segurado	203
9.4	Modalidades conjugadas e acessórias	204
9.4.1	Seguro de automóvel com responsabilidade civil facultativa	204
9.4.2	Seguro de automóvel com garantia de acidentes pessoais a passageiros....	204
9.4.3	Garantias acessórias	204
9.5	Seguro DPVAT	205
9.5.1	Gestão	205
9.5.2	Coberturas	206
9.5.3	Ação direta da vítima e súmulas do STJ	208
9.6	Liquidação do sinistro	209
9.6.1	Definição	209
9.6.2	Aviso de sinistro	210
9.6.3	Constatação dos danos	210
9.6.4	Franquia	211
9.7	Temas especiais	211
9.7.1	Cláusula perfil do segurado	212
9.7.2	Seguro de responsabilidade civil facultativa	213
9.7.3	Embriaguez do condutor do veículo	215
9.7.4	O futuro do seguro de automóvel: veículos autônomos	218

10. SEGURO DE PESSOAS		223
10.1	Definição	223
10.2	Evolução histórica	223
10.3	Modalidades	225
10.3.1	Seguro de vida	225
10.3.1.1	Seguro de vida por morte	225
10.3.1.2	Seguro de vida por sobrevivência	225
10.3.1.3	Modalidades conjugadas	226
10.3.1.4	Seguros de vida individual e em grupo	227
10.3.1.5	Estipulante	227
10.3.1.6	Forma de adimplemento do objeto segurado	228
10.3.2	Seguro de acidentes pessoais	229
10.3.3	Seguro prestamista	229
10.3.4	Seguro-viagem	230
10.3.5	Seguro educacional	230

10.4 Direitos do segurado... 231

  10.4.1 Direito de estipular o capital segurado e de contratar mais de um seguro 231

  10.4.2 Direito de indicação do beneficiário do seguro 232

  10.4.3 Direito de substituição do beneficiário do seguro 232

  10.4.4 Direito de incomunicabilidade com dívidas ou herança do segurado 233

  10.4.5 Direito de recebimento integral do capital segurado................................ 233

  10.4.6 Direito de fixar o lapso temporal do contrato 234

10.5 Obrigações do segurado... 234

  10.5.1 Obrigação de declarar o interesse pela vida de outrem no seguro de terceiros 234

10.6 Direitos do segurador 235

  10.6.1 Direito de fixar o prazo de carência... 235

10.7 Obrigações do segurador 235

  10.7.1 Obrigação de cumprir o contrato por atos considerados arriscados......... 235

  10.7.2 Obrigação de resolver o contrato por inadimplemento do segurado........ 236

  10.7.3 Ausência do direito à sub-rogação dos danos sofridos pelo segurado....... 237

10.8 Liquidação do sinistro 237

  10.8.1 Definição 237

  10.8.2 Aviso de sinistro... 238

  10.8.3 Constatação das lesões e da causa morte.. 238

  10.8.4 Franquia.. 239

10.9 Temas especiais... 239

  10.9.1 Doença preexistente 239

  10.9.2 Suicídio 241

  10.9.3 Embriaguez do segurado 242

  10.9.4 Seguro de pessoas e dados genéticos 244

11. SEGURO-SAÚDE.. 251

11.1 Definições.. 251

  11.1.1 Seguro-saúde 251

  11.1.2 Plano de saúde 252

11.2 História 254

  11.2.1 História no mundo 254

  11.2.2 História no Brasil.. 255

11.3 Mercado e política de regulação... 257

  11.3.1 Mercado mundial 257

	11.3.2	Mercado brasileiro	258
	11.3.3	Atividade seguradora: governança corporativa, risco e capital regulatório	259
		11.3.3.1 Requisitos de autorização de funcionamento	259
		11.3.3.2 Requisitos para o registro dos produtos	261
		11.3.3.3 Requisitos de governança e de controle interno	261
		11.3.3.4 Requisitos de capital regulatório e de solvência	265
		11.3.3.5 Infrações e processos sancionadores	269
		11.3.3.6 Encerramento e regimes de liquidação	272
11.4	Tipos de operadoras de saúde suplementar		273
11.5	Seleção de riscos e modalidades de coberturas		274
	11.5.1	Seleção de riscos	274
	11.5.2	Forma de contratação	276
	11.5.3	Método de pagamento	276
	11.5.4	Tipo e extensão de coberturas	277
	11.5.5	Abrangência territorial	278
11.6	Regimes jurídicos dos seguros e planos de saúde		278
	11.6.1	Regimes contratuais antigos, novos ou adaptados	278
		11.6.1.1 Adaptação e migração de planos antigos	280
	11.6.2	Regimes dos contratos individuais e coletivos	282
	11.6.3	Direito aplicável às operadoras de saúde: CDC *versus* Código Civil	283
	11.6.4	Justiça competente: Justiça Cível *versus* Justiça Trabalhista	284
11.7	Direitos do segurado		285
	11.7.1	Direito à informação	285
	11.7.2	Direito ao reembolso das despesas ou ao uso da rede referenciada	286
	11.7.3	Direito de atendimento nos casos de emergência e urgência	290
	11.7.4	Direito à portabilidade da cobertura contratada	291
	11.7.5	Direito à manutenção do plano nos casos de demissão ou aposentadoria	297
	11.7.6	Direito à manutenção das características do plano	299
	11.7.7	Direito de atendimento nos limites geográficos e nos prazos fixados	300
	11.7.8	Direito de atendimento preferencial	301
	11.7.9	Direito à renovação automática	302
	11.7.10	Direito à remissão	302
	11.7.11	Direito de não discriminação por idade ou deficiência	303
	11.7.12	Direito a acompanhante	304
11.8	Obrigações do segurado		305

11.8.1	Obrigação de pagar o prêmio	305
11.8.2	Obrigação de declarar o verdadeiro estado de saúde	305
11.8.3	Obrigação de pagamento de coparticipação ou franquia	306
11.8.4	Obrigação de observância dos prazos de carência	308
11.9	Direitos do segurador	310
11.9.1	Direito de exigir o prêmio	310
11.9.2	Direito ao reajuste do prêmio	310
11.9.3	Direito a rescindir o contrato em caso de inadimplemento e fraude	313
11.9.4	Direito a limitar os serviços de saúde cobertos	314
11.9.5	Direito de excluir a cobertura de doença preexistente	317
11.10	Obrigações do segurador	318
11.10.1	Obrigação de prestar a garantia contratada	318
11.11	Liquidação do sinistro	318
11.12	Prescrição	319

PARTE II
FUNDAMENTOS DE DIREITO DO RESSEGURO

12. CONTRATO DE RESSEGURO		325
12.1	Definição	325
12.2	Evolução histórica	325
12.2.1	História no mundo	326
12.2.1.1	Idade Média	326
12.2.1.2	Idade Moderna	327
12.2.1.3	Idade Contemporânea	327
12.2.2	História no Brasil	334
12.2.2.1	Nacionalização da atividade e criação do monopólio do IRB	334
12.2.2.2	Processo de desestatização e reabertura do mercado	335
12.2.2.3	Novo mercado ressegurador brasileiro	337
12.3	Mercado	338
12.3.1	Mercado ressegurador mundial	338
12.3.2	Mercado ressegurador brasileiro	339
12.4	Princípios	342
12.4.1	Princípio da pulverização dos riscos	342
12.4.2	Princípio da máxima boa-fé	342
12.4.3	Princípio da cooperação	343

	12.4.4 Princípio indenitário	343
12.5	Costumes internacionais	343
	12.5.1 Costume da comunhão da fortuna securitária	344
	12.5.2 Costume da autonomia de gestão da atividade securitária	344
	12.5.3 Costume do respeito aos atos praticados pelo segurador	345
	12.5.4 Costume do direito de inspeção	346
	12.5.5 Costume do dever de retenção do risco pelo segurador	346
12.6	Formação contratual – aspectos específicos	346
	12.6.1 Objeto	347
	12.6.2 Partes	347
	12.6.3 Requisitos	347
	12.6.4 Características	348
	12.6.4.1 Contrato atípico	348
	12.6.4.2 Contrato internacional	349
	12.6.4.3 Contrato interempresarial	349
	12.6.4.4 Contrato bilateral-sinalagmático	349
	12.6.4.5 Contrato oneroso	350
	12.6.4.6 Contrato aleatório *versus* comutativo	350
	12.6.4.7 Contrato consensual	350
	12.6.4.8 Contrato não solene	351
	12.6.4.9 Contrato de execução continuada	351
	12.6.4.10 Contrato paritário	351
	12.6.4.11 Contrato principal	351
12.7	Instrumentos	352
	12.7.1 Proposta	352
	12.7.2 Nota de cobertura	354
	12.7.3 Clausulado contratual	354
	12.7.4 Endosso	357
12.8	Tipos de resseguradores, requisitos e normas aplicáveis	357
	12.8.1 Tipos de resseguradores	357
	12.8.2 Requisitos específicos para os resseguradores admitidos e eventuais	358
	12.8.3 Regras aplicáveis	359
	12.8.4 Critérios básicos de cessão	359
	12.8.5 Diretrizes para operações	360
	12.8.6 Regime disciplinar	361

12.9	Modalidades básicas	362
	12.9.1 Aspectos preliminares	362
	12.9.2 Resseguros tradicionais em relação à forma de contratação	362
	12.9.2.1 Resseguro facultativo	363
	12.9.2.2 Resseguro por tratado	363
	12.9.3 Resseguros tradicionais em relação ao método de compartilhamento do risco	364
	12.9.3.1 Resseguros proporcionais	365
	12.9.3.2 Resseguros não proporcionais	366
	12.9.4 Programas de resseguro, resseguros mistos ou híbridos	368
	12.9.5 Resseguros alternativos	368
	12.9.5.1 Resseguro financeiro prospectivo	369
	12.9.5.2 Resseguro financeiro retrospectivo	370
	12.9.5.3 Letra de risco de seguro	370
12.10	Direitos e obrigações	372
	12.10.1 Direitos da seguradora	372
	12.10.1.1 Direito à informação	372
	12.10.1.2 Direito à prestação da garantia	372
	12.10.1.3 Direito à denúncia	373
	12.10.2 Obrigações da seguradora	373
	12.10.2.1 Obrigação de pagar o prêmio	373
	12.10.2.2 Obrigação de portar-se com a máxima boa-fé	374
	12.10.2.3 Obrigação de preservar as notas técnicas	374
	12.10.2.4 Obrigação de notificar o ressegurador	375
	12.10.2.5 Obrigação de prestar informações	375
	12.10.2.6 Obrigação de observar os usos e costumes	376
	12.10.3 Direitos do ressegurador	376
	12.10.3.1 Direito de exigir o prêmio	376
	12.10.3.2 Direito a suspender a garantia	376
	12.10.3.3 Direito à denúncia	377
	12.10.4 Obrigações do ressegurador	377
	12.10.4.1 Obrigação de preservar as notas técnicas	377
	12.10.4.2 Obrigação de prestar garantia	378
	12.10.4.3 Obrigação de informar	378
12.11	Liquidação do sinistro	378
	12.11.1 Definição	378

12.11.2 Notificação de sinistro 379

12.11.3 Constatação da procedência do aviso 379

12.11.4 Extinção 380

12.11.5 Prescrição 380

PARTE III
FUNDAMENTOS PROCESSUAIS DO SEGURO E RESSEGURO

13. PROCESSO DE CONHECIMENTO 383

13.1 Objetivos do CPC de 2015 383

13.2 Procedimentos aplicáveis às causas sobre direito do seguro e resseguro 384

13.2.1 Procedimento comum único 385

13.2.2 Procedimento aplicável às causas sobre resseguro 388

13.3 Intervenção de terceiros 389

13.3.1 Assistência 390

13.3.2 Denunciação à lide 390

13.3.3 Chamamento ao processo 394

13.3.4 *Amicus curiae* 394

13.4 Sistemas de produção de provas 395

13.4.1 Momento de produção e natureza das provas 397

13.4.2 Prova indiciária da fraude 400

13.5 Foro competente e direito aplicável 403

13.5.1 Regras de competência absoluta 405

13.5.2 Cláusula de foro 407

13.5.3 Cláusula de lei aplicável 409

13.5.4 Inexistência de cláusula sobre foro e lei aplicável 410

13.5.5 Cláusula de arbitragem 412

14. PROCESSO DE EXECUÇÃO 415

14.1 Execução do contrato de seguro de vida 415

14.1.1 Espécies de seguros de pessoas 418

14.1.2 Projeto de Lei 166/2010 e Substitutivo 8.046/2010 419

14.1.3 Execução pela via do documento particular 421

14.1.4 Execução pela via do prêmio de seguro 425

14.1.5 Documentos necessários para a instrução da ação de execução 428

14.2 Impenhorabilidade do contrato de seguro de vida 429

14.2.1 Aspectos preliminares 430

14.2.2 Características especiais do seguro de vida 430

14.2.3 A impenhorabilidade do seguro de vida por dívidas e herança do segurado 432

14.2.4 A impenhorabilidade do seguro de vida por dívidas do beneficiário 434

14.2.5 Panorama jurisprudencial 435

14.3 Seguro garantia judicial 439

14.3.1 Aspectos preliminares 439

14.3.2 A sistemática da penhora na execução por quantia certa no CPC de 2015 440

14.3.3 Seguro garantia 442

14.3.3.1 Seguro garantia judicial 443

14.3.3.2 Seguro garantia judicial para execução fiscal 446

14.3.3.3 Seguro garantia judicial trabalhista e previdenciário 448

14.3.4 O sentido do termo equiparação e a substituição da penhora no CPC de 2015 448

14.3.5 A possibilidade de oferecimento do seguro garantia judicial na LEF 451

14.3.6 Panorama jurisprudencial 453

15. PROCESSO RECURSAL 457

15.1 Direito à revisão judicial e a análise dos custos econômicos 457

15.2 Sistema de precedentes judiciais 460

15.2.1 Fundamentação das decisões judiciais 462

15.2.2 Precedente judicial 465

15.3 Técnicas de uniformização de precedentes judiciais nos tribunais 467

15.3.1 Dever de uniformização jurisprudencial 467

15.3.2 Técnicas de uniformização 468

15.4 Pressupostos de admissibilidade recursal nos tribunais superiores 470

16. MÉTODOS ALTERNATIVOS DE SOLUÇÃO DE CONTROVÉRSIAS 473

16.1 Vantagens dos ADR's nos conflitos securitários e ressecuritários 473

16.2 Sistema alternativo de solução de conflitos 476

16.2.1 O CPC de 2015 e os ADR's 477

16.3 Negociação 478

16.4 Mediação 479

16.5 Conciliação 480

16.6 Arbitragem 481

17. REGIMES ESPECIAIS DE RECUPERAÇÃO E LIQUIDAÇÃO 485

17.1 Considerações iniciais 485

17.2 Regimes especiais 487

    17.2.1 Direção fiscal 489

    17.2.2 Intervenção 492

        17.2.2.1 Deveres e medidas do interventor 494

    17.2.3 Liquidação extrajudicial 495

        17.2.3.1 Fatos autorizadores da decretação da liquidação extrajudicial .. 497

        17.2.3.2 Decretação da liquidação extrajudicial por extensão 497

        17.2.3.3 Efeitos da decretação da liquidação extrajudicial 498

        17.2.3.4 Nomeação do liquidante 499

        17.2.3.5 Competências do liquidante 500

        17.2.3.6 Deveres do liquidante 500

        17.2.3.7 Relatório do liquidante 500

        17.2.3.8 Indisponibilidade de bens 501

        17.2.3.9 Realização e reavaliação de ativos 501

        17.2.3.10 Ativos de resseguro e de retrocessão 502

        17.2.3.11 Quadro geral de credores 502

        17.2.3.12 Adiantamento de recursos 506

        17.2.3.13 Encerramento da liquidação extrajudicial 507

        17.2.3.14 Pedido de falência 507

        17.2.3.15 Comissão de inquérito 507

    17.2.4 Convolação em liquidação ordinária 508

    17.2.5 Regimes especiais do mercado de saúde suplementar 509

        17.2.5.1 Direção fiscal 510

        17.2.5.2 Liquidação extrajudicial 512

        17.2.5.3 Indisponibilidade de bens 514

    17.2.6 Direito projetado 515

REFERÊNCIAS 517

Livros e artigos 517

Legislação 545

Jurisprudência 562

INTRODUÇÃO

O *seguro* representa atualmente a mais importante técnica para a pulverização de riscos incidentes sobre os patrimônios individuais e coletivos da humanidade.

A estrutura do seguro revela que ele é um fenômeno multidisciplinar e multifuncional, pois ele é composto por diferentes fontes de conhecimentos e possui diversas funcionalidades desenvolvidas ao longo do tempo de sua existência.

A multidisciplinariedade do seguro revela que a sua criação nasce de uma série de conhecimentos científicos aplicados de modo combinado para viabilizar a sua operabilidade: Atuária, Administração, Direito e Economia, dentre outros domínios técnicos especificamente úteis no desenvolvimento da tecnologia securitária, como se vê, atualmente, com o uso dos sistemas informacionais digitais.

Por sua vez, a característica multifuncional do seguro está diretamente relacionada à sua adoção como *instrumento de previdência econômico-financeira*, utilizado contra os efeitos negativos dos danos que afetam o patrimônio individual, e como *instrumento de política pública*, voltado para a mitigação de riscos sociais relevantes.

De acordo com François Ewald (1991), o seguro pode ser considerado como uma *instituição*, criada a partir da engenhosidade do ser humano; como *tecnologia*, nascida do trabalho do profissional das ciências atuariais; e, como *forma flexível de solução de problemas*, a partir da identificação das necessidades da vida em sociedade sujeita aos influxos adaptativos da evolução da humanidade.

O seguro como uma *tecnologia do risco* consiste em um sistema que visa instituir uma rede de segurança. Sob tal perspectiva, segundo Ewald (1991): "Seguro é a prática de um tipo de racionalidade com o potencial de transformar a vida de indivíduos e de uma coletividade". Dessa forma, o seguro é um modelo de pensamento que legitima "a noção jurídica e a prática da responsabilidade".

Nesse contexto, de uma modernidade influenciada por rápidas transformações, novos riscos são descobertos e anunciados cotidianamente, alguns são substituídos e outros sobrepostos, mas nenhum deles é tão perigoso quanto àqueles que são deixados à margem dos mecanismos de previsibilidade dos efeitos colaterais por eles provocados (Bauman, 2008).

A desconsideração do risco e dos seus efeitos potenciais torna-se tão nociva quanto os efeitos danosos por eles provocados no tecido social, porquanto representa a perda de oportunidade de prover de proteção a toda a humanidade e de mitigar os seus aspectos prejudiciais.

Por isso, na atualidade, o imperativo categórico não se trata apenas de considerar a probabilidade de verificação de um risco, mas, principalmente, de reduzir as chances da materialização dos seus efeitos nocivos sobre a coletividade (Adams, 2002).

Simultaneamente, o constatar que a humanidade vive sob o imperativo do risco é reconhecer a existência de uma verdadeira *"Sociedade de Risco"*, plano no qual o desenvolvimento de novas tecnologias tem despertado cada vez mais a necessidade da criação de novas coberturas sob o "guarda-chuva" oferecido pela proteção securitária (Beck, 2011).

Na *Era Industrial*, com os avanços da ciência e da utilização do seguro, o ser humano se tornou capaz de medir os efeitos gerados pelos eventos potencialmente danosos por meio de instrumentos de previsibilidade e de quantificação, a fim de que o *imprevisível pudesse se tornar previsível*, como consequência do modelo de controle racional disseminado em todas as áreas da vida moderna.

Os próprios riscos de grande proporção com efeitos catastróficos, antes impossíveis de serem mitigados, também passaram a ser alvo de neutralização por meio de investimentos em mecanismos de prevenção e de mecanismos de pulverização de danos como o proporcionado pelo resseguro.

O *resseguro*, compreendido como o *seguro do segurador*, se tornou uma ferramenta imprescindível para a solvabilidade da rede de proteção securitária em nível nacional e internacional com a sua destacada qualidade de dissolver as consequências patrimoniais incidentes apenas sobre um segurador entre diversos outros resseguradores do mercado.

Por outro lado, no momento em que a humanidade passa a dominar as consequências desafiadoras da natureza sob a perspectiva da utilização da técnica de gerenciamento de riscos e da atomização dos seus efeitos patrimoniais, o ser humano também passa a ser um agente responsável pela criação de grandes riscos aos quais ele se encontra exposto.

Na *Era do Risco*, a observância dos *princípios da previdência, da precaução e da responsabilidade*, devidamente ponderados com os princípios do sistema securitário e ressecuritário, tornou-se imprescindível para o aprimoramento das condições de vida em sociedade e para a construção de um futuro melhor e mais seguro para todos.

Sob a influência de uma modernidade reflexiva, os princípios acima mencionados demandam que todos adotem uma postura proativa no sentido de mitigarem os efeitos negativos provocados pelos fenômenos naturais e pela intervenção do próprio ser humano no meio ambiente (Jonas, 1985).

Além disso, no atual estágio da modernidade, as consequências provocadas pelos riscos são intercomunicáveis em escala global, não se limitando aos tradicionais espaços dos Estados-nacionais ou das barreiras geográficas tradicionalmente conhecidas.

Em um mundo globalizado, no qual as relações socioeconômicas se moldam por meio de redes, a tecnologia do seguro e do resseguro também se expande como um método de compartilhamento de riscos que aproxima toda a humanidade a fim de prover o custeio coletivo dos danos experimentados e de ampliar os benefícios oferecidos à sociedade (Castells, 2007).

Principalmente, quando se constata que o substrato informacional utilizado pelas empresas em rede – elemento essencial da *expertise* das empresas de seguros e resseguros – atualmente se tornou cada vez mais um ativo de alto valor agregado responsável por se tornar o "próprio produto do processo empresarial" (Zuboff, 2019).

As redes de relacionamento das empresas seguradoras e resseguradoras, acessíveis por meio da aquisição de produtos em mercados físicos ou digitais, encontram-se instaladas em praticamente todos os países e se abrem à absorção de riscos desde os mais tradicionais até os mais desafiadores em prol da humanidade.

Com base nessas premissas, o mercado segurador e ressegurador tem se destacado pela capacidade de gestão de riscos em escala global e pela estabilidade financeira propiciada pelos ativos e investimentos que integram o seu patrimônio, fatores estes responsáveis por tornar o seguro e o resseguro mecanismos indispensáveis para o funcionamento dos sistemas econômicos nacionais e internacionais.

Desse modo, o domínio dos instrumentos matemáticos e a criação de uma *ciência atuarial* propiciaram que o *seguro* e o *resseguro* passassem a constituir dois dos mais importantes contratos da atualidade.

Como se pode notar, por se tratar de negócios de forte conjugação técnica, a melhor maneira de apresentá-los, aos que estão sendo introduzidos neste âmbito do conhecimento, é correlacioná-los. Ademais, a evolução do seguro implicou o desenvolvimento de grande parte dos instrumentos que viriam a se tornar a base necessária para o surgimento do resseguro.

Por isso, optou-se por dividir este curso em três grandes linhas de estudo, dedicadas a analisar as particularidades jurídicas mais discutidas no âmbito teórico e prático destes institutos tanto sob a ótica do direito material quanto processual.

A *primeira parte* deste curso apresentará os fundamentos contratuais e regulatórios do *Direito do Seguro* e está estruturada nos seguintes capítulos: *Direito do Seguro, história, mercados e políticas de regulação, análise econômica, regime jurídico, seguro eletrônico, seguro de danos, seguro de automóvel, seguro de pessoas e seguro-saúde.*

A *segunda parte* apresentará os fundamentos do *Direito do Resseguro* a partir de um capítulo exclusivamente dedicado à análise das principais particularidades técnicas deste negócio contratual de natureza tipicamente internacional.

Por fim, a *terceira parte* desta obra abordará os tópicos relacionados ao *Direito Processual* aplicado ao seguro e ao resseguro, a qual se encontra dividida com base nos seguintes capítulos: *processos de conhecimento, de execução e recursal, métodos alternativos de solução de controvérsias, e regimes especiais de recuperação e liquidação de empresas de seguros e resseguros.*

A partir da apresentação dos aspectos fundamentais desses institutos, o leitor terá acesso ao conhecimento necessário para utilizá-los no seu dia a dia no âmbito acadêmico ou na sua área profissional.

PARTE I
FUNDAMENTOS DE DIREITO DO SEGURO

1
DIREITO DO SEGURO

Neste capítulo serão apresentados os motivos que justificam a abordagem do Direito do Seguro como uma disciplina jurídica especializada, a partir da análise da sua denominação, dos elementos que evidenciam a sua autonomia didática e do seu conteúdo específico que o diferencia dos demais ramos do conhecimento jurídico.

1.1 DENOMINAÇÃO

A concepção da denominação *Direito do Seguro* encontra-se diretamente relacionada à consolidação do Direito como objeto de estudo científico e tecnológico nas universidades europeias a partir do período histórico conhecido como a Idade Média.

Com a fundação das Faculdades de Direito na Europa, a sua disseminação pelo mundo e a criação de disciplinas jurídicas, tornou-se possível conceber a necessidade de estruturação de uma disciplina específica para abranger a dinâmica de estudo do contrato de seguro.

Na Idade Moderna, a edição de uma série de normas estatais e de regulamentos de associações mercantis começou a despertar a necessidade de uma organização sistemática a respeito do conhecimento desse tipo contratual, época a partir da qual começaram a ser escritos e publicados os primeiros trabalhos jurídicos especializados sobre a matéria.

Nesse primeiro momento de produção jurídica, os estudos sobre o contrato de seguro estavam diretamente vinculados ao estudo do Direito Marítimo, como instrumento auxiliar de grande importância para o desenvolvimento do comércio internacional.

Nos séculos XV-XVII, dentre alguns deles, destacam-se as obras: (i) *Planos*, de Bartolomeo Bosco, Itália (1423); (ii) *Tratado de Seguros e de Promessas Mercantis*, de Pedro de Santarém, Portugal-Itália (1552); (iii) *Tratado de Seguros*, de Benvenuto Straccha, Itália (1555); (iv) *Tratado de Comércio e de Câmbio*, de Sigismondo Scaccia, Itália (1617); (v) *Navios e Tarifas, Notas sobre Seguros*, de Francesco Roccus, Itália (1655); (vi) *Ponderações sobre os Contratos Marítimos*, Carlo Targa, Itália (1692) (La Torre, 2007:130-131).

Nos séculos XVIII-XIX, dentre alguns deles, merecem destaque: (i) *Discursos Legais sobre Comércio*, Josephi de Casaregis, Itália (1740); (iii) *Tratado do Contrato de Seguro*, de Robert Pothier, França (1767); (iii) *Tratado de Seguros e de Contratos de Grandes Riscos*, de Balthazard Émérigon, França (1783); (iv) *Tratado de Seguro Marí-*

timo, Ascanio Baldazeroni, Itália (1786); (v) *Sistema de Direito do Seguro Marítimo, Seguros de Vida e Seguro contra Incêndio*, James Park, Inglaterra (1787); (vi) *Princípios de Direito Mercantil e Leis de Marinha*, de José da Silva Lisboa, Brasil-Portugal (1798); (vii) *Tratado sobre Direito do Seguro*, Samuel Marshall, Inglaterra (1802); (viii) *Sistema de Seguros e de Empréstimos Marítimos*, de William Benecke, Alemanha (1810); (ix) *Tratado sobre Direito do Seguro*, Willard Phillips, Estados Unidos da América (1823).

Como é possível perceber a partir da leitura dos títulos das obras mencionadas, apenas nos séculos XVIII-XIX identificam-se os primeiros registros sobre o uso da denominação *Direito do Seguro* em obras jurídicas voltadas para o estudo sistematizado desse tipo contratual.

Posteriormente, nos séculos XX-XXI, impulsionados pelo crescimento das empresas de seguros e pela difusão de inúmeras coberturas securitárias oferecidas no mercado, os estudos sobre o contrato de seguro passaram a abranger um campo cada vez maior e mais amplo de conhecimentos jurídicos especializados.

Nessa linha, a denominação *Direito do Seguro* surge a partir da necessidade de sistematização de um grande repertório de conhecimento técnico-legal criado para tratar das especificidades relacionadas à prática securitária no âmbito jurídico.

1.2 AUTONOMIA DIDÁTICA

A autonomia didática do *Direito do Seguro* como um ramo próprio da ciência jurídica surge a partir da constatação da coexistência de elementos que possibilitam organizá-lo como um verdadeiro sistema de conhecimentos baseado numa estrutura jurídica comum.

Dentre esses elementos, podem ser citados: (i) os princípios jurídicos específicos que norteiam a sua formação e execução contratual; (ii) as cláusulas contratuais que estabelecem o conteúdo dos direitos e deveres firmados; (iii) as regras previstas para a regulação dessa espécie contratual nos códigos de leis e de corporações mercantis; (iv) os usos e os costumes consolidados pela prática dos profissionais do mercado securitário; e, (v) a inteligência jurídica contida nos precedentes jurisprudenciais proferidos pelos tribunais sobre a matéria.

No início do século XIX, Willard Philips (1823:ix-xx) identificou de maneira precisa a relevância jurídica e a autonomia didático-científica do Direito de Seguro ao destacar que:

> Uma grande parte do direito do seguro consiste em deduções de certos princípios, que constituem uma ciência, em relação aos quais, um mero precedente não pode ter uma influência muito grande, pois as deduções feitas incorretamente levam a contradições e inconsistências, que nenhuma autoridade pode reivindicar.
>
> Em alguns ramos desta matéria, o precedente é de autoridade e de peso, mas a maior parte das doutrinas compreendidas nesta ciência deve prevalecer exclusivamente sobre as razões e princípios fixos, dos quais são inferidos. [...]

> Nenhum ramo do direito pode ser mais adequadamente denominado de ciência, do que o [direito] do seguro; e, como esse contrato é substancialmente o mesmo em diferentes países, e continua sendo o mesmo agora como antigamente, as decisões dos tribunais, sejam antigas ou modernas, e as opiniões e raciocínios dos escritores americanos, ingleses, italianos ou franceses, são igualmente a ele aplicáveis.

No início do século XXI, as principais Escolas de Direito do mundo possuem a disciplina de Direito do Seguro em suas grades curriculares, nos cursos de graduação ou de pós-graduação, em razão da relevância e especialização alcançada pela matéria ao longo do tempo.

A localização precisa ao longo da história a respeito da criação da disciplina *Direito do Seguro* nas faculdades de Direito não é uma tarefa fácil em razão da necessidade do levantamento de dados históricos escassos e pouco precisos sobre o assunto.

Todavia, é possível comprovar a existência de dados históricos que evidenciam o tratamento dessa matéria, pelo menos, desde o início do século XIX. Constata-se que no século XIX, algumas das principais Escolas de Direito dos Estados Unidos da América já possuíam em seus programas de estudo a disciplina jurídica autônoma denominada *Seguro*.

Em tal época, o contrato de seguro era estudado como um subitem inserido na disciplina de Direito dos Contratos ou era ministrado de maneira autônoma em algumas das mais prestigiosas universidades norte-americanas, revelando a importância do seu tratamento didático individualizado.

A disciplina era ministrada basicamente a partir da leitura dos Tratados de Seguros e dos estudos de casos dedicados à análise do seguro marítimo, do seguro de incêndio e do seguro de vida, escritos por autores ingleses, norte-americanos e europeus continentais.

Na Escola de Direito da Universidade de Harvard, por exemplo, a disciplina era ministrada a partir do segundo ano de faculdade e estava inserida no tópico Direito Comercial e Direito Marítimo, a partir da leitura dos Tratados sobre Seguros de Marshall, Phillips e Benecke (Harvard, 1835:28-30).

Nas Escolas de Direito das Universidades de Yale e de Boston, a disciplina autônoma *Seguro* era ministrada no segundo ano de faculdade e possuía 15 horas de carga horária, enquanto na Escola de Direito da Universidade de Columbia a disciplina possuía uma carga horária de 36 horas (Sheppard, 1999:542-545; 555-556).

Na Escola de Direito da Universidade de Cornell, a disciplina era denominada *Direito do Seguro* e também era ministrada como uma disciplina especial, a exemplo do Direito Constitucional e do Direito Marítimo (Sheppard, 1999:545).

Na Escola de Direito da Universidade de Northwestern, a disciplina era ministrada no curso de pós-graduação, o qual era realizado no terceiro ano de faculdade após a conclusão do curso normal, conjuntamente com disciplinas como Direito Romano e Direito Internacional Privado (Sheppard, 1999:550).

Dentre os primeiros periódicos científicos com a denominação *Direito do Seguro* pode ser citado, exemplificativamente, nos EUA, o *Jornal de Direito do Seguro* (The Insurance Law Journal), cuja publicação iniciou-se no ano de 1871 (Potter e Potter, 1871).

Trata-se de uma das primeiras publicações jurídicas especializadas norte-americanas como um importante instrumento para a formação dos profissionais da época e a primeira voltada para o tratamento de assuntos exclusivamente relacionados ao Direito do Seguro. A sua publicação foi realizada de maneira ininterrupta até a década de 1980 (Hall, 2002:243-244; Mott, 1970:145-146).

Na Itália, menciona-se o periódico *Seguro: Revista de Direito, Economia e Finança do Seguro Privado* (Assicurazioni: Rivista di Diritto, Economia e Finanza delle Assicurazioni Private), cujo primeiro número foi publicado no ano de 1934 (Instituto, 1934).

A Revista de Seguro Privado foi fundada pelo renomado professor italiano Antigono Donati, o qual também foi um dos cofundadores da Associação Internacional de Direito de Seguros – AIDA, no ano de 1960 (Association Internationale de Droit de Assurances). A seção brasileira da AIDA foi fundada no mesmo ano e o seu presidente foi Cerne Lima (Associação, 2019).

Na Inglaterra, a Universidade de Londres reivindicou o pioneirismo de ter sido a primeira universidade britânica a oferecer um curso de pós-graduação em Direito do Seguro (Universidade, 2019).

Atualmente, no Brasil e no exterior, várias instituições universitárias oferecem a disciplina Direito do Seguro como matéria eletiva na graduação em Direito, como curso de extensão ou como curso de pós-graduação a fim de atender a demanda por formação nessa área jurídica especializada.

Todos esses dados confirmam a conclusão a respeito da autonomia didática do Direito do Seguro como uma disciplina jurídica especializada e distinta dos demais ramos jurídicos.

1.3 OBJETO

A premissa a respeito da autonomia didática do Direito do Seguro demanda a fixação do seu objeto de estudo a fim de diferenciá-lo das demais disciplinas jurídicas.

O objeto de estudo do Direito do Seguro pode ser fixado preponderantemente: (i) sob um *prisma eminentemente contratual*, com foco no estudo das leis editadas por entes estatais e das convenções editadas por entidades associativas privadas a respeito da celebração dos contratos de seguro e resseguro; e, (ii) sob um *prisma eminentemente regulatório*, com foco no estudo das leis e dos atos normativos editados por entes estatais voltados para a regulação do exercício das atividades seguradora e resseguradora.

Sob o prisma contratual, o estudioso do Direito do Seguro se preocupa em analisar quais são os requisitos específicos para a celebração dos negócios jurídicos securitários e quais serão as consequências por eles desencadeadas no mundo fenomênico.

Nesse espaço limitado do saber jurídico, são estudados os princípios informadores do sistema contratual jus-securitário, as regras vigentes, o seu conteúdo obrigacional, as espécies contratuais mais utilizadas e como a jurisprudência dos tribunais tem se posicionado a respeito dos litígios securitários.

Sob o prisma regulatório, o estudioso do Direito do Seguro se preocupa em analisar quais são os requisitos específicos para o desenvolvimento da atividade econômica no mercado segurador a partir da observância dos atos legislativos e regulamentadores impostos pelos agentes supervisores competentes.

Nesse campo restrito do saber jurídico, são estudados os dispositivos legais e os atos normativos infralegais que disciplinam o exercício da atividade seguradora, a sua interconexão com as normas gerais que regulam as atividades econômicas e as consequências jurídicas relacionadas à imposição de sanções pelo seu eventual descumprimento.

Diante do exposto, sinteticamente, pode-se afirmar que o objeto do Direito do Seguro considerado de maneira abrangente gravita em torno do estudo das normas jurídicas voltadas para disciplinar o conteúdo contratual dos tipos securitários e para regular os aspectos relacionados ao desenvolvimento da atividade seguradora.

Tal constatação não impede, todavia, de se reconhecer a extensão do Direito do Seguro e a sua interconexão com outras áreas de conhecimento jurídico vinculadas, por exemplo, aos aspectos constitucionais, processuais, tributários, internacionais, dentre outros, em razão da grande complexidade e relevância desse ramo jurídico.

1.4 TOPOLOGIA

Devidamente delimitada a autonomia didática do Direito do Seguro bem como fixado o seu objeto de estudo resta investigar em qual grande ramo estrutural do Direito a matéria está situada: no *Direito Público* ou no *Direito Privado*?

Entende-se que o Direito do Seguro se encontra situado numa zona de intersecção entre ambos os limites tracejados pela clássica divisão romana entre o Direito Público e o Direito Privado em razão da sua complexa forma de estruturação jurídica.

Explica-se. O objeto essencial do Direito do Seguro é o estudo dos contratos de seguro tomados como fenômenos jurídicos fundamentais da estrutura científica motivadora da criação de um ramo didático próprio e autônomo para o estudo das suas repercussões nas relações privadas.

Por esse prisma, seria lógico alocar o Direito do Seguro como uma disciplina que integra o *Direito Privado*, sendo ainda possível vinculá-lo, a depender da subespécie contratual celebrada, ao Direito Civil, ao Direito do Consumidor ou ao Direito Comercial, com base no perfil das partes contratantes e das finalidades econômicas pretendidas.

Contudo, quando se fala em Direito do Seguro, toma-se o fenômeno securitário de uma maneira muito mais ampla, pois também se agrega no seu campo de estudo a estruturação e a regulação da atividade seguradora e resseguradora como atividades econômicas vinculadas à autorização e à intervenção do Estado.

Além disso, importante mencionar ainda a existência dos seguros públicos, criados a partir da força normativa cogente do Estado para o atendimento de necessidades coletivas sensíveis em relação aos fatos dotados de alta vulnerabilidade social.

Por esse prisma, seria adequado alocar o Direito do Seguro como uma disciplina que integra o *Direito Público*, sendo ainda possível vinculá-lo, a depender do sub-ramo do direito alcançado, ao Direito Constitucional, ao Direito Econômico, ao Direito Administrativo, ao Direito Previdenciário, ou, até mesmo, ao Direito Processual.

Em razão disso, tomando-se essas premissas como verdadeiras e considerando o Direito como uma ciência una e indivisa, dotada de coesão e unidade, afirma-se para meros fins didáticos que o Direito do Seguro faz parte do Direito Privado, sob a ótica da análise do fenômeno contratual privado; e, ao mesmo tempo, integra o Direito Público, sob a ótica de estudo de uma atividade econômica exercida por meio de prévia regulação e autorização estatal, inclusive, por meio da instituição de seguros sociais (Pontes de Miranda, 2012:419).

Desse modo, pode-se afirmar que o Direito do Seguro consiste em um dos melhores exemplos a respeito da unidade do Direito, pois apresenta no seio da sua estrutura elementos de indivisibilidade e coesão de todo o sistema jurídico, influenciados por normas de caráter público e privado na regulação da sua operabilidade e da sua funcionalidade jurídicas (Canaris, 2001).

1.5 FONTES

A estrutura na qual se fundam as bases científicas do Direito do Seguro advém das *fontes materiais* e *formais* por meio das quais nascem as normas jurídicas especialmente concebidas para regular os fatos jurídicos securitários.

Nesse sentido, o vocábulo *fonte* deve ser compreendido como sinônimo de *origem*, do lugar a partir do qual nascem determinados fatos ou comandos normativos cujos efeitos se irradiam pelo ordenamento jurídico.

Como *fontes materiais* devem ser compreendidos os *fatos sociais* e os *valores* que motivam a criação de determinadas normas jurídicas. No âmbito securitário, um fato social pode ser identificado como a necessidade econômica de contratação de uma apólice de seguro a fim de cobrir um determinado risco sobre um legítimo interesse segurável.

Como *fontes formais* devem ser compreendidos os *comandos normativos* postos numa determinada ordem jurídica vigente por meio dos quais determinados tipos contratuais são permitidos assim como os direitos e os deveres a eles relacionados são estabelecidos como cogentes e executáveis (Donati, 1952).

Dentro da categoria *fontes formais* podem ser identificadas: (i) as *fontes estatais*, caracterizadas no âmbito do *direito positivo* pelas normas legais e infralegais, fontes primordiais do direito, e, no âmbito *jurisprudencial* pelos precedentes proferidos pelos tribunais competentes; e, (ii) as *fontes não estatais*, caracterizadas pelos usos e costumes, pela doutrina e pelos negócios jurídicos e convenções firmados entre particulares (Diniz, 2019).

As *fontes formais* podem ser classificadas ainda em: (i) *fontes formais primárias ou diretas*, caracterizadas pelas normas que possuem primazia na regulação dos fatos jurídicos securitários; e, (ii) *fontes formais secundárias ou indiretas*, caracterizadas pelas normas que são aplicadas supletivamente em face da constatação da lacuna normativa primária para regular os fatos jurídicos securitários.

Dentre as *fontes formais primárias ou diretas* no âmbito securitário citam-se: (i) as *leis gerais* com disposições particulares sobre o seguro (exemplos: Código Comercial de 1850, na parte sobre o contrato de seguro marítimo; Código Civil de 2002, na parte sobre o contrato de seguro, o seguro de danos e o seguro de pessoas); (ii) as *leis específicas* com disposições exclusivamente voltadas sobre o seguro (exemplos: Decreto-lei 73/1966; Lei Complementar 126/2007); e, (iii) os *atos infralegais* emitidos por agentes públicos competentes (exemplos: resoluções e circulares do Conselho Nacional de Seguros Privados – CNSP e da Superintendência de Seguros Privados – SUSEP).

Dentre as *fontes formais secundárias ou indiretas* no âmbito securitário citam-se: (i) os *usos e costumes*, extraídos da prática securitária consolidada pelos atos e convenções habitualmente celebrados entre os profissionais do ramo; (ii) a *jurisprudência*, compreendida como as decisões reiteradas dos tribunais judiciais e arbitrais a respeito de litígios securitários; (iii) a *analogia*, realizada a partir da aplicação de preceitos jurídicos normativos extraídos de legislações assemelhadas no âmbito nacional e internacional a respeito de disposições securitárias; e, (iv) os *princípios gerais de direito*, consubstanciados pelos enunciados normativos fundamentais e antecedentes informadores de todo o sistema jurídico.

Importante mencionar ainda que em determinadas áreas do Direito do Seguro, os usos e costumes exercem a função de fonte de produção normativa primordial em razão da ausência de regulação positiva exaustiva a respeito de todos os aspectos relacionados à sua operabilidade contratual, como, por exemplo, no contrato de resseguro.

Diante do exposto, pode-se concluir que as fontes do Direito do Seguro consistem nas normas jurídicas emanadas da interação sistemática entre o *direito positivo*, a *jurisprudência*, os *usos e costumes*, a *doutrina*, os *negócios jurídicos e as convenções firmadas entre particulares*, a *analogia* e os *princípios gerais de direito*, para a regulação do contrato de seguro e da atividade seguradora.

1.6 SUBDIVISÕES

O Direito do Seguro tomado como disciplina jurídica pode ser ainda subdividido com base na sua forma de apresentação ou com base na sua metodologia de estudo. A subdivisão ora proposta possui fins meramente didáticos e serve apenas para ilustrar a apresentação de determinadas áreas de conhecimento do direito securitário.

Primeiramente, a disciplina Direito do Seguro se apresenta como um *Direito do Seguro Geral*, por meio do qual são estudados os aspectos fundamentais da estruturação do negócio jurídico tanto sob a perspectiva contratual quanto sob a perspectiva regulatória relacionada ao exercício da atividade securitária.

Em segundo lugar, com base no substrato informativo da análise realizada, a disciplina pode ser identificada como um *Direito do Seguro Positivo*, voltado para o estudo do ordenamento jurídico interno sob as suas mais diversas classes e níveis hierárquicos formadores das disposições normativas vigentes.

Em terceiro lugar, com base na identificação da natureza do direito positivo analisado, entende-se possível ainda classificar a disciplina como: *Direito do Seguro Material*, voltado para o estudo do direito positivo substantivo baseado nos aspectos contratuais e regulatórios do seguro; e, *Direito do Seguro Processual*, como a parte da disciplina voltada para o estudo do direito positivo adjetivo baseado nos aspectos procedimentais de natureza administrativa, judicial ou arbitral envolvendo litígios securitários.

Em quarto lugar, é possível ainda compreender a existência de um *Direito do Seguro Privado*, no qual prevalece o estudo das normas jurídicas de interesse particular relacionadas à vontade das partes contratantes; e, de um *Direito do Seguro Público*, no qual prevalece o estudo das normas jurídicas de predominante interesse social sob a influência da autorização e intervenção estatal e dos seguros públicos ou sociais.

Em quinto lugar, com base na origem do direito positivo analisado, constata-se ainda a existência de um *Direito do Seguro Comparado*, como uma técnica de estudo dos ordenamentos jurídicos estrangeiros com o objetivo de identificar aspectos técnico-normativos semelhantes, divergentes ou inovadores para a regulação do contrato de seguro e da atividade securitária.

Trata-se de uma metodologia de estudo relevante para a evolução do Direito do Seguro, pois permite ao seu estudioso realizar a comparação de textos normativos e de soluções legislativas estrangeiras capazes de aprimorar a forma pela qual o seguro é regulado em um determinado ordenamento jurídico.

Em sexto lugar, sob a ótica da geração de efeitos jurídicos extraterritoriais, pode-se conceber ainda um *Direito do Seguro Internacional*, voltado para analisar os tópicos relacionados às normas a serem aplicadas, os locais onde deverão ser resolvidos os conflitos e executados os compromissos inadimplidos pelas partes contratantes quando constatada a presença de elementos de conexão com o Direito estrangeiro.

Neste tópico, um dos temas mais estudados se refere ao conflito de leis envolvendo contratos de seguros comercializados em uma jurisdição e cujos efeitos estendem-se a uma ou mais jurisdições estrangeiras a partir da identificação dos elementos de estraneidade a eles correlacionados.

Também pode ser mencionada no âmbito cooperativo a celebração dos tratados e convenções internacionais visando à facilitação do exercício da atividade seguradora entre os respectivos países-signatários.

No âmbito acadêmico, cita-se inclusive a existência de obras jurídicas especializadas para abordagem do tema e de disciplinas específicas como a oferecida pela Universidade de Londres, denominada *Direito do Seguro do Comércio Internacional*, voltada para a análise do contrato de resseguro internacional (Seatzu, 2003; Universidade de Londres, 2019).

Por último, a partir da intenção da celebração de normas integrativas entre nações, é possível identificar ainda um *Direito do Seguro Comunitário*, voltado para regular as relações públicas e privadas sobre o seguro no âmbito de países membros de uma comunidade internacional.

A União Europeia consiste no principal exemplo de comunidade na qual são editadas normativas e diretrizes regulando de maneira comunitária como os países-membros deverão regular determinados aspectos contratuais e operacionais envolvendo a atividade seguradora no âmbito comunitário.

Os tratados, diretivas e regulamentos editados pela União Europeia consistem em normas supranacionais que regulam de maneira comum determinadas condutas que deverão ser adotadas uniformemente por todos os países-membros a fim de harmonizar as suas legislações e eliminar o impacto do tratamento legislativo diferenciado no âmbito comunitário (Bulos, 2009:08).

2
HISTÓRIA DO SEGURO

Neste tópico será apresentada a história do seguro no mundo e no Brasil, e como ocorreu o desenvolvimento técnico que lhe possibilitou se tornar um dos mais importantes contratos utilizados para a diluição de riscos na atualidade e um dos mais relevantes mercados no âmbito nacional e internacional.

2.1 HISTÓRIA E DESENVOLVIMENTO DO SEGURO NO MUNDO

A origem do seguro foi diretamente influenciada pelo desenvolvimento das práticas de diluição de riscos firmadas entre comerciantes e grupos reunidos sob a forma de associações de auxílio mútuo ao longo da história da humanidade.

Importante esclarecer que a divisão clássica em períodos históricos ora apresentada possui uma finalidade meramente didática com o intuito de oferecer uma visão panorâmica a respeito do longo desenvolvimento das técnicas de gerenciamento de riscos que propiciaram o surgimento do contrato de seguro.

A tentativa de se imprimir certa linearidade na evolução de uma matéria tão complexa, construída a partir de fatos distantes entre si ao longo da história, também revela o caráter universal desse contrato como instituição voltada ao aprimoramento social e econômico da humanidade.

2.1.1 Seguro na Idade Antiga

Na Antiguidade (séculos XL a.C. a V d.C.), os fatos históricos sobre o seguro revelaram práticas essencialmente rudimentares e estruturadas sob a forma de *fundos coletivos* ou de *empréstimos financeiros* inspirados na mutualidade.

Essas operações possuíam em sua gênese o *princípio da solidariedade* visando à diminuição dos impactos dos danos incidentes sobre o patrimônio de membros *do núcleo familiar* ou *do grupo social* do qual faziam parte.

Contudo, tais soluções se assemelhavam mais a *protótipos* ou *institutos pré-securitários* por precederem à formação e à constituição do contrato de seguro como ele é conhecido na atualidade.

Por um compromisso didático, torna-se válido estudá-los a fim de conhecer os motivos determinantes da sua concepção e a longa evolução conceitual pela qual passou o instituto.

a) China

Na China (século XXX a.C.), o registro do *fracionamento de cargas transportadas entre comerciantes* por meio do transporte hidroviário é considerado uma das primeiras práticas primitivas relacionadas ao seguro como uma forma de gestão de risco (Carter, 1983:10).

A consolidação da China como um país de dimensões continentais foi marcada pela influência de importantes rios utilizados como vias de escoamento de mercadorias e do transporte de pessoas entre as cidades do seu amplo território (Gernet, 1999:37-41; Hau, 2014:309).

Em tal época, as mercadorias transportadas pelos comerciantes chineses eram distribuídas entre várias embarcações visando à diminuição dos danos provocados por eventuais naufrágios experimentados pelos transportadores navais (Vaughan e Vaughan, 2007:74-75).

b) Babilônia

Na Babilônia, região da Mesopotâmia (séculos XXV a.C. a V a.C.), há registros a respeito da celebração de *contratos de empréstimo marítimo* admitidos pelo Código de Hamurabi, o qual reconhecia a possibilidade da cobrança do valor econômico cedido ao longo do tempo e do risco envolvido na realização da operação (Holland, 2009:05-06; Goetzmann, 2016:65-72).

Há ainda registros a respeito da existência de *convenções costumeiras* visando à reposição da *perda de bens* e de *animais* utilizados como objeto de comércio e como meio de transporte terrestre entre membros de caravanas como forma de socialização dos riscos incidentes sobre os comerciantes (Larramendi, Pardo e Castelo, 1981:02).

Em tal período, os produtores babilônicos celebravam negócios com outros centros comerciais a fim de adquirir insumos por meio da intermediação de terceiros que assumiam, de forma compartilhada, a responsabilidade pelo transporte e pela negociação das mercadorias mediante remuneração (Trenerry, 1926:05-07).

c) Egito

Na civilização egípcia (XX a.C.), há referências históricas sobre a constituição de *fundos mútuos para o custeio de despesas funerárias* suportadas por familiares de trabalhadores falecidos nas obras de construção das pirâmides faraônicas (Guedes-Vieira, 2012:15-18).

Os fundos mútuos se tornaram as primeiras referências históricas voltadas para a minimização do impacto econômico decorrente da perda de vidas humanas praticadas por povos da Antiguidade (Vaughan e Vaughan, 2007:74-75).

d) Fenícia

Na Fenícia (séculos XVII a.C. a X a.C.), também foram desenvolvidos sistemas de compartilhamento de riscos por meio da constituição antecipada de *fundos financeiros* e do *compartilhamento dos prejuízos* experimentados por um comerciante com os demais navegadores marítimos membros de uma associação.

A Fenícia obteve grande destaque no Mar Mediterrâneo (anos de 1.600 a 1.000 a.C.), por constituir uma grande frota de navios e uma extensa rede de cidades comerciais que serviam de entrepostos marítimos voltados para centros internacionais de negócios entre a Ásia e a Europa (Annesley, 1808:18; Trenerry, 1926:01-08).

e) Grécia

Na Grécia (século IX a.C.), a *Lex Rhodia* reconheceu a existência de uma espécie de *comunidade de riscos regulada pelo princípio da equidade*, cujas perdas eram divididas costumeiramente entre os comerciantes e navegadores membros de associações.

A *Lex Rhodia* também previu a possibilidade de contratação de empréstimos marítimos através da garantia: (i) do casco do navio (*foenus nauticum*); ou, (ii) das cargas transportadas (*respondentia*), com a possibilidade de remissão no caso da experimentação de avarias (Ballow, 1920:252-253; Zimmerman, 1996:406-412).

Em síntese, a operação de *empréstimo marítimo* era estruturada com base em:

(i) *um financiamento*, obtido mediante a hipoteca do navio ou a garantia das mercadorias transportadas;

(ii) *uma taxa de juros*, normalmente calculada com base em índices elevados visando garantir a remuneração do valor imobilizado pelo mutuante, a qual foi posteriormente alvo de regulação pelos romanos e de proibição pela Igreja Católica; e,

(iii) *uma taxa de risco do sinistro*, calculada com base na percepção individual e subjetiva do mutuante a respeito da periculosidade da rota marítima preestabelecida.

No mútuo marítimo, a devolução da importância financeira liberada e a taxa de juros fixada pelo mutuante do empréstimo somente seriam exigidas na hipótese de a embarcação chegar ao seu respectivo porto de destino, conforme previamente pactuado entre as partes, por isso, tais ajustes também se tornaram conhecidos como *contratos de risco marítimo*.

No caso de perda do navio ou das mercadorias, o mutuante exercia uma espécie de opção de compra pelos salvados, uma vez que a "importância segurada", ao contrário da prática securitária na atualidade, era antecipada ao mutuário na forma de um empréstimo antes mesmo da ocorrência do sinistro (Nash, 1846:75-80; Holdsworth, 1917:88-90).

Com o passar do tempo, mais precisamente na Idade Média, a taxa paga a título de risco foi desmembrada do contrato principal de empréstimo e passou a ser chamada de *prêmio*, como uma forma remuneratória prefixada a título de retribuição pelo risco assumido pelo financiador do empréstimo na qualidade de "garantidor" da indenidade dos bens financiados.

f) Roma

Em Roma (séculos II d.C. a VI d.C.), há registros sobre a estruturação de *fundos mútuos* e de *instituto semelhante ao seguro de vida* a partir do uso de tabelas atuariais e do recolhimento de contribuições por associações (*collegias*) voltadas para o custeio de despesas relacionadas à morte ou à incapacidade dos seus associados (Bernstein, 2018).

Atribui-se a Ulpiano a elaboração da primeira tábua de mortalidade aplicada à formação de fundos mutualísticos relacionados ao seguro de vida (Pérez, 2006:97).

Em tal época constatou-se também a existência de disposição normativa no Código de Justiniano (*Corpus Juris Civilis*) que permitia a aplicação de juros de maior percentual no *empréstimo marítimo* (*foenus nauticum* e *respondentia*), em razão dos grandes riscos inerentes à atividade, comparativamente aos demais negócios mercantis.

Há ainda registros de *sistemas públicos de reparação de danos realizados pelo Império Romano* (séculos XX a.C. a I a.C.) nos casos de perda de navios ou de mercadorias em razão de tempestades e de ataques por povos inimigos bem como de registros de contratos de reparação de danos terrestres.

Em razão de tais fatos, há entendimento de que os elementos fundamentais para a concepção do seguro surgiram na civilização romana, a partir do ajuste firmado pelo Imperador Claudius (anos 41 d.C. a 54 d.C.) visando garantir o pagamento de indenizações aos importadores de milho por danos sofridos em razão de tempestades (Trenerry, 1926:11-18).

Segundo tal entendimento, neste ajuste restaram claramente delimitados:

(i)   *o segurador*, representado pelo Império Romano;

(ii) *o segurado*, representado pelo importador;

(iii) *o risco*, representado pela possibilidade de perda da mercadoria importada causada por um fato externo e súbito; e,

(iv) *o prêmio*, consistente na prestação do serviço pelo segurado ao Império Romano correspondente ao fornecimento de mercadorias de subsistência em um período de grande escassez alimentar na capital romana.

Em que pese o entendimento supracitado, a doutrina dominante sobre o tema posiciona-se no sentido de que as primeiras bases técnicas necessárias para a distinção do seguro de outras espécies contratuais *somente ocorreram, posteriormente, na Idade Média, no curso da prática do seguro marítimo*, como será visto a seguir.

Subsequentemente à queda do Império Romano (século V d.C.), o comércio e, por consequência, o desenvolvimento de atividades primitivas relacionadas ao seguro, sofreram uma sensível redução quantitativa ao longo do tempo, as quais somente foram retomadas na segunda parte do período histórico posterior, denominado de Baixa Idade Média.

2.1.2 Seguro na Idade Média

Na segunda parte da Idade Média (séculos XII d.C. a XV d.C.), o desenvolvimento das cidades-estados europeias, a necessidade de expansão territorial e a retomada do comércio em grande escala pela via marítima, tornaram-se fatores decisivos para o desenvolvimento do seguro ao longo desse período.

Além disso, a grande acumulação de capital e o aumento da demanda pela proteção de bens privados podem ser apontados como os principais fatores para a consolidação do seguro como atividade econômica.

Nesse período, a atividade seguradora se tornou uma prática comum difundida no âmbito das associações mercantis, como, por exemplo, na Liga Hanseática, com atuação no norte da Europa (Trenery, 1926:261-275).

O reconhecimento da relevância da atividade seguradora pelas cidades-estados e pelas *Câmaras de Comércio europeias* (Guildas e Ligas espalhadas pelo continente) propiciou a consolidação de normas e regras profissionais extraídas dos costumes adotados pelos comerciantes da época visando à constituição de um verdadeiro *mercado de riscos securitários* de natureza tipicamente internacional (*Lex Mercatoria*) (Mitchell, 1904:141-155; Acheri, 2013:288-289).

A edificação autônoma de um *sistema de Direito Comercial* voltado para a regulação da atividade econômica privada, com normas sobre a atividade seguradora e resseguradora, permitiu que os seus princípios e regras fundamentais fossem aplicados uniformemente em âmbito internacional (Marshall, 1802:18-19; Marrella, 2003:63-77).

Nesse contexto, as *Câmaras Especializadas em Seguros* tornaram-se locais de referência para a promoção de apólices de seguros marítimos por meio da regulação das práticas adotadas pelos comerciantes, do registro de transações realizadas por agentes e da resolução de controvérsias (Kopf, 1929:26; Bernstein, 2018).

Em tal época, destacaram-se as cidades de Bruges (Bélgica), pelos registros da prática de seguros marítimos e pela instalação de uma Câmara de Seguros, Florença, Pisa e Veneza (Itália), e Barcelona (Espanha), por consolidarem a prática securitária sob bases comerciais fundadas em normas e convenções internacionais, modelo este posteriormente adotado na Inglaterra e em França (Holland, 2009:07-08).

A gradativa separação do seguro das práticas de *natureza financeira* e *tipicamente especulativas*, caracterizadas pela imputação de altas taxas de juros, como as adotadas no empréstimo marítimo, banidas pela Igreja Católica durante o governo do Papa Gregório IX (1236), possibilitou que a prática securitária se constituísse em uma atividade econômica autônoma e de reconhecida importância social (Rossi, 2016:49-50).

A prática do *empréstimo marítimo* (*foenus nauticum* e *respondentia*) foi substituída pelos contratos de *câmbio marítimo* (*cambium nauticum*), com base em títulos e operações financeiras realizadas entre agentes internacionais, os quais não foram diretamente afetados pelas restrições canônicas, muito provavelmente, por não serem considerados contratos de mútuo ou de empréstimo para consumo (Piccinno, 2016:26-30).

A grande diferença entre os *protótipos* ou *pactos pré-securitários* (*foenus nauticum*, *respondentia* e *cambium nauticum*) dos *contratos de seguros* surgidos posteriormente é que nos últimos o *objeto do contrato centrava-se no risco* e *o valor do prêmio era expressamente fixado pelo segurador no instrumento contratual*, revelando-se, assim, as bases do fundamento técnico do negócio jurídico firmado entre os contratantes.

Nos séculos XIII-XIV, a notável influência italiana no aprimoramento da disciplina securitária conferiu-lhe a primazia histórica dos registros das primeiras apólices escritas firmadas nas cidades de Gênova (1298), Florença (1329) e, novamente, Gênova (1343 e 1347) (Bensa, 1884; Briys e Beerst, 2006).

Tal impacto refletiu-se no próprio vernáculo técnico adotado pelo mercado: (i) apólice, do italiano *polizza*; (ii) seguro, do italiano *assicurazione*; (iii) risco, do italiano *riscare*; e, (iv) ressegurar, do italiano *rasichurare* (Holland, 2009:08).

Em italiano, a palavra *polizza* significava uma nota ou registro escrito pelo qual se criava uma obrigação jurídica, assemelhada à confiança depositada em outros instrumentos mercantis medievais escritos como a *letra de câmbio* e a *nota promissória*; ou, inclusive, um documento comprobatório do recebimento de dinheiro sob a forma de um contrato de seguro (Duer, 2007:29).

O incremento da atividade marítima e de todas as atividades de comércio a ela direta ou indiretamente relacionadas, como, por exemplo, as atividades securitárias e ressecuritárias, motivou a constituição de regras jurídicas próprias voltadas para a solução de controvérsias sobre esses contratos, como será visto no período histórico seguinte.

2.1.3 Seguro na Idade Moderna

A origem do direito aplicável ao seguro e ao resseguro tem como fonte o sistema jurídico da "Lei Mercante" (*Lex Mercatoria*) desenvolvido na Baixa Idade Média e aplicado com grande intensidade até parte da Idade Moderna pelos comerciantes em todo o mundo.

As características peculiares do direito do comércio, isto é, de princípios e regras jurídicas estabelecidos entre comerciantes no trato cosmopolita e ágil das negociações mercantis, influenciaram diretamente a prática, os usos e costumes securitários e ressecuritários observados pelas partes contratantes (Vivante, 1885:02-03; Ascarelli, 1996:89-100).

2 • HISTÓRIA DO SEGURO

Em tal época, a difusão de tais institutos de maneira uniforme em âmbito internacional ocorreu em razão do domínio das práticas comerciais pelos agentes de seguro e resseguro (os *underwritters*) e demais comerciantes habituados a negociar a transferência de riscos, num primeiro momento, totalmente alheios à influência estatal das cidades estado e nações europeias (Kozolchyk, 2014:04-08).

Por isso, apenas no século XV, as "Ordenanças de Barcelona" de 1435, na Espanha, e, o "Decreto do Grande Conselho de Veneza" de 1468, na Itália, tornaram-se as primeiras leis a tratar de maneira expressa do contrato de seguro e das suas relações com os respectivos segurados.

Nos séculos XVI e XVII, destacaram-se os "Costumes da Antuérpia" de 1582 e de 1609, na Bélgica, os quais constituíram um verdadeiro Código Comercial regulador de práticas mercantis e financeiras, cujos registros foram continuamente reeditados e ampliados *a posteriori*, propiciando a consolidação de um grande centro de comércio de seguros na Europa (Spooner, 2002:17-18; Ruysscher, 2016:78-80).

Por sua vez, o "Guia do Mar", tratado cujos registros originais datam de 1570, em França, publicado em Bourdeaux (1647) e Rouen (1671), foi recebido tanto na Europa continental quanto na Europa insular como valioso instrumento de regulação do direito marítimo (Shumaker e Longsdorf, 1901:425; Gelderblom, 2013:70-71).

O "Guia do Mar" inspirou a edição das "Ordenanças Marítimas" de 1681, em França, por Luis XIV, as quais são consideradas uma das mais importantes legislações sobre direito marítimo da história e nas quais também constava previsão expressa a respeito das obrigações voltadas para a regulação do contrato de seguro (Rossi, 2016:18; ZIEGLER, 2000:21).

As práticas comerciais consolidadas pelos códigos mencionados tiveram o mérito de abranger assuntos diretamente relacionados ao delineamento de regras no âmbito do seguro de transportes marítimos e do tráfego de mercadorias realizado entre os principais portos europeus e do mundo, inclusive, do Brasil (Martin, 1876:44-46).

Na mesma direção, na Inglaterra, a Rainha Elizabeth I editou a "Lei de Seguros" de 1601 (*Elizabeth Act* ou *Francis Bacon Act*), o primeiro corpo normativo escrito e voltado para a regulação da prática do seguro marítimo firmado entre transportadores ingleses e comerciantes de nações estrangeiras, com vistas a garantir a preservação dos interesses do reino.

O reconhecimento da natureza especial do contrato de seguro fez com que a lei inglesa estabelecesse um *tribunal especializado na resolução de disputas* envolvendo matérias sobre *seguros marítimos* como forma de estimular o comércio da época e preservar a técnica de distribuição de riscos (LOBO-GUERRERO, 2012:26-28).

No século XVII, ainda na Inglaterra, destaca-se o grande incêndio da cidade de Londres (1666), considerado uma das maiores catástrofes urbanas já registradas, o qual se tornou responsável pela popularização do *seguro de incêndio* (1680) como forma de dispersão de riscos experimentados pela coletividade.

O Lloyd's de Londres, considerada a maior bolsa de seguros e resseguros do mundo, surgiu no ano de 1684, no café de Edward Lloyd's, a partir do tráfego de informações estabelecido entre comerciantes e agentes que se reuniam para acompanhar o fluxo do transporte de cargas marítimas nos portos da cidade e celebrar negócios como a contratação de apólices de seguros marítimos para os seus navios e mercadorias.

Nessa época, os contratos de seguro eram firmados considerando as altas somas financeiras das empresas marítimas desenvolvidas e os grandes riscos incidentes sobre este tipo de atividade mercantil, e realizavam-se de maneira direta entre agentes e seguradores (Schwepcke, 2004:02).

Destaca-se, ainda, a adoção da forma jurídica da *sociedade por ações* para a estruturação do controle das sociedades seguradoras seguindo o modelo empresarial adotado pelas mais importantes companhias de colonização e de comércio inglesas e holandesas (Haueter, 2017:08-09).

No século XVIII, importante citar a edição da "Lei da Bolha Financeira" de 1720 (*The Bubble Act*), também na Inglaterra, aprovada como resposta ao escândalo financeiro causado pela captação de investimentos sem lastro pela *Companhia dos Mares do Sul*.

Os seus efeitos repercutiram prejudicialmente em diversas atividades econômicas como a securitária e implicaram a proibição de constituição de sociedades por ações sem expressa autorização governamental.

Diante da perda de liquidez do mercado segurador causada pela crise, a "Lei da Bolha Financeira" de 1720 conferiu o monopólio da exploração da atividade de seguros na Inglaterra a apenas duas companhias inglesas: *London Assurance Corporation* e *Royal Exchange Assurance Corporation*.

A referida lei apenas excluiu do monopólio supracitado a assunção de riscos por subscritores individuais, cuja responsabilidade, por consequência, seria ilimitada. Tal prática motivou o crescimento na Inglaterra da reunião de agentes em associações e sindicatos como o Lloyd's de Londres (Noussia, 2007:04-05).

Adotando a mesma linha, posteriormente, o Rei George II aprovou a "Lei do Seguro Marítimo" de 1745 (*Marine Insurance Act 1745*), na Inglaterra, a fim de estabelecer uma série de restrições à comercialização de seguros de transporte marítimo.

Dentre as principais restrições impostas pela "Lei do Seguro Marítimo" de 1745, cita-se a exigência de comprovação do *legítimo interesse segurável* do proponente do seguro com o intuito de reduzir o excesso de negócios especulativos que envolviam a atividade, assemelhados aos contratos de jogo e de aposta (Holland, 2009:13-14).

A "Lei do Seguro de Vida" de 1774 (*Life Assurance Act 1774*) também veiculou o requisito de comprovação do *interesse segurável* para a contratação de seguros de pessoas no mercado segurador inglês.

No Brasil, em relação ao seguro marítimo, o Código Comercial brasileiro de 1850 (artigo 677) previu que a contratação de uma apólice por pessoa sem interesse sobre o objeto da cobertura securitária constituiria uma causa de nulidade do contrato.

A previsão quanto à obrigatoriedade da existência de um legítimo interesse segurável se tornou requisito indispensável para a celebração do contrato de seguro em vários outros países e foi reproduzida de maneira expressa pelo Código Civil brasileiro de 2002 (DWYER-Arnold, 2020).

2.1.4 Seguro na Idade Contemporânea

No curso da Revolução Industrial (séculos XVIII-XIX), desenvolveu-se a moderna capacidade de gerenciamento profissional dos riscos securitários.

As sociedades seguradoras passaram a desenvolver técnicas cada vez mais sofisticadas para absorver os crescentes e inovadores riscos provocados pela produção de bens para um mercado de consumo de massa.

A introdução de novos riscos despertou a necessidade: (i) de contratação de *mecanismos de gestão de riscos* oferecidos pelas seguradoras no plano preventivo (*ex ante*); e, simultaneamente, (ii) de contratação de *coberturas securitárias* visando reduzir o impacto financeiro das consequências danosas provocadas aos interesses da coletividade (*ex post*).

Nos séculos XIX-XX, aliada a tais aspectos constatou-se ainda uma ampliação da base de investidores participantes do controle das sociedades seguradoras e uma maior profissionalização do mercado com a incorporação de altos padrões de gestão corporativa dos negócios securitários adotados pelos mercados de capitais (Berle e Means, 1984:41).

A obrigatoriedade da regulação e da supervisão da atividade seguradora por entidades governamentais especializadas também se consolidou como um fator relevante para garantir a observância de padrões de exercício técnico da atividade mediante a exigência de capital mínimo suficiente para a satisfação das garantias contratadas.

Desse modo, a exigência do cumprimento de requisitos técnicos mínimos para funcionamento tornou-se um importante instrumento para garantir a solvabilidade das companhias seguradoras e proteger o interesse público subjacente à contratação de apólices de seguros.

As atividades securitárias disseminaram-se em todo o mundo por meio do comércio internacional no ocidente e no oriente assim como por meio da influência das companhias seguradoras europeias e de suas ramificações e agências internacionais (Haueter, 2017:08-50).

O sucesso e a solidez do seguro possibilitaram ainda a criação dos *seguros públicos* por meio da institucionalização de programas de seguridade social pelos governos nacionais voltados para fornecer assistência à coletividade e reduzir as consequências dos infortúnios em áreas sociais consideradas relevantes.

Dentre os principais planos desenvolvidos no segmento dos seguros sociais, podem ser citados os programas previdenciários, os seguros por acidentes de trabalho, os seguros de desemprego, os quais foram institucionalizados inicialmente na Alemanha (1883).

No século XX, a atividade seguradora enfrentou eventos de grande proporção que marcaram a história da humanidade tanto sob o aspecto afetivo quanto patrimonial, causados por catástrofes naturais e por ações prejudiciais empreendidas pelo próprio ser humano.

O terremoto da cidade de São Francisco (1906) é considerado uma das maiores catástrofes naturais já registradas na história por ter provocado o incêndio e a destruição de aglomerações urbanas de alto valor financeiro agregado e cuja reconstrução somente foi possível em razão do pagamento das coberturas securitárias.

Subsequentemente, a Grande Depressão econômica (1929) impactou diretamente a solvabilidade de uma série de empresas em todo o mundo e do mercado segurador internacional em meio ao pagamento de indenizações de riscos diversos relacionados ao desenvolvimento de atividades empresariais.

A I e II Guerras Mundiais (1914-1918 e 1939-1945) também foram responsáveis por causar danos de valores inestimáveis à humanidade e pelo colapso de grande parte do sistema de pulverização de riscos à época existente nos principais mercados de seguros. Nessa época, apenas mantiveram-se ativas as empresas seguradoras e resseguradoras mais bem estruturadas técnica e financeiramente.

Após o fim da I Guerra, várias nações implantaram políticas de nacionalização do mercado de seguros com o intuito de manter o fluxo de recursos financeiros captados pelas seguradoras em seus domínios econômicos e evitar a evasão de lucros para o exterior (ex.: Argentina, Chile e Brasil).

Durante o século XX, a indústria securitária enfrentou ainda diversas crises relacionadas aos choques de hiperinflação e de flutuação cambial com a consequente desvalorização das apólices de seguro causada por fatores políticos e econômicos.

No final da década de 1970 e nos anos 1980-1990, verificou-se uma onda de aquisições e de fusões entre instituições financeiras e conglomerados seguradores visando ampliar o potencial de mercado por meio da inauguração de novos canais de distribuição de produtos (*bancassurance*).

A realização de uma série de operações de aquisições e de fusões acompanhou o novo período de abertura de mercados e de redução das barreiras regulatórias provocada por uma nova onda de liberalização econômica.

No final do século XX e no início do século XXI, verificaram-se novas catástrofes naturais e danos de grande proporção provocados pela intervenção humana.

O Furacão Andrew (1992), nos EUA, provocou danos estimados de US$ 29 bilhões, dos quais US$ 15 bilhões foram diretamente cobertos por apólices de seguro. A sua ocorrência modificou substancialmente os modelos de previsão de riscos de catástrofes naturais adotados por seguradoras e resseguradoras em âmbito mundial em razão das grandes repercussões financeiras geradas.

Em 2001, o Atentado às Torres Gêmeas e ao Pentágono, nos EUA, tornou-se o maior evento danoso causado diretamente pela ação humana em volume de perdas financeiras seguradas da história, o qual foi estimado em US$ 39 bilhões (Insurance, 2019).

Por sua vez, os dois maiores eventos naturais em perdas financeiras até então seguradas foram o *Furacão Katrina (2005)*, nos EUA, com danos estimados em US$ 125 bilhões, dos quais US$ 83 bilhões foram indenizados por coberturas securitárias; e, o *Tsunami (2011)*, no Japão, com danos estimados em US$ 220 bilhões, dos quais US$ 35 bilhões foram suportados por apólices de seguros (Aon, 2018).

Em relação à "Crise do Mercado Financeiro Internacional" (2008), sob uma ótica sistêmica, embora os efeitos insolvenciais tenham sido limitados no mercado segurador, as suas consequências motivaram a necessidade de revisão da forma de estruturação dos portfólios de investimentos de risco visando garantir uma maior solidez na constituição de ativos garantidores (Schich, 2009).

Em contínuo aperfeiçoamento dos requisitos de solvabilidade de grupos seguradores no plano regulatório, cita-se a edição do programa "Solvência II" (Diretiva 2009/138/EC) aprovado pela União Europeia e cujos efeitos foram replicados em âmbito mundial visando fortalecer ainda mais as posições de estruturação financeira, supervisão e governança das empresas do ramo segurador (Baluch, Mutenga e Parsons, 2011).

Em 2017, os Furacões Harvey (2017) e Irma (2017) nos EUA, e Maria (2017), em Porto Rico, tornaram-se a série de tempestades tropicais mais devastadora da história, cujos custos totais estimados envolvendo coberturas securitárias atingiram o valor de US$ 88 bilhões. Em tal ano, foram apuradas as maiores perdas financeiras já suportadas na história por seguradoras e resseguradoras em âmbito mundial, totalizando US$ 135 bilhões em indenizações pagas (Sassian, 2019).

No ano de 2019, cita-se a pandemia do novo Coronavírus (Covid-19) que se alastrou ao longo dos anos de 2020 a 2022 em âmbito mundial. A rápida disseminação do vírus e do seu contágio entre seres humanos provocou danos sensíveis com a perda de milhões de vidas e a quebra de inúmeras atividades econômicas provocadas pelos efeitos adversos das medidas sanitárias restritivas visando diminuir a propagação da doença. As projeções de danos a serem suportados pela indústria de seguros relacionados ao Covid-19 podem superar a marca dos US$ 100 bilhões (Insurance Business, 2020).

No ano de 2022, o conflito militar entre Rússia e Ucrânia provocou impactos humanitários e econômicos relevantes. As seguradoras estimam que os danos a serem cobertos, a título de contratação de coberturas especiais, nos ramos de aviação, transporte marítimo, operações de exportação-importação e segurança cibernética, podem alcançar o valor de até US$ 35 bilhões (Reuters, 2022).

A relação dos eventos acima mencionados e os altos valores envolvidos a título de indenizações revelam a resiliência do mercado de seguros para enfrentar até mesmo os mais desafiadores riscos aos quais se encontra exposta a humanidade.

No limiar do século XXI, o maior desafio da atividade seguradora atualmente está posto na transformação das bases estruturais da atividade e da assimilação dos benefícios que os instrumentos de gestão de riscos e de comercialização digital de produtos na rede mundial de computadores têm a oferecer para a sociedade.

Os mercados tradicionais têm vivenciado uma rápida e disruptiva transformação diante da constituição de empresas totalmente estruturadas com base nas mais inovadoras tecnologias digitais desenvolvidas para o atendimento dos seus clientes e para o processamento de todas as suas atividades operacionais.

Nesse cenário, as empresas líderes de mercado realizam suas operações massivamente por meio de contratos eletrônicos (*e-commerce*).

A transformação digital pela qual os mercados tradicionais estão passando com a criação de *Fintech's* e *Insurtech's*, expressões elaboradas para denominar as novas empresas financeiras e de seguros concebidas sob o modelo de negócios das novas tecnologias digitais (*Startups*), tem propiciado uma maior agilidade no atendimento das necessidades dos consumidores, redução de custos operacionais e aumento da lucratividade.

A absorção das ferramentas de Inteligência Artificial (IA), de análise de volumes massivos de dados (*Big Data*) e de aprendizado automatizado (*Machine Learning*), aplicadas na gestão de riscos e na previsão de fenômenos objeto de coberturas securitárias para o aprimoramento de grupos segurados, poderão fortalecer ainda mais a solidez e a confiança relacionadas às instituições securitárias.

Simultaneamente, essas ferramentas poderão ser utilizadas para o aprimoramento da precificação das apólices de seguro e para o aumento dos lucros gerados para os acionistas.

Por outro lado, a massificação da *Revolução Digital 4.0* ampliará ainda mais a necessidade do desenvolvimento de novos produtos com vistas a absorver os riscos gerados por novas tecnologias nos mais diversos segmentos de atuação econômica, principalmente, os relacionados ao comércio eletrônico, aos riscos digitais, à biotecnologia e às consequências provocadas pelas mudanças climáticas.

2.2 HISTÓRIA E DESENVOLVIMENTO DO SEGURO NO BRASIL

Nos séculos XVI-XIX, o desenvolvimento do seguro no Brasil esteve diretamente vinculado ao modelo de colonização implantado por Portugal, marcadamente pautado por um mercado subdesenvolvido e dependente de agentes seguradores estrangeiros.

Apenas no século XX, constatou-se um desenvolvimento realmente significativo da participação das seguradoras nacionais com vistas ao atendimento da demanda interna do mercado brasileiro.

Nesse período, a criação de uma Política Nacional de Seguros com foco para o incentivo às sociedades seguradoras nacionais e a decretação do monopólio estatal da atividade resseguradora pautaram grande parte das atividades desenvolvidas no mercado interno.

Como será visto a seguir, esse cenário somente foi modificado no final do século XX e início do século XXI, com o advento de uma nova onda globalizante de liberalização do comércio com impacto direto na reestruturação do mercado segurador brasileiro e na reabertura à instalação de resseguradoras estrangeiras no país.

2.2.1 Início da atividade seguradora

Nos séculos XVI-XVIII, a evolução histórica do seguro no Brasil acompanhou a reboque a evolução da atividade seguradora no período das Grandes Navegações, com destaque para a influência política das nações colonizadoras e para o predomínio dos interesses comerciais das principais potências europeias no âmbito internacional.

Naquele período, em que o intenso comércio pela via marítima se apresentava como o fator fundamental de desenvolvimento das nações, foi que o Brasil começou a traçar os primeiros passos ao encontro do instituto do seguro.

Em 1808, a histórica passagem articulada por D. João VI motivou a abertura dos portos brasileiros para o comércio com outras nações e foi o fato decisivo para a instituição do seguro no Brasil.

Naquele mesmo ano, a *Companhia de Seguros Boa-Fé*, com sede na Bahia e atuação no ramo de *seguros marítimos*, se tornou a primeira companhia seguradora brasileira, sob a regulação e a direção da Casa de Seguros de Lisboa.

No ano de 1853, a *Companhia de Seguros Interesse Público* foi a primeira sociedade seguradora a atuar no ramo de *seguros terrestres*; por sua vez, no ano de 1855, a *Companhia de Seguros Tranqüilidade* se tornou a primeira seguradora a comercializar um contrato de *seguro de vida* no país (Mota, 2019).

No século XIX e início do século XX, a atividade de seguros cresceu significativamente, por se tratar de um período caracterizado pela promulgação do Código Comercial de 1850 e pela massiva atuação de sociedades seguradoras estrangeiras no país, originadas da Inglaterra, Alemanha, Suíça, França, Portugal e Estados Unidos, as quais se beneficiavam da pouca regulação estatal e do baixo risco para auferirem grandes lucros (Alberti, 2001:28; 35-43; e, 90; e, Contador, 2014:05).

A promulgação do Código Comercial de 1850 representou a superação da regulamentação do sistema jurídico português a respeito do seguro marítimo, na época, regulado e fiscalizado pela Casa de Seguros de Lisboa, e, determinou os fundamentos da matéria no ordenamento jurídico do Império Brasileiro.

Aponta-se o Código Comercial como o principal fator jurídico responsável pela consolidação e pela instalação de companhias seguradoras no Brasil, inclusive, de sucursais e agências de seguradoras estrangeiras, em razão da previsão de direitos e obrigações relativos aos contratos de seguro praticados no mercado internacional.

Também se atribui a tal legislação o desenvolvimento de outras modalidades securitárias como o seguro terrestre, o qual, por analogia, se submeteu às regras contidas naquela lei.

Além disso, tamanha a importância do Código Comercial que, ainda hoje, diante da inexistência de lei específica, ele continua regulando o *contrato de seguro marítimo* no direito brasileiro.

Por outro lado, a inexistência de um corpo legislativo específico para a regulação do desenvolvimento da atividade securitária no Brasil contribuía para que sociedades seguradoras estrangeiras ingressassem e atuassem no mercado interno sem maiores entraves com o escopo de prospectar negócios e auferir lucro por meio da arrecadação de prêmios.

Podem ser citados como exemplos da liberdade com a qual as sociedades seguradoras estrangeiras atuavam no país, num primeiro momento, a inexistência da obrigatoriedade de prestação de declarações relativas aos lucros auferidos para fins da cobrança de tributos e a inexistência da obrigatoriedade de constituição de reservas técnicas a fim de garantir a solvabilidade dos seus negócios em território brasileiro.

Este cenário motivou o surgimento de um movimento político de seguradores brasileiros com o intuito de provocar o governo federal a impor um tratamento isonômico entre empresários nacionais e estrangeiros em relação ao cumprimento das obrigações acima mencionadas, cujos debates propiciaram o incremento da legislação reguladora de seguradoras provenientes do exterior com atividades no país (ALBERTI, 2001:35-61).

O Decreto Federal 294/1895 (complementado pelo Decreto 2.153/1895), considerado o primeiro corpo normativo genuinamente regulador do mercado de seguros brasileiro, foi editado com o objetivo de estabelecer requisitos mínimos para o funcionamento de companhias estrangeiras de seguro de vida no Brasil.

Tal conjunto normativo, entretanto, logo após sua entrada em vigor, foi objeto de intensos debates quanto à sua aplicabilidade a seguradores que já estivessem a desenvolver suas operações no país antes do início da sua vigência.

Vários foram os requisitos impostos pelo decreto aos seguradores estrangeiros do ramo de vida, dentre os quais podem ser citados (Arts. 1º ao 9º do Decreto Federal 294/1895):

(i)   exigência de prévia autorização para funcionamento no mercado segurador interno;

(ii) apresentação e publicação da relação dos seguros à época emitidos e em vigor;

(iii) aplicação do valor correspondente às reservas técnicas em ativos situados no país;

(iv) agência instalada no país, com competência para decidir sobre a aceitação de propostas e a liquidação de sinistros, dentre outros, sob pena de suspensão das atividades.

Na mesma linha, o Decreto Federal 4.270/1901, denominado de *Regulamento Murtinho*, estendeu os requisitos impostos pelas normas supracitadas *a todos os ramos de seguros (seguros gerais ou elementares) explorados por seguradoras estrangeiras.*

O decreto referenciado estabeleceu ainda as seguintes exigências de funcionamento abrangendo seguradores nacionais e estrangeiros, as quais seriam fiscalizadas pela Superintendência Geral de Seguros (Arts. 60 ao 64 do Decreto Federal 4.270/1901):

(i) limitação da capacidade de aceitação de riscos fixada em 20% (vinte por cento) do capital realizado no Brasil;

(ii) separação obrigatória das operações de seguros terrestres e marítimos das operações de seguros de vida;

(iii) aplicação em ativos nacionais do saldo dos prêmios apurado após o abatimento das despesas, sinistros, dividendos e indenizações, dentre outras regras.

A nova carga de exigências imposta pelo *Regulamento Murtinho* provocou o descontentamento do mercado segurador brasileiro e motivou a edição do Decreto Federal 5.072/1903, com o objetivo de atender tanto às seguradoras nacionais quanto aos seguradores estrangeiros, os quais já se encontravam em pleno funcionamento e se viram obrigados a promover inúmeras alterações para continuarem a operar no Brasil, restaurando-se em parte o sistema anterior.

O artigo 8º do Decreto Federal 5.072/1903, em resumo, estabeleceu que:

(i) somente as companhias seguradoras constituídas após a sua vigência estariam submetidas à integralidade do escopo de sua regulamentação, reconhecendo, assim, expressamente, o direito adquirido dos seguradores estrangeiros de continuarem a funcionar no país de acordo com as leis da época da sua respectiva constituição; e,

(ii) consequentemente motivou a interpretação a respeito da não obrigatoriedade de se submeterem à fiscalização da Inspetoria de Seguros, órgão sucessor da Superintendência Geral de Seguros.

Além disso, suprimiu requisitos considerados estratégicos da legislação anterior que conferiam uma maior isonomia entre seguradores nacionais e estrangeiros bem como garantiam uma maior retenção dos investimentos necessários para o desenvolvimento da atividade securitária no país mediante a exigência de aplicação de reservas técnicas e parte significativa dos lucros auferidos em ativos nacionais.

Por sua vez, no âmbito do Poder Judiciário, o Supremo Tribunal Federal (STF) ao proferir o Acórdão 1.400, de 04/12/1909, também reconheceu o direito adquirido das seguradoras estrangeiras de continuidade do exercício de suas atividades independentemente de posteriores modificações legislativas impondo-lhes exigências como as mencionadas.

Tal posicionamento somente foi modificado a partir de uma nova interpretação normativa conferida pela Inspetoria de Seguros com base em duas novas leis: (i) o *Código Civil de 1916*, o qual instituiu normas gerais sobre o contrato de seguro; e, (ii) o *Decreto Federal 14.593/1920*, o qual impôs novas regras para a atividade de seguros no país.

A promulgação do Código Civil de 1916 estabeleceu no plano nacional regras abrangentes sobre o contrato de seguro assim como veiculou dispositivos específicos a respeito dos *seguros de danos*, do *seguro de vida* e do *seguro de mútuo*.

A conjunção dos preceitos constantes no Código Comercial de 1850 e no Código Civil de 1916 foi determinante para a regulação das relações jurídicas securitárias desenvolvidas no país por mais de um século.

Curioso notar que o Decreto Federal 14.593/1920 previu, à época, que as seguradoras estrangeiras constituídas antes da vigência do Decreto Federal 4.270/1901 *estariam submetidas às disposições por ele regulamentadas* em tudo quanto não violasse essencialmente os direitos adquiridos e irrevogáveis reconhecidos pelo precedente jurisprudencial do STF sobre a matéria.

Diante disso, a Inspetoria de Seguros entendeu que seria juridicamente possível estender as exigências aplicáveis às seguradoras nacionais às seguradoras estrangeiras, como, por exemplo, a apresentação de relatórios e documentos para fins de fiscalização, com o intuito de eliminar o regime de funcionamento híbrido até então existente e que beneficiava as seguradoras originadas do exterior constituídas antes da vigência do Decreto Federal 4.270/1901.

Em razão de pressões provenientes do próprio mercado segurador nacional, o Decreto Federal 16.738/1924, o qual estabeleceria novas regras para a atividade de seguros foi suspenso logo após a sua promulgação, o que implicou a repristinação tácita do Decreto Federal 14.593/1920, anteriormente revogado, aplicado até o ano de 1932.

O que, todavia, parecia ter solucionado a questão posta em debate no âmbito dos Poderes Legislativo e Judiciário, ao contrário de pacificá-la, motivou a adoção de medidas ainda mais severas no período histórico subsequente, caracteristicamente marcado pela nacionalização das atividades econômicas estratégicas do país, como será visto a seguir.

2.2.2 Nacionalização da atividade seguradora

No Governo Getulio Vargas (1934-1945), diante da constatação da evasão de divisas sem uma correspondente contrapartida técnico-financeira e do déficit regulatório do mercado securitário, deliberou-se pela necessidade de modificação da Política Nacional de Seguros Privados visando à proteção dos interesses brasileiros em face da atuação de grupos econômicos estrangeiros no país.

Em tal época, foi estabelecida uma política de nacionalização progressiva das sociedades seguradoras em todas as suas modalidades com a obrigatoriedade de que as sociedades estrangeiras com atuação no Brasil se constituíssem ou se transformassem em nacionais e que o capital acionário fosse titularizado apenas por brasileiros (Art. 117 da Constituição Federal de 1934; e, Art. 145 da Constituição Federal de 1937).

Como será visto no Capítulo 12, em tal época, foi criado o antigo Instituto de Resseguros do Brasil – IRB (atualmente IRB Brasil Re), com o objetivo de exercer o monopólio da atividade resseguradora no país.

O Decreto-Lei 2.063/1940, foi promulgado para regular as operações de seguro privado, as quais eram exercidas por sociedades anônimas, mútuas e cooperativas, estas últimas apenas no seguro agrícola, mediante autorização do Governo Federal.

Posteriormente, no Governo Castelo Branco (1964-1967), foi promulgado o Decreto-Lei 73/1966, regulado pelo Decreto 60.459/1967, o qual instituiu o Novo Sistema de Seguros Privados, composto pelo Conselho Nacional de Seguros Privados (CNSP), pela Superintendência de Seguros Privados (SUSEP), pelo IRB, pelas sociedades seguradoras e pelos agentes de seguros, e tratou o resseguro como atividade integrante das operações de seguros privados com a finalidade de pulverizar os riscos e fortalecer as relações econômicas do mercado.

Desde tal época, essa legislação tem regulado o mercado de seguros brasileiro, o qual se desenvolveu, caracteristicamente, sob o influxo de uma política estatal de viés preponderantemente nacionalista, moldando os interesses dos agentes de mercado e dirigindo a sua atuação nos limites regulatórios estabelecidos pelos governos que se sucederam ao longo desse período histórico.

Esse cenário somente modificou-se a partir da transição política ocorrida na década de 1980, com a restauração do sistema democrático o qual veio a se concretizar com a realização da eleição indireta para Presidente da República (1985) e a promulgação da Constituição Federal de 1988, como reflexo da própria modificação da conjuntura econômica mundial que influenciou o Brasil.

2.2.3 Modernização do mercado de seguros brasileiro

A instalação de um novo período republicano democrático possibilitou a edição de conjuntos normativos considerados fundamentais para a modernização do mercado segurador brasileiro com o intuito de imprimir uma nova regulamentação da atividade seguradora e das relações jurídicas firmadas entre seguradoras e segurados.

Nesse período, a adoção de medidas econômicas e legislativas recomendadas por organizações internacionais, por influência da *Globalização Econômica*, contribuiu diretamente para a criação de condições ideais visando ao crescimento da atividade seguradora no país, por exemplo, com a estabilização da política monetária.

No âmbito infralegal, merece destaque ainda a atuação da SUSEP na qualidade de órgão supervisor e regulador do mercado com a competência para conceder as autorizações de funcionamento, estabelecer as exigências técnicas mínimas e elaborar os clausulados básicos das condições gerais dos contratos de seguro comercializados no país.

Dentre os principais conjuntos normativos promulgados nesse período cita-se o *Código de Defesa do Consumidor de 1990*, responsável por regular as relações de consumo celebradas entre fornecedores de produtos e de serviços, inclusive as de natureza securitária.

O CDC introduziu uma série de novos direitos e de obrigações a serem observados nas relações de consumo com o intuito de possibilitar uma maior clareza, transparência e responsabilidade das informações referentes aos produtos e serviços ofertados aos consumidores.

Tal legislação contribuiu diretamente para que as condições contratuais e a qualidade dos serviços fornecidos pelas companhias seguradoras no mercado brasileiro evoluíssem tendo como objetivo a diminuição de litígios e uma maior conscientização do segurado na contratação de apólices de seguros.

Posteriormente, importante mencionar a promulgação do *Código Civil de 2002*, o qual foi responsável por introduzir uma nova regulamentação dos direitos e obrigações gerais dos contratos de seguro firmados no país.

A estrutura jurídica do Capítulo XV do Código Civil de 2002 (Arts. 757 a 802) prevê *normas gerais sobre o contrato de seguro* assim como normas específicas sobre os *seguros de danos* e sobre os *seguros de pessoas*.

O Código Civil de 2002 foi responsável pela revogação do Código Civil de 1916 e do Código Comercial de 1850, cujos preceitos regularam conjuntamente por mais de um século as relações jurídicas securitárias no país, restando, apenas vigente atualmente a parte que regula o *seguro marítimo* do diploma comercial.

No início do século XXI, a onda de ofertas públicas iniciais de ações (*IPO's*) e de aquisições e fusões de grandes grupos empresariais (*M&A's*) praticada em âmbito mundial também foram reproduzidas no âmbito do mercado segurador brasileiro (DATT, 2019).

Nessa linha, constatou-se a realização de operações de abertura de capitais para novos investidores e a celebração de negócios societários típicos cujos objetos foram aquisições e fusões entre sociedades do ramo financeiro e do ramo segurador com o intuito de:

(i)   fortalecer as suas posições no mercado em face dos seus concorrentes;

(ii) ampliar os seus canais de distribuição de produtos e serviços;

(iii) desenvolver novas tecnologias aplicadas ao seu ramo de atuação; e,

(iv) potencializar os seus valores de mercado e os lucros gerados pelas suas atividades aos seus respectivos acionistas.

Subsequentemente, merece destaque a promulgação da *Lei de Resseguros de 2007*, voltada precipuamente para regular a reabertura do mercado ressegurador, e, também, dotada de normas voltadas para regular outros temas securitários, como, por exemplo, as hipóteses de autorização para a celebração de contratos de seguro no exterior e de operações com moedas estrangeiras.

Em razão das suas especificidades, as normas relacionadas ao contrato de resseguro serão analisadas com maior profundidade no Capítulo 12.

Por fim, no âmbito do direito projetado, destaca-se a tramitação no Congresso Nacional do *Projeto de Lei de Seguros Privados* (originalmente denominado de PL 3.555/2004) visando regular de maneira abrangente o contrato de seguro no país.

Caso venha a ser aprovado, o PL de Seguros passará a regular de maneira geral as normas relacionadas aos direitos e obrigações inerentes aos contratos de seguros privados no Brasil, com a revogação expressa das disposições contidas no Código Civil de 2002 (Arts. 757 a 802) e a revogação implícita de outras normas que com ele forem incompatíveis.

Em conclusão, pode-se afirmar que o mercado segurador brasileiro é pautado por uma intensa regulamentação infralegal imposta pelo ente regulador de mercado, a SUSEP, e por normas previstas em leis gerais e específicas que possibilitam uma grande solidez das atividades exercidas pelas sociedades seguradoras e a proteção dos interesses dos consumidores.

3
MERCADO SEGURADOR MUNDIAL

Neste capítulo serão apresentados os dados estatísticos e as características do mercado segurador mundial bem como a indicação dos países que lideram o *ranking* de arrecadação de prêmios. Também serão analisados os entes supervisores e a estrutura regulatória adotada pelos principais mercados de seguros.

3.1 TIPOS E CARACTERÍSTICAS

A formação de um mercado de um determinado produto ou serviço está diretamente relacionada à possibilidade de contato entre o fornecedor da mercadoria ou do serviço ofertado e o adquirente interessado na sua aquisição (Carter, 1983:24-27).

Nessa linha, a celebração de um negócio não precisa ser realizada presencialmente, considerando a possibilidade de contratação por meio de um canal de comunicação entre as partes contratantes ou a existência de um canal de distribuição intermediado, por exemplo, por um distribuidor ou agente comercial.

Atualmente, as operações comerciais realizam-se por meio de estabelecimentos físicos ou por meio de sítios eletrônicos e de aplicativos digitais voltados para a celebração de negócios na rede mundial de computadores.

Nesse contexto, o desenvolvimento do mercado segurador mundial tem ocorrido, resumidamente, sob duas formas:

(i) *mercados internos*, fixados em regiões nas quais os segurados possam buscar diretamente a contratação de coberturas para as suas necessidades; e,

(ii) *mercados internacionais*, estabelecidos em centros financeiros com vocação para a realização de transações econômicas em nível global, dotados de vantagem competitiva seja do ponto de vista técnico seja do ponto de vista do valor do negócio, comparativamente aos seus concorrentes nacionais.

No primeiro modelo de mercado, consequentemente, a maior margem de negócios das seguradoras é gerada pelo volume de arrecadação interna de coberturas securitárias contratadas em razão da demanda de segurados situados no mesmo raio de abrangência territorial.

No segundo modelo de mercado, o volume de arrecadação de prêmios advém do *mix* de negócios realizados nos seus limites territoriais e de negócios internacionais com vistas ao atendimento de demandas específicas ou do atendimento de consumidores em mercados menos desenvolvidos do ponto de vista de oferta de cobertura securitária.

Importante mencionar ainda os *mercados comuns* e os *tratados internacionais* visando estabelecer *zonas de livre comércio* entre os países membros ou signatários com o intuito de ampliar a celebração de novos negócios e a circulação de riquezas.

Exemplo típico de mercado vocacionado para as transações comerciais internacionais é o do Lloyd's de Londres, cuja estrutura extremamente especializada e flexível, em comparação a outros países com uma incidência regulatória mais exaustiva, possibilita a contratação de coberturas para praticamente todas as espécies de riscos seguráveis.

Destaca-se, ainda, a grande competividade em relação aos preços dos serviços ofertados, em razão de uma grande quantidade de concorrentes situados num único espaço de operações comerciais.

Importante esclarecer que a consolidação de mercados de seguros está ainda diretamente relacionada à estabilidade política e econômica dos países nos quais instalados, cujos reflexos geram impactos, principalmente, para fins de estruturação de negócios de longo prazo.

E, inclusive, dos seus efeitos nos sistemas de tributação para o cálculo de impostos incidentes sobre as operações e do câmbio adotado para a conversão das importâncias seguradas.

Com base nessas premissas, o mercado segurador mundial tem se destacado pela capacidade de gestão de riscos e pela estabilidade financeira propiciada pelos ativos e pelos investimentos financeiros que integram o seu patrimônio, tornando-o um mecanismo indispensável para o funcionamento dos sistemas econômicos.

Além disso, pode-se afirmar que as sociedades seguradoras detêm filiais e agências em todo o mundo e intensificam seus negócios por meio de processos de aquisição, fusão e incorporação entre congêneres objetivando incrementar o potencial financeiro de seus investimentos, patrimônios e rentabilidade de seus acionistas.

Com base em tal cenário, pode-se afirmar que não há mais fronteiras técnicas em relação ao mercado segurador mundial. Os avanços e tecnologias peculiares a tal negócio são noticiados e assimilados por todas as empresas do mundo, qualquer que seja o lugar em que se encontrem estabelecidas.

3.2 DADOS ESTATÍSTICOS

Em 2021, as estimativas técnicas revelaram que o mercado de seguros mundial obteve a expressiva marca de quase US$ 7 trilhões em arrecadação de prêmios, o equivalente a 7,1% do PIB mundial (Swiss Re, Sigma, 2022).

No ano de 2021, as operações relacionadas aos *seguros de danos* (seguro de automóvel, aviação, navegação, responsabilidade civil, dentre outros) lideraram as arrecadações com a marca de US$ 3,863 bilhões, o equivalente a 56% do total de prêmios arrecadados. Enquanto as operações relativas aos *seguros de pessoas* atingiram a soma de US$ 2,997 bilhões no mesmo período, o equivalente a 44% do total de prêmios arrecadados.

Em relação à arrecadação de prêmios de seguros por países, o *ranking* mundial (2021) apresentou a seguinte classificação: 1º *Estados Unidos da América*, com US$ 2,718 bilhões (39%); 2º *China*, com US$ 696 bilhões (10%); 3º *Japão*, com US$ 403 bilhões (6%); 4º *Reino Unido*, com US$ 399 bilhões (6%); 5º *França*, com US$ 296 bilhões (4%); 6º *Alemanha*, com US$ 275 bilhões (4%); e, 17º *Brasil*, com US$ 62 bilhões (1%).

Em relação ao desempenho apresentado pelo Brasil, comparando-se o desempenho obtido entre os anos de 2005-2021, mesmo diante de um cenário político e econômico instável vivenciado nos anos de 2013-2016 e impactado pela pandemia mundial nos anos de 2020-2022, constatou-se um crescimento significativo na arrecadação de prêmios de seguros:

(i) em 2005, o Brasil arrecadou o total de US$ 23 bilhões em prêmios de seguros e alcançou a 20ª posição do ranking mundial;

(ii) em 2021, o Brasil arrecadou o total de US$ 62 bilhões em prêmios de seguros e alcançou a 17ª posição do ranking mundial.

Na América Latina, o Brasil aparece em primeiro lugar na arrecadação de prêmios de seguros, com 41% do total do mercado, enquanto o México aparece em segundo lugar, com US$ 32 bilhões (25º no geral), a Argentina em terceiro lugar, com US$ 10,8 bilhões (40º no geral) e o Chile em quarto lugar, com US$ 10,6 bilhões (41º no geral).

Em que pese a cultura de contratação de apólices de seguro ser ainda incipiente no Brasil, comparativamente ao mercado segurador de países mais desenvolvidos economicamente, o índice de consumo *per capita* de serviços de seguro revelou que, em 2021, o Brasil ocupou a 52ª posição no *ranking* mundial de consumo de seguros.

Este índice encontra-se intrinsecamente relacionado ao interesse e ao conhecimento dos consumidores em relação à contratação de seguros, e, com isso, revela dados animadores para o mercado nacional tendo em vista o seu grande potencial de expansão.

Constata-se a partir desse comparativo que as projeções para o crescimento do mercado brasileiro nas próximas décadas são extremamente promissoras e poderão impulsionar ainda mais o ganho de posições no *ranking* mundial da arrecadação de prêmios de seguros.

3.3 ATIVIDADE SEGURADORA E SISTEMAS DE REGULAÇÃO

Neste subitem serão apresentados os entes supervisores e reguladores prudenciais e as estruturas dos sistemas de seguros de alguns dos principais países com base na arrecadação de prêmios do mercado segurador mundial.

A apresentação do funcionamento dos diferentes sistemas de supervisão e de regulação prudencial no mundo possibilitará uma visão mais ampla e comparativa com o Sistema Nacional de Seguros brasileiro que será abordado no próximo capítulo.

3.3.1 Estados Unidos da América

Nos Estados Unidos da América, a atividade seguradora é regulada e supervisionada predominantemente em âmbito estadual, uma vez que por tradição histórica e por convenção jurídica, a competência para legislar sobre seguros foi atribuída aos estados da federação norte-americana.

No célebre caso *Paul v. Virginia (1869, 75 US 8 Wall. 168)*, a Suprema Corte Norte-Americana decidiu que os estados federados tinham competência plena para editar leis estaduais estabelecendo requisitos específicos para a autorização de funcionamento de empresas seguradoras nos seus limites territoriais.

Em tal precedente, a Suprema Corte refutou o pleito do autor da ação, um agente de companhias seguradoras do Estado de Nova Iorque para atuar no Estado de Virginia sem licença de funcionamento concedida por este último estado, e na época concluiu que a venda de seguros não estava inserida na cláusula de competência federal para legislar sobre matéria comercial.

Contudo, posteriormente, a partir do caso *United States v. South-Eastern Underwriters Association (322 US 533 – 1944)*, a Suprema Corte Norte-Americana decidiu que a Lei Antitruste de 1890 (Sherman Antitrust Act, 1890), de competência federal, também era aplicável à atividade seguradora, superando-se a inteligência restritiva do entendimento proferido no caso *Paul v. Virginia*.

Diante dos potenciais prejuízos econômicos que a modificação do padrão regulatório poderia ocasionar para o funcionamento do mercado segurador norte-americano, o Congresso estadunidense editou a *Lei de Regulação da Atividade de Seguros de 1945* (Mccarran-Ferguson Act, 1945), reconhecendo que a atribuição para regular e tributar a atividade seguradora permaneceria sob a competência dos Estados da federação (Naic, Mccarran-Ferguson, 2019).

Dessa forma, compete a cada estado norte-americano editar a sua legislação específica para regular o mercado de seguros nos limites da sua jurisdição.

Geralmente, os estados da federação norte-americana editam códigos de seguros estaduais consolidando diversas normas visando regular a atividade seguradora e o regime contratual a respeito dos direitos e obrigações relacionados ao contrato de seguro.

Como exemplo, cita-se o Código de Seguros do Estado da Califórnia, responsável por consolidar todas as normas relativas à regulação da atividade seguradora e do regime jurídico do contrato de seguro nos seus limites territoriais (EUA, Califórnia, 2019).

Tal fato, contudo, não impede o Governo Federal de editar normas gerais sobre o exercício da atividade seguradora e sobre atividades correlacionadas, como, por exemplo, o *McCarran-Ferguson Act de 1945* e a *Lei de Proteção e Defesa do Consumidor de 2010* (Dodd-Frank Wall Street Reform and Consumer Protection Act, 2010).

Após a Crise Financeira Mundial de 2008, relevante mencionar ainda a criação do *Escritório Federal de Seguros* (Federal Insurance Office) com a competência para monitorar as medidas regulatórias e prudenciais adotadas no âmbito do mercado segurador nos EUA.

Nesse contexto, também merece destaque o papel desempenhado pela *Associação Nacional de Comissários de Seguros* (National Association of Insurance Comissioners – NAIC), entidade composta pelos superintendentes dos órgãos reguladores estaduais de seguro e responsável por propor a adoção de regulamentos e leis uniformes pelos estados norte-americanos.

No ano de 2018, com base na arrecadação de prêmios apurada, o maior mercado interno de seguros nos EUA foi o do Estado da Califórnia, com US$ 80 bilhões, seguido dos estados do Texas, com US$ 58 bilhões, da Flórida com US$ 53 bilhões, e de Nova Iorque, com US$ 48 bilhões.

Com base na arrecadação de prêmios, o Estado da Califórnia ocuparia a 13ª colocação do *ranking* mundial de seguros, à frente de países como Austrália, Espanha e Brasil, em razão do grande volume de negócios gerados pelas seguradoras com sede nos seus limites territoriais.

3.3.2 Reino Unido

No Reino Unido, a atividade seguradora abrange os mercados da Inglaterra, do País de Gales, da Escócia e da Irlanda do Norte, e é supervisionada por duas entidades estatais: (i) a *Autoridade de Regulação Prudencial – ARP* (Prudential Regulation Authority – PRA); e, (ii) a *Autoridade de Conduta Financeira – ACF* (Financial Conduct Authority – FCA) (Reino Unido, Autoridade, 2019; Reino Unido, Banco, 2019).

A *Autoridade de Regulação Prudencial – ARP* (Prudential Regulation Authority – PRA) é uma entidade vinculada ao Banco Central da Inglaterra, responsável pela atividade de regulação e supervisão simultânea do mercado financeiro e securitário, com a missão de garantir a segurança e a solidez dos agentes que integram esses mercados.

A *Autoridade de Conduta Financeira – ACF* (Financial Conduct Authority – FCA) é uma entidade independente, responsável pela atividade de supervisão das condutas praticadas pelos agentes do mercado financeiro e segurador com o objetivo de proteger os consumidores, garantir a integridade da sua estrutura e estimular a concorrência entre os seus agentes.

A ARP e a ACF foram constituídas no ano de 2013, a partir do desmembramento da extinta-Autoridade de Serviços Financeiros – AFC (Financial Services Authority – FCA).

O Sistema de Supervisão e Regulação conta ainda com o *Serviço de Reclamações Financeiras - SRF* (Financial Ombudsman Service - FOS), entidade independente responsável por receber, processar e intermediar a solução de reclamações formuladas por consumidores de serviços financeiros ingleses.

Por último, menciona-se ainda o *Fundo de Compensação de Serviços Financeiros - FCSF* (Financial Services Compensation Scheme - FSCS), constituído para garantir o cumprimento das obrigações assumidas por entidades financeiras e seguradoras em prol dos seus respectivos clientes e segurados nos casos de processos insolvenciais.

No plano regulatório, a atividade seguradora é disciplinada pela *Lei dos Serviços e dos Mercados Financeiros de 2000* (Financial Services and Markets Act 2000), responsável por estabelecer a estruturação do mercado e dos processos de obtenção de autorização, funcionamento e suspensão das atividades das sociedades seguradoras e resseguradoras.

A *Lei dos Serviços e dos Mercados Financeiros de 2000* foi alterada pela *Diretiva CE 138/2009 (Solvência II)*, promulgada para regular as atividades de sociedades seguradoras e resseguradoras de maneira uniforme no âmbito dos países membros da União Europeia, cuja vigência iniciou-se em 01/01/2016.

No âmbito do regime contratual, há uma série de leis específicas a respeito do contrato de seguro. Dentre as principais, podem ser citadas: (i) a *Lei de Seguros Marítimos de 1906* (Marine Insurance Act, 1906); (ii) a *Lei dos Terceiros Beneficiados por Seguros de Responsabilidade Civil de 2010* (Third Parties Rights Against Insurers, 2010), com início de vigência em 2016; (iii) a *Lei de Consumidores de Seguro de 2012* (Insurance Consumers Act, 2012); e, (iv) a *Lei de Seguros de 2015* (Insurance Law, 2015), com início de vigência em 2016.

Por fim, importante relembrar que o Reino Unido aprovou por meio de plebiscito a sua saída da União Europeia (Brexit), operação esta que foi efetivada, após um longo período de transição, com a celebração do *Acordo de Comércio e Cooperação*, em 24/12/2020, e a sua ratificação pelos governos signatários (UE, *EU-Uk Trade*, 2020).

Com a efetivação da saída do Reino Unido, a partir do dia 01/01/2021, as seguradoras e resseguradoras britânicas não poderão mais se beneficiar da autorização automática conferida aos países-membros pelo regime de *Solvência II* e pela *Diretiva sobre Distribuição de Seguros* para comercialização de coberturas comuns ou eletrônicas no mercado comum europeu (UE, *Withdraw*, 2020).

Em razão disso, as seguradoras e resseguradoras britânicas deverão obter autorização e comprovar o atendimento dos pressupostos técnico-atuariais exigidos pelas Autoridades Supervisoras de Seguros de cada país-membro do bloco visando garantir a comercialização dos seus produtos securitários e ressecuritários nos seus respectivos limites territoriais.

As empresas que já possuem filiais com autorização para funcionamento nos países-membros poderão se beneficiar desse *status* para continuidade das suas atividades operacionais nos respectivos ramos de atuação.

A saída do Reino Unido da União Europeia também afetará o regime jurídico dos contratos de seguros existentes e estabelecerá a obrigatoriedade de contratação de coberturas específicas para garantia de riscos que passarão a ser considerados como provenientes de um país extracomunitário (ex.: seguros sociais, seguros de automóveis e seguros de saúde).

Por outro lado, a manutenção do alinhamento do regime regulatório britânico com as normativas comunitárias certamente significará um fator de facilitação para as futuras negociações objetivando viabilizar a ampliação do tratado de livre comércio celebrado entre o Reino Unido e a União Europeia no âmbito do mercado segurador e ressegurador.

3.3.3 Portugal

Em Portugal, compete à *Autoridade de Supervisão de Seguros e Fundos de Pensões – ASF* (antigo Instituto de Seguros de Portugal), entidade administrativa independente, exercer a função de agente regulador e fiscalizador do mercado de seguros português (Portugal, ASF, 2019).

As normas sobre a autorização e o funcionamento das sociedades seguradoras estão previstas no *Regime Jurídico de Acesso e Exercício da Atividade Seguradora e Resseguradora de 2015* (Lei 147, de 09/09/2015), o qual transpôs para o ordenamento jurídico português o conteúdo da *Diretiva CE 138/2009 (Solvência II) da União Europeia*.

No plano contratual, a *Lei de Seguros de 2008* (Decreto-lei 72, de 16/04/2008) estabelece o regime jurídico do contrato de seguro, o qual está estruturado com base em três partes fundamentais: disposições gerais, seguro de danos e seguro de pessoas, com o objetivo de promover a consolidação das normas aplicáveis à matéria (Portugal, Lei de Seguros, 2019).

A edição do Código de Seguros português implicou a revogação de diplomas jurídicos que tratavam de maneira geral ou específica sobre o tema, como, por exemplo, dispositivos do Código Comercial português de 1888 e de outras leis esparsas sobre o assunto.

Todavia, o contrato de seguro permanece sob a influência jurídica de regras gerais aplicáveis a todas as espécies contratuais como as previstas no Código Civil português de 1966 (Decreto-lei 47.344, de 25/11/1966) (Portugal, Código Civil, 2019).

Por fim, importante mencionar ainda a constante harmonização da legislação portuguesa aos preceitos editados no âmbito da União Europeia com o intuito de regular a comercialização de seguros no âmbito do mercado comum europeu.

Portanto, constata-se em Portugal a existência do regime jurídico regulador da atividade, do regime jurídico contratual e da sua harmonização com o direito comunitário europeu (Martinez, 2006:34).

3.3.4 Espanha

Na Espanha, a atividade prudencial é exercida pela *Direção Geral de Seguros e Fundos de Pensões – DGSFP* (Dirección General de Seguros y Fondos de Pensiones), órgão vinculado ao Ministério da Economia, na qualidade de ente regulador e fiscalizador do mercado de seguros (Espanha, Direção, 2019).

No plano regulatório, a *Lei de Ordenação, Supervisão e Solvência das Entidades Seguradoras e Resseguradoras* (Ley 20, de 14/07/2015) tem por objetivo regular e supervisionar as atividades de seguro e resseguro privadas abrangendo as condições de acesso e exercício, o regime de solvência, saneamento e liquidação extrajudicial (Espanha, Lei de Ordenação, 2019).

A Lei de Ordenação espanhola de 2015 também é fruto da incorporação ao ordenamento jurídico interno da *Diretiva CE 138/2009 (Solvência II)*, visando uniformizar os padrões regulatórios adotados no âmbito da União Europeia.

No plano contratual, a *Lei de Seguros de 1980* (Ley 50, de 08/10/1980) dispõe de maneira detalhada a respeito dos princípios e das regras aplicáveis ao contrato de seguro, com base em quatro capítulos: disposições preliminares, seguros de danos, seguros de pessoas e normas de direito internacional privado (Espanha, Lei de Seguros, 2019).

A promulgação da Lei de Seguros espanhola de 1980 provocou a revogação de dispositivos específicos contidos, por exemplo, no *Código de Comércio espanhol de 1885* (Arts. 380-438 do Real Decreto de 22/08/1885) e no *Código Civil espanhol de 1889* (Arts. 1.791-1.797 do Real Decreto de 24/07/1889).

O contrato de seguro ainda é regulado por disposições normativas específicas, como, por exemplo, o seguro de crédito à exportação (Ley 10, de 04/07/1970) e o seguro marítimo, o qual continua regido pelo Código de Comércio espanhol de 1885 (Arts. 737-805), e por normas gerais aplicáveis a todas as espécies contratuais previstas no Código Civil espanhol de 1889.

Também se verifica no plano legislativo securitário espanhol uma harmonização da legislação reguladora com as disposições comunitárias visando promover uma maior segurança jurídica sobre o tratamento da matéria no âmbito do mercado comum europeu.

3.3.5 França

Em França, a atividade supervisora é exercida pela *Autoridade de Controle Prudencial e de Resolução* (Autorité de Contrôle Prudentiel et de Résolution – ACPR), entidade administrativa independente, vinculada ao Banco Central da França, responsável por realizar a função de órgão regulador e fiscalizador do mercado financeiro e securitário, criada a partir da fusão das Autoridades de Supervisão Bancária e Seguradora.

Compete ao *Código de Seguros de 1976* (Décret 76-666, du 16/07/1976), atualizado pela *Diretiva CE 138/2009 (Solvência II)* da União Europeia, estabelecer as normas aplicáveis à atividade seguradora e ao regime jurídico do contrato de seguro com base em uma estrutura composta de cinco livros: contrato, seguros obrigatórios, empresas, organização e regimes particulares, e intermediários de seguro e de capitalização.

A codificação securitária foi aprovada com o intuito de consolidar uma série de leis francesas esparsas a respeito da atividade seguradora e do contrato de seguro imprimindo assim uma maior racionalidade e organização jurídica sobre a matéria.

Importante mencionar ainda a existência do *Código de Seguros Mútuos francês de 1955* (Décret 55-1070, du 05/10/1955, atualizado pela Ordonnace 2001-350, du 19/04/2001) voltado para regular especificamente as atividades desenvolvidas por sociedades seguradoras mútuas sem fins lucrativos.

Assim como nos demais países do direito continental europeu, a promulgação de uma lei especial não afastou a necessidade de observância de normas gerais e específicas aplicáveis a todas as espécies contratuais como, por exemplo, as previstas no *Código Civil francês de 1804* (Code Civil, du 21/03/1804) e no *Código de Consumo* (Code de Consommation, du 26/07/1992, atualizado pela Ordonnance 301, de 14/03/2016).

O *Código de Comércio francês de 1807* (Code de Commerce, du 17/09/1807) previu originalmente um capítulo específico sobre o contrato de seguro marítimo (Arts. 332-396), o qual, posteriormente, foi revogado. Atualmente, o seguro marítimo é regulado pelas disposições do Código de Seguros e pela Lei de Seguros Marítimos de 1967 (Loi 67-522, du 03/07/1967).

Por se tratar de um país-membro da União Europeia, o sistema securitário francês também se submete a um processo de constante harmonização da sua legislação com o intuito de eliminar as assimetrias regulatórias no âmbito do mercado segurador comum.

3.3.6 Alemanha

Na Alemanha, a atividade prudencial é exercida de maneira unificada pela *Autoridade Supervisora Financeira Federal* (Bundesanstalt für Finanzdienstleistungsaufsicht – BaFin), criada a partir da fusão das Agências Supervisoras de Seguros, de Bancos e de Valores Mobiliários alemãs (Alemanha, Autoridade, 2019).

A atividade seguradora encontra-se regulada pela *Lei de Supervisão sobre as Empresas de Seguros de 2016* (Versicherungsaufsichtsgesetz – VAG), introduzida no ordenamento jurídico interno pela *Diretiva CE 138/2009 (Solvência II)* da União Europeia, e responsável por prever as normas sobre autorização, fiscalização e solvência de sociedades seguradoras e de sociedades de mútuo (Alemanha, Lei de Supervisão, 2019).

Por sua vez, compete à *Lei do Contrato de Seguro de 2007* (Versicherungsvertragsgesetz – VVG, de 23/11/2007) regular de maneira detalhada o regime jurídico a respeito do seguro, com base em três capítulos: parte geral, classes individuais de seguros e as disposições finais, com exceção do seguro marítimo e do contrato de resseguro, os quais foram expressamente excluídos da sua abrangência normativa (Art. 209).

Apesar da regulação específica, o contrato de seguro também permanece sob a influência jurídica de regras gerais aplicáveis a todas as espécies contratuais como as previstas no *Código Civil alemão de 1896* (Bürgerliches Gesetzbuch – BGB, 24/08/1896).

O *Código Comercial alemão de 1897* (Handelsgesetzbuch – HGB, de 10/05/1897) previu um capítulo específico sobre o contrato de seguro marítimo (Arts. 798-900), o qual, todavia, foi expressamente revogado pela *Lei de Reforma da Lei de Seguros de 2007* (Gesetz zur Reform des Versicherungsvertragsrechts) (Art. 4º, § 1º) (Jürgen, 2015:106).

Desse modo, o seguro marítimo encontra-se disciplinado atualmente por disposições regulamentares editadas por associações privadas, como, por exemplo, pelas *Regras Gerais sobre Seguro Marítimo alemãs de 1919* (ALLGEMEINE DEUTSCHE SEEVERSICHERUNG-BEDINGUNGEN – ADS 1919), elaboradas por operadores marítimos e do mercado de seguros, com a participação das Câmaras de Comércio de Hamburgo e de Bremen (Soyer, 2006:185-186).

A competência para a regulação do contrato de resseguro também foi atribuída às convenções privadas e aos usos e costumes dos resseguradores alemães, por se tratar de um negócio tipicamente empresarial firmado por profissionais do mercado ressegurador.

3.3.7 Itália

Na Itália, a atividade de regulação do mercado é realizada de maneira especializada pelo *Instituto de Supervisão sobre Seguros* (Instituto per la Vigilanza sulle Assicurazioni – IVASS), entidade administrativa autônoma, vinculada ao Banco Central da Itália, responsável por exercer a função de regulação e de fiscalização do mercado segurador (Itália, Instituto, 2019).

No âmbito regulatório, compete ao *Código de Seguros Privados italiano de 2005* (Decreto legislativo 209, 13/10/2005) estabelecer de maneira abrangente as normas para o desenvolvimento da atividade seguradora, dentre as quais se destacam as normas sobre: autorização e exercício das empresas de seguro, sociedades de mútuo, distribuição de produtos, redação das condições contratuais, regimes de liquidação, dentre outras (Itália, Decreto, 2019).

Importante destacar que o Código de Seguros Privados de 2005 também foi atualizado pela *Diretiva CE 138/2009 (Solvência II).*

No âmbito contratual, compete ao *Código Civil italiano de 1942* (REGIO Decreto 262, 16/03/1942) prever o regime jurídico do contrato de seguro, com base em cinco seções: disposições gerais, seguro de danos, seguro de vida, resseguro e disposições finais (Arts. 1.882-1.932) (Itália, Regio, 2019).

O contrato de seguro ainda sofre o influxo de outras normas jurídicas como, por exemplo, o *Código de Navegação de 1942* (Regio Decreto 327, de 30/03/1942) e o *Código de Consumo de 2012* (Decreto Legislativo 206, 06/09/2005).

Assim como nos demais países membros da União Europeia, constata-se na Itália a existência de uma estrutura jurídica comum para regular a atividade seguradora e o contrato de seguro e a sua harmonização por meio de uma constante atualização legislativa promovida no âmbito comunitário.

3.3.8 União Europeia

Na União Europeia, a atividade seguradora está inserida numa macroestrutura prudencial denominada de *Sistema de Supervisão Financeira*, o qual é composto pelas seguintes entidades:

(i) a *Autoridade Bancária* (European Banking Authority – EBA), com sede em Paris;

(ii) a *Autoridade de Valores e Mercados Mobiliários* (ESMA), com sede em Paris; e,

(iii) a *Autoridade Seguradora e de Fundos de Pensões* (European Insurance and Occupational Pensions Authority – EIOPA), com sede em Frankfurt, Alemanha.

O Sistema de Supervisão Financeira é integrado ainda pelo *Conselho de Riscos Sistêmicos* (ESRB), com sede em Frankfurt, criado após a crise financeira mundial de 2008, e responsável pela atividade macropudencial desenvolvida de maneira integrada pelas autoridades supervisoras retromencionadas.

A *Autoridade Seguradora e de Fundos de Pensões* é responsável por desenvolver a cooperação com as demais autoridades seguradoras dos respectivos países membros da comunidade europeia em matéria de seguros.

Na União Europeia, as normas editadas no âmbito comunitário têm por objetivo estabelecer padrões técnicos e normativos comuns básicos a fim de que a atividade seguradora seja realizada com base em parâmetros uniformes observados por todos os seus países membros.

O espectro de abrangência normativo voltado para regular a atividade desenvolvida por sociedades seguradoras é bastante amplo, compreendendo desde normas gerais de regulação prudencial e solvencial até normas específicas regulando espécies de coberturas voltadas para o mercado consumidor em geral (*business to consumers*) e de coberturas voltadas para empresários (*business to business*).

Dentre as normas prudenciais gerais citam-se, exemplificativamente: (i) a *Diretiva CE 138, de 25/11/2009* (Solvência II), voltada para modernizar os padrões solvenciais das sociedades seguradoras e resseguradoras autorizadas a funcionar no mercado comum europeu; (ii) a *Diretiva UE 1.094, de 24/11/2010*, estabelecendo a criação da Autoridade Supervisora Europeia (Autoridade de Seguros e de Pensões Europeia); (iii) a *Diretiva UE 97, de 20/01/2016*, voltada para regular a distribuição de produtos securitários; (iv) a *Diretiva CE, 92, de 09/12/2002*, dedicada a estabelecer as normas para mediação em seguros.

Dentre as normas reguladoras específicas citam-se, exemplificativamente: (i) a *Diretiva CE 103, de 16/09/2009*, relacionada ao seguro obrigatório de responsabilidade civil de veículos automotores; (ii) a *Diretiva UE 1.286, de 26/11/2014*, voltada para regular produtos de investimentos baseados em seguro; (iii) a *Diretiva CE 785, de 21/04/2004*, com o objetivo de estabelecer os requisitos de seguros para operadores e transportadores aéreos; (iv) a *Diretiva CE 20, de 23/04/2009*, dedicada a regular os seguros de transportadores marítimos, dentre outras.

A supervisão prudencial da atividade seguradora é realizada num primeiro plano pela autoridade nacional criada para regular e fiscalizar o mercado de seguros de cada país membro e num segundo plano pela Autoridade Supervisora Europeia no seu respectivo âmbito de competência.

A harmonização do direito regulatório e dos padrões prudenciais editados no âmbito da União Europeia permitem que seguradoras autorizadas a funcionar em seus países possam instalar filiais e comercializar seus produtos nos demais países membros sem a necessidade de obtenção de autorização dos países nos quais também desenvolvam as suas atividades.

O principal objetivo da legislação comunitária prudencial sobre a atividade de seguros (exemplos: Regulamento de Solvência II e a Diretriz de Distribuição de Seguros) é o de garantir que o exercício das atividades desenvolvidas pelas seguradoras esteja sendo realizado dentro de fortes padrões técnicos e de solvabilidade financeira assim como sem a imposição de barreiras entre os países membros com o intuito de estimular o livre comércio.

A harmonização das legislações nacionais aplicáveis à regulação da atividade seguradora também tem por finalidade reduzir os custos transacionais e possibilitar uma maior clareza e simplicidade no conhecimento das normas securitárias propiciando uma maior segurança jurídica do tráfego mercantil comunitário.

Em que pese existir um vasto repertório regulamentador do exercício da atividade desenvolvida por sociedades seguradoras, não há no âmbito da União Europeia uma lei uniforme sobre o contrato de seguro, existindo em cada ordenamento jurídico nacional legislações específicas, como as vistas anteriormente, para disciplinar as particularidades normativas do tipo securitário.

A tentativa de superação do problema da diversidade de normas contratuais dos países membros têm sido realizada pela edição de sucessivas recomendações e diretrizes da União Europeia visando à adoção de medidas tópicas de alterações legislativas e da proposta de elaboração de uma Lei Europeia de Direito Contratual para Consumidores e Empresários.

As tentativas de criação de uma lei geral contratual ou de leis visando regulamentar espécies contratuais específicas não têm obtido sucesso no âmbito da União Europeia. O principal motivo está na resistência dos países membros em relação à mitigação da sua soberania para a recepção de leis comunitárias que modifiquem profundamente os seus ordenamentos jurídicos internos em matéria contratual.

Diante desse cenário, foi criada de maneira independente uma comissão composta de renomados juristas especializados para a elaboração de uma lei geral europeia que reunisse os princípios e regras fundamentais do contrato de seguro, cujo resultado foi a produção de uma lei modelo (*soft law*) denominada "Princípios do Direito Europeu do Contrato de Seguro – PDECS" (Basedow, 2009; UNIÃO Europeia, 2010).

De acordo com os Princípios do Direito Europeu do Contrato de Seguro – PDECS, o contrato de seguro é definido como: "um contrato pelo qual uma das partes, o segurador, promete à outra parte, o tomador, a cobertura de um determinado risco em contrapartida de um prémio" (Art. 1:201, A) (Associação Internacional, 2019).

Por se tratar de uma lei modelo, a sua adoção é facultativa e encontra-se inserida no âmbito jurídico de liberdade de escolha das partes contratantes a fim de evitar a necessidade de adaptações de produtos securitários comercializados em diferentes países membros com a simples adesão às normas previstas pelo PDECS (Art. 1:102).

Desse modo, enquanto não for aprovada uma Diretiva específica visando uniformizar as normas aplicáveis ao contrato de seguro na União Europeia, caberá ao jurista consultar o sistema legal de cada país membro a fim de conhecer os pormenores normativos existentes para regular essa espécie contratual.

A importância da harmonização jurídica entre as normas regulamentadoras da atividade e do regime jurídico do contrato de seguro podem ser aferidas a partir dos resultados econômicos gerados pelo mercado comum segurador europeu.

De acordo com dados da União Europeia, o mercado comum segurador europeu gera mais de 1 (um) trilhão de euros por ano, cria 1 (um) milhão de empregos e investe mais de 10 (dez) trilhões de euros no mercado interno, representando uma das atividades econômicas mais relevantes para a economia europeia (Insurance Europe, 2019).

Destaca-se, ainda, o relevante papel desempenhado pela Corte de Justiça Europeia no que se refere à edição de precedentes jurisprudenciais visando pacificar os litígios a respeito do contrato de seguro no âmbito do mercado comum europeu.

3.3.9 Mercosul

No âmbito do Mercado Comum do Sul (Mercosul), organização fundada pelo Tratado de Assunção de 1991, e da qual o Brasil figura como país membro, em matéria de seguros, infelizmente os avanços regulatórios não foram significativos.

Cita-se, por exemplo, a celebração do *Acordo Marco sobre Condições de Acesso para Empresas de Seguros com Ênfase no Acesso por Sucursal, de 07/12/1999*, cujo objeto era a implantação de normas visando eliminar as assimetrias regulatórias das atividades seguradoras existentes nos países membros.

Todavia, não houve qualquer avanço do ponto de vista da implantação da efetividade de tal tratado, o que provocou a sua revogação pelo Acordo Revogatório de

21/12/2017. Desse modo, não há no Mercosul, atualmente, norma específica em matéria de política regulatória ou de marco legislativo sobre o seguro e resseguro.

Constata-se, apenas, a existência de normas isoladas para regulação de coberturas específicas, como o da Resolução 120/1994, cujo objeto trata da obrigatoriedade da contratação de seguro de responsabilidade civil para automóveis de passeio em viagem internacional nos países membros.

No Brasil, a matéria foi introduzida no ordenamento jurídico interno pela Circular SUSEP 010, de 16/06/1995 (substituída pela Circular SUSEP 614, de 11/09/2020), voltada para regular a contratação obrigatória da cobertura de danos materiais e/ou pessoais causados a terceiros e provocados por acidente de trânsito envolvendo veículo de passeio em viagem internacional nos países membros do Mercosul.

Atualmente, a própria existência desse seguro tem sido objeto de discussão e de propostas de revisão entre os países membros a fim de adequá-lo às reais necessidades e procedimentos operacionais dos mercados seguradores dos países membros.

4
MERCADO SEGURADOR BRASILEIRO

Neste capítulo serão apresentados os dados estatísticos do mercado segurador brasileiro e a estrutura do Sistema Nacional de Seguros Privados com o objetivo de analisar os seus principais agentes e os requisitos para o desenvolvimento da atividade seguradora no Brasil.

4.1 DADOS ESTATÍSTICOS

No início do século XXI, o mercado segurador brasileiro tem se destacado pela solidez das suas atividades e dos resultados financeiros obtidos comparativamente a períodos históricos anteriores caracterizados por altos índices inflacionários e pela inviabilidade do planejamento de atividades econômicas de longo prazo.

No ano de 2022, as estimativas técnicas revelaram que as atividades desenvolvidas no mercado de seguros, de previdência privada e de capitalização arrecadaram o total de R$ 355,9 bilhões em prêmios, dos quais: (i) R$ 213,4 bilhões, nos ramos de seguro de pessoas e de previdência complementar privada somados (PGBL e VGBL); (ii) R$ 114 bilhões, no ramo de seguro de danos; e, (iii) R$ 28,4 bilhões, no ramo de capitalização (Susep, Síntese mensal, 2022).

Em relação aos *seguros de danos*, a arrecadação de prêmios distribuiu-se da seguinte forma: (i) seguro de automóvel, com 44% do mercado; (ii) seguro rural, com 11,8% do mercado; (iii) seguros compreensivos, com 7,3% do mercado; (iv) seguros de riscos especiais patrimoniais, com 6,2% do mercado; (iv) seguros financeiros, habitacional e transportes, com 14,8% do mercado; e, (v) demais coberturas, com 15,9% do total do mercado.

A arrecadação total de valores gerados pelas atividades supervisionadas pela SUSEP alcançou 3,5% do Produto Interno Bruto brasileiro com altas projeções de crescimento futuro em comparação aos países com uma cultura de seguros já consolidada entre a sua população.

No ano de 2022, o mercado segurador brasileiro alcançou o significativo valor total de mais de R$ 1 trilhão em reservas técnicas acumuladas, vinculadas às suas atividades operacionais, visando garantir a satisfação das obrigações contratuais assumidas.

Os dados apresentados pela Confederação Nacional das Empresas Seguradoras – CNSEG são ainda mais expressivos (CNSEG, 2023).

De acordo com a CNSEG, no ano de 2022, o mercado segurador brasileiro arrecadou R$ 356 bilhões em prêmios de seguros, dos quais: (i) R$ 113,3 bilhões, no ramo de seguros de danos; (ii) R$ 214,3 bilhões, nos ramos de seguro de pessoas e de previdência complementar privada somados; e, (iii) R$ 28,4 bilhões, no ramo de capitalização.

Acrescido o resultado de R$ 262,8 bilhões obtido pelo setor de planos e seguros de saúde privados, o resultado acumulado alcançou o valor total de R$ 618,8 bilhões, o equivalente a 6,2% do PIB nacional, um crescimento de cerca de 40% em comparação ao ano de 2018.

Nesse período, o mercado segurador brasileiro superou a marca de R$ 1,843 bilhões em patrimônios e ativos financeiros, R$ 1,493 bilhões a título de reservas técnicas e realizou o pagamento de R$ 450 bilhões em importâncias seguradas.

A análise também revelou a seguinte disposição do *ranking* de arrecadação de prêmios de seguros por área geográfica no Brasil: (i) região sudeste, com R$ 208,8 bilhões; (ii) região sul, com R$ 66,9 bilhões; (iii) região nordeste, com R$ 36,9 bilhões; (iv) região centro-oeste, com R$ 32,9 bilhões; e, (v) região norte, com 10,5 bilhões.

Com base nos dados estatísticos apurados, constata-se um crescimento constante e progressivo dos prêmios arrecadados, das reservas técnicas acumuladas e da lucratividade gerada para os investidores no ramo segurador.

Importante reconhecer que o desenvolvimento do mercado de seguros brasileiro também é fruto da adoção de técnicas e de padrões comerciais utilizados pelos mercados mais desenvolvidos do mundo.

Atualmente, o cenário de inserção do mercado brasileiro no contexto segurador global é um reflexo da superação das fronteiras tecnológicas e comerciais na realização dos negócios em nível mundial.

A última delas, como será visto no Capítulo referente ao contrato de resseguro, foi superada com o fim do monopólio do mercado ressegurador brasileiro, em razão do advento da Lei Complementar 126/2007.

4.2 POLÍTICA NACIONAL DE SEGUROS

A elaboração da política aplicada ao mercado de seguros passa necessariamente pela estruturação de fortes pilares de supervisão e de regulação prudencial dos seus agentes com o intuito de preservar os interesses públicos e privados relacionados ao exercício da atividade seguradora.

A Constituição Federal de 1988 (Art. 22, inciso VII) atribuiu ao Governo Federal a competência para a regulação do mercado segurador, em razão da sua atribuição exclusiva para legislar sobre matérias relacionadas *à política de crédito, câmbio, seguro e transferência de valores.*

O Decreto-lei 73/1966 (Art. 7°) também previu expressamente que seria atribuição do Governo Federal *formular a política de seguros privados, legislar sobre suas normas gerais e fiscalizar as operações no mercado nacional.*

Nessa linha, tanto a edição de normas de natureza legal quanto de natureza infralegal sobre o mercado de seguros são de competência exclusiva do Governo Federal por meio dos seus órgãos ou entidades especificamente criados para tais fins.

A Política Nacional de Seguros foi estruturada com o intuito de fixar diretrizes específicas para tratar da temática do seguro e do resseguro face às peculiaridades de tais institutos e objetivou estabelecer os pilares nos quais deveriam se sustentar tais atividades.

Desse modo, a Política de Seguros Privados tem como objetivos (Art. 5° do Dec.-lei 73/66):

I – Promover a expansão do mercado de seguros e propiciar condições operacionais necessárias para sua integração no processo econômico e social do País;

II – Evitar evasão de divisas, pelo equilíbrio do balanço dos resultados do intercâmbio, de negócios com o exterior;

III – Firmar o princípio da reciprocidade em operações de seguro, condicionando a autorização para o funcionamento de empresas e firmas estrangeiras à igualdade de condições no país de origem;

IV – Promover o aperfeiçoamento das Sociedades Seguradoras;

V – Preservar a liquidez e a solvência das Sociedades Seguradoras;

VI – Coordenar a política de seguros com a política de investimentos do Governo Federal, observados os critérios estabelecidos para as políticas monetária, creditícia e fiscal.

A partir da análise dos objetivos acima apresentados, constata-se a existência de vários comandos que deverão ser observados pelos entes públicos competentes pela supervisão e regulação prudencial do mercado e pelos agentes que exercem a atividade seguradora no Brasil.

No primeiro tópico, constata-se que as autoridades públicas têm o dever de promover *ações para a expansão do mercado de seguros e para a sua integração na economia e na sociedade brasileiras.*

A expansão do mercado de seguros tem um duplo objetivo a ser alcançado: (i) acessibilizar os benefícios relacionados à proteção do patrimônio público e privado a todos os brasileiros; e, (ii) difundir a cultura da previdência contra os infortúnios por meio da contratação de seguros e produtos correlatos, objetivando promover o compartilhamento de riscos e o fortalecimento da economia nacional com a geração de tecnologia, empregos e riquezas.

Podem ser mencionados, exemplificativamente, como produtos de políticas públicas visando à expansão e à integração do mercado de seguros na economia e na sociedade brasileira, os microsseguros, voltados para a população de baixa renda, e o seguro obrigatório DPVAT, criado com a função de mitigar os danos sofridos por vítimas de acidentes de trânsito.

O segundo comando que determina *a proibição de evasão de divisas e o equilíbrio da balança comercial* tem como objetivo incentivar que as sociedades seguradoras com sede no Brasil exerçam o protagonismo da atividade de seguros por meio da aplicação e da retenção das riquezas por elas geradas em atividades econômicas no país.

Como visto no capítulo relativo ao desenvolvimento histórico do seguro no mundo e no Brasil, esta é uma preocupação recorrente também constatada nos demais países em razão da alta penetração e capilaridade dos seguros operacionalizados por empresas multinacionais.

A manutenção de um mercado segurador interno autossuficiente contribui diretamente para a geração de empregos, tecnologia e investimentos em outras atividades empresariais desenvolvidas no país e contribui diretamente para o fortalecimento da economia brasileira.

No terceiro tópico, ao estabelecer *o princípio da reciprocidade de relações entre nações*, constata-se uma forte consciência estratégica sobre a importância de se dispensar um tratamento igualitário em relação ao funcionamento de empresas seguradoras estrangeiras com base nas mesmas condições impostas às empresas brasileiras com atividades no exterior.

Trata-se de um nítido alinhamento da política regulatória do mercado segurador, com o plano político voltado à defesa dos interesses nacionais.

Isso significa dizer que se um país estrangeiro vier a impor condições extravagantes ou desigualitárias em relação às práticas adotadas no mercado nacional para o funcionamento de empresas brasileiras no seu território, o governo brasileiro também deverá adotar medidas regulatórias equivalentes visando preservar o princípio da reciprocidade de relações em face de empresas daquele país.

Na mesma linha, também compete ao governo brasileiro, proativamente, propor aos demais países a celebração de parcerias e de tratados para facilitação do intercâmbio de informações técnicas e de procedimentos de autorização de funcionamento de empresas seguradoras visando fomentar a geração de novos negócios internacionais.

Os comandos quarto e quinto que determinam respectivamente *o aperfeiçoamento e a preservação da liquidez e solvência das sociedades seguradoras* e o *alinhamento com as políticas monetária, creditícia e fiscal do Governo Federal* estão diretamente ligados e se complementam.

Como destacado, o exercício da atividade seguradora exige a utilização das mais modernas tecnologias operacionais estruturadas com base em planos atuariais e financeiros que garantam a satisfação das obrigações assumidas em benefício dos segurados.

Nesse contexto, tanto a política de investimentos governamentais quanto a política de seguros estão diretamente vinculadas a políticas monetárias, creditícias e fiscais estáveis e que possam ser realizadas sustentavelmente no longo prazo.

A política de seguros também é um instrumento para o fortalecimento da economia nacional e dos investimentos do Governo Federal no longo prazo a partir das projeções de arrecadação de tributos incidentes na cadeia de comercialização de coberturas securitárias.

Por outro lado, simultaneamente, a política de seguros depende diretamente da fixação de políticas governamentais racionais, estáveis e financeiramente sustentáveis no longo prazo para que as empresas seguradoras possam planejar o desenvolvimento das suas atividades.

Nessa linha, o grande crescimento alcançado pelo setor de seguros no Brasil nas últimas décadas somente foi possível a partir do estabelecimento de uma política cambial e de uma política monetária que possibilitaram a estabilização da moeda e o planejamento quanto à realização de investimentos públicos e privados de longo prazo.

4.3 SISTEMA NACIONAL DE SEGUROS PRIVADOS

O *Sistema Nacional de Seguros Privados – SNSP* também foi estabelecido por meio do Decreto-lei 73/1966 (Art. 8º), com a finalidade de criar uma estrutura operacional que articulasse a fixação e a aplicação de políticas do mercado segurador brasileiro.

Ficou estabelecido ainda que o SNSP constituir-se-ia por meio de *agentes supervisores e reguladores* bem como de *agentes operacionais privados*, os quais serão analisados com base nas suas respectivas especificidades abaixo.

4.3.1 Conselho Nacional de Seguros Privados – CNSP

O *Conselho Nacional de Seguros Privados – CNSP* (órgão de cúpula do SNSP e instância superior reguladora vinculado ao Ministério da Economia) possui competências privativas relacionadas à fixação de normas gerais e específicas para o exercício da atividade seguradora no país.

As reuniões do CNSP ocorrem na cidade de Brasília e as suas competências estão elencadas no artigo 32 do Dec.-lei 73/66. Dentre as principais cita-se:

(i)   a fixação das diretrizes e normas da Política de Seguros Privados;

(ii) a definição das características gerais dos contratos de seguros;

(iii) a previsão dos critérios de constituição e de funcionamento das sociedades seguradoras, com fixação do seu capital, dos limites legais e técnicos para o desenvolvimento das suas atividades;

(iv) a regulação da fiscalização da atividade seguradora e a aplicação das penalidades.

Torna-se importante registrar que o CNSP também detém competência para regular as atividades exercidas pelas *sociedades resseguradoras, entidades de previdência complementar aberta* e *de capitalização.*

As atividades administrativas desempenhadas pelo CNSP são realizadas por meio de um *conselho* formado por membros do Governo Federal (Ministro da Economia, Superintendente da SUSEP, representantes do Ministério da Justiça, da Previdência, do Banco Central e da Comissão de Valores Mobiliários) (Art. 33 do Dec.-lei 73/1966).

As suas atividades também são desenvolvidas por meio de comissões consultivas nas mais diversas áreas de especialização dos ramos de seguros e resseguros (exemplos: transporte, habitação, rural, crédito etc.).

O Regimento Interno do CNSP foi aprovado pela Resolução CNSP 111/2004, o qual dispõe que as deliberações do órgão serão tomadas pelo voto da maioria simples dos seus membros, cabendo ainda ao seu Presidente o voto de desempate e a deliberação *ad referendum* do Conselho nos casos de urgência e de relevante interesse coletivo (Art. 5º, § 1º).

Dentre as principais atribuições conferidas ao Presidente do CNSP podem ser citadas as relacionadas à representação da entidade, à convocação das sessões ordinárias (trimestrais) e extraordinárias, o convite para participação de outros ministros, representantes de entidades públicas e privadas, e técnicos em assuntos ligados às matérias deliberativas, e à decisão sobre a conveniência da divulgação das matérias ou sobre o caráter reservado dos temas deliberados.

Dentre as principais atribuições conferidas aos conselheiros, podem ser citadas a apresentação das matérias para votação (devidamente instruídas e justificadas em processo administrativo próprio) e a submissão ao Conselho do exame da conveniência da não divulgação de matéria deliberada nas sessões.

A proposta de submissão e a votação a respeito do sigilo de matéria a ser deliberada pelo CNSP deverão ser prévia e devidamente justificadas haja vista que em razão do seu caráter público a regra é a da mais ampla transparência das decisões a serem adotadas pela entidade.

Como exemplo de sigilo justificável, cita-se a deliberação sobre matéria relacionada à preservação da segurança e do interesse nacional e à preservação do interesse público primário. Toda e qualquer decisão despida de tais requisitos será considerada nula de pleno direito e passível de revisão administrativa.

Importante mencionar ainda que o CNSP poderá criar *comissões consultivas*, sob a coordenação de um presidente, e as matérias por elas analisadas serão submetidas à votação simples dos seus respectivos membros e instruídas com relatórios técnicos.

Caberá à *secretaria executiva* do CNSP, formada por servidores da SUSEP, processar as propostas apresentadas pelos conselheiros, zelar pela verificação da sua devida instrução processual e organizar o fluxo das atividades administrativas do órgão.

Por fim, destaca-se que as decisões adotadas pelo Conselho apresentarão a forma de *resoluções*, para assuntos de interesse geral do SNSP, e de *atos*, quando de interesse administrativo restrito. As decisões sigilosas serão apenas mencionadas nas atas das sessões realizadas e comunicadas ao seu interessado (Art. 35 da Res. CNSP 111/2004).

4.3.2 Superintendência de Seguros Privados – SUSEP

A *Superintendência de Seguros Privados – SUSEP* é o ente executivo da política traçada pelo Conselho Nacional de Seguros Privados e ente fiscalizador da constituição, organização, funcionamento e das operações das sociedades seguradoras e resseguradoras, com sede na cidade do Rio de Janeiro (Art. 35 do Dec.-lei 73/1966).

Trata-se de uma autarquia federal, pessoa jurídica de direito público, dotada de autonomia administrativa e financeira, vinculada ao Ministério da Economia, cujo funcionamento é estabelecido por meio de Regimento Interno, aprovado pela Resolução CNSP 449/2022.

As suas competências estão elencadas no artigo 36 do Dec.-lei 73/66. Dentre as principais cita-se:

(i) o processamento dos pedidos de autorização, constituição, organização, funcionamento, reformas estatutárias, estruturações societárias e transferência de controle de sociedades seguradoras e resseguradoras;

(ii) a edição de instruções e circulares sobre as operações de seguro e resseguro;

(iii) a fixação das condições gerais e especiais das apólices de seguro, planos de operações e tarifas;

(iv) a fiscalização das normas aplicáveis à atividade seguradora editadas pelo CNSP;

(v) a direção dos procedimentos de liquidação das sociedades seguradoras com autorização cassada.

Torna-se importante registrar que a SUSEP também detém competência para regular as atividades exercidas pelas *sociedades resseguradoras, entidades de previdência complementar aberta* e *de capitalização.*

A SUSEP é dirigida por um Superintendente nomeado pelo Presidente da República, indicado pelo ministro competente, e salvo os postos de direção e de contratação temporária, os seus cargos são preenchidos por concurso público e os seus funcionários contratados pelo regime trabalhista.

De acordo com a Resolução CNSP 449/2022, caberá ainda à SUSEP proteger a captação da poupança popular pela arrecadação de prêmios, promover a concorrência e a estabilidade dos mercados sob a sua regulação e supervisão, zelar pela defesa dos segurados, e atuar de forma eficiente nos regimes especiais de direção fiscal, intervenção e liquidação extrajudicial, dentre outras finalidades (Anexo I, Art. 2º).

A SUSEP está estruturada com base em um *Conselho Diretor*, quatro *diretorias, órgãos de assistência técnica* ao Superintendente, *órgãos seccionais, órgãos compostos* de uma *auditoria interna, corregedoria* e *procuradoria federal* para assuntos administrativos e jurídicos, e por *órgãos específicos singulares*, nas mais diversas áreas de sua atuação, como regulação, grandes riscos, regimes especiais e autorizações, comissão de ética, dentre outros.

O Conselho Diretor é composto pelo Superintendente e por quatro diretores indicados pelo Ministro da Economia, e nomeados pelo Presidente da República.

As reuniões do Conselho Diretor são ordinárias (quinzenais) e extraordinárias, e as suas deliberações são tomadas por maioria simples de votos, cabendo o voto de desempate ao Presidente do Conselho.

Dentre as principais competências do Conselho Diretor podem ser citadas: (i) fixar a política geral da SUSEP; (ii) cumprir as normas legais e infralegais às quais esteja vinculado; (iii) decretar e encerrar os regimes especiais de direção fiscal, intervenção e liquidação extrajudicial, além de autorizar o liquidante a requerer a autofalência supervisionada; (iv) decidir sobre os planos de regularização de solvência no caso da sua rejeição; (v) decidir sobre os processos administrativos sancionadores; (vi) apreciar e julgar os recursos com pedidos de reconsideração de suas decisões; (vii) confirmar as decisões e avocar os processos sob a competência da Coordenação Geral de julgamentos.

As quatro Diretorias Técnicas da SUSEP possuem competências específicas e complementares relacionadas ao desenvolvimento das atividades de regulação e de supervisão prudencial da entidade nas suas mais diversas áreas de atuação institucional.

4.3.3 Supervisão dos mercados correlacionados

De acordo com a previsão expressa do Dec.-lei 73/1966, apenas o *Conselho Nacional de Seguros Privados – CNSP* e a *Superintendência de Seguros Privados – SUSEP* consistem em agentes supervisores e reguladores do *mercado segurador brasileiro*.

Com efeito, a diversificação do mercado ao longo do tempo possibilitou a incorporação de novas atividades para a ampliação da rede de proteção viabilizada pela técnica atuarial, como, por exemplo, as relacionadas à comercialização de planos de *previdência complementar aberta*, de *títulos de capitalização* e de *seguros de saúde privados*.

Como visto, o desenvolvimento da atividade de previdência complementar aberta e da venda de títulos de capitalização está inserido no âmbito de competência regulatória e supervisora do *Conselho Nacional de Seguros Privados – CNSP* e da *Superintendência de Seguros Privados – SUSEP*.

Por sua vez, o exercício das atividades das seguradoras especializadas em seguros de saúde privados está inserido no âmbito de competência desempenhado pelo *Conselho de Saúde Suplementar – CONSU* e pela *Agência Nacional de Saúde Suplementar – ANS*.

Desse modo, pode-se afirmar que a venda de *seguros de danos e de pessoas, planos de previdência complementar aberta* e *títulos de capitalização* encontra-se sob a competência reguladora e supervisora do CNSP e da SUSEP.

Por sua vez, a venda de *seguros e planos de saúde privados* encontra-se sob a competência reguladora e supervisora exclusiva do CONSU e da ANS.

Tal segmentação tem por objetivo separar as atividades exercidas por empresas que façam parte do mercado segurador das empresas do ramo de saúde a fim de conferir uma maior especialização regulatória e evitar a contaminação por possíveis riscos sistêmicos em relação ao desenvolvimento das suas atividades.

Na prática, contudo, é possível constatar a existência de grupos econômicos sob um mesmo controle com sociedades empresárias especificamente constituídas para atuar nesses segmentos econômicos simultaneamente como consequência da sua grande afinidade técnica e comercial.

Portanto, sob a ótica prudencial, há entes públicos com competências específicas e atuações coordenadas visando regular a venda de vários tipos de produtos comercializados no mercado segurador nacional e de seguros de saúde privados com base nas suas características e finalidades.

Com vistas a propiciar uma supervisão macropudencial harmônica, destaca-se a instituição do *Comitê de Regulação e Fiscalização dos Mercados Financeiro, de Capitais, de Seguros, de Previdência e Capitalização – COREMEC* (Decreto Federal 10.465/2020), órgão vinculado ao Ministério da Economia, com o objetivo de promover a atuação coordenada das entidades federais reguladoras e fiscalizadoras desses mercados (BACEN, CVM, SUSEP e PREVIC).

4.3.3.1 *Mercado de previdência complementar aberta e de capitalização*

Como destacado, o mercado de capitalização e o mercado de previdência complementar aberta são regulados e supervisionados conjuntamente pelo *Conselho Nacional de Seguros Privados – CNSP* e pela *Superintendência de Seguros Privados – SUSEP*. Dessa forma, as considerações a respeito dessas entidades já foram exaustivamente expostas nos subitens 4.3.1 e 4.3.2.

Importante esclarecer que o mercado de previdência complementar aberta se distingue do mercado de previdência complementar fechada. Enquanto no primeiro ramo a adesão a tais planos é franqueada a qualquer pessoa apta a aceitar as suas condições, no segundo ramo a adesão está necessariamente ligada a um vínculo prévio laboral ou associativo com uma determinada categoria profissional ou associação.

As entidades de previdência complementar fechadas também são conhecidas popularmente como *Fundos de Pensão*, constituídas sob a forma de fundações ou de sociedades privadas, sem fins lucrativos, por seus patrocinadores, em prol dos seus empregados, ou, por entes instituidores, em prol dos seus associados.

Compete à *Superintendência Nacional de Previdência Complementar – PREVIC*, autarquia federal e com sede na cidade de Brasília, regular e supervisionar o mercado das *entidades fechadas de previdência complementar* (Art. 41 da Lei Complementar 109/2001).

4.3.3.2 Mercado de seguros e planos de saúde privados

Como destacado, em razão da complexidade e das particularidades inerentes ao desenvolvimento das suas atividades, o Sistema de Saúde Suplementar é formado por entes reguladores e supervisores prudenciais próprios: o *Conselho de Saúde Suplementar – CONSU* e a *Agência Nacional de Saúde Suplementar – ANS*, como será visto com uma maior riqueza de detalhes a seguir.

a) Conselho de Saúde Suplementar – CONSU

O *Conselho de Saúde Suplementar – CONSU* (órgão de cúpula do sistema e instância superior reguladora, vinculado ao Ministério da Saúde) possui competências privativas relacionadas à fixação de normas gerais e específicas para o exercício da atividade das operadoras de seguros e planos de saúde privados no país (Art. 1º, § 3º, da Lei Federal 10.185/2001).

A sede do CONSU está localizada na cidade de Brasília e as suas competências estão elencadas no Art. 35-A da Lei Federal 9.656/1998. Dentre as principais cita-se:

(i) estabelecer e supervisionar a execução de políticas e diretrizes gerais do setor de saúde suplementar;

(ii) supervisionar e acompanhar as ações e o funcionamento da ANS;

(iii) fixar diretrizes sobre aspectos econômico-financeiros, técnico-atuariais e de estruturação e controle societário;

(iv) deliberar sobre a constituição de garantias, a criação de fundo garantidor ou a contratação de seguro para a proteção dos consumidores de planos de saúde privados;

(v) determinar a criação de câmaras técnicas e consultivas.

As atividades administrativas desempenhadas pelo CONSU são realizadas por meio de um conselho formado por membros do Governo Federal (Ministros da Saúde, da Casa Civil, da Economia e da Justiça; e, do Presidente da ANS, na qualidade de secretário executivo).

O atual Regimento Interno do CONSU foi aprovado pelo Decreto Federal 10.236/2020.

As deliberações do CONSU são tomadas pelo voto da maioria simples dos seus membros, cabendo ainda ao seu Presidente deliberar *ad referendum* do Conselho nos casos de urgência e de relevante interesse coletivo.

Dentre as principais atribuições conferidas ao Presidente do CONSU podem ser citadas a representação da entidade, a convocação de sessões ordinárias e extraordinárias, o exercício do voto de qualidade no caso de empate e o convite para participação de outros ministros, representantes de entidades públicas e privadas e técnicos em assuntos ligados às matérias deliberativas (Art. 6º do Decreto Federal 10.236/2020).

O CONSU possui ainda como órgãos consultivos: a Secretaria de Assistência à Saúde do Ministério da Saúde, a Câmara de Saúde Suplementar e as Câmaras Técnicas criadas para a análise de temas específicos relacionados ao desenvolvimento das suas atividades.

Por fim, válido registrar que a Secretaria-Executiva do CONSU é exercida pela ANS, com as atribuições administrativas e de assessoramento técnico para a realização das sessões, elaboração e aprovação de planos de trabalho e relatórios anuais de atividades institucionais.

b) Agência Nacional de Saúde Suplementar – ANS

A *Agência Nacional de Saúde Suplementar – ANS* é o ente executivo da política traçada pelo Conselho de Saúde Suplementar e ente fiscalizador da constituição, organização, funcionamento e das operações das sociedades operadoras de planos e de seguros saúde, com sede na cidade do Rio de Janeiro (Art. 1º da Lei Federal 9.961/2000).

Trata-se de uma autarquia federal, pessoa jurídica de direito público, dotada de autonomia administrativa e financeira, cujo funcionamento é estabelecido por meio de Regimento Interno, aprovado pela Resolução Regimental ANS 21/2022.

As suas competências estão elencadas no Art. 4º da Lei Federal 9.961/2000. Dentre as principais cita-se:

(i) propor ao CONSU políticas e diretrizes gerais para a regulação do setor de saúde suplementar;

(ii) estabelecer todos os aspectos técnicos, societários, contratuais e operacionais das atividades das operadoras de planos e seguros de saúde comercializados no país;

(iii) estabelecer os parâmetros e indicadores de qualidade de coberturas oferecidas pelas operadoras de saúde;

(iv) monitorar a evolução dos preços e autorizar reajustes e revisões dos valores dos planos de saúde, ouvido o Ministério da Economia;

(v) estimular a competição entre as operadoras;

(vi) proceder à liquidação extrajudicial e autorizar o liquidante a requerer a falência ou a insolvência civil das operadoras;

(vii) determinar ou promover a alienação de carteiras de planos privados de saúde;

(viii) articular-se com órgãos de defesa do consumidor visando proteger o mercado de consumo;

(ix) fiscalizar e aplicar penalidades pelo descumprimento da legislação em vigor;

(x) celebrar termo de compromisso de ajuste de conduta e fiscalizar o seu cumprimento.

A ANS é dirigida por uma Diretoria Colegiada, composta de um Diretor Presidente e por quatro diretores técnicos, todos brasileiros indicados e nomeados pelo Presidente da República, e aprovados pelo Senado Federal para cumprimento do mandato de cinco anos, vedada a recondução.

A estrutura administrativa da ANS conta ainda com órgãos auxiliares como *auditoria, ouvidoria, corregedoria, comissão de ética* e *procuradoria federal* para assuntos administrativos e jurídicos, *órgãos específicos singulares,* nas suas mais diversas áreas de atuação, e com a *Câmara de Saúde Complementar* (Art. 7º da Resolução Regimental ANS 21/2022).

A *Câmara de Saúde Complementar* é um órgão de participação institucionalizada da sociedade, de caráter permanente e consultivo, cujo objetivo é colaborar com o funcionamento e a fiscalização externa da ANS.

A presidência da Câmara de Saúde Complementar é exercida pelo Diretor Presidente da ANS, e conta com a participação de representantes de conselhos e associações representativas de classes e de agentes públicos e privados com atuação direta ou indireta relacionada às atividades da ANS.

Por fim, importante registrar que a Lei Geral das Agências Reguladoras de 2019, promoveu alterações em disposições do funcionamento da ANS, como, por exemplo: modificação do prazo original de três anos de mandato dos diretores da ANS e supressão da possibilidade de recondução (Arts. 6º e 7º, alterados); e, extinção do contrato de gestão celebrado entre o Ministério da Saúde e a ANS, o qual era submetido à aprovação do Conselho de Saúde Suplementar (Arts. 14 e 15, revogados).

4.3.3.3 Supervisores indiretos

As sociedades seguradoras encontram-se ainda submetidas à competência supervisora e reguladora de outros entes e órgãos públicos que não fazem parte da estrutura específica do mercado segurador.

Tais entidades foram constituídas com finalidades próprias nas suas respectivas áreas de atuação visando abranger uma gama muito mais ampla de agentes econômicos relacionados às suas missões públicas, como por exemplo:

(i) *Receita Federal* e *Receitas Estaduais* e *Municipais,* na esfera de competência de cumprimento das normas de arrecadação tributária;

(ii) *Conselho Monetário Nacional – CMN* e *Banco Central do Brasil – BACEN,* na esfera de competência financeira e monetária relacionada às práticas e transações financeiras, de câmbio e política monetária;

(iii) *Comissão de Valores Mobiliários – CVM,* na esfera de competência das normas de estruturação e desenvolvimento das sociedades de capital aberto e de captação de recursos por meio da oferta pública de valores mobiliários;

(iv) *Conselho Administrativo de Defesa Econômica – CADE,* na esfera de competência das práticas concorrenciais e de concentração do mercado; e,

(v) *Institutos e Órgãos de Proteção e Defesa do Consumidor*, na esfera de competência das relações mantidas por fornecedores de produtos e de serviços e consumidores, dentre outros agentes públicos.

Como se depreende, o desenvolvimento da atividade seguradora está diretamente vinculado à obtenção de uma série de autorizações de funcionamento, à manutenção de requisitos e ao cumprimento de normas para o exercício regular das suas operações sob pena da instauração de processos administrativos e da aplicação de sanções por descumprimento das normas gerais e específicas vigentes.

4.3.4 Resseguradores

Os resseguradores consistem nos agentes que desenvolvem a atividade de resseguro no Brasil e são classificados como: (i) *locais,* com sede no país; (ii) *admitidos*, com sede no exterior, mas com escritório no país; e, (iii) *eventuais*, apenas com sede no exterior e sem escritório no país.

O *IRB Brasil Re*, originariamente constituído pelo Governo Federal sob a forma de uma sociedade de economia mista, após a sua privatização tornou-se atualmente um agente *ressegurador local* sob a forma de sociedade anônima e com capital aberto.

O desenvolvimento das atividades dos agentes resseguradores está diretamente vinculado à autorização prévia da SUSEP (Lei Complementar 126/2007) e será analisada com maiores detalhes no Capítulo 12.

4.3.5 Sociedades seguradoras

As sociedades seguradoras consistem nos agentes que desenvolvem a atividade seguradora no país e são classificadas como: (i) *sociedades anônimas*, autorizadas a operar nos ramos de *seguros gerais, de pessoas e de saúde*; e, (ii) *sociedades cooperativas*, autorizadas a operar exclusivamente nos ramos de *seguros agrícolas, de saúde* e *de acidentes do trabalho.*

Desse modo, somente poderão operar no ramo de seguros privados pessoas jurídicas constituídas sob a forma de sociedades anônimas ou cooperativas, observada a sua respectiva área de atuação (Art. 24 do Decreto-lei 73/66).

O desenvolvimento das atividades dos agentes seguradores também está diretamente vinculado à autorização prévia da SUSEP (Art. 36, alínea *a*, do Decreto-lei 73/66). No caso das operadoras especializadas em seguro-saúde, a atividade vincula-se à autorização da ANS (Art. 8º da LPS de 1998 e Art. 4º da Lei Federal 9.961/2000).

4.3.6 Corretores

Os corretores ou agentes de intermediação (pessoas físicas e jurídicas) são os elementos que fazem a intermediação comercial da atividade de seguro e resseguro no país.

Os corretores desempenham uma função profissional importantíssima porque realizam a atividade de assessoria técnica na contratação de coberturas securitárias e ressecuritárias, por meio da estruturação de planejamentos estratégicos, prestação de informações técnicas, representação de clientes nas etapas de pré-negociação, fechamento, execução e pós-término dos contratos, formalização dos pedidos de indenização de sinistros, dentre outros.

A atividade de intermediação de seguros exige uma formação especializada com profundo conhecimento das nuances técnicas do negócio e constante investimento no aperfeiçoamento ao longo do tempo de exercício da profissão.

Em razão disso, consiste em requisito extremamente relevante a exigência de *prévia habilitação* e de *registro profissional* para o exercício da atividade, uma vez que tais agentes funcionam como representantes dos segurados na contratação de coberturas securitárias e ressecuritárias.

Além disso, poderão ser responsabilizados por eventuais erros profissionais cometidos, no caso da comprovação de dolo ou culpa, no âmbito administrativo, cível e criminal, sendo diretamente responsáveis pelos eventuais danos materiais e morais causados aos seus respectivos clientes.

Considerando tais aspectos, o Decreto-lei 73/1966 (Art. 123) estabeleceu que os corretores somente estarão aptos a exercer a profissão mediante prévia habilitação e registro concedido por entidade autorreguladora ou pela SUSEP, com a profissão regulamentada pela Lei Federal 4.594/1964.

A forma de atuação da entidade autorreguladora, no processo de habilitação e registro dos corretores de seguro, por ter sido introduzida pela Lei Federal 14.430/2022 (Art. 36), ainda depende de regulamentação pelo CNSP.

A Resolução CNSP 249/2012, dispõe sobre os requisitos para a concessão do registro de corretor de seguros e para o exercício da profissão sob a forma de pessoa física ou de pessoa jurídica.

O registro profissional do corretor de seguros somente será concedido mediante a apresentação: (i) de *comprovante de aprovação no Exame Nacional para Habilitação Técnico-Profissional* para corretor de seguros; ou, (ii) do *certificado de conclusão do Curso de Habilitação Técnico-Profissional* para corretor de seguros, expedidos pela Escola de Negócios e Seguros – ENS (antiga FUNENSEG) ou por outra instituição de ensino autorizada pela SUSEP.

O curso de habilitação técnico-profissional para corretor de seguros deverá abranger um rol mínimo de disciplinas exigidas para o bom exercício profissional (ex.: teoria geral de seguros; legislação brasileira de seguros; noções básicas de contabilidade de seguros; noções sobre liquidação de sinistros; noções sobre venda de seguros, ética, relações públicas e relações humanas no trabalho; dentre outras).

Em relação ao registro de sociedades corretoras, não será concedido registro às sociedades cujos sócios ou diretores: (i) aceitem ou exerçam emprego em pessoa jurídica de direito público; ou, (ii) mantenham relação de emprego ou de direção com sociedade seguradora.

No ano de 2019, a Medida Provisória 905/2019 (Art. 51, incisos III e IV), promoveu a suspensão dos efeitos da Lei Federal 4.594/1964 e da obrigatoriedade de aprovação por exame ou curso técnico e de registro profissional para o exercício da atividade de corretor de seguros, função esta que era desempenhada pela SUSEP.

Contudo, a MP 905/2019 foi posteriormente revogada pela Medida Provisória 955/2020, tendo em vista a iminência da perda de validade dos seus efeitos sem que ela fosse discutida e votada pelo Congresso Nacional, o que provocou a restauração da eficácia da Lei Federal 4.595/1964 e do sistema de registro realizado pela SUSEP.

Com tal medida, o Governo Federal pretendeu atribuir a regulação da profissão à própria categoria profissional dos corretores de seguro, representados pela FENACOR, a qual caberia deliberar sobre as medidas a serem adotadas para a concessão de registro para os profissionais da área.

Todavia, numa primeira análise, qualquer modificação legislativa em relação a tal matéria deve privilegiar a manutenção da qualidade dos serviços e da estabilidade do mercado segurador brasileiro, uma vez que a extinção da obrigatoriedade de prévia habilitação e de registro, sem uma estruturação prévia adequada do novo sistema, abriria margem para a atuação de pessoas desqualificadas com potencial risco de prejuízo para os consumidores (Fenacor, 2020).

Por fim, importante esclarecer ainda que a edição de lei ou ato com força de lei suprimindo dispositivo versando sobre a figura do corretor de seguros do Dec.-lei 73/1966 não tem, por si só, a capacidade de excluí-lo, do ponto de vista técnico, do SNSP, em razão da sua importância e da sua vinculação genética à cadeia mercadológica da atividade seguradora e resseguradora.

Com a promulgação da Lei Federal 14.430/2022 (Art. 36), parece ter sido encontrada uma solução intermediária, a fim de que se possa estruturar, gradativamente, a proposta de transferência da atribuição de habilitação e registro dos corretores de seguro, originariamente concedida a SUSEP, para uma entidade autorreguladora, nos moldes de outros conselhos profissionais.

4.3.7 Entidades auxiliares do mercado segurador

Em caráter complementar e associativo ao exercício regular das atividades seguradora e resseguradora, podem ser ainda apontadas como entidades auxiliares do mercado as associações concebidas com fins representativos, científicos e educacionais dos agentes privados do mercado nacional.

Podem ser apontadas como entidades formadas a partir da livre-iniciativa constitucional de associação:

(i) a *Confederação Nacional das Empresas de Seguros Gerais, Previdência Privada e Vida, Saúde Suplementar e Capitalização – CNSEG*, órgão de cúpula responsável por representar os interesses das sociedades de seguros, de previdência privada, saúde suplementar e capitalização em nível nacional;

(ii) a *Federação Nacional das Empresas de Seguros Privados, de Capitalização e de Previdência Complementar Aberta – FENASEG*, órgão de segundo grau responsável por congraçar as sociedades seguradoras, de previdência privada e capitalização atuantes no Brasil;

(iii) a *Federação Nacional das Empresas de Resseguro – FENABER*, órgão responsável por representar os interesses das sociedades resseguradoras com atuação no Brasil;

(iv) a *Federação Nacional de Saúde Suplementar – FENASAÚDE*, órgão de segundo grau responsável por reunir as sociedades seguradoras e de planos de saúde privados atuantes no Brasil;

(v) a *Federação Nacional dos Corretores de Seguros, de Resseguros, de Capitalização e de Previdência Privada – FENACOR*, composta por meio dos Sindicatos Regionais de Corretores de Seguros – SINCOR'S, dedicados a tratar os assuntos de interesses dos corretores;

(vi) a *Escola Nacional de Negócios e Seguros – ENS (ex-FUNENSEG)*, órgão acadêmico responsável pela aplicação do exame de habilitação da profissão de agente ou corretor de seguros, e pelo desenvolvimento de projetos voltados para a área de educação continuada do ramo segurador e ressegurador; e,

(vii) a seção brasileira da *Associação Internacional de Direito de Seguros – AIDA* e o *Instituto Brasileiro de Direito de Seguros – IBDS*, ambos constituídos por meio da adesão de operadores jurídicos e renomados docentes brasileiros na área do Direito.

Todas as entidades acima mencionadas consistem em pessoas jurídicas de direito privado formadas pelos agentes privados do mercado com o intuito de desempenhar o papel de representação das categorias por eles criadas ou com a finalidade de exercer missões científicas e educacionais de propagação da cultura do seguro e do aprimoramento da formação dos colaboradores com atuação no mercado.

4.4 ATIVIDADE SEGURADORA: GOVERNANÇA CORPORATIVA, RISCO E *COMPLIANCE*

O desenvolvimento da atividade seguradora está vinculado ao atendimento de uma série de requisitos de natureza societária, atuarial, financeira e contábil, expressamente previstos em lei e em normas infralegais reguladoras do mercado segurador.

4 • MERCADO SEGURADOR BRASILEIRO

Os requisitos necessários para o exercício da atividade são estruturados com base em preceitos de *governança corporativa, gestão de riscos* e *conformidade legal* que deverão ser cumpridos por todas as sociedades seguradoras a fim de garantir a adequação técnica e a solvabilidade das operações securitárias.

O descumprimento dos requisitos de funcionamento poderá motivar a instauração de procedimentos administrativos sancionatórios e a imposição de penas de natureza administrativa e pecuniária, como será visto a seguir.

4.4.1 Requisitos da atividade seguradora

No Brasil, apenas são admitidas a operar no mercado de seguros as sociedades que atendam a todos os requisitos exigidos pela legislação em vigor e pelas normas específicas voltadas para a regulação da atividade seguradora editadas pelo CNSP e pela SUSEP.

A necessidade de obtenção de autorização concedida por ente público trata-se de um mecanismo regulatório que visa garantir que uma sociedade do ramo esteja jurídica, técnica e financeiramente apta a oferecer coberturas securitárias no mercado de consumo (Buonocore, 2013:01-96; Farenga, 2016:08-11).

A liberdade de atuação desvinculada de um controle prévio por uma entidade especificamente constituída para analisar o preenchimento desses requisitos e o acompanhamento da sua manutenção após o início das suas atividades poderia ocasionar prejuízos irreparáveis para o mercado consumidor e para a economia nacional.

Compete à SUSEP, por meio da instauração de processo administrativo específico, realizar a análise a respeito do preenchimento de todos os pressupostos jurídicos, técnicos, financeiros e contábeis necessários para o deferimento do pedido de autorização de funcionamento.

Após manifestação positiva da SUSEP, o processo será encaminhado para publicação da decisão por meio de *portaria específica*, considerando a delegação de competência concedida pelo Ministro da Economia ao órgão executivo do mercado segurador (Portaria MF 151, de 23/06/2004 c/c Art. 36, alínea *a*, do Dec.-lei 73/1966).

O antigo *sistema de concessão de carta patente*, outorgada pelo extinto Ministério da Indústria e Comércio (Art. 74 do Dec.-lei 73/1966), foi substituído pelo *sistema de autorização de funcionamento*, por meio da comprovação dos requisitos de capacidade técnico-financeira exigidos para atuação no mercado segurador.

Importante destacar novamente que somente estarão aptas a receber autorização para funcionamento no mercado de seguros privados as entidades constituídas sob a forma de: (i) *sociedades anônimas*, para atuação com seguros de danos e de pessoas assim como previdência complementar aberta, capitalização e seguro-saúde; e, (ii) de *sociedades cooperativas*, estas últimas restritas apenas aos ramos de seguros agrícolas, de saúde e de acidentes de trabalho (Art. 24 do Decreto-lei 73/1966).

Apesar de admitidas em outros países, as *sociedades de seguro mútuo* ou *sociedades mutualistas* atualmente não são autorizadas a funcionar no Brasil. No Brasil, as sociedades mútuas no ramo de seguros tiveram as suas atividades permitidas pelo Dec.-lei 2.063/1940 (Arts. 1º, 14-33), todavia, com o advento da posterior regulamentação introduzida pelo Dec.-lei 73/1966 (Art. 24), consideram-se os dispositivos que regulamentavam a matéria como tacitamente revogados.

Não obstante, registra-se a existência de Projeto de Lei sobre a matéria em trâmite no Congresso Nacional a fim de regular a atuação de associações civis de socorro mútuo no país (BRASIL, PL 10.329/2018). Todavia, enquanto o PL não for aprovado, a regra é a de proibição de atividades de sociedades mútuas no ramo de seguros em razão da inexistência de regulamentação específica para o exercício da atividade no país.

Portanto, o exercício por qualquer outra forma de associação ou de sociedade sem prévia autorização da SUSEP e dentro dos parâmetros societários, técnicos e legais previstos nas normas reguladoras da atividade caracterizará atividade ilícita passível de sancionamento conforme previsto pela legislação em vigor.

Como destacado, a opção pela permissão exclusiva do exercício das atividades por *sociedades anônimas* e *sociedades cooperativas* nos ramos de funcionamento restritos e previamente autorizados pela SUSEP tem por intuito impor rigoroso controle e alto padrão técnico e financeiro a fim de garantir a solvabilidade das empresas com atividade no mercado segurador.

Por fim, oportuno relembrar que a autorização para o funcionamento de *sociedades cooperativas* e de *seguradoras especializadas em seguro-saúde* é de competência da ANS (Art. 8º da LPS de 1998 e Art. 4º da Lei Federal 9.961/2000).

4.4.1.1 *Requisitos de governança, constituição e funcionamento*

A constituição de sociedades para o desenvolvimento da atividade seguradora exige o cumprimento de requisitos de governança corporativa visando garantir que as práticas adotadas internamente reflitam adequadamente os padrões legais e empresariais exigidos pelo mercado.

Compete à *Resolução CNSP 422/2021*, dispor sobre os requisitos e procedimentos para constituição, autorização, suspensão e cancelamento do funcionamento, operações societárias e exercício de cargos diretivos das sociedades seguradoras e dos demais agentes do mercado segurador, observadas as normas gerais e específicas em razão da natureza da atividade.

a) Processo de autorização de funcionamento

O processo para a obtenção de licença de funcionamento das sociedades seguradoras será formado por meio do *processo de autorização de funcionamento* (Art. 17 da Resolução CNSP 422/2021).

O *processo de autorização* será instruído com uma série de documentos relacionados à identificação do grupo de controle da sociedade, dos administradores responsáveis por sua gestão, apresentação do plano de negócios nos moldes normativos exigidos, demonstração de capacidade econômico-financeira, identificação da origem dos recursos utilizados, dentre outros.

Após o *deferimento do pedido de funcionamento* pela SUSEP, os interessados terão o prazo de até 90 (noventa dias) para formalizar os atos societários de funcionamento e de eleição dos seus administradores, submetê-los à nova aprovação do agente supervisor e para comprovar a origem dos recursos utilizados no empreendimento.

A integralização do capital mínimo deverá observar os prazos e as exigências estabelecidas na Resolução CNSP 422/2021 (Arts. 51-52).

Os administradores das sociedades seguradoras estão vinculados a uma série de *requisitos para a posse e o exercício dos cargos em órgãos societários*, como, por exemplo, terem reputação ilibada, não estarem impedidos por lei especial nem terem sido condenados por crime falimentar, dentre outros (Arts. 44-48 da Resolução CNSP 422/2021).

Em relação aos órgãos societários, poderão ser eleitos membros residentes no país ou no exterior. Contudo, o diretor estatutário designado para exercer função específica, por exigência de regulamentação vigente, deverá ser residente no país.

Além dos requisitos supramencionados, os administradores deverão ainda comprovar capacitação técnica para o cargo ocupado, baseado em formação acadêmica e experiência profissional compatível bem como outros requisitos técnicos pertinentes.

Dependerá de prévia e expressa autorização da SUSEP, a prática de *atos que configurem mudanças no controle societário, mudança do objeto social, transformação* ou *reestruturação societária* (fusão, incorporação ou cisão), *redução do capital social, transferência de carteira, conversão de autorização temporária em definitiva (Sandbox)*, dentre outros atos societários considerados relevantes.

Em relação à estrutura do controle societário, a SUSEP também poderá exigir a celebração de *acordo de acionistas* prevendo expressamente a definição do controle direto ou indireto, exceto quando se tratar de sociedade cujas ações sejam admitidas à negociação na Bolsa de Valores ou cuja estrutura de controle seja pulverizada.

A importância da definição do controle societário está diretamente vinculada à necessidade de identificação e de eventual responsabilização dos acionistas que autorizam intencionalmente a prática de condutas que configuram violação às normas reguladoras da atividade securitária.

No plano societário, a SUSEP poderá ainda: (i) vincular a constituição de subsidiária de sociedade seguradora sediada no exterior, e, a participação de sociedade seguradora sediada no exterior em grupo de controle direto ou indireto de seguradora com atividade no país, à ausência de objeção do supervisor do país de origem; e, (ii) vetar a participação direta ou indireta no controle de sociedades seguradoras com atividade no Brasil de pessoas residentes ou sediadas em países classificados como ineficientes na prevenção aos crimes de lavagem de dinheiro e de financiamento ao terrorismo.

Importante registrar que o cancelamento das atividades operacionais da sociedade seguradora também deverá ser expressamente formalizado na SUSEP e poderá vincular-se à liquidação das suas operações passivas privativas.

A constatação de irregularidades nas operações de gestão da seguradora poderá implicar a *suspensão do seu funcionamento e do seu cadastro*, com a respectiva proibição de emissão de novas apólices, certificados e bilhetes de seguros e demais operações correlatas.

O não cumprimento das medidas saneadoras fixadas dentro do prazo de suspensão das atividades operacionais poderá implicar ainda o *cancelamento da autorização de funcionamento* e *do cadastro* da sociedade seguradora, a qual somente poderá retomar as suas atividades após comprovar o atendimento integral de todas as medidas exigidas pela SUSEP.

Por fim, importante destacar que o processo de autorização de funcionamento subdivide-se em: (i) *processo de autorização ordinário*, aplicável às sociedades que pretendam iniciar as suas atividades operacionais de acordo com os padrões de funcionamento para obtenção de autorização definitiva; e, (ii) *processo de autorização provisório*, aplicável às sociedades que pretendam funcionar sob o regime de autorização provisória concedido em ambiente regulatório experimental (*Sandbox*).

As sociedades que estejam funcionando sob o regime provisório, deverão formalizar o *pedido de conversão para a autorização de funcionamento definitivo* mediante o atendimento dos seguintes requisitos: (i) apresentação de plano de negócios; e, (ii) demonstração de capacidade econômico-financeira, observada a necessidade de que o processo de aumento de capital seja realizado antes do pedido de conversão em autorização definitiva.

b) Requisição de documentos e outras providências pela SUSEP

No curso dos procedimentos administrativos de verificação do atendimento dos requisitos de autorização de funcionamento e das alterações societárias, a SUSEP poderá:

(i) *solicitar quaisquer documentos e informações adicionais* que julgar necessários para a decisão do pedido; e,

(ii) convocar para *entrevista técnica* os *integrantes do grupo de controle*, os *detentores de participação qualificada* e os *ocupantes dos cargos estatutários ou contratuais* da entidade (Art. 3º da Resolução CNSP 422/2021).

Importante esclarecer que as solicitações e as convocações a serem realizadas pelos órgãos da SUSEP deverão ser previamente justificadas e deverão realizar-se dentro dos preceitos de celeridade e da economia processual, não se admitindo o seu uso como forma de obstar ou atrasar injustificadamente o deferimento da autorização de funcionamento.

Cita-se, como exemplo, a possibilidade de utilização de meios e recursos digitais para o envio, o recebimento e o processamento de solicitações e a realização de entrevistas técnicas por meio de videoconferências.

Ademais, caso os dados necessários estejam acessíveis em fontes públicas confiáveis, o órgão técnico competente deverá de ofício acessá-los para a elaboração de parecer, caso os mesmos sejam suficientes para o deferimento do pedido de funcionamento, visando promover a análise célere do processo administrativo.

A SUSEP poderá arquivar os pedidos formulados quando: (i) *houver descumprimento dos prazos regulamentares*; ou, (ii) *não forem atendidas as solicitações para esclarecimentos, entrevistas técnicas ou complementação de documentos* (Arts. 7º-8º da Resolução CNSP 422/2021).

A SUSEP poderá ainda indeferir os pedidos formulados nos casos de constatação de: (i) *irregularidade cadastral e circunstância que possa afetar a reputação dos administradores, integrantes do grupo de controle* ou *detentores de participação qualificada* e dos *procuradores dos resseguradores admitidos e eventuais*; e, de (ii) *falsidade nas declarações e nos documentos apresentados.*

Todavia, mandatório esclarecer que nem todos os fatos acima mencionados, por si só, ensejarão o arquivamento ou o indeferimento automático. Por exemplo, não implicarão o arquivamento do processo administrativo: (i) a formalização de solicitações irrelevantes, imotivadas e as que possam ser esclarecidas de ofício pelo próprio ente regulador; (ii) o atraso justificado no cumprimento das solicitações; ou (iii) o descumprimento justificado em razão da impossibilidade técnica ou material de atendimento da solicitação.

As irregularidades cadastrais sanáveis deverão ser objeto de abertura de prazo razoável para a sua regularização pelo interessado. Por sua vez, a constatação de circunstância que possa afetar a reputação dos administradores e controladores da sociedade seguradora deverá ser de natureza grave e devidamente fundada em documentos e dados relevantes submetidos à análise prévia das autoridades competentes e observada a garantia da mais ampla defesa e do contraditório.

4.4.1.2 Requisitos técnicos atuariais

Compete à *Resolução CNSP 432/2021*, dispor sobre os requisitos técnicos de riscos atuariais, contábeis, financeiros, de capital, de solvência e de auditoria relativos à estruturação dos negócios e ao funcionamento da atividade seguradora no Brasil.

As normas técnicas relacionadas aos *aspectos de risco, solvência e auditoria* foram estruturadas com base em três pilares fundamentais:

(i) *aspectos quantitativos*, voltados para assuntos como provisões técnicas, ativos redutores de coberturas técnicas, capitais de risco, patrimônio líquido ajustado, capital mínimo e plano de regularização de solvência;

(ii) *aspectos qualitativos*, voltados para temas como limites de retenção e critérios para a realização de investimentos; e,

(iii) *regras de transparência e divulgação*, voltadas para matérias como normas contábeis, auditorias atuarial e contábil independentes.

Cada um desses pilares será apresentado a seguir a fim de se conhecer quais são os principais aspectos formadores das suas estruturas técnicas e a importância de cada um deles para a estruturação de mecanismos de controle do exercício das atividades das sociedades seguradoras no Brasil.

a) 1º Pilar – Aspectos quantitativos

O primeiro pilar estruturante dos mecanismos de controle interno das sociedades seguradoras trata dos *aspectos quantitativos*.

Os *aspectos quantitativos* referem-se aos mecanismos de controle do volume de riscos assumidos e a sua compatibilidade com as reservas técnicas constituídas pela sociedade seguradora a partir da análise dos parâmetros estruturados para o desenvolvimento das suas atividades operacionais.

Nesse contexto, as *provisões técnicas* assumem grande relevância por representarem os fundos especificamente constituídos pelas sociedades seguradoras para fazer frente aos pedidos de pagamento das importâncias seguradas (Cappiello, 2012:45-104).

Dentre as principais reservas técnicas, podem ser exemplificativamente citadas: (i) as *provisões de prêmios não ganhos* (PPNG), utilizadas para garantir o pagamento de sinistros futuros e ainda não avisados; (ii) as *provisões de sinistros ocorridos e não avisados* (IBNR), utilizadas para cobrir o pagamento de eventos cobertos já ocorridos, mas que ainda não foram comunicados à seguradora; e, (iii) as *provisões de sinistros a liquidar* (PSL), utilizadas para garantir o pagamento de eventos já ocorridos e avisados e que se encontram pendentes de análise pelo departamento de sinistro (Arts. 4º-16 da Resolução CNSP 432/2021).

Estas são apenas algumas das provisões técnicas constituídas pelas sociedades seguradoras. Existem outras, como, por exemplo, as *provisões complementares de cobertura* (PCC), *provisões de despesas relacionadas* (PDR), *provisões de excedentes técnicos* (PET), *provisões de excedentes financeiros* (PEF), de acordo com a especificidade da atividade e da finalidade almejada com a sua estruturação.

Caberá à SUSEP especificar quais ramos ou quais produtos estarão excluídos da obrigação de constituição de reservas técnicas em razão da sua natureza e das suas especificidades (Arts. 26-28 da Resolução CNSP 432/2021).

As sociedades seguradoras poderão fazer uso ainda de *ativos redutores de provisões técnicas*. A SUSEP permite que alguns ativos, como, por exemplo, direitos creditórios, ativos de resseguro e de retrocessão redutores, depósitos judiciais e custos de aquisição diferidos, possam ser utilizados para diminuir o quantitativo de ativos imobilizados utilizados para a garantia da satisfação das coberturas securitárias, conforme os limites previstos nas normas de regulação da atividade.

Os *capitais de risco* das sociedades seguradoras serão fixados levando-se em consideração os eventos aos quais elas estarão expostas durante o exercício das suas atividades, como, por exemplo:

(i) os *riscos de subscrição*, correspondentes à possibilidade de perdas que contrariem as projeções elaboradas, com base nos prêmios e nas provisões técnicas calculadas;

(ii) os *riscos de crédito*, consistentes na possibilidade de perdas em razão do inadimplemento financeiro do tomador ou da contraparte ou da desvalorização dos recebíveis em razão da redução da classificação de riscos;

(iii) os *riscos operacionais*, representados pela possibilidade de perda em razão de problemas causados por processos internos, pessoas ou sistemas, ou em decorrência de fraudes ou eventos externos, inclusive o risco legal, relacionado a multas, penalidades ou indenizações em processos administrativos ou judiciais; e,

(iv) os *riscos de mercado*, compreendidos como a possibilidade de perdas provocadas pelas flutuações do mercado financeiro com impacto na avaliação econômica dos ativos e dos passivos da seguradora.

Os capitais de risco serão calculados de acordo com as determinações técnicas estabelecidas pela SUSEP (Arts. 31 a 54 da Resolução CNSP 432/2021).

O *patrimônio líquido ajustado (PLA)* também é outro importante mecanismo de controle da solvabilidade das sociedades seguradoras e consiste no patrimônio líquido contábil com as deduções expressamente previstas pela SUSEP, como, por exemplo, dedução do valor das participações societárias, créditos tributários decorrentes de prejuízos fiscais, ativos intangíveis, dentre outros.

O *capital mínimo* corresponde ao capital total que a sociedade seguradora deverá manter para o desenvolvimento das suas atividades, o qual será fixado a partir da consideração do maior valor entre o *capital de base* (montante fixo) e o *capital de risco* (montante variável) para garantir os riscos inerentes às suas operações.

Constatada a situação de insuficiência patrimonial temporária e reversível, a sociedade seguradora deverá fazer uso do *plano de regularização de solvência (PRS)*.

O *plano de regularização de solvência* consiste no plano técnico atuarial elaborado pela sociedade seguradora e enviado à SUSEP visando à recomposição da sua situação solvencial, quando constatada a insuficiência do *patrimônio líquido ajustado (PLA)* em relação ao capital mínimo em até 50% (cinquenta por cento) (Art. 57 da Res. CNSP 432/2021).

O PRS deverá ser formalizado quando apurada a insuficiência do PLA por três meses consecutivos ou se a insuficiência for apurada nos meses de junho e de dezembro, e deverá ser apresentado no prazo de 45 (quarenta e cinco) dias da notificação formalizada pela SUSEP à seguradora, conforme os padrões normativos exigidos.

Em síntese, a constatação da insuficiência do PLA poderá implicar:

(i) a apresentação do *plano de regularização de solvência (PRS)*, quando constatada a insuficiência do *patrimônio líquido ajustado (PLA)* em relação ao capital mínimo em até 50% (cinquenta por cento);

(ii) a instauração do *regime especial de direção fiscal*, quando constatada a insuficiência do *patrimônio líquido ajustado (PLA)* em relação ao capital mínimo maior que 50% (cinquenta por cento) e igual ou menor a 70% (setenta por cento);

(iii) a instauração do *regime de liquidação extrajudicial*, quando constatada a insuficiência do *patrimônio líquido ajustado (PLA)* em relação ao capital mínimo maior que 70% (setenta por cento) (Arts. 60-61 da Res. CNSP 432/2021).

O Conselho Diretor da SUSEP poderá, alternativamente à instauração dos regimes especiais, solicitar a elaboração e o envio de *plano de regularização de solvência (PRS)*, quando constatada situação específica experimentada pela sociedade supervisionada.

As seguradoras também estarão obrigadas a apresentar o *Plano de Regularização de Cobertura (PRC)*, na hipótese da constatação de *insuficiência de cobertura de provisões técnicas*, nas datas de fechamento dos balancetes mensais, no prazo máximo de 30 (trinta) dias, a contar da data do recebimento do comunicado da SUSEP.

Constatada a insuficiência de cobertura de provisões técnicas, a SUSEP poderá instaurar: (i) *fiscalização especial*; ou, (ii) *regime especial de direção fiscal*, no caso de insuficiência maior que 30% (trinta por cento) do balancete mensal.

Como é possível notar, vários são os mecanismos de controle preventivos utilizados para o acompanhamento da solvência das sociedades seguradoras, a fim de possibilitar a recuperação da atividade e mitigar os riscos que a decretação de um regime especial de liquidação extrajudicial poderá gerar para o mercado consumidor.

Os procedimentos de direção fiscal, intervenção e liquidação extrajudicial serão vistos com maiores detalhes no Capítulo 17.

b) 2º Pilar – Aspectos qualitativos

O segundo pilar estruturante dos mecanismos de controle interno das sociedades seguradoras trata dos *aspectos qualitativos*.

Os *aspectos qualitativos* referem-se aos mecanismos de aferição da qualidade dos limites de retenção de riscos assumidos pela seguradora, considerados os riscos isolados ou conjunto de riscos, e dos investimentos realizados para garantir o valor do patrimônio utilizado nas suas atividades operacionais.

O *limite de retenção* consiste no valor máximo de responsabilidade que as seguradoras podem reter em cada risco isolado, fixado com base no valor do patrimônio líquido ajustado (PLA) (Art. 76 da Resolução CNSP 432/2021).

O cálculo dos limites de retenção deverá ser objeto de nota técnica atuarial, realizado por ramo de operação e por método cientificamente comprovado dotado de consistência em relação aos seus resultados.

A sua apresentação deverá ser formalizada obrigatoriamente nos meses de fevereiro e de agosto de cada exercício, sendo facultada a apresentação de novos valores nos demais meses do ano.

Por sua vez, os *investimentos realizados pelas sociedades seguradoras* deverão observar:

(i) os *princípios de segurança, rentabilidade, solvência e liquidez*; e,

(ii) as *suas especificidades*, tais como as características das suas obrigações, *com vistas à manutenção do necessário equilíbrio econômico-financeiro e atuarial entre ativos e passivos* (Art. 83 da Resolução CNSP 432/2021).

Consideram-se investimentos, os ativos e modalidades operacionais das seguradoras tais como: (i) opções; (ii) mercado a termo; (iii) mercado futuro; (iv) *swap*; (v) dentre outros admitidos pela legislação em vigor.

É vedado às sociedades seguradoras a realização de investimentos que possam aumentar substancialmente o risco de perdas financeiras em razão da sua alta volatilidade, do grande percentual de comprometimento de perda financeira ou da ausência de garantias visando reduzir a sua desvalorização (Art. 92 da Resolução CNSP 432/2021).

Dentre eles, podem ser citados, exemplificativamente, investimentos em: (i) operações com derivativos e fundos de investimento que gerem a possibilidade de perda superior ao valor do patrimônio líquido da entidade; (ii) venda de opção a descoberto; (iii) recursos em carteiras administradas por pessoas naturais; (iv) fundos de investimento que não possuam procedimentos de avaliação e de mensuração de risco da carteira de investimentos; (v) aplicações de recursos no exterior; (vi) prestação de fiança, aval, aceite ou coobrigação; (vii) títulos e valores de emissão ou coobrigação de sociedades coligadas, dentre outros. A realização de investimentos nas operações mencionadas somente será permitida nas hipóteses excepcionadas pelas normas regulamentares.

Importante destacar ainda o papel do *Conselho Monetário Nacional* na regulação dos requisitos para aplicação dos recursos financeiros das sociedades seguradoras e resseguradoras com atuação no mercado nacional.

Nesse sentido, a *Resolução CMN 4.993/2022* prevê normas específicas voltadas para a aplicação dos recursos das reservas técnicas, das provisões e dos fundos financeiros obrigatórios para sociedades seguradoras, sociedades de capitalização, entidades abertas de previdência complementar, resseguradores locais e admitidos visando garantir a integridade e a solidez dos investimentos realizados.

Na mesma linha da Resolução CNSP 432/2021, dentre as principais diretrizes gerais estabelecidas pelo CMN, cita-se a obrigatoriedade de observância dos *princípios de segurança, rentabilidade, solvência* e *liquidez* bem como de *diversificação, adequação à natureza das obrigações* e *transparência* das informações sobre os investimentos realizados (Art. 2º, anexo, da Res. CMN 4.993/2022).

O CMN impõe ainda que as seguradoras e resseguradoras observem os *preceitos de boa-fé, lealdade* e *diligência*, zelem por elevados padrões éticos e adotem práticas que visem garantir o cumprimento de suas obrigações abrangendo a política de investimentos, a qual, sempre que possível, deverá observar os aspectos relacionados à sustentabilidade econômica, ambiental, social e de governança dos investimentos.

A Resolução CMN 4.993/2022 prevê ainda inúmeros outros requisitos específicos relacionados à emissão, distribuição e negociação de títulos e valores mobiliários das sociedades do ramo (Arts. 3º-6º), além de regras a respeito da alocação de recursos nas modalidades de investimento permitidas como: (i) renda fixa; (ii) renda variável; (iii) imóveis; (iv) investimentos sujeitos à variação cambial; e, (v) fundos de investimento, certificados de operações estruturadas e certificados de reduções de emissão ou de créditos de carbono (Arts. 7º-12).

Como se denota, a imposição de requisitos para a realização de investimentos possui relação direta com a necessidade de solidez e segurança inerentes à satisfação das garantias securitárias e a sua importante função de pulverização de riscos coletivos.

O relevante papel de gestoras de fundos coletivos constituídos a partir da arrecadação de prêmios no mercado segurador demanda um compromisso ainda maior das sociedades seguradoras em relação à seleção de investimentos sólidos e rentáveis para a manutenção das suas atividades técnicas e operacionais.

Além disso, as sociedades seguradoras poderão estabelecer requisitos complementares ainda mais rígidos ou aderir por meio de programas institucionais a investimentos socialmente responsáveis ou considerados ambientalmente sustentáveis no longo prazo visando fortalecer ainda mais as suas posições no que se refere à integridade dos seus ativos.

c) 3º Pilar – Regras de transparência e de divulgação

O terceiro pilar estruturante dos mecanismos de controle interno das sociedades seguradoras trata das *regras de transparência e de divulgação*.

Em relação às regras de transparência e de divulgação, as sociedades seguradoras estão obrigadas a observar as *normas contábeis* e a adotar *auditoria atuarial* e *auditoria contábil independentes* conforme as normas estabelecidas pela SUSEP (Art. 96 da Resolução CNSP 432/2021).

A *auditoria atuarial independente* consiste na realização de trabalho técnico por pessoa física ou jurídica devidamente registrada e com certificação válida no Instituto Brasileiro de Atuária – IBA, com mais de três anos de experiência na prestação de serviços atuariais, e que atenda aos requisitos de independência e demais normas estabelecidas pela SUSEP.

Os requisitos de independência referem-se à inexistência de hipóteses de incompatibilidade ou de impedimento para a realização da auditoria, de vínculos conjugais ou de parentesco previamente especificados, participação acionária, interesse financeiro, manutenção de relação de trabalho com a seguradora auditada, dentre outros.

A auditoria atuarial independente será composta obrigatoriamente de: (i) *relatório*, contendo análise a respeito de itens como provisões técnicas, redutores de coberturas, bases de dados, limites de retenção, carteiras e planos deficitários, conformidade dos dados, premissas e procedimentos no cálculo do capital mínimo e aplicação das metodologias adotadas pela SUSEP, solvência da seguradora auditada, dentre outros; (ii) *parecer atuarial*, contendo manifestação sobre a qualidade dos dados analisados e sobre a correspondência desses dados com os enviados à SUSEP, avaliação conclusiva a respeito da adequação das provisões técnicas e dos ativos de resseguro e retrocessão, demais situações relevantes, assinatura e identificação profissional; e, (iii) *outros documentos* solicitados pela SUSEP.

O relatório de auditoria atuarial independente, cuja data-base de análise é o dia 31 de dezembro do ano anterior, deverá conter descrição clara e objetiva da metodologia utilizada para a sua elaboração, ser disponibilizado à seguradora auditada até o dia 31 de março e entregue à SUSEP até o dia 30 de abril do ano da sua emissão, em conjunto com o relatório do atuário responsável.

A SUSEP poderá, justificadamente, exigir a apresentação de outras análises que entender pertinentes para fins de apreciação do laudo de auditoria independente (Art. 109 da Resolução CNSP 432/2021).

Por sua vez, a *auditoria contábil independente* consiste na realização de trabalho técnico por pessoa física ou jurídica devidamente qualificada e registrada na Comissão de Valores Mobiliários – CVM e no Cadastro Nacional de Auditores Independentes – CNAI para a prestação de serviços de auditoria contábil independente, e que atenda aos requisitos de independência e demais normas estabelecidas pela SUSEP.

Os requisitos de independência referem-se à inexistência de hipóteses de incompatibilidade ou de impedimento para a realização da auditoria com base nos parâmetros estabelecidos pela Comissão de Valores Mobiliários – CVM, pelo Conselho Federal de Contabilidade – CFC e pelo Instituto dos Auditores Independentes do Brasil – IAIB.

E, ainda, se referem à constatação da não existência de pagamento igual ou superior a 25% (vinte e cinco por cento) do faturamento total do auditor contábil no ano de realização da auditoria pela sociedade seguradora, isoladamente ou em conjunto, com alguma de suas sociedades coligadas ou equiparadas.

A auditoria contábil independente será composta de: (i) *relatório*, contendo análise conclusiva a respeito das demonstrações financeiras da seguradora auditada;

(ii) *relatório circunstanciado*, contendo manifestação sobre a adequação dos procedimentos contábeis, das práticas de divulgação de informações das demonstrações financeiras e da adequação dos controles internos aos riscos suportados pela supervisionada, relatando as deficiências identificadas no curso dos trabalhos de auditoria contábil, bem como, quando for o caso, recomendações destinadas a sanar essas deficiências; e, (iii) *outros documentos* solicitados pela SUSEP (Art. 136 da Resolução CNSP 432/2021).

As sociedades seguradoras deverão providenciar a substituição do auditor contábil contratado e dos membros da auditoria contábil independente após 05 (cinco) exercícios sociais completos e a recontratação do auditor somente poderá ser realizada após 03 (três) anos da sua substituição.

4.4.1.3 *Requisitos de conformidade legal*

Compete à *Circular SUSEP 612/2020*, dispor sobre os controles internos específicos para *a prevenção e combate dos crimes de lavagem de dinheiro, coibição do financiamento ao terrorismo* e o *acompanhamento das operações relacionadas a pessoas politicamente expostas*.

As sociedades seguradoras deverão implantar mecanismos preventivos de controle interno para a identificação de riscos relacionados ao desenvolvimento das suas atividades operacionais com as práticas acima mencionadas.

Tal obrigatoriedade possui relação direta com a necessidade do atendimento dos preceitos previstos na *Lei de Prevenção à Lavagem de Dinheiro de 1998* (Art. 9º, parágrafo único, inciso II), nos *tratados internacionais* e nas *legislações de países* nos quais as sociedades supervisionadas desenvolvam suas atividades.

O plano de controle interno de conformidade legal consiste no conjunto de procedimentos de análise preventiva visando identificar agentes e operações que possam configurar violação à legislação de combate à lavagem de dinheiro e garantir a sua comunicação às autoridades competentes.

O *primeiro pilar* do plano de controle interno se refere à *criação de políticas de avaliação de riscos* com foco nas seguintes práticas: (i) subscrição das operações e suas relações com terceiros; (ii) realização de investimentos; (iii) instituição de procedimentos de identificação de clientes, beneficiários, terceiros e partes relacionadas; (iv) registros de produtos expostos a essas práticas; e, (v) procedimentos de identificação, monitoramento, análise de risco e comunicação de operações com indícios de tais práticas.

O *segundo pilar* do plano de controle interno relaciona-se à *instituição de um programa de treinamento específico* voltado para os funcionários visando ao cumprimento da Lei de Prevenção à Lavagem de Dinheiro de 1998.

E, o *terceiro pilar*, refere-se à *implantação de programa de auditoria interna* voltado para aferir o cumprimento dos procedimentos acima mencionados.

Importante registrar que o não cumprimento das disposições relativas à prevenção e combate aos crimes de lavagem de dinheiro poderá ocasionar responsabilização administrativa, cível e criminal e a aplicação cumulativa de sanções administrativas e pecuniárias pelas autoridades competentes.

Dentre as principais sanções podem ser citadas exemplificativamente as *penas de advertência, de multa variável,* fixada com base no valor da operação e no valor de até R$ 20.000.000,00 (vinte milhões de reais), *inabilitação temporária para o exercício do cargo de administrador pelo prazo de até 10 (dez) anos* bem como *suspensão ou cassação da autorização de funcionamento* da sociedade seguradora (Art. 12 da Lei de Prevenção à Lavagem de Dinheiro de 1998).

As sociedades seguradoras deverão acompanhar ainda as operações realizadas com *pessoas politicamente expostas,* compreendidas como os agentes públicos em exercício ou que tenham exercido, nos 5 anos anteriores, no Brasil ou em países, territórios e dependências estrangeiras, cargos, empregos ou funções públicas relevantes, assim como seus representantes, familiares e outras pessoas de seu relacionamento próximo.

Dentre as pessoas politicamente expostas podem ser citadas, exemplificativamente: (i) os detentores de mandatos eletivos dos Poderes Executivo e Legislativo no âmbito federal, estadual, municipal e distrital; (ii) ocupantes de cargos ministeriais, secretarias e cargos de assessoramento estratégico; (iii) membros dos tribunais superiores e do Conselho Nacional de Justiça; (iv) membros do Tribunal de Contas da União e o Procurador-Geral do MP no TCU, dentre outros servidores exercentes de cargos públicos relevantes.

A adoção de tais procedimentos insere-se nas modernas práticas internacionais de combate ao crime organizado e de coibição ao financiamento de grupos terroristas por meio da utilização do sistema securitário e ressecuritário.

O acompanhamento das operações e dos pagamentos realizados a pessoas politicamente expostas também tem por intuito identificar possíveis favorecimentos em razão dos cargos ocupados e a eventual relação das atividades públicas exercidas com as práticas de organizações criminosas.

4.4.1.4 Requisitos de preservação de dados pessoais

A utilização de dados e informações pessoais pelas sociedades seguradoras, no âmbito físico e digital, também demanda a necessidade de observação das normas impostas pela *Circular SUSEP 605/2020,* pela *Lei do Marco Civil da Internet de 2014* e pela *Lei Geral de Proteção de Dados de 2018.*

Entende-se necessário abordar as normas específicas sobre o uso de informações pessoais, pois o uso de dados dos segurados representa um dos substratos mais relevantes para a realização da análise dos riscos no exercício da atividade seguradora.

Após devidamente coletados, os dados pessoais fornecidos pelos segurados em formulários específicos passam a ser utilizados para a formação das análises de riscos e de precificação de coberturas securitárias conforme o perfil de cada proponente.

Mais do que isso. Dependendo do perfil do segurado, com base na análise de dados realizada, a proposta de contratação de cobertura securitária poderá ser inclusive recusada pela seguradora diante da constatação da sua inadequação com os requisitos das suas políticas técnico-atuariais.

Desse modo, por se tratar das normas que formam o importante microssistema jurídico de conformidade legal do uso de informações de dados pessoais, entende-se oportuno apresentar alguns pontos fundamentais dessas disposições normativas.

No âmbito da SUSEP, a matéria é regulada pela Circular 605/2020, a qual apenas prevê os prazos mínimos para guarda de documentos e os meios de armazenamento de dados pelas seguradoras em relação às informações colhidas e aos contratos de seguro firmados.

Esta circular, todavia, não veicula, qualquer disposição sobre a obrigatoriedade de proteção à inviolabilidade dos dados pessoais coletados. Trata-se de normativa que visa principalmente estabelecer deveres de organização, classificação e de prova documental para consultas futuras pelos respectivos interessados e pelo órgão regulador do mercado.

Por sua vez, a *Lei do Marco Civil da Internet de 2014* tem por fim estabelecer os princípios, as garantias, os direitos e os deveres para o uso da internet no Brasil vinculando pessoas físicas e jurídicas, entes públicos e privados, que manipulem e arquivem dados pessoais de terceiros no exercício das suas atividades (Teixeira, 2015, Capítulo 3.5).

O principal foco da LMCI de 2014 nesta área está posto na preservação da inviolabilidade da vida privada, na necessidade de consentimento expresso sobre coleta, uso, armazenamento e tratamento de dados pessoais e na proibição de fornecimento a terceiros de dados pessoais, salvo mediante consentimento livre, expresso e informado pelo respectivo titular (Art. 7º, VII e IX).

Trata-se de lei que visa disciplinar a liberdade e a responsabilidade pelas relações jurídicas estabelecidas no espaço do domínio virtual da rede mundial de computadores e dos impactos que essas relações também desencadearão no mundo físico no qual estão situados os seus respectivos agentes individuais e coletivos, públicos e privados (Carvalho, 2014).

A *Lei Geral de Proteção de Dados de 2018* tem por objetivo dispor sobre o tratamento de dados privados de pessoas naturais coletados, manipulados ou arquivados em meios físicos ou digitais, no território nacional, a fim de proteger o direito à liberdade e o direito à privacidade, garantidos pela Constituição Federal de 1988 (Peck, 2018, Arts. 1º-3º).

A LGPD de 2018 estabelece ainda uma categoria especial de informação, denominada de *dados pessoais sensíveis*, os quais consistem, dentre outras características, nos dados referentes à saúde ou à vida sexual, dado genético ou biométrico, quando vinculados a uma pessoa natural (Art. 5º).

Nessa linha, a LMCI de 2014 tem como um dos seus objetivos proteger o uso das informações pessoais no âmbito do arquivamento e tráfego virtual de informações na internet e a LGPD de 2018 também amplia essa proteção para todos os meios físicos nos quais essas informações venham a ser utilizadas.

Tais leis possuem objetivos similares e complementares, quais sejam: o de preservar toda e qualquer informação pessoal utilizada em meios físicos ou digitais, na internet ou fora dela, vinculando o seu uso aos fins restritos e apenas autorizados pelos seus respectivos titulares com o intuito de preservação da sua intimidade.

Mas, de que forma os dados pessoais têm sido utilizados pelas sociedades seguradoras? No âmbito das ciências computacionais, menciona-se, por exemplo, a ferramenta de *Prospecção ou Mineração de Dados* (Data Mining), como um dos recursos tecnológicos mais difundidos para a pesquisa de informações pessoais, a partir do acesso a sistemas concebidos pelos controladores e operadores de informações inseridas em ambientes digitais (Magrani, 2019, Capítulo 2.3).

A tecnologia de *Computação em Nuvem* (Cloud Computing) também pode ser apontada como outro recurso importante no que se refere ao armazenamento e a utilização de dados pessoais, por entidades púbicas e privadas, cujo acesso pode ser realizado por equipamentos autorizados situados em qualquer local do mundo.

Entende-se oportuno destacar que a utilização de sistemas de informação físicos ou digitais para analisar e arquivar dados pessoais de segurados consiste em uma atividade totalmente lícita e necessária para o desenvolvimento da atividade seguradora.

É impossível atualmente imaginar uma sociedade seguradora sólida e confiável do ponto de vista institucional que não faça uso de informações em grande escala colhidas de declarações prestadas pelos seus respectivos segurados.

Na denominada *Era da Informação*, os dados pessoais tornaram-se verdadeiros ativos de alto valor técnico e financeiro, os quais desde séculos atrás já haviam sido percebidos pelas mais importantes seguradoras do mundo para fins de desenvolvimento das suas atividades operacionais.

Dessa forma, as companhias seguradoras deverão adotar rígidos processos de segurança, no âmbito físico e digital, visando proteger o uso de informações pessoais dos seus clientes e apenas poderão manipulá-los para os fins por eles expressamente autorizados.

As seguradoras poderão fazer uso, por exemplo, de sistemas e recursos informacionais de *Criptografia* corporativa para a encriptação de dados, arquivados nos seus bancos de armazenamento ou em trânsito nos sistemas de comunicação interna e externa, autenticação e verificação de assinaturas digitais para o fortalecimento da proteção desse tipo de informação.

As seguradoras deverão ainda contratar apólices de seguro de responsabilidade civil de riscos cibernéticos visando à sua proteção patrimonial contra eventuais litígios derivados de condutas culposas ou dolosas com o potencial de lesar os interesses dos segurados.

Por fim, importante registrar que a LGPD de 2018 foi inspirada no *Regulamento Geral de Proteção de Dados de 2016* da União Europeia (RGPD UE 679, de 04/05/2016), o qual ampliou o tratamento protetivo conferido pela Diretiva de Proteção de Dados Europeia de 1995 (Diretiva CE 46/1995), ora revogada.

A edição do RGPD de 2016 teve como principal objetivo superar as assimetrias regulatórias em matéria de proteção de dados pessoais e conferir a harmonização jurídica necessária para o fluxo seguro de informações por entidades com sede ou atuação nos países-membros da União Europeia.

O RGDP de 2016 irradiou efeitos para além dos limites da União Europeia, pois além de ter se tornado uma legislação de vanguarda na sua área normativa, ainda vinculou as atividades das empresas com sede nos seus países-membros e obrigou as empresas com atuação no seu mercado comum a se adaptarem às suas exigências legais (Voigt e Von Dem Bussche, 2017).

Portanto, além das normativas nacionais sobre proteção de dados, as seguradoras brasileiras que desenvolvam atividades comerciais em países com normas similares, como os países-membros da União Europeia, deverão ainda conformar suas atividades aos requisitos estabelecidos pelas respectivas legislações estrangeiras.

4.4.2 *Insurtechs*: características, regulação e *sandbox*

Neste tópico será analisada como a evolução dos novos métodos de desenvolvimento de empreendimentos estruturados com base na tecnologia digital tem influenciado o mercado segurador e como os entes prudenciais têm regulado o exercício dessas formas inovadoras da atividade seguradora.

4.4.2.1 *Startups*

No início do século XXI, a criação de novas plataformas de comércio digitais e de ferramentas de Inteligência Artificial propiciou a disrupção dos modelos de negócios até então existentes com as inovações desenvolvidas pelas empresas denominadas de *Startups*.

As *Startups* consistem em empresas no seu estágio embrionário de desenvolvimento, estruturadas com base numa proposta tecnológica inovadora e capazes de se transformarem, num curto espaço de tempo, em grandes empreendimentos do ponto de vista da produção em alta escala e da lucratividade gerada para os seus investidores.

Essas *empresas sementes ou incubadoras* funcionam de maneira flexível em ambientes de extrema incerteza, por meio da concepção, produção e validação de produtos e serviços inovadores, com o objetivo de atender a demandas de novos mercados ou de mercados já existentes (REIS, A Startup e o Estilo, 2019, Introdução).

O termo *Startup* tornou-se conhecido principalmente no âmbito das sociedades de tecnologia digital e ele tem sido utilizado para designar tanto o movimento gerador dessa novidade (o ecossistema ou ambiente no qual elas são desenvolvidas) quanto a empresa com essas características no seu estágio inicial de desenvolvimento (o agente disruptivo).

Mas, pergunta-se: quais são as principais ferramentas tecnológicas utilizadas por estas sociedades que têm possibilitado distingui-las das suas concorrentes no mercado? No âmbito da ciência computacional, dentre as principais tecnologias cita-se a denominada *Inteligência Artificial de Dados (AID)* (Strydom e Buckley, 2020:1-43).

A AID consiste na fusão dos campos científicos da *Inteligência Artificial* com o dos *Megadados (Big Data)*, abrangendo o aprendizado automatizado por meio de redes neurais simuladas e o processamento profundo de quantidades massivas de informações (*Deep Machine Learning*) por robôs instruídos por algoritmos visando à tomada das melhores decisões, processos esses impossíveis de serem realizados pelos meios tradicionais até então conhecidos (Lee, 2019, 1; Iafrate, 2018:xv-xvii).

Dentre algumas das mais conhecidas empresas que surgiram como *Startups* no âmbito do mercado de tecnologia digital, também denominadas de empresas "pontocom", podem ser citadas: Microsoft, Amazon, Google, Facebook, Airbnb, Uber, Instagram, dentre outras.

O capital tecnológico e inovador aglutinado por tais sociedades possibilitou em pouco tempo que elas se tornassem algumas das mais importantes e lucrativas companhias nas suas respectivas áreas de atuação, revolucionando os meios de comércio tradicionais e inclusive criando mercados até então inexistentes.

As *Startups* tecnológicas promovem ainda o desenvolvimento de modelos baseados na experiência do consumidor como um diferencial que propicia o fortalecimento da relação comercial no longo prazo. Dessa forma, a simplificação dos processos de contratação e de utilização de produtos e serviços funciona como um elemento de fidelização no que se convencionou chamar de modelo baseado na *centricidade do consumidor* (KPMG, 2019).

De acordo com o mercado no qual são desenvolvidas as suas atividades, as *Startups* podem ser identificadas por designações específicas como: *EdTechs* (mercado educacional), *MediaTechs* (mercado de mídia), *GreenTechs* (mercado de soluções ecológicas sustentáveis), *RegTechs* (mercado de regulação), *FinTechs* (mercado financeiro) e *Insurtechs* (mercado segurador), dentre outras.

Diante de tamanha especialização, entende-se oportuno analisar no que consistem as *InsurTechs*, a fim de dimensionar a sua importância e como elas se inserem na atual cadeia de geração de negócios securitários.

4.4.2.2 Insurtechs

A modificação dos padrões comerciais provocada pelo advento das plataformas de comércio digitais e das ferramentas de Inteligência Artificial aplicadas ao mercado de seguros propiciou o surgimento das denominadas *Insurtechs*.

As *Insurtechs* são as empresas e as tecnologias inseridas na cadeia de negócios do mercado segurador, exclusivamente concebidas com base nas inovações propiciadas pelo modelo do comércio digital e a sua denominação advém da aglutinação abreviada dos termos ingleses *insurance* (seguro) e *technology* (tecnologia) (Ricciardi, 2018:06-09).

Mas quais são as principais vantagens das *Insurtechs*? Em síntese, como principais vantagens para *os segurados* podem ser citadas: a redução de custos das apólices de seguro, a simplificação do processo de contratação com ambientes interativos e interfaces digitais integradas, a adaptação e customização das coberturas às reais necessidades dos segurados, a diminuição no tempo de análise dos sinistros e do pagamento das indenizações.

Como principais vantagens para *as seguradoras* podem ser citadas: a redução de custos com pessoal e estabelecimentos físicos, o aumento da produtividade com a utilização de mecanismos de inteligência artificial e de análise automatizada de dados, a flexibilidade para a modificação e para a atualização dos negócios, e a redução de fraudes no pagamento das indenizações (Yan, Schulte e Chuen, 2018:249-282).

Tradicionalmente, um dos maiores ativos do mercado segurador cinge-se à capacidade das seguradoras de analisarem um vasto repertório de dados informacionais dos seus segurados e transformá-los em dados atuariais capazes de viabilizar a criação de novos produtos e a estruturação dos grupos seguráveis (Cappiello, 2018:01-12; 29-50).

Com a AID e os mecanismos de métrica e de análise de dados automatizados, as seguradoras poderão refinar ainda mais a sua capacidade preditiva de correlação das informações sobre os segurados e dos eventos para os quais os mesmos pretendem se proteger no futuro.

Mais do que isso. As seguradoras estarão aptas a correlacionar esses dados em tempo real com as práticas efetivamente adotadas pelos segurados, identificando o surgimento de novos riscos, propondo a contratação de novas coberturas, e, até mesmo, reprecificando o valor de coberturas contratadas em razão da modificação dos comportamentos analisados ou recusando-se a cobrir sinistros em desacordo com as condições gerais da apólice com base nas métricas apuradas.

Enfim, as possibilidades com a utilização de novas tecnologias são infindáveis e estarão diretamente relacionadas à capacidade criativa dos seguradores e à capacidade de geração de valor, de benefícios e de comodidade para a contratação de coberturas pelos segurados num ambiente cada vez mais interativo e customizado.

A ampla difusão dos mecanismos de informação digital por equipamentos eletrônicos estáticos e móveis (excelentes meios para a propagação da cultura do seguro) e a facilidade de contratação à distância (por meio da utilização de *smartphones*) poderá possibilitar ainda o desenvolvimento de uma série de novos produtos com o potencial de ampliar a capacidade de inclusão de pessoas antes alheias dos benefícios gerados pelo mercado segurador.

No âmbito da estruturação do negócio, importante destacar que as *Insurtechs* podem ser constituídas: (i) sob a forma de *sociedades autônomas*, empresas parceiras criadas por meio de aporte de capital compartilhado ou por fundos de investimentos; ou, (ii) sob a forma de *sociedades subsidiárias*, empresas integrantes dos grupos econômicos seguradores, criadas com o intuito de preservar a sua participação nesse importante nicho de mercado (Harvard, *Startup*, 2019).

As estatísticas do mercado revelaram que no ano de 2019 as companhias de seguros digitais movimentaram mais de US$ 5 bilhões em suas operações e as projeções para o ano de 2025 são de que a lucratividade ultrapassará a marca de US$ 10 bilhões, com um crescimento anual projetado de 10,8% nesse período (Business Wire, 2020).

Atualmente, as *Insurtechs* independentes têm se especializado em segmentos específicos do mercado de seguros visando cobrir eventuais espaços em mercados não totalmente atendidos pelas atividades das grandes seguradoras.

Mas as diferenças não se resumem à denominação ou ao modelo de negócios adotado. O surgimento das *Insurtechs* nasce na rapidez da velocidade da estruturação dos negócios digitais e, também, traz uma série de desafios e questionamentos dos padrões regulatórios tradicionais adotados, como será visto a seguir.

4.4.2.3 *Regulação e sandbox*

No âmbito da regulação das *InsurTechs*, os agentes prudenciais têm se utilizado do instrumental regulatório denominado *sandbox*.

O *sandbox* é um ambiente regulado especificamente estruturado para acompanhar a concepção de novas tecnologias ou o lançamento de novos produtos de segmentos econômicos especializados, a fim de evitar que o arcabouço regulatório tradicional se torne um empecilho para o seu desenvolvimento.

Com isto, os entes reguladores criam ambientes especiais dentro dos quais os agentes de um determinado segmento econômico poderão desenvolver suas atividades ou lançar novos produtos de maneira supervisionada com base em padrões regulatórios diferenciados de acordo com as suas características técnicas e comerciais.

A ideia fundamental com a utilização dessa forma regulatória é a de que determinadas atividades inovadoras não devem se submeter aos mesmos padrões regulatórios impostos a negócios tradicionais sob pena de se inviabilizar o surgimento de inovações imprescindíveis para a evolução do mercado e para o aumento da competitividade entre os seus agentes (Chatzara, 2020:03-26).

Nesse ambiente regulatório especial, o ente regulador poderá estabelecer padrões prudenciais próprios e acompanhar a evolução da sua eficiência a fim de constatar se o desenvolvimento de determinadas atividades e a comercialização de novos produtos poderão funcionar de maneira segura e sustentável sem causar prejuízo ao interesse da coletividade.

O ente regulador poderá realizar modulações específicas nos padrões normativos impostos aos agentes de um determinado mercado especial, estabelecer limites temporais para a sua avaliação visando aprimorar o ambiente regulatório e, ao seu final, concluir pela viabilidade ou inviabilidade do exercício de determinada atividade ou venda de um produto em razão dos seus resultados positivos ou negativos.

No Brasil, no ano de 2017, a SUSEP autorizou a constituição de uma *Comissão Especial de Desenvolvimento de Inovação e Insurtech* (Portaria SUSEP 6.964/2017), composta por membros do órgão prudencial do mercado de seguros e representantes da iniciativa privada.

No ano de 2019, a SUSEP publicou a primeira *consulta pública para a edição de Resolução* com padrões regulatórios especiais visando incentivar o funcionamento das *Insurtechs* no mercado nacional (Consulta Pública 09/2019).

No mesmo ano, a SUSEP publicou o primeiro *edital-convite* (Consulta Pública 11/2019) voltado para a análise de propostas de autorização de funcionamento de empresas para esse nicho de mercado específico, cuja implantação foi projetada inicialmente para o ano de 2020 (CNSP, Minuta, 2019; Susep, Susep abre consulta, 2019).

Um fator importante que poderá contribuir para o remodelamento do papel dos entes prudenciais na regulação dessas novas atividades é a própria utilização dos benefícios gerados pelas *RegTechs*, empresas voltadas para o desenvolvimento de soluções tecnológicas de conformidade legal para os agentes dos ambientes regulados.

Nesse contexto, a estruturação de um novo ambiente regulatório passa necessariamente pela identificação das necessidades do consumidor, compreensão da tecnologia utilizada pelos agentes do mercado e dos padrões de sustentabilidade e segurança a serem obtidos pela utilização dos meios tecnológicos disponíveis para atingir tais resultados.

Nesse contexto, a experiência adquirida pelas *RegTechs* também poderá contribuir para o desenvolvimento de soluções regulatórias eficientes em cooperação com os entes prudenciais para fins de supervisão das novas atividades desenvolvidas no mercado segurador (Michaels e Homer, 2018:329-346).

Importante destacar mais uma vez que o ambiente especial regulatório (*sandbox*) não se restringe às *Insurtechs*, pois ele poderá ser aplicado para a avaliação da viabilidade de um padrão regulatório voltado para uma nova atividade ou um produto específico.

Como exemplo, cita-se a *Moratória em Genética e Seguro*, baseada na avaliação dos benefícios do uso de exames genéticos para a definição do valor de importâncias seguradas e para a aceitação de determinadas coberturas securitárias no ramo do seguro de pessoas no Reino Unido (United Kingdom, Code, 2019).

Em que pese a ressalva, dentro de um contexto de crescimento do papel das companhias seguradoras digitais neste novo milênio, muito provavelmente grande parte do esforço regulatório especial será voltado para a acomodação desse tipo de atividade visando extrair os melhores rendimentos possíveis para a inovação e a competividade do mercado segurador brasileiro.

4.4.3 Processos administrativos

No curso do exercício das suas atividades operacionais, as seguradoras habitualmente farão uso dos processos administrativos para a formalização de pleitos, de comunicações e de respostas dirigidos aos órgãos e aos entes públicos com os quais mantêm relacionamentos institucionais.

Como visto acima, a obtenção da autorização para funcionamento de uma sociedade seguradora deverá ser formalizada por processo administrativo dirigido à SUSEP por meio do qual demonstrará através de um robusto conjunto probatório a sua aptidão técnica e jurídica para o desenvolvimento das suas atividades.

Todavia, as sociedades seguradoras também estarão sujeitas a responder a processos administrativos visando à apuração da eventual prática de irregularidades em face da legislação aplicável ao mercado segurador e de legislações gerais aplicadas a toda e qualquer atividade econômica ou prática relacionada ao mercado consumidor.

Em razão disso, entende-se válido abordar de maneira sintética as características dos processos administrativos sancionadores instaurados pela SUSEP e os Termos de Compromisso de Ajustamento de Conduta visando pôr fim a tais procedimentos.

4.4.3.1 *Processos administrativos sancionadores*

As sociedades seguradoras e resseguradoras encontram-se sujeitas à instauração de processos administrativos pela SUSEP no curso das atividades de supervisão e de fiscalização do mercado visando apurar a prática de infrações às normas legais e infralegais vigentes.

Como visto, há uma série de normas a serem observadas pelas sociedades seguradoras, cujo descumprimento poderá implicar a instauração de autos de infração e processos administrativos sancionadores visando à aplicação de *penalidades de natureza administrativa*, com a respectiva suspensão ou extinção da autorização de funcionamento; e, de *natureza pecuniária*, visando coibir a repetição de práticas infracionais ou reparar os danos causados aos consumidores (Art. 108 do Dec.-lei 73/1966; Art. 21 da LC 126/2007).

A aplicação das sanções administrativas e pecuniárias pode decorrer de fatos como o exercício de atividades supervisionadas sem autorização da SUSEP, infrações contábeis e societárias, comercialização de produtos em desacordo com os pressupostos exigidos pela legislação, omissão ou sonegação de informações de envio obrigatório ao ente supervisor, conduta capaz de afetar a preservação dos pressupostos solvenciais, dentre outros.

Compete à *Resolução CNSP 393/2020* estabelecer o regime de aplicação de sanções administrativas por violação às normas legais e infralegais, disciplinar o inquérito administrativo e o procedimento administrativo sancionador.

As instâncias de julgamentos dos processos administrativos sancionadores no âmbito do mercado segurador brasileiro podem ser divididas em:

(i) *julgamentos de primeira instância*, decisões proferidas pela SUSEP em face dos processos administrativos instaurados e da revisão das suas próprias decisões em face da interposição de recursos administrativos;

(ii) *julgamentos de segunda instância*, decisões proferidas pelo Conselho Nacional de Recursos do Sistema Nacional de Seguros Privados, de Previdência Aberta e de Capitalização – CRSNSP ou pelo Conselho de Recursos do Sistema Financeiro Nacional – CRSFN, em face de recursos administrativos interpostos visando à reforma de decisões sancionadoras aplicáveis em primeira instância.

Às seguradoras estão garantidos a ampla defesa e o contraditório no processo administrativo com a mais ampla e irrestrita produção de provas orais, documentais, técnicas e periciais visando elidir autuações instauradas com vícios formais de ilegalidade e insubsistentes do ponto de vista material.

Ademais, entende-se ainda cabível a utilização pela SUSEP de procedimentos prévios de natureza pedagógica visando formalizar a comunicação da constatação de indícios ou de fatos potencialmente infracionais concedendo tempo hábil para que as seguradoras promovam a adoção de medidas corretivas.

A adoção de procedimentos prévios veiculando recomendações e meras advertências tem o potencial de gerar efeitos mais benéficos do que apenas a adoção de medidas punitivas ou persecutórias devido a constatação da predisposição das seguradoras notificadas em promover a correção dos fatos indicados como potencialmente infracionais.

Importante esclarecer que as autuações administrativas por parte da SUSEP deverão pautar-se pela mais estrita legalidade e somente deverão ser realizadas em face do descumprimento de normas que possam comprovadamente prejudicar o exercício da atividade seguradora.

Além disso, as decisões de caráter punitivo deverão ser devidamente fundamentadas, com a especificação completa dos fatos constatados e das normas consideradas violadas, a fim de possibilitar a plena identificação dos motivos que levaram à imposição de sanção.

Nessa linha, os processos administrativos não poderão ser instaurados com o intuito meramente persecutório ou visando impor prejuízo infundado à imagem e à credibilidade institucional das sociedades seguradoras.

Torna-se oportuno relembrar que as atividades exercidas pelas sociedades seguradoras possuem grande relevância social e que a mera divulgação da instauração de um procedimento administrativo visando apurar um fato de natureza relevante sancionado pela legislação vigente pode ocasionar prejuízo à sua reputação e imagem no mercado consumidor.

Após esgotadas as instâncias administrativas e mantidos os vícios de forma ou a insubsistência dos motivos materiais da autuação, a seguradora poderá adotar as medidas judiciais cabíveis visando obter a declaração de nulidade do procedimento administrativo instaurado.

4.4.3.2 Termos de ajustamento de conduta – TAC's

No âmbito dos processos administrativos instaurados visando apurar a prática de irregularidades por sociedades seguradoras também é possível se fazer uso do instrumento denominado *Termo de Compromisso de Ajustamento de Conduta – TCAC* ou simplesmente *Termo de Ajustamento de Conduta – TAC*.

O Termo de Ajustamento de Conduta ou TAC tem por intuito compor amigavelmente e reduzir possíveis riscos relacionados à imposição de sanções administrativas e pecuniárias com a celebração de compromisso pela sociedade investigada de cessação dos fatos que motivaram a instauração do procedimento administrativo sancionador.

No âmbito da SUSEP, a matéria encontra-se prevista na *Circular 547/2017*, que disciplina as condições para a celebração do Termo de Compromisso de Ajustamento de Conduta – TCAC, visando adequar fato ou conduta supostamente irregular à legislação e às normas do Sistema Nacional de Seguros Privados.

A SUSEP poderá celebrar o TAC com pessoa física ou jurídica em relação a qual tenha sido imputado fato ou conduta supostamente ilegal e *não importará confissão quanto à matéria de fato ou de direito nem reconhecimento da ilicitude* em relação à situação investigada (Arts. 1º e 2º da Circular SUSEP 547/2017).

A celebração do instrumento de ajustamento de conduta deverá observar o preenchimento de requisitos obrigatórios, dentre os quais podem ser exemplificativamente citados: (i) a constatação da inexistência de procedimentos administrativos anteriores versando sobre a mesma matéria; (ii) a inexistência de fato ou conduta objeto de apuração em processo já decidido em primeira instância; (iii) a gravidade da conduta investigada; ou, (iv) o descumprimento de acordos celebrados anteriormente pelo investigado (Arts. 6º e 7º da Circular SUSEP 547/2017).

A *Resolução CNSP 393/2020* também prevê que o TAC somente poderá ser firmado até decisão de primeira instância, estabelecendo prazo razoável para adequação às normas e demais exigências regulatórias, com metas qualitativas ou quantitativas bem como prazos definidos para o seu devido cumprimento (Art. 165).

A SUSEP poderá ainda se recusar a celebrar o TAC mesmo nos casos de hipóteses não expressamente excluídas pela Circular 547/2017, se constatar que a proposta não se alinha à preservação do interesse público por ela tutelado (Art. 7º).

A recusa quanto à celebração do TAC pela SUSEP deverá, entretanto, ser devidamente motivada e não poderá caracterizar ato persecutório infundado dirigido exclusivamente para atingir ou lesar despropositadamente uma pessoa investigada.

A regra é a da mais ampla disponibilidade para a celebração do TAC com o intuito de viabilizar a sustação de condutas potencialmente infracionais e lesivas ao mercado e de compor amigavelmente situações potencialmente litigiosas, reduzindo-se custos e recursos investidos no seu processamento no âmbito administrativo ou judicial.

A fiscalização da execução do TAC será realizada pela área técnica designada pelo Conselho Diretor da SUSEP e a constatação de indício de descumprimento implicará em notificação da compromissária para apresentação de alegações no prazo de 15 (quinze) dias (Art. 30 da Circular SUSEP 547/2017).

Constatado o descumprimento parcial ou total do compromisso celebrado por meio de parecer emitido pela área técnica competente, a SUSEP poderá aplicar as penalidades previstas no TAC como multas pecuniárias, inscrição na dívida ativa da SUSEP e no cadastro de inadimplentes – CADIN no caso do seu inadimplemento (Arts. 35 e 36 da Circular SUSEP 547/2017).

Além disso, o descumprimento do TAC poderá implicar: (i) a *abertura de processo administrativo sancionador*, caso o compromisso tenha sido firmado em caráter antecedente; (ii) o *prosseguimento do processo administrativo suspenso*, caso o compromisso tenha sido firmado depois de o processo ter sido instaurado; ou, (iii) a *instauração de regime especial de recuperação ou liquidação extrajudicial*, dependendo da natureza e da gravidade dos atos infracionais constatados (Art. 165, § 5º, da Res. CNSP 393/2020).

Por outro lado, o cumprimento integral do TAC implicará ao seu final a declaração da extinção da punibilidade relativa ao fato ou situação objeto de investigação, com o respectivo arquivamento do processo sancionador (Art. 38 da Circular SUSEP 547/2017).

Por fim, importa registrar que as *seguradoras especializadas em seguro-saúde* se submetem às normas sobre infrações, processos administrativos sancionadores e termos de ajustamento de conduta previstas na LPS de 1998 e nas normas infralegais editadas pelo CONSU e pela ANS no exercício da atividade de regulação e supervisão do mercado de saúde suplementar, como será visto no Capítulo 11.

Além disso, oportuno esclarecer que o TAC também poderá ser celebrado com outros entes fiscalizadores relacionados indiretamente às atividades desenvolvidas pelas sociedades seguradoras, como, por exemplo, o CADE, a CVM e os órgãos de proteção e defesa do consumidor.

5
ANÁLISE ECONÔMICA DO DIREITO DO SEGURO

Neste capítulo serão apresentados os aspectos relacionados à aplicação da Análise Econômica do Direito aos contratos de seguro como forma de aumentar o nível de cooperação em relação ao cumprimento das condições gerais do contrato, conferir previsibilidade dos índices de sinistralidade e de possibilitar a estabilização econômica dos custos transacionais das apólices oferecidas no mercado de seguros.

5.1 DIREITO E ECONOMIA

Ao contrário do que possa parecer, a relação entre *Direito e Economia* (*Law & Economics*) não é nova no âmbito da ciência jurídica.

Como visto no tópico relacionado ao desenvolvimento histórico do contrato do seguro, a Economia teve um papel decisivo como fator de influência para o desenvolvimento de determinados institutos e ramos jurídicos, dentre os quais podem ser citados o *Direito Empresarial*, o *Direito Concorrencial*, dentre outros.

Esses ramos do Direito possuem uma relação próxima com alguns conceitos econômicos utilizados para viabilizar a construção de conhecimentos jurídicos como o relacionado ao papel da *empresa* e a sua interação com o *mercado*, e nas relações formalizadas por meio da celebração de *contratos comerciais* (Forgioni, 2009:29-73).

Menciona-se ainda o estudo da forma jurídica mais adequada da estruturação de empresas por meio do instrumental das *sociedades empresárias* e o papel desempenhado pela *regulação* das relações entre empresários no ambiente do livre mercado como elementos de estudo desses ramos da ciência jurídica.

Mas, quando se fala a respeito da disciplina *Análise Econômica do Direito* (*Economic Analysis of Law*), outra designação similar à terminologia *Direito e Economia*, faz-se referência a um movimento específico nascido no século XX com o objetivo de inserir determinadas metodologias econômicas para ampliar o campo de investigação dos efeitos concretos da aplicação das normas jurídicas no mundo fenomênico.

Com tais características, a AED surgiu nos Estados Unidos da América, em um sistema jurídico estruturado com base no *common law* e em um ambiente acadêmico influenciado pelo método do estudo de casos, no qual a decisão judicial, sob a ótica da doutrina do precedente, possui uma grande relevância para a consolidação da racionalidade jurídica a ser aplicada no âmbito do Direito (Posner, 2014, Capítulo 2).

A existência de movimentos acadêmicos visando à reforma de métodos jurídicos tradicionais permitiu a abertura para a absorção de novas metodologias científicas, dentre as quais se destacou a influência das ciências econômicas na ampliação dos instrumentos utilizados pelos juristas norte-americanos para analisar os resultados concretos das normas jurídicas no âmbito da teoria comportamental (Shavell, 2004:01-06).

Os textos: "O Problema dos Custos Sociais" (*The Problem of Social Costs*), de Ronald Coase (1960); e, "Alguns Pensamentos sobre a Distribuição de Riscos e o Direito da Responsabilidade Civil" (*Some Thoughts on Risk Distribution and Law of Torts*), de Guido Calabresi (1961), são considerados os marcos teóricos da AED por incorporarem na análise jurídica aspectos de consideração econômica das normas aplicáveis às relações jurídicas.

Em razão disso, inicialmente, entende-se necessário esclarecer no que consiste a *Análise Econômica do Direito – AED* e quais são os seus fundamentos científicos visando aliar o conhecimento jurídico ao conhecimento econômico.

De acordo com Ivo Gico Júnior (2010:17):

> A Análise Econômica do Direito nada mais é que a aplicação do instrumental analítico e empírico da economia, em especial da microeconomia e da economia do bem-estar social, para se tentar compreender, explicar e prever as implicações fáticas do ordenamento jurídico, bem como da lógica (racionalidade) do próprio ordenamento jurídico. Em outras palavras, a AED é a utilização da abordagem econômica para tentar compreender o direito no mundo e o mundo no direito.

Sob uma visão eminentemente clássica, o *Direito* é, indiscutivelmente, uma ciência de *bases normativas*, uma vez que a sua estrutura relaciona-se à análise do campo do *dever ser*, a partir da utilização da técnica hermenêutica voltada para o desenvolvimento de marcos teórico-normativos aplicados na regulação de condutas sociais.

Por sua vez, a *Economia* é um campo científico que se debruça sobre a *análise da realidade dos aspectos fáticos* e da correlação que os comportamentos dos indivíduos, influenciados pelos processos de decisão racional, desempenham *concretamente* no ambiente econômico.

Nesse contexto, a AED tem como objetivo propiciar a utilização de mecanismos econômicos (ex.: estatísticos e econométricos) capazes de agregar amplitude e profundidade ao processo de análise de matérias relacionadas ao campo de estudo jurídico com base na investigação qualitativa e quantitativa dos seus resultados aplicados à realidade.

Ao invés de conduzir o jurista exclusivamente por padrões filosóficos, abstratos ou argumentativos, a AED pretende propiciar que ele tome as suas decisões baseado em dados que revelem tanto do ponto de vista qualitativo quanto do ponto de vista quantitativo como a norma influencia – ou poderá influenciar – diretamente o padrão comportamental a partir de instrumentos analíticos prognósticos e diagnósticos propiciados pela metodologia econômica.

5.2 POSTULADOS DA AED APLICADOS AO SEGURO

A AED trabalha com alguns preceitos fundamentais extraídos da *microeconomia* que ajudam o pesquisador da área do Direito a se familiarizar com a sua metodologia de estudo.

Dentre os preceitos mais relevantes utilizados pela AED, cuja aplicação pode ser útil ao Direito do Seguro na estruturação de modelos voltados para o estudo analítico dos efeitos de normas jurídicas, podem ser citadas as noções sobre: (i) a *escassez de recursos*; (ii) a *maximização racional*; (iii) o *equilíbrio*; (iv) os *incentivos*; e, (v) a *eficiência*, os quais serão apresentados com uma maior riqueza de detalhes a seguir (Gico Jr., 2010; e, Salama, 2017).

5.2.1 Escassez de recursos

A *escassez de recursos* consiste no preceito pelo qual se presume que os recursos sociais sejam escassos, isto é, eles não são infinitos e não são capazes de atender a todos os desejos de todas as pessoas, em razão da sua notória capacidade limitada.

No seguro, a incidência desse postulado ocorre quando se constata que as seguradoras não possuem a capacidade técnica e nem os recursos financeiros ilimitados para garantir todos os riscos sob os quais os segurados estão expostos, principalmente, os decorrentes de agravamento e os provocados por atos dolosos, mas apenas os riscos por elas previamente delimitados em compatibilidade com as reservas técnicas administradas.

Portanto, sob o ponto de vista econômico, em razão da escassez de recursos, os riscos expressamente excluídos pelas seguradoras são considerados justificadamente afastados do campo da responsabilidade contratual do segurador.

5.2.2 Maximização racional

A *maximização racional* consiste no preceito pelo qual as pessoas selecionam racionalmente a opção que lhes gerará o maior bem-estar possível em face dos custos para a sua obtenção, ou seja, as pessoas escolherão a opção que lhes trará maiores vantagens.

No seguro, constata-se a incidência desse postulado quando o segurador estrutura uma cobertura securitária a partir da observação dos riscos mais comumente vistos e opta com base em justificativa técnico-atuarial por cobrir apenas os riscos predeterminados e por excluir os riscos não expressamente previstos nas condições gerais do contrato.

A decisão pela não cobertura de certos riscos poderá acontecer em razão da constatação da sua incompatibilidade com o sistema securitário, como ocorre com as condutas agravadoras de riscos e as provenientes de atos dolosos, ou em razão do alto índice de sinistralidade e dos altos custos para a sua realização no que se refere à inviabilidade econômica dos prêmios pagos pelos segurados.

Por sua vez, também movido pela racionalidade, o segurado escolherá dentre as coberturas possíveis a que lhe trará maiores vantagens do ponto de vista da qualidade da garantia e do preço pago a título de contratação em comparação aos produtos concorrentes disponíveis no mercado.

Além disso, grande parte das seguradoras costuma oferecer uma série de benefícios como diferenciais de mercado para tornar os seus produtos mais atraentes em comparação as suas concorrentes tornando-os mais vantajosos para os segurados.

5.2.3 Equilíbrio

O *equilíbrio* traduz o preceito pelo qual as partes após analisarem os custos e os benefícios envolvidos em uma transação atingem o estágio de maior maximização dos respectivos interesses por elas almejados.

No contrato de seguro, é possível verificar a incidência desse postulado quando o segurador estabelece que somente assumirá a cobertura de riscos do segurado se houver equilíbrio entre o valor do prêmio e os riscos incidentes sobre o legítimo interesse segurável.

A consideração de que um risco suscitado pelo segurado não possui cobertura, geralmente, advém da constatação da inexistência de proporcionalidade entre o risco e a garantia pretendida. Em assim sendo, o segurador conclui que esse tipo de risco atenta contra as bases técnicas do negócio e causa a insustentabilidade do sistema securitário.

Essa noção econômica trabalha diretamente com o *princípio da equivalência entre o prêmio e o risco segurável*, pressuposto técnico necessário para o funcionamento da atividade seguradora.

5.2.4 Incentivos

Os *incentivos* consistem nos preceitos pelos quais as pessoas tendem a adotar decisões racionais em razão dos benefícios que lhes são oferecidos.

No seguro, verifica-se a incidência desse postulado quando o segurador constata a existência de demanda coletiva pela contratação de coberturas securitárias e decide por estruturar grupos seguráveis para extrair lucratividade da atividade empresarial desenvolvida no mercado securitário.

A obtenção da remuneração pelo trabalho técnico de estruturação de coberturas securitárias incentiva o empresário a desenvolver a sua atividade empresarial.

Por sua vez, o segurado contratará a apólice de seguro ao constatar que ela oferecerá a proteção por ele desejada para os fins patrimoniais pretendidos.

No seguro, verifica-se ainda a incidência desse postulado quando o segurador informa que não cobrirá determinados riscos em razão da sua incompatibilidade com a cobertura e o segurado se comporta em conformidade com tais instruções para obter os benefícios da garantia contratada.

Dessa forma, o segurador se compromete a assumir os riscos desde que o segurado se comprometa a se portar conforme as condições do contrato. E o segurado concorda em adotar um comportamento compatível com essas exigências para obter os benefícios da cobertura.

Aqui é preciso registrar que se um Juiz endossa determinados comportamentos contrários aos estabelecidos tecnicamente pela seguradora, ao invés de cumprir a linha de comportamento estável esperada, o segurado se sentirá estimulado a descumprir as condições gerais do contrato provocando consequências indesejáveis do ponto de vista contratual e social, porquanto a sua conduta gerará maiores danos do que benefícios para toda a coletividade.

Exemplo clássico dessa hipótese é a ingestão de substância capaz de gerar embriaguez e do consequente agravamento do risco segurável.

O Julgador ao referendar o pagamento de cobertura, mesmo diante da comprovação da ingestão de substância capaz de gerar embriaguez, estará influenciando indiretamente o aumento dos índices de acidentes, de danos provocados a terceiros, de internações em hospitais, em suma, estará suprimindo o incentivo criado pelo segurador para um comportamento responsável pelo segurado.

Se não houver a clara limitação por meio das condições gerais do contrato e a ratificação dessas restrições pelo Poder Judiciário, o segurado se sentirá estimulado a agravar o risco e a provocar danos inconsequentes que deverão ser indesejavelmente suportados por toda a coletividade.

Em outras palavras, não haverá incentivo para que ele se comporte dentro de um padrão normal de risco e de forma responsável em relação à sua integridade física e patrimonial, afetando por consequência o bem-estar de toda a coletividade.

5.2.5 Eficiência

A *eficiência* representa o preceito pelo qual as partes alcançam uma situação em que ambas atingem a melhor posição possível com base na consideração dos custos e dos benefícios que elas poderiam alcançar por meio do processo de tomada de decisão racional.

No seguro, a verificação desse preceito ocorre quando o segurador e o segurado constatam que a contratação de uma cobertura e a observância das suas condições contratuais possibilitará que ambos satisfaçam da melhor forma as necessidades por eles almejadas.

De um lado, o segurador almeja obter o prêmio necessário para cobrir os riscos seguráveis expressamente assumidos nas condições gerais do contrato. E, de outro lado, o segurado, por meio do pagamento de um prêmio, pretende obter a garantia de proteção do interesse segurável exposto a um risco cujo valor é comparativamente muito maior do que o valor pago a título de contraprestação da cobertura contratada.

Sob essa perspectiva, o seguro gera eficiência em relação ao sistema de distribuição de riscos porque fraciona as suas consequências prejudiciais entre muitos por um preço proporcionalmente menor do que o valor efetivo dos danos experimentados pelo segurado.

Após a apresentação dos principais conceitos de microeconomia aplicados ao contrato de seguro, importa agora analisar os custos transacionais e o equilíbrio econômico-contratual do seguro sob a ótica da AED.

5.3 CUSTOS TRANSACIONAIS E EQUILÍBRIO ECONÔMICO-CONTRATUAL

A partir dos postulados acima analisados, é possível constatar que as operações técnicas viabilizadas pelo contrato de seguro consistem em um ambiente favorável para a aplicação da AED e para a verificação dos seus benefícios gerados para a coletividade.

O próprio contrato de seguro possui na sua concepção elementos preponderantemente extraídos da análise econômica com o intuito de operacionalizar a transferência dos aspectos consequenciais do risco para o segurador.

Em síntese, o que motiva as partes a contratar o seguro é a sua eficiência econômica de acomodar interesses diversos por meio da técnica atuarial.

De um lado, o segurado pretende por meio do pagamento do prêmio transferir as consequências prejudiciais incidentes sobre um legítimo interesse segurável para o segurador.

Por sua vez, o segurador tem na atuária a forma mais eficiente de pulverizar as consequências econômicas dos riscos assumidos por meio da contratação de coberturas por uma grande massa de segurados e de ainda poder dispersar esses riscos por meio de resseguros e de outros instrumentos técnicos similares.

Como se constata, a noção de eficiência é ínsita, inerente ao contrato de seguro desde a sua concepção: a *eficiência da troca do risco individual pela gestão compartilhada de riscos homogêneos*; do *pagamento do prêmio pela garantia contratual*; e, da *autorização do exercício da atividade seguradora em face do bem-estar proporcionado à coletividade*.

Nesse contexto, o contrato de seguro adquire relevância como *instrumento redutor dos custos transacionais* e como *instrumento de equilíbrio econômico-financeiro para o funcionamento do sistema securitário*.

Ronald Coase (1937), no texto "A Natureza da Firma" (*The Nature of the Firm*), apresentou o conceito de empresa como o de uma estrutura organizacional voltada para o processamento racional dos fatores de produção visando ao atendimento das demandas apresentadas pelo mercado.

A partir da análise da forma como as interações ocorrem no mercado, constatou-se que o meio mais eficiente para a estruturação da empresa e das funções por ela exercidas ocorre por meio da celebração de uma série de contratos com o objetivo de organizar as suas relações internas e as suas relações externas visando reduzir os custos transacionais (Sztajn, 2006:199-200).

Sob tal perspectiva, as sociedades seguradoras atuam no mercado por meio da celebração de uma *série de contratos* cujo objetivo é reduzir os *custos de transação* para a concepção de produtos securitários ofertados no mercado consumidor.

Como *custos de transação* podem ser compreendidos os custos relacionados à obtenção de informações dos insumos, dos preços e do mercado no qual os produtos serão comercializados, as negociações para a celebração do contrato e o monitoramento do cumprimento dos direitos e obrigações firmados pelas partes contratantes (Pinheiro e Saddi, 2005:61-62).

A estrutura técnico-empresarial das sociedades seguradoras permite a internalização dos custos necessários para o desenvolvimento de produtos que beneficiarão aos consumidores e sem a qual muitos interesses ficariam desprotegidos diante do alto custo da concepção de coberturas securitárias individuais do ponto de vista econômico.

Nessa linha, no âmbito segurador, os contratos possuem o valor de *previsibilidade* e *segurança jurídica* e também são utilizados como *instrumentos de equilíbrio econômico para o funcionamento do sistema securitário*.

A importância da manutenção das condições contratuais originalmente firmadas pelas partes contratantes consiste em mecanismo de estabilização econômica, pois permite ao segurador planejar a estruturação dos grupos seguráveis e garantir a previsibilidade necessária dos eventuais desembolsos que precisará fazer para cobrir os sinistros verificados ao longo da vigência das apólices.

Nesse sentido, Anita Kon (2018:120) sustenta que:

> Assim, a partir de Coase, os empreendedores da firma não baseiam suas tomadas de decisão apenas em uma função de produção específica, mas sim como interagentes com o resto do sistema econômico, através de contratos e direitos de propriedade que deveriam ser respeitados, conceito inicial para a análise dos CT [Custos de Transação]. [...]
>
> Os CT [Custos de Transação], por outro lado, podem acarretar prejuízos não só para as partes envolvidas, com reflexos para outras áreas e setores da economia que, embora alheios à relação, de forma indireta podem arcar com tais prejuízos.

Diante desse contexto, a alteração do escopo de aplicação do contrato provocada, por exemplo, por uma decisão judicial que desconsidera as condições técnicas sob as quais um seguro foi estruturado do ponto de vista atuarial, afeta diretamente os custos de transação e, consequentemente, o equilíbrio econômico-financeiro do contrato.

Essa alteração provoca um verdadeiro efeito em cadeia, pois, diante de um novo custo provocado por uma externalidade, a sociedade seguradora procurará internalizar essa despesa por meio da sua transferência à massa de segurados que deverá suportá-la como forma de manter o sistema securitário estável.

Nesse sentido, Luciano Timm e Francisco Kümmel (2007:2720) afirmam que:

Ao se forçar seguradoras a pagar por hipóteses não provisionadas na formação dos contratos, o Judiciário acaba por levar desequilíbrio à relação contratual, acarretando um custo que será pago por aqueles agentes que utilizam o seguro da forma correta, qual seja, aquela prevista contratualmente. Mas não só isso. Ao intervir desta forma o Judiciário pode gerar uma cadeia de danos que, além de lesar aqueles leais ao sistema e participantes do contrato, afeta também todo ambiente econômico, impactando empresas, agentes e o próprio mercado, criando incertezas e custos desnecessários. [...]

Já o Judiciário brasileiro, abarrotado de casos e defronte uma legislação com ampla margem interpretativa derivada do modelo solidarista, acaba se limitando ao caso individual e sem pensar nos efeitos de segunda ordem de seus julgados. Muitas vezes, com o anseio de alcançar a desejada celeridade do processo, os juízes obrigam-se a um exame superficial das circunstâncias individuais da ação, não apreciando detidamente todas as razões e fatos da causa. Há um forte comprometimento com metas – para se alcançar um grande número de processos julgados – não com procedimentos. E assim, num exame com pouca profundidade técnica e frente à necessidade, pessoal e legislativa, de aplicar justiça social àquele caso concreto, não são ponderados os efeitos mediatos e imediatos que a decisão trará para coletividade. O juízo, ao invés de técnico, é pessoal, olhando para trás, não para frente.

Existem duas razões técnicas na operação securitária que levam as seguradoras a excluírem a garantia indenizatória. Até porque, não se pode pensar que a exclusão de cobertura de determinadas ocorrências nos contratos é imotivadas; muito antes pelo contrário, são fundadas na técnica probabilística atuarial, visando à manutenção e, principalmente, estabilidade do negócio. É a chamada dispersão dos riscos e a alta sinistralidade de determinado evento que, basicamente, restringem sua cobertura.

Dependendo da periodicidade e do valor das externalidades provocadas, o sistema poderá se deparar com uma situação em que se tornará insustentável transferir o custo para os segurados em razão da sua inviabilidade econômica, principalmente, considerando que as seguradoras atuam em mercados nos quais há concorrência direta pela redução dos preços das coberturas comercializadas.

Por isso, adquire extrema relevância que o Julgador passe a analisar as características do caso concreto não apenas sob a sua ótica individual, mas acima de tudo a partir da sua relevância para o aprimoramento do sistema securitário ou se ele consiste em um elemento desestabilizador indesejável sob o ponto de vista sistêmico-contratual.

Sob a ótica da AED, se as empresas consistem em *feixes de contratos*, as sociedades seguradoras, em razão da natureza do seu próprio negócio, fundado na dispersão de riscos homogêneos entre grupos seguráveis, são exemplos concretos da necessidade de manutenção dos pressupostos de redução dos custos transacionais e da manutenção do equilíbrio econômico contratual para a solvência das suas atividades.

Devidamente compreendidos os custos transacionais e a necessidade de estabilização financeira do contrato de seguro, importa agora analisar a metodologia de incentivos concebida pelo segurador como forma de reduzir os comportamentos individuais danosos dos segurados e de aumentar o nível de cooperação em relação ao cumprimento das condições gerais da apólice.

5.4 TEORIA DE INCENTIVOS COMPORTAMENTAIS APLICADA AOS SEGUROS

Como visto acima, a AED estabelece como uma das suas premissas fundamentais que as pessoas tendem a fazer as suas escolhas com base em uma análise racional, ainda que limitada, por meio da qual ponderam os custos e os benefícios para a tomada de uma decisão.

Nesse contexto, os *incentivos positivos* ou *negativos* exercem uma importante influência na construção do processo decisório, uma vez que poderão ser interpretados como indicadores de *uma maior ou menor vantagem* na escolha das opções possíveis.

Mas pergunta-se: qual seria a melhor forma de estruturar um sistema de incentivos que promovesse a cooperação das partes contratantes na realização do objeto do contrato de seguro? Como lidar com as atitudes oportunistas de uma das partes contratantes e da própria natureza incompleta do contrato? E como neutralizar eventuais interferências externas provocadoras do desequilíbrio contratual estruturado para fins de previsibilidade e segurança jurídica?

Primeiramente, é preciso considerar que a atividade seguradora trabalha predominantemente com a projeção de contratações em massa com o objetivo de promover a pulverização dos riscos seguráveis.

É a grande capacidade da companhia seguradora de processar uma série de informações atuariais com base nos perfis dos segurados, o que permitirá homogeneizar os riscos individualmente experimentados por meio do gerenciamento de interesses compartilhados.

Nessa linha, a melhor forma de a seguradora promover a cooperação entre as partes contratantes é a de *selecionar perfis com riscos similares* a fim de reduzir eventuais assimetrias informacionais decorrentes da própria limitação das declarações prestadas pelos segurados e utilizadas para alimentar os seus sistemas de processamento de dados.

Em segundo lugar, além de selecionar riscos similares com base nas declarações prestadas pelos segurados, é preciso delimitar *quais riscos serão cobertos* e *quais riscos serão excluídos* do escopo da garantia securitária.

A definição dos riscos a serem cobertos possui relação direta com a identificação dos eventos mais frequentes vistos em uma dada cobertura e a exclusão dos riscos menos comuns em razão do seu alto custo, da sua alta sinistralidade ou da sua incompatibilidade técnico-atuarial (ex.: riscos agravados ou decorrentes de dolo ou culpa grave).

Definidos os riscos cobertos e os riscos excluídos compete à seguradora apresentá-los aos segurados a fim de que eles possam ter a compreensão das suas extensões e limitações por meio do fornecimento da apólice e das condições gerais do contrato com os destaques exigidos pela legislação visando ao cumprimento do dever de informação.

Com base nesses preceitos, entende-se que as condições necessárias para o estabelecimento do sistema de incentivos estarão devidamente preenchidas e o sistema poderá funcionar de modo a conferir um resultado ótimo às partes contratantes.

Além da *seleção do risco* e do *compartilhamento de informações*, a estrutura de incentivos é complementada por uma série de *mecanismos de regulação* que atuam simultaneamente visando à modulação da probabilidade de incidência de riscos e de uma maior participação ativa do segurado na redução das chances da ocorrência de sinistros.

Dentre eles podem ser citados os mecanismos representados por franquias ou os estímulos financeiros relacionados à efetiva redução ou mitigação do risco segurável.

A contratação de *franquias* costuma ser um mecanismo eficazmente utilizado pelas partes contratantes no sentido de estabelecer um limite mínimo de danos para o acionamento da cobertura e uma participação financeira adicional do segurado para o uso da garantia.

A existência da franquia motiva o segurado a adotar uma postura cautelosa em relação aos danos situados dentro do limite financeiro prefixado, a analisar a extensão dos danos experimentados e a vantajosidade de pagar a franquia antes de acionar a cobertura securitária.

Nos seguros de automóveis também costumam ser conferidos *benefícios financeiros* para os segurados que instalam em seus veículos *dispositivos de rastreamento por satélite (GPS)* com o objetivo de facilitar a sua rápida localização na hipótese de ocorrência de eventos como furto ou roubo diminuindo os possíveis danos decorrentes do sinistro.

Nos seguros de automóveis a manutenção de relações contratuais sem histórico de acidentes também é valorizada pelas seguradoras, as quais conferem *bônus* ou *descontos* do prêmio em razão do *excelente perfil do segurado como motorista*, um indicador de que ele é um condutor zeloso e responsável e, que, por consequência, o risco de danos é comparativamente menor do ponto de vista atuarial.

Desse modo, há uma série de incentivos que podem ser aplicados, conforme a natureza da garantia securitária, para estimular o segurado a cooperar em relação ao cumprimento integral das condições gerais da apólice.

O sistema de incentivos não estaria completo, todavia, se também não houvesse a possibilidade de *aplicação de penalidades* pelo descumprimento das condições gerais do contrato (McAdams e Rasmusen, 2007:1.573-1.618).

A aplicação de penalidades pelo descumprimento das condições gerais do contrato é uma condição fundamental para o funcionamento do sistema de incentivos, sob pena de o segurado não se sentir comprometido a cooperar com a execução normal do objeto contratual e, ao contrário, se sentir estimulado a adotar condutas oportunistas visando a extrair vantagens indevidas.

O *risco moral* (*moral hazard*) relacionado à modificação do padrão normal de conduta do segurado, contrário ao comportamento responsável que ele deveria adotar no curso da execução do contrato, é uma anomalia que pode acontecer no seguro (Mackaay, 2013:52-74).

Essa modificação poderá originar-se de uma alteração natural de comportamento provocado pelo mero sentimento de uma maior proteção conferida pela cobertura securitária ou poderá decorrer de uma assimetria informacional decorrente da seleção adversa do risco.

Na *seleção adversa do risco*, o segurado não transmite intencionalmente parte das informações relativas ao risco, motivando o segurador a classificar o seu perfil em uma categoria financeiramente mais vantajosa do ponto de vista econômico para o cálculo do prêmio da garantia securitária, causando prejuízo para toda a coletividade.

Nesse contexto, o último mecanismo adotado a fim de se evitar a prática de condutas oportunistas e de superar a própria incompletude do contrato consiste na possibilidade de a seguradora *recusar o pagamento da cobertura* quando constatada a não observância pelo segurado dos deveres previstos nas condições gerais do contrato (Poças, 2019).

Independentemente de quão cuidadosa seja a sociedade seguradora no momento da análise do risco, e dos inúmeros incentivos conferidos para a manutenção do padrão normal de conduta do segurado, fato é que as condutas oportunistas poderão surgir ao longo da execução contratual.

Partindo-se do pressuposto da incompletude dos contratos e de que as condutas oportunistas são indissociáveis do risco moral, a possibilidade de aplicação de penalidade deverá ser interpretada como o último incentivo eficiente para que o segurado evite descumprir os deveres por ele firmados quando da contratação da cobertura.

Assim, a vasta experiência da seguradora ao detectar as condutas oportunistas e de evitar a absorção dos seus danos decorrentes é um meio legítimo que deve ser reconhecido como fundamental para a proteção da instituição do seguro.

O segurado ao compreender quais são os incentivos positivos e quais são os incentivos negativos tenderá a se comportar de acordo com as condições gerais da apólice, pois o seu objetivo será o de obter a materialização da garantia em face dos riscos para os quais se pretende segurar.

Contudo, se o segurado detectar a existência de mecanismos que lhe permitam desconsiderar as restrições previamente estabelecidas pela seguradora, ele poderá assumir o risco calculado de praticá-las e, posteriormente, provocar o Poder Judiciário para forçar o recebimento da garantia prestada pelo segurador.

É exatamente isso que acontece em relação a algumas cláusulas de limitação de riscos tecnicamente estruturadas pelas seguradoras e indevidamente declaradas inválidas por decisões judiciais sob o argumento genérico da sua abusividade sem que seja estabelecido qualquer parâmetro técnico-atuarial concreto na sua fundamentação dispositiva.

Desse modo, a cláusula que deveria ser interpretada como um claro incentivo para a adoção de um comportamento esperado do segurado se tornará objeto de litígio entre as partes contratantes, o qual será submetido ao Poder Judiciário para a apreciação da sua aplicabilidade ou inaplicabilidade ao caso concreto.

Importante relembrar que embora grande parte das vezes o contrato de seguro seja comercializado sob a forma de contrato de adesão nas coberturas massificadas, o seu conteúdo é submetido previamente à apreciação e à autorização da SUSEP, passando por um filtro regulatório antecedente quanto à compatibilidade e à legitimidade das cláusulas limitadoras de riscos.

Como se sabe, os litígios geram *custos de transação* que deverão ser internalizados pela sociedade seguradora com o intuito de neutralizar uma eventual decisão judicial contrária aos pressupostos do sistema securitário observado pelo segurador e fundado em preceitos atuariais.

Nesse contexto, uma decisão judicial contrária à cláusula limitativa funciona não apenas como um mecanismo de desincentivo ao cumprimento das condições gerais do contrato, mas, pior, à própria legislação vigente reguladora de determinadas condutas oportunistas do segurado, como a da proibição de ingestão de substância alcóolica na direção de veículo automóvel.

Em outras palavras, traduz-se em uma decisão manifestamente ineficiente, pois ao invés de coibir a prática da conduta geradora de risco, estimula a sua prática e impõe à coletividade de segurados o seu custeio ainda que constitua um *risco anormal*, fora dos parâmetros de constituição homogênea do risco segurável.

Em relação às *condutas externas que desestabilizam a estrutura atuarial do contrato de seguro*, entende-se que a única forma de superar eventuais incentivos indevidos é por meio da expansão da *cultura do seguro* dirigida ao público consumidor e aos agentes com o poder de aplicação e de fiscalização da lei como Juízes, Promotores de Justiça, Defensores Públicos etc.

A educação sobre o seguro consiste na apresentação dos aspectos fundamentais da sua estrutura técnico-atuarial, da sua finalidade negocial e da finalidade social pretendida com a constituição de grupos seguráveis a partir da contribuição financeira obtida da coletividade de segurados.

Entende-se que uma maior difusão da cultura do seguro poderá contribuir para que os agentes mencionados também possam evitar personalismos ou o atendimento de interesses oportunistas baseados apenas na análise do caso concreto, portando-se de modo a criar incentivos para comportamentos sociais que melhorarão o padrão de vida de toda a coletividade.

Dessa forma, o Direito será utilizado como um instrumento de *segurança jurídica* e de *previsibilidade* de cenários claros e objetivos quanto à sua aplicação visando promover condutas socialmente responsáveis de todos os cidadãos, inclusive, no âmbito securitário.

6
REGIME JURÍDICO
DO CONTRATO DE SEGURO

Neste capítulo será apresentado o regime jurídico do contrato de seguro a partir da análise dos seus aspectos fundamentais, dos princípios que norteiam a sua aplicação e das teorias doutrinárias sobre o objeto do contrato.

A seguir, serão apresentados os elementos específicos do seu tipo contratual, os seus instrumentos e as modalidades securitárias mais utilizadas. Também serão apresentados os aspectos relacionados às etapas de pré-formação, execução e extinção contratual assim como sobre a liquidação de sinistros e sobre o prazo prescricional.

6.1 DEFINIÇÕES DO CONTRATO DE SEGURO NO MUNDO

As primeiras definições sobre o contrato de seguro surgiram a partir da análise do fenômeno securitário praticado entre os comerciantes marítimos no final da Idade Média e início da Idade Moderna, época na qual o instituto consolidou-se como atividade mercantil de grande expressividade social e relevância econômica reconhecida pelos Estados-nacionais.

Em tal época, as primeiras definições sobre o seguro marítimo identificaram as partes, o objeto e os elementos essenciais dessa espécie contratual que permaneceram influenciando a aplicação desse instituto ao longo dos tempos.

Em razão disso, a partir de uma apresentação panorâmica, entende-se relevante conhecer a definição do contrato de seguro a partir da análise dos ordenamentos e da jurisprudência dos países que adquiriram maior destaque no seu tratamento jurídico, como, por exemplo, Inglaterra, Estados Unidos da América, Espanha, Portugal, França, Alemanha e Itália.

6.1.1 Inglaterra

Levando-se em consideração o pioneirismo e a importância mundial no setor, adota-se a Inglaterra como ponto de partida do estudo a respeito da definição do contrato de seguro, uma vez que os primeiros precedentes jurisprudenciais analisados pela doutrina a respeito do seguro moderno costumam ser extraídos da experiência judicial inglesa sobre o assunto.

Nos países que adotam o sistema de *common law* puro, via de regra, não há vasto corpo legislativo regulando os tipos contratuais praticados, ou, quando existente, como é o caso da Inglaterra no ramo de seguros, os mesmos não são utilizados geralmente para a veiculação de definições, atribuindo-se essa tarefa preponderantemente à construção doutrinária e jurisprudencial especializada sobre a matéria (Blackstone, 1876:412-413).

Ademais, não obstante a existência de leis voltadas para a regulação de contratos, normalmente, as definições e os raciocínios jurídicos aplicados às controvérsias securitárias norteiam-se dominantemente pela *inteligência jurisprudencial criada a partir da análise do caso concreto*, tendo em vista que os precedentes judiciais operam como a principal fonte de produção jurídica nos países do *direito comum* (Birds, 2010:15-21; Rose, 2013).

De maneira extremamente precisa, a "Lei de Seguro Marítimo" inglesa de 1601 (*Marine Insurance Act 1601*) previu em seu preâmbulo que o seguro possui um atributo muito especial de fazer com que: "A perda incida levemente sobre muitos ao invés de pesadamente sobre poucos" ("The loss lighteth rather easily upon many than heavily upon few") (Raithby, 1823:40-41).

Nessa linha, a técnica do seguro possibilita que, a partir da contribuição de prêmios correspondentes a frações do valor hipotético dos danos expostos por um ou mais riscos predeterminados, os membros de um grupo de segurados possam se ver protegidos de suportar isoladamente as suas repercussões financeiras prejudiciais.

Em síntese, esse é o mecanismo básico por meio do qual as operações de seguro se desenvolveram como um autêntico fenômeno universal nas sociedades e economias europeias da Idade Média e da Idade Moderna, com grande destaque para o *seguro marítimo*, o seu primeiro modelo amplamente difundido pela prática do comércio internacional (*Lex Mercatoria*), como será visto nos precedentes judiciais abaixo analisados.

a) Caso Carter v. Boehm (1766)

No século XVIII, a Superior Corte de Justiça da Inglaterra, no julgamento de Lorde Mansfield, no célebre caso *Carter v. Boehm (1766, 3 Burr 1905, EngR 13, 1766 – 97 ER 1162 C)*, posicionou-se, inicialmente, de maneira sintética sobre a definição do contrato de seguro, ao afirmar apenas que o: "seguro é um contrato baseado em especulação" (Watterson, 2008:59-88).

O modelo de contrato de seguro praticado pelos comerciantes da época na Inglaterra era por vezes, de fato, caracterizado por práticas especulativas, pois embora já houvesse um sistema fundamental de cálculos probabilísticos para a estimação dos riscos assumidos pelos seguradores, alguns deles ainda se aventuravam a garantir interesses sem qualquer domínio técnico-científico para tanto.

Além disso, os próprios adquirentes de coberturas, com o intuito de obterem vantagens indevidas a partir das apólices de seguros contratadas, costumavam desvirtuar a finalidade do instituto para o atendimento de interesses assemelhados aos contratos de jogo e de aposta (Ricard, 1781:482-483).

Importante esclarecer que o emprego do termo *especulação* deve ser compreendido na técnica do seguro moderno como a *probabilidade do risco de acontecimento de um ou mais eventos* predeterminados sobre o objeto do legítimo interesse segurável.

Assim, o termo especulação deve ser compreendido atualmente no *contexto da incerteza* a respeito da verificação de um determinado evento previsto nas condições gerais do contrato, e, não mais no sentido de aposta, haja vista que as suas operações são fundadas nas mais modernas técnicas atuariais que permitem a dispersão de riscos entre os grupos segurados.

A denominada "*arte da conjectura*" – expressão inspirada na célebre obra do suíço Jacob Bernoulli publicada no século XVIII – evoluiu a ponto de não ser considerada mais um negócio meramente especulativo, mas sim baseado em *teorias e dados probabilísticos* criados pela *ciência atuarial*, os quais possibilitam a estruturação de planos científicos visando reduzir as incertezas impostas pelos infortúnios relacionados ao destino (Hansen, 2004:264; Hard, 2004:26).

No caso analisado, Carter foi contratado pela Companhia Britânica das Índias Orientais para administrar o Forte Marlborough, em Sumatra, Indonésia. Em razão disso, Carter firmou com Boehm um contrato de seguro visando proteger a edificação militar de um provável ataque de inimigos que viviam na região (Jess, 2011).

O forte administrado por Carter foi construído para resistir a ataques de inimigos locais, mas não de inimigos estrangeiros, como, por exemplo, europeus com domínio sobre tecnologia bélica de grande potencial destrutivo para a época, fato este omitido a Boehm.

Diante do bem-sucedido ataque realizado por forças do exército francês ao forte e da constatação da omissão da probabilidade de acontecimento desse fato, Boehm negou o pagamento da cobertura securitária por entender que Carter havia violado um dever fundamental de informação que poderia influenciar a negativa de aceitação do risco segurável.

O posicionamento adotado pela alta corte inglesa no caso *Carter v. Boehm* é considerado um *leading case* por ter reconhecido a existência do *princípio da máxima boa-fé* (*uberrima fides*) nos contratos de seguro firmados naquele país e a obrigação do segurado de revelar ao segurador todas as informações do risco que incide sobre o seu legítimo interesse, sob pena de nulidade do contrato (Hertzell, 2017:01-11).

A introdução do princípio da boa-fé no âmbito da prática do seguro inglês é considerada um marco importante porque normalmente os fatos relevantes a respeito da análise da cobertura situam-se na esfera pessoal do proponente, apenas restando ao segurador confiar plenamente na correção das informações que lhe são repassadas e sobre as quais o contrato de seguro será firmado e o seu preço calculado.

A relevância deste princípio foi inclusive posteriormente reconhecida pela "Lei de Seguros Marítimos Inglesa" de 1906 (*Marine Insurance Act 1906*) a qual o tornou um dispositivo legal expresso previsto em seu artigo 17: "*O contrato de seguro maríti-mo é um contrato baseado na máxima boa-fé, e, se a máxima boa-fé não for observada por qualquer uma das partes, o contrato poderá ser considerado nulo pela outra parte*" (Loacker, 2015:149-163).

Na Inglaterra, de acordo com Sir William Blackstone (1876:412-413), a contratação do seguro pressupõe, em sua essência, a observância dos *princípios da mais pura boa fé e da integridade* pelas partes, uma vez que se trata de um contrato voltado para a distribuição de perdas e de ganhos entre os respectivos segurados, incentivado e protegido pelo direito consuetudinário e pela legislação inglesa (Caines, 1802:254).

De acordo com Allan Park (1787:03-04), os seguros conferem proteção ao patrimônio privado, tornando mais leves as perdas que isoladamente suportadas poderiam arruinar os indivíduos e suas famílias, compartilhando o seu resultado entre toda a sociedade e favorecendo o progresso da economia por meio da redução dos riscos de realização de empreendimentos relevantes.

Dessa forma, o seguro não gera uma vantagem apenas para o indivíduo que contrata a sua cobertura, mas, também, beneficia toda a sociedade por meio da ampliação do bem-estar público em razão das riquezas geradas pelo comércio cujos riscos são pulverizados pelas coberturas securitárias contratadas para a garantia dos seus meios de produção.

Importante registrar que a promulgação da "Lei de Consumidores de Seguros" de 2012 (*Consumer Insurance Act 2012*) e, especialmente, da "Lei de Seguros Inglesa" de 2015 (*Insurance Act 2015*), introduziu a figura do *duty of fair presentation*, isto é, de uma obrigação do segurado de revelar informações e circunstâncias relacionadas ao risco que incide sobre o legítimo interesse ao segurador com efeitos pré e pós-celebração do contrato, para contratos novos, renovações e alterações de coberturas.

No direito inglês a violação ao princípio da máxima boa-fé, como destacado acima, implicaria uma única solução: a nulidade do contrato, contudo, com a evolução dos tempos, constatou-se a necessidade de encontrar uma solução intermediária visando diminuir o impacto da omissão involuntária de informações não prestadas pelo segurado e a criação de regras específicas para regular as relações firmadas por contratantes considerados consumidores comuns e por contratantes que exercem suas atividades na qualidade de empresários.

Desse modo, a partir da constatação da violação da obrigação do segurado de revelar informações, o segurador poderá decidir, diante do caso concreto, se de fato interpretará a ausência de informações como causa de nulidade ou de mero ajustamento das prestações contratuais, como, por exemplo, com a suspensão da cobertura para um evento em específico ou a cobrança reajustada do prêmio para o atendimento do pedido de indenização formulado pelo segurado.

Percebe-se que o fundamento do *duty of fair presentation* encontra-se diretamente vinculado ao princípio da máxima boa-fé, contudo, em razão de novas regras voltadas para a ampliação da base de soluções jurídicas aplicável aos casos concretos, a jurisprudência inglesa poderá formar futuramente novos entendimentos a partir do critério proposto pela "Lei de Seguros" de 2015.

b) Caso Lucena v. Craufurd (1806)

No século XIX, a Câmara dos Lordes, no julgamento proferido por Lorde Eldon, no caso *Lucena v. Craufurd (1806, 2 B&P NR 269, HL)*, debruçou-se a analisar a existência de legítimo interesse do Alto Comissariado da Marinha Britânica para a contratação de seguro marítimo sobre navios holandeses apreendidos de acordo com as leis do Reino Unido (Hodges, 1999:40-43; Swarb, 2017).

Em tal caso, Lorde Eldon apresentou a seguinte definição para o instituto:

> [...] seguro é um contrato pelo qual uma parte [o segurador] em troca do preço que lhe é pago correspondente a um risco, firma uma garantia para o outro [o segurado] de que ele não sofrerá perda, dano ou prejuízo pelo acontecimento de perigos especificados para certas coisas as quais elas estejam expostas.

Nota-se a partir do julgamento proferido por Lorde Eldon no caso *Lucena v. Craufurd* uma nítida evolução da definição do contrato de seguro no âmbito da jurisprudência inglesa a partir da identificação de alguns dos seus elementos básicos: *risco* e *prêmio*, em estrita correlação com a doutrina europeia insular e continental especializada sobre a matéria.

Além disso, há uma nítida identificação do objeto do contrato: *a garantia* prestada pelo segurador de preservar o interesse segurável em face da ocorrência do sinistro.

Nesse precedente, restou consignada a construção da primeira definição jurisprudencial sobre o *interesse segurável* (*insurable interest*) aplicável aos seguros de danos como forma de evitar a aproximação do instituto dos contratos de jogos e de apostas.

Em tal época, na Inglaterra, Samuel Marshall (1802:01) de maneira bastante completa e didática apresentou no âmbito doutrinário a seguinte definição para o contrato de seguro:

> O seguro é um contrato pelo qual uma parte, em consideração de uma soma estipulada, compromete-se a indenizar o outro, contra certos perigos ou riscos para os quais está exposto, ou contra o acontecimento de algum evento. A parte que assume o risco é chamada de *seguradora* [...]; a parte protegida pelo seguro é chamada de *segurado*; a soma paga à seguradora, como o preço do risco, é chamada de *prêmio*; e o instrumento, em que o contrato é estabelecido e reduzido a escrito, é chamado de *apólice de seguro*.

Em síntese, esses são *os elementos básicos* do contrato de seguro, *as partes* e *o instrumento* por meio do qual a operação costuma ser formalizada desde o seu surgimento nas cidades-estados italianas, as quais consistiam em alguns dos mais importantes centros comerciais marítimos da Europa na Idade Média.

c) Casos Bortherson v. Barber (1816) e Hamilton v. Mendez (1761)

No caso *Brotherson v. Barber (1816, 5 M&S 418)*, a Superior Corte de Justiça da Inglaterra, em julgamento de Lorde Ellenborough, se debruçou a analisar o litígio estabelecido entre o proprietário de um navio que havia partido do Brasil com destino a Inglaterra, parcialmente avariado em razão da captura por um corsário norte-americano ao largo da costa da Irlanda e posteriormente recuperado pela Marinha Real Britânica (Maule e Selwyn, 1823:418-426; Hodges, 1999:01).

Ao se analisar o pedido formulado pelo segurado cujo objeto era a indenização total pelo navio parcialmente avariado, restou consolidado o seguinte entendimento a respeito do contrato de seguro:

> O grande princípio da lei do seguro é que ele é um contrato de indenização. O subscritor não estipula, em nenhuma circunstância, tornar-se comprador do objeto segurado; não é suposto estar em sua contemplação: ele deve indenizar apenas.

Nesse precedente, a Superior Corte de Justiça da Inglaterra reconheceu a existência do *princípio indenitário* em relação aos danos sofridos pelo segurado, e, também, ratificou o princípio da máxima boa-fé (*uberrima fides*) anteriormente editado e aplicável aos contratos de seguro firmados por comerciantes ingleses.

Importante registrar que as bases para a consolidação do entendimento do caso *Brotherson v. Barber* nasceram da análise do caso *Hamilton v Mendes (1761, 97 ER 787, 2 Burr 1198, EngR 56, 2 Burr 1198, 97 ER 787)*, julgado por Lorde Mansfield, a respeito da procedência do pedido de indenização integral formulado pelo segurado em caso similar de recuperação de um navio abandonado, oportunidade na qual concluiu-se que a cobertura deveria ser aplicada em face dos danos efetivamente sofridos e não somente com base no que havia sido estipulado pelas partes (Tauton, 1812:363-373; Swarb, 2017).

Nesse precedente restou consignado que seria inadequado sob a ótica de um contrato indenitário cobrir um pedido de indenização total quando o evento final alegado causou, na verdade, um dano parcial ou talvez sequer dano algum para o segurado, uma vez que o navio foi recuperado sem qualquer dano de grande monta em tempo de continuar a sua rota de navegação e alcançar o seu destino conforme programado.

Desse modo, Lorde Mansfield registrou que sob a ótica de um contrato de indenização o *segurador nunca poderá pagar menos do que o valor da perda efetivamente sofrida pelo segurado*, e, que o *segurado nunca poderá ganhar mais do que efetivamente perdeu*, sob pena de estímulo à fraude, pois, em determinados casos, o segurado poderia – de acordo com o valor de mercado dos bens transportados – optar por exercer o direito de abandono do navio ou da carga para obter a indenização do seguro.

Sob o prisma da jurisprudência inglesa, constata-se que nos séculos XVIII-XIX estavam sendo desenvolvidas as primeiras bases jurídicas para uma definição precisa a respeito do que seria o contrato de seguro a partir da prática mercantil do seguro marítimo.

d) Caso Prudential Insurance Co. v. Inland Revenue Comissioners (1904)

No século XX, a jurisprudência inglesa mesmo reticente no sentido de fixar uma definição única para o contrato de seguro, em razão da grande relevância social desse tipo contratual, envidou esforços na tentativa de apresentar uma definição mais abrangente.

A Superior Corte de Justiça da Inglaterra, no célebre caso *Prudential Insurance Co v. Inland Revenue Comissioners (1904, 2 KB 658)*, julgado por Lorde Channel, apresentou uma definição sobre o contrato de seguro a partir do questionamento de uma seguradora a respeito da necessidade de recolher os tributos exigidos pela "Lei do Selo de 1891" (*Stamp Act 1891*) incidentes sobre a comercialização de seguros de vida, por não os considerar seguros propriamente ditos.

Ao analisar o caso, a Superior Corte de Justiça da Inglaterra decidiu que:

> O contrato de seguro, então, deve ser um contrato para pagamento de uma soma em dinheiro, ou para algum benefício correspondente, como a reconstrução de uma casa ou a reparação de um navio, para tornar-se exigível com o acontecimento de um evento, sobre o qual deva existir uma fundada incerteza, e deva ser de um caracter mais ou menos adverso para o interesse de uma pessoa.

A partir desta definição é possível identificar aspectos importantes para a formação do contrato de seguro como: a *garantia*, consubstanciada no pagamento em dinheiro ou na execução de uma prestação assumida pelo segurador; o *risco*, consistente no evento sob o qual paira a incerteza do seu acontecimento futuro; e, o *interesse*, na contratação da cobertura justificada por uma situação de afetação patrimonial adversa com a ocorrência do evento previsto na apólice (Noussia, 2012:35-40; e, Swarb, 2019).

Após esse precedente, resta apenas a análise de um último caso julgado no final do século XX e que seguiu a mesma linha decisória para centrar-se na identificação dos elementos que compõem o tipo contratual, relegando uma definição única para o âmbito doutrinário.

e) Caso Medical Defence Union Ltd v. Department of Trade (1980)

No caso *Medical Defence Union Ltd v Department of Trade (1980, Ch. 82)*, a Superior Corte de Justiça da Inglaterra, em julgamento de Sir Robert Megarry, se debruçou a analisar o recurso de uma empresa de prestação de serviços médicos e odontológicos a respeito da sua não submissão às normas da Lei das Companhias de Seguro de 1974 (*Insurance Companies Act 1974*), aplicáveis ao desenvolvimento da atividade seguradora.

Nesse caso, a Superior Corte de Justiça inglesa afastou a aplicação da legislação securitária às atividades desenvolvidas pela recorrente e manteve a linha dos posicionamentos jurisprudenciais anteriores para reafirmar que a formação do contrato de seguro se perfectibiliza quando constatada: a *contratação de uma garantia* a ser prestada pela seguradora em benefício do segurado; o *risco* desencadeado por um evento incerto; e, o *interesse segurável* na aquisição da cobertura securitária (Lowry e Rawlings, 2004, Case 105).

Sir Megarry registrou ainda não ter a certeza se uma definição única sobre o contrato de seguro poderia ser formulada, em razão da sua enorme dificuldade, por isso, em sua opinião, o seu conceito seria melhor compreendido por meio da descrição dos seus elementos do que propriamente a partir da sua definição exaustiva.

Sob a ótica dos precedentes da alta corte inglesa, é possível perceber a reticência dos julgadores no sentido de estabelecerem uma definição única e definitiva para o contrato de seguro, optando pela fixação dos elementos que configuram essa espécie contratual, a fim de possibilitar a sua identificação ao longo do tempo e diante da criação de novas modalidades securitárias que possam se amoldar aos seus caracteres fundamentais.

f) Legislação sobre seguros

No plano legislativo inglês, o contrato de seguro é regido por *normas gerais* e por *normas específicas* em razão da natureza da legislação editada para tratar dos seus aspectos jurídicos.

A *Lei de Seguros Marítimos de 1906* prevê que o: "seguro marítimo é o contrato pelo qual o segurador se compromete a indenizar o segurado, do modo e conforme o acordado, contra as perdas marítimas, ou seja, as perdas incidentes sobre a empresa marítima" (Art. 1).

Trata-se de um dos raros artigos da legislação insular a prever de maneira expressa uma definição para o contrato de seguro. Todavia, além de incompleta ela restringe-se às atividades securitárias marítimas, possuindo um campo de aplicação restrito.

Por sua vez, a *Lei dos Terceiros Beneficiados por Seguros de Responsabilidade Civil de 2010* não veicula uma definição de contrato de seguro, mas se limita a estabelecer o regramento jurídico necessário para a definição dos casos nos quais os terceiros prejudicados poderão exercer o direito de suas ações diretamente em face das seguradoras visando obter a reparação dos danos sofridos e cobertos por apólice de seguro de responsabilidade civil.

A promulgação dessa lei, naquele ordenamento jurídico, teve como objetivo superar os casos nos quais o direito ao recebimento da indenização a título de reparação civil contra terceiros era esvaziado pela insolvência do segurado e pelo arrolamento do seu ativo à massa falida para o compartilhamento com os demais credores.

A *Lei de Consumidores de Seguro de 2012* também não veicula uma definição de contrato de seguro, mas se limita a estabelecer que o contrato de seguro do consumidor é aquele no qual o segurado não possui propósitos comerciais ou profissionais (Art. 1.1).

A *Lei de Seguros de 2015* também não veicula uma definição para o instituto, mas limita-se apenas a dizer, por exclusão, que o *contrato de seguro comercial ou profissional* é aquele que não se amolda à definição prevista na Lei de Consumidores de Seguro de 2012 (Art. 1.1).

As formas como as legislações acima mencionadas regulam a matéria ratifica a relevância do papel exercido pela doutrina e pelos precedentes judiciais para a construção da definição do contrato de seguro no ordenamento jurídico inglês.

6.1.2   Estados Unidos da América

Nos Estados Unidos da América, o direito contratual e a evolução da definição do contrato de seguro acompanharam a sistemática inerente ao *common law*, vinculados à força dos precedentes judiciais e à influência da jurisprudência inglesa notoriamente reconhecida pela edição de decisões paradigmáticas sobre a matéria securitária no direito costumeiro.

Como visto no Capítulo 3, a competência para a regulação da atividade seguradora nos EUA foi atribuída aos estados da federação, assim, compete a cada estado norte-americano editar a sua legislação específica para regular o contrato de seguro nos limites da sua jurisdição.

Diante do exposto, considerando a inexistência de uma lei de seguros de abrangência nacional, a definição do contrato de seguro deve ser buscada nos Códigos de Seguro dos estados da federação norte-americana.

Com base no critério de relevância de mercado, apresenta-se exemplificativamente a definição de seguro contida nas legislações do Estado da Califórnia e do Estado de Nova Iorque (Estados Unidos da América, 2019).

De acordo com o Código de Seguros do Estado da Califórnia de 1935 (*Insurance Code – INS 1935*), o contrato de seguro é: "o contrato pelo qual alguém se compromete a indenizar o outro em face de uma perda, dano, ou responsabilidade decorrente de um evento aleatório ou desconhecido" (Disposições Gerais, seção 22).

Por sua vez, o Código de Seguros do Estado de Nova Iorque (*Insurance Code – INS*) prevê que o seguro é o: "contrato [...] pelo qual uma parte [...] é obrigada a conferir benefício de valor pecuniário a outra parte [...] dependente de um evento fortuito no qual o segurado ou o beneficiário tenha, ou se espera que tenha no tempo da sua ocorrência, um interesse material que será afetado adversamente pela ocorrência desse evento" (Art. 11, Seção 1.101, alínea *a*).

Como se nota, cada estado da federação norte-americana possui um Código veiculando uma definição própria para o contrato de seguro e regras específicas visando regular aspectos particulares das espécies securitárias, o que obriga o jurista desta área profissional a consultar cada uma das leis editadas a fim de conhecer as suas especificidades normativas e a jurisprudência dos tribunais sobre a matéria.

6.1.3 Portugal

Em Portugal, compete à *Lei de Seguros de 2008* (Decreto-lei 72, de 16/04/2008), estabelecer o regime jurídico do contrato de seguro.

Na linha da modernização das normas sobre o contrato de seguro, a legislação portuguesa teve como principal objetivo promover uma simplificação terminológica a partir da análise dos entendimentos doutrinários e jurisprudenciais visando imprimir uma maior certeza e segurança jurídica sobre o assunto.

O legislador português optou por construir a definição do contrato de seguro a partir da identificação dos deveres básicos assumidos pelas partes contratantes nas mais diversas modalidades de seguros ofertadas no mercado de consumo.

Assim, o seu principal intuito foi o de permitir a sua aplicação aos novos produtos constantemente desenvolvidos pela criatividade do mercado segurador como forma de abranger a vasta rede de proteção contra os infortúnios aos quais os segurados estão expostos.

A Lei de Seguros portuguesa de 2008 prevê que o seguro é o contrato pelo qual: "o segurador cobre um risco determinado do tomador do seguro ou de outrem, obrigando-se a realizar a prestação convencionada em caso de ocorrência do evento aleatório previsto no contrato, e o tomador do seguro obriga-se a pagar o prêmio correspondente" (Art. 1º).

Da definição contida na legislação portuguesa é possível identificar uma preocupação de tratar a obrigação do segurador de maneira ampla, não apenas relacionada ao aspecto indenizatório, mas, também, de uma abordagem capaz de abranger outras prestações comumente vistas nos seguros de pessoas (Rego, 2016, Seção 1).

6.1.4 Espanha

Na Espanha, cabe à *Lei de Seguros de 1980* (Ley 50, de 08/10/1980) dispor de maneira detalhada a respeito dos princípios e das regras aplicáveis ao contrato de seguro.

A Lei de Seguros espanhola de 1980 prevê que: "O contrato de seguro é aquele pelo qual a seguradora se obriga, mediante a cobrança de um prêmio e no caso em que ocorra o evento cujo risco é objeto da cobertura, a indenizar, dentro dos limites pactuados, o dano causado ao segurado ou a satisfazer um capital, uma renda ou outras prestações convencionadas" (Art. 1º).

A partir da leitura da definição prevista na legislação espanhola também é possível constatar uma evolução jurídica no sentido de estabelecer uma definição capaz de caracterizar a operação securitária de modo abrangente para fins do seu enquadramento jurídico.

6.1.5 França

Em França, compete ao *Código de Seguros de 1976* estabelecer as normas aplicáveis à atividade seguradora.

Apesar de uma extensa regulamentação da legislação francesa sobre o assunto, entretanto, não há no Código de Seguros de 1976 uma definição para o contrato de seguro.

O Código Civil francês de 1804 apenas veiculou uma única menção ao contrato de seguro constante do revogado artigo 1.964, como uma das espécies de contratos aleatórios, por considerar que os seus efeitos e suas vantagens para as partes contratantes estavam vinculados à constatação da ocorrência de um evento incerto.

Portanto, em França, apesar da sua vinculação ao sistema romano-germânico, a elaboração de uma definição do contrato de seguro foi atribuída à doutrina e à jurisprudência, não estando prevista na legislação vigente.

Alphonse Joilat (1828:12) entende que o contrato de seguro: "é um contrato pelo qual uma ou mais pessoas cobrem, por tempo limitado, os riscos de certos eventos fortuitos, aos quais uma coisa pode estar exposta, mediante um prêmio que a outra parte contratante se compromete a pagar".

Na mesma linha da jurisprudência inglesa, a Corte de Cassação francesa tem se posicionado sobre a definição do contrato de seguro a partir da identificação dos elementos fundamentais que constituem o tipo securitário, não se filiando a uma definição única.

A Corte de Cassação francesa, ao analisar um célebre caso sobre a nulidade de um contrato securitário em razão do não preenchimento de requisitos formais exigidos pela legislação reguladora, assim se manifestou sobre o assunto: "Após verificar a existência de um risco, um prêmio e uma prestação securitária quando um contrato prevê, dentre outras coisas, a defesa judicial da pessoa que o subscreveu, os juízes de mérito podem considerar que tais dispositivos constituem um contrato de seguro..." (França, Suprema Corte de Cassação, Recurso 2.306, 2019).

Portanto, de acordo com a jurisprudência da Corte de Cassação francesa, constata-se que a definição do contrato de seguro estrutura-se com base na identificação dos seus elementos constitutivos: o *risco*, o *prêmio* (prestação do segurado) e a *garantia* (prestação da seguradora) (Haddad, 2017:11-12).

No âmbito da integração legislativa, também é possível se fazer uso da definição contida em legislações estrangeiras, como, por exemplo, a Lei de Seguros Terrestres belga de 1992 (Loi sur Le Contrat D'Assurance Terrestre, du 25/06/1992, Art. 1º, A) e o Código Civil de Quebec de 1991 (Code Civil du Québec du 1991, Art. 2.389).

6.1.6 Alemanha

Na Alemanha compete à *Lei do Contrato de Seguro de 2007* (Versicherungsvertragsgesetz – VVG, de 23/11/2007) regular de maneira detalhada o tratamento jurídico a respeito do seguro.

A Lei de Seguros alemã de 2007 prevê que o seguro é o contrato pelo qual: "a seguradora se compromete a cobrir um determinado risco do tomador do seguro ou de terceiros por meio do pagamento de um benefício na ocorrência do evento segurado acordado. O tomador do seguro é obrigado a pagar a contribuição acordada (prêmio do seguro) à seguradora" (Seção 1).

Na legislação securitária alemã também é possível constatar a presença dos elementos fundamentais do contrato de seguro: o *risco*, o *prêmio* e a *garantia* em face da verificação do evento predeterminado nas condições gerais da apólice.

6.1.7 Itália

Na Itália, compete ao *Código Civil italiano de 1942* (Regio Decreto 262, 16/03/1942) prever o regime jurídico do contrato de seguro.

De acordo com o Código Civil italiano de 1942: "O seguro é o contrato com o qual a seguradora, mediante o pagamento de um prêmio, compromete-se a proteger o segurado, dentro dos limites acordados, dos danos a ele causados por um sinistro, ou a pagar um capital ou uma renda após a ocorrência de um evento relacionado à vida humana" (Art. 1.882).

Como é possível perceber, trata-se de uma definição que retrata a tradicional dicotomia entre os seguros de danos e os seguros de pessoas que tanto movimentou o debate da doutrina a respeito das teorias unitária e dualista do contrato de seguro (Forni, 2009:232).

Nesta definição também é possível identificar os elementos constitutivos do contrato: o *risco, a garantia e o prêmio* relacionados à preservação de um interesse segurável.

6.1.8 União Europeia

Na União Europeia, diante da inexistência de uma Diretiva que estabeleça uma regulação uniforme sobre o contrato de seguro nos seus respectivos países-membros, coube à lei modelo denominada "Princípios do Direito Europeu do Contrato de Seguro – PDECS" veicular uma definição comum para o instituto (Basedow, 2009; União Europeia, 2010).

De acordo com os Princípios do Direito Europeu do Contrato de Seguro – PDECS, o contrato de seguro é definido como: "um contrato pelo qual uma das partes, o segurador, promete à outra parte, o tomador, a cobertura de um determinado risco em contrapartida de um prêmio" (Art. 1:201, A) (Associação Internacional, 2019).

Destaca-se, ainda, o relevante papel desempenhado pela Corte de Justiça Europeia na edição de precedentes jurisprudenciais visando pacificar os litígios a respeito do contrato de seguro no âmbito do mercado comum europeu.

6.2 DEFINIÇÃO DO CONTRATO DE SEGURO NO BRASIL

Neste tópico, será apresentada a definição do contrato de seguro de acordo com a legislação brasileira e as teorias que influenciaram a evolução da sua concepção sob a ótica de uma obrigação de garantia e de um tipo contratual unitário.

6.2.1 Natureza da obrigação

No Brasil, desde a edição do revogado Código Civil de 1916, a definição do contrato de seguro passou a ser prevista expressamente na legislação civil com o intuito de regular de maneira abrangente as operações securitárias realizadas no país.

O Código Civil de 1916 vigorou por quase um século até a sua revogação pelo Código Civil de 2002, o qual introduziu modificações nos fundamentos a respeito da definição do seguro no ordenamento jurídico brasileiro.

Dessa forma, com a promulgação do Código Civil de 2002, a definição do contrato de seguro, na sistemática jurídico-legal vigente, encontra-se prevista no *Art. 757, Capítulo XV – Do Seguro*, compondo-se de elementos que possuem relação direta com a própria compreensão teórica do instituto adotada pelo legislador da matéria.

Importante relembrar que o Brasil não possui um Código de Seguros para regular as particularidades jurídico-contratuais inerentes ao instituto. Por isso, coube ao Código Civil de 2002 a função de veicular uma definição geral sobre o contrato, conforme o dispositivo a seguir transcrito:

> Art. 757. Pelo contrato de seguro, o segurador se obriga, mediante o pagamento do prêmio, a garantir interesse legítimo do segurado, relativo a pessoa ou a coisa, contra riscos predeterminados.
>
> Parágrafo único. Somente pode ser parte, no contrato de seguro, como segurador, entidade para tal fim legalmente autorizada.

O principal signo distintivo desta definição encontra-se na menção à *teoria do interesse segurável*, núcleo central da normativa fundamental do contrato de seguro, adotada pelo redator do capítulo voltado para regular o tipo securitário (COMPARATO, 1968:24-25).

Na perspectiva do Código Civil de 2002, o contrato de seguro é compreendido como uma *obrigação de garantia*, isto é, como uma prestação do segurador em relação aos eventos predeterminados incidentes sobre o legítimo interesse visado pelo segurado (Venosa, v. 3, 2004:275; Oliveira, 2011:33-34).

Esta teoria rompe com a linha traçada no Código Civil de 1916, que se filiava exclusivamente à *teoria da indenização*, conforme pode ser depreendido da leitura do Art. 1.432 do código revogado:

> Art. 1.432. Considera-se contrato de seguro aquele pelo qual uma das partes se obriga para com a outra, mediante a paga de um prêmio, a indenizá-la do prejuízo resultante de riscos futuros, previstos no contrato.

Pela teoria da indenização, o contrato de seguro é compreendido como uma *obrigação de se prestar uma indenização* em razão da verificação de um fato determinado (Ascarelli, 1941:388-487).

De acordo com o artigo 1.432 do Código Civil de 1916, se compreende que a contratação do seguro é realizada em função da expectativa de se obter uma indenização.

CURSO DE DIREITO DO SEGURO E RESSEGURO • Vinícius Mendonça

Por outro lado, com o advento do artigo 757 do Código Civil de 2002, a adoção da teoria do seguro como uma *obrigação de garantia* possibilitou refinar a técnica aplicada ao instituto, pois deslocou o centro gravitacional da indenização para a garantia do legítimo interesse segurável.

A teoria do legítimo interesse segurável está vinculada à necessidade de contratação de uma proteção securitária em face da probabilidade de verificação de um evento com repercussões econômicas na esfera pessoal do segurado ou do beneficiário.

O interesse que está em jogo poderá ser exclusivamente patrimonial ou inclusive afetivo, mas, para fins securitários, as suas repercussões serão convertidas, nos seguros de danos, com base em dados concretos, ou, nos seguros de pessoa, com base em parâmetros estimativos e abstratos, em um valor econômico preestabelecido pelas partes contratantes denominado de importância segurada.

Nessa linha, a obrigação de garantia deve ser compreendida como uma *prestação de segurança (prestazione di sicurezza)* de que o legítimo interesse do segurado permanecerá preservado ainda que afetado pelas consequências relacionadas à verificação do evento predeterminado nas condições gerais do contrato.

O caráter exclusivamente indenizatório do seguro transmuda-se para uma obrigação de proteção com um espectro muito mais amplo, pois ela consiste numa garantia de preservação do interesse – econômico ou afetivo – mantido pelo segurado em relação aos eventos previamente determinados nas condições gerais da apólice.

Sob tal perspectiva, a obrigação de garantia consiste em uma prestação jurídica mais ampla e que abrange a prestação indenizatória, de natureza meramente eventual e acessória à execução do contrato de seguro (Gomes, 1997:415; Souza, 2012:210-211).

Por isso, apresenta-se muito mais adequada a adoção da teoria do contrato de seguro como uma *obrigação de garantia* ao invés de tomá-lo, exclusivamente, como uma obrigação de pagamento de uma indenização (Franco, 2013:318; Azevedo, 2010:21).

Mas não é só. A adoção da perspectiva do seguro como uma obrigação de garantia, a partir da identificação da necessidade eventual de contratação de uma proteção securitária, também possibilitou estabelecer uma definição unitária para o contrato.

6.2.2 Unidade conceitual

A definição contida no Art. 757 do Código Civil de 2002 também é permeada pela noção de uma *teoria unitária*, pela qual o contrato de seguro é compreendido como um contrato originado de uma gênese jurídica comum.

Desta forma, para esta teoria, as modalidades consubstanciadas em seguro de coisas e em seguro de pessoas podem se subsumir a uma única definição, sem que se perca concisão e precisão da finalidade do instituto do seguro.

Percebe-se que tanto o legislador do Código Civil de 2002 quanto o legislador do Código Civil de 1916 optaram pela *teoria unitária* para fins de definição do instituto do seguro.

6 • REGIME JURÍDICO DO CONTRATO DE SEGURO

Isto porque, em ambas as definições legais estabelecidas não houve qualquer diferenciação entre espécies contratuais no bojo do texto designativo fundamental do contrato de seguro.

Dessa forma, para a teoria unitária, o contrato de seguro é uno do ponto de vista da sua definição, enquanto as diversas modalidades de seguros existentes consistem apenas em subespécies do tipo securitário.

Por sua vez, a *teoria dualista* compreende o contrato de seguro sob a ótica de uma origem diferenciada. Deste modo, não há se falar em um contrato de seguro, mas, sim, em *contratos de seguro*: contrato de seguro de coisas ou contrato de seguro de pessoas.

Sob esta perspectiva, torna-se impossível conceber uma definição única do contrato de seguro, sem que se estabeleça de maneira expressa e determinada, a menção diferenciadora entre suas modalidades.

Encontra-se no Art. 1.882 do Código Civil Italiano de 1942, exemplo clássico de adoção da teoria dualista no plano legislativo dedicado a regular o contrato de seguro:

> O seguro é o contrato pelo qual o segurador, contra o pagamento de um prêmio, se obriga a indenizar o segurado, dentro dos limites convencionados, do dano a ele causado por um sinistro, ou, então, a pagar um capital ou uma renda ao verificar-se um acontecimento relativo à vida humana.

Clara a preocupação do legislador italiano em fixar, dentro de um mesmo espaço normativo, a definição relacionada ao *contrato de seguro de coisas* e a definição relacionada ao *contrato de seguro de pessoas* (Damiani, 2008:75-76; La Torre, 2007:04).

Todavia, entende-se que a diferenciação para fins de definição do contrato de seguro é desnecessária, pois a partir da adoção da teoria do legítimo interesse segurável é possível conceber o instituto não com base na natureza do objeto segurável, mas, sim, com base na relação de interesse de proteção que legitima a contratação da cobertura securitária.

No mesmo sentido, Tzirulnik, Cavalcanti e Pimentel (2003:30), a respeito da controvérsia entre teoria unitária e dualista, entendem que:

> A positivação conjugada de garantia e interesse (objeto da garantia) e o abandono da idéia de indenização como elemento essencial do contrato esvaziam, no direito positivo brasileiro, a secular polêmica entre os dualistas e os unitaristas a respeito da função indenizatória (ou não) dos seguros de pessoas.

Independentemente de ser o objeto do interesse uma coisa ou uma vida humana, o aspecto fundamental do contrato de seguro é a demonstração do legítimo interesse na contratação dessa garantia que justificará, dentro dos parâmetros contratualmente estipulados, o pagamento da importância prefixada diante da verificação de um evento predeterminado.

Assim, o interesse consiste na causa comum que justifica a contratação da garantia em face da qual se pretende obter a proteção jurídica prestada pelo segurador conforme previsto nas condições gerais da apólice (Comparato, 1968:24-25; La Torre, 2007:161-162).

Por isso, pode-se afirmar que a definição prevista no Art. 757 do Código Civil de 2002 a respeito do contrato de seguro é dotada de coesão e unidade conceitual para fins de designação do objeto do contrato e da fixação dos elementos fundamentais do tipo contratual securitário.

6.3 PRINCÍPIOS SECURITÁRIOS

Além dos princípios contratuais gerais, como o da *autonomia da vontade* e o da *força do pactuado*, aplicam-se ainda ao contrato de seguro os princípios jurídicos específicos relacionados às suas características negociais.

Por isso, torna-se relevante conhecer como os princípios securitários norteiam as condutas das partes visando preservar a funcionalidade técnica do contrato de seguro sob uma perspectiva jurídica e atuarial.

6.3.1 Princípio da mutualidade

O princípio da mutualidade consiste no pilar fundamental justificador da constituição das primeiras técnicas de gestão de riscos vinculadas ao contrato de seguro.

A mutualidade, como corolário lógico do princípio da solidariedade (Art. 3º da CF/1988), consiste no vínculo que motiva a criação dos fundos em comum que serão utilizados como fonte de custeio financeiro para a reparação dos danos provocados por riscos que afetem os interesses garantidos pelo contrato de seguro.

Na gênese deste princípio encontra-se a causa recíproca de aproximação entre:

(i) o *segurador*, responsável pela criação atuarial de grupos segurados homogêneos e pela gestão das reservas técnicas; e,

(ii) os *segurados*, sob um mesmo perfil de risco, reunidos para mitigar os danos por eles sofridos a partir dos prêmios financeiros pagos para o custeio das coberturas securitárias.

A reunião de esforços individuais dos segurados e que somados produzem resultados coletivos de grande expressividade financeira consiste na base vital para a existência do seguro e para a realização dos interesses das partes contratantes ao longo da relação securitária (Comparato, 1972:08-12).

A preservação da mutualidade está diretamente relacionada à manutenção das bases técnicas necessárias para a realização do cálculo atuarial, operação esta que fornecerá o valor das quotas proporcionais a serem pagas para a constituição do fundo indispensável para viabilizar o cumprimento da garantia financeira assumida pela seguradora (Stiglitz, 2001:02-03).

O desvio do cálculo técnico a partir da omissão de uma informação ou da modificação de um dado pelo segurado provocará a alteração do risco, e, consequentemente, da probabilidade da sua ocorrência e do déficit de quotas para cobrir os danos do grupo segurado.

Portanto, trata-se de princípio que orienta, simultaneamente, a conduta dos segurados no sentido da obrigatoriedade de preservação das mesmas condições fáticas do risco ao qual se encontram expostos, e, ao mesmo tempo, a conduta da sociedade seguradora, obrigando-a a realizar o cálculo atuarial adequado para que as reservas financeiras constituídas sejam suficientes para garantir os riscos incidentes sobre as coberturas securitárias.

A alteração injustificada das características que motivaram a criação do vínculo mutualístico implicará a afetação direta das condições técnico-atuariais de precificação do risco e, consequentemente, da constituição das reservas técnicas utilizadas para cobrir as consequências prejudiciais em face das quais os segurados pretendem se proteger.

Em outras palavras, a violação do princípio da mutualidade prejudica as próprias bases técnicas de liquidez e de solvabilidade das sociedades seguradoras, como visto, submetidas a rigorosos padrões regulatórios exigidos pelos órgãos de supervisão e regulação prudencial.

6.3.2 Princípio da pulverização dos riscos

O princípio da pulverização dos riscos é considerado um fundamento inerente ao desenvolvimento das atividades securitárias.

A sociedade seguradora quando assume perante a massa de segurados obrigações visando garantir a proteção de legítimos interesses tem como princípio básico da técnica securitária a obrigatoriedade de pulverização dos riscos aos quais ela se encontra exposta.

A seguradora poderá sofrer uma exposição de riscos acima do grau normalmente esperado em razão de inúmeros fatores como a realização de cálculos assimétricos para aferição da probabilidade de ocorrência dos sinistros numa determinada carteira securitária ou a abrupta variação dos índices de sinistralidade causada por fatores externos em dissonância ao padrão de ocorrência de um evento segurado.

De acordo com Márcio Antônio Guimarães (2000): "A pulverização de riscos é um dos princípios operacionais básicos da atividade seguradora. Através desse expediente é possível repartir a responsabilidade de um risco inúmeras vezes".

Dessa forma, a sociedade seguradora deverá buscar meios tecnicamente adequados para viabilizar o desenvolvimento da sua atividade da melhor forma possível, de modo que a absorção de riscos não implique a inviabilização do próprio negócio.

Dentre as várias formas pelas quais a seguradora poderá se valer para garantir o exercício das suas operações de maneira tecnicamente adequada cita-se a celebração de cosseguro e de resseguro com outras sociedades empresárias a fim de viabilizar o compartilhamento de riscos originados do desenvolvimento da sua atividade econômica.

A constituição de redes de pulverização de riscos possibilita à atividade seguradora, à atividade resseguradora e à atividade de retrocessão funcionarem no seu nível ótimo de eficiência.

Isto porque a cessão de riscos consiste no meio financeiro menos custoso para garantir a capacidade de cumprimento das obrigações assumidas e para ampliar a capacidade de absorção de novos riscos visando à obtenção de lucros a partir do exercício da atividade empresarial desenvolvida.

6.3.3 Princípio da máxima boa-fé

Como visto a partir da análise da jurisprudência inglesa, a boa-fé consiste em princípio de alta relevância jurídica para o contrato de seguro. É em função deste princípio que os contratantes estarão vinculados na conclusão e na execução do contrato sob a obrigação de realizarem suas condutas de maneira honesta.

O Código Civil estabeleceu o princípio da boa-fé em duas oportunidades. A primeira, no Art. 422, na forma de *cláusula geral* a ser observada por todo o sistema contratual:

> Art. 422. Os contratantes são obrigados a guardar, assim na conclusão do contrato, como em sua execução, os princípios de probidade e boa-fé.

E, a segunda oportunidade, está prevista no Art. 765, de *maneira específica*, para regular o contrato de seguro. Trata-se do que se convencionou chamar de *princípio da máxima boa-fé*, com o intuito de ressaltar a sua destacada relevância para fins da orientação da conduta das partes no contrato de seguro:

> Art. 765. O segurado e o segurador são obrigados a guardar na conclusão e na execução do contrato, a mais estrita boa-fé e veracidade, tanto a respeito do objeto como das circunstâncias e declarações a ele concernentes.

A boa-fé a que se refere o Art. 422 é indicada como a *boa-fé objetiva*, em relação a qual os contratantes encontram-se também vinculados a título de mútua colaboração na conclusão e na execução do contrato.

Trata-se de princípio que também foi reproduzido no âmago do Art. 765, dedicado a regular de maneira exclusiva as relações contratuais atinentes ao contrato de seguro.

Embora o princípio da boa-fé admita uma série de desdobramentos das suas obrigações básicas a serem observadas pelas partes contratantes, optou-se por tratar algumas delas como princípios específicos com o intuito de destacar a sua importância no âmbito securitário, como será visto a seguir.

6.3.4 Princípio da cooperação

No âmbito da relação securitária, a cooperação entre segurador e segurado perfectibiliza-se por meio da realização de condutas ativas de ambas as partes para a formação do contrato de seguro e para a manutenção do seu equilíbrio técnico-atuarial.

Nesse sentido, a cooperação se materializará em todas as etapas contratuais por meio do cumprimento das obrigações contratualmente assumidas consistentes na prestação de informações, execução de medidas técnicas e financeiras, e intervenções que visem preservar o legítimo interesse segurável dos riscos em potencial que possam afetá-lo.

A cooperação se traduz na constatação de que o segurador e o segurado possuem o interesse comum de que o legítimo interesse segurável permaneça preservado durante o prazo de vigência do contrato de seguro (Ascarelli, 1941).

Nesse sentido, devem cooperar mutuamente em relação à prestação de todas as informações e à adoção de todas as condutas necessárias visando preservar o objeto do contrato de seguro.

6.3.5 Princípio da transparência

Como destacado, o seguro consiste em um contrato pautado por uma forte natureza técnica, visto que ele é estruturado com base no processamento de dados e de informações pessoais prestados pelo segurado, os quais serão considerados sob uma perspectiva atuarial.

Em razão disso, as partes precisam se portar uma em relação a outra de maneira transparente ao longo de toda a relação contratual.

De um lado, o segurado deverá revelar todas as informações e características relacionadas ao legítimo interesse segurável e aos riscos sob os quais possa estar submetido.

De outro lado, o segurador deverá expor de maneira clara e precisa todas as exigências para a celebração da relação securitária e as obrigações que deverão ser cumpridas pelo segurado para que ela possa se manter perfeita durante o prazo de vigência da apólice.

A omissão de dados essenciais para a aceitação da proposta de seguro ou, caso ocorra posteriormente, a sua não comunicação ao longo da relação contratual, poderá implicar em motivo justificável para a negativa de cobertura por parte da seguradora.

6.3.6 Princípio da proibição de agravamento do risco

A constatação sobre a existência de um interesse comum do segurador e do segurado na preservação do legítimo interesse segurável também conduz à constatação da existência da proibição de agravamento do risco sobre ele incidente. Trata-se de princípio que possui íntima relação com a preservação da mutualidade.

O princípio da proibição de agravamento do risco parte do pressuposto técnico de que o segurado deverá portar-se ao longo de toda a relação contratual dentro dos limites de conduta normalmente esperados para pessoas na mesma situação e com base na qual o segurador estimou a probabilidade de verificação do risco passível de cobertura.

Isso significa dizer que caso o segurado, de acordo com os limites estabelecidos contratualmente, venha a protagonizar situação que aumente a probabilidade de verificação do risco contra o qual pretende se proteger, não fará jus à proteção securitária contratada.

Pelo princípio da proibição do agravamento do risco, os segurados têm o dever de manter as características do risco e das condições fáticas inerentes ao interesse segurável como forma de preservar o vínculo mutualístico justificador da criação do grupo homogêneo de seguro.

Trata-se de princípio que objetiva reduzir a probabilidade de ocorrência do denominado risco moral (*moral hazard*), ou seja, da modificação do padrão comportamental do segurado que de maneira proposital ou culposa influencia a alteração do perfil de risco que havia sido inicialmente informado ao segurador.

O agravamento do risco que se pretende evitar é aquele derivado de conduta manifestamente dolosa ou que tenha sido praticada culposamente fora dos padrões normais de conduta aceitável de acordo com a cobertura securitária contratada.

6.3.7 Princípio da mitigação dos danos sofridos

Em estreita correlação com o princípio da vedação ao agravamento do risco, não basta ao segurado evitá-lo, deverá, ainda, atuar de maneira ativa no sentido de minimizar os prejuízos dele decorrentes quando constatada a sua verificação.

Compete ao segurado, logo que venha constatar a existência de danos sofridos pelo objeto do legítimo interesse segurável, adotar conduta que vise reduzir todos os efeitos prejudiciais causados pelo sinistro.

Tal princípio tem por intuito evitar que o segurado, de maneira deliberada ou culposa, se omita de adotar condutas de redução de danos com o intuito de auferir vantagem maior do que a situação que faria jus caso tivesse preservado o bem danificado pelo evento coberto pelo seguro.

O fato de o segurado possuir uma cobertura securitária não o autoriza a se portar em relação ao bem objeto de sinistro como se em relação a ele não tivesse mais qualquer interesse. Pelo contrário, continuará com o dever de preservá-lo o máximo possível.

A finalidade maior é a de proteger as reservas técnicas administradas pela seguradora formadas a partir do pagamento do prêmio das apólices e utilizadas para cobrir os riscos dos participantes do grupo segurado.

6.3.8 Princípio indenitário

O princípio indenitário tem por objetivo limitar os efeitos prejudiciais incidentes sobre um interesse segurável sob uma perspectiva eminentemente econômica.

Desse modo, o segurado somente poderá ser indenizado pelo que efetivamente perdeu e conforme os limites máximos previstos na apólice do seguro.

6 • REGIME JURÍDICO DO CONTRATO DE SEGURO **123**

Independentemente do tipo de contrato firmado, o legítimo interesse segurável será considerado com base em dados concretos, no caso dos seguros de danos, e de modo estimativo-abstrato, no caso de seguro de pessoas, a partir de um parâmetro econômico previamente fixado o qual fará jus o respectivo beneficiário.

Não obstante as características particulares vistas nos seguros de pessoas diretamente vinculadas ao valor inestimável das faculdades e qualidades humanas, com efeito, a existência de parâmetros e critérios adotados no meio jurídico, apesar de não uniformes, têm tentado empreender alguma correlação de natureza objetiva, ainda que diferenciada, com tal princípio.

A técnica da relação securitária trabalha ainda com o pressuposto de que as importâncias seguradas eventualmente pagas quando da verificação dos sinistros estarão diretamente limitadas aos prejuízos previstos nas condições gerais da apólice de seguro.

Com base nisso, a proibição de enriquecimento sem causa veda que o segurado venha a obter o pagamento de importância que ultrapasse o valor dos danos efetivamente sofridos e que supere os limites financeiros cobertos pela apólice.

6.3.9 Princípio da equivalência entre o prêmio e o risco

O princípio da equivalência entre o prêmio e o risco tem por finalidade correlacionar, proporcionalmente, as obrigações e os direitos atribuídos ao segurador e ao segurado, com vistas a possibilitar que o valor do prêmio de seguro seja devidamente calculado em face do interesse segurável submetido a um risco.

Com base no que já foi visto, pode-se afirmar que a fixação do prêmio do seguro decorre basicamente da consideração atuarial das informações prestadas pelo proponente quando do momento da apresentação da proposta de seguro (Art. 759 do Código Civil).

No seguro de automóvel, por exemplo, são levados em conta os seguintes dados: modelo e ano de fabricação do veículo, faixa etária do principal condutor, existência de garagem, principal local de circulação, finalidade de deslocamento, histórico de acidentes, histórico de apólices de seguro, dentre outros, para a fixação do valor do prêmio de seguro.

A constatação da incompatibilidade entre o prêmio e o risco pode gerar, inclusive, a necessidade de revisão do valor cobrado a título de prêmio de seguro, mesmo já no curso da execução contratual (Art. 770 do Código Civil), ou, até mesmo, a rescisão do contrato, seja por excesso do segurador (Arts. 765 e 773 do Código Civil), seja por informações culposa ou dolosamente prestadas pelo proponente de um seguro ou pelo seu representante (Arts. 762 e 766 do Código Civil).

6.3.10 Princípio da transindividualização de interesses

O princípio da transindividualização de interesses veicula o pressuposto de que não obstante seja um interesse segurável individualmente proposto para fins de aceitação de um contrato de seguro, a análise técnica deste interesse acontece tanto sob uma perspectiva individual quanto coletiva (Comparato, 1972:08-12).

O cerne deste princípio encontra-se na razão de que os fundamentos do contrato de seguro ultrapassam as características isoladamente consideradas do indivíduo segurado, uma vez que as suas bases técnicas têm na consideração individual do interesse a finalidade de inseri-lo nas bases coletivas que viabilizam a existência do negócio.

Por isso, pode-se afirmar que uma declaração fraudulenta destinada a reduzir a cobrança do valor de um prêmio, que a princípio beneficiaria apenas um segurado, causa, com tal desfalque, prejuízo ao fundo coletivo mantido pela arrecadação das contribuições de toda a coletividade, num sentido verdadeiramente transindividual de toda a perspectiva securitária.

Na mesma linha, a determinação judicial de se inserir, sem qualquer justificativa atuarial, um determinado risco expressamente excluído das condições gerais da apólice para fins do atendimento de um pleito manifestamente improcedente formulado por um segurado, desrespeita os fundamentos técnicos do contrato de seguro e causa prejuízos a toda a coletividade.

6.4 FORMAÇÃO CONTRATUAL – ASPECTOS GERAIS

Neste subitem serão abordados os assuntos relacionados à formação do contrato de seguro como o seu objeto, as suas partes, características particulares assim como os seus requisitos gerais e específicos.

6.4.1 Objeto

O objeto do contrato de seguro é tema controvertido na doutrina diante da existência de teorias que o definem com base no *bem imediato*, no *bem mediato* ou no *risco* a respeito do qual se circunscreve a cobertura securitária (Wald, 1994:424).

Os adeptos da *teoria da coisa* entendem que o seguro tem como fim prestar garantia a uma coisa segurada, revelando-se o nítido enfoque indenitário impresso ao instituto.

Os adeptos da *teoria do risco* defendem que o seguro tem como fim realizar a garantia de um risco incidente sobre uma coisa ou um interesse, porque sem risco não existe seguro.

Os adeptos da *teoria do interesse segurável* defendem que o interesse é o objeto do contrato de seguro, porque é em torno do interesse sobre determinado bem que gravita a garantia contratada.

De acordo com esta última corrente, o risco consiste apenas em um elemento que ajuda a caracterizar o instituto do seguro, todavia, por si só, ele não é suficiente o bastante para ser considerado como seu objeto.

6 • REGIME JURÍDICO DO CONTRATO DE SEGURO

Já os críticos da teoria do interesse segurável sustentam que o interesse se encontra presente em todos os institutos contratuais, sendo demasiado pensar que só exista interesse no contrato de seguro, ainda que agregado do adjetivo "segurável" (Bulgarelli, 1999:649).

No Brasil, em que pese a polêmica doutrinária, o Código Civil de 2002, em seu Art. 757, adotou expressamente a *teoria do interesse segurável*, acolhendo o entendimento de Fábio Konder Comparato (1972), redator do capítulo do contrato de seguro do código vigente.

6.4.2 Partes

Em relação às pessoas que funcionam na qualidade de partes do contrato de seguro, como regra, podem ser apontadas duas: o *segurado* e o *segurador*.

O *segurado* representa o polo contratual que promove a proposição da contratação de um seguro, mediante o apontamento de um legítimo interesse segurável, das circunstâncias referentes ao risco que o circunda e do pagamento de um prêmio pelo seguro.

O *segurador* representa o polo contratual revestido sob a forma de uma sociedade anônima (ou de uma sociedade cooperativa nas hipóteses expressamente previstas em lei) que comercializa a garantia sobre um legítimo interesse segurável, nas condições e no lapso temporal estabelecidos em contrato.

É possível ainda constatar a presença de outros *interessados* no contrato de seguro como o *tomador do seguro* (ex: seguro garantia), o *terceiro-beneficiário* (ex: seguro de vida por morte) e o *estipulante* (ex: seguro de vida em grupo), mas eles serão tratados na análise de coberturas específicas que exigem do ponto de vista técnico a sua respectiva intervenção.

Apenas adiantando alguns conceitos, o *tomador do seguro*, geralmente, é o responsável pela contratação da cobertura, responsabilizando-se pelo pagamento do prêmio, isto é, a contraprestação financeira a título de contratação da garantia securitária.

O *terceiro-beneficiário* é a pessoa que figura no contrato de seguro na qualidade de indicado ao recebimento da importância segurada contratada. A sua indicação poderá ocorrer de maneira prévia e específica com a designação da sua identificação na apólice de seguro ou poderá ocorrer de maneira genérica correlacionada à hipótese de verificação de um sinistro ou com base em previsão legal (ex.: no seguro de vida por morte, o cônjuge e os herdeiros).

O *estipulante* é a pessoa responsável pela instituição do seguro em grupo e por representar os interesses dos segurados perante o segurador.

E, por fim, menciona-se ainda o *agente de intermediação do seguro*, denominado de agente ou corretor de seguro, pessoa física ou jurídica, responsável por prestar a assessoria técnica ao segurado para a contratação da cobertura securitária.

6.4.3 Requisitos

Além dos requisitos contratuais gerais, como o *agente capaz*, o *objeto lícito, possível e determinado ou determinável*, o *consentimento*, e *a forma prescrita ou não defesa em lei* (Art. 104 do Código Civil), vinculam-se ainda ao contrato de seguro os requisitos jurídicos específicos relacionados às suas características negociais.

Os requisitos específicos consistem nos elementos essenciais de uma determinada espécie contratual, exigidos para a configuração do seu regime jurídico próprio e para diferenciá-la dos demais tipos contratuais (Diniz, 2013:68-129).

Além dos requisitos gerais e específicos, há ainda as *figuras acidentais*, as quais constituem requisitos não essenciais a uma figura típica contratual, mas que podem ser estabelecidos pelos contratantes a fim de melhor definir a existência de um contrato. Tais requisitos costumam estar vinculados, por exemplo, ao *modo*, à *condição*, ao *termo* e à *cláusula penal* do contrato (Bulgarelli, 1999:73-75).

Neste subitem, torna-se relevante analisar os requisitos específicos do contrato de seguro a fim de identificar os elementos essenciais do tipo contratual securitário, como será visto a seguir.

6.4.3.1 *Interesse segurável*

O interesse segurável deve ser compreendido como o requisito específico que veicula a noção da relação de interesse econômico entre uma pessoa e um dado bem da vida que se objetiva ver segurado.

Esclareça-se que o *objeto da garantia* promovida pelo segurador se circunscreve ao *interesse segurável*; e, que o *objeto do interesse segurável* é o *bem da vida* propriamente dito que se pretende segurar.

O segurado deverá necessariamente demonstrar a existência de um interesse segurável para fins de contratação de uma garantia securitária. Em alguns casos pressupõe-se a existência do interesse em razão da natureza da relação mantida pelo segurado com um determinado bem da vida (ex.: seguro de automóvel contratado pelo proprietário do veículo; seguro sobre a vida do esposo contratado pela esposa e pelos herdeiros).

Importante ainda registrar que o interesse segurável deverá ser legítimo, isto é, amparado pela técnica securitária e pelo direito como forma de preservar uma relação jurídica lícita existente entre o segurado e o bem da vida que se pretende segurar.

6.4.3.2 *Risco*

O risco deve ser compreendido como a possibilidade de acontecimento de um evento previamente especificado capaz de afetar um interesse segurável. Encontra-se assentado, para fins securitários, no plano da incerteza coletivamente experimentada e na probabilidade do seu acontecimento.

Assim, tanto os riscos futuros, quanto os riscos putativos (ex: a contratação de seguro de mercadoria avariada desconhecida pelos contratantes), também passaram a ser expressamente admitidos na atual sistemática prevista no Art. 757 do Código Civil de 2002, como já era admitido nos seguros marítimos pelo Código Comercial de 1850 (Art. 677, § 9º).

Entretanto, o que não pode deixar de existir num contrato de seguro *é a possibilidade da existência de risco.*

A completa ausência de risco desnatura as próprias bases do contrato e nulifica a relação estabelecida entre os contratantes.

Em razão disso, na forma do que prescreve o Art. 773 do Código Civil de 2002: *o segurador que, ao tempo do contrato, sabe estar passado o risco de que o segurado se pretende cobrir, e, não obstante, expede a apólice, pagará em dobro o prêmio estipulado.*

Tzirulnik, Cavalcanti e Pimentel (2003:37) explicam que o risco no âmbito securitário não pode ser tomado sob a perspectiva da incerteza individualmente considerada.

Enquanto a incerteza afigura-se como um *sentimento humano imensurável,* por outro lado, na ótica securitária, o risco é compreendido como um *dado social objetivo.*

Deste modo, a utilização da técnica matemática, consubstanciada nos elementos pertinentes à ciência atuarial e estatística, permite que o ente segurador transforme dados individualmente experimentados (*incertezas humanas*) em eventos de materialização provável no mundo em concreto sob um prisma eminentemente coletivo (*dado social objetivo*).

Nesse sentido, os instrumentos contratuais do seguro, a saber: apólice, cláusulas, condições gerais, dentre outros, são formulados levando-se em conta grupos e categorias de riscos, e, não, apenas, o segurado isoladamente considerado.

Por isso, o Art. 779 do Código Civil de 2002 também prevê que: *o risco do seguro compreenderá todos os prejuízos resultantes ou consequentes, como sejam os estragos ocasionados para evitar o sinistro, minorar o dano, ou salvar a coisa.*

Entretanto, no que toca à capacidade de retenção do risco pelo segurador, Luis Felipe Pellon (2007:02-03) esclarece que na prática tal aspecto de índole securitária encontra-se sujeito tanto a limitações relativas à natureza do evento quanto de valores que se pretende segurar.

O segurador no exercício da atividade securitária não se encontra obrigado a aceitar os riscos excessivamente gravosos ou em desacordo com a sua própria política comercial. Segundo Pellon:

> [...] Este verdadeiro cânone fundamental do seguro é reconhecido tanto em nosso direito como no direito estrangeiro, a doutrina consagra ao segurador o direito de especificar os riscos que assume e, dentro deles, limitar a sua responsabilidade. Afinal de contas, como se viu acima, o contrato de seguro baseia-se no risco, cobrando-se o prêmio em função desse, através de apuração técnica e científica por meios atuariais

que, se modificados, obviamente acarretarão um desequilíbrio entre o risco assumido pelo segurador e a contrapartida do segurado, o pagamento do prêmio [...]".

Deste modo, o exercício de tal prerrogativa pelo segurador não constitui uma prática abusiva ou ofensiva às normas de proteção ao consumidor, mas, somente, o exercício regular de um direito permitido, consistente na utilização de uma cláusula restritiva a fim de bem delimitar as obrigações securitárias amplamente praticadas no mercado de seguros, como será visto com maiores detalhes no Subitem 6.6.

6.4.3.3 Prêmio

O prêmio deve ser compreendido como o requisito específico que veicula a noção do exato e justo valor a ser pago pela contratação de um seguro. Afigura-se como a contraprestação fundamental do segurado pela garantia contratada.

Conforme esclarece Robert Pothier (1821:92-93):

O prêmio, para ser equitativo, deve ser o justo preço do risco que o segurador assume no contrato. [...] O prêmio sendo o preço do risco que o segurador assume, é evidente que ele deve ser maior ou menor considerando o maior ou menor risco que o segurador assume, e segundo o maior ou menor tempo de sua duração.

De acordo com Antigono Donati e Giovanna Putzolu (2009:06):

Em particular, como é da massa de prêmios que a empresa obtém os meios para fazer frente aos seus compromissos com os segurados contra os quais se verificará o risco, os prêmios devem ser cobrados antecipadamente ao período de vigência do seguro e devem ser acondicionados em fundos de reserva especiais (as chamadas reservas técnicas).

Deste modo, o preço pago pelo seguro possui duas finalidades: (i) *constituir o fundo de prêmios arrecadados*, destinado a suportar a ocorrência dos eventos predeterminados nas condições gerais das apólices de seguro; e, (ii) *remunerar o empresário* pela livre iniciativa econômica desenvolvida.

A lógica do cálculo do prêmio está intimamente ligada ao grupo ou categoria na qual o risco encontra-se inserido e às fortes bases técnicas e atuariais geridas pela sociedade seguradora.

Desta forma, se o risco em relação ao qual se pretende garantir um legítimo interesse segurável encontra-se situado, por exemplo, no caso do seguro de automóvel, em um grupo de segurados com um perfil com maior incidência de acidentes de trânsito, o preço será proporcionalmente maior do que o grupo de segurados estatisticamente mais prudente, porquanto o primeiro caracteriza-se pela maior probabilidade de acidentes, enquanto o segundo pauta-se pela menor incidência de sinistros.

Não sem motivo, constatada a incongruência entre o risco declarado e o prêmio pago, tornam-se aplicáveis as regras contidas nos Arts. 766 e 770 do Código Civil, que veiculam fórmulas para reduzir o impacto desta incompatibilidade no contrato de seguro.

O prêmio se divide ainda em: (i) *prêmio puro*, o valor exclusivo da garantia securitária isoladamente considerada; (ii) *prêmio comercial*, o valor do prêmio puro acrescido das despesas operacionais (administrativas e comerciais); e, (iii) *prêmio bruto*, o valor do prêmio comercial acrescido do valor da emissão da apólice, do fracionamento do valor da garantia e dos custos tributários.

As entidades reguladoras poderão estabelecer regras específicas em relação à cobrança do prêmio visando conferir uma maior transparência em relação à divulgação dos custos que integram à emissão da apólice de seguro, desde que em consonância aos usos e costumes securitários.

6.4.3.4 Garantia

A garantia traduz-se em requisito específico do contrato de seguro porque dá a nota essencial da modalidade de obrigação em relação à qual o segurado e o segurador se vinculam, constituindo a verdadeira causa econômico-financeira do contrato, haja vista que, é em razão dela, que se encontra legitimada a cobrança do prêmio do seguro.

A garantia securitária tem como núcleo a manutenção de um determinado estado econômico relativo a um legítimo interesse segurável, sobre o qual é calculado o valor do prêmio devido pelo segurado, considerado o risco ao qual se encontra submetido.

6.4.3.5 Empresarialidade

A empresarialidade é o requisito específico pelo qual a atividade seguradora deve ser exercida, primordialmente, sob a forma empresarial. Encontra-se previsto no parágrafo único do Art. 757, o qual estabelece que: *somente pode ser parte, no contrato de seguro, como segurador, entidade para tal fim legalmente autorizada.*

Nessa linha, o Decreto-lei 73/1966, em seu Artigo 24 e parágrafo único, estabelece que: *poderão operar em seguros privados apenas sociedades anônimas ou cooperativas, devidamente autorizadas, sendo que as sociedades cooperativas operarão apenas em seguros agrícolas, de saúde e de acidentes do trabalho.*

Atualmente, a empresa consiste na forma administrativo-organizacional mais adequada para a estruturação de atividades de grande complexidade operacional tanto do ponto de vista da realização técnica do negócio quanto da sua estruturação econômico-financeira.

Sob essa perspectiva, o seguro realiza-se da sua maneira mais eficiente por meio da estruturação da técnica atuarial e da prestação de serviços securitários por meio da forma empresarial.

Deste modo, a forma empresarial passou a ser condição imprescindível para que o seguro seja devidamente realizado, na conformidade do que já previa Cesare Vivante, em seu célebre estudo denominado *Il contrato di assicurazione*, Milão, 1885. Ressalvadas as hipóteses expressamente previstas pela legislação securitária e as modalidades de seguros públicos administradas por entes governamentais.

6.4.4 Características

Como visto, o contrato de seguro é formado pelo atendimento dos requisitos gerais e pela constatação da presença dos requisitos específicos a fim de que sejam gerados os seus efeitos jurídicos entre as partes contratantes e em relação a terceiros interessados.

Além disso, também é possível identificar características próprias que possibilitarão distinguir o contrato de seguro de outras espécies contratuais com o intuito de melhor compreender e delimitar o regime jurídico ao qual ele se encontra submetido.

Neste subitem serão analisadas as principais características do contrato de seguro que o diferenciam das demais espécies contratuais.

6.4.4.1 Contrato típico

Primeiramente, pode-se afirmar que o contrato de seguro é classificado como um *contrato típico ou nominado*, por estar submetido a regras jurídicas próprias e a sua existência decorre de expressa previsão legal (Art. 757 do Código Civil).

A constatação da tipicidade do contrato de seguro não impede que as partes contratantes criem novas modalidades securitárias. Pelo contrário, as seguradoras e os segurados são livres para conceber novas coberturas que possam atender as necessidades individuais e coletivas contemporâneas.

A tipicidade apenas encontra-se predisposta na esfera do conhecimento das características básicas de cada espécie contratual e do regime jurídico aplicável para a regulação dos direitos e das obrigações fundamentais estabelecidos pelas partes contratantes.

6.4.4.2 Contrato bilateral-sinalagmático

O seguro pode ser classificado ainda como um *contrato bilateral-sinalagmático*, considerando que a sua perfectibilização acontece por intermédio da fixação de direitos e obrigações recíprocos, em que a união de vontades dos polos contratuais, costumeiramente, decorre de posições antagônicas.

Como regra, o contrato de seguro costuma gerar direitos e obrigações para as duas partes: de um lado, o segurador, responsável pela prestação da garantia, e de outro lado, o segurado, responsável pelo pagamento do prêmio e beneficiado pela proteção securitária.

O sinalagma está no fato de se tratar de prestações e contraprestações consideradas proporcionais no âmbito da técnica atuarial do funcionamento do contrato de seguro.

Nada obstante, reconhece-se a possibilidade da existência de contratos de seguro no qual figurem mais de duas partes. Trata-se dos denominados *contratos plurilaterais*, nos quais os direitos e obrigações são dirigidos a mais de duas partes simultaneamente coobrigadas a cumprir os termos contratuais (Ascarelli, 1969:255-312).

Nesse sentido, podem ser citados como plurilaterais o *seguro de vida em grupo* ou o *contrato de cosseguro*, no qual mais de duas partes podem figurar simultaneamente no polo ativo ou no polo passivo do contrato se comprometendo a cumprir o seu conteúdo.

6.4.4.3 Contrato oneroso

O seguro é, ainda, espécie de *contrato oneroso*, por se tratar de contrato que gera vantagens e sacrifícios financeiros para ambos os contratantes.

O segurado compromete-se a realizar o pagamento do valor do prêmio e objetiva receber a garantia sobre um legítimo interesse segurável, enquanto o segurador recebe o pagamento do prêmio e emite uma apólice de seguro que garantirá o interesse proposto.

6.4.4.4 Contrato aleatório versus comutativo

Há divergência doutrinária a respeito da classificação do contrato de seguro sob a perspectiva de um *contrato aleatório ou comutativo*.

Os primeiros se caracterizam pela incerteza do resultado prático do contrato mesmo diante do cumprimento dos direitos e das obrigações contratuais, enquanto nos segundos a certeza do proveito econômico obtido pelas partes decorre do simples cumprimento das prestações e contraprestações básicas firmadas entre os contratantes.

A corrente que entende ser o seguro um *contrato aleatório*, parte do pressuposto que os contratantes não possuem meios de saber se obterão ou não vantagem da relação jurídica firmada, visto que é impossível prever a ocorrência de um sinistro durante o lapso de vigência contratual (Bechara, 2006:16; Calvo, 2012:31-33).

Ou seja, não é possível prever se o segurado gozará da prestação efetiva da garantia contratada, ou, se o segurador, de fato, obterá lucro da operação comercial efetuada, que se encontra vinculada à necessidade ou não de pagamento da indenização contratada.

A corrente que classifica o seguro como um *contrato comutativo* defende o ponto de vista de que as prestações e contraprestações de segurado e segurador encontram-se certas e previamente definidas: a do segurado materializada pelo pagamento do prêmio e a do segurador na prestação da garantia objetivada (Comparato, 1968; Farenga, 2016:14-16).

A prestação da garantia não está diretamente relacionada ao pagamento de uma indenização, mas sim ao compromisso de que a seguradora protegerá o interesse segurável ao longo do prazo de vigência da apólice. Nessa linha, o pagamento de uma indenização representa um aspecto acessório e eventual, uma vez que a obrigação principal consiste em uma prestação de segurança.

Desta forma, segundo esta corrente, a técnica securitária propiciaria ao segurador a possibilidade de prever quais seriam os lucros e prejuízos advindos da operação comercial firmada assim como propiciaria ao segurado a obtenção da finalidade contratual almejada por meio da garantia securitária prestada ao longo da vigência do contrato.

6.4.4.5 Contrato consensual versus formal

Há divergência doutrinária a respeito da classificação do contrato de seguro sob a natureza de um *contrato consensual* ou de um *contrato formal*.

O *contrato consensual* se consuma por meio da mera manifestação de convergência de vontades dos contratantes, enquanto o *contrato formal* amadurece, além da imprescindível manifestação convergente de vontades, por meio do atendimento de um ritual estabelecido pela lei que regulamenta a matéria.

Na antiga sistemática legal pendia forte controvérsia sobre a natureza consensual ou formal do instituto, porque vigia a seguinte disposição sobre a matéria: *o contrato de seguro não obriga antes de reduzido a escrito e considera-se perfeito desde que o segurador remete a apólice ao segurado* (Art. 1.433 do Código Civil de 1916).

Atualmente, tal disciplina não subsiste mais no ordenamento jurídico vigente. Logo, para o entendimento majoritário, o seguro consiste em contrato de natureza consensual.

Tal constatação, todavia, não desobriga a parte que suscitar a perfectibilização de um contrato de seguro de comprovar a sua existência por meio das provas tipicamente admitidas em direito aplicáveis às relações securitárias.

6.4.4.6 Contrato de execução continuada

Como regra, o seguro também é classificado como um *contrato de execução continuada*, por se caracterizar pela realização das prestações obrigacionais ao longo do lapso de vigência do termo contratual.

Por outro lado, forçoso reconhecer a existência de modalidades securitárias de curta duração voltadas para a cobertura de um único evento segurável e previamente definido no tempo (ex.: contrato de seguro de um evento artístico, esportivo ou comercial).

Nesse último caso, o seguro apresenta a característica de *contrato instantâneo*, salvo se expressamente previsto que os reflexos das suas respectivas coberturas serão prolongados no tempo, como, por exemplo, por meio de cláusulas de coberturas específicas.

6.4.4.7 Contrato de adesão versus paritário

Como regra, os *seguros massificados* são classificados como *contratos de adesão*, pois a elaboração da apólice e a redação das condições gerais do contrato decorrem de reprodução impositiva por parte das sociedades seguradoras aliada à técnica atuarial do negócio, que exige uniformidade a respeito das características do interesse, dos riscos e das taxas a serem cobradas.

Além disso, a sua característica de adesão também possui relação com os *clausulados padronizados* publicados pela SUSEP, os quais, geralmente, não oferecem espaço para que o segurado possa sugerir a inclusão ou a supressão de cláusulas contratuais.

Todavia, reconhece-se a existência de seguros cuja concepção admite a plena negociação entre as partes contratantes adquirindo, portanto, a característica de *contratos paritários*, nos quais ambas as partes podem discutir o seu conteúdo e exigir a alteração das suas cláusulas a fim de melhor acomodar os seus respectivos interesses contratuais.

Trata-se, geralmente, de *seguros de riscos específicos* que não possuem prévia correspondência nos grupos de riscos homogêneos habitualmente estruturados pelo segurador e, que, por isso, admitem ampla negociação a fim de atender aos interesses de ambos os contratantes.

6.4.4.8 Contrato principal

Como regra, o contrato de seguro é classificado como *contrato principal* uma vez que a sua existência não depende de nenhum outro contrato para que ele possa surtir os seus efeitos jurídicos de maneira plena. Como exemplo, cita-se o seguro de automóvel e o seguro de vida por morte ou por sobrevivência (Serpa Lopes, v. III, 1996:50-62).

Todavia, forçoso reconhecer que em determinadas situações, o contrato de seguro será formalizado em função de uma relação jurídica precedente ou simultânea. Este é o caso, por exemplo, do seguro de garantia e do seguro de fiança locatícia.

Nestes casos, o seguro é contratado como forma de assegurar que a obrigação assumida no contrato ou na relação jurídica principal será devidamente cumprida mesmo no caso de inadimplemento do segurado.

6.4.4.9 Contrato intuitu personae

O seguro é classificado como um contrato *intuitu personae* ou *personalíssimo* porque as características do segurado são consideradas essenciais para a celebração do contrato.

Em razão de um pressuposto técnico-atuarial, como regra, é vedada a transferência da apólice sem a prévia comunicação e a concordância expressa da companhia seguradora.

A sociedade seguradora ao receber a proposta de contratação apresentada pelo proponente analisará todos os dados relacionados ao segurado e ao legítimo interesse que se pretende segurar (Bulgarelli, 1999:644; Gagliano e Pamplona Filho, 2018:XXXVIII).

Essas informações são imprescindíveis para que a seguradora possa formar um juízo de valor a respeito da existência de cobertura técnica e calcular o valor do prêmio a ser pago com base no perfil de risco do segurado.

Por isso, o segurado está obrigado a informar à seguradora sempre, previamente, a intenção de realizar a transferência da apólice a fim de que possa ser avaliado se haverá alteração do risco com a identificação da majoração do prêmio ou, até mesmo, em razão do novo perfil de risco, a impossibilidade de manutenção da garantia (Art. 785 do Código Civil).

Nos seguros de pessoas, esse requisito torna-se ainda mais evidente, uma vez que a sua estrutura é baseada na consideração das características personalíssimas do segurado.

6.5 REGRAS DE INTERPRETAÇÃO

Neste subitem serão apresentadas as regras de interpretação do contrato de seguro que deverão ser aplicadas conforme a natureza das partes contratantes e a finalidade almejada com a sua celebração.

6.5.1 *Interpretação restritiva*

Como regra, vigora nos contratos de seguro a *interpretação restritiva*, uma vez que o negócio jurídico securitário adota padrões técnicos previamente estipulados para a sua formação, considerados vitais para a manutenção da sua operabilidade.

Como visto, a ciência atuarial, a partir da qual são elaborados os grupos seguráveis, realiza-se com base em pressupostos técnicos e fáticos que deverão permanecer imutáveis ao longo do prazo de vigência do contrato, sob pena de se causar o desequilíbrio das carteiras securitárias.

Ao projetar um grupo segurável, o atuário parte da identificação de um conjunto de riscos aos quais estarão submetidos os respectivos segurados e como eles deverão se comportar ao longo do prazo de vigência da garantia para calcular a probabilidade da incidência de sinistros (valor matemático do risco) e os custos das respectivas coberturas.

Numa visão finalística, a regra de interpretação restritiva tem por finalidade precípua preservar as bases técnicas necessárias para o funcionamento do negócio e, simultaneamente, proteger os segurados que observaram as condições contratuais e que necessitarão da cobertura securitária no futuro.

O adimplemento da cobertura passará necessariamente pela utilização do fundo financeiro constituído a partir dos prêmios pagos pelos segurados e calculado a partir dos custos médios dos sinistros (Azevedo, 2008, Capítulo 9).

Isso significa dizer que se os riscos não se limitarem aos expressamente previstos nas condições gerais do contrato, os fundos não serão suficientes para cobrir todos os riscos originariamente previstos com base nas projeções atuariais, prejudicando toda a coletividade.

Importante destacar que, de acordo com o Código Civil (Art. 421-A): *os contratos civis e empresariais presumem-se paritários e simétricos, ressalvados os regimes jurídicos previstos em leis especiais e a demonstração de elementos concretos que justifiquem o afastamento dessa presunção.*

Além disso, as partes contratantes poderão estabelecer *parâmetros objetivos para a interpretação das cláusulas negociais* e de seus pressupostos de revisão ou de resolução e a alocação de riscos definida pelas partes deverá ser respeitada e observada (Art. 421-A, incisos I e II, do Código Civil).

Em relação aos negócios jurídicos, o Código Civil prevê que eles deverão ser interpretados conforme *a boa-fé* e *os usos do lugar da sua celebração* (Art. 113).

Dentre outros aspectos, a interpretação do negócio jurídico deve lhe atribuir o sentido que corresponder aos *usos, costumes e práticas do mercado* relativas ao tipo de negócio. Por fim, as partes poderão livremente pactuar *regras de interpretação, de preenchimento de lacunas e de integração dos negócios jurídicos* diversas daquelas previstas em lei (Art. 113, § 2º).

Como é possível notar, as normas acima mencionadas visam privilegiar do ponto de vista interpretativo a natureza técnico-negocial do seguro e as cláusulas pactuadas pelas partes contratantes. O que não estiver expressamente predisposto no contrato deverá ser norteado pelos usos, costumes e práticas do mercado securitário.

Por esses motivos, como regra, não se admite a aplicação da interpretação extensiva no contrato de seguro, sob pena de se desnaturar as bases técnicas do negócio securitário e de se causar prejuízo à coletividade de segurados (Alvim, 1999:175).

6.5.2 Interpretação em favor do aderente

Antes de se adentrar na regra de interpretação em favor do aderente-consumidor, inicialmente entende-se oportuno registrar alguns aspectos sobre o contrato de adesão.

De acordo com o Código de Defesa do Consumidor (Art. 54), contrato de adesão: *é aquele cujas cláusulas tenham sido aprovadas pela autoridade competente ou estabelecidas unilateralmente pelo fornecedor de produtos ou serviços, sem que o consumidor possa discutir ou modificar substancialmente seu conteúdo.*

Por isso, os contratos de adesão deverão ser obrigatoriamente escritos em termos claros e com caracteres ostensivos e legíveis de modo a facilitar a compreensão pelo consumidor. As cláusulas que implicarem a limitação de direitos deverão ser redigidas com destaque, permitindo sua imediata e fácil compreensão (Art. 54, §§ 3º e 4º, do CDC).

O CDC prevê ainda que são nulas as cláusulas contratuais relativas ao fornecimento de produtos ou serviços que estabeleçam obrigações consideradas iníquas, abusivas, que coloquem o consumidor em desvantagem exagerada ou que sejam incompatíveis com a boa-fé ou a equidade, dentre outras hipóteses (ex: restrições abusivas de direitos ou obrigações excessivamente onerosas) (Art. 51, § 1º, incisos II, III e IV).

Por outro lado, a declaração de nulidade de uma cláusula contratual abusiva não invalida o contrato, exceto quando de sua ausência, apesar dos esforços de integração, decorrer ônus excessivo a qualquer das partes (Art. 51, § 2º, do CDC).

O Código Civil também prevê normas específicas relacionadas à interpretação das cláusulas contratuais não redigidas pela parte contratual aderente. Nesse caso, *a interpretação deve lhe atribuir o sentido que for mais benéfico à parte que não redigiu o dispositivo* (Art. 113, § 1º, inciso IV).

O Código Civil prevê ainda que *a interpretação mais favorável ao aderente deverá ser adotada quando houver no contrato de adesão cláusulas ambíguas ou contraditórias* e que serão consideradas nulas as cláusulas que estipulem a renúncia antecipada do aderente a direito resultante da natureza do negócio (Arts. 423 e 424).

Como regra, para todos os efeitos, nos casos de comercialização do seguro sob a forma de contrato de adesão também prevalece a *regra geral de interpretação restritiva* do contrato.

Tal afirmativa permanecerá plenamente válida desde que o segurador observe as normas previstas no Código de Defesa do Consumidor que estabelecem a obrigatoriedade da prestação de informação prévia, adequada e clara, com a especificação correta das suas características e qualidades e com destaque para as cláusulas restritivas de direito (Arts. 6º e 46 do CDC).

A regra de prestação de informações prévias e claras e a redação de cláusulas contratuais que possibilitem a compreensão do segurado são legítimas e compatíveis com as coberturas securitárias.

Afinal, a legítima finalidade pretendida pelo CDC é a de garantir a preservação dos direitos básicos do consumidor, o que se apresenta perfeitamente compatível com a atividade seguradora baseada no princípio da máxima boa-fé que deve nortear a relação entre contratantes.

O CDC prevê ainda que: *as cláusulas contratuais deverão ser interpretadas de modo mais favorável ao consumidor* (Art. 47). É preciso esclarecer que a aplicação dessa cláusula nas relações securitárias é limitada. Ela apenas deverá incidir nas hipóteses em que constatado o não cumprimento das obrigações de prestação de informações prévias e claras ao consumidor. Com exceção dessa hipótese, a regra é a de *intepretação restritiva* do contrato de seguro.

Portanto, não se admite a utilização da interpretação mais favorável ao segurado para alargar indevidamente o espectro de abrangência da cobertura securitária previamente limitada pelas bases técnicas, atuariais e pelas condições gerais do contrato.

Em razão disso, apenas nas hipóteses excepcionais em que as obrigações de informação prévia e de clareza das cláusulas contratuais não forem observadas poderá se admitir a aplicação da interpretação mais favorável à parte contratual aderente.

Admitir a interpretação extensiva ou mais favorável ao segurado em todo e qualquer caso fora dessas balizas, caracteriza violação ao *princípio da mutualidade* que norteia a aplicação e o funcionamento dos contratos de seguro.

Importante destacar que a liberdade contratual deverá ser exercida nos limites da função social do contrato e que nas relações contratuais privadas deverá prevalecer o *princípio da intervenção mínima, excepcional* e *limitada* da revisão contratual (Art. 421 do Código Civil).

6.6 CLÁUSULAS DE LIMITAÇÃO E DE EXCLUSÃO DE RISCOS

Como visto ao longo deste curso, a estruturação dos grupos seguráveis é realizada com base em preceitos de ordem atuarial a partir da verificação habitual de certos riscos, do perfil de risco do segurado e da probabilidade da sua ocorrência.

A análise precisa desses fatores possibilitará ao segurador identificar o risco segurável e realizar a correta precificação do valor do prêmio necessário para viabilizar o pagamento da cobertura securitária contratada.

A única forma de garantir que a seguradora terá condições financeiras para pagar os riscos dentro da margem normal de acontecimentos, e, inclusive possibilitar a sua preparação para absorver eventualmente uma elevação excepcional nas margens de sinistralidade, é por meio da especificação prévia de quais riscos estarão garantidos e de quais riscos estarão excluídos da cobertura contratada.

As garantias securitárias poderão ser contratadas, por exemplo, sob a forma de *coberturas multirriscos*, de *riscos nomeados* ou de *todos os riscos* (*all risks*), dependendo da espécie de atividade desenvolvida, da abrangência da cobertura desejada e dos custos envolvidos visando ao atendimento dos interesses do segurado.

Nessa linha, as técnicas que as seguradoras utilizam para refinar o raio de amplitude das coberturas são denominadas de *cláusulas de limitação* e *de exclusão de riscos*.

No âmbito da técnica de alocação de riscos contratuais, ao utilizar a *técnica da limitação*, a seguradora poderá estabelecer quais serão os tipos de riscos assumidos e modular quais serão os limites mínimos e máximos dentro dos quais assumirá a responsabilidade pela cobertura dos danos predeterminados.

Ao adotar a *técnica da exclusão*, a seguradora poderá estabelecer ainda quais riscos ela não assumirá com base na cobertura geral, especial ou particular contratada, e, inclusive, poderá indicar se será necessária a contratação de uma cobertura adicional para os eventos excluídos, caso eles possuam suporte nas carteiras existentes.

A *exclusão* poderá ser realizada de *forma tácita*, considerando-se que apenas os riscos expressamente assumidos serão objeto da cobertura e todos os demais não determinados estarão excluídos, inclusive, os consolidados pelos usos e costumes do mercado; e, de *forma expressa*, a partir da enunciação descritiva de todos os eventos que estarão fora do raio de cobertura contratada.

Em assim sendo, caberá ao segurado analisar, quando da escolha dos produtos disponíveis no mercado, se a cobertura securitária atenderá ou não aos seus interesses pessoais ou profissionais e, com base nessa análise individual, deliberar pela contratação da cobertura com base na aceitação integral das condições gerais da apólice.

Como já destacado, o seguro não cobre todos os eventos prejudiciais aos quais se encontram expostos os segurados, mas apenas aqueles expressamente previstos nas condições contratuais da apólice e desde que a conduta geradora do sinistro esteja em consonância aos padrões de regularidade aceitos pela seguradora.

É preciso relembrar que se o segurado vier a comportar-se em dissonância ao que estabelecem as condições gerais, especiais ou particulares do contrato poderá ser aplicada a *cláusula de perda de direitos* à garantia objeto da cobertura securitária.

Todas as exclusões expressamente previstas nas condições contratuais da apólice, compatíveis com os preceitos atuariais adotados pelas seguradoras para a estruturação dos respectivos grupos seguráveis, consistem em cláusulas absolutamente legais do ponto de vista jurídico e o seu uso é admitido como um meio técnico de viabilização do sistema securitário.

Mandatório esclarecer que a adoção de algumas cláusulas ou a intensidade com a qual a exclusão é estabelecida poderá variar de seguradora para seguradora levando-se em consideração as características dos programas atuariais estruturados em face da realidade de cada entidade e dos ramos, localidades ou perfis dos segurados atendidos pelos produtos disponibilizados no mercado segurador.

Dessa forma, desde que a exclusão seja tecnicamente compatível e esteja alinhada com a estrutura solvencial elaborada para o funcionamento financeiramente equilibra-do da atividade, a seguradora não poderá ser forçada a cobrir um determinado risco para o qual não exista suporte atuarial para a absorção dos seus efeitos consequenciais.

6.6.1 Eventos extraordinários excluídos das coberturas comuns

Como exemplos de eventos costumeiramente excluídos das coberturas securitá-rias tradicionais, em razão da sua natureza eminentemente extraordinária, podem ser citados: *os terremotos, os maremotos, as erupções vulcânicas, os furacões, os tufões e os ciclones, os atos de guerra ou de terrorismo, os danos nucleares, os danos causados por poluição, os riscos relacionados a atos políticos, a suspensão de atividades e as apreensões de bens originadas de atos governamentais, as epidemias e pandemias* etc.

Esses eventos estão geralmente excluídos das coberturas comuns em razão da sua natureza particular que demanda a contratação de *cláusulas adicionais ou especiais* em face da necessidade de estruturação de mecanismos específicos de precificação e de dispersão de riscos pela intensidade e extensão dos danos produzidos.

Esses danos têm o potencial de atingir de uma só vez um grande contingente po-pulacional e de causar danos extremamente elevados que se não forem devidamente dimensionados poderão causar a quebra de uma seguradora no seu respectivo ramo de atuação.

A exclusão de tais eventos das coberturas tradicionais consiste em um instrumento legítimo de preservação da solvabilidade de todo o sistema securitário com vistas ao cumprimento das obrigações assumidas no exercício normal e regular das atividades desenvolvidas pelas sociedades seguradoras.

Em última instância, trata-se de um mecanismo de proteção de toda a coletividade de segurados que dependem da solvabilidade dos entes seguradores para a satisfação das obrigações relacionadas às coberturas tradicionais contratadas visando à proteção contra os riscos verificados no dia a dia da vida em sociedade.

Por isso, a exclusão desses riscos é tecnicamente justificável e juridicamente admitida por basear-se em mecanismo de natureza técnico-atuarial vital para a continuidade das atividades de interesse social desenvolvidas pelas seguradoras.

A não aplicação das cláusulas de exclusão de eventos extraordinários tem o potencial de gerar um risco ainda maior para o funcionamento do sistema securitário, em razão da inexistência da possibilidade de dispersão sustentável dos seus efeitos adversos e da inexistência de reservas financeiras suficientes para suportá-los.

6.6.2 Epidemias e pandemias

A simples consciência a respeito da fragilidade da vida humana induz a conclusão de que a humanidade se encontra exposta a uma grande variedade de riscos.

Dentre os cenários de riscos mais graves catalogados pela literatura médico-científica, podem ser citados os provocados por *epidemias* e *pandemias*, eventos caracterizados pela disseminação de doenças em larga escala regional ou mundial capazes de contaminar grandes contingentes populacionais, muitas vezes, sem que existam soluções terapêuticas eficazes para o controle, o tratamento e a erradicação dos seus efeitos nocivos (Quick, 2018).

As características biológicas naturais dos seres humanos, a constante interação com outros animais, e a exposição ao contato com outros seres vivos, como vírus e bactérias (*spillover*), revelam o quão suscetíveis encontram-se os seres humanos à contaminação por elementos capazes de colocar subitamente em risco a vida humana (Quammen, 2012).

Os avanços da modernidade têm potencializado ainda mais os efeitos nocivos provocados por eventos com a capacidade de transmissão de doenças em escala global.

A recorrente prática da destruição de ecossistemas naturais compostos de uma grande diversidade de plantas, animais e microrganismos, o adensamento populacional urbano e a facilidade de mobilidade de pessoas entre continentes representam fatores de alto risco para a contaminação por doenças capazes de afetar a qualidade de vida e de causar risco à humanidade (Hammond, 2020).

Dentre os principais eventos epidêmicos e pandêmicos conhecidos na história da humanidade podem ser citados: a Peste Bubônica (século XIV), a Cólera (século

XIX), a Tuberculose e a Varíola (séculos XIX-XX), a Gripe Espanhola, o Tifo, o Sarampo, a Malária e a AIDS (século XX), e, mais recentemente, o H1N1, o Ebola, o Zika e o Coronavírus/SARS (COVID – 1 e 2) (século XXI) (Kohn, 2008; Munich RE, 2020).

Grande parte dessas doenças surgiu repentinamente e se alastrou com elevada rapidez e difícil capacidade de contenção, ocasionando danos muitas vezes de complexa estimação em razão da sua característica exponencial e das inúmeras dificuldades para o desenvolvimento de terapias desconhecidas pela ciência.

Os efeitos prejudiciais causados por essas doenças tendem a se potencializar ainda mais em tempos de guerras, de crises políticas e econômicas bem como pela não adoção de políticas públicas de saúde baseadas em critérios científicos eficientes para a prevenção do seu surgimento e para o combate à disseminação dos seus efeitos contagiosos.

Medidas como quarentenas (*lockdowns*), restrição de deslocamentos terrestres, marítimos e aéreos, fechamento de estabelecimentos públicos e privados (*shutdowns*), interrupção de cadeias produtivas, revisão de contratos, demissão em massa de trabalhadores, aumento dos índices de internação hospitalar e de óbitos causados por elementos infecciosos, dentre outros, evidenciam as características extraordinárias desses eventos.

Os efeitos causados por epidemias e pandemias têm o potencial de causar danos que vão muito além das tradicionais coberturas dos *seguros dos ramos de saúde* e *de pessoas*.

A depender de quão restritivas forem as medidas sanitárias adotadas, esses eventos podem gerar graves efeitos para os ramos de *seguros de danos*, com a interrupção de processos de produção industrial e de atividades do comércio em geral, afetando profissionais liberais, empreendedores individuais e grandes empresas.

Cita-se como exemplo ilustrativo, no início do século XXI, a pandemia do "novo" Coronavírus (Covid-19), cujo primeiro surto foi identificado na China, no final do ano de 2019, e, no ano de 2020 se disseminou por todo o mundo, gerando a necessidade de adoção de medidas sanitárias restritivas e de interrupção momentânea de cadeias comerciais, com o objetivo de reduzir a contaminação da população mundial e de evitar o colapso dos sistemas públicos e privados de saúde nacionais.

Em relação à pandemia do Coronavírus, em um curto espaço de tempo, as estimativas do impacto econômico iniciais saltaram de US$ 2 trilhões, em março de 2020, para US$ 16 trilhões, em outubro de 2020 (Cutler e Summers, 2020; World Economic Forum, 2020). Alguns estudos, espantosamente, estimam que os prejuízos totais possam alcançar a marca de US$ 82 trilhões até o ano de 2025 (Howard, 2020).

Essas estimativas demonstram a complexidade de se dimensionar de maneira precisa o real impacto dos prejuízos econômicos causados ao contingente populacional exposto às consequências de um evento pandêmico de grande magnitude assim como denotam a necessidade da limitação de responsabilidade contratual pela cobertura de tais eventos.

Isto porque tais ocorrências encontram-se vinculadas a uma série de fatores de difícil previsão e mensuração como: intensidade do evento, velocidade de disseminação da doença, potencial de internações e mortes causadas, tempo de duração, custos e estimativa temporal para o desenvolvimento de medicamentos e vacinas, disponibilidade de redes hospitalares com capacidade para o tratamento das pessoas contaminadas etc.

Em razão das suas características peculiares, as seguradoras optam por excluir dos seguros comuns ou tradicionais a cobertura dessa espécie de risco como forma de proteção da integridade e da solvabilidade do sistema securitário.

Todavia, tal exclusão não implica em dizer que esses riscos não sejam de alguma forma seguráveis. Determinadas seguradoras optam por inseri-los em *coberturas específicas* que demandam a contratação de cláusulas ou produtos especialmente estruturados para a absorção das suas características particulares e do seu maior grau de risco em face da intensidade das suas repercussões danosas.

Além disso, é preciso relembrar que a cobertura para *riscos extraordinários* necessita de uma correlação atuarial própria visando ao cálculo da precificação financeira adequada para possibilitar a cobertura dos danos decorrentes desse tipo de evento especial sem a qual seria economicamente impossível viabilizar a criação desse tipo de produto.

É preciso relembrar que os pagamentos feitos a título de coberturas são provenientes dos fundos financeiros administrados pelas seguradoras e eles devem ser suficientemente bastantes para cobrir não apenas eventos extraordinários, mas, também, a todos os demais riscos considerados normais relacionados aos interesses da massa de segurados responsável pelo custeio coletivo das operações desenvolvidas.

A função de gestoras de provisões financeiras exercida pelas seguradoras possui natureza essencialmente técnica e de alta responsabilidade social, pois envolve a observação de preceitos de solvência que devem ser cumpridos obrigatoriamente por força de lei, não havendo espaço para a ampliação de coberturas sem o respectivo suporte financeiro e atuarial, sob pena de se colocar em risco um vasto conjunto de outros interesses relevantes administrados pelas empresas do ramo.

No mesmo sentido, toda e qualquer interpretação proveniente de norma legal deverá considerar os fundamentos técnicos da atividade seguradora, sob pena de se atentar contra os princípios que possibilitam o funcionamento do sistema securitário.

Diante da *não contratação de cobertura especial*, a adoção de um posicionamento favorável ou desfavorável ao pagamento de uma cobertura relacionada a um evento extraordinário trata-se de decisão de natureza eminentemente técnica que deve ser atribuída às seguradoras.

A análise da dimensão e da gravidade coletiva de um evento pandêmico, por exemplo, deve ser realizada com base em dados concretos que possibilitem à seguradora avaliar a capacidade de cobertura técnico-contratual sem prejuízo da sua solvência.

A imposição do pagamento de coberturas expressamente excluídas e sem qualquer fundamento técnico pode ocasionar o colapso do sistema securitário causando-se efeitos indesejáveis para todo o sistema de segurança propiciado pelo seguro.

Imperioso lembrar que diante de um evento de grande magnitude, a insolvência de uma seguradora poderá gerar o denominado efeito em cadeia, com a consequencial afetação de outras empresas, ainda que sejam administradas eficientemente, em razão da ampliação inconsequente das suas responsabilidades contratuais, causando-se um risco sistêmico indesejável.

É preciso relembrar ainda que a responsabilidade para lidar com acontecimentos relacionados a epidemias e pandemias é uma *competência exclusiva dos Estados-Nacionais* – isoladamente e por meio de ações conjuntas em nível internacional – tanto sob o ponto de vista preventivo quanto do ponto de vista da adoção de políticas públicas que visem controlar e mitigar eficientemente os seus efeitos prejudiciais em razão do seu potencial de afetar massivamente os interesses de toda a coletividade.

Tal constatação não impede que seguradoras possam vir a ampliar em um futuro próximo mecanismos atuariais específicos especialmente desenvolvidos para o enfrentamento de riscos extraordinários como os relacionados a pandemias, os quais, atualmente, ainda são escassos e insuficientes para absorver toda a gama de danos gerados por tais eventos.

Com as previsões a respeito da probabilidade de uma maior frequência de eventos pandêmicos, as seguradoras certamente se verão estimuladas a adotar medidas que visem ampliar a criação de produtos que possam, de uma forma limitada, diminuir as repercussões econômicas da verificação de riscos dessa natureza.

Mas, para isso, como destacado, se faz necessária a estruturação de planos atuariais que possibilitem a criação de coberturas devidamente embasadas em pilares solvenciais sólidos e que sejam ao mesmo tempo financeiramente viáveis para fins de aquisição pelos segurados.

Dentre eles, pode ser citada a necessidade de ampliação de programas específicos para o pagamento de lucros cessantes decorrentes do fechamento compulsório de atividades civis ou comerciais por força de decretos editados por autoridades públicas (*Business Insurance Interruption – BI*).

Talvez, uma solução viável, seria a fixação de valores máximos indenizatórios com base em somas limitadas, mas que poderiam atender a uma gama maior de pessoas sem que a cobertura implicasse em risco de insolvência para as seguradoras com atuação em ramos diretamente relacionados aos efeitos de eventos extraordinários como os provocados por pandemias.

Desse modo, o seguro poderia continuar a funcionar de uma forma economicamente sustentável para fins de compartilhamento e diluição dos danos sofridos por muitos entre a massa de segurados responsável pela sustentação financeira das somas pagas a título de indenizações securitárias.

As tecnologias digitais utilizadas com grande censo de oportunidade e velocidade de processamento pelas *Insurtechs* poderiam ser eficientemente empregadas para a experimentação de novos produtos que visem ampliar ainda mais a rede de proteção para essa classe especial de eventos seguráveis e, inclusive, no que se refere à celeridade da análise dos processos de liquidação de sinistro visando à redução dos custos transacionais (Nicoletti, 2020:90-91).

Com base na tecnologia de gerenciamento de riscos, as seguradoras poderiam contribuir ainda com a sua *expertise* para auxiliar os entes governamentais a constituírem *fundos permanentes* de longa duração baseados em direcionamentos de recursos próprios para a utilização em situações de grande calamidade pública como os relacionados a eventos extraordinários sob os seus mais diferentes matizes: enchentes, terremotos, pandemias, dentre outros.

Tais fundos seriam constituídos ao longo de décadas de destinação de recursos fracionados para o enfrentamento de situações extraordinárias com o potencial de afetar grandes contingentes populacionais em âmbito regional, nacional ou internacional criando-se uma estrutura de cobertura efetiva para o enfrentamento de eventos extraordinários de grandes proporções diminuindo-se o impacto danoso no meio social.

Os Governos dos EUA, do Reino Unido, da Alemanha e da França iniciaram estudos para a implantação de medidas visando à constituição de *fundos público-privados* (*pools*) em parceria com entidades seguradoras com o objetivo de proteger atividades comerciais afetadas pelas medidas de fechamento compulsório (Howard, 2020).

O tratamento simultâneo com iniciativas públicas e privadas tem o potencial de aumentar a rede de proteção social e de dissipar de maneira mais abrangente os efeitos colaterais indesejados relacionados ao custeio econômico dos danos provocados por eventos extraordinários como os de natureza pandêmica.

A resiliência do sistema segurador origina-se exatamente da consciência da sua capacidade técnica limitada, da necessidade da adoção de boas práticas de gestão dos recursos econômicos escassos e do compromisso com as suas margens de solvência, fatores esses imprescindíveis para o cumprimento das suas obrigações regulares perante a massa de segurados.

Dessa forma, a atividade suplementar desenvolvida pelas seguradoras restaria devidamente preservada e o risco de uma contaminação sistêmica provocado pela insolvência causada por eventos dessa proporção seria reduzido ao máximo possível, possibilitando a manutenção sadia das atividades de inúmeras coberturas de riscos providas pelo mercado segurador sem solução de continuidade.

Por isso, em razão da sua *natureza pública*, os riscos relacionados a eventos epidêmicos e pandêmicos devem ser preponderantemente tratados no âmbito das *políticas públicas de saúde* por meio de investimentos em ações preventivas que visem a evitar a deflagração das suas consequências prejudiciais e por meio de *fundos financeiros* especificamente voltados para a mitigação dos prejuízos econômicos causados por eventuais medidas sanitárias restritivas adotadas por autoridades governamentais.

A contratação de seguros privados voltados para eventos epidêmicos e pandêmicos tem uma *natureza suplementar*, fundada na capacidade técnica atuarial das seguradoras absorverem exclusivamente *os riscos expressamente previstos* nas condições contratuais e respeitando-se os *riscos excluídos* da abrangência de cobertura securitária, inclusive os baseados nos usos e nos costumes do mercado segurador.

6.7 INSTRUMENTOS

Neste subitem serão apresentados os principais documentos utilizados para formalizar o contrato de seguro e delimitar as condições dentro das quais ele deverá ser executado do ponto de vista dos direitos e obrigações assumidos pelas partes contratantes.

Trata-se dos documentos típicos utilizados pelas partes contratantes para provar a existência da relação securitária.

6.7.1 Proposta

A proposta é o instrumento contratual que serve de meio para que uma pessoa capaz possa formalizar o seu interesse na contratação de um seguro perante uma sociedade seguradora.

De acordo com o Art. 9º do Dec.-Lei 73/1966: *os seguros serão contratados mediante propostas assinadas pelo segurado, seu representante legal ou por corretor habilitado, com emissão das respectivas apólices.*

O Art. 759 do Código Civil, por sua vez, estabelece que: *a emissão da apólice deverá ser precedida de proposta escrita com a declaração dos elementos essenciais do interesse a ser garantido e do risco.*

Entretanto, há de se considerar a existência de modalidades de seguros que podem ser contratados por mera *proposta verbal*, em que o proponente-segurado, manifesta o seu interesse de contratar um seguro verbalmente, com a anuência da sociedade seguradora (Art. 10 do Decreto-Lei 73/1966).

Além disso, é preciso considerar que a realidade das operações securitárias no que toca à evolução do fluxo tecnológico de operações por via eletrônica (proposta virtual ou eletrônica) tem abrandado o requisito de emissão de proposta escrita, permitindo-se a sua realização pela via digital, desde que devidamente correlacionada à comprovação da sua autenticidade pelos meios de segurança de identificação publicamente reconhecidos.

Outro ponto de destaque refere-se à possibilidade de apresentação da proposta por pessoa que represente o segurado por meio de procuração ou que esteja devidamente habilitada para o exercício da profissão de intermediação, como, por exemplo, o corretor de seguros.

A Circular Susep 642/2021 prevê que a seguradora deverá informar, na proposta e nas condições contratuais, o prazo máximo para aceitação ou recusa da proposta e as eventuais hipóteses de suspensão do referido prazo (exemplo: solicitação de documentos complementares), de forma clara, objetiva e em destaque. Além disso, a seguradora deverá informar, expressamente, a respeito da sua aceitação ou recusa (Arts. 4º-8º).

Dessa forma, ao contrário do que estabelecia a Circular Susep 251/2004, atualmente, as seguradoras não estão obrigadas a analisar a proposta dentro do prazo máximo de 15 (quinze) dias. Dependendo do ramo e da complexidade do risco, as seguradoras poderão fixar prazo maior que se adeque às necessidades da análise da área técnica competente.

Além disso, as seguradoras poderão solicitar informações ou documentos complementares por mais de uma vez, sem limitação de pedidos, desde que sejam necessários para a análise do risco segurável. Na antiga sistemática da Circular Susep 251/2004, nos seguros propostos por pessoas físicas, a solicitação de documentação complementar era limitada a uma única vez.

A seguradora também deverá informar a respeito da possibilidade ou não de *aceitação tácita da proposta* caso ela não se manifeste no prazo máximo previsto de análise. Assim, caso as condições contratuais não estipulem a hipótese de aceitação tácita, o término do prazo de análise sem a aceitação expressa da seguradora caracterizará a recusa da proposta.

Todavia, a SUSEP estabelece que em qualquer caso, da existência de previsão de aceitação tácita ou não, a seguradora deverá emitir manifestação formal sobre o resultado da análise, com a devida justificativa da recusa.

Outro ponto relevante em relação à análise da proposta refere-se à cobrança do prêmio. De acordo com a Circular Susep 642/2021, caso o prazo de análise seja maior do que 15 (quinze) dias, a seguradora apenas poderá efetivar a cobrança do prêmio após a confirmação da manutenção de interesse e autorização expressa pelo proponente.

Desse modo, caso a seguradora estabeleça o limite de 15 (quinze) dias como o prazo máximo de análise da proposta, ela poderá efetivar automaticamente a cobrança do prêmio. Caso o prazo seja maior, ela deverá, obrigatoriamente, solicitar nova manifestação de concordância do proponente do seguro.

A cobrança total ou parcial de prêmio, antes da aceitação da proposta, somente é admitida em caso de oferecimento de *cobertura provisória* ao proponente, para sinistros ocorridos no período de análise da proposta, e desde que expressamente prevista nas condições contratuais e solicitada pelo proponente na proposta.

Mas, pergunta-se: qual será a data para fins de aceitação da proposta de seguro? A data de aceitação da proposta será aquela que ocorrer primeiro entre: (i) a manifestação expressa de concordância da seguradora; (ii) a emissão da apólice ou certificado individual; ou, (iii) o término do prazo para caracterização da aceitação tácita.

Por fim, a Circular Susep 642/2021 estabelece que todos os custos administrativos relacionados à emissão da apólice e demais documentos contratuais deverão ser abrangidos pelo prêmio comercial, sendo vedada a sua cobrança em separado (Art. 16).

6.7.2 Apólice

A apólice pode ser entendida como o instrumento material que concentra os principais dados referentes ao contrato de seguro firmado.

Nela podem ser encontrados os *dados obrigatórios* (ex: nome da sociedade seguradora; nome do segurado; nome do beneficiário; modalidade de seguro contratada; valor do prêmio; valor do limite da importância segurada; data de vigência, dentre outros) (Arts. 760 e 781 do Código Civil).

E, também, podem ser encontrados os *dados facultativos*, como a referência a algum dado de importância complementar, como decorrência da obrigatoriedade de observância dos *princípios da informação* e *da transparência*.

A apólice de seguros poderá apresentar as seguintes formas (Art. 760, parágrafo único):

(i) *nominativa*, forma pela qual o titular do seguro é indicado no momento da confecção da apólice, podendo ser transferida mediante endosso;

(ii) *à ordem*, em que se confere ao titular do seguro a possibilidade de transferi-lo a terceiro, seja por ato entre vivos ou por testamento; e,

(iii) *ao portador*, em que a titularidade do seguro se verifica mediante a apresentação da apólice por quem a detenha, vedada esta última modalidade no seguro de pessoas.

O termo inicial do contrato de seguro, de acordo com a atual sistemática legal vigente, se dá a partir da aceitação da proposta de seguro, e, não da data da emissão da apólice. A emissão da apólice, com efeito, deverá ser realizada até 15 dias após a aceitação da proposta (Art. 2º do Decreto 60.459/1967).

De acordo com o que estabelece o Art. 758 do Código Civil, a apólice desempenha importante função probatória no que toca à comprovação da existência da relação securitária firmada, uma vez que *o contrato de seguro prova-se com a exibição da apólice ou do bilhete do seguro, e, na falta deles, por documento comprobatório do pagamento do respectivo prêmio.*

No caso de cosseguro, como será visto no Subitem 6.8.7, *quando o risco for assumido de forma compartilhada por mais de um segurador, a apólice indicará o segurador que administrará o contrato e representará os demais, para todos os seus efeitos.*

A apólice também serve como instrumento de constatação da aplicação da *pena de pagamento em dobro do prêmio* decorrente de aceitação de proposta de risco inexistente de conhecimento do segurador (Art. 773 do Código Civil).

Em outro dispositivo do Código Civil, constata-se que a apólice também irradia efeitos no *regime de transferência do contrato de seguro para terceiros*, na forma do que disciplina o Art. 785 e seus respectivos parágrafos:

> Art. 785. Salvo disposição em contrário, admite-se a transferência do contrato a terceiro com a alienação ou cessão do interesse segurado.
>
> § 1º Se o instrumento contratual é nominativo, a transferência só produz efeitos em relação ao segurador mediante aviso escrito assinado pelo cedente e pelo cessionário.
>
> § 2º A apólice ou o bilhete à ordem só se transfere por endosso em preto, datado e assinado pelo endossante e pelo endossatário.

Desse modo, segundo estabelece o parágrafo primeiro do Art. 785, a cessão de direitos sobre contrato de seguro, no caso de *apólice nominativa*, somente ocorre quando o segurador for comunicado, acrescente-se, com *prazo razoável*, para se manifestar a respeito da transferência, mediante comunicado escrito e assinado pelo cedente e pelo cessionário.

No caso de *apólice de seguro à ordem*, bastante, como expresso no § 2º do Art. 785, o lançamento de endosso que mencione o nome do beneficiário e possibilite a identificação tanto do endossante quanto do endossatário, datado e assinado por ambos. Salvo disposição em sentido contrário e desde que a transferência não implique em agravamento do risco.

A respeito das consequências da transferência do veículo e da respectiva apólice sem prévio comunicado à seguradora, todavia, o STJ editou a *Súmula 465* estabelecendo que: "Ressalvada a hipótese de efetivo agravamento do risco, a seguradora não se exime do dever de indenizar em razão da transferência do veículo sem a sua prévia comunicação" (DJe 25/10/2010).

Outro ponto de destaque está no Art. 799 do CC, que suprime os efeitos da restrição lançada no corpo da apólice para eximir o segurador de prestar garantia nos casos em que especifica.

6.7.3 Condições gerais

As condições gerais representam o documento que contém a descrição das principais cláusulas do contrato de seguro.

Nas condições gerais é possível identificar quais são os direitos e obrigações em relação aos quais o segurador e o segurado se vincularam a cumprir durante o prazo de vigência contratual.

É com base neste instrumento que se torna possível também verificar qual foi a modalidade de seguro contratada, o risco que o segurador se obrigou a garantir, o objeto do interesse segurável propriamente dito e as condições em relação as quais a importância segurada deverá ser paga.

A leitura da apólice do seguro costuma ser realizada em conjunto com as condições gerais por se tratar do documento no qual são veiculadas as disposições mais detalhadas sobre a regulação das condutas a serem adotadas pelas partes no prazo de vigência do contrato.

A apólice de seguro também poderá vir instruída pelas *condições especiais* e pelas *condições particulares* visando regular a contratação de cláusulas específicas com o fim de ampliar ou de restringir o raio de abrangência da cobertura geral em face de riscos considerados especiais ou particulares (Susep, Seguro, 2020).

6.7.4 Bilhete de seguro

O bilhete de seguro é o instrumento contratual similar à apólice e retrata a modalidade de seguro, o objeto do interesse segurável e o valor da importância segurada contratados.

Ele também poderá ser confeccionado sob a forma *nominativa, à ordem ou ao portador* (neste último caso, vedada no seguro de pessoas), e deverá mencionar os riscos assumidos, o início e o fim de sua validade, o limite da garantia e o prêmio devido, e, quando for o caso, o nome do segurado e o do beneficiário (Art. 760 do Código Civil).

Trata-se de documento simplificado emitido principalmente nas hipóteses de contratação nas quais não é possível exigir maiores formalidades, dispensando-se, por exemplo, o preenchimento da proposta (ex: seguro-viagem no transporte rodoviário).

6.7.5 Certificado e nota de cobertura

Apesar da associação mais frequente dos termos: *certificado de cobertura* e *nota de cobertura* às operações de resseguro, também há material farto que se refere a tais instrumentos em contratos de seguro.

O *certificado* e a *nota de cobertura* constituem os documentos emitidos pelo segurador para fins de comprovação da contratação de um contrato de seguro.

A nota de cobertura, porém, relaciona-se mais à *natureza provisória* da contratação de uma garantia sobre um legítimo interesse segurável, como costuma acontecer, por exemplo, na apresentação de proposta de seguro de automóvel prontamente seguida de um feriado, em que o veículo será utilizado para uma viagem de longa distância, evitando-se, assim, que o segurado fique sem uma garantia por uma questão meramente procedimental.

6.7.6 Outros anexos

Há ainda uma diversidade de outros instrumentos contratuais anexos à contratação de um seguro, variando, inclusive, em razão da modalidade de seguro contratada.

Dentre os principais, pode ser citado no caso do seguro de automóvel e do seguro de vida, o *questionário de avaliação do risco*, instrumento emitido pelo segurador, por meio do qual o segurado preenche uma série de dados e responde a vários questionamentos a fim de avaliar o risco em relação ao qual o interesse segurável se encontra suscetível.

O questionário de avaliação do risco tem como finalidade propiciar ao segurador a obtenção de informações precisas e fidedignas sobre os dados pessoais do segurado, com o fito de alocar o interesse segurável objetivado num grupo de risco adequado, aferindo-se o justo valor do prêmio pelo seguro contratado.

Grande parte das fraudes securitárias encontra-se exatamente na omissão ou na falsificação de dados que serviriam de análise para o segurador, consumada com o intuito de obter a redução do valor a ser pago pelo prêmio de seguro e causando a respectiva alocação do interesse segurável em categoria de valor inferior à que o segurado realmente deveria pagar (Art. 765 do Código Civil).

Exemplo de fraude ao seguro que pode ensejar a diminuição do valor do prêmio ocorre quando o proponente-segurado, em faixa etária considerada de baixo risco, omite a informação de que o seu veículo automóvel também é utilizado por outro condutor, em faixa etária considerada de alto risco, e, respectivamente, de valor maior a ser pago pela contratação do seguro.

6.8 MODALIDADES DE SEGUROS

Neste subitem serão apresentadas as principais modalidades de coberturas securitárias comercializadas no mercado.

6.8.1 Seguro quanto à natureza social ou privada

Os *seguros sociais* são os realizados pelo Estado, direta ou indiretamente, com origem no *custeio coletivo* e *obrigatório* e têm como finalidade precípua viabilizar a proteção de um grande número de pessoas suscetíveis a determinados eventos que, do ponto de vista político-social, devem ter as suas consequências custeadas de maneira compartilhada por toda a sociedade (ex.: seguro-desemprego, consistente em assistência financeira temporária destinada a atender os trabalhadores demitidos sem justa causa, desde que preencham os requisitos previstos em lei).

Os *seguros privados* são os realizados diretamente pela iniciativa privada, com origem no *custeio individual* e *facultativo* e têm como finalidade precípua propiciar que um determinado grupo de pessoas possa aglutinar recursos no sentido de se resguardar dos efeitos prejudiciais incidentes sobre um interesse segurável, com a mesma natureza, sobre seus patrimônios afetivos ou materiais (ex.: seguro de automóvel).

6.8.2 Seguro quanto à natureza facultativa ou obrigatória

Os *seguros facultativos* consistem nas coberturas securitárias contratadas de livre e espontânea vontade pelo segurado, uma vez que a decisão a respeito da sua contratação se encontra situada exclusivamente na esfera jurídica privada de cada indivíduo (ex.: seguro de vida individual).

Portanto, compete ao indivíduo realizar o juízo de ponderação a respeito da oportunidade e dos benefícios gerados com a contratação de uma determinada cobertura securitária.

Os *seguros obrigatórios* consistem nas coberturas securitárias cuja contratação deverá ocorrer de maneira cogente com base em interferência externa realizada pelo Estado derivada de expressa previsão legal.

Os seguros obrigatórios estão previstos no Art. 20 do Decreto-Lei 73/1966 e são detalhados no Decreto Federal 61.687/1967 (ex: seguro de incêndio e transporte de bens de pessoas jurídicas, seguro de danos pessoais aos passageiros de aeronaves e de responsabilidade civil do transportador aeronáutico, seguro rural, dentre outros).

Além disso, os seguros obrigatórios também podem estar previstos em leis especiais (ex: seguro DPVAT, Lei Federal 6.194/1974; seguro de responsabilidade do explorador e transportador aeronáutico, Código Aeronáutico etc.).

Em assim sendo, o Estado a partir de um consenso coletivo estabelece previamente, independentemente da vontade do indivíduo, a obrigatoriedade de contratação da cobertura em razão da constatação da necessidade de se preservar o interesse da coletividade sobre o interesse particular.

6.8.3 Seguro quanto à natureza de danos ou de pessoas

Os *seguros de danos* são os contratados a fim de se garantir um legítimo interesse segurável sobre um bem sujeito a um dano sob uma perspectiva eminentemente patrimonial.

Podem ser citados como espécies de seguros de danos os seguintes: seguro de automóvel, seguro de responsabilidade civil, seguro de incêndio, seguro de transporte, seguro rural, seguro de crédito à exportação, seguro fidelidade, seguro garantia, dentre outros.

Os *seguros de pessoas* são os contratados a fim de se garantir o legítimo interesse segurável sobre a vida ou integridade física de uma pessoa.

Podem ser citados como espécies de seguros de pessoas os seguintes: seguro de vida individual, seguro de vida em grupo, seguro de acidentes pessoais, seguro de incapacidade temporária, seguro de vida gerador de benefício livre – VGBL, seguro-viagem, seguro educacional, seguro prestamista, dentre outros.

6.8.4 Seguro à base de ocorrências ou de reclamações

Os *seguros à base de ocorrências (ocurrence basis)* são os estruturados para cobrir os danos ocorridos durante o período de vigência da apólice e desde que o segurado ou terceiro-beneficiário pleiteie a garantia durante a sua vigência ou no prazo prescricional aplicável.

Trata-se de cobertura voltada para a indenização de fatos danosos facilmente identificáveis logo quando da constatação da sua verificação e, por isso, costumam ser imediatamente comunicáveis para fins de recebimento da garantia (ex: seguro de automóvel).

Os *seguros à base de reclamações (claims made basis)* são os estruturados para cobrir os danos verificados durante o período de vigência da apólice ou durante o período de retroatividade pactuado, admitindo-se ainda a contratação de prazos adicionais durante os quais também poderá ser formulado o pedido de pagamento da cobertura.

Trata-se de cobertura para a indenização de fatos danosos com características particulares e que costumam se manifestar além do tempo de vigência normal da apólice com base em reclamações decorrentes da exposição prolongada de riscos no tempo (ex: seguro de responsabilidade civil).

6.8.5 Seguros compreensivos

Seguros compreensivos são os contratados para atender a mais de uma necessidade segurável, por meio da correlação de modalidades de seguros diferentes em um só conjugado contratual, com o intuito de proporcionar maior facilidade para o segurado.

Exemplo de seguro compreensivo é o de seguro de automóvel, que costuma vir acoplado das espécies: seguro de roubo, de furto e de incêndio, responsabilidade civil facultativa, acidente pessoal a passageiros, dentre outros.

6.8.6 Cosseguro

O cosseguro é o contrato de seguro firmado por mais de uma seguradora com um mesmo segurado, por meio da emissão de uma ou mais apólices de seguro, em que se estabelece o limite de responsabilidade de cada sociedade e qual delas será a *seguradora-líder* responsável pela cobertura das demais.

Torna-se importante frisar que no cosseguro o risco é fracionado entre os cosseguradores (ex: a seguradora "A" responde por 30% da garantia; a seguradora "B" responde por 30% da garantia; e, por último, a seguradora "C" responde por 40% da garantia, totalizando 100% do risco segurável).

Fran Martins (1999:365) explica que as operações realizadas por meio de cosseguro podem ocorrer em razão da falta de aceitação de compartilhamento das responsabilidades da garantia do interesse segurável por ressegurador ou quando se torna mais conveniente, do ponto de vista comercial, distribuir essa obrigação entre os próprios seguradores.

A determinação quanto à indicação da *seguradora-líder* por meio de cosseguro tem, primordialmente, uma função operacional com vistas a facilitar a identificação da seguradora que se responsabilizará pela gestão de tal garantia. De tal sorte, *quando o risco for assumido em cosseguro, a apólice indicará o segurador que administrará o contrato e representará os demais, para todos os seus efeitos* (Art. 761 do Código Civil).

Tal providência foi colocada em prol do segurado, e, de maneira nítida evita maiores prejuízos de ordem jurídica e econômica no que toca ao delineamento das responsabilidades assumidas pelas sociedades que admitem essa forma de contratação, modalidade comum no mercado.

Por último, torna-se importante registrar que o *sobresseguro* (*seguro excessivo*, *seguro cumulativo* ou *seguro duplo*) não se confunde com o cosseguro.

É que no sobresseguro o risco em sua integralidade torna-se objeto da garantia realizada por mais de uma vez, por duas ou mais seguradoras, em relação à mesma modalidade de seguro, com prazos de vigência concomitantes (ex: a seguradora "A" responde por 100% da garantia; e a seguradora "B" responde pelos mesmos 100% já anteriormente segurados).

Esta modalidade de seguro somente é permitida na modalidade de *seguro de pessoas*, sendo terminantemente proibida no *seguro de danos*, por violar a regra da necessidade de correlação entre a garantia e o valor do bem objeto do interesse segurável (Arts. 778 e 781 do Código Civil), inibindo, assim, o enriquecimento sem causa.

6.8.7 Resseguro

O resseguro é a operação firmada a fim de garantir o legítimo interesse ressegurável do segurador em relação aos efeitos econômicos decorrentes das obrigações securitárias por ele assumidas no desenvolvimento de sua atividade econômica, consistindo em autêntico contrato de interesse do segurador, por meio do qual objetiva-se a pulverização dos riscos securitários assumidos.

Apesar da polêmica sobre a natureza jurídica do resseguro: (i) contrato autônomo; ou, (ii) mera espécie contratual do gênero seguro, por compromisso didático, opta-se por citá-lo neste ponto do curso, e, depois, no Capítulo 12, será analisada a natureza contratual e as particularidades deste instituto jurídico.

Válido registrar que a Lei Complementar 126/2007 imprimiu a conformação de um novo mercado de resseguros no Brasil, quebrando o monopólio atribuído por expressa previsão legal ao Estado brasileiro, até então exercido com exclusividade pelo IRB-Re.

6.8.8 Retrocessão

A retrocessão é a operação firmada com o escopo de garantir as obrigações ressecuritárias assumidas pelo ressegurador, consistindo em um autêntico contrato de interesse do ressegurador, por meio do qual objetiva-se a pulverização dos riscos ressecuritários por ele assumidos.

Trata-se do terceiro grau da escala de pulverização de riscos costumeiramente adotada pelo mercado segurador e ressegurador. Dessa forma:

(i) no primeiro nível, está o contrato de seguro firmado entre seguradora e segurado;

(ii) no segundo nível, encontra-se o contrato de resseguro pactuado entre a seguradora-cedente e o ressegurador-cessionário; e,

(iii) no terceiro nível, situa-se o contrato de retrocessão celebrado entre ressegurador-retrocedente e outro ressegurador-retrocessionário ou, até mesmo, outra seguradora com capacidade de absorver novos riscos.

Como se nota, não há qualquer vedação de ordem legal em relação à celebração de contratos posteriores para a pulverização dos riscos no mercado securitário e ressecuritário.

Ao contrário, trata-se de prática recomendada do ponto de vista técnico, uma vez que o importante é que a rede de proteção garanta a liquidez e a solvência necessárias para absorver todos os riscos seguráveis e que os seus agentes possam satisfazê-los em sua integralidade quando do momento da verificação dos sinistros.

Quanto mais capilarizada estiver a distribuição dos efeitos financeiros decorrentes dos sinistros, maior será a capacidade do mercado de absorver novos riscos e de atender as necessidades da coletividade.

Assim sendo, quanto maior for o compartilhamento dos custos das coberturas firmadas, menor será a probabilidade de insolvência dos agentes do mercado.

6.8.9 Do seguro no país e no exterior

A LC 126/2007 além de regulamentar a abertura do mercado ressecuritário no país, também veicula disposições a respeito da contratação de seguros no Brasil e no exterior.

A contratação de seguros obrigatórios e não obrigatórios deverá ser exclusivamente realizada no país, ressalvado os casos de contratação de:

(i) *riscos para os quais não existe oferta de seguro no país* e desde que não represente infração à legislação vigente;

(ii) *riscos no exterior* em que o segurado seja pessoa natural residente no país, para o qual a vigência do seguro contratado se restrinja, exclusivamente, ao período em que o segurado se encontrar no exterior (ex: seguro-saúde internacional);

(iii) *seguros objeto de acordos internacionais* referendados pelo Congresso Nacional (ex: seguro de RC automóvel no Mercosul); e,

(iv) *seguros que, pela legislação em vigor, na data da publicação da LC 126/2007, tiverem sido contratados no exterior.*

Trata-se de regulamentação necessária a fim de dispor sobre a forma de contratação de coberturas que em razão das suas particularidades não possuam oferta disponível no Brasil ou que envolvam aspectos relacionados ao Direito Internacional.

6.9 LIQUIDAÇÃO DO SINISTRO

Neste subitem serão apresentados os procedimentos básicos que compõem a etapa de levantamento de informações visando à apuração da veracidade e da adequação do sinistro conforme as condições gerais da apólice de seguro.

6.9.1 Definição

A liquidação do sinistro é a fase de apuração técnica destinada a firmar a congruência entre os fatos relatados pelo segurado-beneficiário e a procedência do pedido de pagamento da importância segurada contratada.

É a etapa derradeira do procedimento negocial do seguro no que toca à obtenção materializada da garantia sobre um legítimo interesse segurável.

6.9.2 Normas gerais

A principal norma geral a ser observada tanto pelo segurador quanto pelo segurado possui relação direta com o *princípio da boa-fé*, uma vez que as partes deverão ser íntegras e honestas nas suas ações durante todo o procedimento de liquidação do sinistro.

O *princípio da transparência* também se afigura importante uma vez que o segurador deverá ter acesso a todos os dados e informações que considerar relevantes para a análise das particularidades fáticas e técnicas relacionadas ao sinistro.

Destaca-se ainda o *princípio da cooperação* a ser observado pelo segurado, no sentido de contribuir da forma mais ampla possível com a atividade de apuração do sinistro, com o intuito de auxiliar o segurador a esclarecer a verdade dos fatos apurada.

Torna-se relevante alertar que a constatação da violação aos princípios da boa-fé, da transparência e da cooperação por parte do segurado poderá implicar a suspensão da garantia ou, até mesmo, a rescisão do contrato (Arts. 765 e 766 do Código Civil).

Por fim, torna-se válido ressaltar ainda os *princípios da celeridade* e *da economia* como elementos norteadores de todo o processo de liquidação do sinistro, objetivando a redução dos efeitos negativos decorrentes da verificação de um evento passível de garantia securitária.

Com efeito, a observação da celeridade e da economia deverá considerar as características particulares de cada sinistro, ou seja, a natureza da verificação dos danos

6 • REGIME JURÍDICO DO CONTRATO DE SEGURO | **155**

e das dinâmicas inerentes a cada evento, com base em métodos de análises próprios e prazos específicos para a sua liquidação.

A celeridade para um sinistro considerado de pequena proporção não será a mesma para a análise de um sinistro de grande proporção e de altíssima complexidade técnica para se identificar as causas da sua deflagração e a extensão dos danos efetivamente sofridos pelo segurado.

Portanto, a correta medição da celeridade na análise do sinistro estará necessariamente vinculada ao estado da técnica disponível e às condições existentes para a apuração dos danos suscitados no âmbito da cobertura securitária.

6.9.3 Instrumentos técnicos

O *aviso de sinistro* é o instrumento técnico utilizado para que o segurado comunique à seguradora a ocorrência do sinistro a fim de possibilitar a apuração da congruência entre os fatos narrados e os constatados assim como uma conclusão sobre a existência de cobertura securitária.

O segurador pode se valer ainda de *check-lists*, por meio dos quais os dados do segurado e os danos efetivamente considerados são checados para ampliar em detalhamento e profundidade a análise quanto à existência de garantia.

As *perícias* e os *exames técnicos* também costumam ser utilizados pelo segurador, no que toca à análise dos danos sofridos pelo objeto do evento passível de cobertura assim como a respeito de toda e qualquer circunstância que tenha relação com o sinistro.

6.10 EXTINÇÃO CONTRATUAL

A extinção do contrato de seguro pode ocorrer por meio das formas jurídicas típicas de terminação do vínculo contratual como: (i) *resilição unilateral* ou *bilateral*; (ii) *resolução*; (iii) *rescisão*; (iv) *utilização total da importância segurada*; ou, (v) *expiração do prazo de vigência da apólice*.

6.10.1 Resilição unilateral ou bilateral

A *resilição unilateral* ou *bilateral* consiste na oportunidade contratualmente prevista de se colocar fim ao contrato em razão da simples manifestação de vontade de um ou ambos os contratantes.

Trata-se de previsão contratual que permite às partes de maneira isolada, por meio de *denúncia*, ou de maneira conjunta, por meio de *distrato*, manifestarem o interesse na extinção do contrato independentemente de uma motivação específica.

De modo geral, a *resilição unilateral, nos casos em que a lei expressa ou implicitamente o permita, opera mediante denúncia notificada à outra parte* (Art. 473 do Código

Civil). Por sua vez, *o distrato faz-se pela mesma forma exigida para o contrato* (Art. 472 do Código Civil).

No contrato de seguro, normalmente, a resilição por meio de denúncia ocorre seja para evitar a renovação automática do início de um novo prazo contratual, seja para pôr fim ao contrato firmado por prazo indeterminado ou que passe a vigorar sem prazo fixo.

Nesses casos, geralmente é observado um lapso temporal mínimo especificamente determinado para a sua extinção, como, por exemplo, 30 (trinta) dias ou outro previamente fixado em lei ou no contrato.

6.10.2 Resolução

A *resolução* representa o modo de dissolução que tem como causa a inexecução de obrigação contratual por um ou ambos os contratantes.

No caso do contrato de seguro, a resolução opera mediante a constatação, por exemplo, pela companhia seguradora, da violação de uma cláusula expressamente prevista no contrato e desrespeitada pelo segurado, ou, de um dever legal, como a não observância do princípio da máxima boa-fé.

De acordo com o Código Civil (Art. 474), a *cláusula resolutiva expressa opera de pleno direito, enquanto a cláusula resolutiva tácita depende de interpelação judicial*.

Além disso, *a parte lesada pelo inadimplemento pode pedir a resolução do contrato, se não preferir exigir-lhe o cumprimento, cabendo, em qualquer dos casos, indenização por perdas e danos* (Art. 475 do Código Civil).

Caso verificada a inexecução de uma obrigação contratual securitária cuja disciplina esteja expressamente prevista nas condições gerais do contrato, a sua extinção ocorrerá de pleno direito, automaticamente, sem a necessidade de interpelação extrajudicial ou judicial.

Caso os seus efeitos não estejam previstos, compete à parte prejudicada notificar a outra, dentro do prazo previsto em lei, ou dentro de prazo razoável, caso não expressamente determinado, a fim de que ela purgue a mora sob pena de extinção do vínculo contratual.

6.10.3 Rescisão

A *rescisão* é a espécie de extinção contratual que também tem como causa a inexecução de obrigação contratual por um dos contratantes, caracterizada por lesão, e suscitada pelo outro contratante.

6.10.4 Utilização total da importância segurada

A *utilização total da importância segurada* será constatada quando verificado o esgotamento do limite financeiro coberto pela apólice de seguro realizado em prol do segurado ou do terceiro beneficiário.

Em razão disso, caso a seguradora conclua pela procedência do aviso de sinistro consubstanciada na autorização de pagamento ao segurado ou ao terceiro-beneficiário, a constatação do uso integral do capital segurado provocará a extinção do contrato em razão da realização material total do seu objeto, ainda que antes do prazo de expiração da sua vigência.

Nos casos de contratação de seguros compreensivos ou conjugados, a utilização total do capital segurado de uma cobertura não implicará, necessariamente, a extinção da cobertura abrangida pela outra modalidade contratada, salvo se a sua natureza for acessória e esgotada a importância segurada da cobertura principal.

6.10.5 Expiração do prazo de vigência

A *expiração do prazo de vigência* também consiste em causa de extinção contratual vinculada ao esgotamento do lapso temporal durante o qual segurado e segurador se vinculam a observar as obrigações pactuadas para fins de execução de um contrato de seguro.

Portanto, alcançado o prazo máximo de vigência contratual e caso não exista cláusula automática de renovação ou manifestação expressa das partes no interesse da recondução do contrato, operar-se-á a sua extinção.

6.11 PRESCRIÇÃO

De modo geral, a seguradora e o segurado se portam ao longo da execução da apólice de seguro de forma proativa, exigindo o cumprimento dos direitos e obrigações convencionados visando garantir a realização do objeto do contrato.

Dessa forma, a inércia de uma das partes em relação à exigência do cumprimento da obrigação contratual firmada pela parte contrária poderá provocar a prescrição da pretensão da sua exigibilidade, prejudicando, portanto, a satisfação dos direitos por elas titularizados.

Assim, a prescrição consiste na perda do direito de exigir o cumprimento da pretensão provocada pela inércia do seu próprio titular (Art. 189 do Código Civil).

Como regra, o Código Civil estabelece que a *pretensão do segurado contra o segurador*, ou a deste contra aquele, *prescreve em 01 (um) ano*, contado o prazo:

(i) *nos seguros em geral*, da ciência do fato gerador da pretensão; e,

(ii) para o *segurado, no caso de seguro de responsabilidade civil*, da data em que é citado para responder à ação de indenização proposta pelo terceiro prejudicado, ou da data que a este indeniza, com a anuência do segurador (Art. 206, § 1º, inciso II).

A referência à data da ciência do fato gerador da pretensão deve ser considerada como a data em relação à qual surgiu *a possibilidade de o segurado requerer o cumpri-*

mento material da garantia securitária, normalmente, vinculada à ocorrência do sinistro (REsp 8.770/SP, rel. Ministro Athos Gusmão Carneiro, DJ 13/05/1991).

No seguro, o procedimento de liquidação do sinistro constitui etapa fundamental para fins da contagem do prazo prescricional relativo à exigibilidade da garantia securitária, consistente na reparação dos danos ou no pagamento da importância segurada contratada.

De acordo com o entendimento do Superior Tribunal de Justiça consolidado na Súmula 229: "O pedido do pagamento de indenização à seguradora suspende o prazo de prescrição até que o segurado tenha ciência da decisão" (DJ 08/10/1999).

Dessa forma, durante o lapso de liquidação normal do sinistro não se verifica o transcurso do prazo prescricional. A prescrição somente transcorre na hipótese de solicitação de documentos complementares, os quais, porventura, deixem de ser entregues de maneira injustificada pelo segurado. Além disso, o simples pedido de revisão da negativa de cobertura não suspende o prazo prescricional para fins da propositura da ação judicial.

Em relação à data da ciência do fato gerador da pretensão, a jurisprudência delimita de maneira específica o marco prescricional em face da peculiaridade de cada cobertura securitária. Por exemplo, no caso de invalidez permanente, de acordo com a Súmula 278 do STJ: "O termo inicial do prazo prescricional, na ação de indenização, é a data em que o segurado teve ciência inequívoca da incapacidade laboral" (DJ 16/06/2003).

O STJ também editou a Súmula 101 estabelecendo que: "A ação de indenização do segurado em grupo contra a seguradora prescreve em um ano" (DJ 05/05/1994).

Ao analisar o prazo prescricional derivado de responsabilidade civil contratual securitária, o STJ também decidiu, no Tema de Incidente de Assunção de Competência – IAC 2 (DJe 16/12/2021), que:

> É ânuo o prazo prescricional para exercício de qualquer pretensão do segurado em face do segurador – e vice-versa – baseada em suposto inadimplemento de deveres (principais, secundários ou anexos) derivados do contrato de seguro, ex vi do disposto no artigo 206, § 1º, II, "b", do Código Civil de 2002 (artigo 178, § 6º, II, do Código Civil de 1916).

Todavia, a *pretensão do beneficiário contra o segurador*, e a *pretensão do terceiro prejudicado, no caso de seguro de responsabilidade civil obrigatório*, prescrevem no *prazo de 03 (três) anos* (Art. 206, § 3º, inciso IX, do Código Civil).

Outra exceção é a que se refere ao *prazo de prescrição do seguro DPVAT*. De acordo com a Súmula 405 do STJ: "A ação de cobrança do seguro obrigatório (DPVAT) prescreve em três anos" (DJe 24/11/2009). E a ação relativa ao pedido de complementação da indenização paga a menor também prescreve no prazo de três anos a contar da data do pagamento questionado.

Em relação ao *beneficiário no seguro de vida em grupo*, o STJ firmou ainda o entendimento de que a *pretensão prescreve no prazo de 10 (dez) anos* (Art. 205 do Código

Civil), com base em jurisprudência consolidada sobre a matéria na vigência do Código Civil de 1916 (Art. 177), por entender que na hipótese da inexistência de expressa previsão legal deve ser aplicada a regra concernente à prescrição decenal relativa aos direitos pessoais (AgRg no AREsp 545.318, rel. Ministro Marcos Buzzi, DJe 26/11/2014).

Em que pese o entendimento consolidado do STJ sobre a matéria, entende-se que essa não é a melhor solução para o caso, já que a promulgação do Código Civil de 2002 operou nítida modificação do sistema prescricional aplicável aos contratos de seguros.

Nesse sentido, a intenção do legislador foi a de uniformizar os prazos prescricionais aplicáveis às pretensões fundadas em relações securitárias com base na necessidade de reduzir o tempo em relação ao qual às seguradoras deveriam permanecer vinculadas à constituição de reservas técnicas.

Não se justifica, atualmente, a manutenção de prazo prescricional relativo ao exercício de uma pretensão sobre um contrato de seguro por lapso maior do que 03 (três) anos, o qual, por si só, já constitui um prazo bastante elástico para que o beneficiário possa propor uma ação judicial visando provocar a satisfação de uma garantia securitária.

Como é conhecida, a imobilização de reservas técnicas por longo prazo possui um alto custo do ponto de vista financeiro e prejudica diretamente a capacidade de gestão e de absorção de novos riscos securitários, inviabilizando a ampliação da rede de proteção oferecida pela atividade seguradora.

A partir da leitura do artigo 206, § 3º, inciso IX, do Código Civil, que estabelece o prazo prescricional de 03 anos, constata-se nitidamente que a intenção do legislador foi a de abranger, separadamente:

(i)   na primeira parte, a *hipótese do exercício da pretensão pelo beneficiário do seguro*, independentemente da espécie de cobertura securitária contratada, seguro individual ou em grupo, seguro facultativo ou obrigatório; e,

(ii) na segunda parte, a *hipótese do exercício da pretensão pelo terceiro prejudicado do seguro de responsabilidade civil obrigatório*.

Como se conclui, em um mesmo dispositivo, o legislador pretendeu regular, distintamente, a hipótese do exercício da pretensão pelo beneficiário em qualquer tipo de seguro e a hipótese do terceiro prejudicado no seguro de responsabilidade civil obrigatório.

Por isso, entende-se que o entendimento firmado pelo STJ, a respeito da aplicação do prazo decenal à pretensão do beneficiário do seguro de vida em grupo, merece ser revisado a fim de se racionalizar o sistema prescricional aplicável às pretensões securitárias em consonância à finalidade pretendida pelo legislador do Código Civil de 2002.

7
SEGURO ELETRÔNICO

Neste capítulo serão apresentados os aspectos fundamentais do seguro eletrônico por meio da análise das suas características, modalidades, princípios e normas que regulam a sua operacionalidade no âmbito tecnológico e jurídico.

7.1 DEFINIÇÃO

O *seguro eletrônico* (*e-insurance*) consiste no meio pelo qual o segurado e o segurador celebram o negócio jurídico securitário utilizando-se de instrumentos eletrônicos dotados de tecnologia capaz de garantir a exatidão, a autenticidade e a integridade das declarações firmadas pelas partes contratantes.

A celebração do seguro eletrônico poderá ser realizada entre presentes ou entre ausentes bem como por meios automatizados assíncronos e previamente programados para a realização de atividades autoexecutáveis relacionadas à formalização de negócios jurídicos sem a atuação direta das partes contratantes.

A formação contratual poderá ser realizada, por exemplo, por dois programas especificamente desenvolvidos para efetivar a contratação de coberturas securitárias por meios eletrônicos sem que as partes participem diretamente da conclusão do negócio.

Desse modo, o seguro eletrônico não consiste em uma nova categoria contratual securitária, mas apenas representa um novo meio tecnológico pelo qual o segurado e o segurador se utilizam para formalizar a contratação de uma cobertura utilizando dos avanços proporcionados pelos recursos eletrônicos.

A forma eletrônica de celebração do contrato é livre, desde que não exista expressa previsão legal em sentido contrário, sendo admitida a princípio a utilização de qualquer meio tecnológico capaz de registrar de maneira fidedigna e inalterável a manifestação de vontade das partes contratantes.

No âmbito da liberdade de contratar, as partes devem apenas observar os princípios gerais de direito, os bons costumes e as normas de ordem pública.

Apesar disso, é imperativo reconhecer a existência de caracteres próprios inerentes à utilização de meios eletrônicos para a formalização de contratos, os quais demandam uma análise particularizada a fim de estabelecer os seus requisitos técnicos e jurídicos.

CURSO DE DIREITO DO SEGURO E RESSEGURO • Vinícius Mendonça

Essas particularidades não alteram a substância do contrato firmado, a qual permanece a mesma em relação aos seus elementos e requisitos específicos, mas agrega aspectos relacionados ao meio tecnológico utilizado.

A celebração do *e-insurance* se materializa nos mercados de seguros digitais a partir da estruturação de ambientes virtuais especificamente desenvolvidos para viabilizar a interação comercial entre segurados e seguradoras, como será visto a seguir.

7.2 MERCADOS DE SEGUROS DIGITAIS

O seguro eletrônico nasce a partir da evolução das tecnologias desenvolvidas no âmbito da *Sociedade de Informação Digital*, caracterizada pela convergência das tecnologias computacionais e dos meios de telecomunicação utilizados no estabelecimento de relações pessoais e comerciais em escala mundial (Arslanian e Fischer, 2019:03-22).

Na *Sociedade de Informação Digital* as relações são estabelecidas pelo uso dos instrumentos telemáticos representados pelos sistemas de informática operacionalizados nas redes de telecomunicações interconectadas em nível global.

Nesse novo contexto tecnológico, o contrato de seguro passa a ser estruturado com base nos novos meios digitais e passa a ser transacionado nos *mercados eletrônicos* (*e-commerce*), representados pelos ambientes virtuais concebidos para a aproximação entre segurados e seguradoras a fim de promover uma relação comercial mais ágil, mais eficiente e mais customizada para o usuário.

No *mercado digital*, o segurado pode realizar a contratação de uma apólice de seguros a partir da sua casa ou do seu escritório por meio do acesso a um sítio de vendas virtuais ou por meio da utilização de um aplicativo especialmente desenvolvido pela seguradora com apenas um clique ou comando digital.

A integração dos sistemas de vendas das seguradoras com os meios eletrônicos tem gerado as vantagens que as relações em redes digitais proporcionam para a divulgação massificada de produtos e serviços securitários com um enorme potencial para o aumento de vendas *online* (Plunkett, 2007; Rebouças, 2018).

Todo o processo de contratação, execução do contrato e liquidação do sinistro pode ser realizado eletronicamente sem a necessidade da presença física das partes contratantes, mediante simples comandos digitais processados por sistemas de aplicativos virtuais.

Com a ampliação das redes de comunicação digitais e a popularização dos equipamentos informáticos inteligentes, constata-se uma tendência cada vez maior de ampliação dos mercados de seguros eletrônicos visando à adaptação das relações securitárias à evolução tecnológica impulsionada pela *Era da Informação Digital*.

Como mercados de seguros digitais devem ser compreendidos os espaços próprios, compartilhados ou terceirizados de comercialização de coberturas securitárias disponibilizadas por meio de plataformas de contratação digital.

Sob tal perspectiva, os mercados de seguros digitais consistem nos estabelecimentos virtuais próprios das sociedades seguradoras sediados na rede mundial de computadores, nas lojas virtuais coletivas que reúnem várias seguradoras de forma compartilhada (*market places*) e nos sítios de buscas virtuais que realizam a cotização de preços e tipos de coberturas disponibilizadas.

A diversidade de tecnologias existentes permite o estabelecimento das relações jurídico-contratuais securitárias por diversas formas, como será visto a seguir.

7.3 MODALIDADES

No âmbito doutrinário é possível classificar os contratos eletrônicos com base em diversos critérios específicos tomando-se como base a forma pela qual é realizada a manifestação de vontade e o tipo de sistema eletrônico utilizado pelas partes contratantes para a celebração do negócio jurídico contratual.

Dentre elas, destaca-se a classificação que divide os contratos eletrônicos como: *interpessoais, interativos* e *intersistêmicos*, a qual também pode ser aplicada aos contratos de seguro eletrônicos (Pereira dos Santos e Rossi, 2000).

A essa classificação agrega-se ainda, quanto ao grau de automatização do processamento de informações e da execução de comandos, a modalidade dos *contratos eletrônicos inteligentes* (*smart contracts*).

7.3.1 Seguro eletrônico interpessoal

O *seguro eletrônico interpessoal* é aquele no qual as partes contratantes manifestam as suas vontades de forma simultânea em tempo real ou de forma diferida no tempo até a elaboração da resposta pela parte contrária, necessariamente, por meio da utilização de equipamentos conectados com acesso à internet.

Na hipótese de *tratativas em tempo real*, considera-se que o contrato é celebrado *entre presentes* a partir de uma troca interativa de manifestação de vontades sincronizadas por meio de aplicativos de troca de textos, de áudio ou de vídeo utilizados instantaneamente.

Na hipótese de *tratativas por meio de troca de mensagens prolongadas no tempo*, considera-se que o contrato é celebrado *entre ausentes* com base numa troca assíncrona de manifestação de vontades por meio de aplicativos de textos, de áudio ou de vídeo, uma vez que ela não é realizada de forma simultânea.

A característica "interpessoal" relaciona-se às tratativas diretas estabelecidas entre o segurado e a seguradora para a conclusão do contrato por meio remoto com o uso da internet.

7.3.2 Seguro eletrônico interativo

O *seguro eletrônico interativo* é aquele celebrado por meio da ação de uma pessoa, geralmente, o segurado, com um sistema eletrônico pré-programado pela outra parte,

CURSO DE DIREITO DO SEGURO E RESSEGURO • Vinícius Mendonça

normalmente, a seguradora, com os comandos necessários para a aceitação ou recusa da proposta de contratação enviada.

A interação entre as partes contratantes ocorre inicialmente por meio de uma ação humana e da outra parte por meio de uma ação robótica previamente programada inserida num aplicativo especificamente desenvolvido para a celebração do contrato e para o envio de informações sobre a modalidade de seguro desejada.

Por isso, a denominação de contrato interativo, uma vez que uma pessoa interage com um sistema previamente programado para responder aos comandos por ela acionados visando à celebração do contrato de seguro desejado.

A principal diferença entre os contratos interpessoais e os contratos interativos é que nos primeiros as tratativas são realizadas diretamente entre pessoas enquanto nos segundos as tratativas são realizadas por uma pessoa com uma máquina.

Além disso, nos contratos interativos, geralmente, os robôs são programados para apresentar respostas instantâneas aos comandos do segurado, por já estarem devidamente instruídos com as informações essenciais para a celebração do contrato.

7.3.3 Seguro eletrônico intersistêmico

O *seguro eletrônico intersistêmico* é aquele operacionalizado pelas partes contratantes por meio de redes especializadas de valor agregado de comunicação de dados eletrônicos (*Value Added Networks*) ou por meio da internet com a utilização de programas especificamente desenvolvidos para o processamento de negócios empresariais (*Eletronic Data Interchange* e *Internet of Things*).

Nessa categoria encontram-se os contratos de seguro eletrônicos celebrados por meio de redes cujo acesso apenas é realizado por pessoas previamente autorizadas com o uso de aplicativos especificamente desenvolvidos para o processamento de negócios e de troca de comunicações entre as partes contratantes.

Nas redes especializadas os contratos são celebrados por meio de *corretores de seguro* ou *pessoas jurídicas* previamente autorizadas com grande volume de negócios com as seguradoras possuindo um caráter preponderantemente técnico e interempresarial.

De acordo com Manoel Pereira dos Santos e Mariza Delapieve Rossi (2000):

Nas contratações intersistêmicas, a comunicação eletrônica se estabelece entre sistemas aplicativos previamente programados, estando ausente a ação humana no momento em que a comunicação propriamente dita acontece. Para que isso se realize, ambas as partes contratantes devem antecipadamente praticar um conjunto de ações mais complexas, utilizando recursos de informática e de telecomunicações mais sofisticados, do que aqueles necessários para as contratações interpessoais e interativas.

No cenário dos contratos celebrados, o EDI permite que todas as comunicações que integram o processo de produção e de distribuição de produtos, no mercado, se realizem eletronicamente, aí incluídas as relações de natureza securitária e financeira, bem como a prestação de serviços de transporte de mercadorias.

Assim, há que se admitir que a manifestação volitiva de cada parte envolvida nas operações efetuadas - supermercado, fornecedor, transportadora, seguradora, banco e outras, conforme o caso - ocorre no momento em que os sistemas aplicativos são programados para a realização de cada uma das comunicações eletrônicas.

Como exemplo, pode ser citado o fluxo de processamento de dados de seguros de transporte nacional e internacional realizado por meio de plataformas digitais especificamente elaboradas para emissão dos valores prévios das apólices com base nas averbações de coberturas, automatizando o processo de faturamento de modo integrado entre a seguradora, o corretor e a empresa segurada.

Nesse sistema os comandos também podem ser pré-programados para a realização de novas contratações, renovações, ampliação ou redução de coberturas, comunicação de sinistros, extinção de contratos, dentre outros.

7.3.4 Seguro eletrônico inteligente

O *seguro eletrônico inteligente* (*insurance smart contract*) é aquele celebrado pelas partes contratantes com a capacidade tecnológica da realização de comandos autoexecutáveis independentes da ação humana com vistas ao cumprimento dos direitos e obrigações relacionados à cobertura securitária contratada.

Diferencia-se do seguro eletrônico comum por automatizar todo o processo de prestação da garantia securitária contratada mediante a simples alimentação de dados verificados e analisados por meios digitais (Borselli, 2020).

O contrato inteligente pode ser classificado como *contrato inteligente básico* (*shallow smart contract*), quando programado para executar operações simples; ou, *contrato inteligente complexo* (*deep smart contract*), quando programado para executar operações que exigem uma maior profundidade computacional.

Como exemplo, cita-se a hipótese de contratação de um seguro-viagem eletrônico programado para verificar de forma digital o fluxo de atrasos ou adiamentos de voos constantes do banco de dados da autoridade aeroportuária e para liberar automaticamente o pagamento da indenização para o segurado quando constatado o atraso ou o cancelamento do voo (Hacker, 2019:04).

Como outro exemplo, cita-se a hipótese de contratação de um seguro marítimo eletrônico programado para verificar de forma digital o fluxo de cumprimento das escalas de entregas prefixadas e para liberar automaticamente o pagamento da indenização para o segurado no caso da constatação do atraso da entrega da mercadoria.

Em princípio, o contrato se torna autoexecutável, uma vez que constatado o atendimento de um evento pré-programado, a ação pactuada deverá ser automaticamente executada pelo sistema computacional (Vigliotti e Jones, 2020:140-141).

São denominados de *Oráculos* os provedores de informações confiáveis que alimentam os sistemas informacionais inteligentes para que eles possam executar os comandos previamente programados com vistas à materialização dos direitos e obrigações pactuados pelas partes contratantes.

Dessa forma, a grande diferença dos contratos eletrônicos comuns para os contratos eletrônicos inteligentes é que nos primeiros ainda há uma grande dependência das ações humanas para a execução dos direitos e obrigações neles previstos enquanto nos últimos a dependência do fator humano é reduzida e privilegia-se a autoexecutividade de processos que podem ser realizados por meios automatizados com uma menor influência da ação humana.

A análise automatizada do evento passível de cobertura tem como principal vantagem gerar maior velocidade no pagamento das indenizações securitárias e reduzir custos e tempo de análise que seria realizada por um técnico de sinistro da companhia seguradora.

A *Inteligência Artificial* e a *Internet das Coisas* consistem em meios tecnológicos hábeis para a realização das atividades de análise e pagamentos automatizados de sinistros cobertos no âmbito securitário.

A *criptografia* e o *registro de blocos de dados digitais* (*blockchain*), dotados das características da confidencialidade e da imutabilidade informacional, também são capazes de conferir a segurança técnica necessária para fins jurídicos na utilização dos contratos inteligentes, protegendo os interesses das seguradoras e dos segurados.

Assim, o consenso e a confiança tradicionalmente depositados pelas partes nos contratos verbais ou físicos transferem-se para a base de registros em blocos digitais imutáveis distribuídos em redes compartilhadas com a identificação dos usuários e dos acessos registrados por cronologia com base em data e hora.

A automatização dos processos de análise de sinistros poderá contribuir ainda para a redução do número de fraudes praticadas em razão da maior confiabilidade dos registros em blocos de dados inalteráveis, da maior possibilidade de comparação das informações por sistemas digitais e da identificação dos padrões comportamentais dos fraudadores de seguro.

Desse modo, o designativo "inteligente" atribuído a esses contratos está no fato da sua habilidade de interagir com outros protocolos computacionais e de tomar decisões baseadas em comandos previamente programados com a capacidade de vincular as partes contratantes de forma automatizada (Carron e Botteron, 2019:108-109).

Portanto, a automatização de processos poderá gerar vantagens tanto sob o ponto de vista da confiança na execução dos direitos pactuados quanto da maior agilidade no pagamento das indenizações contratadas, visando conferir uma maior eficiência na prestação da garantia securitária por meios digitais.

7.4 REQUISITOS DE SEGURANÇA

Os contratos eletrônicos em geral funcionam a partir de conceitos e requisitos utilizados no âmbito da tecnologia da segurança da informação com o intuito de lhes conferir as propriedades necessárias para gerar efeitos jurídicos e probatórios.

Dentre os mais relevantes requisitos da segurança da informação aplicados aos contratos de seguro eletrônicos podem ser citados: a *autenticidade* e o *não repúdio*, a *confidencialidade*, a *integridade* e a *disponibilidade*.

7.4.1 Autenticidade e não repúdio

A *autenticidade* é compreendida como o requisito que garante a veracidade da autoria do documento eletrônico, isto é, a sua origem autêntica relacionada ao seu respectivo emissor, seja ele o segurado ou o segurador (Greene, 2014:74-91).

O *não repúdio* consiste num desdobramento da autenticidade no sentido de que o autor do documento eletrônico não poderá refutar a responsabilidade pela sua criação (Merkow e Breithaupt, 2014:18-35).

A autenticidade e o não repúdio são preservados por meio de mecanismos de *assinatura digital*, *certificado digital* e de *biometria* utilizados nos processos de formalização do contrato de seguro e de disponibilização de informações por meios eletrônicos como sítios na rede mundial de computadores e nas lojas de aplicativos virtuais.

7.4.2 Confidencialidade

A *confidencialidade* representa a qualidade de acesso restrito dos documentos eletrônicos emitidos pelo segurador e pelo segurado apenas às pessoas autorizadas a ler os seus respectivos conteúdos (Bishop, 2019, Capítulo 1).

A confidencialidade poderá ser preservada pela autorização de acesso apenas com *login* e *senha* ou por mecanismos *criptográficos* que revelem o seu conteúdo apenas para as pessoas com as chaves e os aplicativos digitais capazes de decodificá-los e de acessar o seu inteiro teor documental.

7.4.3 Integridade

A *integridade* é compreendida como a característica de não alterabilidade das informações eletrônicas e da sua possibilidade de alteração limitada apenas por pessoas autorizadas a fim de que seja garantida a preservação do seu conteúdo original (Whitman e Mattord, 2009:08-13).

A integridade de um documento eletrônico é garantida por meio da *assinatura digital* do seu respectivo emitente e por meio da utilização de *sistemas de recuperação de conteúdo digital* (*backups*).

7.4.4 Disponibilidade

A *disponibilidade* é o atributo pelo qual as informações sobre o contrato de seguro, as condições gerais da apólice e todos os demais documentos relacionados à cobertura securitária estarão sempre disponíveis para acesso das partes contratantes (Manoel, 2014:03-05).

Nesse caso, a seguradora deverá adotar as medidas técnicas necessárias para que as informações eletrônicas arquivadas nos sistemas de armazenamento estejam sempre disponíveis para o acesso do segurado ou do seu corretor de seguros.

A *estabilidade* das redes utilizadas e dos meios de armazenamento de dados mantidos pela seguradora consiste em um pressuposto necessário para o atendimento do requisito da disponibilidade e da eficiência dos serviços prestados ao segurado.

Destaca-se ainda a importância da adoção de mecanismos de segurança cibernética contra tentativas de acesso não autorizado e de contaminação de arquivos (*firewalls* e *antivirus*), e de recuperação de informações destruídas ou corrompidas de forma dolosa ou relacionadas às falhas dos sistemas digitais adotados (*backups*).

7.5 PRINCÍPIOS CONTRATUAIS ELETRÔNICOS

Os contratos eletrônicos são norteados por princípios contratuais específicos voltados para regular as particularidades inerentes aos meios tecnológicos digitais utilizados e preservar os aspectos essenciais dos tipos contratuais celebrados.

Dentre os mais relevantes princípios aplicáveis aos seguros eletrônicos podem ser citados: os *princípios da equivalência funcional, da neutralidade tecnológica, da não diferenciação eletrônica e da aplicação paritária das normas jurídicas*.

7.5.1 Princípio da equivalência funcional

O *princípio da equivalência funcional* estabelece a compreensão de que os contratos eletrônicos têm a mesma validade, exigibilidade e efeitos jurídicos dos contratos celebrados por meios físicos (Harvey, 2017:55-57; Tang, 2015:123-124).

A constatação das diferenças dos meios físicos ou eletrônicos utilizados não gerará nenhum efeito de ordem prática em relação ao negócio jurídico celebrado.

Dessa forma, tanto os meios físicos quanto os eletrônicos são equivalentes para fins de celebração do contrato de seguro e da respectiva força probatória para fins jurídicos (Bianchi de Oliveira, 2020).

7.5.2 Princípio da neutralidade tecnológica

O *princípio da neutralidade tecnológica* impõe a imparcialidade quanto à especificação dos meios utilizados para fins de documentação das relações jurídicas contratuais (Holthöfer, 2000:93; Leal, 2007:91).

Em assim sendo, não deve haver preferência por um ou outro meio tecnológico empregado, conferindo-se às partes a liberdade de escolha dos meios disponíveis mais adequados para o registro da manifestação das suas vontades.

Desse modo, a legislação não poderá determinar qual deve ser a forma eletrônica utilizada para a celebração do contrato de seguro, mas apenas quais deverão ser as características e propriedades tecnológicas necessárias para que a sua utilização possa gerar efeitos jurídicos e probatórios válidos.

A neutralidade também induz à compreensão de que poderão ser adotados quaisquer tipos de sistemas eletrônicos interativos ou automatizados para a celebração de contratos de seguros eletrônicos.

7.5.3 Princípio da não diferenciação dos meios eletrônicos

O *princípio da não diferenciação dos meios eletrônicos* estabelece a proibição da imposição de qualquer tratamento jurídico que vise restringir a adoção de tecnologias digitais para a celebração de contratos eletrônicos (Fuping, 2008:129-133).

Em razão disso, não deve haver qualquer espécie de discriminação ou distinção jurídica prejudicial baseada exclusivamente no meio pelo qual firmado o seguro eletrônico.

7.5.4 Princípio da aplicação paritária das normas jurídicas

O *princípio da aplicação paritária das normas jurídicas* determina que as normas aplicáveis aos contratos tradicionais também se aplicam igualmente aos contratos eletrônicos no que se refere aos seus aspectos jurídicos essenciais.

Em assim sendo, nos contratos eletrônicos também devem ser observados todos os requisitos exigidos para a formação do contrato pelos meios físicos tradicionais, respeitada a compatibilidade das características particulares dos meios digitais.

7.6 NORMAS PARA A CONTRATAÇÃO DE SEGUROS POR MEIOS ELETRÔNICOS

Como visto acima, os seguros eletrônicos submetem-se às normas aplicáveis aos contratos em geral e às normas específicas aplicáveis aos tipos securitários previstas na legislação em vigor.

Além das normas gerais, os contratos de seguro eletrônicos também se submetem às normas promulgadas para dispor sobre as relações jurídicas estabelecidas na internet como é o caso da *Lei do Marco Civil da Internet de 2014*, do *Regulamento do Comércio Eletrônico de 2013* e das *Normas para Contratação de Seguros por Meios Remotos (Resolução CNSP 408/2021)*.

Em razão disso, torna-se oportuno analisar quais são as principais disposições previstas nesses conjuntos normativos aplicáveis aos seguros firmados com o uso de meios eletrônicos.

7.6.1 Lei do Marco Civil da Internet

No Brasil, compete à *Lei do Marco Civil da Internet de 2014* estabelecer os princípios, as garantias, os direitos e os deveres aplicáveis ao uso da internet entre dois ou mais usuários situados no território nacional ou no território nacional e no exterior.

Trata-se de uma legislação pautada pela generalidade das suas normas considerando que uma das principais características das relações estabelecidas no âmbito digital é a da rápida transformação dos meios tecnológicos, o que pode ocasionar a rápida obsolescência da legislação aplicável.

Nesse sentido, de acordo com Patrícia Peck (2017):

> No Direito Digital prevalecem os princípios em relação às regras, pois o ritmo de evolução tecnológica será sempre mais veloz do que o da atividade legislativa. Por isso, a disciplina jurídica tende à autorregulamentação, pela qual o conjunto de regras é criado pelos próprios participantes diretos do assunto em questão com soluções práticas que atendem ao dinamismo que as relações de Direito Digital exigem.

> As características do Direito Digital, portanto, são as seguintes: celeridade, dinamismo, autorregulamentação, poucas leis, base legal na prática costumeira, o uso da analogia e solução por arbitragem. Esses elementos o tornam muito semelhante à *Lex Mercatoria*, uma vez que ela não está especificamente disposta em um único ordenamento, tem alcance global e se adapta às leis internas de cada país de acordo com as regras gerais que regem as relações comerciais e com os princípios universais do Direito como a boa-fé, *suum cuique tribuere, neminem laedere e honeste vivere*.

> O Direito tem de partir do pressuposto de que já vivemos uma sociedade globalizada. Seu grande desafio é ter perfeita adequação em diferentes culturas, sendo necessário, por isso, criar flexibilidade de raciocínio, nunca as amarras de uma legislação codificada que pode ficar obsoleta rapidamente.

A abordagem principiológica da LMCI de 2014 tem por objetivo abranger tanto as *normas gerais de estruturação* do sistema de funcionamento da internet, viabilizado pelas empresas provedoras de conexão e de acesso aos seus serviços operacionais, quanto as *normas gerais de relacionamento* das pessoas, dos governos e das empresas que atuam no ambiente digital realizando as suas atividades fins por meio da rede mundial de computadores.

Tudo o que está na internet é alcançado por meio da aplicação dos seus princípios e regras gerais extraídos da própria prática costumeira das relações digitais, assim, partindo-se dessa constatação, conclui-se pela grande utilidade da aplicação do seu espírito para nortear as relações jurídicas estabelecidas no mundo digital visando conferir uniformidade interpretativa e de práticas estabelecidas na rede mundial de computadores.

Nesse sentido, segundo Tarcísio Teixeira (2014 e 2020):

> Ao se analisar o Marco Civil pode se ter a impressão inicial de que a norma não trata claramente sobre comércio eletrônico em sentido estrito (quanto à compra e venda de produtos e prestação de serviços), mas apenas de outras operações realizadas no comércio eletrônico em sentido amplo (como, questões envolvendo a proteção à privacidade e a vedação da captação indevida de dados e da sua comercialização). Entretanto, suas regras e princípios têm implicação direta em tudo o que ocorre na internet em âmbito brasileiro, inclusive o *e-commerce*, enquanto operações envolvendo a produção e a circulação de bens e de serviços.

Em relação aos principais *fundamentos* da LMCI de 2014 com relação direta para a atividade seguradora e para os contratos de seguro destacam-se: o *reconhecimento da escala mundial da rede*, a *abertura e a colaboração*, a *livre iniciativa*, a *livre concorrência* e a *defesa do consumidor*.

O estabelecimento das relações jurídicas na rede mundial de computadores é *reconhecidamente global* uma vez que não há fronteiras físicas limitando o acesso das empresas e dos consumidores aos produtos e serviços disponibilizados ao mercado de consumo em geral, como, por exemplo, a comercialização de contratos de seguro.

Em razão disso, destaca-se a relevância das normas que regulam o conflito de leis no tempo e no espaço para dirimir eventuais litígios jurídicos sobre as relações jurídico-contratuais firmadas na internet e a relevância das normas que regulam o mercado segurador em geral.

Como visto nos Capítulos 3 e 4, os mercados de seguros geralmente são regulados por leis nacionais ou comunitárias estabelecendo quais são os pressupostos autorizadores de funcionamento de sociedades seguradoras e quais produtos podem ser comercializados nos limites jurisdicionais supervisionados pelas agências estatais.

A inexistência de barreiras físicas ou territoriais pode facilitar o fluxo de contratação de seguros comercializados por seguradoras estrangeiras, todavia, os seus efeitos ficarão limitados às disposições existentes nas normas editadas pelas entidades supervisoras e reguladoras nacionais, as quais como regra limitam a contratação de coberturas no exterior.

Além da possibilidade restrita de contratação de coberturas no exterior, pode haver ainda a previsão das legislações dos países nos quais situadas as seguradoras estrangeiras estabelecendo como foro competente o do local da sua respectiva jurisdição estatal, o que implicará maiores dificuldades para a solução de eventuais conflitos contratuais.

Por isso, entende-se necessário considerar a *natureza da escala internacional* da rede mundial de computadores para fins da celebração de negócios securitários na internet e das consequências que eles poderão desencadear de acordo com o que estabelece a legislação nacional e estrangeira sobre a matéria.

Ademais, alerta-se para a necessidade de se identificar nas condições gerais da apólice a existência de *cláusula de foro* e de *lei aplicável* assim como a existência de *cláusula arbitral* para fins de solução das controvérsias originadas do seguro eletrônico.

A *abertura e a colaboração* da rede denotam que as atividades realizadas pelas empresas na internet deverão ser pautadas pela utilização de meios que possibilitem viabilizar o acesso aos seus produtos e serviços de maneira ampla, sem restrições ou discriminações, e que a sua atuação seja cooperativa no sentido de proporcionar soluções eficazes para os problemas detectados pelos usuários-consumidores.

A atuação das sociedades seguradoras na internet deverá ser pautada pela *livre iniciativa empresarial*, gozando de toda a liberdade relacionada à definição do modelo de negócios e da forma como serão operacionalizadas as suas relações contratuais eletrônicas, devendo observância apenas às disposições legais típicas aplicáveis à atividade e às editadas pelos órgãos reguladores do mercado segurador.

A livre iniciativa atrai ainda o direito de exploração da atividade empresarial num ambiente norteado pela *livre concorrência*, sendo admitido o uso de todas as ações inerentes à proteção dos negócios afetados por práticas de *concorrência desleal* (Lei de Propriedade Industrial de 1996) e de *infração à ordem econômica* (Lei de Defesa da Concorrência de 2011).

Importante relembrar a aplicabilidade da *Lei de Liberdade Econômica de 2019*, que estabelece normas de proteção à livre iniciativa e ao livre exercício de atividade econômica, também extensíveis às atividades empresariais desenvolvidas no âmbito da internet.

Nas relações de consumo realizadas na internet aplicam-se ainda as *normas de proteção e defesa do consumidor*, principalmente, às relativas ao direito de informação e da garantia à privacidade das informações digitais coletadas por meio do uso de sistemas computacionais e de aplicativos eletrônicos, como será visto com maiores detalhes no próximo subitem.

Em relação aos *princípios* mais relevantes da LMCI de 2014 com relação direta para a atividade seguradora e para os contratos de seguro destacam-se: a *proteção da privacidade* e dos *dados pessoais*, a *preservação e garantia da neutralidade de rede*, a *preservação da estabilidade, segurança e funcionalidade da rede*, a *responsabilização dos agentes*, e a *liberdade dos modelos de negócios na internet*.

Além de princípio, a *proteção da privacidade* e dos *dados pessoais* consiste em um dever de segurança fundamental imposto às empresas em geral que disponibilizam os seus produtos e serviços na internet.

Desse modo, trata-se de princípio aplicável às seguradoras que comercializam contratos de seguro eletrônicos na internet, as quais deverão adotar sistemas digitais seguros tanto no que se refere à celebração de negócios quanto ao armazenamento e à transferência de dados sensíveis dos segurados.

Especificamente em relação à proteção de informações pessoais, cita-se a *Lei Geral de Proteção de Dados de 2018* que dispõe sobre o tratamento de dados pessoais, inclusive nos meios digitais, com o objetivo de proteger os direitos fundamentais de liberdade e de privacidade.

A aplicação da LGPD de 2018 (Art. 3º) abrange todas as operações de tratamento de dados, do oferecimento de produtos ou da prestação de serviços nessa área ou da coleta de dados de indivíduos situados no território nacional, independentemente do país-sede da empresa responsável ou do local onde os dados estejam armazenados.

Como se constata, as normas de proteção à privacidade e do tratamento dos dados pessoais coletados por meio da celebração de contratos de seguro deverão ser fielmente cumpridas pelas sociedades seguradoras com atuação no território nacional, ainda que suas sedes estejam situadas no exterior.

A comercialização de apólices de seguros eletrônicos também deverá estar em total harmonia com a *garantia de neutralidade da rede*, não devendo haver preferências ou discriminações pela adoção de meios que impeçam ou restrinjam injustificadamente o acesso aos produtos e serviços securitários disponibilizados na internet.

A comercialização de produtos e serviços *online* também obriga as seguradoras a utilizarem equipamentos (*hardwares*), sistemas de programação (*softwares*) e redes de fornecimento de insumos que garantam a estabilidade, a segurança e a funcionalidade dos seus sistemas de comércio eletrônicos.

Em razão disso, as seguradoras deverão adotar medidas técnicas compatíveis com os *padrões internacionais* e pautar as suas condutas pelo uso de *boas práticas digitais*, promovendo condutas lícitas e éticas por meio dos seus canais de venda dirigidos ao mercado consumidor e, inclusive, contribuindo para a educação do seu público-alvo com o intuito de colaborar para a formação de um consumo consciente e sustentável.

Tais requisitos são imprescindíveis para que tanto a seguradora quanto o segurado possam utilizar de maneira eficiente todos os serviços prestados no âmbito do mercado de seguros eletrônicos.

Nessa linha, as seguradoras observam o mesmo regime de *responsabilidade subjetiva* previsto na legislação comum para fins do desenvolvimento das suas atividades nos mercados tradicionais, o qual é também aplicável aos mercados digitais.

Todavia, os eventuais problemas causados por defeitos na prestação de serviços de terceiros ou de fornecedores das seguradoras no âmbito da cadeia das relações empresariais digitais não poderão ser a elas imputados, principalmente, os relacionados às hipóteses de caso fortuito ou de força maior.

Cita-se, como exemplo, a suspensão temporária dos serviços prestados em razão de problemas nas redes digitais provocados por um ataque cibernético ou em razão da queda do fornecimento de energia elétrica causada por questões técnicas da concessionária pública.

Nesses casos, bastará a demonstração da adoção de todas as medidas cabíveis para solucionar os problemas identificados ou minimizar os seus efeitos dentro de tempo hábil a fim de afastar eventuais responsabilidades imputáveis a terceiros.

Em assim sendo, a responsabilização limita-se apenas às hipóteses restritas em que caracterizada culpa ou dolo da seguradora em relação à prestação do serviço contratado, sendo afastada a sua responsabilidade por problemas provocados por fatos de terceiros.

Como destacado acima, as seguradoras têm total *liberdade para a concepção dos seus modelos de negócios*, como corolário do princípio da livre iniciativa empresarial, podendo adotar qualquer espécie de meio para a celebração dos seguros eletrônicos, estando vinculadas apenas à observância das normas editadas pelos órgãos reguladores do mercado segurador.

Dessa forma, a atividade seguradora na internet e os seguros eletrônicos serão regulados pelos princípios e pelas normas gerais do Direito Digital e pelo seu regime jurídico próprio previsto nas leis gerais e específicas sobre os contratos, como por exemplo, pelas normas aplicáveis às relações de consumo.

7.6.2 Regulamento do Comércio Eletrônico

No que se refere aos contratos de seguro firmados sob as características de uma relação de consumo, compete ao *Regulamento do Comércio Eletrônico de 2013* (Decreto Federal 7.962/2013), estabelecer as normas específicas relacionadas à proteção do direito à informação nas contratações eletrônicas.

O RCE de 2013 tem por finalidade regular o Código de Defesa do Consumidor na matéria relativa ao comércio eletrônico com o objetivo de garantir a prestação de informações claras, o atendimento facilitado e o respeito ao direito de arrependimento do consumidor.

Com base nisso, o RCE de 2013 estabelece que os sítios eletrônicos e os demais meios eletrônicos utilizados para oferta ou conclusão de contratos de consumo devem disponibilizar uma série de informações para fácil identificação do fornecedor de produtos ou do prestador serviços e dos bens por eles comercializados (Brancher, 2017).

Dentre elas, podem ser citadas as informações de identificação (CNPJ), de endereço físico e eletrônico, e de contato, características essenciais do produto ou do serviço disponibilizado, modalidades de pagamento, forma e prazo de execução contratual bem como as condições específicas para a realização de compras coletivas.

Sob a perspectiva do atendimento facilitado ao consumidor, a seguradora deverá prestar todas as informações necessárias sobre a contratação da cobertura eletrônica com a disponibilização de sumário do contrato e com destaque para as cláusulas limitadoras de direitos, inclusive os recursos eletrônicos que possibilitem a correção de erros no processo de contratação, o arquivamento e a reprodução da apólice.

Além disso, a seguradora deverá confirmar imediatamente o recebimento da aceitação da oferta e manter serviço de atendimento eficaz que possibilite a resolução de informações, dúvidas, reclamações, suspensão ou cancelamento do contrato por meios eletrônicos, cujas respostas deverão ser apresentadas no prazo de até 5 dias.

Por fim, a seguradora deverá utilizar mecanismos de segurança eficazes para a realização de pagamentos e para o tratamento de dados do consumidor assim como disponibilizar, de forma clara e ostensiva, os meios para o exercício do direito de arrependimento, garantida a utilização das mesmas ferramentas utilizadas na contratação.

7.6.3 Normas para Contratação de Seguros por Meios Remotos

No âmbito infralegal, compete à *Resolução CNSP 408/2021* regular a utilização de meios remotos nas operações relacionadas à comercialização de contratos de seguro e de planos de previdência complementar aberta.

Todos os conceitos apresentados neste subitem se aplicam aos segurados e às seguradoras assim como aos participantes-beneficiários de planos previdenciários e às entidades abertas de previdência complementar – EAPC's.

7.6.3.1 Conceitos operacionais

Como *meios remotos* devem ser compreendidas todas as tecnologias que permitam a troca ou o acesso a informações bem como a transferência de dados por meio de redes de comunicação.

Dentre elas podem ser citadas a rede mundial de computadores, os sistemas de telefonia, de televisão a cabo ou digital e os sistemas de comunicação por satélite.

No âmbito do contrato de seguro eletrônico, o *proponente* é considerado a pessoa física ou jurídica interessada em contratar a cobertura securitária desejada mediante o preenchimento e a assinatura eletrônica de uma proposta.

Nessa linha, o *contratante* consiste no segurado, no tomador ou no beneficiário do contrato de seguro ou no seu respectivo representante legal.

Por sua vez, o *contratado* é a sociedade seguradora ou a entidade de previdência complementar aberta contratada para prestar a garantia securitária ou o plano de previdência desejado.

Destaca-se, ainda, a função desenvolvida pelo *intermediário*, responsável pela intermediação ou distribuição dos produtos securitários, como o agente ou representante de seguros.

7.6.3.2 Requisitos de segurança informacional das operações eletrônicas

A realização dos negócios jurídicos securitários por meio de tecnologias eletrônicas demanda a observância de requisitos que garantam a precisão e a integridade das manifestações de vontade e das informações obrigacionais firmadas entre as partes contratantes.

Em razão disso, as operações que utilizam as tecnologias remotas para a contratação de seguros deverão garantir (Art. 3º, incisos I-III, da Resolução CNSP 408/2021):

(i) a integridade, a autenticidade, o não repúdio e a confidencialidade das informações e dos documentos eletrônicos;

(ii) a confirmação do recebimento de documentos e mensagens enviadas pela seguradora ao segurado ou ao intermediário, quando o envio decorrer de exigência regulatória; e,

(iii) o fornecimento de protocolo ao segurado ou ao intermediário para as solicitações e procedimentos relativos ao produto contratado, dispensado nos casos de simples acesso ou consulta a documentos ou informações disponibilizados pela seguradora.

Os requisitos acima mencionados estão em consonância aos princípios aplicáveis aos contratos eletrônicos com vistas a imprimir segurança jurídica e uniformidade dos caracteres tecnológicos aplicados às relações jurídicas securitárias.

Os requisitos acima descritos também são aplicáveis às operações de resseguro e retrocessão realizadas com o uso de meios remotos (Art. 11).

7.6.3.3 Proposta e apólice de seguro eletrônicas

As seguradoras poderão emitir apólices, bilhetes, certificados individuais e contratos coletivos por meios remotos, desde que seja garantida ao segurado a possibilidade de impressão ou descarregamento (*download*) do documento eletrônico (Art. 4º).

Dessa forma, todo o procedimento de contratação, compreendido o preenchimento da proposta e a sua aceitação, poderá ser realizado por meio eletrônico, inclusive, com a disponibilização ou o envio da respectiva apólice para o endereço eletrônico do segurado, sem a necessidade de emissão de qualquer documento em papel.

Apenas deverão ser observados os requisitos de segurança da informação acima especificados, contemplando a *autenticidade* e *não repúdio* aos atos praticados, a *integridade* e a *confidencialidade* dos documentos enviados pela seguradora, com a identificação de data e hora da sua emissão (Art. 5º).

Considerando isto, os segurados e as seguradoras deverão utilizar meios tecnologicamente confiáveis para o registro e o envio de documentos digitais, como, por exemplo, a utilização de sítios ou aplicativos virtuais, cujo acesso será realizado por meio de *login* e *senha, biometria* ou por *certificado digital*, em ambiente digitalmente seguro.

7.6.3.4 Protocolos de solicitações do segurado

A seguradora também poderá disponibilizar por meio remoto a realização dos *procedimentos de formalização do aviso de sinistro*, de *solicitação de pagamento da garantia*, de *endossos, portabilidade, alterações do beneficiário* e *solicitações que visem modificar o contrato*, desde que respeitados os critérios de segurança informacional.

A seguradora deverá garantir ainda que a formalização do pedido de extinção do contrato pelo segurado possa ser realizada por meio eletrônico, ou seja, deverá garantir ao segurado a utilização do mesmo meio de contratação para o encerramento da relação contratual (Art. 8º).

Para tanto, a seguradora também deverá fornecer ao segurado os *protocolos* e os *comprovantes* de recebimento da documentação enviada por meios remotos.

7.6.3.5 Boletos de pagamento e informações sobre a cobertura

A seguradora também poderá enviar por meios remotos *boletos de cobrança, notificações, material informativo, material de publicidade* e *conteúdo educacional*, desde que expressamente autorizados pelo segurado.

Recomenda-se que o envio de comunicados, informações, notificações e boletos de cobrança por meios remotos seja dotado de tecnologia capaz de certificar o seu recebimento pelo segurado.

Por sua vez, cabe ao segurado verificar, antecipadamente, o recebimento dos boletos de cobrança, uma vez que a aceitação da proposta, a manutenção e a renovação da cobertura estarão vinculadas à confirmação do pagamento do respectivo boleto eletrônico.

No caso de não recebimento, compete ao segurado solicitar à seguradora o envio do boleto por outro meio remoto ou meio tradicional a fim de realizar o pagamento nos prazos de vencimento convencionados.

7.6.4 Normas internacionais sobre Comércio Eletrônico

No âmbito internacional, destaca-se ainda a existência de normas específicas sobre comércio eletrônico, assinaturas eletrônicas e transferência de registros eletrônicos com vistas a regular a matéria de maneira uniforme no plano jurídico.

Dentre elas cita-se, exemplificativamente, a *Convenção sobre o Uso de Comunicações Eletrônicas em Contratos Internacionais das Nações Unidas de 2005*, a *Lei Modelo de Comércio Eletrônico de 1996*, a *Lei Modelo de Assinaturas Eletrônicas de 2001* e a *Lei Modelo de Registros Eletrônicos Transferíveis de 2017*, editadas pela Comissão de Direito do Comércio Internacional das Nações Unidas – UNCITRAL.

A *Convenção sobre o Uso de Comunicações Eletrônicas em Contratos Internacionais das Nações Unidas de 2005*, cuja natureza normativa é a de um tratado multilateral, tem por objetivo conferir validade e exigibilidade aos contratos firmados em meios digitais por pessoas situadas em países sob sistemas jurídicos diferentes.

A Convenção sobre Comunicações Eletrônicas foi inspirada nas Leis Modelos de Comércio Eletrônico de 1996 e de Assinaturas Eletrônicas de 2001 da UNCITRAL.

A *Lei Modelo de Comércio Eletrônico de 1996* tem por intuito promover a facilitação do comércio internacional por meios eletrônicos possibilitando a maior previsibilidade jurídica quanto às normas aplicáveis sobre matéria contratual digital.

Trata-se do primeiro texto legislativo a incorporar em suas normas os princípios da equivalência funcional, da neutralidade tecnológica e da não discriminação dos meios tecnológicos utilizados para a celebração de relações contratuais na internet.

Por sua vez, a *Lei Modelo de Assinaturas Eletrônicas de 2001* tem por finalidade facilitar o uso de assinaturas digitais e estabelecer critérios de confiabilidade que permitam equipará-las às assinaturas em meios físicos conferindo-se segurança jurídica nas transações eletrônicas internacionais quanto à autenticidade das manifestações das partes contratantes.

Por fim, a *Lei Modelo sobre Registros Eletrônicos Transferíveis de 2017* tem por objetivo regular a transferência da posse de títulos ou documentos eletrônicos representativos de direitos e obrigações passíveis de exigibilidade, como conhecimentos de transporte, letras de câmbio, notas promissórias e contratos de seguro transferíveis.

Em síntese, as normas internacionais acima mencionadas têm como princípios básicos o reconhecimento da equivalência de funcionalidade dos instrumentos eletrônicos para fins de formalização das relações jurídicas e a neutralidade dos mecanismos utilizados para a realização e para o registro das operações digitais.

Dessa forma, a convenção da ONU e as leis modelos editadas pela UNCITRAL têm por objetivo fornecer um conjunto normativo de adoção facultativa pelos países aderentes ao seu respectivo conteúdo visando conferir uma regulação mínima das relações jurídicas estabelecidas por meios digitais com vistas a evitar conflitos sobre normas jurídicas aplicáveis à matéria em âmbito internacional.

Em que pese o pioneirismo da iniciativa adotada pela UNCITRAL, uma vez que a Lei Modelo de Comércio Eletrônico foi editada em 1996, e da Convenção da ONU sobre Comércio Eletrônico aprovada em 2005, poucos foram os países que aderiram aos seus termos no âmbito internacional, prevalecendo a regulação sobre a matéria baseada nas normas dos ordenamentos jurídicos internos.

Em razão disso, oportuno registrar que o Brasil não aderiu à Convenção da ONU nem a nenhuma das leis modelos sobre relações eletrônicas editadas pela UNCITRAL, todavia, entende-se que os seus conteúdos poderão ser adotados no âmbito da liberdade de contratar pelas partes interessadas para fins de eventual solução de conflitos pela via arbitral envolvendo relações securitárias eletrônicas internacionais.

8
SEGURO DE DANOS

Neste capítulo serão apresentados os aspectos fundamentais dos seguros de danos a partir da análise da sua definição, das modalidades de coberturas mais relevantes e dos principais direitos e obrigações que vinculam o segurador e o segurado na execução do contrato.

8.1 DEFINIÇÃO

O seguro de danos é a modalidade securitária que tem por fim garantir o legítimo interesse segurável sobre um bem ou sobre um conjunto de bens suscetível a um dano sob uma perspectiva eminentemente patrimonial.

No seguro de danos o interesse que se pretende proteger gravita sobre um bem, material ou imaterial, passível de estimação econômica com base em um valor previamente fixado, no seu valor de mercado ou na perda de lucros estimados com a sua não utilização ou venda.

Portanto, nesse gênero securitário há um predomínio do interesse sobre a reparação dos danos relacionados ao patrimônio e à responsabilidade civil do segurado, provocados pela sua própria conduta ou pela conduta de terceiros.

8.2 MODALIDADES DE SEGUROS DE DANOS

Neste subitem serão apresentadas algumas das principais modalidades de seguros de danos comercializadas no mercado segurador a fim de se demonstrar a diversidade de coberturas voltadas para a proteção patrimonial dos segurados.

8.2.1 Seguro de automóvel

O seguro de automóvel ou seguro veicular consiste na modalidade de seguro de danos que visa proteger o segurado dos riscos incidentes sobre o seu veículo.

O seguro veicular consiste em um ramo destacado do ponto de vista da geração de benefícios para a coletividade e de arrecadação de prêmios para o mercado segurador, figurando como um setor estratégico do ponto de vista econômico.

Trata-se de modalidade securitária que pode ser contratada de forma isolada ou mediante coberturas conjugadas visando ampliar ainda mais o espectro de proteção da sua cobertura originária.

Por se tratar, normalmente, de um seguro massificado, as suas condições contratuais básicas são objeto dos clausulados previamente editados pela SUSEP.

Os seus procedimentos de contratação, de liquidação de sinistro e de pagamento da importância segurada também são previamente definidos pela SUSEP a fim de garantir um tratamento uniforme pelas seguradoras e reduzir as hipóteses de litígios com os segurados.

Em razão da sua relevância mercadológica, essa espécie securitária será tratada de maneira específica no Capítulo 9.

8.2.2 Seguro de responsabilidade civil

O seguro de responsabilidade civil consiste na modalidade de seguro de danos contratada com o objetivo de garantir a compensação dos danos causados pelo segurado em face de terceiros.

Dentre as diversas espécies de coberturas de responsabilidade civil, cita-se, como exemplo, o seguro de responsabilidade civil facultativa de veículos – RCFV.

As coberturas de responsabilidade civil podem abranger a cobertura de danos materiais, danos estéticos e danos morais, desde que expressamente contratadas, dependendo da natureza dos atos praticados pelo segurado e da finalidade específica pretendida com a contratação da garantia securitária.

8.2.3 Seguro habitacional

O seguro habitacional consiste na modalidade de seguro de danos contratada para a garantia do adimplemento das prestações financeiras relacionadas ao preço do imóvel adquirido pelo segurado em benefício do respectivo vendedor.

O seguro habitacional pode ser facultativo quando o imóvel adquirido é financiado por instituição do mercado financeiro comum ou pode ser de natureza obrigatória quando contratado para fins de garantia do adimplemento das prestações financeiras relacionadas ao preço do imóvel adquirido no Sistema Financeiro de Habitação.

Essa espécie de seguro prevê ainda a cobertura do imóvel relacionada a riscos, por exemplo, de incêndio, de problemas relacionados ao abalo da sua estrutura física, dentre outros.

Diferencia-se da modalidade *seguro residencial*, porquanto neste o que se pretende proteger é apenas o bem imóvel de riscos sob os quais possa estar submetido e que possam lhe provocar danos materiais à sua estrutura física (ex: incêndio, raios, explosão, desmoronamento etc.).

A cobertura poderá incluir ainda proteção em relação aos bens que se encontram no interior do imóvel desde que expressamente prevista nas condições gerais da apólice.

Essa modalidade também se diferencia do *seguro condomínio*, porquanto este além de abranger as unidades imobiliárias também objetiva proteger as áreas comuns da edificação condominial.

A respeito do direito de escolha sobre a contratação dessa espécie de seguro, o STJ editou a Súmula 473 estabelecendo que: "O mutuário do SFH [Sistema Financeiro Habitacional] não pode ser compelido a contratar o seguro habitacional obrigatório com a instituição financeira mutuante ou com a seguradora por ela indicada" (DJe 19/06/2012).

Além disso, o STJ ainda editou a Súmula 31 prevendo que: "A aquisição, pelo segurado, de mais de um imóvel financiado pelo Sistema Financeiro de Habitação, situados na mesma localidade, não exime a seguradora da obrigação de pagamento dos seguros" (DJ 18/10/1991).

8.2.4 Seguro de transportes

O seguro de transportes consiste na cobertura voltada para garantir o pagamento da reparação dos danos involuntariamente causados aos bens transportados por via terrestre, marítima ou aérea, em âmbito nacional ou internacional.

Desse modo, o proprietário das mercadorias transportadas contrata a proteção securitária que possibilita cobrir os eventuais danos sofridos em razão dos eventos aos quais elas estarão submetidas ao longo do trajeto percorrido e, inclusive, caso contratado, nos locais onde permanecerão armazenadas.

A cobertura contratada poderá ser de natureza básica para eventos considerados comuns ou poderá ser de natureza abrangente para cobrir eventos considerados especiais de acordo com a particularidade de cada meio de transporte e das mercadorias transportadas.

8.2.5 Seguro empresarial

O seguro empresarial consiste na modalidade de seguro de danos voltada para cobrir os danos incidentes sobre os bens que integram o estabelecimento empresarial.

Nesse seguro o empresário ou a sociedade empresária poderão contratar cobertura contra danos dos mais diversos tipos para a proteção do parque industrial e dos bens que nele se encontram situados (ex: incêndio, danos elétricos, vendaval, granizo, terremoto etc.).

Os danos abrangidos poderão ser de natureza material ou imaterial (ex.: lucros cessantes e danos morais), causados no âmbito interno e externo, provocados por colaboradores ou terceiros, desde que as coberturas básicas e especiais sejam contratadas.

8.2.6 Seguro ambiental

O seguro de riscos ambientais consiste na modalidade de seguro de danos voltada para a cobertura dos efeitos danosos causados por atividades poluidoras com a ação de agentes químicos ou biológicos no meio ambiente.

A cobertura visa proteger pessoas individualmente afetadas, grupos identificáveis ou a coletividade em geral, a flora e a fauna, atividades pessoais ou profissionais, recomposição ou reparação dos danos materiais e morais sofridos, desde que as respectivas coberturas sejam contratadas.

8.2.7 Seguro de engenharia

O seguro de engenharia consiste em espécie de seguro de danos que visa cobrir os riscos decorrentes da prestação dos serviços relacionados à execução de projetos de construção de obras civis, montagem de equipamentos e atividades correlatas.

Trata-se de cobertura contratada pelo agente responsável pelas obras com o intuito de garantir o pagamento de eventual indenização pelos danos materiais causados ao respectivo prejudicado.

8.2.8 Seguro de diretores e administradores

O seguro de diretores e administradores (*D&O*) consiste na modalidade de seguro voltada para cobrir os danos causados pelos membros dos órgãos executivos e dos conselhos de administração da pessoa jurídica na qual exerçam as suas atividades.

Trata-se de cobertura contratada pela própria pessoa jurídica ou pela pessoa física que exerce a função de administração com o objetivo de proteger os administradores em relação a eventuais condutas que possam suscitar a sua responsabilização de reparar os danos causados aos sócios ou a terceiros prejudicados.

8.2.9 Seguro de riscos cibernéticos

O seguro de riscos cibernéticos consiste na modalidade de seguro de danos que tem por objetivo proteger o segurado em razão de atividades danosas praticadas por meios eletrônicos ou digitais que afetem programas de computadores (*softwares*) ou equipamentos de informática (*hardwares*) na execução dos seus serviços ou dos seus clientes externos.

Essa cobertura poderá ter por abrangência todos os bens materiais utilizados para a realização de serviços de tecnologia de informação e de informática bem como de suas redes de dados utilizadas internamente ou por clientes externos que façam uso dos serviços disponibilizados pelo segurado no mercado.

8.2.10 Seguro de crédito à exportação

O seguro de crédito à exportação consiste na espécie de seguro de danos voltado para a cobertura dos bens exportados em face de riscos comerciais, políticos e extraordinários relacionados ao inadimplemento financeiro por parte do importador.

Ele protege o exportador contra eventuais inadimplências relacionadas a *riscos comerciais*, que poderão decorrer da própria conduta do importador; *riscos políticos*, por efeitos relacionados à conjuntura política e econômica do país de destino das mercadorias; ou, *riscos extraordinários*, em razão da exposição a efeitos inevitáveis do país no qual esteja localizado o importador como guerras ou catástrofes naturais.

8.2.11 Seguro garantia

O seguro garantia consiste na modalidade de seguro de danos que visa garantir o cumprimento das obrigações assumidas pelo tomador em prol do respectivo segurado e beneficiário da cobertura contratada.

Trata-se de um contrato geralmente vinculado a uma obrigação principal assumida pelo tomador e que demanda a apresentação de uma garantia do seu adimplemento a qual será assumida pela seguradora.

No Subitem 14.3 será apresentada a modalidade de seguro garantia judicial voltada para garantir o cumprimento de obrigações financeiras no âmbito de processos envolvendo litígios judiciais.

8.2.12 Seguro rural

O seguro rural consiste na espécie de seguro de dano contratada com o objetivo de proteger o produtor rural de eventuais prejuízos que possam incidir na sua produção impedindo-o de realizar as suas atividades conforme o planejado e de cumprir as suas obrigações perante os adquirentes dos seus produtos agrícolas.

Essa cobertura poderá abranger ainda a produção pecuária e outros interesses do produtor rural relacionados ao seu patrimônio utilizado na produção agroindustrial.

8.3 DIREITOS DO SEGURADO

Neste subitem serão apresentados os principais direitos do segurado no âmbito dos seguros de danos.

8.3.1 Direito à informação sobre o seguro contratado

O direito à informação sobre o seguro contratado possui fundamento no *princípio da transparência das relações contratuais*, pelo qual a apólice e o bilhete de seguro deverão mencionar *todos os dados* necessários para a identificação dos caracteres essenciais e da modalidade securitária adquirida pelo contratante (Art. 760, segunda parte, do Código Civil).

Além disso, de acordo com o Art. 46 do CDC: "os contratos que regulam as relações de consumo não obrigarão os consumidores, se não lhes for dada a oportunidade de tomar conhecimento prévio de seu conteúdo, ou se os respectivos instrumentos forem redigidos de modo a dificultar a compreensão de seu sentido e alcance".

Desta forma, além das informações básicas e precedentes sobre a contratação de um seguro, como consequência lógica à relação jurídica firmada entre segurador e segurado, toda e qualquer alteração contratual posterior relevante deverá ser previamente comunicada ao segurado, a fim de que ele possa manifestar a sua aceitação ou discordância.

8.3.2 Direito à prestação da garantia securitária

Após a aceitação da proposta e o pagamento do prêmio, o segurado terá o direito de exigir que o segurador preste de maneira efetiva a garantia securitária contratada.

A prestação da garantia securitária refere-se à conduta ativa do segurador em relação ao cumprimento das obrigações previstas no contrato abrangendo os *planos de informação*, de *assistência*, de *liquidação do sinistro* e do *pagamento da importância segurada*.

No *plano informacional*, a seguradora deverá prestar todos os esclarecimentos solicitados pelo segurado a respeito das características da cobertura contratada a fim de que o mesmo possa usufruir dos benefícios adquiridos e possa cumprir as obrigações pactuadas.

No *plano assistencial*, a seguradora deverá prestar os serviços acessórios contratados pelo segurado com relação direta ou indireta com a obrigação principal, visando ampliar a sua comodidade do ponto de vista negocial.

Dentre eles podem ser citados, exemplificativamente, no seguro de automóvel, os serviços relacionados ao traslado do segurado do local do acidente, a disponibilização de veículo reserva, a contratação de serviços de advocacia para defesa administrativa ou judicial, desde que as coberturas acessórias tenham sido expressamente contratadas.

No *plano da liquidação*, a seguradora deverá realizar o atendimento do aviso de sinistro por meio de equipe de vistoria própria ou terceirizada com vistas a apurar os danos causados ao bem objeto do interesse segurável e a viabilizar a análise técnica a respeito da existência de cobertura contratual.

Importante destacar que a liquidação do sinistro deverá ser realizada dentro do prazo previsto nas condições gerais do contrato, desde que cumpridas pelo segurado as exigências relativas ao fornecimento de dados e à entrega de documentos necessários para os esclarecimentos dos fatos relacionados à dinâmica do evento predeterminado.

Por fim, a prestação da garantia securitária abrange o direito de o segurado *exigir o pagamento*, parcial ou total, da importância segurada para fins de reparação dos danos sofridos ou para o recebimento de quantia predeterminada com a verificação de uma data prefixada no contrato.

Como é possível notar, o direito à prestação da garantia securitária abrange diversos tipos de obrigações jurídicas conexas relacionadas à preservação do interesse segurável visando conferir uma proteção adequada ao segurado, desde que observados os direitos e limites previstos nas condições contratuais.

8.3.3 Direito à redução do prêmio em caso de alteração considerável do risco

O direito à redução do prêmio em caso de alteração considerável do risco possui fundamento na existência de uma equivalência material entre as prestações e contraprestações dos contratantes (sinalagma contratual), a partir da consideração de caracteres técnicos como o risco, a garantia e o legítimo interesse segurável.

Esse direito encontra previsão legal na segunda parte do Art. 770 do Código Civil:

> Art. 770. Salvo disposição em contrário, a diminuição do risco no curso do contrato não acarreta a redução do prêmio estipulado; mas, se a redução do risco for considerável, o segurado poderá exigir a revisão do prêmio, ou a resolução do contrato.

Na primeira hipótese legal, a diminuição insignificante do ponto de vista técnico da alocação do risco não provoca a necessidade de se estabelecer a redução do prêmio estipulado, ou seja, não implica a redução do valor pago a título de contratação da garantia securitária, salvo se existir disposição expressa em sentido contrário prevista no corpo das cláusulas ou condições gerais do contrato.

Na segunda hipótese legal, a diminuição do risco é tão significativa que importa a realocação do risco nas bases atuariais da sociedade seguradora. Diante disso, o segurado terá o direito de reaver o valor eventualmente pago a maior, caso constate a prévia quitação do preço pela garantia contratada e a sobra de saldo positivo em seu favor.

Caso o risco tenha sido totalmente suprimido durante o prazo de vigência da apólice, como, por exemplo, com a transferência do veículo segurado para um terceiro, sem a cessão dos direitos sobre a cobertura, o segurado poderá ainda postular a resolução do contrato e a devolução do saldo residual eventualmente pago à seguradora pelo período de cobertura restante não utilizado.

8.3.4 Direito ao reembolso das despesas feitas em favor do segurador

O direito ao reembolso das despesas feitas em favor do segurador decorre do interesse que este passa a ter em relação ao objeto do interesse segurável a partir do momento da ocorrência do evento predeterminado nas condições gerais da apólice.

A ocorrência do sinistro gera a possibilidade de que os direitos sobre o bem, no caso dos seguros de danos (ex: seguro de automóvel), venham a ser transferidos ao segurador, mediante o pagamento da indenização ao segurado.

Trata-se do que se convencionou chamar na técnica securitária das despesas realizadas pelo segurado visando à preservação dos *salvados*, ou seja, do conjunto total de elementos ou das partes que compõem o bem danificado, consistentes na adoção de medidas com o objetivo de evitar o dano, reduzir as suas consequências ou salvar as partes danificadas.

As medidas de salvamento deverão ser adotadas pelo segurado logo após o acontecimento do sinistro a fim de se evitar maiores danos.

Esse direito encontra previsão legal no Art. 771, parágrafo único, e no Art. 779, do CC:

> Art. 771. Sob pena de perder o direito à indenização, o segurado participará o sinistro ao segurador, logo que o saiba, e tomará as providências imediatas para minorar-lhe as conseqüências.
>
> Parágrafo único. Correm à conta do segurador, até o limite fixado no contrato, as despesas de salvamento conseqüente ao sinistro.
>
> Art. 779. O risco do seguro compreenderá todos os prejuízos resultantes ou conseqüentes, como sejam os estragos ocasionados para evitar o sinistro, minorar o dano, ou salvar a coisa.

Em assim sendo, a ocorrência de um sinistro previsto como evento passível da cobertura securitária gera a obrigação de a sociedade seguradora promover o custeio das despesas previstas em contrato para fins de realização do salvamento do objeto do interesse segurável afetado, uma vez que se constituirá em beneficiária do bem atingido pelo sinistro, e, não mais, o segurado.

Deste modo, toda e qualquer despesa justificadamente realizada pelo segurado, em conformidade com as hipóteses previstas em contrato para fins de salvamento do bem afetado e limitada ao valor máximo prefixado, implicará o direito de ser reembolsado pelo segurador.

Ressalvados os casos nos quais o estado de comprometimento do bem seja tão grave ou os custos da sua preservação sejam maiores do que o proveito econômico esperado com a sua conservação.

8.3.5 Direito a suscitar uma única recondução tácita

O segurado poderá exercer ainda o direito de recusa *quanto à recondução tácita do contrato pelo mesmo prazo, mediante expressa cláusula contratual, por mais de uma vez* (Art. 774 do Código Civil).

Deste modo, pode o segurado suscitar a sua discordância em relação à manutenção do vínculo contratual após a expiração do seu prazo de vigência, desde que constatada a renovação posterior à primeira recondução tácita sem a sua anuência.

Todavia, o segurado deverá manifestar a sua discordância logo após a sua ciência a respeito da prorrogação tácita da cobertura, como, por exemplo, com o recebimento da apólice renovada ou do boleto de pagamento referente ao novo prazo contratual.

Caso o segurado venha a se comportar de modo a evidenciar a sua concordância, a formalização da recondução tácita pela seguradora será interpretada como legal, gerando todos os seus efeitos jurídicos relacionados à obrigação de pagar o prêmio e de observância às condições gerais da apólice.

8.4 OBRIGAÇÕES DO SEGURADO

Neste subitem serão apresentadas as principais obrigações assumidas pelo segurado no âmbito dos seguros de danos.

8.4.1 Obrigação de pagar o prêmio

A obrigação de pagar o prêmio possui fundamento na regra de que as prestações contratuais securitárias se relacionam entre si por um vínculo sinalagmático.

Deste modo, *não terá direito à indenização o segurado que estiver em mora no pagamento do prêmio, se ocorrer o sinistro antes de sua purgação* (Art. 763 do Código Civil). De um modo geral, *pode-se afirmar que sem prêmio, não existe seguro*, uma vez que sem a contraprestação financeira dos segurados não é possível constituir as reservas técnicas financeiras necessárias para cobrir os riscos sob os quais eles se encontram expostos.

Além do mais, importa esclarecer que o prêmio de seguro é obrigação que não deve ser vinculada ao acontecimento do sinistro propriamente dito, uma vez que, *salvo disposição especial, o fato de se não ter verificado o risco, em previsão do qual se faz o seguro, não exime o segurado de pagar o prêmio* (Art. 764 do Código Civil).

Torna-se válido explicar, assim, que o dispositivo legal mencionado não se refere, como parece levar a crer, à ausência de verificação do acontecimento *risco* durante o lapso contratual, mas sim à não verificação da ocorrência do *sinistro* propriamente dito, entendido, a princípio, como o evento prejudicial que pode afetar o objeto em relação ao qual se circunscreve o legítimo interesse segurável.

O *risco* é um elemento imprescindível para a existência de um seguro; seguro de risco inexistente além de não ser seguro, por se tratar o risco de elemento do contrato, consiste, caso haja ciência do segurador, em fato que enseja a exigibilidade da *devolução em dobro do prêmio cobrado do segurado*.

Em assim sendo, com vistas a incentivar de forma recíproca a conduta ética das partes contratantes, *o segurador que, ao tempo do contrato, sabe estar passado o risco de que o segurado se pretende cobrir, e, não obstante, expede a apólice, pagará em dobro o prêmio estipulado* (Art. 773 do Código Civil).

Portanto, a não verificação do sinistro ao longo do prazo de vigência da apólice não implica em um suposto direito de o segurado postular a devolução do prêmio pago.

É preciso compreender que a prestação primordial do segurador não consiste no pagamento do capital segurado, mas sim na prestação da garantia securitária por todo o lapso temporal contratado, da qual decorre o direito subjetivo de se requerer o adimplemento da soma segurada, caso verificado um dos eventos previstos nas condições gerais da apólice.

8.4.2 Obrigação de proceder com boa-fé

A obrigação de proceder com boa-fé possui como fundamento o dever recíproco entre os contratantes de serem verdadeiros e honestos durante todas as fases da relação contratual firmada.

Deste modo, *o segurado e o segurador são obrigados a guardar na conclusão e na execução do contrato, a mais estrita boa-fé e veracidade, tanto a respeito do objeto como das circunstâncias e declarações a ele concernentes* (Art. 765 do Código Civil).

A *obrigação de prestar declarações exatas* possui fundamento nos princípios da boa-fé e da transparência, pelos quais os contratantes são obrigados a manter durante todas as etapas contratuais uma conduta honesta e leal, e a informar a respeito de todos os dados envolvidos na relação jurídica firmada.

A boa-fé incide como um verdadeiro dever de conduta baseado na confiança do segurador de que o segurado pautará as suas declarações e práticas de forma ética e objetivamente confiáveis no cumprimento das obrigações contratuais por ele assumidas.

O descumprimento dessa regra atrai a aplicação do Art. 766 do Código Civil:

> Art. 766. Se o segurado, por si ou por seu representante, fizer declarações inexatas ou omitir circunstâncias que possam influir na aceitação da proposta ou na taxa do prêmio, perderá o direito à garantia, além de ficar obrigado ao prêmio vencido.
>
> Parágrafo único. Se a inexatidão ou omissão nas declarações não resultar de má-fé do segurado, o segurador terá direito a resolver o contrato, ou a cobrar, mesmo após o sinistro, a diferença do prêmio.

A pena para o segurado que não observa tal obrigação tem um caráter dúplice: (i) *perda da garantia contratada*, porque ausentes os caracteres contratuais necessários para a validade e eficácia da própria avença; e, (ii) *manutenção do dever de pagar o prêmio*, ainda que do ponto de vista formal, não tenha sido prestada a garantia até o prazo final de vigência da apólice.

Entretanto, na hipótese de a inexatidão ou omissão nas declarações não decorrer de má-fé do segurado, na forma do parágrafo único do mesmo artigo, o ente segurador poderá, diante do caso concreto, mesmo após o sinistro: *cobrar a diferença do prêmio*; ou *resolver o contrato*.

A boa-fé é um princípio contratual específico sem o qual o próprio procedimento comercial perde sua característica intrínseca de se tornar instrumento de realização de vontades entre os contratantes, vez que a ausência de boa-fé tem, geralmente, como principal consequência, a inviabilidade jurídica da relação contratual firmada.

Na forma do que prescreve o Art. 762 do Código Civil, é reputado como: *nulo o contrato para garantia de risco proveniente de ato doloso do segurado, do beneficiário, ou de representante de um ou de outro*.

A presença da boa-fé é condição sem a qual o negócio jurídico firmado resta prejudicado, porquanto inadmissível que qualquer dos polos contratantes faça uso do instituto do seguro para se locupletar indevidamente do outro, seja por meio de ação ou omissão.

A conduta honesta é imprescindível para que tanto o segurador quanto o segurado tenham plena consciência das características dos interesses envolvidos, e, assim, para que possam aferir se as prestações e contraprestações foram cumpridas de maneira adequada.

8.4.3 Obrigação de comunicar a alteração do risco

A comunicação da alteração do risco constitui uma obrigação fundamental para que o segurador possa aferir se as obrigações firmadas entre os contratantes permanecem as mesmas ou se foram alteradas por um fato não conhecido após o momento de fechamento do contrato.

O dever de o segurado comunicar toda e qualquer alteração suscetível de influenciar as bases contratuais estabelecidas entre os contratantes possui ligação indissociável com a manutenção do *equilíbrio contratual.*

Tal obrigação encontra previsão legal no Art. 769 do Código Civil, por meio do qual: *o segurado é obrigado a comunicar ao segurador, logo que saiba, todo incidente suscetível de agravar consideravelmente o risco coberto, sob pena de perder o direito à garantia, se provar que silenciou de má-fé.*

Uma alteração superveniente à apresentação da proposta nas condições em que aceita, pode implicar a necessidade de realocação do risco que pende sobre o interesse segurável. E, por consequência, o reajustamento do valor do prêmio devido pela cobertura securitária contratada, ou, até mesmo, dependendo das circunstâncias agravantes do risco, a impositiva resolução do contrato por falta de substrato técnico por parte do ente segurador para suportar o risco verificado.

Em assim sendo, *o segurador, desde que o faça nos 15 (quinze) dias seguintes ao recebimento do aviso da agravação do risco sem culpa do segurado, poderá dar-lhe ciência, por escrito, de sua decisão de resolver o contrato.* Contudo, *a resolução só será eficaz 30 (trinta) dias após a notificação, devendo ser restituída pelo segurador a diferença do prêmio* (Art. 769, §§ 1º e 2º, do Código Civil).

8.4.4 Obrigação de comunicar o sinistro

A obrigação de o segurado comunicar o sinistro relaciona-se com a necessidade da imediata adoção de providências pela sociedade seguradora a respeito de todo e qualquer fato capaz de afetar o objeto em relação ao qual se circunscreve o legítimo interesse segurável, tanto no plano da liquidação do sinistro propriamente dito, quanto das medidas cabíveis para fins de resguardar os seus direitos, como, por exemplo, a conservação da coisa afetada.

Essa obrigação encontra respaldo legal no Art. 771, e parágrafo único, do Código Civil, pelo qual: *sob pena de perder o direito à indenização, o segurado participará o sinistro ao segurador, logo que o saiba, e tomará as providências imediatas para minorar-lhe as consequências, sendo que correm à conta do segurador, até o limite fixado no contrato, as despesas de salvamento consequente ao sinistro.*

Importante registrar que a obrigação de comunicar o evento passível de cobertura também abrange a obrigação de o segurado provar o acontecimento do sinistro assim como dos danos dele decorrentes.

Em alguns casos, a ausência de comunicação de um sinistro ou de um fato potencialmente danoso pode caracterizar a tentativa de o segurado encobrir a prática de uma conduta intencional para a obtenção de benefício por meio de fraude ao instituto do seguro, sancionada com a perda do direito à garantia securitária contratada.

8.4.5 Obrigação de evitar o agravamento do risco

A obrigação de evitar o agravamento do risco está fundamentada na razão de que tanto o objeto quanto as condições contratuais pactuadas não devem ser modificados durante o transcorrer do lapso temporal do contrato, sob pena de resolução da relação jurídica firmada.

O segurado deverá observar duas regras fundamentais a fim de evitar o agravamento do risco no contrato de seguro:

(i) *toda e qualquer eventual modificação do risco porventura gerada, com ou sem a influência omissiva ou comissiva do segurado, deverá ser imediatamente comunicada ao segurador*, na forma do que prescreve o Art. 769 do Código Civil (ex: no seguro de incêndio, a instalação de uma loja de fogos de artifício ao lado de uma residência objeto de um seguro); e,

(ii) *o segurado está terminantemente proibido de agravar intencionalmente o risco previsto no contrato, sob pena de perder o direito à garantia*, caso reste provada a prática de conduta dolosa a fim de obter enriquecimento sem causa, na forma do que prescreve o Art. 768 do Código Civil (ex: no seguro de automóvel, a inexistência de prévia comunicação à seguradora por parte do segurado a respeito da alteração do condutor do veículo inicialmente informado, para um terceiro com perfil de risco maior de acidente de trânsito).

Essa obrigação possui relação intrínseca com a necessidade de preservação das condições fáticas com base nas quais os cálculos atuariais para a constituição do grupo segurado costumam ser realizados sob pena de desequilíbrio financeiro para o pagamento das coberturas assumidas pelo segurador.

8.4.6 Obrigação de colaborar com o segurador na liquidação do sinistro

A obrigação de colaborar com o segurador na liquidação do sinistro possui razão por ser o segurado, geralmente, o principal interessado e a pessoa que costuma protagonizar o evento passível de cobertura securitária (Arts. 765, 769 e 771 do Código Civil).

Desse modo, o segurado deverá se colocar à inteira disposição do segurador para o esclarecimento dos fatos narrados no aviso de sinistro, como, por exemplo, prestação de informações sobre a dinâmica do evento danoso, realização de entrevistas, emissão de declarações, apresentação de documentos necessários para a aferição e para o cálculo dos danos sofridos, dentre outros.

A ausência de colaboração do segurado pode reduzir o espectro de aferição do ente segurador, prejudicar o esclarecimento a respeito de dados essenciais para a devida compreensão do evento, e até mesmo, implicar uma conclusão desconforme à realidade dos fatos ocorridos, tudo, em prejuízo do próprio segurado.

8.5 DIREITOS DO SEGURADOR

Neste subitem serão apresentados os principais direitos do segurador no âmbito dos seguros de danos.

8.5.1 Direito de exigir o prêmio

O segurador faz jus ao recebimento do prêmio por se tratar da contraprestação mediante a qual ele viabilizará a materialização da garantia securitária pretendida pelo segurado.

O prêmio perfaz ainda a parcela pela qual se gera a lucratividade decorrente do exercício da atividade seguradora como justa remuneração ao empresário (Arts. 757, 763 e 764 do CC).

8.5.2 Direito a suspender a garantia em caso de inadimplemento do segurado

O direito a suspender a garantia securitária em caso de inadimplência do segurado possui fundamento na razão de que para toda a prestação deve haver uma contraprestação.

Por isso, a caracterização do inadimplemento, autoriza a decretação da suspensão da garantia, ou, até mesmo, a rescisão do contrato firmado. Deste modo: *não terá direito à indenização o segurado que estiver em mora no pagamento do prêmio, se ocorrer o sinistro antes de sua purgação* (Art. 763 do Código Civil).

A doutrina e a jurisprudência, entretanto, entendem que no caso de *adimplemento substancial* – hipótese jurídica em que resta caracterizado o pagamento de parte relevante da dívida contraída –, o segurador não poderá negar vigência à garantia contratada, devendo promover a cobrança do saldo devedor do segurado.

Trata-se de solução aplicável exclusivamente às coberturas securitárias de longa duração como as vistas nos contratos de seguro de vida individual cujo segurado quita exemplarmente por vários anos seguidos o prêmio do seguro e, momentaneamente, em razão do inadimplemento de uma ou poucas parcelas isoladas se vê obstado de obter a garantia contratada.

A respeito da suspensão da garantia em razão do inadimplemento do segurado, o STJ editou ainda a *Súmula 616* estabelecendo que: "A indenização securitária é devida quando ausente a comunicação prévia do segurado acerca do atraso no pagamento do prêmio, por constituir requisito essencial para a suspensão ou resolução do contrato de seguro" (DJe 28/05/2018).

Em que pese o entendimento jurisprudencial supracitado, entende-se que tal exigência é desnecessária e que a suspensão ou a rescisão do contrato operam-se automaticamente a partir da constatação do inadimplemento, porquanto a obrigação do pagamento situa-se na esfera de controlabilidade do segurado, logo, transferir o ônus dos efeitos da sua inobservância à seguradora não se afigura juridicamente razoável.

8.5.3 Direito a suspender a garantia em caso de alteração considerável do risco

Como visto, a manutenção das circunstâncias que ensejaram a aceitação da proposta de seguro ao longo do tempo é extremamente relevante para a técnica atuarial.

Todo e qualquer fato que porventura implique a modificação considerável em relação aos sujeitos, às condições e aos encargos da relação jurídica firmada, pode desencadear o desequilíbrio do plano contratual originalmente pactuado, provocando injusto prejuízo a um ou a ambos os contratantes (Art. 769 do Código Civil).

Deste modo, o segurador tem a prerrogativa contratual de reajustar o prêmio inicialmente pago ou de comunicar a suspensão da garantia, ou, até mesmo, a rescisão do contrato, diante da incapacidade técnica de prestação da cobertura pretendida.

8.5.4 Direito a suspender e a rescindir o contrato em caso de dolo do segurado

O instituto do seguro sustenta suas bases negociais no *princípio da confiança mútua* entre os contratantes, no sentido de assegurar que a relação contratual porventura firmada desenvolver-se-á dentro dos mais escorreitos laços de boa-fé e honestidade.

A prestação intencional de uma informação ou a consumação de uma conduta pelo segurado desprovida da necessária fidedignidade importa o reconhecimento da inviabilidade da relação contratual firmada, por afetar diretamente o procedimento técnico aplicado na realização da garantia de um interesse segurável.

Em assim sendo, a conduta dolosa protagonizada pelo segurado deve ser eficazmente coibida pelo segurador, na forma da suspensão da garantia ou da decretação da rescisão do contrato, por ofensa à própria natureza da operação comercial almejada (Art. 762 do Código Civil).

8.5.5 Direito a reajustar o prêmio em caso de majoração do risco

A necessidade de correspondência entre o valor do prêmio e do risco do seguro fundamenta-se na razão do aspecto sinalagmático entre as prestações em relação às quais o segurador e o segurado se obrigam reciprocamente.

O Art. 770 do Código Civil prevê de maneira expressa o direito de reajuste para menor do prêmio em prol do segurado, e, inclusive, prevê, caso a redução do risco seja substancial, a própria resilição da relação jurídica instalada entre os contratantes.

Logo, se a lei admite o reajuste para um valor menor em razão da alteração do risco em favor do segurado, em homenagem ao *princípio da isonomia*, o segurador também tem o direito de postular o reajuste para um valor maior do prêmio como forma de reequilibrar a relação contratual firmada.

Por fim, importante relembrar que a correta precificação do risco influencia diretamente o equilíbrio técnico dos fundos financeiros necessários para cobrir os sinistros dos grupos segurados.

8.5.6 Direito a garantir apenas os riscos predeterminados

O direito a garantir apenas os riscos predeterminados possui fundamento na razão de que o contrato de seguro deve especificar os riscos em relação aos quais o ente segurador se compromete a cobrir (Art. 757 do Código Civil).

O Código Civil de 1916, em seu Art. 1.460, também previa dispositivo legal no mesmo sentido:

Art. 1.460. Quando a apólice limitar ou particularizar os riscos do seguro, não responderá por outros o segurador.

Desse modo, somente serão considerados passíveis de cobertura os eventos expressamente previstos em contrato.

A necessidade de predeterminação dos riscos seguráveis possui relação direta com as bases atuariais do negócio securitário fundado na correlação entre a probabilidade de verificação dos eventos passíveis de cobertura e os custos gerados para o pagamento dos danos constatados.

8.5.7 Direito a opor as defesas cabíveis em face do representante e do estipulante

De acordo com o que estabelece o Art. 767 do Código Civil: *no seguro à conta de outrem, o segurador pode opor ao segurado quaisquer defesas que tenha contra o estipulante, por descumprimento das normas de conclusão do contrato, ou de pagamento do prêmio.*

O direito de o segurador opor ao segurado as defesas cabíveis em face do sucessor ou representante deste possui fundamento na razão de que a causa deflagradora da suspensão ou rescisão de um contrato de seguro mantém-se indene, ainda que não tenha sido diretamente praticada pelo beneficiário da cobertura.

Dessa forma, o segurado não poderá eximir-se da sua responsabilidade ao suscitar que a conduta prejudicial alegada pelo segurador foi protagonizada pelo estipulante ou por seu representante, devendo assumir todos os efeitos jurídicos gerados, inclusive, sob o ponto de vista da suspensão ou da rescisão do contrato.

8.5.8 Direito à sub-rogação

Ao contratar uma apólice de seguro, o segurado tem por objetivo proteger-se contra os eventuais danos a si causados por fatos naturais ou por fatos de terceiros.

Desse modo, caso o segurador venha a cobrir os danos sofridos pelo segurado causados por fato de terceiro, ele poderá exercer o direito de regresso em face deste em razão dos danos reparados.

Desse modo, *paga a indenização, o segurador sub-roga-se, nos limites do valor respectivo, nos direitos e ações que competirem ao segurado contra o autor do dano* (Art. 786 do Código Civil).

Em razão disso, *será ineficaz qualquer ato do segurado que diminua ou vise extinguir, em prejuízo do segurador, os direitos de sub-rogação* (Art. 786, § 2º, do Código Civil).

Reconhecendo tal direito, o Supremo Tribunal Federal editou a *Súmula 188* estabelecendo que: "O segurador tem ação regressiva contra o causador do dano, pelo que efetivamente pagou, até ao limite previsto no contrato de seguro" (DJ 13/12/1963).

Todavia, a sub-rogação não tem lugar se o dano foi causado pelo cônjuge do segurado, seus descendentes ou ascendentes, consanguíneos ou afins, salvo a comprovação de dolo (Art. 786, § 1º, do Código Civil).

Geralmente, a fim de evitar simulações, estão legitimamente excluídos da cobertura securitária os danos provocados pelo cônjuge ou descendentes ou ascendentes (ex: esposo que colide com o seu automóvel no veículo da própria esposa).

8.6 OBRIGAÇÕES DO SEGURADOR

Neste subitem serão apresentadas as principais obrigações assumidas pelo segurador no âmbito dos seguros de danos.

8.6.1 Obrigação de garantir um legítimo interesse segurável

A obrigação de garantir um legítimo interesse segurável é o impositivo legal que vincula o segurador à aceitação de uma proposta dotada dos pressupostos técnicos securitários fundamentais.

Tal preceito legal fundamenta-se na razão de que o ente segurador deve harmonizar o intuito lucrativo decorrente do exercício da atividade à natureza e aos pressupostos do negócio jurídico fomentado (Art. 757 c/c Art. 421 do Código Civil).

Todavia, como destacado, a aceitação de uma proposta de seguro estará vinculada ao preenchimento dos pressupostos técnico-atuariais utilizados pelo segurador para a constituição dos grupos seguráveis e desde que a sua estrutura empresarial possua a capacidade financeira de absorção do risco conforme os padrões solvenciais exigidos pela legislação em vigor.

Sem o preenchimento de tais pressupostos, consiste em um dever do segurador formular a recusa de aceitação da proposta tendo em vista a obrigatoriedade de cobrir apenas os riscos compatíveis com a sua estrutura técnico-atuarial.

Portanto, os riscos fora da sua capacidade de subscrição ou incompatíveis com os padrões solvenciais adotados deverão ser peremptoriamente rejeitados pelo segurador.

Além disso, o segurador tem o dever de recusar propostas que veiculem interesses em desconformidade com os pressupostos estabelecidos pela legislação em vigor, especialmente, no que se refere à integridade e à conformidade legal do interesse segurável.

8.6.2 Obrigação de informar sobre o seguro contratado e alterações posteriores

A obrigação de o segurador informar sobre o seguro contratado e alterações posteriores encontra fundamento no *princípio da transparência contratual.*

De acordo com esse princípio, o segurador deve prestar ao segurado, de maneira prévia, todas as informações concernentes à modalidade de seguro contratada assim como a respeito das alterações posteriores relacionadas ao regime contratual ao qual se vincularam.

Deste modo, toda e qualquer modificação das cláusulas contratuais deve ser previamente comunicada ao segurado, sob pena de violação aos preceitos legais vigentes (Art. 760 do Código Civil; Art. 6º, II e III, e Art. 46, do Código de Defesa do Consumidor).

8.6.3 Obrigação de atualizar o pagamento feito em atraso que tenha dado causa

A obrigação de atualizar o pagamento feito em atraso causado pelo segurador possui razão na regra que estabelece que a inadimplência deverá ser reparada com juros e correção monetária.

Encontra previsão legal no Art. 772 do Código Civil de 2002, pelo qual: *a mora do segurador em pagar o sinistro obriga à atualização monetária da indenização devida segundo índices oficiais regularmente estabelecidos, sem prejuízo dos juros moratórios.*

Desse modo, caso o segurador tenha incorrido em atraso no que toca ao pagamento dos valores referentes ao sinistro, o mesmo estará obrigado a imprimir no valor final devido ao segurado ou terceiro beneficiário a correção monetária e os juros de mora.

A respeito da *correção monetária*, o Superior Tribunal de Justiça editou a *Súmula 632* estabelecendo que: "Nos contratos de seguro regidos pelo Código Civil, a correção monetária sobre a indenização securitária incide a partir da contratação até o efetivo pagamento" (DJe 13/05/2019). Em relação aos *juros de mora*, como regra, nas obrigações contratuais, eles devem incidir a partir da citação.

Em relação ao seguro DPVAT, o STJ também editou a *Súmula 580* estabelecendo que: "A correção monetária nas indenizações do seguro DPVAT por morte ou invalidez, prevista no § 7º do art. 5º da Lei n. 6.194/1974, redação dada pela Lei n. 11.482/2007, incide desde a data do evento danoso" (DJe 19/09/2016).

8.6.4 Obrigação de pagar em dobro o prêmio de risco que sabe passado

A obrigação de pagar em dobro o prêmio de risco que sabe passado pelo segurador funciona como pena para o fim de inibir que ele se aproveite da sua posição técnica para obter benefício indevido do segurado.

A aplicação da penalidade está vinculada à *inexistência de risco* pendente sobre o legítimo interesse segurável, vez que, como dito, somente existe seguro se houver risco.

Encontra previsão legal no Art. 773 do Código Civil, e possui a mesma natureza jurídica da previsão contida no Art. 42, parágrafo único, do Código de Defesa do Consumidor, que estabelece penalidade na mesma medida para o fornecedor ou prestador de produtos ou serviços que venha a exigir o pagamento de dívida já paga pelo consumidor.

É fundamental para a sua caracterização a demonstração plena do conhecimento do segurador a respeito da inexistência do risco. Eventuais erros ou equívocos justificáveis não legitimam a aplicação da pena em dobro, mas apenas a devolução do eventual prêmio cobrado ao segurado devidamente atualizado.

8.6.5 Obrigação de pagar em dinheiro

A obrigação de pagar em dinheiro encontra fundamento na razão de proporcionalidade entre as prestações realizadas pelo segurador e pelo segurado. Encontra respaldo legal no Art. 776 do Código Civil, pelo qual: *o segurador é obrigado a pagar em dinheiro o prejuízo resultante do risco assumido, salvo se convencionada a reposição da coisa.*

Deste modo, se o segurado realiza a sua prestação de pagar o prêmio em dinheiro, nada mais justo e adequado que a sociedade seguradora providencie a sua contraprestação também por meio de pagamento em dinheiro.

Além do mais, indiscutivelmente, trata-se da forma econômica menos custosa para ambos os contratantes, porque a especificação da obrigação de repor a mesma coisa nos seguros de danos, por vezes, pode se apresentar mais complexa do que a simples quitação da importância segurada por meio de pagamento em espécie.

8.6.6 Obrigação de preservar as bases técnicas do seguro

A obrigação de preservar as bases técnicas do seguro se subdivide em três outras obrigações: (i) obrigação de constituir reservas técnicas, fundos especiais e provisões; (ii) obrigação de pulverizar o risco por meio de cosseguro e resseguro; e (iii) obrigação de recusar riscos que excedam sua capacidade técnica.

A *obrigação de constituir reservas técnicas, fundos especiais e provisões* tem como finalidade impor ao segurador a criação de uma estrutura atuarial capaz de fazer frente às demandas decorrentes da formação de grupos securitários. Sem a observância de tal obrigação, o ente segurador incorre em inadimplência passível de deflagrar a retenção dos prêmios de seguro pagos pelo segurado a título de garantia contratada.

A *obrigação de pulverizar o risco por meio de cosseguro e resseguro* tem como finalidade impor ao segurador o compartilhamento das consequências patrimoniais dos riscos assumidos no exercício da sua atividade empresarial. No caso do cosseguro, com outras sociedades seguradoras, assumindo *parte* da garantia e da importância segurada que se objetiva contratar; e, no caso do resseguro, com uma ou mais resseguradoras, assumindo a *integralidade* ou *parcela* da garantia e da importância segurada que se objetiva contratar.

A *obrigação de recusar riscos que excedam sua capacidade técnica* possui fundamento na razão de que somente devem ser admitidos os riscos que possuam capacidade técnica na estrutura atuarial do ente segurador. Muito mais do que apenas um direito do segurador, constitui uma efetiva obrigação que deve ser irrestritamente observada pela sociedade seguradora administradora dos fundos constituídos por meio dos prêmios de seguros arrecadados (Art. 188, inciso I, do Código Civil).

A recusa de risco fora da capacidade técnica da sociedade seguradora possui relação intrínseca com a boa governança empresarial do negócio, e por consequência, com a necessidade da boa gestão das somas recolhidas a título de prêmio de seguro da massa de segurados.

8.6.7 Obrigação de tomar as medidas para mitigar os efeitos gravosos do risco

O segurador, assim como o segurado, também tem a obrigação de promover as medidas necessárias a fim de eliminar ou diminuir os efeitos gravosos do risco, quando provocado ou quando espontaneamente deles tiver ciência.

Sobressai nesta obrigação a importância de se resguardar o patrimônio privado, e por consequência, os fundos geridos pelo segurador, da incidência de gravames financeiros incrementados pela inércia do segurado que porventura encontre-se impossibilitado de tomar uma medida hábil a evitar o agravamento ou a deflagração do sinistro propriamente dito.

A atuação do segurador deverá ser, contudo, balizada de acordo com a existência de fundamentação técnica e nos limites das condições gerais do contrato. Além disso, os custos deverão observar os limites de cobertura previstos na apólice.

8.6.8 Obrigação de defender o instituto do seguro da fraude

O comportamento administrativo-contratual correto do ente segurador, como condição necessária da preservação da lisura de todas as propostas e pagamentos porventura efetivados em razão de contratos de seguros por ele geridos, deve ser estritamente observado em todas as fases do contrato: *antes, durante e após o término da relação jurídica firmada.*

Na *fase preliminar* do contrato, o segurador deve imprimir rigorosa análise na verificação de compatibilidade e adequação de um legítimo interesse segurável no que toca às matrizes de garantia que estejam sob o seu controle, com o fito de eliminar, logo nessa fase precípua de formação pré-contratual, propostas fora de sua capacidade técnica ou nitidamente vinculadas a fins ilícitos.

Na *fase de execução* do contrato, o segurador deve estar atento ao desenvolvimento regular da garantia contratada, por meio da verificação da compatibilidade entre a modalidade de seguro, a importância segurada contratada e os serviços prestados ao segurado.

Na *fase pós-contratual,* o segurador deve publicar fielmente os resultados advindos da relação securitária encerrada, tanto no plano jurídico individual relativo ao segurado (ex: requisição de auditoria do seguro contratado), quanto no plano jurídico coletivo perante a sociedade (ex: divulgação dos resultados sociais).

Destaca-se ainda que a condução do processo de liquidação de sinistro deverá ser norteada pela obrigatoriedade de constatação da fidelidade, da compatibilidade e da relação entre as causas, os danos apurados e a modalidade de seguro contratada, a fim de reduzir os efeitos das perdas econômicas compartilhadas com toda a coletividade.

8.6.9   Outras obrigações do segurador

Torna-se válido ainda ressaltar que *os agentes autorizados do segurador presumem--se seus representantes para todos os atos relativos aos contratos que agenciarem* (Art. 775 do Código Civil).

Deste modo, atribui-se também ao segurador a responsabilidade de assumir todas as consequências advindas das condutas de seus representantes legais no exercício da atividade securitária para o qual foram contratados.

Por fim, o Art. 783 do Código Civil estabelece que: *salvo disposição em contrário, o seguro de um interesse por menos do que valha acarreta a redução proporcional da indenização, no caso de sinistro parcial.*

Desta forma, o segurador tem uma autêntica obrigação de reduzir o valor da importância segurada reclamada quando constatado que o interesse segurável sobre um determinado objeto na realidade é menor do que havia sido informado ou considerado para fins de contratação de uma apólice de seguro, salvo expressa previsão contratual ou legal em sentido contrário.

9
SEGURO DE AUTOMÓVEL

Neste capítulo serão apresentadas as particularidades do contrato de seguro de automóvel, a mais importante modalidade do seguro de danos do ponto de vista da arrecadação de prêmios e da sua abrangência de proteção à coletividade de segurados.

9.1 DEFINIÇÃO

O seguro de automóvel é a modalidade securitária que tem por fim garantir o legítimo interesse segurável sobre um veículo suscetível a um dano.

Além dos requisitos gerais e específicos do *contrato de seguro*, o seguro de automóvel ainda possui aspectos particulares, de observância obrigatória, relacionados à sua conformidade contratual: (i) vistoria prévia do veículo objeto do interesse segurável; (ii) regularidade cadastral do veículo objeto do interesse segurável perante os respectivos órgãos públicos; (iii) regularidade da propriedade e dos documentos veiculares; (iv) condutor legalmente habilitado; (v) veículo utilizado pelo condutor e para os fins especificados; (vi) conservação e inalterabilidade do veículo, dentre outros.

9.2 EVOLUÇÃO HISTÓRICA

No mundo, a evolução do seguro de automóvel foi diretamente impulsionada pelo surgimento da *Revolução Industrial* e pela consolidação da *sociedade de consumo de massa*.

Em virtude dos benefícios gerados pela produção industrial e em razão da grande demanda pela compra desse tipo de bem, surgiram as bases para a popularização do acesso à compra de veículos automóveis aos consumidores em geral.

O aumento na quantidade de veículos circulantes figurou como a tônica por meio da qual se tornou possível a criação de grupos seguráveis visando à socialização dos riscos incidentes sobre a utilização desses bens de consumo.

De acordo com os registros históricos, a primeira apólice de seguro de automóvel foi emitida na Inglaterra no ano de 1896 (Merkin e Stuart-Smith, 2004:01-04).

A primeira apólice de seguro de responsabilidade civil de veículo foi emitida nos EUA, no ano de 1898, para o criador de um automóvel que pretendia se precaver de acidentes causados a terceiros (Black Jr. e Rossi, 2001, Capítulo 2).

A apólice para veículos se expandiu rapidamente e outras seguradoras lançaram coberturas contra fogo, no ano de 1902, e contra roubo, no ano de 1905. Em 20 anos de operações, o seguro de automóvel se tornou um dos mais importantes ramos de seguros nos EUA.

Em assim sendo, o seguro de automóvel passou a funcionar como um mecanismo de proteção do indivíduo e da coletividade em relação às eventuais consequências danosas decorrentes da sua utilização.

No Brasil, a evolução dessa espécie securitária encontra como um marco histórico o incentivo à instalação e ao desenvolvimento da indústria automobilística multinacional no país, por intermédio do Governo Juscelino Kubitschek (1956-1961).

Atualmente, a frota de veículos no país está estimada em 60 milhões de automóveis (CNSEG, 2020). O grande número de veículos circulantes, aliado ao estado de má-conservação das vias de trânsito e à irresponsabilidade de alguns motoristas têm gerado um número preocupante de acidentes com vítimas e prejuízos econômicos estimados em R$ 10 bilhões por ano à saúde pública brasileira (Denatran, 2006).

Esses números reforçam a importância do sistema securitário como o mais importante meio conhecido de pulverização dos riscos já concebido pela humanidade.

9.3 MERCADO DE SEGURO DE AUTOMÓVEL

Como destacado, o seguro de automóvel figura como um dos maiores nichos comerciais do mercado de seguros mundial.

Os avanços tecnológicos impressos em todo o procedimento de venda, análise do risco e prestação de serviços periciais na constatação de danos, revelam uma *expertise* extremamente avançada das seguradoras brasileiras.

O mercado também tem como marca a intensa competitividade e variedade de coberturas oferecidas ao mercado consumidor, com produtos e pacotes de benefícios visando atender a todas as espécies de necessidades e com uma forte preocupação com a redução de custos operacionais e de comercialização.

Dentre os *benefícios* oferecidos, podem ser citados: carro reserva, motorista particular, descontos na utilização de estabelecimentos terceirizados, dentre outros. Itens estes que demonstram quão exigente se tornou o consumidor brasileiro em relação a tal produto.

De acordo com os dados estatísticos da Superintendência de Seguros Privados – SUSEP (2019), o ramo automóvel foi responsável por 32% (trinta e dois por cento) das arrecadações de prêmios diretos, computados no ano de 2019.

Tal percentual lhe conferiu a primeira posição no ramo de seguros de danos e com uma arrecadação total de aproximadamente R$ 26 bilhões, seguindo uma tendência de manutenção arrecadatória constante no Brasil.

No próximo subitem será apresentada a modalidade de seguro de automóvel compreensiva, a fim de se conhecer as coberturas por valor determinado e por valor de mercado.

9.3.1 Modalidade compreensiva

A modalidade de garantia compreensiva abrange as garantias por *colisão, incêndio* e *roubo*. Geralmente é a modalidade de cobertura contratada no ramo de seguro de automóvel, por abranger as principais ocorrências de danos decorrentes do uso de veículos automotores.

Esta modalidade pode ser contratada ainda na forma de *seguro por valor determinado* e *seguro por valor de mercado*. A SUSEP admite ainda o oferecimento de cobertura com *outro critério objetivo e transparente* para determinação do limite máximo de indenização na data da ocorrência do sinistro, o qual deverá ser previamente informado para a escolha do segurado.

9.3.2 Seguro de automóvel por valor determinado

O *seguro de automóvel por valor determinado* é a modalidade que: "garante ao segurado, no caso de indenização integral, o pagamento de quantia fixa, em moeda corrente nacional, estipulada pelas partes no ato da contratação do seguro" (Art. 4º, § 2º, da Circular SUSEP 639/2021).

A vantagem para o segurado está em saber, desde a contratação, o valor que será pago quando da constatação da ocorrência do evento predeterminado nas condições gerais da apólice. Com efeito, o valor da contraprestação pela garantia tende a ser maior do que a cobertura por valor de mercado.

9.3.3 Seguro de automóvel por valor de mercado

O *seguro de automóvel por valor de mercado* é a modalidade que: "garante ao segurado, no caso de indenização integral, o pagamento de quantia variável, em moeda corrente nacional, determinada de acordo com a tabela de referência, expressamente indicada na proposta do seguro, conjugada com fator de ajuste, em percentual a ser aplicado sobre o valor de cotação do veículo, na data da liquidação do sinistro" (Art. 4º, § 1º, da Circular SUSEP 639/2021).

O fator de ajuste, especificado no momento de contratação da garantia, é um instrumento matemático que leva em conta as características particulares do veículo, como o seu melhor ou pior estado de conservação, para a fixação de um valor *equivalente, maior* ou *menor* quanto à importância a ser paga ao segurado (valor da tabela x fator de ajuste = importância segurada).

A vantagem para o segurado na contratação desta modalidade de seguro está, geralmente, no pagamento de um prêmio menor do que o da modalidade de valor de determinado, uma vez que a fixação do preço da garantia leva em consideração a provável desvalorização do bem ao longo do tempo com base na aferição dos índices de mercado.

Diante disso, essa modalidade de seguro de automóvel, em razão dos fatores acima mencionados, poderá implicar o pagamento de uma importância segurada a menor do que a inicialmente fixada para fins de cálculo do prêmio de seguro.

A SUSEP, preocupada com a margem de subjetividade da aferição da importância segurada nessa modalidade de cobertura, de natureza variável, estabeleceu a obrigatoriedade de as seguradoras indicarem de forma expressa na apólice de seguro de automóvel e/ou nas condições contratuais:

(i) o *fator de ajuste*, em percentual, que será utilizado na data da liquidação do sinistro;

(ii) a *tabela de referência utilizada* como parâmetro para cálculo do prêmio de seguro e da importância segurada, a ser escolhida dentre revistas especializadas ou jornais de grande circulação ou por meio eletrônico, elaborada por instituição independente de notória competência; e,

(iii) a *tabela substituta*, a ser utilizada em caso de extinção ou interrupção de publicação da primeira originalmente prevista (Art. 5º, e Art. 15, inciso III, da Circular SUSEP 639/2021).

No caso de veículo *zero quilômetro*, a seguradora deverá estabelecer o tratamento a ser adotado em caso de ocorrência de sinistro com direito à indenização integral, inclusive, se for o caso, o período com critério diferenciado para determinação do valor a ser indenizado, ou seja, no qual a importância segurada poderá ser paga com base no *valor de novo* (Art. 11 da Circular SUSEP 639/2021).

9.3.4 Cobertura de vigência longa, curta ou intermitente

No seguro de automóvel, o segurado poderá optar ainda pela contratação de cobertura baseada no lapso temporal de vigência do contrato. Desse modo, o segurado poderá contratar:

(i) *cobertura de longa duração*, caracterizada por prazos mínimos anuais ou por prazo indeterminado, são os contratos mais comuns vistos no mercado;

(ii) *cobertura de curta duração*, com vigência baseada em horas, dias, meses ou trechos, são contratos específicos para eventos predeterminados como viagens; e,

(iii) *cobertura de duração intermitente*, baseada em períodos temporais fixados de forma descontinuada por critérios de interrupção e recomeço, com base em critérios predefinidos para o acionamento da cobertura.

Os seguros de curta duração e de duração intermitente são coberturas que permitem ao segurado adaptar a apólice aos eventos e aos espaços temporais por ele desejados normalmente vinculados ao período de utilização do veículo segurado.

A cobertura de duração intermitente (*pay per use*) também é conhecida pela expressão "liga-desliga", uma vez que um dos critérios de cobertura é ligado nos momentos nos quais o veículo encontra-se em trânsito, sendo desligado nos momentos nos quais ele esteja estacionado ou guardado em garagem.

Desse modo, o segurado somente paga pelos períodos de efetiva utilização do veículo, cujo prêmio poderá ser calculado com base nos quilômetros percorridos ou com base no tempo fixado por horas ou minutos de uso diário do veículo.

A customização do risco baseada no perfil comportamental do segurado tem sido realizada com base em ferramentas de inteligência artificial e de monitoramento de uso por meio de aplicativos capazes de aferir os locais, os horários, os trajetos e as distâncias percorridas pelo segurado.

A cobertura "pague pelo que usar" tem o prêmio baseado parte em uma mensalidade fixa e parte em um valor variável, cujo custo é geralmente menor do que as coberturas tradicionais visto que parte do cálculo do risco encontra-se diretamente vinculado a maior ou menor utilização do veículo pelo segurado.

Trata-se de opção que poderá ser utilizada, inclusive, como forma de proteção do legítimo interesse segurável nos modelos de economia compartilhada, como a utilização de veículos para um trajeto específico ou por um espaço de tempo limitado (*car sharing*).

9.3.5   As formas de adimplemento do objeto segurado

A Circular SUSEP 621/2021 (Art. 47), ao dispor sobre a *estruturação mínima das condições contratuais e das notas técnicas atuariais dos contratos de seguros de danos*, dentre outras providências, estabelece que o contrato de seguro poderá admitir como forma de adimplemento em relação à verificação do evento danoso predeterminado, as hipóteses de: (i) *pagamento em dinheiro*; (ii) *reposição*; (iii) *reparo da coisa*; (iv) *prestação de serviços*; ou, (v) *outras formas pactuadas* mediante acordo entre as partes.

O adimplemento a título de *indenização integral* ou *perda total* ocorrerá em conformidade com os critérios previstos nas condições contratuais da apólice, vedada a dedução de valores referentes às avarias previamente constatadas (Art. 10 da Circular SUSEP 639/2021).

Portanto, as seguradoras são livres para estabelecerem os critérios com base nos quais serão pagas as indenizações por perda total dos veículos segurados, levando-se em consideração a necessidade de proteção dos fundos securitários e da adoção da decisão mais eficiente do ponto de vista econômico.

No caso de cancelamento do contrato de seguro em decorrência de sinistro, a seguradora deverá ainda prever se haverá restituição de parte do prêmio relativo às demais coberturas acessórias contratadas e não utilizadas (Art. 14, inciso II, da Circular SUSEP 639/2021).

9.4 MODALIDADES CONJUGADAS E ACESSÓRIAS

Neste subitem serão apresentadas as principais modalidades de seguro de automóvel com coberturas acessórias, cuja contratação tem por objetivo ampliar o espectro protetivo conferido ao segurado e, consequentemente, à coletividade como um todo.

9.4.1 Seguro de automóvel com responsabilidade civil facultativa

O seguro de automóvel é um seguro nitidamente de proteção de casco do veículo e dos itens veiculares nele constantes.

Todavia, a utilização de um automóvel também pode ocasionar outros prejuízos ao seu proprietário, como os decorrentes de *acidentes causados a terceiros*, envolvendo pessoas, outros veículos ou patrimônios.

Com base nessa constatação, as sociedades seguradoras disponibilizam aos segurados a contratação de seguros conjugados, dentre eles o de *responsabilidade civil facultativa*, pelo qual o titular da garantia se resguarda dos danos provocados a terceiros com a utilização do veículo segurado.

9.4.2 Seguro de automóvel com garantia de acidentes pessoais a passageiros

Na mesma linha de proteção, as seguradoras também têm propiciado aos segurados a contratação conjugada do seguro de automóvel com a modalidade de *seguro de acidentes pessoais a passageiros*.

Trata-se de modalidade de garantia destinada a cobrir os danos sofridos pelos passageiros do próprio veículo segurado, visando resguardar o seu proprietário.

A respeito da abrangência da cobertura de acidentes pessoais, o STJ editou a Súmula 402 estabelecendo que: "O contrato de seguro por danos pessoais compreende os danos morais, salvo cláusula expressa de exclusão" (DJe 24/11/2009).

9.4.3 Garantias acessórias

As garantias acessórias, como o próprio nome revela, objetivam funcionar acessoriamente ao seguro de automóvel e servem para enriquecer ainda mais a proteção de itens que não estariam abrangidos pela modalidade de cobertura principal.

Dentre as principais garantias acessórias, podem ser citadas, por exemplo, o seguro de acessórios veiculares (ex.: dispositivos de áudio e vídeo, ar-condicionado, vidros, retrovisores, lanternas etc.), blindagem veicular, carroceria, veículo rebocado, assistência mecânica 24 horas, danos morais, lucros cessantes, despesas extraordinárias (com expedição de documentos), carro extra, desconto na franquia, motorista particular, dispositivo rastreador (GPS), extensão de perímetros (para outros países da América do Sul), valor de novo (modalidade valor de mercado), dentre outras.

9.5 SEGURO DPVAT

Como destacado no Subitem 6.8.2, o *seguro de danos pessoais causados por veículos automotores de vias terrestres – DPVAT* consiste em modalidade de cobertura cuja contratação é obrigatória para os proprietários de veículos sujeitos a registro e licenciamento nos termos do Código Nacional de Trânsito (Art. 20, letra *l*, do Decreto-Lei 73/1966).

A estruturação da garantia técnica e o funcionamento das operações do seguro DPVAT foram regulados pela Lei Federal 6.194/1974.

Apesar da grande relevância social dessa espécie de cobertura, as seguradoras que integravam a Seguradora Líder, sociedade responsável pela administração do sistema DPVAT, deliberaram pela sua dissolução, o que implicou a partir do dia 01/01/2021 a extinção do Consórcio DPVAT na forma em que estruturado até o final do ano de 2020.

Em razão disso, provisoriamente, o Conselho Nacional de Seguros Privados editou a *Resolução CNSP 399/2020* e a *Resolução CNSP 400/2020*, com o objetivo de regular o regime de transição durante o período de cessação das atividades da Seguradora Líder e a sua substituição por uma nova entidade responsável por assumir o sistema de gestão do seguro DPVAT.

A *Resolução CNSP 399/2020* foi editada a fim de estabelecer as normas de gestão e de operacionalização dos pedidos de indenização de sinistros ocorridos até o dia 31/12/2020, os quais deverão ser liquidados pela Seguradora Líder até que ela promova a sua retirada definitiva do mercado.

Por sua vez, a *Resolução CNSP 400/2020* foi elaborada com o objetivo de autorizar a SUSEP a contratar uma entidade responsável por assumir a gestão do sistema DPVAT, em caráter excepcional e temporário, visando garantir o processamento dos pagamentos dos sinistros ocorridos a partir do dia 01/01/2021, até que o Governo Federal defina uma nova política para o sistema.

Diante disso, a Caixa Econômica Federal (CEF) foi contratada para gerir o processamento dos pedidos de pagamento de indenização de sinistros ocorridos a partir do dia 01/01/2021, possibilitando a manutenção do sistema do seguro DPVAT (SUSEP, 2021).

Por um compromisso didático, optou-se pela manutenção desse tópico a fim de se apresentar a estrutura do sistema e os seus principais caracteres jurídicos, até que a decisão governamental definitiva seja formulada a respeito da nova regulamentação desta modalidade securitária.

9.5.1 Gestão

De acordo com a Resolução CNSP 332/2015 (revogada pela Resolução CNSP 399/2020), competia à Seguradora Líder do Consórcio do Seguro DPVAT S.A. (Seguradora Líder), constituída pela adesão das sociedades seguradoras participantes, realizar a gestão do sistema DPVAT.

A Seguradora Líder, especializada em Seguro DPVAT (autorizada a funcionar pela Portaria SUSEP 2.797/2007), tinha a função de administrar os recursos arrecadados, realizar as transferências obrigatórias previstas em lei, pagar as indenizações, constituir as provisões e representar o Consórcio DPVAT (Art. 41 da revogada Res. CNSP 332/2015).

O pagamento do seguro DPVAT era realizado anualmente conforme a programação do calendário de pagamento do *Imposto sobre a Propriedade de Veículos Automotores – IPVA* e consistia em requisito de regularidade para fins de circulação no território nacional.

No âmbito das suas respectivas competências, o Conselho Nacional de Trânsito – CNT é responsável por implantar e fiscalizar as medidas garantidoras do não licenciamento e da não circulação de veículos automotores de vias terrestres, em via pública ou fora dela, a descoberto do seguro DPVAT; e, o CNSP é responsável por fixar anualmente o valor correspondente ao custo da emissão e da cobrança da apólice ou do bilhete do seguro DPVAT (Art. 12, §§ 1º e 3º, da Lei do DPVAT de 1974).

Todavia, com base na *Resolução CNSP 399/2020* (Art. 16), a cobrança do seguro DPVAT a partir do ano de 2021 foi zerada e passou a ser custeada com os recursos do fundo até então administrado pela Seguradora Líder.

De acordo com dados estatísticos, cerca de 90% dos valores arrecadados com esse seguro foram distribuídos com base na seguinte proporção: (i) 50% para a União Federal, dos quais 45% eram destinados ao Sistema Único de Saúde – SUS, para cobertura das despesas com o atendimento das vítimas de trânsito na rede hospitalar, e 5% ao Departamento Nacional de Trânsito – DENATRAN para campanhas de educação e prevenção de acidentes de trânsito; e, (ii) 38% para o pagamento das indenizações cobertas pelo seguro DPVAT.

Com base em tais dados, foram destinados mais de R$ 37 bilhões de reais à União Federal e pagas mais de 4 milhões de indenizações às vítimas de acidentes de trânsito, por morte, invalidez permanente e despesas de assistência médica (Revista Apólice, 2020).

9.5.2 Coberturas

O seguro DPVAT tem como objetivo cobrir *danos pessoais* causados por veículos automotores de via terrestre, ou por sua carga, a pessoas transportadas ou não.

O seguro DPVAT cobre os danos pessoais relacionados às *compensações por morte, invalidez permanente, total ou parcial,* e às *despesas de assistência médica e suplementares,* nos valores e conforme as regras previstas em lei (Art. 3º da Lei do DPVAT de 1974).

No caso de morte, a importância segurada a título de compensação deve ser paga metade ao cônjuge não separado judicialmente e o restante aos herdeiros, obedecida a ordem de vocação hereditária, conforme previsto no Art. 792 do Código Civil.

No caso de invalidez, total ou parcial, o pagamento deve ser feito diretamente à vítima na forma prevista pelo CNSP.

O pagamento da importância segurada é efetuado mediante simples prova do acidente e do dano decorrente, independentemente da existência de culpa, exista ou não resseguro, abolida qualquer franquia de responsabilidade do segurado (Art. 5º da Lei do DPVAT de 1974).

A importância segurada deve ser paga com base no valor vigente na época da ocorrência do sinistro, no prazo de 30 (trinta) dias da entrega dos seguintes documentos:

(i) no *caso de morte*, certidão de óbito, registro da ocorrência no órgão policial competente e a prova da qualidade de beneficiário;

(ii) no *caso de acidentes pessoais*, laudo com a verificação da existência e quantificação das lesões permanentes, totais ou parciais, elaborado pelo Instituto Médico Legal – IML, e prova das despesas efetuadas pela vítima com o seu atendimento por hospital, ambulatório ou médico assistente e registro da ocorrência no órgão policial competente.

A importância segurada não paga dentro do prazo de 30 (trinta) dias previsto pela legislação está sujeita à correção monetária segundo índice oficial vigente e a juros moratórios aplicados aos seguros privados.

Importante registrar que, inicialmente, o pagamento da importância segurada é realizado com base na identificação dos veículos causadores do acidente e das seguradoras responsáveis pelas coberturas na forma prevista em lei.

No caso da não identificação dos veículos causadores, da seguradora responsável, de seguro não realizado ou vencido, compete ao consórcio DPVAT ou à CEF realizar o pagamento das coberturas.

Com o regime de transição ora em vigor, a Seguradora Líder será responsável pelo pagamento das indenizações dos sinistros ocorridos até o dia 31/12/2020, enquanto a CEF, entidade contratada pela SUSEP, será responsável pelo pagamento das indenizações para os sinistros ocorridos a partir do dia 01/01/2021 (Resoluções CNSP 399 e 400/2020).

Portanto, as ações judiciais de cobrança do seguro DPVAT relacionadas a sinistros ocorridos até o dia 31/12/2020 permanecerão sendo ajuizadas na Justiça Comum, enquanto as ações relacionadas a sinistros ocorridos a partir do dia 01/01/2021 deverão ser propostas na Justiça Federal.

O consórcio DPVAT ou a CEF poderá haver regressivamente do proprietário do veículo os valores que desembolsar, ficando o veículo, desde logo, como garantia da obrigação, ainda que vinculada a contrato de alienação fiduciária, reserva de domínio, *leasing* ou qualquer outro (Art. 7º da Lei do DPVAT de 1974).

A sociedade seguradora ou nova entidade gestora que pagar a cobertura poderá, mediante ação própria, haver do responsável a importância efetivamente paga.

CURSO DE DIREITO DO SEGURO E RESSEGURO • Vinícius Mendonça

A ação proposta para cobrança do pagamento do seguro DPVAT observará o *procedimento comum único* ou o *procedimento sumaríssimo* das Leis dos Juizados Especiais Cíveis Comuns ou Federais, quando preenchidos os requisitos legais.

9.5.3   Ação direta da vítima e súmulas do STJ

O seguro obrigatório de danos veiculares constitui nítido *seguro de natureza pública* que visa socializar de maneira cogente os possíveis prejuízos decorrentes da utilização de veículos automotores suportados por toda a coletividade.

Não se trata de seguro em prol do proprietário do veículo, mas, sim, de terceiros eventualmente prejudicados por acidentes envolvendo veículos automotores.

Diante desta finalidade, o Código Civil, em seu Art. 788, estabeleceu de maneira expressa que a vítima do dano poderá propor ação direta em face do segurador:

> Art. 788. Nos seguros de responsabilidade legalmente obrigatórios, a indenização por sinistro será paga pelo segurador diretamente ao terceiro prejudicado.
>
> Parágrafo único. Demandado em ação direta pela vítima do dano, o segurador não poderá opor a exceção de contrato não cumprido pelo segurado, sem promover a citação deste para integrar o contraditório.

Em tal hipótese, compete ao terceiro-beneficiário demandar diretamente a entidade responsável ou qualquer outra entidade legalmente autorizada a fazer parte do sistema do seguro veicular obrigatório a fim de obter o pagamento da cobertura.

Em razão da alta relevância social do DPVAT, o Superior Tribunal de Justiça já editou uma série de súmulas visando uniformar o entendimento aplicável sobre as controvérsias jurídicas originadas dessa cobertura securitária obrigatória.

Mesmo diante da possível modificação da forma de gestão e de operacionalização dessa cobertura, tais entendimentos provavelmente continuarão a ser aplicáveis para solucionar as controvérsias surgidas a respeito do pagamento desse tipo de seguro.

Dentre elas, podem ser mencionadas as seguintes:

> *Súmula 474*: A indenização do seguro DPVAT, em caso de invalidez parcial do beneficiário, será paga de forma proporcional ao grau da invalidez (DJe 19/06/2012).
>
> *Súmula 573*: Nas ações de indenização decorrente de seguro DPVAT, a ciência inequívoca do caráter permanente da invalidez, para fins de contagem do prazo prescricional, depende de laudo médico, exceto nos casos de invalidez permanente notória ou naqueles em que o conhecimento anterior resulte comprovado na fase de instrução (DJe 27/06/2016).
>
> *Súmula 544*: É válida a utilização de tabela do Conselho Nacional de Seguros Privados para estabelecer a proporcionalidade da indenização do seguro DPVAT ao grau de invalidez também na hipótese de sinistro anterior a 16/12/2008, data da entrada em vigor da Medida Provisória 451/2008 (DJe 31/08/2015).
>
> *Súmula 257*: A falta de pagamento do prêmio do seguro obrigatório de Danos Pessoais Causados por Veículos Automotores de Vias Terrestres (DPVAT) não é motivo para a recusa do pagamento da indenização (DJe 29/08/2001).

Súmula 246: O valor do seguro obrigatório deve ser deduzido da indenização judicialmente fixada (DJe 17/04/2001).

Súmula 540: Na ação de cobrança do seguro DPVAT, constitui faculdade do autor escolher entre os foros do seu domicílio, do local do acidente ou ainda do domicílio do réu (DJe 15/06/2015).

Súmula 405: A ação de cobrança do seguro obrigatório (DPVAT) prescreve em três anos (DJe 24/11/2009).

Súmula 426: Os juros de mora na indenização do seguro DPVAT fluem a partir da citação (DJe 13/05/2010).

Com base na leitura das súmulas acima transcritas, constata-se que o volume de ações e de questões jurídicas relacionadas ao seguro DPVAT é proporcional ao número de pessoas atendidas pelos benefícios das coberturas de danos pessoais por acidentes de trânsito causados por veículos automotores.

A manutenção da oferta do seguro DPVAT está em consonância aos países mais avançados do mundo em matéria securitária, pois se trata de relevante instrumento de proteção social das vítimas de acidentes de trânsito em todo o território nacional.

Nessa linha, desconhece-se um país considerado desenvolvido que não adote o seguro veicular obrigatório como forma eficaz de socialização dos riscos e dos danos provocados a toda coletividade, em razão dos números expressivos de acidentes de trânsito (AIDA, 2020).

Desse modo, espera-se que os entes públicos e os agentes do mercado segurador possam estruturar de forma técnica uma nova forma de gestão do seguro veicular obrigatório que possa garantir uma compensação mínima para vítimas de acidentes de trânsito e, até mesmo, ampliar o espectro da sua cobertura a fim de promover a reparação de danos ainda mais abrangentes como os de natureza patrimonial.

Tais modificações poderão ser aproveitadas para a otimização do sistema do seguro veicular obrigatório com foco na manutenção de uma rede de proteção financeiramente sustentável e com uma capacidade efetiva de mitigação dos riscos sociais em face dos acidentes de trânsito provocados por automóveis no Brasil.

9.6 LIQUIDAÇÃO DO SINISTRO

Neste subitem serão apresentadas as etapas fundamentais da liquidação do sinistro de automóvel, procedimento utilizado pelas sociedades seguradoras para apurar a procedência do pedido de pagamento e a congruência dos eventos passíveis de cobertura securitária.

9.6.1 Definição

A liquidação do sinistro de automóvel é o procedimento técnico por meio do qual o segurador promove a constatação, autoriza e custeia os serviços de reparos dos danos sofridos pelo veículo objeto de cobertura ou conclui pelo pagamento integral da importância segurada, caso seja constatada a inviabilidade da sua recuperação.

9.6.2 Aviso de sinistro

O aviso de sinistro é o instrumento pelo qual o segurado ou o beneficiário comunica o segurador a respeito da ocorrência de um evento predeterminado envolvendo o veículo objeto do interesse segurável.

A participação do segurado no procedimento de liquidação do sinistro é fundamental, por possibilitar que a sociedade seguradora, alheia à dinâmica do fato prejudicial, de maneira imparcial e técnica, promova a conclusão das apurações necessárias com o intuito de avaliar a procedência do requerimento de prestação material da garantia contratada.

Torna-se importante ressaltar que o aviso de sinistro é o momento oportuno, inclusive, para que o segurado indique qual será a oficina mecânica de sua preferência para o caso de realização de reparos do seu automóvel (Art. 12 da Circular SUSEP 639/2021).

9.6.3 Constatação dos danos

Apurada a descrição dos fatos, a dinâmica do acidente e a constatação dos danos, o perito emite um parecer a respeito da procedência ou improcedência dos fatos alegados, que será utilizado por um analista de sinistro automóvel, o qual determinará ou não a liberação da reparação dos danos, no caso de perda parcial, ou do pagamento do capital segurado, no caso de perda total.

Como se denota, trata-se da etapa mais crítica de todo o procedimento de liquidação do sinistro, vez que, diante da complexidade técnica dos danos causados ao veículo segurado e da eventual dificuldade de se estabelecer relação entre causa e efeito, a partir dos fatos descritos como os responsáveis pelo acidente e dos danos efetivamente verificados, o requerimento do segurado poderá ser acatado ou rejeitado pela sociedade seguradora.

Com o intuito de evitar a multiplicação de litígios, a SUSEP entendeu por delimitar os tópicos fundamentais de todo esse procedimento, por meio da *Circular SUSEP 639/2021*, que remete à *Circular SUSEP 621/2021*, a atribuição de regular toda a etapa de prestação material do seguro de automóvel.

Dentre os principais aspectos regulados, encontra-se a obrigatoriedade de o segurador informar sobre o funcionamento de todas as etapas do procedimento de liquidação do sinistro ao segurado. Principalmente, da etapa de apresentação dos documentos utilizados na análise pericial sobre a procedência ou improcedência da prestação material da garantia contratada.

Tem-se ainda como obrigatória a *fixação de prazo para a liquidação do sinistro* vinculado ao limite máximo de *30 (trinta) dias*, contados a partir da entrega dos documentos relacionados no tópico específico das condições gerais da apólice de seguro, sendo que a solicitação de documentação e/ou informação complementar implicará a suspensão do prazo especificado, reiniciando sua contagem a partir do dia útil subsequente ao do atendimento integral da complementação das exigências (Art. 43 da Circular SUSEP 621/2021).

Visto que a liquidação do sinistro deve ocorrer no prazo máximo de 30 (trinta) dias, torna-se válido ressaltar que a exigência de documentação ou informação complementar dos dados previstos nas condições gerais da apólice, utilizada para suspender o referido prazo de conclusão da análise, somente poderá ocorrer *no caso de dúvida devidamente fundamentada* por parte da seguradora.

9.6.4 Franquia

A franquia é uma obrigação contratual acessória pela qual o segurado se obriga a pagar, além do prêmio, um valor prefixado pela utilização da garantia securitária.

A contratação da franquia é uma *faculdade* do segurado e, num primeiro momento, a sua principal vantagem está na redução do valor do prêmio do seguro, uma vez que exime o segurador de assumir a responsabilidade pelos danos inferiores ao valor prefixado relativo à franquia.

Por outro lado, a sua contratação gera para o segurado o aumento do compartilhamento de responsabilidades com o segurador, uma vez que o mesmo se tornará responsável pelo custeio exclusivo dos danos ocorridos abaixo do valor estipulado.

Ademais, o segurado somente poderá fazer uso do seguro contratado, a fim de obter a garantia para os danos excedentes, mediante o pagamento do valor da franquia.

Exemplificando, um segurado pode contratar um seguro de responsabilidade civil facultativa, acessório de um seguro de automóvel, com uma cláusula de franquia no valor de R$ 2.000,00 (dois mil reais). Assim, todo e qualquer dano causado a um terceiro *com valor inferior* ao constante da cláusula de franquia deverá ser exclusivamente suportado pelo próprio segurado. Somente no caso de o valor do dano causado *ultrapassar o valor da franquia*, e mediante o seu respectivo pagamento, o segurado poderá utilizar a garantia securitária contratada.

Desse modo, enquanto no *contrato de seguro sem franquia* o segurado apenas terá como contraprestação pecuniária a obrigação de pagar o prêmio de seguro para utilizar a garantia contratada, no *contrato de seguro com franquia* o segurado terá como contraprestação pecuniária tanto a obrigação de pagar o prêmio de seguro quanto a obrigação de pagar o valor mínimo fixado para a utilização da sua apólice.

9.7 TEMAS ESPECIAIS

Neste subitem serão apresentados alguns temas especiais envolvendo a interpretação de normas jurídicas e de cláusulas contratuais utilizadas no seguro de automóvel.

9.7.1 Cláusula perfil do segurado

A cláusula perfil é o instrumento auxiliar que propicia a aferição detalhada dos dados informacionais prestados pelo segurado a respeito do interesse segurável.

Trata-se de cláusula acessória, com influência direta na fixação do valor pago pela contratação do seguro, em relação a qual o proponente se vincula a prestar informações exatas e verdadeiras, sob pena da rescisão do contrato.

A Circular SUSEP 639/2021 (Art. 15, inciso VIII), aplicável ao seguro de automóvel, prevê que os instrumentos como a cláusula perfil, com as respectivas respostas, deverão constar obrigatoriamente na apólice e na proposta de seguro.

A Circular SUSEP 621/2021 (Art. 13), aplicável aos seguros de danos, prevê que as sociedades seguradoras que utilizarem critérios baseados em questionário de avaliação de risco no cálculo de prêmios de seguros também são obrigadas a prestar todas as informações necessárias para o seu correto preenchimento e a especificar as implicações decorrentes da prestação de informações inverídicas.

Importante destacar que as perguntas contidas no questionário deverão ser objetivas, de modo a possibilitar que o segurado seja o mais direto possível em relação às respostas fornecidas para a avaliação do risco segurável.

Como visto, a finalidade da utilização da cláusula perfil é propiciar a realização do cálculo do prêmio do seguro da maneira mais precisa possível. Assim, o segurado poderá se beneficiar diretamente do valor final apurado, considerando-se que ele refletirá o risco sob o qual ele estará exposto de maneira personalizada.

Portanto, conclui-se que a utilização da *cláusula perfil é juridicamente legítima*, por estar de acordo com a finalidade maior de precisão na avaliação do risco pelo segurador e da fixação de maneira justa do valor do prêmio a ser pago pelo segurado.

A legalidade da utilização dessa cláusula tem sido reconhecida de maneira pacífica pela jurisprudência do Superior Tribunal de Justiça, a qual já se posicionou no sentido de que a constatação da omissão dolosa de informações pelo segurado implicará a rescisão do contrato sem qualquer direito ao recebimento de indenização (Art. 766 do Código Civil).

No *REsp 988.044/ES* (DJe 02/02/2010), em voto proferido pela Ministra Nancy Andrighi, considerou-se que:

– É válida cláusula contratual que isenta a responsabilidade da seguradora, quando o veículo circula, habitualmente, em região distinta da declarada no contrato de seguro, pois é com base nas informações prestadas pelo segurado, que a seguradora avalia a aceitação dos riscos e arbitra o valor da prestação a ser paga.

– De acordo com o princípio da boa-fé objetiva, deve-se esperar do segurado a prestação de informações que possam influenciar na aceitação do contrato e na fixação do prêmio. Na presente hipótese, o segurado, ao firmar contrato em localidade diversa da circulação habitual do veículo e ali indicar endereço residencial, certamente, omitiu informação relevante.

Nos casos em que a incongruência das informações prestadas decorrer, por exemplo, da subjetividade do contexto de perguntas e respostas de tais documentos, o segurador deverá, obrigatoriamente, promover a alocação do interesse segurável no grupo atuarial pertinente, majorando ou diminuindo o respectivo valor do prêmio de seguro, de acordo com o maior ou menor perfil de risco do segurado.

Outro aspecto de constatação necessária é a relação de causalidade entre o dado omitido e o agravamento do risco do seguro que deu ensejo à ocorrência do sinistro (ex: o perfil de risco do condutor omitido era maior do que o perfil do condutor especificado no questionário, influenciando diretamente a cobrança do prêmio e a alocação do risco).

9.7.2 Seguro de responsabilidade civil facultativa

Em que pese a natureza específica e diferenciada da modalidade de *seguro de responsabilidade civil facultativa de veículo* (RCFV) em comparação à modalidade de *seguro de automóvel* (casco), por uma questão prática, optou-se por tratá-la neste subitem.

O seguro de responsabilidade civil facultativa de veículo – RCFV é a modalidade securitária que ostenta uma dupla finalidade:

(i) *resguardar diretamente o patrimônio do segurado, quando porventura venha a causar danos a terceiros com a utilização de seu veículo*; e,

(ii) *proteger indiretamente terceiros das consequências danosas decorrentes da utilização de veículos automóveis causados por condutores que ostentem uma garantia securitária.*

O Código Civil, em seu Art. 787, estabelece o seguinte regramento a respeito dessa modalidade securitária:

Art. 787. No seguro de responsabilidade civil, o segurador garante o pagamento de perdas e danos devidos pelo segurado a terceiro.

§ 1º Tão logo saiba o segurado das conseqüências de ato seu, suscetível de lhe acarretar a responsabilidade incluída na garantia, comunicará o fato ao segurador.

§ 2º É defeso ao segurado reconhecer sua responsabilidade ou confessar a ação, bem como transigir com o terceiro prejudicado, ou indenizá-lo diretamente, sem anuência expressa do segurador.

§ 3º Intentada a ação contra o segurado, dará este ciência da lide ao segurador.

§ 4º Subsistirá a responsabilidade do segurado perante o terceiro, se o segurador for insolvente.

Como se percebe da leitura do dispositivo legal acima transcrito, a principal preocupação do legislador foi estabelecer a obrigatoriedade de que o segurado observe os *princípios da boa-fé, da transparência* e *da cooperação com o segurador* na realização do procedimento de liquidação desta modalidade contratual.

Todas as três regras contidas nos §§ 1º ao 3º do Art. 787 têm a nítida preocupação de ressaltar, perante o segurado, que, não obstante a sua titularidade no que toca à obtenção dos benefícios da garantia contratada, o segurador, como polo responsável pela quitação dos danos apurados, incumbe ser devidamente informado de todo o desenrolar dos fatos apontados como causadores do acionamento da cobertura, como forma, inclusive, de diminuir os efeitos prejudiciais deles decorrentes.

Portanto, além de o segurado estar obrigado a informar todas as ocorrências envoltas no sinistro, fatos propriamente ditos e repercussões posteriores, como por exemplo, a propositura de ação judicial pelo terceiro prejudicado, somente poderá tomar medida de ordem obrigacional relacionada ao evento danoso mediante expressa autorização do segurador, sob pena de suspensão da garantia securitária nesse particular.

Além disso, o artigo 787 também estabeleceu de maneira clara que compete ao segurado responder diretamente na qualidade de legitimado passivo pela reparação dos danos sofridos pelo terceiro prejudicado.

Em assim sendo, a seguradora funcionará apenas na relação jurídico-contratual originária firmada com o segurado na qualidade de garantidora dos danos por ele reparados, conforme as condições previstas no contrato e os limites financeiros previstos na apólice.

Em outras palavras, como regra, no seguro de responsabilidade civil facultativa, a seguradora responderá diretamente apenas ao segurado, pois é com ele que mantém relação jurídica, sendo, portanto, parte ilegítima para responder isoladamente perante o terceiro, pois com este não mantém qualquer relação jurídica.

Como será visto no Subitem 13.3.2, o Superior Tribunal de Justiça consolidou o entendimento sobre esse assunto na *Súmula 529* (reconhecendo a impossibilidade de propositura de ação direta em face da seguradora) e na *Súmula 537* (reconhecendo a possibilidade de condenação direta apenas se a seguradora figurar em conjunto com o segurado no polo passivo da ação de reparação de danos).

Ademais, a contratação de um seguro de RCFV também não exime o segurado de observar a responsabilidade pelos danos causados na hipótese de insolvência do segurador. Nessa hipótese, após o segurado cumprir a sua obrigação reparatória ele poderá exigir da seguradora o ressarcimento integral dos danos indenizados ao terceiro prejudicado.

Apesar de existir entendimento doutrinário favorável à utilização da ação direta do terceiro em face do segurador com base no argumento da celeridade e da instrumentalidade processual, entende-se que há particularidades inerentes à relação securitária que demandam necessariamente a participação do segurado para fins materiais e processuais.

A primeira delas é a que se refere ao pressuposto processual necessário de participação do segurado na lide a fim de que se possa definir a sua responsabilidade civil. A segunda particularidade se refere à própria natureza da relação contratual que exige a participação ativa do segurado na definição dos limites da sua responsabilidade pelo evento danoso e na realização da sua defesa a fim de que possam ser gerados os efeitos relativos à utilização da cobertura securitária.

Torna-se válido esclarecer que a tarefa das seguradoras de se desvencilharem de tais situações torna-se extremamente dificultosa por diversos motivos.

Em primeiro lugar, pela surpresa de serem cientificadas a respeito da existência de um sinistro cuja comunicação não foi previamente realizada pelo segurado e de serem obrigadas a elaborar uma defesa dentro de um prazo processual exíguo no âmbito judicial. Em segundo lugar, os prejuízos que a falta de informações prestadas pelo segurado poderá ocasionar para a correta aferição da procedência do pedido de indenização ou, até mesmo, para a constatação da inexistência de cobertura securitária para o evento. Em terceiro lugar, porque se o comunicado for realizado em conformidade com o que prescreve a lei e preveem as condições gerais do contrato, o pedido poderá ser solucionado na via administrativa da seguradora, sem a necessidade de mobilização do aparato judicial.

Além disso, menciona-se ainda que a complexidade da instrução probatória poderá dificultar manifestamente a elaboração da defesa, principalmente, se a parte contrária possuir informações privilegiadas não compartilhadas com a seguradora e obtidas em razão da sua participação presencial no sinistro.

Por fim, outro fato a ser ponderado é a constatação de um número extremamente alto da prática de fraudes ao instituto do seguro utilizando-se da técnica de omissão de informações para dificultar a perícia necessária da apuração da correta dinâmica dos fatos considerados prejudiciais.

Tais aspectos não recomendam a propositura de ação de reparação de danos exclusivamente em face da seguradora devido à necessidade de prestação de uma série de informações relevantes para o esclarecimento do evento danoso, cuja análise se torna ainda mais dificultosa quando realizada sob os lindes estritos de um processo judicial.

9.7.3 Embriaguez do condutor do veículo

Como já ficou consignado, o seguro de automóvel foi concebido para resguardar o patrimônio do segurado.

Entretanto, o funcionamento da garantia não opera seus efeitos em relação a todos os possíveis danos ou causas deflagradoras decorrentes da utilização do automóvel, mas, somente, em relação aos eventos predeterminados nas condições gerais da apólice de seguro.

Destaca-se que a especificação de tais eventos predeterminados não acontece de forma aleatória pelo segurador.

Muito pelo contrário, o desenvolvimento da técnica securitária aponta que tais aspectos são escolhidos a partir de profundas e constantes observações dos fenômenos mais costumeiros na técnica da prestação da garantia securitária, considerando, também, a correlação entre a *adequação técnica, jurídica e axiológica* do evento passível de cobertura securitária.

Neste cenário, surge o fenômeno da embriaguez, compreendido como um estado clínico de afetação das faculdades físicas e mentais de uma pessoa, decorrente da ingestão de substância com a qualidade de alterar o funcionamento normal do organismo humano (ex: álcool, drogas lícitas e ilícitas etc.).

A própria observação dos fatos relacionados à embriaguez, endossados por uma série de estudos científicos, a respeito das consequências das substâncias dotadas da qualidade de alteração do funcionamento normal do organismo humano, revela que a correlação entre tal aspecto e a condução de um veículo automóvel implica o *significativo aumento do risco* de se causar um acidente de trânsito.

No plano jurídico, o legislador pátrio fez uso do Código de Trânsito Brasileiro (Lei Federal 9.503/1997) para estabelecer, em várias oportunidades, dispositivos legais específicos sobre as repercussões da constatação de embriaguez na condução de veículo automotor, a fim de estabelecer instrumentos de inibição do consumo de bebida alcoólica na condução de veículo automóvel.

A primeira regra dispõe sobre a infração de natureza administrativa, por meio da qual constitui infração de trânsito a inobservância de qualquer preceito do CTB, da legislação complementar ou das resoluções do Conselho Nacional de Trânsito – CONTRAN, estando o infrator sujeito às penalidades e às medidas administrativas tipificadas (CTB, Art. 161).

No que toca especificamente à embriaguez, o CTB (Art. 165) prevê que dirigir sob a influência de álcool ou de qualquer outra substância psicoativa que determine dependência caracterizará:

(i) o *cometimento de infração classificada como gravíssima*;

(ii) a *aplicação de multa* (dez vezes) e *em dobro no caso de reincidência*;

(iii) a *suspensão do direito de dirigir por 12 (doze) meses*;

(iv) o *recolhimento do documento de habilitação*; e,

(v) a *retenção do veículo* até a apresentação de condutor habilitado.

A recusa do condutor a ser submetido a teste, a exame clínico, à perícia ou outro procedimento que permita certificar influência de álcool ou outra substância psicoativa em seu organismo também caracterizará as infrações acima descritas (Art. 165-A do CTB).

Além da utilização dos exames de praxe (ex: testes, exames clínicos, perícia ou outro exame que, por meios técnicos ou científicos, em aparelhos homologados pelo CONTRAN, permitam certificar seu estado), também é permitida a caracterização da infração mediante imagem, vídeo, constatação de sinais que indiquem alteração da capacidade psicomotora ou produção de outras provas em direito admitidas pelo agente de trânsito (Art. 277 do CTB).

O Código de Trânsito Brasileiro estabelece ainda que a condução de veículo em via pública com concentração de álcool por litro de sangue igual ou superior a 06 (seis) decigramas, ou sob a influência de qualquer outra substância psicoativa que determine dependência, implicará a aplicação de pena de detenção, de seis meses a três anos, multa e suspensão ou proibição de se obter a permissão ou a habilitação para dirigir veículo automotor (Art. 306).

Como se depreende das normas legais acima referenciadas, a embriaguez na condução de veículo automóvel é considerada *infração de ordem administrativa* e *criminal*, veementemente repudiada pelo ordenamento jurídico vigente, por se tratar de estado físico e psicológico não recomendável e com alto potencial deflagrador de danos a terceiros.

Calcado em tais pressupostos, o segurador parte para uma análise técnica das repercussões de tal fenômeno no âmbito securitário e pondera que a finalidade do seguro é a de promover a socialização dos riscos perante toda a coletividade, de acordo com as ocorrências mais habituais, levando-se em consideração o padrão normal e comum dos segurados dentro de um determinado grupo segurável.

Ao analisar a embriaguez, constata que se trata de comportamento que parte de uma conduta livre e admitida pelo próprio usuário de uma determinada substância química causadora de afetação no organismo humano. Mais do que isso, considera que as repercussões prejudiciais da embriaguez ao bom funcionamento do organismo humano são conhecidas de todos aqueles que assumem as consequências de tal conduta, inclusive, daqueles que optam conscientemente por não a praticar.

Leva também em consideração que dificilmente um usuário que não faz uso de substâncias capazes de alterar o bom funcionamento do organismo humano ou que o faça somente dentro dos limites permitidos, admitiria ser incluído em um grupo de segurados dentro do qual estivesse admitida a possibilidade de que algum deles ultrapassasse tais regras, no sentido de custear o desvio padrão de conduta de um percentual ínfimo dos integrantes do grupo segurado do qual poderia vir a fazer parte.

Também leva em nota que os prejuízos decorrentes de um acidente de trânsito envolvendo a embriaguez costumam representar a perda total do veículo segurado, implicando a própria inviabilidade econômica da recuperação dos danos causados a um automóvel, gerando prejuízos vultosos dos riscos sob a sua administração.

Como se constata, a embriaguez ao ser avaliada no âmbito da técnica securitária encontra-se destituída da qualidade de um evento de nota comum, merecedor de ser suportado por toda a coletividade de segurados no âmbito do seguro de automóvel.

Em conclusão, os custos decorrentes dessa espécie de evento no âmbito do seguro de automóvel, que somente vem a beneficiar o próprio causador do acidente, em detrimento de todos os demais integrantes do grupo de segurados, não se compatibilizam de maneira científica, jurídica ou técnica para fins de inserção da embriaguez nas condições gerais de uma apólice de seguro.

Nesse sentido, entende-se como *legal a negativa de atendimento da garantia contratada em face da comprovação da embriaguez do condutor do veículo segurado*, por manifesto agravamento do risco ao qual se encontra submetido o interesse segurável.

Importante registrar ainda que a exclusão de cobertura pela constatação da embriaguez abrange tanto o segurado quanto os demais condutores do veículo que estejam sob tais efeitos por representar manifesto agravamento do risco. Esse é o posicionamento da atual jurisprudência consolidada do STJ sobre a matéria (REsp 1.814.452/SC, rel. Ministra Maria Isabel Gallotti, DJe 28/05/2020).

Todavia, no caso do *seguro de responsabilidade civil facultativa*, o STJ tem entendido que a cláusula de exclusão por embriaguez do condutor do veículo é ineficaz em relação a terceiros, visto que essa modalidade securitária além de proteger o segurado também tem como objetivo cobrir os danos causados em desfavor das vítimas do acidente (REsp 1.738.247/SC, rel. Ministro Ricardo Villas Bôas Cueva, DJe 10/12/2018).

Apesar da aplicação de soluções distintas para modalidades diferentes, reforça-se que a análise da cláusula de exclusão por embriaguez merece uma interpretação uniforme consentânea à finalidade do instituto do seguro.

Desse modo, o risco somente poderá ser considerado legítimo se ele estiver de acordo com um padrão de normalidade e aceitação dessa espécie de evento num determinado grupo de segurados, de adequação perante o ordenamento jurídico vigente e da existência de previsão para a diluição das suas repercussões patrimoniais, sob pena de desvirtuamento da própria modalidade de seguro contratada e estímulo à prática de atos ilícitos.

Torna-se relevante esclarecer que as sociedades seguradoras que atuam no ramo privado não podem ser consideradas como "Seguradoras Universais", papel esse atribuído ao Estado nas áreas de atuação social por ele abrangidas com o intuito de prestar auxílio material coletivo e em razão da sua vasta base arrecadatória imposta de maneira obrigatória a todos os cidadãos.

A inserção de obrigações não expressamente garantidas pelas sociedades seguradoras provoca o aumento dos custos transacionais e pode afetar os padrões técnicos de liquidez e de solvabilidade necessários para a garantia dos riscos assumidos.

Portanto, entende-se que a jurisprudência do STJ merece revisão em relação ao tratamento diferenciado conferido à embriaguez para a cobertura do seguro de RCFV, a fim de uniformizar o entendimento sobre o assunto com a linha da jurisprudência consolidada para o seguro de automóvel que admite como legal a exclusão da garantia por tal fato.

9.7.4 O futuro do seguro de automóvel: veículos autônomos

Como visto no Subitem 9.2, a evolução do *seguro de automóvel* encontra-se vinculada à evolução da tecnologia desenvolvida pelas empresas montadoras de veículos. E, há pouco mais de um século, no final do século XIX, as primeiras apólices de seguro de automóvel e de responsabilidade civil foram emitidas na Inglaterra e nos Estados Unidos da América.

Fato é que, desde tal época, a preocupação do ser humano com as consequências relacionadas ao uso de veículos automotores permanece imutável: precaver-se por meio da contratação do seguro contra os riscos incidentes sobre o uso do automóvel e contra eventuais acidentes envolvendo o patrimônio ou a integridade física de terceiros.

Nesse meio tempo, a tecnologia aplicada na produção de automóveis evoluiu de modo surpreendente, tornando-os equipamentos cada vez mais acessíveis, econômicos, potentes, flexíveis quanto à sua matriz energética e providos de mecanismos de gerenciamento digital capazes de aprimorar o seu rendimento e a sua manutenção por empresas especializadas.

As tecnologias desenvolvidas permitem o acionamento de comandos inteligentes e o monitoramento digital dos veículos com a avaliação de itens como: consumo de combustível, distâncias percorridas, rendimento do motor, limites de velocidade, áreas geográficas visitadas (GPS), dados esses que podem ser utilizados como substrato, inclusive, da precificação de coberturas de seguro, principalmente, com o advento da Internet das Coisas (IoT).

Mais do que isso, gradativamente, as empresas montadoras de veículos passaram a incorporar *comandos de direção automatizada* e de *controle remoto*, possibilitando que a humanidade alcançasse a denominada *Era dos Veículos Autônomos* (VA's).

O desenvolvimento da tecnologia de condução autônoma ou semiautônoma foi, em grande parte, motivado pelo objetivo de facilitar a vida dos usuários, aprimorar os níveis de segurança e diminuir os índices de acidente no trânsito, os quais de acordo com as estatísticas publicadas são causados em sua grande parte por falhas humanas (ABI, 2020).

A tecnologia dos *veículos autônomos*, *sem motoristas* ou dos *veículos dirigidos por robôs* certamente influenciará o desenvolvimento das apólices de seguros em razão da necessidade da consideração de novos riscos e dos parâmetros de responsabilidade que ainda precisarão ser desenvolvidos pela ciência do ponto de vista ético e jurídico.

Se por um lado existe uma grande promessa do aumento da segurança e da redução do número de acidentes em razão do funcionamento por meio de sistemas inteligentes instalados em máquinas e em equipamentos móveis, por outro lado os *dilemas humanos* e os *dilemas artificiais* serão transplantados simultaneamente para o ambiente robótico-digital.

Nessa linha, os índices de eficiência dos sistemas projetados realmente serão confirmados quando da expansão do uso dessa tecnologia nas vias urbanas e rodovias? Quais serão os resultados alcançados quando da interação com veículos ainda conduzidos por seres humanos? Quem deverá ser responsabilizado no caso de acidentes causados por falhas dos equipamentos, dos sistemas digitais automatizados ou dos sistemas informacionais públicos e privados utilizados para o funcionamento dos veículos conduzidos de forma autônoma?

Além disso, ainda há os dilemas relacionados à *ética robótica (IA)* representados pela programação de comandos e algoritmos que visem a evitar a provocação de danos a outros seres humanos e a reduzir a sua extensão quando impossível evitá-los em situações críticas, podendo envolver a própria integridade física dos ocupantes do veículo e de terceiros em outras unidades veiculares.

No âmbito patrimonial, constata-se a existência de várias esferas de responsabilidade simultâneas: a do condutor do veículo, a do proprietário do veículo e a dos fabricantes dos veículos, dos equipamentos e dos programas de computação utilizados para a sua automação.

Cada um deles com uma responsabilidade específica: (i) o *condutor do veículo*, responsável por acionar o sistema autônomo e monitorá-lo conforme as recomendações do fabricante e as prescrições legais vigentes; (ii) o *proprietário*, responsável por permitir a condução do veículo apenas por pessoas habilitadas a interagir com essa tecnologia; e, (iii) os *fabricantes do veículo* e *dos sistemas informatizados*, responsáveis pelo adequado funcionamento dos equipamentos e dos programas computacionais.

Todas essas questões começam a ser estudadas a fim de que as seguradoras possam fornecer os melhores produtos para a proteção dos usuários de veículos, e, os países mais avançados nessas tecnologias já começaram a legislar sobre a matéria.

No ano de 2011, o Estado de Nevada tornou-se o primeiro estado dos EUA a regular no plano legislativo a permissão do uso de veículos autônomos para fins experimentais, e, atualmente, mais de 29 estados norte-americanos já editaram leis sobre a matéria com o intuito de estabelecer os requisitos para o uso em vias públicas. Dentre eles, destaca-se o Estado da Califórnia, pioneiro na regulação sobre o assunto e na estruturação de mecanismos públicos para o uso de veículos autônomos integrados em parceria com grandes empresas de tecnologia digital (*Insurance*, 2020).

No ano de 2017, a Alemanha introduziu no seu *Código de Trânsito* (Achtes Gesetz zur Änderungen des Straßenverkehrsgesetzes) regras para regular a utilização de veículos automatizados e a respectiva responsabilidade civil decorrente pelos danos provocados.

No ano de 2018, o Reino Unido aprovou a *Lei dos Veículos Elétricos e Autônomos* (Automated and Electric Vehicles Act 2018) com o objetivo de promover o incentivo à utilização de veículos de matriz energética limpa, em consonância à política ambiental-climática, e de regular a utilização desses equipamentos nas vias urbanas e em rodovias.

O objetivo da legislação britânica também foi o de estabelecer as regras de responsabilização pelos acidentes causados, da contratação do seguro de veículos autônomos e garantir o direito de os seguradores buscarem a reparação pelos danos causados por falhas nos equipamentos e sistemas informacionais tecnológicos. De acordo com as estimativas da Associação Britânica de Seguradores, até o ano de 2035, o mercado de veículos autônomos deverá movimentar cerca de 50 bilhões de libras na economia do Reino Unido.

Em relação às legislações acima, há uma série de disposições específicas relativas ao uso dessas espécies de veículos, dentre elas, destaca-se as definições a respeito dos níveis de classificação dos veículos em manuais e autônomos (*nível 0*, totalmente manual, conduzido por um ser humano; até o *nível 5*, totalmente conduzido por um sistema autônomo) e as regras que deverão ser observadas pelos respectivos condutores (OCDE, 2020).

Além disso, merece destaque a obrigatoriedade de contratação de *seguros de responsabilidade civil de danos contra terceiros com a estipulação de valores de coberturas mínimas*, a fim de se garantir a proteção em face de eventuais acidentes causados por essa nova tecnologia (ex.: Alemanha, entre 2 a 10 milhões de euros; Estado da Califórnia – EUA, 5 milhões de dólares).

Constata-se ainda a necessidade de se regular a forma de tratamento e a privacidade dos dados pessoais dos condutores e proprietários de veículos autônomos e como deverá ser realizado o seu uso para fins securitários, principalmente, em relação à liquidação de sinistros.

Outro ponto relevante será a necessidade de uniformização das legislações nacionais a respeito dos aspectos regulatórios básicos dos veículos inteligentes com o intuito de permitir a circulação adequada desses equipamentos no âmbito comunitário e internacional, considerando que a Convenção de Viena para o Tráfego Viário de 1968 não regula o assunto.

No Brasil, há núcleos acadêmico-científicos com resultados avançados em relação ao desenvolvimento de equipamentos e sistemas informacionais aplicados aos veículos autônomos tanto do ponto de vista tecnológico quanto da sua segurança para o ser humano.

Todavia, a possibilidade de massificação dessa tecnologia encontra-se também relacionada à existência de uma estrutura pública adequada para a sua utilização, cobrindo itens desde vias urbanas e rodovias, até a disponibilidade de sistemas de telecomunicação eficientes para alimentar os sistemas digitais responsáveis pela condução em tempo real dos veículos autônomos ou sem motoristas humanos (*Vehicle to Vehicle – V2V* e *Vehicle to Infrastructure – V2I*).

Além disso, a popularização dessa tecnologia encontra-se diretamente vinculada à redução dos preços atualmente praticados ainda fixados em níveis considerados altos para os padrões dos carros manuais populares ou de médio valor, principalmente, considerando a realidade dos mercados dos países considerados emergentes.

Nessa linha, ainda há um grande caminho a ser percorrido para a autorização e a implantação do uso dessa tecnologia no país, mas, inegavelmente, ela acontecerá no futuro próximo e os seguradores nacionais precisarão estar devidamente preparados para cobrir esses novos riscos.

De toda sorte, as questões imaginadas por Isaac Asimov (1950), em um mundo cada vez mais integrado pela Inteligência Artificial (IA) e com o protagonismo dos sistemas automatizados baseados em leis éticas e de conduta, parecem ter saído das páginas dos seus célebres contos de ficção-científica e se encontram em estágio de implantação no mundo real, em prol da melhoria da qualidade de vida e da segurança do ser humano.

E a instituição do seguro, mais uma vez, não se furtará de estruturar todos os seus benefícios para resguardar os segurados e as empresas diretamente relacionadas ao desenvolvimento dessas novas tecnologias como forma de proteção da humanidade em relação aos seus eventuais efeitos prejudiciais.

10
SEGURO DE PESSOAS

Neste capítulo serão apresentados os seguros de pessoas por meio da análise da sua definição, do seu objeto, das suas modalidades e dos principais direitos e obrigações aplicáveis ao segurador e ao segurado.

A apresentação dos seus principais aspectos será realizada a partir da análise do seguro de vida, a sua modalidade mais relevante do ponto de vista econômico e social.

10.1 DEFINIÇÃO

O *seguro de pessoas* é a modalidade securitária que tem por fim garantir o legítimo interesse segurável sobre uma vida ou a integridade física de um ser humano suscetível a um evento previsto nas condições gerais da apólice.

Trata-se de espécie de seguro prevista no Art. 789 do Código Civil, pelo qual: *o capital segurado é livremente estipulado pelo proponente, que pode contratar mais de um seguro sobre o mesmo interesse, com o mesmo ou diversos seguradores.*

Apesar da forte controvérsia na doutrina sobre a natureza indenizatória ou não indenizatória do contrato de seguro de pessoas, com efeito, tal questão perde força considerando-se que o objeto do contrato de seguro circunscreve-se, na atual sistemática legal vigente, à correlação entre a *garantia* e o *interesse segurável.*

Desse modo, a discussão sobre a natureza indenizatória do seguro de pessoas apresenta relevância limitada aos aspectos teóricos relacionados à essa espécie contratual, inábil a desconstituir a unidade do contrato de seguro.

10.2 EVOLUÇÃO HISTÓRICA

Neste subitem será apresentada uma breve evolução histórica do seguro de pessoas a partir da análise do seguro de vida, a sua principal modalidade do ponto de vista técnico e a mais conhecida no âmbito social.

Como visto no Capítulo 2, a origem do seguro de vida encontra-se diretamente vinculada à concepção da noção de mutualismo entre os grupos de pessoas reunidos por um vínculo profissional ou afetivo para a constituição de recursos financeiros voltados para a assistência das vítimas atingidas por acidentes ou pelo evento morte.

As associações civis ou programas patrocinados por entes estatais cobriam as despesas funerárias e concediam pensões financeiras como forma de garantir a subsistência dos segurados e beneficiados por meio dos sistemas pré-securitários estruturados.

Pedro Alvim (1999) explica que o século XVII marcou o desenvolvimento dos estudos atuariais e de tábuas de mortalidade, estas, utilizadas para fins dos comparativos históricos das ocorrências mortuárias que viriam a ser utilizadas no desenvolvimento do ramo.

Na segunda parte do século XVIII, o seguro de vida já se encontrava sedimentado na sociedade como uma ferramenta destinada a prevenir os infortúnios relacionados ao valor da existência humana.

Na Inglaterra, por exemplo, a *Amicable Society for Perpetual Assurance Office* (1706) foi a primeira sociedade de mútuo constituída com a finalidade de prover recursos financeiros pagos anualmente para os familiares de membros que tivessem falecido. E a *The Society for Equitable Assurances on Lives and Survivorships* (1757) foi considerada a primeira seguradora de vida nos moldes das companhias atuais (Bennett, 2014:10-11).

De acordo com Caio Mário da Silva Pereira (1991), na época da concepção do Código de Napoleão de 1804, em França, o seguro de vida foi alvo de críticas por ser reputado imoral formular contrato sobre a vida ou a morte de uma pessoa, uma vez que esta modalidade contratual era relacionada à aleatoriedade inerente ao jogo e à aposta.

O Código Comercial brasileiro de 1850 previa a proibição a respeito da comercialização de "seguro sobre a vida de alguma pessoa livre" (Art. 686). Tal norma, todavia, foi tacitamente revogada em razão do seu desuso face à modificação de concepção pelas nações mais avançadas a respeito da função positivamente exercida pelo seguro de vida como instrumento de previdência contra os infortúnios.

Nesse sentido, Salustiano de Araújo Costa (1878:316-317) esclareceu à época que:

> Na Inglaterra e nos Estados-Unidos existem muitas companhias com esse fim: na França, atualmente também existem muitas. Acabou o preconceito que a vida não é uma coisa ou valor apreciável a dinheiro, que não está no comércio, e que é odioso que a possibilidade de morte de um indivíduo possa tornar-se objeto de uma especulação. O governo francês compenetrou-se de que, bem de longe de ser contrário à ordem pública o seguro de vida, ele oferece um caráter de moralidade, garantindo a velhice ao próprio segurado, e aos seus herdeiros meios de subsistência.

Com base nessa razão prevaleceu o entendimento de que não havia a proibição da comercialização de seguros de vida no país, mas, sim, por uma questão de interpretação e contextualização da disposição legal em apreço, a conjugação das modalidades *seguro marítimo* e *seguro de vida* em uma mesma apólice.

Em razão disso, a *Companhia de Seguros Tranqüilidade* (1855) se tornou a primeira seguradora a comercializar um contrato de *seguro de vida* no país (Mota, 2019).

No plano legislativo, a matéria passou a ser abordada de maneira mais detalhada, pelo Código Civil de 1916, e, posteriormente, pelo Código Civil de 2002.

10.3 MODALIDADES

Neste subitem serão apresentadas as modalidades de seguro de pessoas, o estipulante responsável por formalizar a contratação da apólice coletiva e as formas de adimplemento das coberturas contratadas.

As principais modalidades de seguro de pessoas estão previstas na Resolução CNSP 439/2022 e na Circular SUSEP 667/2022.

10.3.1 Seguro de vida

Neste tópico serão apresentadas as modalidades de seguro de vida por morte e por sobrevivência.

10.3.1.1 Seguro de vida por morte

O *seguro de vida por morte*, como o próprio nome revela, é o que decorre do falecimento do segurado, dentro das condições contratuais previamente estipuladas.

O beneficiário desta espécie securitária será expressamente determinado na proposta do seguro pelo próprio segurado ou, caso não o tenha definido, será designado com base na previsão contida na legislação em vigor (Art. 792 do Código Civil).

10.3.1.2 Seguro de vida por sobrevivência

O *seguro de vida por sobrevivência* relaciona-se com um fato diametralmente oposto ao da modalidade anteriormente tratada, ou seja, como o próprio nome revela, é o que tem por intuito prestar garantia em razão da sobrevivência do segurado, tomando como base uma data previamente fixada pelas partes.

Como regra, o beneficiário dessa cobertura costuma ser o próprio segurado, uma vez que ela é contratada para que ele próprio goze dos benefícios relacionados ao uso da renda constituída ao longo do tempo de vigência do contrato.

Todavia, não há qualquer impedimento para que o segurado designe outro beneficiário com o intuito de destinar a importância segurada para familiares ou pessoas que entenda merecedoras do recebimento do valor a ser pago.

Verificada a data prefixada na apólice, a seguradora realizará o pagamento integral da cobertura ou poderá realizar o pagamento por meio de parcelas mensais ou periódicas conforme o plano escolhido pelo segurado.

O seguro de vida por sobrevivência costuma ser contratado com a cobertura de *Vida Gerador de Benefício Livre – VGBL*, por meio da acumulação de recursos recolhidos a partir do prêmio pago e que serão, a partir de uma data prefixada no futuro, convertidos no pagamento de valores mensais visando garantir uma renda de natureza alimentar para o segurado ou beneficiário por ele indicado.

As regras sobre o VGBL e outras coberturas similares estão previstas na Resolução CNSP 348/2017 e na Circular SUSEP 564/2017.

O segurado poderá optar ainda pela contratação da cobertura previdenciária denominada *Plano Gerador de Benefício Livre – PGBL*, que também funciona por meio da acumulação de recursos recolhidos ao longo do tempo de vigência do contrato, e cujo saldo será pago a partir da verificação da data futura de maneira integral ao seu beneficiário.

As regras sobre o PGBL e outras coberturas similares estão previstas na Resolução CNSP 349/2017 e na Circular SUSEP 563/2017.

Em ambos os produtos, o segurado-beneficiário poderá realizar ainda o resgate antecipado do valor proporcional a ele devido após o abatimento dos valores cobrados a título de remuneração e despesas da gestão do fundo acumulado (denominados de carregamento), desde que observado o prazo de carência mínimo.

O VGBL e o PGBL consistem em excelentes meios de acumulação de recursos voltados para a constituição do fundo de previdência complementar privada com o intuito de garantir uma aposentadoria para o segurado acima da obtida pelo Regime Geral de Previdência.

Tais mecanismos de natureza alimentar encontram-se em estrita consonância com os preceitos de previdência necessários para a constituição de recursos aplicados na manutenção da subsistência futura do segurado e dos seus familiares e como fonte geradora de riqueza da própria economia do país. Diante do crescimento da expectativa de vida dos brasileiros, o seguro de vida por sobrevivência consiste em um produto de relevância estratégica para a preservação do bem-estar coletivo.

10.3.1.3 Modalidades conjugadas

Como visto, a busca pela contratação de um seguro de vida não se limita exclusivamente à necessidade de proteção em face do evento morte.

Em razão dos riscos aos quais se encontra exposto, o ser humano também se encontra suscetível a uma série de outros fatores que podem afetar, total ou parcialmente, a sua integridade física.

Exemplo disto, os eventos decorrentes de *acidentes* envolvendo o segurado, com o potencial de lhe causar a perda, total ou parcial, de uma função ou mobilidade do seu corpo.

Pensando nisso que as sociedades seguradoras têm disponibilizado aos segurados a contratação de seguros conjugados no ramo de pessoas, dentre eles podem ser citados: o seguro de invalidez permanente por acidente; o seguro de invalidez laborativa permanente total por doença; o seguro de invalidez funcional permanente total por doença; o seguro de diárias por incapacidade; o seguro de despesas médicas, hospitalares e odontológicas; o seguro de internação hospitalar, dentre outras coberturas, como será visto nos tópicos subsequentes.

10.3.1.4 *Seguros de vida individual e em grupo*

O *seguro de vida individual* é a modalidade securitária contratada diretamente pelo segurado com o objetivo de protegê-lo dos riscos aos quais ele se encontra exposto durante o prazo de vigência da apólice.

Trata-se de risco analisado individualmente e cuja cobertura é custeada pelo prêmio de seguro pago exclusivamente pelo segurado.

Por sua vez, o *seguro de vida em grupo* é a espécie de cobertura estruturada por um *estipulante* que apresenta a opção de sua contratação a pessoas que façam parte de um grupo reunido com base em um vínculo específico por meio da adesão aos termos da sua cobertura coletiva.

Trata-se de risco analisado coletivamente e cuja cobertura é custeada pelos prêmios de seguro pagos pelos segurados que façam parte do grupo gerido pelo estipulante.

10.3.1.5 *Estipulante*

O *estipulante* é a pessoa física ou jurídica responsável por propor a contratação da apólice coletiva a uma seguradora, na qualidade de representante dos segurados que venham a aderir ao grupo formado (Art. 801 do Código Civil).

O estipulante poderá figurar ou não como ente responsável pelo custeio dos prêmios recolhidos a título de prestação da garantia securitária contratada. Na modalidade de *seguro contributário*, os segurados participam diretamente com o pagamento integral ou parcial do valor do prêmio. Já na modalidade de *seguro não contributário*, é o estipulante quem realiza o pagamento integral dos prêmios da cobertura contratada.

Além disso, o estipulante também tem a responsabilidade de observar e de fazer com que os integrantes do grupo segurado observem as condições gerais do contrato.

A Resolução CNSP 434/2021 estabelece a regulamentação detalhada da atividade desempenhada pelo estipulante e as vedações a ele impostas na contratação de apólices de seguro coletivas.

Ao analisar se compete ao segurador ou ao estipulante o dever de prestar informação prévia ao segurado a respeito das cláusulas limitativas e restritivas do contrato de seguro de vida em grupo, o STJ, no *Tema 1.112* (DJe 10/03/2023), decidiu que:

> (i) na modalidade de contrato de seguro de vida coletivo, cabe exclusivamente ao estipulante, mandatário legal e único sujeito que tem vínculo anterior com os membros do grupo segurável (estipulação própria), a obrigação de prestar informações prévias aos potenciais segurados acerca das condições contratuais quando da formalização da adesão, incluídas as cláusulas limitativas e restritivas de direito previstas na apólice mestre, e (ii) não se incluem, no âmbito da matéria afetada, as causas originadas de estipulação

imprópria e de falsos estipulantes, visto que as apólices coletivas nessas figuras devem ser consideradas apólices individuais, no que tange ao relacionamento dos segurados com a sociedade seguradora.

Por sua vez, o Art. 801, §§ 1º e 2º, do Código Civil prevê que: *o estipulante não representa o segurador perante o grupo segurado, e é o único responsável, para com o segurador, pelo cumprimento de todas as obrigações contratuais.*

Em razão disso, todas as informações sobre os segurados e sobre os seus sinistros deverão ser comunicadas pelo estipulante ao segurador.

Na mesma linha, todos os prêmios repassados ao estipulante pelos segurados deverão ser pagos à seguradora, descontadas as taxas devidas a título de remuneração pelo trabalho realizado conforme expressamente previsto em contrato.

Por isso, *no seguro a conta de outrem, o segurador pode opor ao segurado quaisquer defesas que tenha contra o estipulante, por descumprimento das normas de conclusão do contrato, ou de pagamento do prêmio* (Art. 767 do Código Civil).

Desta forma, apesar da relação securitária ser firmada originariamente no plano jurídico entre *segurador* e *estipulante*, os seus aspectos obrigacionais, não observados pelo participante do grupo, também irradiam seus efeitos na esfera contratual em que se encontra situado o *segurado*.

Como regra, o estipulante não responde perante o segurado em relação a eventuais responsabilidades relacionadas à satisfação da cobertura securitária contratada. Essa responsabilidade é exclusiva da companhia seguradora.

Mas, excepcionalmente, se comprovado culpa ou dolo da sua parte hábil a gerar dano, ele também poderá ser responsabilizado pelo pagamento da cobertura securitária ou pela reparação dos danos causados.

Essa proteção se justifica dado que o estipulante exerce uma função de intermediação entre a seguradora e o grupo de segurados. Por isso, apenas excepcionalmente ela poderá ser desconsiderada nos casos de comprovação de ilícitos praticados em prejuízo dos segurados.

Por fim, oportuno registrar que, em razão da sua natureza, *a modificação da apólice coletiva em vigor dependerá da anuência expressa de segurados que representem 3/4 (três quartos) do grupo* (Art. 801, §§ 1º e 2º, do Código Civil).

10.3.1.6 *Forma de adimplemento do objeto segurado*

Como visto, o segurador é obrigado a pagar em dinheiro o prejuízo resultante do risco assumido, salvo nos seguros de danos se for convencionada a reposição da coisa (Art. 776 do Código Civil).

Esta disposição legal se encontra prevista na parte voltada para regular as obrigações gerais do contrato de seguro, portanto, plenamente aplicável ao seguro de pessoas como forma de regular o adimplemento da obrigação assumida pelo segurador, adaptando-o aos conceitos próprios dessa modalidade securitária.

O segurador poderá ainda prever o pagamento de forma única ou de forma parcelada ao longo do tempo, conforme o interesse das partes e desde que expressamente previsto nas condições gerais do contrato.

10.3.2 Seguro de acidentes pessoais

O seguro de acidentes pessoais é a modalidade de seguro de pessoas contratada com o objetivo de garantir o pagamento de um valor em face da ocorrência de um fato acidental súbito, externo e involuntário que afete de maneira prejudicial a vida ou integridade humana.

Trata-se de espécie securitária que cobre o evento morte e a invalidez permanente, total ou parcial, do segurado para o exercício das suas atividades funcionais com base na apuração da extensão e da profundidade das lesões causadas pelo acidente.

No que se refere à invalidez, essa garantia cobre *o pagamento de uma indenização relacionada à perda, redução ou impotência funcional definitiva, total ou parcial, de um membro ou órgão por lesão física, causada pelo acidente predeterminado* (Art. 70 da Circular SUSEP 667/2022).

Enquanto no seguro de vida, o evento morte poderá decorrer tanto de um fato natural quanto de um fato acidental, no seguro de acidentes pessoais a morte do segurado está relacionada exclusivamente à ocorrência de um fato provocado por um acidente externo e involuntário capaz de gerar uma lesão permanente.

Em razão disso, o seguro de vida, como regra, possui uma cobertura mais ampla, enquanto o seguro de acidentes pessoais possui uma cobertura mais restrita em virtude da limitação do raio de abrangência dos eventos seguráveis.

Oportuno destacar que os eventos cobertos estarão prévia e expressamente previstos nas condições gerais da apólice com o intuito de delimitar adequadamente a abrangência da cobertura e de diferenciá-la de outros eventos que não possuam liame de compatibilidade técnica com essa garantia específica.

10.3.3 Seguro prestamista

O seguro prestamista consiste na modalidade de seguro de pessoas contratada com o objetivo de garantir a quitação ou a amortização de dívida, ou de atender a compromisso financeiro assumido em prol do respectivo beneficiário, diante da verificação de um fato prejudicial sobre a vida ou integridade do segurado (Art. 31 da Resolução CNSP 439/2022 e Art. 78 da Circular SUSEP 667/2022).

Trata-se de seguro cuja cobertura relativa aos eventos morte ou invalidez permanente ou, também, perda de renda, em razão de demissão do segurado, será utilizada para cobrir, total ou parcialmente, um empréstimo ou cobrir o valor da compra de um bem ou de um produto parcelado no tempo em benefício do seu vendedor e, muitas vezes, o próprio financiador.

Portanto, o *primeiro beneficiário* da cobertura será o credor do valor da dívida a ser paga quando da verificação do evento coberto pelo seguro.

Apurado um saldo residual positivo entre o valor devido e o limite máximo garantido, o seu resultado deverá ser pago ao *segundo beneficiário*, normalmente, no caso de sobrevivência, ao próprio segurado e, no caso da sua morte, aos seus respectivos beneficiários, salvo se houver disposição contratual em sentido contrário nas condições gerais da apólice.

10.3.4 Seguro-viagem

O seguro-viagem consiste na modalidade de seguro de pessoas voltada para garantir o pagamento de uma importância predeterminada relacionada à constatação de um evento prejudicial sobre a vida ou a integridade do segurado quando ele estiver viajando conforme previsto nas condições gerais da apólice (Art. 87 da Circular SUSEP 667/2022).

Trata-se de espécie securitária que visa cobrir riscos diretamente relacionados à viagem do segurado, normalmente, eventos que possam incidir negativamente sobre a sua vida, integridade física, patrimônio e despesas surgidas no período em que estiver em trânsito.

As condições contratuais poderão prever as seguintes *coberturas básicas*: despesas médicas, hospitalares e odontológicas em viagem nacional ou internacional; traslado de corpo; regresso sanitário; traslado médico; morte em viagem natural ou acidental; morte acidental em viagem; invalidez permanente total ou parcial por acidente em viagem.

Além das coberturas básicas também poderão ser contratadas *coberturas adicionais* como: bagagem; funeral; cancelamento de viagem; regresso antecipado, dentre outras.

10.3.5 Seguro educacional

O seguro educacional consiste na modalidade de seguro de pessoas que visa auxiliar o custeio das despesas com educação do beneficiário em razão da verificação de um evento prejudicial incidente sobre o responsável pelo seu pagamento conforme previsto nas condições gerais da apólice (Art. 85 da Circular SUSEP 667/2022).

Geralmente, a cobertura básica do seguro educacional abrange o evento desemprego, morte natural ou acidental do responsável pelo pagamento das despesas educacionais.

Além da abrangência básica, poderão ser contratadas outras coberturas adicionais visando garantir o pagamento de despesas acessórias ou instrumentais para a realização das atividades educacionais desempenhadas ao longo do prazo de vigência do contrato.

Dentre elas, podem ser citadas as despesas com transporte escolar, materiais escolares, uniformes, auxílio financeiro complementar, dentre outras.

10.4 DIREITOS DO SEGURADO

Neste subitem serão apresentados os principais direitos específicos do segurado no âmbito dos seguros de pessoas.

Importante registrar que também se aplicam ao seguro de pessoas os *direitos do segurado vistos no Subitem 8.3* relativos aos seguros de danos, desde que com ele sejam compatíveis.

10.4.1 Direito de estipular o capital segurado e de contratar mais de um seguro

Nos seguros de pessoas, como é a hipótese do seguro de vida, ao contrário dos seguros de dano, o proponente poderá escolher qual será o valor da importância segurada, de acordo com o seu livre arbítrio e capacidade econômica, por se tratar a vida de um bem inestimável.

Desta forma, o valor da importância segurada não se encontra necessariamente vinculado às noções estritas do ressarcimento nos seguros de danos, as quais convencionam que um sinistro deve ser reparado até o limite da perda econômica sofrida, como forma de se evitar o enriquecimento sem causa.

Entretanto, o exercício de tal faculdade está vinculado aos limites técnicos impostos pela sociedade seguradora com a qual se pretende contratar, lembrando-se que quanto maior o valor da importância segurada, maior será o valor do prêmio pago pelo segurado.

Importante destacar que o segurado também poderá contratar mais de um seguro de vida sobre o mesmo interesse, com a mesma sociedade seguradora ou com outras sociedades de seguro (Art. 789 do Código Civil).

Isto quer dizer que o segurado poderá manter mais de uma apólice de seguro de vida na mesma sociedade ou em outras sociedades seguradoras, com importâncias seguradas de valores diferenciados e até com o mesmo prazo de vigência.

Torna-se válido registrar que nos casos de contratação de altas somas a título de seguro de vida, as sociedades seguradoras costumam realizar detalhado procedimento de liquidação de sinistro.

Para tanto, analisam a congruência quanto ao liame fático subjetivo da capacidade econômica do segurado, do sinistro propriamente dito e do lapso temporal de cobertura, com vistas a inibir que as faculdades acima descritas sejam utilizadas indevidamente por fraudadores de seguros.

10.4.2 Direito de indicação do beneficiário do seguro

No seguro de pessoas vigora a regra de que o segurado poderá indicar uma ou mais pessoas a serem beneficiadas pela garantia contratada. Como dito, essa escolha é de índole subjetiva e somente cabe ao segurado fixá-la.

Todavia, nos casos em que não houver indicação expressa ou se por qualquer outro motivo não prevalecer a que for feita, o capital segurado será pago por metade ao cônjuge não separado judicialmente, e o restante aos herdeiros do segurado, obedecida a ordem da vocação hereditária (Art. 792 do Código Civil).

Nestas hipóteses, caso o segurado seja casado e não tenha herdeiros (descendentes ou ascendentes), o seu cônjuge terá direito a receber integralmente a importância segurada. Caso o segurado seja casado e tenha filhos, o cônjuge terá direito a receber 50% (cinquenta por cento) da importância segurada, enquanto o percentual restante será pago em partes iguais aos filhos. Caso o segurado tenha deixado apenas herdeiros (descendentes ou ascendentes), a importância segurada será paga em partes iguais aos mesmos.

Entretanto, se inexistirem os beneficiários apontados pela lei, poderão suscitar tal qualidade todos aqueles que provarem que a morte do segurado os privou dos meios necessários à subsistência, ou seja, que mantinham vínculo de dependência econômica com o segurado (Art. 792, parágrafo único, do Código Civil).

Cita-se como exemplo o caso de convivência de uma pessoa receptora habitual do auxílio prestado pelo segurado a fim de manter a sua respectiva subsistência.

De acordo com a normativa legal específica sobre a matéria, reputa-se válida *a instituição do companheiro como beneficiário, se ao tempo do contrato o segurado era separado judicialmente, ou já se encontrava separado de fato* (Art. 793 do Código Civil). Trata-se de dispositivo que reflete a própria evolução do direito de família no Brasil, com a modernização do plexo normativo constitucional e infraconstitucional vigentes.

10.4.3 Direito de substituição do beneficiário do seguro

Além de indicar quais serão os beneficiários, o segurado também tem o direito de promover a substituição do beneficiário, seja por ato em vida, quando diretamente ou por meio de representante comunica a seguradora a respeito de tal intenção, seja por ato de última vontade, quando declara por meio de testamento tal modificação.

Essa faculdade encontra-se em harmonia com a lei, uma vez que o livre arbítrio é um dado influente na contratação de um seguro de pessoas, e, geralmente, encontra-se necessariamente vinculado à visão de quem o segurado entende ser o merecedor do aporte econômico a ser pago com a verificação do evento predeterminado nas condições gerais da apólice.

Todavia, a disposição de vontade somente será considerada lícita se *o segurado não renunciar à faculdade* ou *se o seguro não tiver como causa declarada a garantia de uma obrigação* (ex: seguro prestamista).

10 • SEGURO DE PESSOAS 233

Ademais, compete ao segurado provar que cientificou oportunamente o segurador a respeito da pretensão quanto à substituição. Do contrário, *o segurador estará desobrigado a pagar o capital segurado se o fizer em favor do antigo beneficiário* (Art. 791, parágrafo único, do Código Civil), ressalvada a hipótese de falta de cautela na materialização da garantia contratada.

10.4.4 Direito de incomunicabilidade com dívidas ou herança do segurado

É sabido que para qualquer contrato a efetivação da finalidade pactuada entre as partes funciona como um aspecto fundamental para a sua celebração, inclusive, para a manutenção do próprio instituto do seguro, como negócio jurídico originado de um ato de vontade firmado entre dois ou mais contratantes.

No seguro de pessoas, trata-se de condição necessária para a celebração do contrato a garantia de que a importância segurada será devidamente paga ao segurado ou aos terceiros beneficiários por ele indicados, como forma de resguardá-los das consequências advindas da verificação de um evento prefixado nas condições gerais da apólice.

Desse modo, no *seguro de vida* ou *de acidentes pessoais para o caso de morte, o capital estipulado não está sujeito às dívidas do segurado, nem se considera herança para todos os efeitos de direito* (Art. 794 do Código Civil).

Como se nota da norma referenciada, é direito do beneficiário do seguro de vida ou de acidentes pessoais no caso do evento morte, o recebimento da importância segurada livre da incidência de dívidas ou herança porventura suscitadas.

Assim, a importância segurada, não se comunica com eventuais dívidas, nem se qualifica como herança do segurado.

10.4.5 Direito de recebimento integral do capital segurado

O beneficiário do seguro de pessoas, como é o caso do seguro de vida, também tem o direito ao recebimento integral da importância ou capital segurado, *reputando-se nula qualquer transação para pagamento reduzido do capital segurado* (Art. 795 do Código Civil).

Tal disposição relaciona-se à própria característica da modalidade de seguro contratada, em que não existe, exatamente, uma correlação entre o ressarcimento de um dado prejuízo como acontece nos seguros de danos.

Ademais, como visto no tópico precedente, é expressamente proibida a diminuição da importância segurada para saldar dívidas contraídas ou qualificá-la como herança deixada pelo segurado; daí, porque o pagamento decorrente do seguro de vida ou de acidentes pessoais deve ser integralmente realizado ao seu beneficiário.

Ressalva deve ser feita para os casos de comprovação de dolo ou fraude do segurado ou do seu representante que tenham influenciado diretamente a aceitação ou a precificação da cobertura bem como a fixação inadequada do limite máximo de garantia contratado.

10.4.6 Direito de fixar o lapso temporal do contrato

No seguro de pessoas, o *prêmio será conveniado por prazo limitado, ou por toda a vida do segurado* (Art. 796 do Código Civil).

Desta forma, consiste em faculdade do segurado escolher se a forma de pagamento do prêmio será: (i) por *prazo limitado*, geralmente convencionado pelo período de 01 (um) ano, admitida a recondução tácita do contrato por uma única vez; ou, (ii) por *prazo ilimitado*, ao longo da vida do segurado como o parâmetro de referência para a vigência da relação contratual firmada.

10.5 OBRIGAÇÕES DO SEGURADO

As *obrigações gerais do segurado vistas no Subitem 8.4*, relativas aos seguros de danos, desde que compatíveis, também se aplicam aos seguros de pessoas. Além daquelas obrigações, o segurado deverá observar a seguinte obrigação específica nos seguros de pessoas.

10.5.1 Obrigação de declarar o interesse pela vida de outrem no seguro de terceiros

Como visto, há determinadas espécies securitárias nas quais é possível contratar coberturas mesmo que o proponente não seja o segurado.

Levando-se em consideração a natureza da pessoa que contrata um seguro de vida, torna-se possível classificá-lo em:

(i) *seguro sobre a própria vida*, contratado pelo próprio segurado, o qual terá a faculdade de apontar quais serão os seus beneficiários; e,

(ii) *seguro sobre a vida de outrem*, contratado por um terceiro, em relação à vida de uma determinada pessoa, o qual figurará como o próprio beneficiário do seguro.

No *seguro sobre a própria vida*, torna-se desnecessária a demonstração de interesse na manutenção da vida do segurado, vez que se trata de conceito inerente ao próprio indivíduo relacionado à preservação da sua própria integridade, salvo raras exceções como as que se consubstanciam na prática de suicídio.

Entretanto, no caso da contratação de um *seguro sobre a vida de outrem*, como forma de evitar a aproximação do seguro do contrato de jogo ou de azar, em que o interesse é apenas especulativo, e, não, legítimo, como estabelece o Art. 757 do Código Civil, o proponente é obrigado a declarar, sob pena de falsidade, o seu interesse na preservação da vida de terceiro, exceto as hipóteses de cônjuge, ascendente ou descendente, nas quais, até prova em contrário, presume-se o interesse do proponente (Art. 790 do Código Civil).

Trata-se, por exemplo, da hipótese de contratação do *seguro prestamista*, em que um terceiro tem o interesse na contratação de uma cobertura sobre a vida do segurado como forma de garantir que o pagamento do financiamento por este contraído será devidamente quitado mesmo diante da ocorrência de um evento prejudicial sobre a vida do devedor.

Tal requisito apresenta-se como um salutar instrumento à inibição da fraude no seguro, vez que o proponente-beneficiário da garantia contratada será obrigado a demonstrar o liame fático-subjetivo que o vincula ao interesse na manutenção da vida de outrem.

10.6 DIREITOS DO SEGURADOR

Os *direitos gerais do segurador vistos no Subitem 8.5*, relativos aos seguros de danos, desde que compatíveis, também se aplicam aos seguros de pessoas. Além daqueles direitos, o segurador também poderá exercer o seguinte direito específico nos seguros de pessoas.

10.6.1 Direito de fixar o prazo de carência

Como já foi explicado, o negócio do seguro trabalha numa relação de interdependência com o tempo, durante o qual o segurador realiza a captação de prêmios bastantes a fim de fazer frente às garantias securitárias contratadas.

Desta forma, a prefixação de uma data a partir da qual os eventos especificados nas condições contratuais passam a constituir causas hábeis ao pagamento do capital segurado apresenta-se como um fator imprescindível para a realização das atividades securitárias.

Diante da necessidade de proteção das reservas técnicas necessárias para a constituição do capital segurado, no *seguro de vida para o caso de morte, é lícito estipular-se um prazo de carência, durante o qual o segurador não responde pela ocorrência do sinistro* (Art. 797 do Código Civil).

Neste caso, verificado o sinistro, *o segurador é obrigado a devolver ao beneficiário o montante da reserva técnica já formada*, entendida como o fundo financeiro que possibilitará o pagamento do capital segurado contratado, do qual serão subtraídos, em suma, os tributos, as despesas comerciais e o lucro auferido pelo segurador, como forma, inclusive, de evitar o enriquecimento sem causa.

10.7 OBRIGAÇÕES DO SEGURADOR

As *obrigações gerais do segurador vistas no Subitem 8.6*, relativas aos seguros de danos, desde que compatíveis, também se aplicam aos seguros de pessoas. Além daquelas obrigações, o segurador também deverá observar as seguintes obrigações específicas nos seguros de pessoas.

10.7.1 Obrigação de cumprir o contrato por atos considerados arriscados

O instituto do seguro sempre esteve atrelado à preocupação de não servir de incentivo à ilicitude ou à consumação de atos que não seriam praticados caso inexistisse uma proteção securitária destinada a garantir uma determinada situação econômica ou patrimonial.

A expressão *agravamento do risco* é o termo mais empregado a fim de tentar explicar o porquê de os seguradores se recusarem a assumir as garantias de interesses intrínsecos aos atos classificados como de grande potencial lesivo, como os que costumam decorrer dos esportes e das profissões de alto risco.

Por isto, os seguros de pessoas sempre ficaram afastados de atos que poderiam propiciar o aumento da probabilidade de incidência de morte ou de danos em relação a uma vida humana.

O Art. 799 do Código Civil que trata de regular a cobertura nos casos de esportes e profissões de alto risco é inovação no ordenamento jurídico brasileiro, considerando a inexistência de norma legal vigente no antigo ordenamento a esse respeito, senão veja-se o que dispõe tal artigo:

> Art. 799. O segurador não pode eximir-se ao pagamento do seguro, ainda que da apólice conste a restrição, se a morte ou a incapacidade do segurado provier da utilização de meio de transporte mais arriscado, da prestação de serviço militar, da prática de esporte, ou de atos de humanidade em auxílio de outrem.

Todavia, não se afigura bastante que um segurado submetido à constante prática de tais atos contrate um seguro de pessoas a fim de obter a garantia securitária pretendida.

É sumamente necessário que o proponente à contratação de um seguro sob tais condições declare de maneira expressa e específica ser praticante de tais atividades ou estar a elas submetido, com o fito de que o segurador, de posse de toda a sua experiência atuarial, dedique-se à dificultosa tarefa de criar novos instrumentos de inclusão de tais riscos em grupos segurados, como expressamente admite a legislação em vigor.

Frise-se que a omissão quanto à declaração da prática de tais atos configura fraude ao que dispõem os Arts. 765 e 766 do Código Civil.

10.7.2 Obrigação de resolver o contrato por inadimplemento do segurado

A recepção do prêmio pago pelo segurado é reconhecidamente um direito do segurador, e constitui a contraprestação necessária à viabilidade do próprio negócio do seguro, sem o que, o mesmo restaria inviabilizado.

O Código Civil, mais uma vez inovando a disposição legal sobre a matéria, entretanto, passou a estabelecer hipótese legal em que o segurador não terá direito de realizar a cobrança de prêmio inadimplido pelo segurado, particularmente aplicada ao *seguro de vida individual*, senão veja-se:

> Art. 796. O prêmio, no seguro de vida, será conveniado por prazo limitado, ou por toda a vida do segurado.
>
> Parágrafo único. Em qualquer hipótese, no seguro individual, o segurador não terá ação para cobrar o prêmio vencido, cuja falta de pagamento, nos prazos previstos, acarretará, conforme se estipular, a resolução do contrato, com a restituição da reserva já formada, ou a redução do capital garantido proporcionalmente ao prêmio pago.

Como se entende da leitura do parágrafo único do Art. 796, a inadimplência do segurado no seguro de vida individual não dará mais ao segurador o direito de cobrar a parcela vencida, nem, por corolário lógico, implicará a suspensão da garantia contratada, mas, sim, resultará a expressa resolução contratual ou a redução do capital segurado.

Dessa forma, ocorrido o sinistro e verificada a inadimplência do segurado, o segurador aplicará: (i) a *resolução do contrato*, mediante a devolução da reserva formada, descontados a lucratividade, as despesas e os tributos relacionados à contratação da apólice; ou, (ii) *reduzirá o capital segurado*, proporcionalmente ao prêmio pago.

Portanto, o legislador do Código Civil conferiu ao segurador o direito de exercer uma ou outra opção conforme mais adequado ao caso concreto e à preservação dos preceitos técnico-solvenciais dos grupos segurados.

10.7.3 Ausência do direito à sub-rogação dos danos sofridos pelo segurado

Como já foi explicado, o seguro de pessoas não é um seguro de natureza propriamente indenizatória, vez que falta ao mesmo o elemento da reparação, considerando que a vida é um bem de conceito econômico inestimável.

Por isso, as regras costumeiramente vistas nos seguros de danos sofrem a necessária mutabilidade a fim de serem aplicadas nos seguros de pessoas, gênero do qual faz parte o seguro de vida.

Na verdade, muitos dos conceitos dos seguros de danos não se apresentam aptos a serem aplicados ao seguro de pessoas, como os concernentes ao limite do valor de fixação do capital segurado, à proibição de contratar com mais de um segurador quando excedido o limite do interesse segurável e à sub-rogação do segurador nos direitos e nas ações do segurado, ou do beneficiário, contra o causador do sinistro.

Deste modo, diante das particularidades inerentes aos seguros de pessoas, por expressa vedação legal, o segurador não se sub-roga nos direitos nem nas ações do segurado ou, do beneficiário, em face do causador dos danos originados do sinistro (Art. 800 do Código Civil).

10.8 LIQUIDAÇÃO DO SINISTRO

Neste subitem serão apresentados os procedimentos básicos que compõem a etapa de levantamento das informações visando à apuração da veracidade e da adequação do sinistro no seguro de pessoas.

10.8.1 Definição

A liquidação do sinistro de seguro de pessoas é o procedimento técnico por meio do qual o segurador realiza a constatação dos eventos previstos nas condições gerais da apólice e a conclusão quanto ao pagamento parcial ou integral da importância segurada, ou até mesmo a sua recusa.

10.8.2 Aviso de sinistro

O aviso de sinistro é o instrumento pelo qual o segurado ou o beneficiário comunica ao segurador a respeito da ocorrência de um evento predeterminado envolvendo a vida ou a integridade física de uma pessoa objeto do interesse segurado.

Como ressaltado nos Subitens 8.4.4 e 8.4.6, a obrigação do segurado e do beneficiário de colaborarem com o segurador na liquidação do sinistro justifica-se por eles serem os principais interessados e, geralmente, os detentores das informações pertinentes sobre o evento passível de cobertura securitária (Arts. 765, 769 e 771 do Código Civil).

Neste caso, torna-se fundamental a participação do segurado ou do beneficiário e das pessoas que tenham presenciado o evento predeterminado nas condições gerais da apólice, como forma de possibilitar que a seguradora obtenha todas as informações necessárias para promover a análise técnica a respeito da procedência ou improcedência do aviso de sinistro bem como para a adoção das medidas necessárias visando ao pagamento da importância segurada.

10.8.3 Constatação das lesões e da causa morte

A constatação das lesões e da causa morte trata-se de uma etapa crucial do procedimento de liquidação do sinistro. Tal afirmativa justificava-se em razão da complexidade técnica da sua análise, muitas vezes, relacionada a outras causas simultâneas, e, por vezes, à dificuldade de estabelecer relação entre causa e efeito a partir dos fatos descritos.

A peculiaridade envolta neste procedimento, que pode demandar tempo para a sua conclusão, inclusive, de sindicâncias privadas promovidas pela sociedade seguradora a fim de constatar a pertinência e a veracidade das informações prestadas pelo beneficiário sobre o estado de saúde do segurado, afigura-se como um dos principais motivos de litígios surgidos no ramo do seguro de pessoas.

Visando diminuir o espectro de controvérsias derivadas das liquidações de sinistros nos seguros de pessoas, a SUSEP, por meio da *Circular SUSEP 667/2022*, regulou os tópicos fundamentais de todo esse procedimento, de observância obrigatória pelas seguradoras e pelos segurados.

Entre os principais aspectos regulados, encontra-se a obrigatoriedade de informação ao segurado sobre o *funcionamento de todas as etapas* do procedimento de liquidação do sinistro, incluída, a descrição especificada dos *documentos necessários* para cada tipo de cobertura visando ao pagamento da importância segurada e a *fixação do prazo máximo de 30 (trinta) dias*, contados a partir da entrega dos documentos previstos no capítulo próprio das condições gerais da apólice de seguro, para a sua liquidação (Arts. 47-48 da Circular SUSEP 667/2022).

A solicitação de documentação ou de informação complementar, a qual somente poderá ocorrer *no caso de dúvida fundada e justificável* por parte da seguradora, implicará a suspensão do prazo especificado, reiniciando sua contagem a partir do dia útil subsequente ao do atendimento integral da complementação das exigências.

Torna-se válido ressaltar que a exigência de documentação ou informação complementar aos dados especificados nas condições gerais da apólice, somente poderá ocorrer *no caso de dúvida fundada e justificável* por parte da seguradora.

Entretanto, em havendo divergência sobre a *causa, a natureza ou a extensão das lesões* que ensejaram a verificação do evento predeterminado, a seguradora deverá propor ao segurado, ou, se for o caso, ao seu beneficiário, a constituição de uma junta médica, no prazo de 15 (quinze) dias, constituída por 03 (três) membros: um nomeado pela seguradora; um nomeado pelo segurado; e um nomeado em comum, a fim de dirimir a controvérsia, sendo que os honorários médicos de cada profissional indicado serão suportados pelo respectivo contratante que o designou, exceto os referentes ao terceiro, os quais serão custeados, em partes iguais, por segurador e segurado (Art. 76 da Circular SUSEP 667/2022).

10.8.4 Franquia

A Circular SUSEP 667/2022, em seu Art. 32, estabelece que os valores das franquias deverão constar da proposta, apólice, bilhete ou certificado individual; e, os seus critérios de aplicação previstos nas condições contratuais.

10.9 TEMAS ESPECIAIS

Neste subitem serão apresentados alguns temas especiais envolvendo a interpretação de normas jurídicas e de cláusulas contratuais utilizadas no seguro de pessoas.

10.9.1 Doença preexistente

A boa-fé, a veracidade e a precisão nas declarações concernentes ao estado de saúde do proponente de uma garantia securitária constituem elementos fundamentais para a formação e a execução do contrato de seguro de vida.

A partir das informações prestadas pelo proponente, no momento do preenchimento da proposta de seguro e/ou questionário perfil, o segurador poderá avaliar um legítimo interesse segurável, a fim de alocá-lo num grupo segurado equivalente.

Além disso, o segurador poderá definir com justiça o valor do prêmio ou até mesmo emitir resposta negativa quanto à intenção de contratação, como decorrência da ausência de capacidade técnica no que se refere à assunção da cobertura almejada.

Deste modo, o segurador parte do pressuposto de que os autores das propostas de seguros, ou daqueles que se pretenda ter a vida segurada, encontram-se dentro de um limiar normal de saúde física e psicológica, ou seja, assim como qualquer homem médio, gozam de um estado normal de saúde, sem maiores alterações dignas de menção ou destaque.

Neste cenário, a omissão quanto à informação da existência de uma doença preexistente quebra toda a harmonia atuarial arquitetada pelo segurador, consistente na certeza de que a arrecadação de prêmios de um grupo segurado, prolongada no tempo, será suficiente para que os sinistros prováveis sejam cobertos e ainda se consiga auferir lucro da operação, veiculando uma prestação obrigacional nitidamente desproporcional.

A *cláusula de exclusão de cobertura* tornou-se o instrumento habitualmente utilizado pelos seguradores para obstar a incidência dos efeitos decorrentes da omissão na prestação da informação quanto a uma doença preexistente, visando reestabelecer o grau de equilíbrio do grupo segurado no qual tenha sido detectado forte desvio da linha de probabilidade inicialmente traçada.

Portanto, entende-se *lícita a exclusão de cobertura securitária decorrente da constatação de doença preexistente* omitida pelo segurado ou seu agente de seguros, de acordo com a necessidade de precisão na avaliação do risco pelo segurador e de fixação de maneira justa do valor do prêmio a ser pago pelo segurado.

A omissão da declaração da doença preexistente consiste em violação aos *princípios da boa-fé e da transparência* que norteiam o funcionamento do contrato de seguro.

O Superior Tribunal de Justiça, entretanto, consolidou sua jurisprudência no sentido de vincular à aplicabilidade da cláusula excludente à prévia exigência de exames clínicos ou à demonstração da má-fé do segurado e do nexo de causalidade entre a doença preexistente e a causa do evento que deu ensejo à reclamação pelo pagamento da importância segurada.

Desse modo, segundo o entendimento jurisprudencial do STJ deve-se privilegiar a presunção de boa-fé na contratação da cobertura securitária.

Nessa linha, o STJ editou a Súmula 609 estabelecendo que: "A recusa de cobertura securitária, sob a alegação de doença preexistente, é ilícita se não houve a exigência de exames médicos prévios à contratação ou a demonstração de má-fé do segurado" (DJe 17/04/2018).

Todavia, entende-se que esse não é o melhor entendimento aplicável à espécie, uma vez que a exigência da realização de exames clínicos prévios é inviável do ponto de vista econômico e da sua análise operacional, o que poderia inviabilizar a contratação de coberturas securitárias reduzindo-se o espectro de proteção da coletividade em relação às pessoas com estado de saúde considerado normal.

Em segundo lugar, a exigência da demonstração por parte da seguradora da má-fé do segurado consiste em ônus extremamente dificultoso e vai contra os preceitos da máxima boa-fé, transparência e limitação dos riscos inerentes às coberturas securitárias.

Nesse sentido, entende-se suficiente a demonstração da conduta omissiva por parte do segurado e do nexo de causalidade com a doença preexistente constatada com base nos preceitos técnicos da ciência médica.

Como já foi destacado em outra oportunidade, importa esclarecer que as incongruências decorrentes de má-informação no momento da elaboração da proposta de seguro ou do preenchimento do questionário perfil do segurado obrigam o segurador a promover a correta alocação do interesse segurável em seu grupo atuarial, com a majoração ou diminuição do valor a ser cobrado a título de garantia securitária.

Todavia, constatada tal impossibilidade e comprovada a omissão do segurado ou do seu representante compete ao segurador declarar a rescisão contratual (Art. 766 do Código Civil).

10.9.2 Suicídio

Em relação às condições para a aceitação da cobertura do seguro de pessoas, o Art. 1.440 do revogado Código Civil de 1916 estabelecia que a "vida e as faculdades humanas também se podem estimar como objeto segurável, e segurar, no valor ajustado, contra os riscos possíveis, *como o de morte involuntária*, inabilitação para trabalhar, ou outros semelhantes; considera-se *morte voluntária* a recebida em duelo, *bem como o suicídio premeditado por pessoa em seu juízo*".

Diante do *critério subjetivo* que permeava a análise do dispositivo legal acima transcrito, coube ao intérprete da lei estabelecer, mediante a análise do caso concreto, se haveria ou não um estado de consciência na consumação da conduta do suicídio. Desse modo, convencionou-se por meio da Súmula 105 do Supremo Tribunal Federal e da Súmula 61 do Superior Tribunal de Justiça que a premeditação deveria ser comprovada, e assim, tal ônus incumbiria ao segurador.

Além disso, restou fixado inoperante a cláusula contratual que excluísse a garantia securitária decorrente do ato de suicídio.

A interpretação acima destacada padecia de incongruência gravíssima, porquanto o contrato de seguro nunca admitiu ser instrumento de incitação ao cometimento doloso de atos ilícitos, nem de afastamento do elemento fortuito, ou seja, de conduta assumida pelo segurado, ainda que eventual, gerando forte desequilíbrio dos grupos segurados no ramo vida.

Reconhecidamente, a ocorrência de um suicídio viola as bases securitárias fortemente relacionadas à existência de contribuição minimamente significativa ao longo do tempo, a fim de possibilitar a constituição das reservas técnicas utilizadas na garantia do interesse segurável almejado.

O Art. 798 do Código Civil de 2002 foi concebido com o nítido intuito de eliminar tal incongruência, e, principalmente, superar as discussões subjetivas que pendiam sobre a existência ou não de premeditação no ato do suicídio, deveras custosas para a coletividade como um todo, ao optar por veicular uma norma de *critério objetivo* nos seguintes termos:

> Art. 798. O beneficiário não tem direito ao capital estipulado quando o segurado se suicida nos primeiros dois anos de vigência inicial do contrato, ou da sua recondução depois de suspenso, observado o disposto no parágrafo único do artigo antecedente.
>
> Parágrafo único. Ressalvada a hipótese prevista neste artigo, é nula a cláusula contratual que exclui o pagamento do capital por suicídio do segurado.

Diante da nova disposição legal reguladora da matéria, a doutrina aglutinou-se em volta de três correntes: (i) *não há garantia* para o suicídio caso este venha a ocorrer no prazo de carência de dois anos; (ii) *não há garantia* para o suicídio caso este venha a ocorrer no prazo de carência de dois anos, sendo que tal pressuposição somente poderá ser desconstituída caso demonstrado que não se tratou de suicídio voluntário; (iii) *há garantia* para o suicídio caso este venha a ocorrer no prazo de carência de dois anos, sendo que tal pressuposição somente será desconstituída se a seguradora provar que houve premeditação no ato.

Na atual sistemática legal vigente, o Superior Tribunal de Justiça consolidou o entendimento no sentido de reconhecer *o suicídio, praticado dentro do prazo de carência, como um evento expressamente excluído do âmbito da cobertura securitária*, independentemente da verificação da voluntariedade ou involuntariedade da conduta.

Nessa linha, o STJ editou a *Súmula 610* estabelecendo que: "O suicídio não é coberto nos dois primeiros anos de vigência do contrato de seguro de vida, ressalvado o direito do beneficiário à devolução do montante da reserva técnica formada" (DJe 07/05/2018).

Com a edição do novo entendimento mencionado, a Súmula 61 do STJ e a Súmula 105 do STF tiveram os seus respectivos conteúdos superados.

Dessa forma, pelo critério legal atualmente vigente, de nítido caráter objetivo, prevalece a ideia de que o suicídio ocorrido no prazo inicial de carência estará terminantemente excluído da garantia securitária.

Ademais, constatada a majoração do valor da garantia contratada, entende-se que o prazo de carência volta a ser novamente contado, com o intuito de evitar que o seguro de vida seja utilizado em contrariedade ao que estabelece a norma reguladora sobre a matéria.

10.9.3 Embriaguez do segurado

Como visto no Subitem 9.7.3, a embriaguez do segurado consiste em objeto de cláusula excludente da cobertura no seguro de automóvel.

A justificativa para essa conclusão baseia-se na constatação de que a embriaguez se trata de fato totalmente incompatível com a conduta previdente e responsável exigida do segurado, uma vez que ele deve portar-se de modo a evitar o agravamento do risco durante o prazo de vigência da apólice.

Esse entendimento foi, inclusive, adotado pela jurisprudência do Superior Tribunal de Justiça para reconhecer a inexistência de direito à cobertura no seguro de automóvel. Mas, pergunta-se: quais são os efeitos contratuais decorrentes da constatação da embriaguez no seguro de pessoas?

Do ponto de vista técnico, a resposta para essa pergunta é a mesma aplicada ao seguro de automóvel. Assim como naquela modalidade, é inadmissível no seguro de pessoas admitir a cobertura de evento morte protagonizado pelo segurado sob o efeito de substância capaz de gerar a embriaguez.

Tal fato consiste em manifesto agravamento do risco que influencia prejudicialmente a conduta do segurado em relação ao seu dever de autoproteção e de cuidado para com a sua própria vida.

Em que pese a plena identidade dos fatos e das justificativas técnicas adotadas para fins de exclusão da cobertura, o STJ firmou entendimento jurisprudencial diametralmente oposto na leitura da cláusula excludente da cobertura do seguro de vida, no sentido de reconhecer a obrigação da seguradora de cobrir o risco mesmo diante da constatação de embriaguez do segurado.

No *EREsp 973.725/SP*, cujo relator foi o Ministro Lázaro Guimarães (DJe 02/05/2018), o STJ justificou esse posicionamento com base na percepção de que o seguro de vida deve abranger os sinistros mesmo que causados por "estado de insanidade mental, de alcoolismo ou sob efeito de substâncias tóxicas, ressalvado o suicídio ocorrido dentro dos dois primeiros anos do contrato".

Também baseou o entendimento proferido em carta de teor meramente recomendatório da SUSEP no sentido de não excluir a cobertura dessa espécie de risco do seguro de vida, desprovido de conteúdo vinculativo.

Em razão disso, o STJ editou a *Súmula 620* estabelecendo que: "A embriaguez do segurado não exime a seguradora do pagamento da indenização prevista em contrato de seguro de vida" (DJe 17/12/2018).

Uma curiosidade de se notar no caso julgado pela 2ª Seção do STJ é a de que em todas as instâncias judiciais anteriores o pedido havia sido julgado improcedente, inclusive, no acórdão base proferido no próprio STJ cujo relator foi o Ministro Ari Pargendler (REsp 973.725/SP, DJe de 15/09/2008), assim ementado:

> CIVIL. SEGURO DE VIDA. EMBRIAGUEZ. A cláusula do contrato de seguro de vida que exclui da cobertura do sinistro o condutor de veículo automotor em estado de embriaguez não é abusiva; que o risco, nesse caso, é agravado resulta do senso comum, retratado no dito "se beber não dirija, se dirigir não beba". Recurso especial não conhecido.

De acordo com o entendimento adotado pelo STJ, por mais surpreendente possa parecer, um segurado poderá ter em um mesmo evento a cobertura do *seguro de automóvel* negada por exclusão de garantia, e a cobertura de *seguro de vida* reconhecida como válida por não representar, segundo esse entendimento, agravamento de risco.

Todavia, entende-se que essa não é a melhor solução aplicável para a questão, pois, como esclarecido, o contrato de seguro consiste em negócio fundado em técnica de consideração da influência de riscos sob uma perspectiva atuarial que observa uma linha de coerência lógica fundamental.

O seguro é notoriamente reconhecido como uma admirável técnica de gestão de riscos por estruturar a sua lógica com base na análise das condutas socialmente desejáveis e a verificação da sua incidência ao longo do tempo, sob pena de inviabilização da atividade econômica e do desvirtuamento da sua finalidade social.

Ao contrário do que possa parecer, a inclusão de uma série de riscos não seguráveis no catálogo de riscos tecnicamente admitidos pela seguradora provocará o desequilíbrio atuarial dos grupos segurados e o consequente aumento dos preços das coberturas comercializadas.

Em alguns casos, dependendo da gravidade da interferência, pode causar até mesmo a supressão do produto oferecido diante da impossibilidade de se cobrir, do ponto de vista financeiro, os custos decorrentes do desvirtuamento das suas bases técnico-operacionais, prejudicando a coletividade como um todo (Harten, 2007:38-39).

Desse modo, a interferência do Poder Judiciário em matéria geradora de desequilíbrio técnico ao invés de positiva, ao contrário, causa a desestruturação do negócio e provoca o aumento indesejável da precificação dos riscos compartilhados com os segurados que adotam um padrão de conduta em consonância às condições gerais do contrato.

Mais do que isso. Causa insegurança jurídica, pois firma soluções jurídicas criativas que acabam por minar a própria coerência jurisprudencial que deve possuir uma estrutura lógica mínima para a sua compreensão e perpetuação ao longo do seu tempo de existência.

Após a sedimentação do posicionamento da Corte no sentido de reconhecer como legal a exclusão da embriaguez na cobertura do seguro de automóvel, o STJ deveria, por dever de coerência da sua jurisprudência, ter decidido da mesma forma e não ter criado entendimento que destoa da mesma razão jurídica.

Por isso, entende-se que a exclusão do risco causado por embriaguez no seguro de vida afigura-se juridicamente legítima e o entendimento adotado pelo STJ merece ser revisado à luz da necessidade de coerência da sua jurisprudência imposta pelo CPC/2015.

10.9.4 Seguro de pessoas e dados genéticos

Como visto ao longo deste capítulo, a combinação do uso de dados pessoais sobre as condições de saúde do segurado e do perfil de risco no qual ele se enquadra constitui o mecanismo fundamental para a estruturação das coberturas no ramo do seguro de pessoas.

A realização dos cálculos de probabilidade por meio do uso de tábuas atuariais em relação à sobrevivência de pessoas já é usada há séculos pelos seguradores para a tomada de decisões sobre a aceitação e a precificação do valor das coberturas.

No final do século XVII, Edmond Halley, célebre astrônomo e matemático britânico, desenvolveu uma metodologia de classificação que permitiu calcular a expectativa de vida das pessoas com base na consideração de informações como a idade e a expectativa média de sobrevivência da população (Bäcaer, 2011).

Além dessa metodologia, os seguradores passaram a utilizar outras técnicas de investigação de dados como os questionários sobre as condições de saúde do proponente, a existência de doenças no histórico familiar de parentes com afinidade biológica próxima, os hábitos de vida adotados, a realização de cirurgias pretéritas, dentre outras (Godard, 2020).

Todas essas técnicas de análise de dados pessoais sensíveis têm por objetivo oferecer ao segurador condições mínimas de identificação do perfil de risco do proponente para a sua correta inserção nos grupos homogêneos seguráveis e para o cálculo do prêmio do seguro (Lowden, 2004).

No início do século XXI, uma grande transformação provocada pela evolução das ciências médicas e biotecnológicas propiciou o mapeamento do *genoma humano* (2003), com a identificação de todos os genes que compõem a cadeia da vida biológica e de parte das respectivas características por eles desempenhadas no funcionamento do corpo humano.

O sequenciamento genético permitiu ainda a identificação de genes responsáveis pelo desencadeamento de doenças no organismo humano, principalmente, das denominadas doenças degenerativas ou para as quais ainda não foi desenvolvida cura específica pelos métodos terapêuticos conhecidos (ex.: doença de Huntington, Alzheimer etc.).

O trabalho realizado para a identificação do genoma humano teve o claro objetivo de viabilizar o desenvolvimento de tratamentos médicos para a cura de doenças e para a melhoria da qualidade de vida do ser humano.

De acordo com Mayana Zatz (2000):

> Os resultados a longo prazo certamente irão revolucionar a medicina, principalmente na área de prevenção. Será possível analisar milhares de genes ao mesmo tempo e as pessoas poderão saber se têm predisposição aumentada para certas doenças, como diabete, câncer, hipertensão ou doença de Alzheimer, e tratar-se antes do aparecimento dos sintomas. As vacinas de DNA poderão eliminar doenças como a tuberculose ou a Aids. Os remédios serão receitados de acordo com o perfil genético de cada um, evitando-se assim os efeitos colaterais.

Além disso, a descoberta do sequenciamento genético humano abriu uma série de oportunidades para a utilização das informações obtidas por outras áreas científicas como as relacionadas ao oferecimento de coberturas de seguro-saúde e de seguro de pessoas.

Desse modo, além das informações a respeito do *histórico familiar* e da *saúde atual* do proponente, abriu-se ainda uma nova perspectiva de identificação de informações a respeito da probabilidade do desenvolvimento de *futuras doenças* com base na análise preditiva do mapa genético de cada segurado.

Todavia, com a possibilidade de utilização das *informações diagnósticas* e *preditivas* do genoma humano, surge uma série de questões bioéticas, biopolíticas e biojurídicas (Santos, 2020) em relação ao uso dos dados genéticos na esfera pública e privada: o ser humano teria o direito de não conhecer e de não ser informado a respeito da existência de um gene com alta probabilidade do desenvolvimento de uma doença degenerativa ou irreversível? As instituições públicas e privadas poderiam implantar e gerenciar bancos de dados genéticos? Quais seriam os limites para a utilização de informações genéticas de natureza privada para a contratação de serviços ou para a admissão a postos de trabalho? A utilização de dados de uma pessoa baseada exclusivamente no seu passaporte genômico caracterizaria discriminação?

No mercado de seguros, especificamente, também surge o questionamento se seria eticamente correto e juridicamente possível a utilização dos dados genéticos dos segurados visando à especificação do risco para os fins da contratação de coberturas securitárias.

No âmbito do seguro de pessoas, a utilização das informações genéticas de um proponente de seguro poderia abrir oportunidades para a criação de novos produtos voltados para segmentos específicos de riscos seguráveis. Além disso, a maior precisão na informação a respeito do sequencial genômico de uma pessoa também poderia viabilizar uma melhor consideração do risco com a sua melhor precificação para fins atuariais.

Simultaneamente, a maior precisão na identificação do perfil genético do segurado possibilitaria ao segurador constatar a existência da probabilidade do desenvolvimento de uma doença degenerativa ou sem cura, ou seja, do desenvolvimento de uma enfermidade com o potencial de lhe causar incapacidade ou morte, com o aumento da precificação do risco.

Por outro lado, o conhecimento prévio a respeito das informações genéticas também poderia ser utilizado pelo próprio segurado para realizar deliberadamente o aumento das importâncias seguradas contratadas a título de cobertura com o intuito de obter uma maior vantagem dos planos securitários.

As pesquisas revelam que os pacientes que possuem conhecimento a respeito do seu histórico familiar de doenças e do resultado de testes preditivos quanto ao seu perfil genômico estão quatro vezes mais propensos a contratar coberturas com valores maiores do que a média das pessoas que não possuem esses dados (Swiss Re, 2017).

Assim, dependendo da forma como essas informações podem ser utilizadas, a denominada *seleção adversa do risco* poderia incidir para influenciar a análise dos dados genéticos obtidos de maneira exclusiva pelo segurado ou compartilhados com o segurador para fins de análise da cobertura securitária (Song, 2005).

Os grupos que defendem os interesses dos segurados sustentam que a permissão total para o uso de dados genéticos poderia levar à caracterização de *discriminação* na hipótese da recusa da proposta de cobertura com base exclusivamente no resultado do exame preditivo para doenças genéticas.

No sentido contrário, os grupos que defendem os interesses dos seguradores sustentam que em relação aos *seguros privados* a aceitação dos riscos deve observar o *princípio da mutualidade* e à exata correspondência da *homogeneidade dos riscos seguráveis* para fins atuariais. Essa modalidade diferencia-se dos *seguros públicos*, nos quais vigora o *princípio da solidariedade* e da *igualdade* de acesso às coberturas sociais independentemente das características diferenciadas de cada segurado do ponto de vista médico ou atuarial (Godard, 2020).

No atual estágio médico-científico parece haver um consenso de que os dados genéticos devem ser analisados de acordo com o contexto do perfil do indivíduo e do seu atual estado de saúde, por isso a importância da declaração verdadeira e honesta dos dados médicos do segurado no questionário de avaliação do risco para a exata delimitação do risco segurável.

No plano jurídico, em razão da incipiência do tema, a matéria ainda é regulada pelos países de modo heterogêneo, sendo possível classificá-los sinteticamente com base nos seguintes grupos (Knoppers, Godard e Joly, 2004; Turnpenny e Ellard, 2012; The Geneva, 2020):

(i) *países que vedam totalmente a requisição pelas seguradoras de dados genéticos*, por meio da edição de leis gerais ou específicas, com base no fundamento da proibição de discriminação no uso dos dados genômicos (ex.: Canadá, Portugal e Irlanda);

(ii) *países que restringem parcialmente o uso de dados genéticos*, com base na autor-regulação espontânea pelo mercado ou na vedação legal do uso de informações genéticas de determinados produtos como o seguro-saúde, mas permitindo o seu uso em outros segmentos como o seguro de vida, de doenças graves, de incapacidades, dentre outros (ex.: Alemanha, EUA, Austrália, Holanda, Suíça e Reino Unido);

(iii) *países que não possuem restrições expressas ao uso de dados genéticos*, nos quais nem a legislação nem as autoridades supervisoras do mercado de seguros impõem vedação ou limitação expressa do uso de dados genéticos para a contratação de coberturas securitárias (ex.: Japão, China, África do Sul, Índia e Grécia).

Nos EUA, por exemplo, a *Lei de Portabilidade do Seguro de Saúde de 1996* e a *Lei de Não Discriminação de Informações Genéticas de 2008* proíbem a exigência de dados genéticos para fins de contratação do *seguro-saúde* e para fins de *admissão em empregos*, mas não vedam expressamente a requisição para o uso na análise dos riscos de *seguros de pessoas*.

Desse modo, prevalece a interpretação de que se não existe proibição expressa, a sua utilização para fins de contratação de outras coberturas poderá, em tese, ser admitida desde que devidamente informada ao segurado e justificada pelo segurador.

No Reino Unido, a Associação Britânica de Seguradores – ABI e o Governo Britânico, de maneira pioneira, formalizaram o acordo de "Concordata e Moratória em Genética e Seguro" no ano de 2001, para a contratação de apólices com importâncias acima dos valores predeterminados, na hipótese de investigação da doença de Huntington e mediante a requisição do exame pelo segurador. Nos demais casos, a apresentação dos exames genéticos poderia ser realizada de maneira facultativa pelo segurado.

Depois de quase duas décadas de aplicação, a moratória foi substituída pelo *Código sobre Testagem Genética e Seguro de 2018* firmado pela ABI e pelo Governo do Reino Unido, com o objetivo de regular o uso de dados genéticos no mercado britânico e monitorar a evolução da tecnologia aplicada no processamento de diagnósticos relacionados aos produtos securitários.

O Código classifica duas espécies de testes genéticos: (i) os *testes relativos ao diagnóstico de doenças previamente identificadas* visando à confirmação da sua matriz genética; e, (ii) os *testes relativos à predição* de doenças genéticas que poderão futuramente ser desenvolvidas pelo segurado.

Além disso, o Código possui dois princípios básicos: (i) como regra, os seguradores se comprometem a não exigir a realização de testes diagnósticos ou preditivos para a contratação de seguros; e, (ii) excepcionalmente, os seguradores poderão exigir a realização de testes genéticos para coberturas específicas, nos casos regulados pelo Código e desde que excedam as importâncias seguradas predeterminadas (ex: seguro de vida, com valor acima de 500 mil libras e para a identificação do mal de Huntington).

Na União Europeia, destaca-se a *Convenção sobre Direitos Humanos e Biomedicina de 1997* e a *Recomendação do Conselho de Ministros 8/2016 – CM/Rec (2016)8*, as quais preveem restrições quanto à exigência de testes genéticos para fins de contratação de coberturas securitárias, salvo nas hipóteses admitidas pelas legislações nacionais dos respectivos países-membros. Importante registrar que a Alemanha e o Reino Unido não aderiram à convenção mencionada por discordarem da abrangência do seu conteúdo.

No âmbito internacional, menciona-se a edição pela Organização das Nações Unidas da *Declaração Universal sobre o Genoma Humano e os Direitos Humanos de 1997* – DGHDH e a *Declaração Internacional sobre Dados Genéticos Humanos de 2003* – DIDGH.

Tanto a DGHDH quanto a DIDGH preveem normas estabelecendo como obrigatória a manifestação de livre consentimento do indivíduo para a realização de exames genéticos, o direito de não conhecer os resultados desses exames, o direito ao sigilo sobre o seu conteúdo e a proibição de discriminação baseada apenas em características genéticas que afetem os direitos humanos, as liberdades fundamentais ou a dignidade humana.

No Brasil, não há uma legislação específica regulamentando a utilização de dados genéticos e a sua aplicação ao mercado de seguros. A SUSEP também não editou nenhuma norma infralegal regulando a matéria. Portanto, conclui-se que ela se encontra submetida à esfera autorregulatória das sociedades seguradoras.

Por outro lado, deve se reconhecer a existência de um conjunto de normas gerais no âmbito constitucional e infraconstitucional protegendo os valores relativos à personalidade humana e aos direitos fundamentais com o potencial de aplicação sobre os dados genéticos.

Como é possível perceber, diante da complexidade do assunto, afirma-se que se está apenas no estágio inicial das descobertas relacionadas aos tratamentos e exames genéticos. E a eficácia da sua utilização encontra-se diretamente vinculada ao desenvolvimento de um instrumental científico avançado pelos operadores da área médica e biotecnológica.

A possibilidade de reparação de dados genéticos e o desenvolvimento de tratamentos terapêuticos com vistas à cura de doenças graves poderá transformar totalmente a visão que se tem atualmente a respeito do assunto, inclusive, com a redução progressiva dos custos para a realização dos seus procedimentos e dos seus exames preditivos ou diagnósticos.

O desenvolvimento de uma série de tecnologias vinculadas à Inteligência Artificial (AI) e ao processamento de grandes volumes de dados (*Big Data*) também poderá revelar aplicações mais especializadas para todo o informacional de dados sensíveis manipulados pelas seguradoras nas coberturas de seguros de pessoas.

A identificação precoce do potencial para o desenvolvimento de determinadas doenças poderá viabilizar uma atuação conjunta no âmbito preventivo por parte das seguradoras visando contribuir para a redução dos riscos sob os quais estarão os segurados expostos e, consequentemente, para a ampliação da sua qualidade de vida (Goricochea, 2020; Swiss Re, 2017).

Há seguradoras inclusive que disponibilizam programas especializados voltados para o incentivo à prática de uma vida saudável e à realização de exames preventivos com o objetivo de promover uma melhor saúde do segurado, prolongar o seu bem-estar e a sua longevidade.

Além disso, deve-se considerar ainda que há um longo processo de amadurecimento e de culturalização dos indivíduos e das instituições a ser percorrido em relação à utilização dos dados genéticos para o benefício pessoal e para o benefício de toda a humanidade.

É preciso relembrar que o *seguro de vida* chegou a ser considerado imoral em séculos passados, como, por exemplo, no Brasil, em razão da perspectiva cultural que vigorava sobre aspectos relacionados à intangibilidade da vida humana sob uma perspectiva eminentemente econômica.

A própria utilização do tradicional *mecanismo de seleção de riscos* foi questionada pela opinião pública no século XIX sob o ponto de vista moral e se tornou, posteriormente, um instrumental técnico inquestionavelmente legítimo e necessário para a manutenção da solvabilidade das sociedades seguradoras do ramo de pessoas (Hoyweghen, 2007).

No futuro, talvez não tão distante para a gradual, mas constante evolução experimentada pela técnica securitária, certamente será possível promover a construção de um consenso positivo a respeito da utilização dos dados genéticos para abranger os interesses de seguradores e segurados na seleção adequada de riscos, na criação de produtos customizados que possam incentivar o compartilhamento responsável de informações sensíveis e na correta precificação das coberturas disponibilizadas.

Afinal, na *Era da Biotecnologia*, o maior risco para a ciência não se restringe apenas em promover avanços rumo a campos científicos desconhecidos e não dominados pelo ser humano, mas, também, em assumir o risco de não os explorar de modo responsável e de não acessar novas soluções para os problemas vividos em sociedade em prol de um futuro melhor para toda a humanidade.

Por isso, dentre os sistemas analisados, a simples proibição do uso de dados genéticos não parece ser a melhor solução para todos os casos. A autorização para a utilização gradual e supervisionada da aplicação desses dados poderá gerar muito mais benefícios e auxiliar na criação de uma cultura voltada para a conscientização das pessoas a respeito do uso dos seus dados genéticos do que a imposição de uma simples vedação genérica.

A observação empírica poderá fortalecer ainda o estabelecimento de consensos científicos dos agentes institucionais na tomada das melhores decisões do ponto de vista bioético e da promoção aos direitos da personalidade humana.

Para isso, os agentes públicos e privados poderão convencionar a realização de estudos conjuntos visando à implantação de protocolos de uso de dados genéticos e de prazos para a revisão periódica dos seus resultados com o intuito de avaliar os benefícios gerados pelas práticas adotadas.

Somente assim, o conhecimento a respeito dos avanços científicos obtidos pela ciência médica e biotecnológica poderá alcançar de uma forma eficiente a população destinatária dos seus resultados finais como agentes ativos na construção de um futuro melhor que possa colher os benefícios da aplicação genética em todas as áreas sociais, inclusive, no mercado de seguros.

11
SEGURO-SAÚDE

Neste capítulo será apresentado o seguro-saúde a partir da análise da sua definição, da sua história, do mercado e dos requisitos para o desenvolvimento da atividade, e dos principais direitos e obrigações aplicáveis ao segurador e ao segurado.

11.1 DEFINIÇÕES

Neste subitem será apresentada a definição do *seguro-saúde* e, também, a definição do *contrato de plano de saúde*, com o intuito de delimitar as especificidades dessas duas espécies contratuais e de diferenciá-las entre si, por serem os contratos utilizados para viabilizar as operações do ramo de saúde suplementar.

11.1.1 Seguro-saúde

O *seguro-saúde* consiste na modalidade securitária pela qual o segurador, mediante o pagamento de um prêmio, se obriga a garantir o legítimo interesse do segurado relativo à preservação da sua saúde por meio de coberturas de assistência médica ou odontológica em face de riscos predeterminados.

Importante relembrar que somente poderão comercializar o seguro-saúde as *sociedades seguradoras* e as *sociedades cooperativas especializadas em seguro-saúde* devidamente autorizadas pela ANS.

Nessa espécie de cobertura, a sociedade seguradora poderá oferecer ao segurado tanto a opção da livre escolha de profissionais e das estruturas de atendimento de saúde da sua preferência, mediante o pagamento por reembolso das despesas realizadas, quanto a utilização de uma rede referenciada pela seguradora de profissionais e de estabelecimentos de saúde.

Assim, no seguro-saúde, o segurado tem a *liberdade de escolha do profissional* e do *estabelecimento de saúde*, cujo reembolso total ou parcial pelo pagamento das despesas de atendimento deverá ser realizado pela seguradora dentro dos parâmetros e valores predeterminados na cobertura.

E, no caso da opção pela *utilização da rede referenciada*, as seguradoras oferecem o benefício do pagamento das despesas com consultas e tratamentos diretamente aos profissionais e estabelecimentos cadastrados, sem a necessidade da realização de desembolso pelo segurado.

Diferentemente das operadoras de planos de saúde tradicionais, o seguro-saúde assemelha-se a uma operação financeira, uma vez que as seguradoras não possuem redes de atendimento próprias, concentrando-se principalmente na gestão dos prêmios arrecadados e na sua capacidade de custeio das despesas realizadas pelos segurados.

Além disso, destaca-se que no seguro-saúde o prêmio é pago de modo mensal durante todo o prazo de vigência do contrato e poderá haver franquia e coparticipação do segurado no pagamento dos serviços utilizados, com base num valor fixo ou de um percentual sobre o custo dos procedimentos previstos em contrato.

No seguro-saúde, compete ainda ao segurado escolher as opções de coberturas disponibilizadas pela seguradora: (i) *plano referencial*; (ii) *plano com cobertura ambulatorial*; (iii) *plano com cobertura hospitalar*; (iv) *plano com cobertura obstétrica*; ou, (v) *plano odontológico*, dentre outras modalidades especiais disponibilizadas.

O termo "plano" neste capítulo será utilizado de modo amplo para identificar tanto as coberturas securitárias quanto às coberturas providas por operadoras de planos de saúde, uma vez que se trata de expressão comum adotada pela Lei dos Planos de Saúde de 1998 e, também, no âmbito do mercado segurador para a identificação dos produtos securitários.

Como visto, o *contrato de seguro-saúde* apenas pode ser comercializado por sociedade seguradora ou sociedade cooperativa especializada em seguro-saúde. O seu objeto é eminentemente o reembolso de despesas dos serviços médicos ou odontológicos livremente contratados pelo segurado ou, facultativamente, a utilização de rede referenciada quando disponibilizada pelo segurador.

O seguro-saúde tem a natureza jurídica securitária e o seu regime jurídico se submete às normas da LPS, à parte relativa ao contrato de seguro prevista no Código Civil (Arts. 757-788, disposições gerais e dos seguros de danos) e ao Decreto-lei 73/1966.

Importante diferenciar o seguro-saúde do *plano privado de assistência à saúde*, pois, embora possuam semelhanças do ponto de vista das normas de regulação das suas operações, das modalidades de coberturas e da extensão geográfica do atendimento, trata-se de contratos diversos dotados de particularidades jurídicas próprias.

11.1.2 Plano de saúde

O *plano privado de assistência à saúde* consiste no contrato pelo qual uma operadora se obriga a oferecer, mediante o pagamento de um preço, a cobertura de serviços médicos ou odontológicos disponibilizados ao respectivo cliente, por meio de uma rede própria ou credenciada.

No plano de saúde, o usuário somente poderá utilizar os profissionais e os estabelecimentos de saúde da rede própria ou credenciada pela operadora.

Podem funcionar como operadoras de saúde privada *sociedades civis* ou *comerciais, cooperativas* ou *de autogestão*, previamente registradas e autorizadas pela ANS.

A *operadora* é a parte do contrato que realiza a gestão de uma *rede própria, contratada, conveniada ou credenciada* de profissionais e de estruturas da área da saúde dotadas de equipamentos físicos e humanos necessários para a realização dos atendimentos cobertos no plano de assistência à saúde.

Podem compor a rede de serviços oferecidos pela operadora de assistência à saúde: médicos, enfermeiros, fisioterapeutas, psicólogos, dentistas, hospitais, clínicas, laboratórios, equipamentos médicos, veículos de transporte de urgência e emergência, dentre outros necessários para a realização das suas atividades.

Portanto, de acordo com o plano de saúde contratado, o cliente poderá escolher os serviços disponibilizados pela operadora e poderá optar pelo pagamento da cobertura por valor fixo ou mediante coparticipação.

Na *cobertura por valor fixo* o cliente apenas se vincula a pagar um valor mensal previamente fixado para ter acesso à cobertura contratada, enquanto na *cobertura mediante coparticipação*, além do valor mensal prefixado, o cliente pagará ainda um valor a maior também previamente fixado sobre os serviços utilizados.

No plano de saúde, o cliente também poderá escolher as opções de coberturas obrigatórias e de coberturas especiais disponibilizadas pela operadora.

Como visto, o *contrato de plano de saúde* pode ser celebrado pelas operadoras de saúde autorizadas pela ANS (sociedades civis ou comerciais, cooperativas ou de autogestão). O seu objeto é preponderantemente o fornecimento de serviços de assistência à saúde pela operadora por meio de rede própria ou terceirizada.

Por fim, apesar de serem contratos distintos, por várias vezes, a legislação e as normas da ANS aplicadas ao ramo de saúde suplementar tratam o *seguro-saúde* e o *plano privado de assistência à saúde* de maneira indistinta em razão da existência de parâmetros de coberturas bastante similares entre essas espécies contratuais.

Importante esclarecer que a aproximação dessas espécies contratuais teve por finalidade exclusiva possibilitar a aplicação das normas previstas na Lei dos Planos de Saúde de 1998 a ambos os tipos contratuais, em razão da implantação do marco regulatório da saúde suplementar no Brasil.

Todavia, o seguro-saúde e o plano de saúde consistem em tipos contratuais autônomos e diversos, submetidos a regimes jurídicos próprios relacionados às suas especificidades contratuais.

Portanto, mais adequado considerar o seguro-saúde como um *tipo securitário*, submetido aos *princípios* e às *normas aplicáveis aos seguros em geral e aos seguros de danos* previstos na legislação brasileira naquilo que com ele for compatível, inclusive, no que tange à aplicação dos prazos prescricionais das pretensões jurídicas entre seguradoras e beneficiários.

11.2 HISTÓRIA

Neste subitem será apresentada a história do seguro-saúde no mundo e no Brasil, e como ocorreu o desenvolvimento da constituição das bases técnicas das suas operações comerciais.

11.2.1 História no mundo

A origem do seguro-saúde está relacionada ao surgimento das primeiras formas de proteção conferidas pelas sociedades mutualísticas na Idade Antiga.

Dessa forma, o seguro-saúde surgiu em simultaneidade com as primeiras formas de *seguro de vida* e de *sistemas de pensões* criados pelos sistemas securitários e previdenciários.

Com efeito, apenas nos séculos XIX-XX o seguro-saúde desenvolveu-se como ele é conhecido na atualidade, como decorrência dos esforços conjuntos de empregadores e trabalhadores na criação de coberturas de saúde coletivas, da expansão das redes de atendimento médico privado e da industrialização dos medicamentos, fatores que possibilitaram uma maior acessibilidade financeira a esse tipo de serviço.

Nos séculos XIX-XX, o seguro-saúde desenvolveu-se sob a forma pública e privada com o objetivo de viabilizar o acesso do maior número possível de pessoas aos sistemas de tratamento médico.

A constatação de que as redes públicas de saúde não poderiam atender de maneira integral à crescente demanda por serviços médicos a toda população, impulsionou o mercado de seguros e de planos de saúde privados com o intuito de preencher a lacuna deixada pelos serviços estatais.

Em alguns países, como os Estados Unidos da América, a inexistência de uma rede pública de saúde em âmbito nacional motivou, com o passar do tempo, que o seguro--saúde se tornasse o principal instrumento para cobrir financeiramente as despesas da população norte-americana com serviços médicos.

Nos EUA, por exemplo, no ano de 1847, a *Health Insurance Company* de Filadélfia foi a primeira seguradora a comercializar uma *apólice de seguro-saúde individual*. No mesmo ano, a *Massachusetts Health Insurance Company* de Boston tornou-se a primeira seguradora a comercializar uma *apólice de seguro-saúde em grupo* com cobertura compreensiva (Massachusetts, 1848:255-256; Fox e Kongstvedt, 2020:02).

Em tal época, as principais coberturas relacionavam-se a acidentes de transporte ou acidentes de trabalho e eram predominantemente prestadas por fundos de assistência ou por sociedades mútuas.

No ano de 1910, a *The Western Clinic* de Washington foi considerada a primeira entidade de medicina de grupo norte-americana a oferecer *planos de saúde* por meio do pagamento de um valor mensal fixo para atendimento de pacientes com uma rede própria.

No ano de 1929, o *Baylor University Hospital* de Dallas foi a primeira instituição hospitalar norte-americana a comercializar *planos de saúde em grupo* com coberturas abrangendo internações por tempo limitado mediante o pagamento de um preço fixo (Funk, 2010:03).

Uma das possíveis razões do predomínio do sistema de cobertura privada nos EUA possui relação direta com os fundos assistenciais organizados por empregadores e trabalhadores, os quais exerciam grande influência na prestação de assistência médica, e foram sendo gradualmente substituídos pela tecnologia atuarial utilizada pelas seguradoras na estruturação dos seguros de saúde em grupo (Murray, 2007).

Na Alemanha, no ano de 1883, no governo Otto von Bismarck, foi implantado o primeiro sistema de *seguro-saúde público* da história moderna (European, 2000:08-10).

A *Lei de Seguro-Saúde alemã de 1883* implantou um sistema público de cobertura ampla, a partir do pagamento de uma contribuição obrigatória, baseada nos *princípios da solidariedade* e *da igualdade de tratamento*, e de autogestão dos recursos financeiros arrecadados, a qual se tornou modelo em âmbito mundial (Busse, 2017).

Nos séculos XX-XXI, em grande parte do mundo, os sistemas de saúde públicos evoluíram com uma atuação conjunta de programas de assistência estatal com a suplementação por meio de coberturas relacionadas à consolidação dos produtos securitários e de planos de saúde privados.

Atualmente, os seguros e os planos de saúde privados são oferecidos à população como forma de obtenção de acesso rápido aos serviços médicos bem como de aquisição de benefícios exclusivos concedidos por clubes de descontos na compra de produtos ou de serviços voltados para a preservação da saúde e do bem-estar dos segurados (ex.: farmácias, academias, clínicas terapêuticas etc.).

11.2.2 História no Brasil

No Brasil, a evolução do seguro-saúde ocorreu de forma similar em relação à história mundial, considerando a importância dos fundos de assistência e de associações mútuas com o objetivo de prestar tratamento médico aos trabalhadores e seus familiares.

Nos séculos XVI-XIX, destaca-se o relevante papel desempenhado pelas entidades de beneficência na área médica como precursoras dos planos e coberturas de saúde.

No século XX, em relação aos seguros sociais, menciona-se a importância da criação das *Caixas de Assistência e Previdência* e dos *Institutos de Aposentadorias e Pensões* para o atendimento de setores laborais com vistas a cobrir a demanda por cobertura previdenciária, assistência médica e fornecimento de medicamentos a trabalhadores (Menicucci, 2007).

Nessa linha, merece destaque a *Lei Eloy Chaves de 1923* (Decreto-Lei 4.682/1923), considerada como o marco da implantação da previdência social no Brasil. A implantação do seguro social voltado para a proteção da saúde dos trabalhadores, a partir da forma de custeio tripartite (empregador, empregado e Estado), possibilitou o desenvolvimento dessa cobertura rapidamente em âmbito nacional (Leal, 2014).

Em relação aos seguros privados, no âmbito legislativo, destaca-se o Decreto-Lei 73/1966 (Arts. 129-135), o qual veiculou regras expressas voltadas para regular a comercialização do seguro-saúde por sociedades seguradoras.

Nesse sentido, o Dec.-Lei 73/1966 (Arts. 129-130) previu que o seguro-saúde teria como fim *prestar cobertura de riscos de assistência médica e hospitalar* e o seu objeto seria a *garantia ao segurado do pagamento em dinheiro*, efetuado pela seguradora, à pessoa física ou jurídica prestadora de assistência médica.

Além disso, estabeleceu a participação obrigatória do segurado no pagamento de franquia e dispôs que a livre escolha do médico e do hospital seria uma condição obrigatória desse tipo de contrato de assistência à saúde privada (Art. 130, §§ 1º e 2º, do Dec.-lei 73/1966).

O Dec.-lei 73/1966 (art. 134) previu ainda que as sociedades que tivessem vendido até a data da sua promulgação: "títulos, contratos, garantias de saúde, segurança de saúde, benefícios de saúde, títulos de saúde ou seguros sob qualquer outra denominação, para atendimento médico, farmacêutico e hospitalar, integral ou parcial" estariam proibidas de realizar novas operações, salvo nas hipóteses previstas em lei.

Constata-se, portanto, que a venda desse tipo de cobertura privada já ocorria antes da regulação da matéria pelo Dec.-lei 73/1966 por entidades civis e comerciais, caracterizando-se a autonomia jurídica do seguro-saúde em relação a outras espécies contratuais como o contrato de plano de saúde.

A partir do Dec.-lei 73/1966, somente as sociedades seguradoras, submetidas à supervisão e à regulação da SUSEP, estariam autorizadas a comercializar o seguro-saúde no País, o que foi realizado de forma simultânea pelas seguradoras do ramo vida.

A Constituição Federal de 1988 foi a primeira a prever a saúde como um direito de todos e dever do Estado, mediante *acesso universal* e *igualitário*, pelo Sistema Único de Saúde – SUS (Art. 196), e a reconhecer, ainda, a liberdade da iniciativa privada para a prestação de serviços de assistência à saúde (Art. 199).

Desse modo, vigora no Brasil o sistema dúplice de saúde, o qual deve ser prestado pelo *Estado* de forma *universal* e *igualitária*, baseado no *princípio da solidariedade*, de custeio obrigatório; e, o de *assistência à saúde suplementar*, prestado pela iniciativa privada, e, no caso das seguradoras e operadoras de saúde, fundado no *princípio da mutualidade*, cujo custeio é facultativo para o usuário com a capacidade de pagar pelos serviços ofertados.

Ainda no âmbito legislativo, destaca-se a promulgação da *Lei dos Planos de Saúde de 1998*, voltada para regular o funcionamento das operadoras e a comercialização dos seguros e planos privados de assistência à saúde.

11 • SEGURO-SAÚDE **257**

Em sequência, menciona-se a criação da Agência Nacional de Saúde Suplementar – ANS, pela Lei Federal 9.961/2000, com a competência supervisora e reguladora do mercado de saúde privada.

Logo após, a Lei Federal 10.185/2001 determinou que a partir da sua promulgação as sociedades seguradoras que comercializassem o seguro-saúde deveriam transferir as suas carteiras ou se especializar nesse ramo securitário, criando-se a figura das *sociedades especializadas em seguro-saúde.*

Diante dessa norma, as sociedades seguradoras deveriam cindir-se ou constituir-se exclusivamente no ramo de seguro-saúde para o desenvolvimento da atividade. Além disso, as seguradoras especializadas em seguro-saúde deixariam de se submeter à supervisão e à regulação da SUSEP, e passariam a observar exclusivamente as normas e a fiscalização da Agência Nacional de Saúde – ANS.

Nesse momento, o *seguro-saúde* passou a ser equiparado ao *plano privado de assistência à saúde* e a *seguradora especializada em saúde* às *operadoras de planos de assistência à saúde* para fins de aplicação das normas previstas na LPS de 1998, mas sem perder a sua respectiva autonomia contratual de tipo eminentemente securitário.

Por isso, a grande semelhança do ponto de vista regulatório e contratual das atividades desenvolvidas e dos produtos comercializados por essas entidades.

Por fim, registra-se que o seguro-saúde também observa as normas do Código Civil em matéria securitária, com a ressalva de que ele se rege preponderantemente pela seção relativa aos seguros de danos, não se compreendendo *a garantia do reembolso de despesas hospitalares ou de tratamento médico, nem o custeio das despesas de luto e de funeral do segurado*, nas normas aplicáveis aos seguros de pessoas (Art. 802 do Código Civil).

11.3 MERCADO E POLÍTICA DE REGULAÇÃO

Neste subitem serão apresentados os aspectos relacionados ao mercado de seguro-saúde e as normas relacionadas à autorização do exercício das suas atividades operacionais.

11.3.1 Mercado mundial

De acordo com as estimativas do setor, no ano de 2019, o mercado mundial de seguro-saúde foi avaliado em US$ 3 trilhões, com a projeção de que no ano de 2026 alcance o valor de US$ 4 trilhões, com base na taxa de crescimento de 4,4% anual.

Apenas nos EUA, o mercado de seguro-saúde arrecadou prêmios de cerca de US$ 1 trilhão, com aproximadamente mil sociedades seguradoras com atuação no ramo de saúde privada (Insurance, 2020).

Os principais fatores relacionados ao crescimento do mercado mundial estão baseados em projeções do aumento da taxa de envelhecimento populacional, do diagnóstico de doenças crônicas e dos gastos com tratamentos de saúde. Além disso, destaca-se o cenário estável de manutenção das projeções de contratação de coberturas de seguros-saúde em grupo por empregadores e trabalhadores.

Como outro fator relevante para a expansão do mercado de seguro de saúde em âmbito mundial, menciona-se ainda a adoção das novas tecnologias de processamento de dados com o objetivo de maximizar a capacidade de análise de pedidos de cobertura e de viabilizar a redução de custos operacionais das seguradoras (Allied Market, 2020).

Em relação aos gastos com despesas médicas, no ano de 2010, apurou-se um valor de US$ 2 trilhões com tratamentos médicos nos EUA, correspondente a 17% do PIB norte-americano (com gastos médios por paciente de US$ 8.000,00), o maior dispêndio financeiro do mundo comparado a outros países desenvolvidos, como Alemanha e Canadá, com 12% do PIB (e gastos médios por paciente de US$ 5.000,00), e Reino Unido, com 7,5% do PIB (e gastos médios por paciente de US$ 3.500,00) (Nickitas, 2016:242).

Nos EUA, estima-se que aproximadamente 70% da população tenha acesso aos serviços de assistência médica exclusivamente por meio da contratação de seguros de saúde e de planos de saúde privados (WHO, 2004; United, 2018).

Na Europa, há países que, proporcionalmente, mesmo diante da preponderância dos sistemas públicos de saúde, possuem taxas populacionais maiores de contratação de seguros e planos de saúde privados como Holanda (90%), França (85%) e Suíça (80%), em razão da cultura de contratação vinculada à proteção em grupo de trabalhadores e de serviços prestados por sociedades mútuas de seguros.

11.3.2 Mercado brasileiro

No Brasil, no ano de 2022, o ramo de saúde suplementar (seguros e planos de saúde privados) obteve a arrecadação total de R$ 262,8 bilhões, abrangendo mais de 50 milhões de beneficiários de coberturas médicas e mais de 30 milhões de coberturas odontológicas (CNSEG, 2023:514).

Na área de benefícios médicos, destaca-se a contratação de *coberturas coletivas* sob a forma de planos empresariais ou por adesão, com uma participação de 82% do mercado, em comparação às *coberturas individuais*, com cerca de 18% de participação do mercado nacional (ANS, 2023).

Nas *coberturas odontológicas* constata-se o mesmo cenário, com as coberturas coletivas com 82% de participação do mercado, em comparação às *coberturas individuais* com 18% do mercado nacional.

Em relação aos segmentos de comercialização de coberturas, o mercado apresenta a seguinte disposição: (i) *cooperativas médicas*, com arrecadação de R$ 82,5 bilhões; (ii) *empresas de medicina em grupo*, com arrecadação de R$ 80,9 bilhões; (iii) *seguradoras especializadas em saúde*, com arrecadação de R$ 59,9 bilhões; (iv) *sociedades de autogestão*, com arrecadação de R$ 32,1 bilhões; (v) *sociedades filantrópicas*, com arrecadação de R$ 3,2 bilhões; (vi) *odontologia de grupo*, com arrecadação de R$ 3,3 bilhões; e, (vii) *administradoras de benefícios* e *cooperativas odontológicas*, com arrecadação de R$ 1 bilhão.

Em relação ao número total de entidades, apurou-se a existência de 691 operadoras no ramo médico-hospitalar e de 338 operadoras exclusivamente no ramo odontológico.

11.3.3 Atividade seguradora: governança corporativa, risco e capital regulatório

Assim como visto em relação às seguradoras que atuam no mercado de seguros de danos e de pessoas, as seguradoras especializadas em assistência à saúde privada também precisam obter autorização estatal para o exercício das suas atividades.

As atividades desenvolvidas pelas seguradoras especializadas em assistência à saúde privada e pelas operadoras de planos privados de saúde encontram-se vinculadas ao prévio registro e à autorização da Agência Nacional de Saúde – ANS, entidade responsável pela supervisão do mercado de saúde suplementar no Brasil.

Desse modo, somente após atenderem aos requisitos exigidos pela Lei dos Planos de Saúde de 1998 e pelas normas editadas pelo Conselho de Saúde Suplementar – CONSU e pela Agência Nacional de Saúde – ANS, as seguradoras poderão exercer de maneira plena as suas atividades no setor de saúde suplementar, como será visto a seguir.

11.3.3.1 Requisitos de autorização de funcionamento

As *sociedades seguradoras* e as *operadoras de planos de saúde*, denominadas, genericamente, de *operadoras privadas de assistência à saúde*, são obrigadas a cumprir uma série de requisitos normativos para a obtenção da autorização de funcionamento no mercado de seguro-saúde.

As operações de assistência à saúde privada poderão ser exercidas por meio de *sociedades empresárias, sociedades civis* ou *sociedades cooperativas*. Além disso, as *empresas* ou *entidades* comuns também poderão instituir *sistemas privados de saúde sob a modalidade de autogestão* ou *administração*.

Dessa forma, as *sociedades cooperativas* que atuam na área de assistência à saúde privada bem como as *entidades* e as *empresas* que mantêm *sistemas de saúde pela modalidade de autogestão* ou *de administração* também devem obter autorização de funcionamento concedida pela ANS (Art. 2º, § 1º, da LPS).

Dentre os principais requisitos de funcionamento exigidos pela LPS (Art. 8º), podem ser citados os seguintes:

(i)   registro nos Conselhos Regionais de Medicina e/ou Odontologia;

(ii) descrição pormenorizada dos serviços de saúde próprios oferecidos e daqueles a serem prestados por terceiros;

(iii) descrição de suas instalações e equipamentos destinados à prestação de serviços;

(iv) especificação dos recursos humanos qualificados e habilitados, com responsabilidade técnica de acordo com as leis que regem a matéria;

(v) demonstração da capacidade de atendimento em razão dos serviços a serem prestados;

(vi) demonstração da viabilidade econômico-financeira dos planos privados de assistência à saúde oferecidos, respeitadas as peculiaridades operacionais de cada uma das respectivas operadoras;

(vii) especificação da área geográfica coberta pelo plano privado de assistência à saúde.

As entidades ou empresas que mantêm sistemas de assistência privada à saúde na *modalidade de autogestão* são dispensadas do cumprimento dos requisitos de *demonstração de viabilidade econômico-financeira* e de *especificação da área geográfica* dos planos privados de saúde oferecidos.

De acordo com a *Resolução Normativa – RN 543/2022*, as operadoras deverão, portanto, formular os pedidos de registro da atividade devidamente instruídos com os documentos comprobatórios dos requisitos exigidos pela legislação vigente (Arts. 1º-3º).

Dentre os requisitos exigidos podem ser mencionados a comprovação de que *o objeto social da operadora se concentra exclusivamente no exercício de atividade de assistência à saúde suplementar* e a *realização da capitalização mínima necessária* visando atender as margens de solvência legais.

A ANS deverá analisar o pedido de registro no prazo máximo de 60 dias após a entrega de todo o material exigido pelas normas vigentes.

Salvo se constatada a não entrega de todos os documentos ou se necessária a apresentação de esclarecimentos complementares, os quais deverão ser atendidos no prazo de 30 dias, sob pena de cancelamento da solicitação.

Torna-se necessário registrar que as solicitações de esclarecimentos complementares devem ser justificadas pela ANS e os pedidos de registro somente poderão ser cancelados caso não seja possível promover a complementação da documentação necessária para fins de análise como o acesso de ofício pelo próprio órgão supervisor aos cadastros eletrônicos públicos disponíveis.

As eventuais alterações da situação da operadora ou dos produtos por ela comercializados também deverão ser comunicadas à ANS por meio do sistema eletrônico de atualização cadastral, no prazo de até 30 dias, para fins de manutenção da regularidade do registro.

A finalidade da atualização cadastral é a de permitir um controle permanente da ANS a respeito da situação técnica, jurídica e solvencial das operadoras e dos produtos por elas comercializados no mercado de saúde suplementar.

Todavia, entende-se que a eventual ausência de comunicação de dados irrelevantes, meramente formais ou que não alterem substancialmente a situação cadastral da operadora e dos produtos por ela comercializados não tem, por si só, o potencial de caracterizar motivo para a instauração de procedimentos sancionatórios pelo órgão supervisor de mercado.

Desse modo, a instauração de procedimentos visando à apuração do descumprimento de obrigações cadastrais apenas deverá ocorrer nas situações de considerável gravidade para o bom funcionamento do sistema de saúde privado supervisionado pela ANS.

11.3.3.2 Requisitos para o registro dos produtos

Os registros dos produtos voltados para a cobertura de seguro-saúde estão obrigatoriamente vinculados à aprovação prévia do registro pela operadora da respectiva *cobertura de referência* exigida pela ANS para cada modalidade comercializada (Art. 13 da RN 543/2022).

Além disso, as seguradoras deverão preservar as condições originais dos produtos registrados, devendo: (i) garantir a uniformidade das condições aprovadas para todos os segurados vinculados a um mesmo seguro-saúde; (ii) enviar regularmente as informações do plano de seguro à ANS; (iii) não alterar as características do seguro sem observar os procedimentos legais; (iv) manter a capacidade da rede para garantir atendimento integral do plano referencial e dos demais procedimentos previstos em lei; (v) manter atualizada a nota técnica de registro do produto; e, (vi) manter um fluxo de serviços assistenciais compatível com o universo de segurados e as coberturas oferecidas.

Os registros dos produtos poderão ser suspensos ou cancelados por pedido da seguradora ou por ato emitido pela ANS, neste último caso, quando não atendidas as determinações de manutenção exigidas por lei.

Dos contratos, regulamentos ou condições gerais dos produtos deverão constar dispositivos que indiquem com clareza os principais tópicos informativos relacionados à apólice contratada como as condições de admissão, início da vigência, períodos de carência, regime ou tipo de contratação, número de registro na ANS, dentre outros (Art. 16 da LPS).

A seguradora deverá entregar a todo segurado, de cobertura individual ou familiar, quando da contratação: cópia da apólice, do regulamento ou das condições gerais do produto, além de material explicativo que descreva, em linguagem simples e precisa, todas as suas características, direitos e obrigações.

11.3.3.3 Requisitos de governança e de controle interno

Compete à *Resolução Normativa – RN 518/2022*, dispor sobre a adoção das práticas de *governança corporativa*, com ênfase em *controles internos* e de *gestão de riscos*, para fins de solvência das seguradoras e das operadoras de planos privados de assistência à saúde suplementar.

a) Conceitos

Antes de adentrar nas normas relacionadas à governança das seguradoras e operadoras privadas de assistência à saúde, é preciso compreender os conceitos de *governança, controles internos* e de *gestão de risco* no ramo privado de saúde suplementar (Art. 2º da RN 518/2022).

A *governança* é compreendida como o sistema pelo qual as sociedades de assistência à saúde são dirigidas, monitoradas e incentivadas a cumprir os fins para os quais elas são constituídas, com base nas relações entre seus proprietários, administradores, órgãos de fiscalização e controle, e partes interessadas.

Os *controles internos* consistem no conjunto de medidas adotadas para proteger as atividades da seguradora e da operadora, com o intuito de garantir o cumprimento dos seus objetivos e obrigações legais.

Por sua vez, a *gestão de riscos* consiste no processo de identificação, tratamento e monitoramento de riscos que possam afetar os processos de trabalho e de projetos nos níveis estratégicos, tático e operacional das entidades do ramo de saúde suplementar.

b) Eficiência e adequação de práticas e estruturas

Inicialmente, torna-se relevante registrar que os sistemas de governança, controles internos e de gestão de riscos deverão ser eficientes e adequados para os seus respectivos ambientes organizacionais bem como deverão ser constantemente monitorados a fim de se avaliar o seu funcionamento.

As entidades que operam no setor de saúde privada devem implantar práticas e estruturas de governança, gestão e controle efetivos e consistentes com a natureza, escala e complexidade das suas atividades, respeitadas as suas características e estruturas organizacionais.

c) Princípios

As práticas e estruturas de governança adotadas pelas seguradoras e operadoras deverão observar ainda os *princípios da transparência, da equidade, da prestação de contas* e *da responsabilidade* na sua execução (Art. 4º da RN 518/2022).

Com base no *princípio da transparência*, as informações relevantes deverão ser divulgadas de forma clara, completa e objetiva a todos os níveis da organização, independentemente das exigências previstas em lei.

Desse modo, as seguradoras e operadoras de planos de saúde deverão garantir a comunicação de todos os fatos capazes de influenciar de modo significativo as suas atividades operacionais no âmbito organizacional.

Além disso, estarão vinculadas às demais exigências de informação previstas em lei, como, por exemplo, no caso de sociedades anônimas de capital aberto com ações e títulos comercializados em mercados de valores mobiliários (B3, NYSE etc.), à divulgação de fatos relevantes sobre as suas atividades no âmbito interno e externo da companhia.

Em função do *princípio da equidade*, os proprietários, beneficiários e as partes interessadas deverão ser tratados de maneira justa e isonômica, considerando os seus direitos, obrigações, necessidades, interesses e expectativas em relação à operadora.

Em assim sendo, todos aqueles que possuem alguma espécie de relacionamento baseado em vínculo institucional ou contratual deverão ser tratados de maneira honesta, íntegra e igualitária, não sendo permitida a concessão de privilégios ou tratamentos diferenciados, respeitados os limites da atividade-fim e o equilíbrio econômico-financeiro da entidade.

Pelo *princípio da prestação de contas*, os administradores e os demais colaboradores da organização deverão atuar sempre com diligência na execução das suas funções e deverão ser responsabilizados pelas decisões adotadas em discordância aos padrões éticos e de boa técnica exigidos para o cargo, devendo apresentar as suas razões devidamente motivadas sempre que requisitados.

Dessa forma, os administradores deverão agir dentro da conformidade dos preceitos previstos no estatuto ou no contrato social, nos regimentos internos da entidade e da respectiva legislação reguladora das suas atividades, devendo pautar suas condutas com base em fortes preceitos éticos e de preservação dos interesses dos acionistas baseados nas melhores formas de gestão técnica do mercado.

A falta de observância desse princípio poderá implicar a responsabilização do respectivo administrador nos casos de caracterização de culpa ou dolo diante da constatação de danos causados aos interesses tangíveis ou intangíveis da entidade, salvo nas hipóteses em que apresentada justificativa plausível para a conduta comissiva ou omissiva e a ausência da intenção de lesar.

Por fim, com base no *princípio da responsabilidade corporativa*, a atividade desenvolvida pela entidade deverá estar em consonância ao seu objetivo social, observada a necessidade de manutenção da sua viabilidade econômico-financeira, elemento vital para a sua constituição e execução da sua atividade-fim.

Como responsabilidade corporativa deve se compreender o compromisso institucional da realização eficaz do objetivo social da entidade seguradora ou operadora de plano de saúde com base na sua missão e nos seus valores corporativos.

Dentro da sua abrangência também se encontram inseridos os valores relacionados ao compromisso com a sustentabilidade das ações corporativas no âmbito social e ambiental.

Além disso, destaca-se a importância do investimento na formação contínua dos seus colaboradores, no desenvolvimento de produtos inovadores capazes de atender as necessidades do mercado bem como no incentivo aos projetos com o potencial de contribuir para o desenvolvimento econômico nacional.

As práticas e estruturas de governança aprovadas pelas instâncias deliberativas da organização deverão ser formalizadas de forma clara e objetiva no respectivo estatuto ou contrato social, no regimento ou regulamento interno assim como divulgadas às partes interessadas.

d) Controles internos

As seguradoras e as operadoras de saúde também deverão implantar sistemas de *controles internos das suas atividades* e *dos seus sistemas financeiros, operacionais e gerenciais*, a fim de: (i) garantir a confiabilidade das informações, dados e relatórios produzidos; (ii) utilizar os seus recursos de maneira eficiente e eficaz; e, (iii) cumprir a legislação e as normas internas aplicáveis (Arts. 6º-8º da RN 518/2022).

As descrições dos procedimentos de controle interno deverão ser acessíveis a todos os colaboradores e deverão abranger todas as atividades, níveis operacionais e hierárquicos com o intuito de definir responsabilidades, evitar conflito de interesses, possibilitar a identificação e avaliação de riscos, realizar testes de segurança e adotar ações ou planos de contingência.

Os controles internos deverão ser avaliados, no mínimo, anualmente, especialmente, os relativos a processos financeiros, com manifestação dos responsáveis pelas áreas avaliadas a respeito das deficiências encontradas e das medidas para sanar ou mitigar os riscos identificados.

e) Gestão de riscos

A *gestão de riscos* compreende a identificação e a análise dos procedimentos institucionais relacionados à atividade-fim da entidade e aos procedimentos internos necessários para o funcionamento das suas operações técnicas, administrativas, jurídicas e comerciais, de modo a possibilitar o seu aperfeiçoamento contínuo (Art. 9º da RN 518/2022).

Em razão disso, a gestão de riscos deverá ter por objetivo: (i) uniformizar o conhecimento entre os administradores em relação aos principais riscos das suas atividades, em especial aqueles relacionados aos riscos de subscrição, de crédito, de mercado, legais e operacionais; (ii) possibilitar a tomada de decisão sobre o tratamento e o monitoramento dos riscos com foco no aperfeiçoamento dos processos organizacionais e dos controles internos; e, (iii) garantir o cumprimento da missão da entidade, da sua continuidade e sustentabilidade dos seus objetivos.

Dessa forma, a gestão de riscos tem por objetivo diminuir a exposição da entidade aos prejuízos provocados pelas possíveis falhas relacionadas aos processos utilizados para o desenvolvimento das suas atividades.

f) Relatório de procedimentos de governança e controle

As *operadoras de grande porte* (com mais de 100.000 beneficiários), as *operadoras de médio porte* (entre 20.000 e 100.000 beneficiários) e as *administradoras de benefícios* deverão enviar à ANS, anualmente, o *Relatório de Procedimentos Previamente Acordados – PPA*, elaborado por auditor independente com base no exercício anterior, referente aos processos de governança, gestão de riscos e controles internos (Art. 11 da RN 518/2022).

O relatório de PPA deverá ser enviado à ANS conjuntamente com o *Documento de Informações Periódicas da Operadora – DIOPS* do 1º trimestre de cada ano subsequente, responsável por agregar as suas informações cadastrais e econômico-financeiras.

O envio do PPA será facultativo para as *operadoras de pequeno porte* (com menos de 20.000 beneficiários) e para as operadoras sob a *modalidade de autogestão por departamento de recursos humanos.*

O auditor independente responsável pelo PPA deve estar registrado no Conselho Regional de Contabilidade – CRC e na Comissão de Valores Mobiliários – CVM. Além disso, ele ou a empresa de auditoria não poderão ter prestado serviço de consultoria para a operadora que comprometa a sua independência, como serviço de auditoria interna, nos dois últimos exercícios financeiros.

É facultada a manutenção prévia de contrato para avaliação das demonstrações contábeis, relatórios de PPA trimestral sobre a provisão de eventos/sinistros a liquidar e sobre o documento de informações periódicas das operadoras – DIOPS/ANS, bem como de asseguração sobre a base de dados para confecção das informações contábeis da operadora.

A seguradora ou a operadora que comprovar o atendimento a todos os requisitos de apresentação do PPA poderá solicitar a *redução de fatores de capital regulatório* para atuação no setor de saúde suplementar (Arts. 12-17 da RN 518/2022).

As sociedades privadas de assistência à saúde que apresentarem o PPA poderão ainda formalizar pedido de aprovação de *modelo próprio de capital* baseado nos seus riscos.

A vantagem da redução de fatores de capital regulatório e da adoção do modelo próprio de capital tem por intuito amoldar os requisitos de solvência à realidade efetivamente experimentada pela entidade do ponto de vista dos riscos técnicos e financeiros aos quais ela se encontra exposta.

Com isso, pode-se obter uma redução significativa dos ativos vinculados a reservas técnicas constituídas para garantir a efetiva execução das atividades da seguradora e da operadora perante os seus respectivos beneficiários.

Todavia, necessário que o modelo apresentado reflita fielmente a realidade da entidade, uma vez que a ANS poderá desconsiderá-lo a qualquer tempo quando constatada a ocorrência de desconformidade ou de não atendimento dos requisitos exigidos por lei.

11.3.3.4   Requisitos de capital regulatório e de solvência

As seguradoras especializadas em saúde e as operadoras de planos privados de assistência à saúde também deverão atender aos *critérios para definição do capital regulatório* previstos pela Resolução Normativa – RN 569/2022.

De acordo com a RN 569/2022 (Art. 1º), não se aplicam as suas normas às operadoras sob a forma de *autogestão por departamento de recursos humanos* ou de *autogestão com mantenedor* cujos riscos serão integralmente garantidos pelo mantenedor.

O *capital regulatório* consiste no capital mínimo exigido pela ANS para que a sociedade possa atuar no mercado de saúde suplementar privada com margem de segurança financeira para o desenvolvimento das suas atividades.

O capital regulatório corresponde ao *limite mínimo do patrimônio líquido ajustado da entidade*, obtido a partir da consideração do *maior valor apurado do capital base* ou do *capital baseado em riscos*. Com a edição da RN 569/2022, a partir de janeiro de 2023, o critério de *margem de solvência* foi extinto.

Assim sendo, a seguradora e a operadora sempre deverão manter o patrimônio líquido ajustado equivalente ou superior ao valor do capital regulatório, sob pena de aplicação das medidas administrativas previstas na legislação em vigor (Art. 8º da RN 569/2022).

a) Capital base

O *capital base* da seguradora e da operadora é calculado a partir da multiplicação de um *fator percentual* pelo *capital de referência*, os quais são predeterminados pela ANS e estão previstos na tabela anexa à RN 569/2022 (Art. 3º).

Esse capital possui um valor fixo apurado em função da modalidade da entidade, da segmentação de mercado e da região de comercialização dos seus produtos.

No momento da formalização do pedido de autorização de funcionamento, as sociedades deverão comprovar que procederam à capitalização em aplicações financeiras de renda fixa de valor equivalente ou superior a 50% do capital base.

b) Capital baseado em riscos

O *capital baseado em riscos*, que possui natureza variável e deverá ser apurado mensalmente, abrange os principais riscos envolvidos nas atividades da seguradora especializada em seguro-saúde como os *riscos de subscrição*, de *crédito*, de *mercado*, de *aspectos legais* e *operacionais* (Art. 2º, inciso II, e Art. 5º, da RN 569/2022).

Dessa forma, o capital baseado em riscos é fixado a partir da consideração de um conjunto de riscos específicos, individualmente analisados, abrangendo diversas áreas necessárias para o desenvolvimento das atividades da sociedade de assistência à saúde.

Em relação aos principais riscos monitorados para fins de solvência, consideram-se (Art. 2º, incisos IV-VIII, da RN 569/2022):

(i)   os *riscos de subscrição*, correspondentes à incerteza de uma situação econômica adversa contrária às expectativas da entidade no momento da elaboração de sua política de subscrição com efeitos na estimação das provisões técnicas e da precificação;

(ii) os *riscos de crédito*, correspondentes à probabilidade da contraparte de uma operação, ou de um emissor de dívida, não honrar, total ou parcialmente, seus compromissos financeiros, ou de ter alterada sua classificação de risco de crédito;

(iii) os *riscos de mercado*, correspondentes à exposição a perdas decorrentes da volatilidade dos preços de ativos (ex.: ações, juros, câmbio, preços de *commodities* e de imóveis);

(iv) os *riscos legais*, correspondentes à incerteza de cumprimento e de consideração de todos os aspectos legais relacionados à execução das atividades da seguradora, considerando, inclusive, o risco de que o tipo de produto comercializado possa tornar a operadora vulnerável a litígios;

(v) os *riscos operacionais*, correspondentes aos demais riscos enfrentados pela seguradora relacionados aos procedimentos internos, tais como risco de perda resultante de inadequações ou falhas em processos internos, pessoas e sistemas.

Os modelos-padrão para cálculo do capital baseado em riscos de subscrição, crédito, mercado, legal e operacional estão previstos nos anexos IV-VII da RN 569/2022. Por fim, relevante registrar que não se aplica às *administradoras de benefícios* a obrigatoriedade de observância das regras de *capital baseado em riscos de subscrição*.

c) Procedimentos de adequação econômico-financeira

Como visto, a ANS impõe um rigoroso controle prudencial voltado para a manutenção do equilíbrio econômico-financeiro das operadoras de saúde visando garantir a continuidade do atendimento dos consumidores e o funcionamento eficiente do mercado de saúde suplementar.

Dentre os vários instrumentos de controle existentes, destaca-se a *Resolução Normativa – RN 532, de 02/05/2022*, a qual dispõe sobre os parâmetros e procedimentos de acompanhamento econômico-financeiro das operadoras de saúde e de monitoramento estratégico do mercado de saúde suplementar.

É por meio da utilização dos procedimentos de acompanhamento que a ANS poderá diagnosticar do ponto de vista técnico a boa ou má-situação econômico-financeira de uma entidade e, caso necessário, determinar a adoção de medidas administrativas com o objetivo de sanear as desconformidades detectadas ou decretar a sua liquidação compulsória.

Em relação às regras de solvência, as seguradoras e operadoras de saúde deverão observar os *Procedimentos de Adequação Econômico-Financeira*, os quais se concentram na identificação do estágio inicial de insolvência da entidade e na adoção de planos e compromissos especificamente desenvolvidos visando restaurar o seu equilíbrio econômico-financeiro.

Os *Procedimentos de Adequação Econômico-Financeira – PAEF's* têm por objetivo principal possibilitar a adoção de ações e medidas que visem corrigir, de forma gradual e num espaço de tempo determinado, anormalidades econômico-financeiras detectadas no desenvolvimento das atividades da seguradora ou operadora de saúde.

No âmbito da ANS, compete à *Resolução Normativa – RN 523, de 29/04/2022*, dispor sobre os Procedimentos de Adequação Econômico-Financeira – PAEF's, os quais abrangem: (i) o *Termo de Assunção de Obrigações Econômico-Financeiras – TAOEF*; e, (ii) o *Plano de Adequação Econômico-Financeira – PLAEF*.

A adoção do TAOEF ou do PLAEF será definida com base em *critérios de risco* e de *relevância da operadora*, conforme conclusão apresentada pela ANS em Nota Técnica de Acompanhamento Econômico-Financeiro – NTAEF que indicará as anormalidades detectadas (Art. 2º, § 1º, da RN 523/2022).

Em síntese, a ANS poderá constatar a existência de três tipos de situações de desconformidade com a legislação reguladora do mercado de saúde suplementar:

(i)   *recomendação de ações corretivas imediatas* ou *de adoção do TAOEF*, para as desconformidades de baixo risco e sem comprometimento da situação econômico-financeira;

(ii) *recomendação de ações corretivas imediatas, de adoção do TAOEF ou do PLAEF*, para as desconformidades relevantes com comprometimento da situação econômico-financeira ou que coloquem em risco a continuidade ou a qualidade do atendimento à saúde;

(iii) *recomendação de ações corretivas imediatas e impossibilidade de adoção dos PAEF's*, para as desconformidades relevantes com comprometimento da situação econômico-financeira ou que coloquem em risco a continuidade ou a qualidade do atendimento à saúde (Art. 11, incisos I a III, da RN 532/2022).

Dessa forma, a escolha do TAOEF ou do PLAEF será definida com base na identificação: (i) do *maior ou menor grau de risco* das irregularidades capazes de influenciar o equilíbrio solvencial da entidade; e, (ii) da *maior ou menor participação da entidade* no segmento de saúde suplementar no qual ela exerce as suas atividades.

Nessa linha, a celebração do TAOEF será recomendada para a entidade que apresentar risco menor de irregularidades de solvência e/ou com uma menor participação de mercado no seu segmento específico de atuação.

Já a celebração do PLAEF será recomendada exclusivamente para os casos mais graves e cuja repercussão da insolvência possa afetar parte considerável do segmento de mercado de saúde no qual atua a entidade supervisionada.

Portanto, independentemente do porte da operadora, a recomendação da adoção do TAOEF ou do PLAEF se concentrará principalmente na análise do risco de insolvência e no grau de relevância de participação da entidade no seu segmento de atuação (ANS, 2016:06).

A adoção dos PAEF's exige a observância de uma série de restrições administrativas e o cumprimento de várias obrigações relacionadas à correção das desconformidades técnico-financeiras previstas na RN 523/2022.

Constatado o cumprimento das obrigações firmadas e atingidos os graus de solvência e conformidade legal exigidos pela ANS, a entidade voltará a se submeter aos procedimentos de supervisão normais aplicados às demais operadoras do mercado de saúde suplementar.

Se, ao contrário, for constatado o descumprimento de obrigações firmadas para a restauração dos padrões solvenciais da entidade ou a impossibilidade de aplicação dos TAEF's, a ANS deverá decretar a instauração dos Regimes Especiais de Recuperação e de Liquidação Extrajudicial previstos na LPS de 1998.

11.3.3.5 Infrações e processos sancionadores

Neste subitem serão analisados, resumidamente, quais são as espécies de infrações aplicáveis às *seguradoras especializadas em seguro saúde* e os tipos de processos administrativos sancionadores conduzidos pela ANS visando à apuração de violação às normas reguladoras do mercado de saúde suplementar.

a) Sanções

A não observância das normas vinculadoras do exercício da atividade pelas *sociedades especializadas em seguro saúde* poderá provocar a aplicação de sanções administrativas e pecuniárias por meio da instauração de processos administrativos dirigidos pela ANS.

Dentre as principais sanções a serem aplicadas podem ser citadas as *penas de advertência, cancelamento da autorização de funcionamento e alienação da carteira da operadora* bem como a *suspensão ou inabilitação, temporária ou permanente, para o exercício do cargo em qualquer operadora de saúde* para as pessoas que exerçam funções de administração, e a *aplicação de multas* (Art. 25 da LPS de 1998).

No âmbito infralegal, compete à *Resolução Normativa – RN 489/2022*, dispor sobre a aplicação de penalidades por violação às normas reguladoras do mercado de saúde suplementar, as quais estão subdivididas, considerando a natureza da infração cometida, de acordo com as seguintes categorias:

(i) *infrações de natureza estrutural*, relacionadas ao exercício de atividade ou de venda de produto em desacordo com as normas regulamentares, e às práticas de conservação, de envio e de publicação irregular de informações operacionais;

(ii) *infrações de natureza econômico-financeira*, referentes à aplicação de recursos financeiros ou à alteração irregular dos valores das prestações financeiras cobradas dos beneficiários; e,

(iii) *infrações de natureza assistencial*, relativas ao descumprimento das normas de admissão de propostas, cumprimento dos contratos e coberturas de saúde e demais obrigações correlatas como a preservação de informações pessoais dos beneficiários.

A aplicação das sanções administrativas e de multa poderá ser realizada de forma isolada ou cumulativamente, considerando a gravidade, as consequências do caso e o porte econômico da operadora.

É de competência da *Diretoria de Fiscalização da ANS*, a aplicação, em primeira instância, das penalidades administrativas e pecuniárias; e, da *Diretoria Colegiada*, a decisão definitiva a ser proferida em sede recursal.

b) Processos preliminares e processos sancionadores

A instauração dos processos administrativos sancionadores deverá observar as normas impostas pela *Resolução Normativa – RN 483/2022*, que estabelece detalhado procedimento composto de fases preliminares e de classificação de demandas visando racionalizar a solução de eventuais reclamações formuladas pelos beneficiários em face das operadoras de planos de saúde.

A classificação das demandas com base na sua natureza tem por intuito possibilitar a autocomposição entre as partes, agilizando a solução de reclamações formuladas pelos beneficiários e reduzindo a instauração de litígios na via administrativa e na via judicial.

Destaca-se ainda que os procedimentos administrativos deverão privilegiar a utilização de meios eletrônicos de processamento de dados e de comunicação entre a ANS, as operadoras e os beneficiários visando promover maior celeridade na apuração das demandas e uma maior economia processual.

Nesse sentido, menciona-se a *Resolução Normativa 464/2020*, que estabelece as regras para o funcionamento do processo administrativo eletrônico no âmbito da ANS (*e-process*).

De acordo com a natureza da infração comunicada, a apuração das reclamações e supostas infrações poderá ser composta, em síntese, por uma *fase pré-processual* e/ou por uma *fase processual* (Art. 21 da RN 483/2022).

A *fase pré-processual* será iniciada com a instauração: (i) de um *procedimento de notificação de intermediação preliminar – NIP*; ou, (ii) de um *procedimento administrativo preparatório* (Art. 4º da RN 483/2022).

O *procedimento de notificação de intermediação preliminar – NIP* consiste no instrumento voltado para a solução de conflitos entre beneficiários e operadoras de planos de saúde, abrangendo assuntos relacionados à restrição de acesso à cobertura (NIP assistencial) ou assuntos de natureza diversa (NIP não assistencial) que afetem diretamente o beneficiário, com base na apuração do descumprimento de normas legais, regulamentares ou contratuais obrigatórias.

O NIP é constituído de três fases: (i) *fase de intermediação preliminar*, na qual a operadora será notificada para responder à demanda formulada pelo beneficiário – no caso da NIP assistencial, no prazo de 05 (cinco) dias, e no caso da NIP não assistencial, no prazo de 10 (dez) dias; (ii) *fase de classificação da demanda*, na qual será indicada em síntese a solução ou não solução da demanda e se há indício de infração; e, (iii) *fase de classificação residual da demanda*, na qual as demandas não solucionadas serão enviadas para a apreciação dos fiscais e para eventual instauração de auto de infração visando à apuração da conduta tipificada.

Por sua vez, o *procedimento administrativo preparatório* consiste no instrumento prévio à fase processual sancionatória, o qual será instaurado diante da constatação de indícios suficientes de violação à norma legal ou infralegal, não abrangido pelas hipóteses de adoção do NIP.

No âmbito do procedimento administrativo preparatório, a ANS notificará a operadora de saúde para a apresentação de resposta no prazo de 10 (dez) dias, após a qual poderá concluir pelo seu arquivamento – em razão da improcedência da reclamação ou pela solução voluntária da demanda – ou pelo prosseguimento do feito, com a instauração da fase processual.

A *fase processual* poderá ser iniciada por meio da instauração de *auto de infração*, pelos agentes responsáveis pela atividade de fiscalização, ou de *representação*, em razão da constatação de indícios de infração pelos demais órgãos técnicos da ANS.

O procedimento detalhado da fase processual encontra-se previsto nos Arts. 26-44 da RN 483/2022, com a especificação dos comunicados, a apresentação de defesa no prazo de 10 (dez) dias, a forma de instrução e julgamento, e, por fim, a interposição de recurso no prazo de 10 (dez) dias dirigido à Diretoria Colegiada como instância máxima julgadora.

c) Termo de Ajustamento de Conduta

No curso da investigação da prática infracional às normas reguladoras do mercado de saúde suplementar, a ANS também poderá celebrar *Termo de Compromisso de Ajuste de Conduta – TCAC* ou simplesmente *Termo de Ajustamento de Conduta – TAC* (Arts. 29 e 29-A da LPS de 1998).

A finalidade maior da celebração do TAC é a de possibilitar a cessação das práticas irregulares apuradas e a eventual composição dos danos causados de forma amigável sem a necessidade de discussão do mérito no âmbito administrativo ou judicial.

Compete à *Resolução Normativa – RN 372/2015* dispor sobre a celebração do TAC visando compor amigavelmente demandas em face das seguradoras e operadoras com atuação no mercado de saúde suplementar.

A celebração do TAC poderá ser proposta pela ANS ou pela operadora investigada até o trânsito em julgado da decisão de aplicação de penalidade e a sua assinatura não importará em confissão quanto à matéria de fato nem o reconhecimento da ilicitude da conduta objeto de apuração (Arts. 2º, § 1º, e 3º, da RN 372/2015).

Dentre os principais requisitos para a celebração do TAC, cita-se: (i) inexistência de decisão de aplicação de penalidade transitada em julgado; (ii) não descumprimento de TAC celebrado anteriormente dentro do prazo legal mínimo; (iii) inexistência de má-fé na negociação das obrigações pactuadas e no cumprimento das obrigações do TAC celebrado anteriormente dentro dos prazos legais mínimos; e, (iv) inexistência de determinação de transferência compulsória da carteira, cancelamento compulsório de registro, processo de liquidação extrajudicial da operadora solicitante ou decretação de portabilidade pela ANS.

Os atos tipificados como negativa de cobertura nos procedimentos de urgência e emergência também não serão objeto do TAC (Art. 5º, § 3º, da RN 372/2015).

Durante a execução do TAC, o processo administrativo permanecerá arquivado. Entretanto, o descumprimento das obrigações pactuadas implicará o desarquivamento do processo administrativo para o prosseguimento da apuração das infrações comunicadas.

Por fim, após a comprovação pela operadora do cumprimento das obrigações assumidas, a ANS deverá promover a extinção do processo administrativo instaurado.

11.3.3.6 Encerramento e regimes de liquidação

As seguradoras e as operadoras privadas de assistência à saúde estão submetidas aos seguintes tipos de liquidação das suas operações: (i) liquidação voluntária; e, (ii) liquidação compulsória.

Em relação à *liquidação voluntária*, também denominada de *liquidação ordinária*, as entidades privadas de assistência à saúde poderão requerer o encerramento de suas atividades desde que garantam a continuidade do fornecimento dos serviços prestados aos seus clientes, como, por exemplo, por meio da cessão da carteira a terceiros, e desde que comprovem a quitação das obrigações com seus prestadores de serviços.

Portanto, as seguradoras e as operadoras deverão demonstrar o atendimento dos seguintes requisitos (Art. 8º, § 3º, da LPS):

(i) comprovação da transferência da carteira sem prejuízo para o consumidor, ou a inexistência de beneficiários sob sua responsabilidade;

(ii) garantia da continuidade da prestação de serviços dos beneficiários internados ou em tratamento;

(iii) comprovação da quitação de suas obrigações com os prestadores de serviço no âmbito da operação de planos privados de assistência à saúde;

(iv) informação prévia aos beneficiários e aos prestadores de serviço contratados, credenciados ou referenciados, na forma e nos prazos definidos pela ANS.

Em relação à *liquidação compulsória*, as entidades privadas de assistência à saúde poderão ter as suas atividades encerradas no caso da não comercialização dos produtos de assistência privada de saúde no prazo máximo de 180 dias da obtenção da autorização concedida pela ANS (Art. 8º, § 2º, da LPS).

E nos demais casos relacionados à violação das regras de solvência das suas operações ou de outras normas legais como a prática de atos falimentares ou tipificados como crime pela legislação penal.

11.4 TIPOS DE OPERADORAS DE SAÚDE SUPLEMENTAR

O mercado de saúde suplementar é constituído por diversas formas organizacionais de prestação de serviços por meio do oferecimento de planos ou de seguros-saúde com o objetivo de atender as necessidades do seu respectivo público-alvo.

Dentre as principais formas de organização das operadoras autorizadas a funcionar no mercado, podem ser citadas:

(i) as *seguradoras especializadas em saúde*, caracterizadas por oferecer cobertura por meio de reembolso para o atendimento realizado por profissionais e estruturas da área da saúde escolhidos livremente pelo segurado ou por meio da utilização dos prestadores constantes da rede de referência previamente indicada pela seguradora;

(ii) as *sociedades especializadas em medicina de grupo*, caracterizadas por oferecer planos de saúde por meio de uma rede própria ou conveniada de profissionais, estruturas e equipamentos na área da saúde;

(iii) as *cooperativas especializadas em medicina*, caracterizadas por oferecer planos de saúde por meio de uma rede própria ou conveniada de profissionais, estruturas e equipamentos na área da saúde;

(iv) as *entidades filantrópicas*, caracterizadas por oferecer planos de saúde por meio da sua estrutura ou rede hospitalar própria sem fins lucrativos;

(v) as *sociedades de autogestão em medicina*, caracterizadas por oferecer planos de saúde para grupos fechados com base em relação empregatícia, estatutária ou associativa, constituídas por entidades patrocinadoras, instituidoras ou mantenedoras ou por meio de associações ou fundações autônomas, sem fins lucrativos;

(vi) as *administradoras de benefícios de saúde*, caracterizadas pela gestão de planos de saúde coletivos na qualidade de estipulantes perante as operadoras e os membros vinculados às pessoas jurídicas contratantes.

Os serviços de odontologia também podem ser prestados sob algumas das formas acima citadas como as sociedades especializadas e cooperativas formadas por profissionais do ramo odontológico.

11.5 SELEÇÃO DE RISCOS E MODALIDADES DE COBERTURAS

Os seguros-saúde podem variar de acordo com a forma de contratação e com a natureza e a extensão das coberturas desejadas pelo contratante. Esta classificação também se aplica aos planos de saúde privados. Além disso, neste ramo, a seleção de riscos possui características próprias.

11.5.1 Seleção de riscos

Como visto no início deste Capítulo, no Brasil, o seguro-saúde se submete a um regime técnico-jurídico de natureza híbrida, por observar as normas que regulam os planos de saúde e as normas que regulam o contrato de seguro na legislação em vigor.

Em razão disso, a técnica de seleção de riscos utilizada no ramo de seguro-saúde sofre mitigações, comparativamente, à aplicada nos ramos dos seguros de danos e de pessoas, com o objetivo de distribuir de maneira mais ampla entre toda a coletividade os custos dos riscos individuais dos segurados.

O fundamento desta opção política está centrado na ideia de que, independentemente do tipo de risco (melhor ou pior condição de saúde), as propostas de adesão dos segurados deverão ser incorporadas aos grupos atuariais administrados pelas operadoras, inclusive sob uma perspectiva intergeracional, respeitadas as suas respectivas capacidades técnicas.

Desse modo, com a ampliação da base de custeio e a sua categorização em planos básicos, o principal objetivo é possibilitar que o preço da cobertura seja mais acessível para os usuários que precisam utilizar o sistema privado de saúde.

Nesse sentido, a ANS, na *Súmula Normativa 27, de 10/06/2015*, considera que:

> É vedada a prática de seleção de riscos pelas operadoras de plano de saúde na contratação de qualquer modalidade de plano privado de assistência à saúde.
>
> Nas contratações de planos coletivo empresarial ou coletivo por adesão, a vedação se aplica tanto à totalidade do grupo quanto a um ou alguns de seus membros.
>
> A vedação se aplica à contratação e exclusão de beneficiários.
>
> A *Lei Geral de Proteção de Dados* prevê ainda que:
>
> Art. 11. (...)
>
> § 5º É vedado às operadoras de planos privados de assistência à saúde o tratamento de dados de saúde para a prática de seleção de riscos na contratação de qualquer modalidade, assim como na contratação e exclusão de beneficiários.

Em que pese o alto grau de intervenção estatal no *sistema de saúde privado*, entende-se que a melhor forma de regular o mercado seria conferir maior liberdade às operadoras para que pudessem estruturar as coberturas de saúde de acordo com a capacidade técnica adequada para garantir a sustentabilidade econômico-financeira dos planos oferecidos aos usuários.

Do ponto de vista da eficiência, as melhores operadoras e mais bem estruturadas tecnicamente seriam capazes de manter os seus serviços sem a necessidade da imposição de comercialização de coberturas deficitárias e que poderiam colocar em risco a própria manutenção do sistema de saúde privado.

No *sistema público de saúde*, a adoção de um sistema de atendimento universal justifica-se uma vez que a fonte de custeio das despesas não está diretamente ligada ao valor dos serviços fornecidos à população, mas à sua fonte proveniente de uma ampla base de arrecadação tributária (Art. 198 da CF/1988).

Na iniciativa privada a lógica é totalmente diversa. A cobertura das despesas deve estar necessariamente atrelada ao custeio financeiro proveniente do correto cálculo do valor dos planos disponibilizados no mercado e do pagamento dos prêmios realizados pelos usuários.

Do contrário, a atividade de uma operadora de saúde privada consistirá em uma empresa destinada à insolvência, o que não é técnica nem socialmente desejável, uma vez que ao invés de gerar o aumento de benefícios, provocará o efeito inverso, de redução de coberturas disponíveis no mercado.

O preço médio gerado para o custeio de uma cobertura privada muitas vezes não é suficiente para atender um rol abrangente de riscos seguráveis impostos pela legislação e pela ANS. Além disso, muitas vezes se torna economicamente insustentável manter coberturas para riscos cujo custeio é infinitamente menor do que as despesas geradas pelos beneficiários.

Sob a ótica da livre iniciativa, a almejada "socialização" dos riscos nunca poderá significar a transferência, unilateral e exclusiva, do custeio de uma responsabilidade de natureza pública para a esfera das entidades privadas, sob pena de se extinguir uma alternativa de assistência particular à saúde em prejuízo dos próprios usuários.

No setor privado, a pena para a insolvência da operadora de saúde é, primeiramente, a adoção de planos de recuperação, e, posteriormente, caso não sejam suficientes para restaurar a sua saúde econômico-financeira, a sua retirada do mercado e prejuízo aos respectivos usuários.

Por isso, entende-se que as regras sobre a proibição de utilização dos mecanismos de seleção de riscos devem ser interpretadas com temperamento, a fim de que se possa extrair a maior eficiência possível do sistema de saúde privado.

A legislação e a jurisprudência têm reconhecido, por exemplo, a possibilidade da diferenciação de riscos nas hipóteses de classificação por faixa etária e do oferecimento de coberturas temporárias para lesões e doenças preexistentes, como forma de superar esse tipo de interpretação restritiva.

Em assim sendo, a melhor forma de interpretação do sistema no qual se insere o seguro-saúde é o de que a seleção de riscos deverá ser aplicada de *forma razoável* e *proporcional* com vistas à manutenção da solvabilidade dos planos de saúde comercializados.

A razoabilidade e a proporcionalidade deverão ser aferidas com base em análise econômica e atuarial, em conformidade com as normas de precificação das mensalidades e com as regras previstas nas condições contratuais.

Esta é a melhor interpretação que se faz no âmbito legal e constitucional sobre a matéria, não existindo margem para o aumento do grau da sua restrição, principalmente, por meio de norma infralegal.

Qualquer outra forma que pretenda introduzir artificialmente a proibição de utilização da técnica de seleção de riscos desenvolvida pela ciência atuarial em prol da manutenção do equilíbrio do sistema securitário afigura-se ilegítima e contrária aos interesses da própria mutualidade.

11.5.2 Forma de contratação

Em relação à *forma de contratação*, os seguros-saúde podem ser contratados sob as modalidades: individual, familiar, coletiva por adesão ou coletiva empresarial.

Desse modo, o seguro-saúde pode ser classificado de acordo com as seguintes modalidades: (i) *cobertura individual*, abrange apenas a pessoa do contratante; (ii) *cobertura familiar*, abrange a pessoa do contratante e os familiares expressamente incluídos no plano; (iii) *cobertura coletiva por adesão*, abrange todos os membros de uma categoria profissional ou de uma associação que manifestarem a sua adesão aos seus benefícios; ou, (iv) *cobertura empresarial*, abrange todos os funcionários-colaboradores com vínculo empregatício ou estatutário que manifestarem a sua adesão aos seus benefícios, cujos custos podem ser integral ou parcialmente pagos pela empresa ou pela entidade estipulante (Art. 16, inciso VII, da LPS).

Nas coberturas coletivas, geralmente, faculta-se ao segurado a inclusão dos seus respectivos familiares, observadas as condições gerais do contrato.

11.5.3 Método de pagamento

Em relação ao *método de pagamento*, os seguros-saúde podem ser pagos por meio de preço preestabelecido, pós-estabelecido e misto.

O método de *preço preestabelecido* corresponde a um valor predeterminado de conhecimento do contratante e que deverá ser pago mensalmente para utilização dos serviços de saúde.

A vantagem desse método é o de se conhecer antecipadamente qual será o seu valor ao final do respectivo período de pagamento. A sua desvantagem é que muitas vezes ele corresponde a um valor maior do que o valor dos serviços efetivamente utilizados pelo usuário.

O método de *preço pós-estabelecido* corresponde a um valor que será calculado mensalmente com base nos gastos relativos aos serviços utilizados pelo usuário e prestados pela operadora de saúde.

A vantagem desse método está no exato pagamento dos serviços efetivamente utilizados pelo usuário. A sua desvantagem é que somente será conhecido o valor a ser pago ao final do período de apuração com base nos serviços utilizados.

Podem ser mencionados como mecanismos de pagamento pós-estabelecido as cláusulas fixadas a título de coparticipação do segurado no custeio dos serviços utilizados.

O método de *preço misto* corresponde à parte de um valor preestabelecido e de outra parte apurado com base no preço pós-estabelecido escolhido de acordo com os interesses do contratante.

11.5.4 Tipo e extensão de coberturas

Em relação ao *tipo e extensão das coberturas*, os seguros-saúde podem ser classificados sob as seguintes espécies: (i) *planos de referência*, abrangendo de maneira conjunta as principais coberturas de atendimento ambulatorial, hospitalar e obstétrico (Art. 10 da LPS); e, (ii) *planos segmentados*, com coberturas individuais para o atendimento ambulatorial, hospitalar, obstétrico e odontológico (Art. 12 da LPS).

O *plano de referência de assistência à saúde*, considerado de oferta obrigatória, é voltado para conferir um padrão básico de cobertura assistencial médico-ambulatorial e hospitalar de serviços prestados em relação ao tratamento dos eventos previstos na classificação internacional de doenças (CID).

Em relação aos *planos segmentados*, as operadoras autorizadas a atuar no mercado de assistência à saúde privada poderão comercializar as seguintes modalidades: (i) *cobertura de atendimento ambulatorial* (ex.: consultas médicas, serviços de diagnóstico etc.); (ii) *cobertura de internação hospitalar* (ex.: internações em hospitais, clínicas e centros especializados etc.); (iii) *cobertura de atendimento obstétrico* (ex.: pré-natal, parto e assistência ao recém-nascido etc.); e, (iv) *cobertura de atendimento odontológico* (ex.: consultas e exames, cirurgias menores etc.).

Caberá à seguradora oferecer as coberturas mínimas de maneira conjunta ou segmentada, e também poderá oferecê-las acrescidas de outras facilidades superiores ou coberturas especiais voltadas para a ampliação de benefícios dos respectivos segurados (ex.: quartos individuais, procedimentos estéticos etc.).

Todas as coberturas mencionadas deverão observar as exigências mínimas relacionadas aos serviços básicos que deverão ser prestados nos seus respectivos planos de referência previstos na LPS de 1998 e nas normas editadas pela ANS.

Além disso, deverão observar os prazos máximos de carência por eventos especificados e de prazo para reembolso nos casos de urgência e emergência.

As coberturas acima mencionadas deverão ainda incluir atendimento à violência autoprovocada e às tentativas de suicídio, como forma de mitigação de danos provocados por condutas dessa natureza (Art. 10-C da LPS).

Do rol de serviços cobertos pelo plano de referência encontram-se excluídos uma série de tratamentos que demandam a contratação de coberturas específicas ou que não encontram amparo nas carteiras ofertadas (ex.: procedimentos clínicos ou cirúrgicos para fins estéticos, tratamentos ilícitos ou antiéticos, casos de guerra etc.).

As empresas e entidades que mantêm *sistemas de assistência à saúde sob a modalidade de autogestão* e as *sociedades que operem exclusivamente planos odontológicos* estão excluídas da obrigação de oferecer o plano de referência.

11.5.5 Abrangência territorial

Em relação à *abrangência territorial dos serviços*, os seguros-saúde podem ser classificados conforme o raio de extensão geográfico das coberturas de atendimento.

Dentre as principais modalidades de cobertura territorial, podem ser mencionadas: (i) a *cobertura local*, abrange a área de atendimento do município ou de um grupo de municípios que compõem a região de atendimento da operadora de saúde; (ii) a *cobertura estadual*, abrange a área do estado no qual situado a operadora de saúde ou de um grupo de estados; (iii) a *cobertura nacional*, abrange todo o território nacional do país no qual situada a operadora de saúde; e, (iv) a *cobertura internacional*, abrange o atendimento médico e/ou odontológico no exterior (Art. 16, inciso X, da LPS).

11.6 REGIMES JURÍDICOS DOS SEGUROS E PLANOS DE SAÚDE

Neste subitem serão analisados os regimes contratuais dos seguros e dos planos de saúde firmados antes e depois da vigência da LPS de 1998, o direito aplicável com base na natureza da relação jurídico-contratual firmada e a Justiça especializada para julgar os litígios envolvendo contratos de saúde originados de relação de trabalho.

11.6.1 Regimes contratuais antigos, novos ou adaptados

Como visto no Subitem 11.2.2, a promulgação da LPS de 1998 e a criação da ANS no ano 2000 tornaram-se o novo marco legal para a regulação das atividades desenvolvidas pelas seguradoras e operadoras privadas de assistência à saúde no Brasil.

A LPS de 1998 introduziu um novo regime jurídico para a regulação dos seguros e dos planos de saúde reconhecendo uma série de novos direitos e obrigações de observância obrigatória pelas entidades privadas de assistência à saúde e pelos respectivos usuários.

Como regra, a entrada de uma nova lei em vigor gera efeitos jurídicos gerais e imediatos, respeitados os *atos jurídicos perfeitos*, os *direitos adquiridos* e à *coisa julgada*, tendo em vista que os seus titulares não podem ser afetados por ato jurídico posterior prejudicial aos direitos anteriormente consolidados (Art. 5º, inciso XXXVI, da CF/1988, e do Art. 6º, § 2º, da LINDB).

Dessa forma, a LPS de 1998 (Art. 35) estabeleceu que as suas disposições apenas seriam aplicáveis aos contratos celebrados a partir do início da sua vigência (02/01/1999), garantindo aos consumidores com contratos antigos bem como àqueles com contratos celebrados entre 02/09/1998 e 01/01/1999 a possibilidade de optar pela adaptação ao novo regime jurídico.

Dessa forma, com base nos institutos do ato jurídico perfeito e do direito adquirido, operou-se a criação de um sistema jurídico tríplice de regulação dos contratos de seguro-saúde e de planos de saúde: (i) o *regime dos contratos antigos*, anteriores à vigência da LPS de 1998; (ii) o *regime dos contratos novos*, posteriores à vigência da LPS de 1998; e, (iii) o *regime dos contratos adaptados*, anteriores à vigência da LPS de 1998, mas com as adaptações do novo marco regulatório sobre direitos e obrigações contratuais.

O *regime dos contratos antigos* submete-se às normas previstas nos contratos firmados antes da vigência da LPS de 1998, no Código Civil ou no Código de Defesa do Consumidor, este último, com base no entendimento de que, por se tratar de uma relação jurídica de trato sucessivo, os contratos renovados sob a égide da legislação consumerista seriam regidos pelas suas normas cogentes.

Por sua vez, o *regime dos contratos novos* e *adaptados* submete-se às normas contratuais pactuadas e às normas da LPS de 1998 e, subsidiariamente, do Código Civil ou do Código de Defesa do Consumidor (Art. 35-G da LPS de 1998).

Como será apresentado no tópico subsequente, relevante destacar que, de acordo com o entendimento do STJ, as normas do CDC não são aplicáveis às relações contratuais estabelecidas por *entidades de autogestão empresarial*, por não se tratar de relação de consumo, devendo ser observado exclusivamente o regime normativo do Código Civil.

Particularmente em relação ao seguro-saúde, deverão ser observadas as normas relativas ao capítulo sobre a regulação do contrato de seguro no Código Civil, mais especificamente, das suas disposições gerais e sobre os seguros de danos, bem como as normas sobre as disposições gerais sobre os contratos.

A respeito do regime jurídico aplicável aos contratos de seguro e plano de saúde, o Supremo Tribunal Federal, na *Ação Direta de Inconstitucionalidade – ADin 1.931* (DJe 08/06/2018), proposta pela Confederação Nacional de Saúde – Hospitais, Estabelecimentos e Serviços, julgou parcialmente procedentes os pedidos formulados, para declarar a inconstitucionalidade dos Arts. 10, § 2º, e 35-E, da LPS de 1998.

Desse modo, o STF reconheceu que as seguradoras e as operadoras que haviam comercializado contratos antigos de planos de saúde não estariam obrigadas a aplicar as novas normas contratuais veiculadas pela LPS de 1998 nem a prestar o plano de referência por ela veiculado como obrigatório aos seus beneficiários.

A tripartição de regimes possui uma razão jurídica justificável: respeitar os *atos jurídicos perfeitos* e os *direitos adquiridos* relacionados ao regime contratual aplicável aos planos antigos em razão da necessidade de observância das bases técnicas que fundamentaram a constituição dos direitos e das obrigações firmados pelas partes contratantes.

Por isso, a LPS de 1998 conferiu aos usuários a faculdade de adaptarem, a qualquer tempo, os seus respectivos contratos para o rol de novos direitos e, também, de novas obrigações legais constantes do novo marco regulatório da saúde suplementar.

Desse modo, as operadoras também não seriam obrigadas, com base nos planos antigos, a acrescer novos direitos para os quais os seus produtos não haviam sido estruturados sem uma contrapartida financeira, preservando-se o equilíbrio contratual necessário para a solvabilidade dos sistemas de serviços que seriam mantidos com base no regime jurídico-contratual antigo.

Por isso, o STF entendeu que: "Os planos de saúde submetem-se aos ditames constitucionais, à legislação da época em que contratados e às cláusulas deles constantes".

Com base nessa decisão, a aplicação do novo regime jurídico introduzido pela LPS foi mitigada em função do marco temporal da celebração do seguro ou plano de saúde, prevalecendo o contrato como principal fonte de regulação dos direitos e obrigações entre contratantes.

Em razão disso, nos contratos antigos prevalecem as cláusulas reguladoras de reajuste anual e por faixa etária, de possibilidade de suspensão ou rescisão unilateral do contrato individual ou familiar, de estipulação de limite temporal de internação hospitalar, dentre outras, sem a necessidade de autorização da ANS.

Oportuno registrar que além do julgamento da ADIn mencionada, o STF ao analisar o *Tema 123*, vinculado ao *Recurso Extraordinário 948.634* (DJe 25/02/2016), também se posicionou pela inaplicabilidade retroativa da LPS de 1998 aos contratos anteriormente firmados, salvo na hipótese de terem sido posteriormente adaptados ao seu regime.

11.6.1.1 *Adaptação e migração de planos antigos*

Nessa linha, a Lei Federal 10.850/2004 foi promulgada com o objetivo de atribuir à ANS competência expressa para a instituição de programas especiais de incentivo à adaptação dos planos firmados antes da vigência da LPS de 1998, com o objetivo de facilitar o acesso dos consumidores vinculados a esses contratos aos benefícios do novo marco regulatório da saúde suplementar.

O procedimento de formalização do interesse na adaptação dos contratos antigos foi, inicialmente, regulado pela Resolução Normativa – RN 64/2003 e, posteriormente, substituída pela Resolução Normativa – RN 254/2011 e, subsequentemente, pela Resolução Normativa – RN 562/2022.

De acordo com a *RN 562/2022*, os usuários de planos antigos poderão formalizar o seu interesse na *adaptação do contrato* ou na *migração total* para os novos termos dos contratos atualmente praticados pelas operadoras privadas de assistência à saúde.

A opção deverá observar a natureza do contrato firmado. No caso de contrato individual ou familiar, a manifestação será realizada pelo próprio interessado. No caso de contrato coletivo, a entidade responsável deverá negociar os termos da transição e comunicar aos respectivos beneficiários a respeito dos termos de modificação.

Desse modo, caso o usuário opte pela *adaptação*, o contrato deverá manter as cláusulas compatíveis com a legislação em vigor, sendo obrigatória a adaptação das disposições contratuais dissonantes de modo a contemplar o novo sistema previsto na LPS de 1998, inclusive quanto aos reajustes e revisões, respeitados as obrigações e os limites previamente pactuados.

A *migração* consiste na celebração de um novo contrato ou ingresso em contrato da mesma operadora referente ao produto com registro ativo; e, simultaneamente, a extinção do vínculo ou do contrato antigo, sem que haja nova contagem de carências ou cobertura parcial temporária para as coberturas existentes, observada a compatibilidade da faixa de preço entre o contrato regulamentado e o contrato de origem.

Antes de realizar a opção, o beneficiário deverá ser previamente informado, de maneira clara e precisa, a respeito das modificações quanto aos direitos e obrigações firmados, com destaque para as cláusulas restritivas de direitos e às cláusulas de reajuste anual e por faixa etária.

Mandatório registrar que exercida a opção pela adaptação ou migração, não será possível restaurar os termos do contrato antigo.

O direito de opção pela manutenção dos contratos antigos é considerado *personalíssimo* e *intransferível* e se constatado o aumento de contraprestação pecuniária, a composição da base de cálculo deverá permanecer restrita aos itens correspondentes ao aumento de cobertura, o qual será avaliado pela ANS quanto à sua adequação (Art. 35 da LPS/1998).

Além disso, é vedada a adaptação por decisão unilateral da operadora de saúde e garantida às pessoas jurídicas contratantes de planos de saúde coletivos a manutenção dos contratos originais, conforme as coberturas assistenciais neles pactuadas, observados os limites de cobertura previstos no contrato original.

A LPS de 1998 prevê ainda que os contratos antigos deverão vigorar por prazo indeterminado apenas para os consumidores que não optarem pelas novas regras, sendo considerados extintos para fim de comercialização.

11.6.2 Regimes dos contratos individuais e coletivos

A regulação dos contratos de seguros e de planos de saúde individuais e coletivos também se submete a aspectos jurídicos específicos em razão da sua natureza jurídica.

O reconhecimento de que os contratos individuais demandam uma maior proteção dos beneficiários fez com o que o legislador dispusesse regras mais rígidas de modificação de cláusulas contratuais e de reajustes aplicáveis às coberturas singulares.

A preocupação com uma maior proteção dos usuários de contratos individuais também pode ser verificada nas hipóteses de rescisão contratual limitadas pela LPS (Art. 13, inciso II) aos motivos de fraude ou inadimplemento financeiro superior a 60 (sessenta) dias.

Já nos contratos coletivos de assistência à saúde privada, em razão de uma maior equivalência técnica, jurídica e econômica das entidades instituidoras e operadoras de planos e de seguros-saúde, vigora uma maior liberdade para a realização de negociação entre as partes visando à regulação de aspectos específicos das coberturas contratadas.

Desse modo, nos contratos coletivos as partes poderão estabelecer a cláusula de resilição unilateral e imotivada caso desejem encerrar a relação contratual sem a necessidade de observar as restrições impostas pela LPS.

No caso da resilição pelas seguradoras e operadoras, elas ficarão apenas obrigadas a garantir a continuidade de cobertura dos beneficiários sob tratamento ou internação hospitalar (Arts. 8º, § 3º, alínea *b*, e 13, inciso III, da LPS).

Nesse sentido, o Superior Tribunal de Justiça decidiu no Tema 1.082 (DJe 01/08/2022) que:

> A operadora, mesmo após o exercício regular do direito à rescisão unilateral de plano coletivo, deverá assegurar a continuidade dos cuidados assistenciais prescritos a usuário internado ou em pleno tratamento médico garantidor de sua sobrevivência ou de sua incolumidade física, até a efetiva alta, desde que o titular arque integralmente com a contraprestação devida.

Além disso, o STJ considera que nos *planos coletivos empresariais com menos de 30 (trinta) beneficiários*, a entidade de saúde somente poderá manifestar o interesse na resilição unilateral se apresentar justificativa idônea (AgInt no REsp 1.823.727/SP, rel. Ministro Moura Ribeiro, DJe 18/12/2019).

Segundo o STJ, a justificativa para tal entendimento encontra-se fundamentada nos *princípios da boa-fé* e da *conservação dos contratos*, em razão da expectativa criada pelos usuários de manutenção das condições de cobertura contratadas.

A matéria encontra-se atualmente afetada sob o *Tema Repetitivo 1.047* (DJe 26/03/2020) a fim de definir tese concentrada e vinculante a respeito da: "Validade de cláusula contratual que admite a rescisão unilateral, independente de motivação idônea, do plano de saúde coletivo empresarial com menos de 30 (trinta) beneficiários".

Em que pese a jurisprudência do STJ, entende-se que a imposição de manutenção de contrato coletivo empresarial de saúde na hipótese acima mencionada não parece ser a melhor solução sobre a matéria por desconsiderar as características técnicas e inerentemente empresariais desse tipo de cobertura.

A *característica técnica* vincula-se à forma de estruturação da cobertura amparada no grupo mínimo de usuários necessário para a manutenção da viabilidade econômico-financeira do contrato.

A *característica empresarial* vincula-se à própria paridade das partes para negociarem o conteúdo econômico e jurídico do contrato visando adaptá-lo aos seus respectivos interesses e necessidades, promovendo uma maior concorrência no mercado de saúde suplementar.

Por fim, esclareça-se que a resilição unilateral com a respectiva extinção do contrato não impedirá os respectivos usuários de realizar a portabilidade das suas coberturas para outras operadoras de saúde, conforme será visto no Subitem 11.7.4.

Portanto, entende-se que a intervenção realizada pelo STJ nessa hipótese é mais prejudicial do que benéfica porque provocará o encarecimento das coberturas de contratos de saúde coletiva empresarial para grupos com menos de 30 (trinta) usuários, uma vez que as operadoras terão que internalizar os custos decorrentes da manutenção contratual imposta.

Nada obstante, manifestada justificativa idônea como a inviabilidade econômico-financeira do contrato por falta de capacidade contributiva mínima do grupo segurável, a seguradora poderá manifestar o seu interesse na resilição contratual conforme previsto nas condições gerais pactuadas.

11.6.3 Direito aplicável às operadoras de saúde: CDC *versus* Código Civil

Como visto a partir da descrição das formas jurídicas e dos objetivos sociais das operadoras de assistência privada à saúde, elas podem ser classificadas em *entidades com fins comerciais*, inspiradas pelo escopo de lucro na realização das suas atividades, e *entidades* cujo escopo social é motivado por um *fim assistencial*, sem fins lucrativos.

Essa diferenciação, fez com que o Superior Tribunal de Justiça reconhecesse, em *matéria contratual*, a necessidade de distinção de regimes jurídicos aplicáveis aos contratos de operadoras com finalidades eminentemente comerciais das entidades com objetivos essencialmente promocionais da assistência à saúde e desvinculados de fins lucrativos.

Portanto, em relação às *entidades que operam no mercado com fins comerciais*, o STJ entendeu totalmente aplicáveis as normas previstas no *Código de Defesa do Consumidor*, com todos os consectários protetivos inerentes às relações nas quais figurem consumidores hipossuficientes, sob o aspecto técnico, jurídico e econômico.

Por outro lado, o STJ entendeu que às *entidades com fins meramente assistenciais, sem escopo de lucro*, deveriam ser aplicadas as normas do *Código Civil*.

Diante dessa dicotomia, o STJ editou a *Súmula 608* (DJe 17/04/2018), pela qual estabeleceu que, como regra: "Aplica-se o Código de Defesa do Consumidor aos contratos de plano de saúde, salvo os administrados por entidades de autogestão".

A Súmula 608 cancelou a *Súmula 469* (DJe 06/12/2010), que estabelecia a aplicabilidade do CDC de maneira indistinta a todas as espécies de planos de saúde independentemente do tipo de operadora prestadora dos serviços.

Dessa forma, após a revisão de entendimento, o STJ entendeu que o CDC apenas é aplicável aos planos de saúde prestados sob a forma de relação de consumo, excluindo prestadoras que não possuam essa finalidade como objetivo-fim, isto é, excluiu as operadoras que tenham como objetivo promover a estruturação de planos para fins assistenciais.

No *REsp 1.285.483/PB* (DJe 16/08/2016), o ministro Luís Felipe Salomão ponderou que:

1. A operadora de planos privados de assistência à saúde, na modalidade de autogestão, é pessoa jurídica de direito privado sem finalidades lucrativas que, vinculada ou não à entidade pública ou privada, opera plano de assistência à saúde com exclusividade para um público determinado de beneficiários.

2. A constituição dos planos sob a modalidade de autogestão diferencia, sensivelmente, essas pessoas jurídicas quanto à administração, forma de associação, obtenção e repartição de receitas, diverso dos contratos firmados com empresas que exploram essa atividade no mercado e visam ao lucro.

3. Não se aplica o Código de Defesa do Consumidor ao contrato de plano de saúde administrado por entidade de autogestão, por inexistência de relação de consumo.

Em relação aos contratos firmados pelas entidades de autogestão, o STJ entendeu que as relações contratuais deverão observar as normas gerais do Código Civil em matéria contratual e deverão ser norteadas pelo *princípio da boa-fé objetiva* e pelo *princípio da força obrigatória do pactuado* (*pacta sunt servanda*).

Desse modo, em que pese a não aplicabilidade do CDC, o STJ estabeleceu que deverão ser observados, obrigatoriamente, na interpretação dos planos de saúde, os princípios da boa-fé objetiva e da força do pactuado, com os seus respectivos desdobramentos, a fim de vincular as partes contratantes ao exato cumprimento dos direitos e das obrigações previstos nas condições gerais dos contratos (REsp 1.644.829/SP, Rel. Ministra Nancy Andrighi, DJe 23/02/2017; AgInt no REsp 1.752.352/MG, Rel. Ministro Marco Bellizze, DJe 13/03/2019).

11.6.4 Justiça competente: Justiça Cível *versus* Justiça Trabalhista

Em relação à forma de contratação, também foi visto que os planos ou seguros-saúde podem ser classificados sob a *forma individual* ou *coletiva*, sendo que nesta última ainda é possível subdividi-la em *cobertura empresarial* ou *por adesão*.

A análise a respeito da Justiça competente envolvendo os *planos* ou *seguros de saúde contratados sob a forma individual ou familiar* não oferece maiores complexidades por se tratar de matéria cuja natureza é eminentemente de *natureza cível-contratual*, logo, cabe à Justiça cível processar e julgar demandas sobre o assunto.

Mas, pergunta-se: qual deverá ser a Justiça competente quando o seguro ou o plano de saúde possuir origem em relação de trabalho, geralmente, contratado sob a forma coletiva por meio de autogestão empresarial? Além disso, é requisito imprescindível a existência de expressa previsão do benefício constante de contrato de trabalho, convenção ou acordo coletivo para a definição da competência?

Com o intuito de pacificar a matéria, o STJ editou entendimento sobre o tema no *Incidente de Assunção de Competência – IAC 05* (17/03/2020), ao definir que:

2.1. Compete à Justiça comum o julgamento das demandas entre usuário e operadora de plano de saúde, exceto quando o plano é organizado na modalidade autogestão empresarial, sendo operado pela própria empresa contratante do trabalhador, hipótese em que a competência é da Justiça do Trabalho.

2.2. Irrelevância, para os fins da tese 2.1, da existência de norma acerca da assistência à saúde em contrato de trabalho, acordo ou convenção coletiva.

2.3. Aplicabilidade da tese 2.1 também para as demandas em que figure como parte trabalhador aposentado ou dependente do trabalhador.

Dessa forma, o STJ firmou entendimento de que deverá prevalecer a competência da *Justiça Comum* no caso de litígio envolvendo seguro ou plano de saúde comercializado por operadora que não atue sob o modelo de autogestão empresarial.

Por outro lado, prevalecerá a competência da *Justiça do Trabalho* caso o seguro ou o plano de saúde seja prestado por operadora sob o modelo de autogestão empresarial, realizado pela própria entidade empregadora, independentemente da sua previsão constar ou não de instrumento de natureza trabalhista (contrato de trabalho, convenção ou acordo coletivo) ou de se tratar de beneficiário na ativa ou de aposentado.

11.7 DIREITOS DO SEGURADO

Neste subitem serão apresentados os principais direitos específicos do segurado no âmbito dos seguros de saúde.

Considerando a sua natureza indenizatória, também se aplicam ao seguro-saúde os *direitos do segurado vistos no Subitem 8.3* relativos aos seguros de danos, desde que com ele sejam compatíveis.

11.7.1 Direito à informação

O segurado tem o direito a ser previamente informado a respeito do rol de procedimentos e eventos que cobrirão os seus interesses de preservação à saúde ao longo do prazo de vigência da apólice bem como das limitações de coberturas e quais serão as hipóteses de exclusão legal de tratamentos não abrangidos pelo contrato.

Dentre as limitações e exclusões que devem ser destacadas nos instrumentos contratuais, cita-se as hipóteses relacionadas à obrigatoriedade de declaração de doenças preexistentes, a necessidade de observância de prazos de carência, dentre outras.

Ademais, cita-se ainda a necessidade da prestação de informações completas a respeito da contratação de cláusulas de pagamento de franquias e de coparticipações financeiras em consultas e procedimentos de saúde e a respeito dos procedimentos de liquidação de sinistros visando à obtenção dos reembolsos contratuais.

Por fim, destaca-se a obrigatoriedade de entrega de cópia da apólice e das condições gerais com todos os anexos necessários para a boa compreensão da relação contratual e as informações a respeito dos canais de atendimento para a obtenção de autorizações prévias e para o esclarecimento de dúvidas com a seguradora.

As informações sobre a cobertura poderão ser enviadas por meios físicos ou digitais, conforme convencionado pelas partes contratantes visando conferir maior agilidade, segurança e comodidade.

11.7.2 Direito ao reembolso das despesas ou ao uso da rede referenciada

No seguro-saúde, o beneficiário tem o direito ao reembolso das despesas relacionadas à utilização da cobertura ou, quando disponibilizado pela seguradora e expressamente contratado, ao uso da rede referenciada, para fins de cobertura do rol de procedimentos e eventos em saúde previstos nas condições gerais do contrato.

Nessa linha, a garantia securitária deverá abranger os procedimentos e eventos básicos como consultas, exames e cirurgias previamente especificados e, caso contratados, os tratamentos especiais, conforme a natureza e a abrangência do plano escolhido pelo segurado (ex.: cobertura de referência-básica, hospitalar, hospitalar-obstétrica, ambulatorial etc.).

No caso de reembolso, o segurado deverá ser devidamente ressarcido dentro do prazo de 30 (trinta) dias após a entrega de toda a documentação comprobatória das despesas pagas e da realização dos procedimentos e eventos cobertos pela apólice.

No direito de reembolso ou de autorização para a realização dos tratamentos médicos básicos ou especiais no âmbito da rede referenciada também estão abrangidos os medicamentos previamente definidos pela ANS para a realização de procedimentos ou tratamentos médicos especificamente contratados.

Dentre eles, podem ser mencionados, exemplificativamente, os medicamentos utilizados nos casos de internação hospitalar e de tratamento de quimioterapia oncológica ambulatorial, desde que devidamente registrados na Agência Nacional de Vigilância Sanitária – ANVISA, previstos no rol de medicamentos da ANS e com finalidade farmacêutica comprovada para os casos nos quais a aplicação seja recomendada.

Em relação aos contratos novos ou adaptados à LPS de 1998, a ANS edita a cada dois anos o denominado *Rol de Procedimentos e Eventos em Saúde*, com a referência para a cobertura dos seguros e planos de assistência à saúde privada.

O rol é elaborado pela ANS e conta com a participação da sociedade civil, e representantes das associações de operadoras e de órgãos de defesa do consumidor, por meio da apresentação de sugestões e discussões em consultas públicas realizadas para análise da viabilidade técnica da implantação de novos eventos e procedimentos.

Esse rol tem por objetivo estabelecer de maneira objetiva quais devem ser os principais eventos e tratamentos médicos de cobertura obrigatória pelas seguradoras e operadoras de planos de saúde com o intuito de garantir um atendimento padronizado para todos os usuários do sistema de saúde suplementar.

A padronização tem um objetivo duplo: (i) garantir isonomia de atendimento para todos os usuários quanto aos eventos e tratamentos básicos; e, ao mesmo tempo, (ii) possibilitar que as operadoras de saúde realizem o cálculo dos custos dessas coberturas a fim de viabilizar financeiramente a prestação dos serviços, assegurando a integridade e o funcionamento do sistema de saúde suplementar.

Logo, as coberturas contratadas estariam limitadas aos eventos e tratamentos expressamente previstos nos contratos firmados e no *Rol de Procedimentos e Eventos em Saúde*, editado e periodicamente revisado pela ANS.

Em relação ao *Rol de Procedimentos e Eventos em Saúde*, o Superior Tribunal de Justiça também havia consolidado a sua jurisprudência no sentido de que a sua natureza seria de catálogo de serviços prefixado e, não, meramente exemplificativo.

Nesse sentido, no *REsp 1.733.013/PR* (DJe 20/02/2020), o Ministro Luis Felipe Salomão destacou que:

> 3. A elaboração do rol, em linha com o que se deduz do Direito Comparado, apresenta diretrizes técnicas relevantes, de inegável e peculiar complexidade, como: utilização dos princípios da Avaliação de Tecnologias em Saúde – ATS; observância aos preceitos da Saúde Baseada em Evidências – SBE; e resguardo da manutenção do equilíbrio econômico-financeiro do setor.
>
> 4. O rol mínimo e obrigatório de procedimentos e eventos em saúde constitui relevante garantia do consumidor para propiciar direito à saúde, com preços acessíveis, contemplando a camada mais ampla e vulnerável da população. Por conseguinte, em revisitação ao exame detido e aprofundado do tema, conclui-se que é inviável o entendimento de que o rol é meramente exemplificativo e de que a cobertura mínima, paradoxalmente, não tem limitações definidas. Esse raciocínio tem o condão de encarecer e efetivamente padronizar os planos de saúde, obrigando-lhes, tacitamente, a fornecer qualquer tratamento prescrito, restringindo a livre concorrência e negando vigência aos dispositivos legais que estabelecem o plano-referência de assistência à saúde (plano básico) e a possibilidade de definição contratual de outras coberturas.
>
> 6. O rol da ANS é solução concebida pelo legislador para harmonização da relação contratual, elaborado de acordo com aferição de segurança, efetividade e impacto econômico. A uníssona doutrina especializada alerta para a necessidade de não se inviabilizar a saúde suplementar. A disciplina contratual exige uma adequada divisão de ônus e benefícios dos sujeitos como parte de uma mesma comunidade de interesses, objetivos e padrões. Isso tem de ser observado tanto em relação à transferência e distribuição adequada dos riscos quanto à identificação de deveres específicos do fornecedor para assegurar a sustentabilidade, gerindo custos de forma racional e prudente.

Portanto, de acordo com esse entendimento, os seguros e planos de saúde considerados novos estariam obrigados apenas a cobrir os eventos e tratamentos previstos na *Resolução Normativa – RN 465/2021*, sendo vedada a ampliação dos itens nele constantes sob pena de se prejudicar a uniformização dos atendimentos prestados e a própria concorrência entre as operadoras de saúde baseada em elementos objetivos de precificação das coberturas comercializadas no mercado de consumo.

Além disso, preservar-se-ia também a previsibilidade contratual inerente à necessidade de se adotar medidas de equilíbrio econômico-financeiro para a manutenção das margens de solvência das seguradoras e operadoras de planos de saúde.

De acordo com o STJ, a taxatividade do *Rol de Procedimentos e Eventos em Saúde* somente poderia ser excepcionada nos casos de (EResp 1.886.929 e EResp 1.889.704 – DJe 29/06/2021):

(i) contratação de cobertura ampliada ou de aditivo contratual para a cobertura de procedimento extra rol; ou,

(ii) não havendo substituto terapêutico ou esgotados os procedimentos taxativos, desde que o tratamento não tenha sido expressamente indeferido pela ANS, ele seja comprovadamente eficaz e recomendado por renomados órgãos nacionais ou internacionais, e seja realizado diálogo interinstitucional com entes ou pessoas com experiência técnica na área da saúde.

O novo entendimento que concluiu pela possibilidade de mitigação do rol taxativo não atendeu integralmente aos anseios das entidades representativas dos usuários do sistema de saúde complementar, o que provocou a promulgação da Lei Federal 14.454, de 21/09/2022, visando modificar a Lei dos Planos de Saúde.

Em razão de modificação legislativa, a Lei dos Planos de Saúde (Art. 10, §§ 12 e 13) passou a veicular dispositivos prevendo expressamente a possibilidade de realização de tratamento ou procedimento prescrito por médico ou odontólogo que também não estivesse previsto no rol mencionado, desde que:

(i) comprovada a sua eficácia, à luz das ciências da saúde, baseada em evidências científicas e plano terapêutico; ou,

(ii) recomendado pela Comissão Nacional de Incorporação de Tecnologias no Sistema Único de Saúde (Conitec), ou por, no mínimo, um órgão de avaliação de tecnologias em saúde de renome internacional, desde que aprovado no seu âmbito de atuação.

Ao ser provocado a analisar os efeitos da modificação legislativa para fins de aplicação do Rol de Procedimentos, em face da sua jurisprudência consolidada sobre a matéria, o STJ, na *Questão de Ordem no REsp 1.882.957* (DJe 10/02/2023), cuja relatora foi a Ministra Nancy Andrighi, decidiu que:

EREsp 1.886.929/SP e EREsp 1.889.704/SP. Lei. 14.454/2022. Alteração legislativa. Incidente de assunção de competência (IAC). Instauração. Não cabimento. Necessidade de entendimento firme e sedimentado.

Dessa forma, o STJ rejeitou a questão de ordem apresentada e afastou a instauração do incidente de Assunção de Competência, por entender que:

Essa Lei, ao afastar a natureza taxativa mitigada do rol da ANS e estabelecer a sua natureza exemplificativa mitigada, trouxe outra perspectiva a respeito da matéria, exigindo, de fato, um novo pronunciamento desta Corte, agora à luz da recente inovação legislativa.

Todavia, a superveniência desse diploma não tem o condão de alterar o objeto da multiplicidade de recursos referentes à mesma questão de direito que já tramitavam nesta Corte, senão apenas de provocar, eventualmente, a adequação na interpretação e no alcance das teses fixadas pela Segunda Seção, a depender do contexto fático-probatório delineado em cada hipótese concreta. [...]

Na espécie, entretanto, não há aqui pronunciamentos suficientes, tampouco conflitantes, a respeito da controvérsia posta em análise sob o enfoque da recente alteração legislativa e seus efeitos, inclusive para que se possa cogitar em prevenção ou composição de divergência jurisprudencial entre as Turmas da Segunda Seção (§ 4º do art. 947 do CPC).

Desse modo, o STJ manifestou-se no sentido de que não há elementos suficientes para a modificação da sua jurisprudência sobre o tema. Uma eventual e futura alteração do seu posicionamento, em face da nova modificação legislativa, dependerá da formação de novos entendimentos judiciais que provoquem a necessidade de revisão da jurisprudência sobre a matéria.

De toda sorte, a alteração do caráter limitativo do rol de procedimentos e eventos atendidos pelas operadoras de saúde certamente gerará consequências financeiras substanciais, tanto do ponto de vista da previsibilidade dos custos operacionais assim como da necessidade de reajuste dos valores cobrados a título de coberturas.

Além disso, tal ampliação, desprovida de proporcionalidade técnica e financeira, poderá tornar inviável a atuação das operadoras em razão da insustentabilidade econômica de custeio dos tratamentos que serão postulados com base em tal dispositivo.

O STF, na *ADin 7.088* (DJe 10/01/2023), cujo relator foi o ministro Roberto Barroso, ao analisar os pedidos de declaração de inconstitucionalidade de dispositivos da Lei dos Planos de Saúde envolvendo a elaboração e a aplicação do Rol de Procedimentos e Eventos de Saúde, decidiu que:

3. A Lei 14.454, de 21 de setembro de 2022, reconheceu a exigibilidade de tratamentos não previstos no rol da ANS, desde que sua eficácia seja comprovada à luz das ciências da saúde ou haja recomendações à sua prescrição, feitas pela Conitec ou por órgãos de avaliação de tecnologias em saúde de renome internacional. A superveniência desse diploma forneceu solução legislativa, antes inexistente, à controvérsia constitucional apresentada na primeira categoria de impugnações, provocando alteração substancial do complexo normativo cuja constitucionalidade é ali questionada. [...]

8. Por fim, também concluo pela constitucionalidade dos critérios estabelecidos para orientar a elaboração de relatório pela Comissão de Atualização do Rol. A avaliação econômica contida no processo de atualização do rol pela ANS e a análise do impacto financeiro advindo da incorporação dos tratamentos demandados são necessárias para garantir a manutenção da sustentabilidade econômico-financeira do setor de planos de saúde. Não se trata de sujeitar o direito à saúde a interesses econômicos e financeiros, mas sim de considerar os aspectos econômicos e financeiros da ampliação da cobertura contratada para garantir que os usuários de planos de saúde continuem a ter acesso ao serviço e às prestações médicas que ele proporciona.

Registra-se, ainda, a existência no STF da *ADin 7.265* (DJe 18/11/2022), cujo objeto é a impugnação da constitucionalidade do Art. 10, §§ 12 e 13, da Lei dos Planos de Saúde, incluídos pela Lei Federal 14.454, de 21/09/2022, com pedido cautelar de suspensão dos seus efeitos jurídicos, sob o argumento de ampliação excessiva da atividade complementar desenvolvida pelas operadoras de saúde que passariam a ser obrigadas a cobrir tratamentos que nem mesmo o SUS confere cobertura médica.

Diante da complexidade do assunto, a forma de aplicação do Rol de Procedimentos e Eventos em Saúde poderá sofrer novos desdobramentos técnicos e jurídicos futuros, até que se possa alcançar o equilíbrio necessário entre a capacidade atuarial e financeira das operadoras de prestarem os seus serviços e o atendimento das necessidades dos usuários do sistema de saúde complementar.

Retomando a análise sobre o direito de reembolso, as *consultas*, os *exames* e os *dias de internação clínica ou hospitalar* relacionados a eventos e procedimentos cobertos, desde que a sua necessidade seja devidamente comprovada, são, a princípio, ilimitados, salvo os tratamentos expressamente previstos nas condições gerais da apólice e na legislação regulamentadora do setor de saúde suplementar.

Como forma de regular a utilização de serviços poderão ser estipuladas *cláusulas de franquia* ou de *coparticipação* com o objetivo de estabelecer maior racionalidade na utilização das coberturas contratadas e de contrabalancear os custos relacionados aos tratamentos utilizados pelos usuários.

Por fim, relevante registrar que no caso da utilização de rede referenciada, constatada a indisponibilidade de leito hospitalar nos estabelecimentos disponibilizados, é garantido ao segurado o acesso à acomodação, em nível superior, sem ônus adicional (Art. 33 da LPS).

11.7.3 Direito de atendimento nos casos de emergência e urgência

O segurado tem o direito de utilizar os serviços de assistência à saúde para fins de cobertura dos serviços contratados nos *casos de emergência* e *urgência* ainda que esteja cumprindo prazo de carência contratual.

De acordo com o artigo 35-C da LPS de 1998, são considerados de *emergência*, os casos que implicarem risco imediato de vida ou de lesões irreparáveis para o paciente, caracterizado em declaração do médico assistente; e, de *urgência*, os resultantes de acidentes pessoais ou de complicações no processo gestacional.

Desse modo, ainda que os prazos de carência previstos nas condições gerais do contrato para as coberturas essenciais ou especiais adquiridas não tenham sido totalmente cumpridos, o segurado poderá nos casos de comprovada necessidade premente ou emergencial utilizar os serviços assistenciais para esse tipo de situação.

Torna-se válido esclarecer que as situações deverão ser devidamente justificadas em razão da existência de regra de não cobertura para as hipóteses de carências não cumpridas conforme previsto nas condições gerais do contrato, as quais serão analisadas no Subitem 11.8.4.

No caso da realização de despesas cobertas pelas condições gerais do contrato, o segurado terá o direito ao reembolso, conforme os limites das obrigações contratuais para assistência à saúde.

Dessa forma, nos casos de urgência ou emergência, quando não for possível a utilização dos serviços próprios, contratados, credenciados ou referenciados pela operadora, o segurado também terá o direito de reembolso de acordo com a relação de preços de serviços médicos e hospitalares praticados pelo respectivo produto, o qual deverá ser pago no prazo máximo de 30 (trinta) dias após a entrega de toda a documentação exigida pela seguradora (Art. 12, inciso V, da LPS de 1998).

11.7.4 Direito à portabilidade da cobertura contratada

O segurado tem o direito de realizar a portabilidade da cobertura contratada, em uma mesma operadora ou em entidade diferente, a qualquer tempo, depois de cumpridos os requisitos exigidos, sem a necessidade de observância dos prazos de carência já cumpridos anteriormente.

Compete à *Resolução Normativa – RN 438, de 03/12/2018*, dispor sobre a regulamentação da portabilidade de carências para usuários de planos privados de assistência à saúde.

A portabilidade consiste no direito reconhecido ao usuário do aproveitamento dos períodos de carência ou de cobertura parcial temporários já cumpridos no plano de origem para fins de utilização das coberturas do plano de destino a ser contratado (Art. 2º, inciso I, da RN 438/2018).

Importante esclarecer que a portabilidade consiste em *direito personalíssimo* e *individual* do beneficiário, e caso o plano de destino possua coberturas não previstas no plano de origem, poderá ser exigido o cumprimento de carências para as novas coberturas contratadas, conforme os prazos máximos estabelecidos pela ANS (Arts. 4º e 7º da RN 438/2018).

a) Modalidades

No âmbito da saúde suplementar, a portabilidade pode ser classificada em *portabilidade comum, portabilidade especial* e *portabilidade extraordinária*.

Na *portabilidade comum*, o beneficiário exerce o direito à portabilidade após o cumprimento normal dos prazos de carência exigidos no plano de origem para contratos novos ou adaptados.

Na *portabilidade especial*, o beneficiário exerce o direito à portabilidade, mesmo sem cumprir a integralidade dos prazos de carência exigidos, em razão do cancelamento do registro da operadora de origem ou da sua liquidação extrajudicial, independentemente de ser o plano antigo, novo ou adaptado.

Na *portabilidade extraordinária*, o beneficiário exerce o direito à portabilidade, em razão do cancelamento do registro da operadora de origem ou da sua liquidação extrajudicial, na hipótese da impossibilidade de cumprimento das exigências de portabilidade comuns ou caso elas mereçam ser dispensadas por interesse público, independentemente de ser o plano antigo, novo ou adaptado.

Em síntese, na *portabilidade comum*, o usuário deverá observar os requisitos gerais exigidos para o aproveitamento das carências cumpridas.

Na *portabilidade especial* e na *portabilidade extraordinária*, o usuário deverá observar os requisitos específicos exigidos pela ANS para o aproveitamento dos prazos de carência incompletos visando ao cumprimento do remanescente no plano de destino, tendo em que vista que o não atendimento dos requisitos legais foi causado por fato relacionado à saída do mercado da operadora de origem, e não por culpa do usuário.

No caso das *portabilidades especiais e extraordinárias*, os requisitos para a realização da portabilidade são parcialmente mitigados em razão de um interesse público maior de que os usuários efetivem o mais rápido possível a troca de operadoras a fim de que as suas coberturas de assistência privada à saúde sejam mantidas em pleno funcionamento.

b) Requisitos gerais

Desse modo, como é possível constatar, no caso da *portabilidade comum*, o usuário deverá cumprir uma série de requisitos legais exigidos para a formalização do direito de portabilidade entre planos de uma mesma operadora ou de operadoras diferentes.

Dentre os requisitos gerais, podem ser mencionados os seguintes (Art. 3º):

(i)   o *vínculo do beneficiário com o plano de origem deve estar ativo*;

(ii)   o *beneficiário deve estar adimplente* na operadora do plano de origem;

(iii) o beneficiário deve ter cumprido *prazo de permanência na 1ª portabilidade*, de no mínimo 2 anos no plano de origem ou de 3 anos de cumprimento de cobertura parcial temporária, e nas *permanências posteriores*, de no mínimo 1 ano no plano de origem ou de no mínimo 2 anos na portabilidade para plano de destino com coberturas não previstas na segmentação assistencial do plano de origem;

(iv)   o beneficiário que aderir a um novo plano *via oferta pública das referências operacionais e do cadastro de beneficiários* (procedimento pelo qual a operadora de origem transfere sua carteira em razão da sua saída do mercado) deverá cumprir o prazo de permanência de 1 ano no novo plano para exercício da portabilidade de carências;

(v)   o *plano de origem deve ser novo* ou *adaptado*, cujos prazos de permanência deverão ser contados a partir da adaptação;

(vi) a *faixa de preço do plano de destino deve ser igual* ou *inferior* à do plano de origem (admitido o acréscimo de até 30% para plano odontológico), dispensada a compatibilidade de plano com preço pós-estabelecido ou misto, e quando os planos de origem e de destino forem do tipo coletivo empresarial;

(vii) no caso de plano de destino coletivo, o *beneficiário deverá possuir vínculo com a pessoa jurídica contratante* ou *com empresário individual*; e,

(viii) a *operadora de destino deve estar funcionando sem restrições operacionais* vinculadas à alienação compulsória de carteira, à oferta pública do cadastro de beneficiários ou ao cumprimento de prazos de portabilidade especial ou extraordinária impostas pela ANS (Art. 10 da RN 438/2018).

Em relação à portabilidade, não será exigível do recém-nascido, filho natural ou adotivo do beneficiário, titular ou dependente, durante os primeiros 30 dias após o parto ou da adoção com a sua inscrição como dependente, o cumprimento dos prazos de permanência.

Em relação ao cômputo dos prazos de carência, os prazos abrangendo as eventuais trocas de planos com a mesma cobertura na mesma operadora serão considerados como ininterruptos para fins de permanência.

Além disso, o beneficiário que estiver sob o estado de remissão (direito que exime o dependente do pagamento das mensalidades por prazo determinado em razão do falecimento do titular do plano) também poderá exercer o direito à portabilidade durante a sua vigência ou após o seu término. O início da vigência do plano de destino gera a extinção da remissão (Art. 6º).

c) Condições de exercício da portabilidade pela extinção do vínculo

O usuário poderá exercer o direito à portabilidade no prazo de 60 dias da ciência formalizada pela operadora do encerramento do vínculo, independentemente do tipo de plano contratado, antigo, novo ou adaptado (Art. 8º da RN 438/2018).

Neste caso, não serão exigidos o cumprimento dos requisitos de *vínculo ativo*, de *prazo de permanência* nem de *compatibilidade por faixa de preço*, nas hipóteses de requisição de portabilidade formulada: (i) *pelo usuário dependente*, em caso de morte do titular do contrato ou em caso de perda da condição de dependência; (ii) *pelo usuário titular ou dependente*, em caso de demissão, exoneração ou aposentadoria, tendo ou não contribuído para o plano de origem, ou quando do término dos prazos baseados em contribuição; (iii) *pelo usuário titular ou dependente*, em caso de rescisão do contrato coletivo pela operadora ou entidade contratante.

O usuário com menos de 300 dias de vínculo com o plano de origem, poderá aproveitar o período cumprido para fins de atendimento do período exigido para as carências restantes no plano de destino.

O *usuário de cobertura parcial temporária* também poderá aproveitar os prazos cumpridos para fins de atendimento dos períodos remanescentes no plano de destino.

Por sua vez, o usuário que tenha optado por contratar *cobertura especial para tratamento das suas doenças ou lesões preexistentes*, com o respectivo pagamento do acréscimo dos serviços, ao exercer a portabilidade poderá escolher pelo cumprimento do período restante da cobertura temporária de 24 meses ou negociar o pagamento do agravo com a operadora de destino.

d) Condições de exercício das portabilidades especial e extraordinária

A *portabilidade especial* deverá ser exercida no prazo de 60 dias, prorrogáveis, a contar da publicação da Resolução Operacional editada pela ANS comunicando sobre a saída do mercado da operadora do plano de origem, dispensado o cumprimento dos requisitos de prazo de permanência e de compatibilidade de preços, e independentemente de ser o plano antigo, novo ou adaptado (Art. 12 da RN 438/2018).

Na portabilidade especial a intervenção ocorre em razão da necessidade de se garantir a manutenção das coberturas contratadas por força da extinção das atividades da operadora de origem no mercado de saúde suplementar.

A *portabilidade extraordinária*, como regra também deverá ser exercida no prazo de 60 dias, prorrogáveis, e poderá ser decretada caso não seja possível aplicar as disposições da RN 438/2018 ou a sua aplicabilidade mereça ser excetuada em face de interesse público, hipótese na qual a ANS deverá definir as regras para o exercício da portabilidade (Art. 13 da RN 438/2018).

Na portabilidade extraordinária constata-se a existência de situações excepcionais em que os planos existentes no mercado não atendem às características do plano de origem considerando a sua quantidade, natureza ou abrangência de cobertura.

Os *períodos de permanência com menos de 300 dias* de *cobertura parcial temporária* e de *cobertura especial para fins de cobertura de doenças ou lesões preexistentes* cumpridos no plano de origem também poderão ser aproveitados para fins de cômputo das carências dos planos contratados com a operadora de destino.

No caso da *cobertura especial de doenças ou lesões preexistentes*, o usuário também poderá optar por cumprir o restante do prazo de 24 meses de carência ou negociar o pagamento do agravo com a nova operadora.

e) Aspectos formais e operacionais da portabilidade

O usuário deverá adotar, por meio físico ou eletrônico, quando disponível, os procedimentos de formalização da portabilidade da cobertura conforme exigido pela ANS e de identificação de compatibilidade financeira entre os planos por meio do acesso ao Guia da ANS de Planos de Saúde (Arts. 14-19 da RN 438/2018).

Dentre os documentos exigidos, podem ser mencionados os seguintes:

(i)   comprovante de pagamento das 3 últimas mensalidades, declaração da operadora ou da contratante, ou qualquer outro documento hábil de comprovação do adimplemento;

(ii) documento hábil à comprovação do cumprimento do prazo de permanência exigido das coberturas contratadas na operadora de origem (ex.: proposta de adesão, contrato assinado, declaração, comprovantes de pagamentos etc.);

(iii) relatório de compatibilidade entre os planos de origem e de destino, número do protocolo de consulta de compatibilidade do Guia da ANS ou ofício autorizativo da ANS;

(iv) caso o plano de destino seja coletivo, comprovação de vínculo com a contratante ou com o empresário individual.

A portabilidade de carências deverá ser formalizada na operadora do plano de destino ou na administradora de benefícios, a qual poderá ser recusada no prazo de 10 dias, caso constatado o não preenchimento dos requisitos legais.

A não manifestação da operadora implicará a aceitação tácita da portabilidade, salvo se constatado posteriormente desconformidade nas declarações prestadas ou erro grosseiro de análise, o qual deverá ser devidamente comunicado ao beneficiário para correção da cobertura.

O beneficiário deverá solicitar o cancelamento do seu plano de origem no prazo de 5 dias a partir do início da vigência do plano de destino, sob pena de continuar obrigado ao pagamento da cobertura de origem e de submeter-se ao cumprimento dos prazos de carência no plano de destino.

No procedimento de portabilidade não poderá ser solicitado o preenchimento de formulário de declaração de saúde nem caberá alegação de doenças ou lesões preexistentes, ressalvados os casos de contratação de novas coberturas no plano de destino não existentes no plano de origem (Art. 21 da RN 438/2018).

f) Migração e adaptação

Os titulares de contratos antigos poderão optar pela manutenção dos contratos ou pela formalização da migração ou adaptação.

Nos *casos da migração* e da *adaptação*, eles também poderão aproveitar os prazos de carência cumpridos nos contratos de origem para fins de utilização das coberturas previstas no novo contrato celebrado ou no contrato adaptado.

Nas *hipóteses das portabilidades especial* e *extraordinária*, os contratos antigos também poderão ser transferidos para novas operadoras com o aproveitamento das carências cumpridas.

g) Dispensa de carência nos planos coletivos

Como visto ao longo deste subitem, como regra geral, os usuários de seguros e planos de saúde deverão cumprir os prazos de carência para a portabilidade das coberturas para novos planos a serem contratados.

Todavia, a ANS estabelece que para determinados *planos coletivos* não será necessário o cumprimento dos prazos de carência. Dentre eles podem ser citados:

(i) o *plano privado de assistência à saúde coletivo empresarial com número de participantes igual ou superior a 30 (trinta) beneficiários*, desde que o beneficiário formalize o pedido de ingresso em até 30 (trinta) dias da celebração do contrato coletivo ou de sua vinculação a pessoa jurídica contratante (Art. 6º da RN 557/2022);

(ii) o *plano privado de assistência à saúde coletivo por adesão*, desde que o beneficiário ingresse no plano em até 30 (trinta) dias da celebração do contrato coletivo ou, após o aniversário do plano, o beneficiário vincule-se à entidade contratante e formalize a sua adesão em até 30 (trinta) dias da data de aniversário do contrato (Art. 17 da RN 557/2022).

Na adesão ao *plano coletivo empresarial* com número de participantes igual ou superior a 30 (trinta) beneficiários também não será exigida carência para *cobertura parcial temporária* ou *cobrança de cláusula de agravo*, nos casos de doenças ou lesões preexistentes (Art. 7º da RN 557/2022).

No *plano coletivo por adesão* não há qualquer restrição para a exigência de carência para *cobertura parcial temporária* ou *cobrança de cláusula de agravo*, nos casos de doenças ou lesões preexistentes (Art. 18 da RN 557/2022).

Em todas as demais hipóteses, caso o beneficiário tenha cumprido os prazos de carência exigidos pela legislação, ele poderá formalizar a transferência do plano de origem com o aproveitamento das carências para o plano de destino, seja ele individual, familiar, coletivo empresarial ou por adesão.

Caso contrário, ele deverá cumprir os prazos de carência exigidos pela legislação para a utilização das coberturas objeto de portabilidade ou de contratação nova.

h) Valor pago após a portabilidade

Como regra, para fins de portabilidade, a faixa de preço do plano de destino deve ser igual ou inferior à do plano de origem, com exceção do plano com preço pós-estabelecido ou misto, e quando os planos de origem e de destino forem do tipo coletivo empresarial.

Em relação à manutenção do valor pago, o Superior Tribunal de Justiça já decidiu que na migração de *plano de saúde coletivo* para a modalidade de *plano de saúde individual ou familiar* não há direito quanto à manutenção do mesmo valor das mensalidades por serem coberturas estruturadas com base em preceitos atuariais e mercadológicos distintos.

No *REsp 1.471.569/RJ* (DJe 07/03/2016), o Ministro Ricardo Vilas Bôas considerou que:

1. Cinge-se a controvérsia a saber se a migração do beneficiário do plano coletivo empresarial extinto para o plano individual ou familiar enseja não somente a portabilidade de carências e a compatibilidade de cobertura assistencial, mas também a preservação dos valores das mensalidades então praticados.

6. Não há falar em manutenção do mesmo valor das mensalidades aos beneficiários que migram do plano coletivo empresarial para o plano individual, haja vista as peculiaridades de cada regime e tipo contratual (atuária e massa de beneficiários), que geram preços diferenciados. O que deve ser evitado é a abusividade, tomando-se como referência o valor de mercado da modalidade contratual.

Portanto, conforme o entendimento do STJ, a rescisão unilateral do contrato de saúde coletivo com a respectiva transferência para o plano de saúde individual não implicará o reconhecimento do direito à manutenção do mesmo valor do prêmio ou da mensalidade cobrada no plano de origem para o plano de destino (AgInt nos EDcl no REsp 1.792.214/SP, rel. Ministro Luis Felipe Salomão, DJe 13/08/2020).

Além da diferenciação do tipo de planos, também devem ser consideradas as hipóteses nas quais o beneficiário adiciona a contratação de novas coberturas não existentes no plano de origem, o que ocasionará necessariamente o respectivo aumento do valor total a ser pago.

11.7.5 Direito à manutenção do plano nos casos de demissão ou aposentadoria

Em relação aos planos de saúde contratados por adesão a programas de benefícios empresariais coletivos, a LPS estabeleceu regras específicas para os casos de demissão e de aposentadoria.

Desse modo, o segurado tem o direito à manutenção do plano de saúde coletivo nos casos de *demissão sem justa causa* ou *de aposentadoria, desde que ele contribua para o pagamento do benefício* (Arts. 30-31 da LPS).

Caso o segurado participe do pagamento do benefício, ele poderá formalizar o seu interesse na manutenção do plano ao ex-empregador, no prazo máximo de até 30 (trinta) dias do recebimento do comunicado sobre o direito de manutenção.

A partir da formalização do interesse na manutenção do plano, o segurado ficará responsável por arcar com o valor integral dos custos de contratação, e, desde que não seja admitido em um novo emprego, momento a partir do qual cessará a cobertura.

O *aposentado* que contribuiu por mais de 10 anos para pagamento do plano, poderá permanecer a ele vinculado enquanto o ex-empregador oferecer o benefício aos seus empregados e desde que não seja admitido em um novo emprego, sendo permitida a continuidade do exercício das suas atividades laborais na mesma empresa.

O aposentado que contribuiu por período inferior a 10 anos poderá permanecer vinculado ao plano na razão de 1 ano para cada ano de contribuição, observadas as mesmas condições acima mencionadas.

O *ex-empregado desligado* sem justa causa poderá se manter vinculado ao plano pelo prazo de 1/3 sobre o prazo total de contribuição para o plano, com um mínimo de 6 (seis) meses e um máximo de 24 (vinte e quatro) meses.

O direito de manutenção do plano se estende aos beneficiários e, mesmo na hipótese de falecimento do aposentado ou ex-empregado, os seus beneficiários poderão exercer a opção de continuidade até o prazo final de vigência do contrato.

Mesmo no caso da extinção do plano pelo ex-empregador, o aposentado e o ex-empregado terão direito a contratar cobertura particular, dispensados da necessidade de observância dos prazos de carência exigidos pela operadora.

Todavia, nos casos em que o custeio do contrato é feito exclusivamente pelo empregador, não há direito à manutenção no seguro ou plano coletivo contratado.

A Resolução CONSU 08/1998 (Art. 3º, parágrafo único) prevê que nos *seguros coletivos empresariais* custeados integralmente pela entidade patrocinadora, a *coparticipação* do segurado, única e exclusivamente para a utilização de procedimentos, como fator moderador, não é considerada contribuição para fins de reconhecimento do direito à manutenção da cobertura nas hipóteses de demissão imotivada ou de aposentadoria.

O Superior Tribunal de Justiça, sob a sistemática dos recursos repetitivos, consolidou no *Tema 989* (DJe 24/08/2018) o entendimento de que:

> Nos planos de saúde coletivos custeados exclusivamente pelo empregador não há direito de permanência do ex-empregado aposentado ou demitido sem justa causa como beneficiário, salvo disposição contrária expressa prevista em contrato ou em acordo/convenção coletiva de trabalho, não caracterizando contribuição o pagamento apenas de coparticipação, tampouco se enquadrando como salário indireto.

Portanto, apenas nos casos em que houver disposição expressa admitindo a manutenção, os beneficiários de planos que eram totalmente custeados pelo empregador poderão manter o vínculo de cobertura de assistência à saúde privada.

Por fim, no *Tema 1.034* (DJe 05/11/2019), versando sobre a definição de quais: "[...] condições assistenciais e de custeio do plano de saúde devem ser mantidas a beneficiários inativos, nos termos do art. 31 da Lei n. 9.656/1998", o STJ definiu que:

> a) Eventuais mudanças de operadora, de modelo de prestação de serviço, de forma de custeio e de valores de contribuição não implicam interrupção da contagem do prazo de 10 (dez) anos para fins de cálculo da manutenção do trabalhador aposentado no plano coletivo empresarial [...];
>
> b) [...] ativos e inativos sejam inseridos em plano de saúde coletivo único, contendo as mesmas condições de cobertura assistencial e de prestação de serviço, o que inclui [...], a igualdade de modelo de pagamento e de valor de contribuição, admitindo-se a diferenciação por faixa etária [...];
>
> c) O ex-empregado aposentado [...] não tem direito adquirido de se manter no mesmo plano privado de assistência à saúde vigente na época da aposentadoria, podendo haver a substituição da operadora e a alteração do modelo de prestação de serviços, da forma de custeio e os respectivos valores, desde que mantida paridade com o modelo dos trabalhadores ativos e facultada a portabilidade de carências.

Dessa forma, constata-se que o STJ reconheceu a existência da garantia de manutenção do trabalhador aposentado no plano de saúde empresarial, desde que preen-

11 • SEGURO-SAÚDE   299

chidos os requisitos previstos em lei, e de igualdade de condições de benefícios com os trabalhadores ativos, ressalvada à classificação de pagamento baseada na faixa etária do beneficiado.

11.7.6 Direito à manutenção das características do plano

O segurado tem o direito à manutenção das características das coberturas do seguro-saúde registrado e aprovado pela ANS.

Isso significa dizer que a seguradora deverá comunicar previamente a realização de qualquer alteração no rol de coberturas, como, por exemplo, a modificação de eventos ou tratamentos cobertos, hospital, clínica ou laboratório constante da rede credenciada ou de recomposição do número de profissionais da saúde cadastrados para a realização de atendimento médico ou odontológico.

A eventual necessidade de modificação sem prévio comunicado, em razão de fatores excepcionais, poderá ser admitida desde que devidamente justificada pela operadora e desde que seja realizada a substituição por outro prestador equivalente (ex.: motivo de força maior).

A intenção do legislador é garantir que as condições de prestação dos serviços contratados sejam mantidas de maneira integral durante todo o prazo de vigência do contrato, possibilitando ao segurado a realização do planejamento do seu tratamento de saúde com o profissional ou o estabelecimento hospitalar por ele selecionado.

As eventuais alterações deverão ser comunicadas aos usuários com 30 (trinta) dias de antecedência, ressalvados os casos decorrentes de rescisão por fraude ou infração das normas sanitárias e fiscais em vigor (Art. 17 da LPS).

Contudo, a substituição de estabelecimento hospitalar realizada por ato unilateral da operadora durante período de internação do beneficiário não prejudicará o tratamento em curso, o qual deverá ser custeado até a respectiva alta hospitalar, a critério médico, na forma prevista em contrato.

Ressalva-se, mais uma vez, a hipótese de infração às normas sanitárias ou qualquer outro fato que prejudique a manutenção do vínculo contratual da operadora com o estabelecimento hospitalar, como a rescisão unilateral formalizada pelo prestador de serviços, hipótese na qual a operadora deverá arcar com os custos pela transferência do beneficiário para outro estabelecimento equivalente, garantindo a continuação do tratamento sem ônus adicional.

As operadoras que pretendam realizar a redução da sua rede hospitalar deverão solicitar autorização expressa da ANS, informando: (i) o nome da entidade hospitalar a ser excluída; (ii) a capacidade operacional a ser reduzida com a exclusão; (iii) o impacto sobre a massa assistida, a partir de parâmetros definidos pela ANS, correlacionando a necessidade de leitos e a capacidade operacional restante; e, (iv) a justificativa para a decisão, observando a obrigatoriedade de manter cobertura com padrões de qualidade equivalente e sem ônus adicional para o consumidor.

11.7.7 Direito de atendimento nos limites geográficos e nos prazos fixados

O segurado também tem o direito a ser atendido nos limites geográficos e dentro dos prazos máximos fixados pela ANS para a realização dos procedimentos contratados.

Conforme estabelece a *Resolução Normativa – RN 566/2022* (Art. 2º), as operadoras de saúde deverão garantir o acesso do beneficiário aos serviços e tratamentos definidos no rol de procedimentos e eventos em saúde da ANS, no município onde o beneficiário os demandar, desde que seja integrante da área geográfica de abrangência e da área de atuação do produto.

O prazo máximo para atendimento deverá ser contado a partir da data da formalização da demanda pelo serviço ou do procedimento até a sua efetiva realização, e para o seu cumprimento será considerado o acesso a qualquer prestador habilitado para o atendimento no município onde o beneficiário o demandar (Art. 3º).

Dentre alguns dos prazos de atendimento que as operadoras estão obrigadas a observar, cita-se, exemplificativamente, os seguintes: (i) *consulta básica de pediatria, clínica médica, cirurgia geral, ginecologia e obstetrícia*, em até 7 dias úteis; (ii) *consulta e procedimentos odontológicos*, em até 7 dias úteis; (iii) *consulta nas demais especialidades médicas*, em até 14 dias úteis; (iv) *procedimentos de alta complexidade*, em até 21 dias úteis; (v) *urgência e emergência*, atendimento imediato.

Torna-se relevante esclarecer que os prazos acima mencionados se referem à disponibilidade do atendimento para as especialidades e tratamentos mencionados, e, não, necessariamente, para o atendimento com um profissional ou estabelecimento exclusivo escolhido pelo usuário.

Além disso, importante relembrar que no seguro-saúde, o segurado tem o direito de escolher qualquer profissional ou estabelecimento de saúde ainda que não faça parte da rede referenciada. Desse modo, as condições e prazos estabelecidos devem ser considerados dentro do contexto da liberdade do segurado de escolher o profissional ou estabelecimento que atenda às suas necessidades.

Caso o usuário opte por ser atendido por um profissional ou estabelecimento exclusivo, ele deverá aguardar os prazos disponíveis de acordo com o calendário apresentado pelo médico, odontólogo, clínica ou hospital escolhido.

Se não houver o serviço ou procedimento na área geográfica de abrangência e na área de atuação do produto, a operadora deverá garantir atendimento em: (i) prestador integrante ou não da rede assistencial nos municípios limítrofes a este; ou, (ii) prestador integrante ou não da rede assistencial na região de saúde à qual faz parte o município (Art. 4º).

Caso o beneficiário seja obrigado a pagar os custos do atendimento, a operadora deverá reembolsá-lo integralmente no prazo de até 30 (trinta) dias, contado da data da solicitação de reembolso, inclusive as despesas com transporte, com a dedução da respectiva coparticipação financeira, se houver (Art. 10).

Diante do exposto, é importante que a operadora privada de assistência à saúde estrutura os seus serviços de modo a atender satisfatoriamente aos seus usuários conforme a cobertura geográfica contratada e dentro dos prazos previstos pela RN 566/2022.

Todavia, como destacado, no caso do seguro-saúde, as restrições e prazos mencionados são mitigados pela liberdade de escolha do segurado em relação à possibilidade de utilização de serviços de profissionais e estabelecimentos de saúde da sua preferência.

11.7.8 Direito de atendimento preferencial

A legislação voltada para regular o acesso de pacientes aos serviços de saúde no Brasil prevê que algumas pessoas, em razão do seu estado de vulnerabilidade, têm o direito ao atendimento preferencial ou especial sobre os demais.

Desse modo, têm o direito ao *atendimento preferencial* na marcação de consultas, exames e quaisquer outros procedimentos: os idosos com mais de 65 anos, as gestantes, as lactantes, os lactentes e as crianças com até 5 anos (Art. 18, inciso II, da LPS).

Em todo o atendimento de saúde, os *idosos com mais de 80 anos* têm o direito ao *atendimento preferencial especial* sobre os demais idosos (Art. 15, § 7º, do Estatuto do Idoso).

Na escala de prioridades, os casos de *emergência e de urgência* terão prioridade de atendimento em relação a todas as hipóteses anteriormente mencionadas, qualquer que seja a idade do segurado, salvo se os pacientes especiais nas classes descritas também necessitarem desse tipo de atendimento.

Dessa forma, os pacientes deverão ser atendidos dentro dos prazos máximos fixados pela RN 566/2022 acima mencionados, e, os pacientes preferenciais e especiais deverão gozar de atendimento prioritário em relação aos demais usuários com base em listas ou sistemas organizados pelos profissionais de saúde e estabelecimentos hospitalares.

Ressalvados os tipos de atendimentos preferenciais, especiais e prioritários acima especificados, todos os demais usuários de redes credenciadas e referenciadas de saúde suplementar privada deverão ser atendidos de forma isonômica, sem qualquer distinção, privilégio ou discriminação, inclusive, em face do atendimento dispensado aos clientes vinculados a outra operadora de saúde (Art. 18 da LPS).

Esse comando tem por objetivo garantir que todos os usuários sejam tratados de maneira igualitária, independentemente das suas características pessoais, das operadoras com as quais mantenham vínculo contratual ou do tipo de plano contratado.

Além disso, é vedado às operadoras, independentemente da sua natureza jurídica constitutiva, impor *contratos de exclusividade* ou de *restrição à atividade operacional dos profissionais de saúde* ou *prestadores de serviço*, sob a condição de contratado, referenciado, credenciado ou cooperado de produtos de assistência à saúde privada.

Essa norma tem por intuito garantir a ampla liberdade de atuação e a disponibilidade de profissionais e de prestadores de serviços assim como estimular a concorrência

CURSO DE DIREITO DO SEGURO E RESSEGURO • Vinícius Mendonça

entre as operadoras de saúde com vistas ao oferecimento das melhores coberturas disponibilizadas no mercado.

11.7.9 Direito à renovação automática

O segurado tem direito à renovação automática do seguro-saúde contratado de forma individual após o transcurso do prazo mínimo de vigência de um ano caso esteja adimplente com as suas obrigações.

A renovação automática tem por objetivo possibilitar que o segurado utilize a cobertura contratada, sem solução de continuidade, para a realização dos tratamentos médicos necessários para a conservação do seu estado de saúde.

A seguradora não poderá cobrar qualquer taxa ou outro valor pela renovação, nem exigir a recontagem de novas carências já cumpridas pelo segurado (Art. 13 da LPS).

A renovação poderá ocorrer de forma expressa ou tácita. Caso o segurado tenha interesse no encerramento da relação contratual, deverá manifestar de maneira expressa a sua intenção perante a seguradora de forma antecipada, observando-se as condições previstas em contrato.

11.7.10 Direito à remissão

O beneficiário que contratar a cláusula de remissão garante o direito aos beneficiários de permanecerem vinculados ao plano mesmo após o seu falecimento sem a necessidade de pagamento das respectivas mensalidades.

A cláusula de remissão poderá ser oferecida pelas operadoras privadas de assistência à saúde como forma de garantir ao usuário que os seus dependentes permanecerão vinculados ao plano contratado por prazo determinado sem solução de continuidade.

Nesta hipótese, os dependentes ficarão isentos do pagamento da mensalidade durante o prazo de remissão contratado pelo respectivo titular.

A respeito do assunto, a ANS editou a *Súmula Normativa 13* estabelecendo que:

1 – O término da remissão não extingue o contrato de plano familiar, sendo assegurado aos dependentes já inscritos o direito à manutenção das mesmas condições contratuais, com a assunção das obrigações decorrentes, para os contratos firmados a qualquer tempo.

Dessa forma, com base nos *princípios da dignidade da pessoa humana* e da *proteção à entidade familiar*, mesmo depois de encerrado o prazo da remissão, os dependentes permanecerão vinculados ao plano sem encerramento dos benefícios conquistados ao longo do prazo de vigência contratual, devendo assumir o pagamento dos respectivos encargos financeiros para manutenção das coberturas (Arts. 1º, inciso III, e 226, § 4º, da CF/1988).

11.7.11 Direito de não discriminação por idade ou deficiência

A LPS de 1998 (Art. 14) prevê de maneira expressa que ninguém poderá ser impedido de participar de planos privados de assistência à saúde em razão de idade ou da condição de pessoa portadora de deficiência.

Isso significa dizer que as operadoras privadas de assistência à saúde deverão criar produtos sob bases técnicas capazes de viabilizar financeiramente a cobertura dos perfis de risco independentemente da idade e das deficiências dos proponentes-usuários.

Importante esclarecer que a não discriminação para fins de seguro ou plano de saúde deve ser compreendida nos limites restritos da aceitação do risco segurável como forma de evitar a recusa de cobertura baseada na idade ou na deficiência do segurado.

Ressalvada tal imposição, entende-se que a seguradora tem todo o direito de considerar as características individuais de cada usuário para fins da criação dos grupos seguráveis e de precificação das coberturas que serão disponibilizadas no mercado.

Esse direito é plenamente justificável, uma vez que os grupos seguráveis devem ser estruturados com base na sua respectiva viabilidade econômico-financeira, sob pena da impossibilidade de oferecimento dos serviços prestados no âmbito do sistema de saúde suplementar.

Considerando a importância da matéria, tal direito deverá ser exercido em compatibilidade com o que estabelecem as normas que regulamentam os direitos dos idosos e das pessoas com deficiência no setor de saúde.

A respeito do assunto, a ANS editou a *Súmula Normativa 19*, a qual estabelece que:

> 1 – A comercialização de planos privados de assistência à saúde por parte das operadoras, tanto na venda direta, quanto na mediada por terceiros, não pode desestimular, impedir ou dificultar o acesso ou ingresso de beneficiários em razão da idade, condição de saúde ou por portar deficiência, inclusive com a adoção de práticas ou políticas de comercialização restritivas direcionadas a estes consumidores;

Nessa linha, o Estatuto do Idoso prevê de maneira expressa que:

> Art. 15. É assegurada a atenção integral à saúde da pessoa idosa, por intermédio do Sistema Único de Saúde (SUS), garantindo-lhe o acesso universal e igualitário, em conjunto articulado e contínuo das ações e serviços, para a prevenção, promoção, proteção e recuperação da saúde, incluindo a atenção especial às doenças que afetam preferencialmente as pessoas idosas. [...]
>
> § 3º É vedada a discriminação da pessoa idosa nos planos de saúde pela cobrança de valores diferenciados em razão da idade. [...]
>
> Art. 18. As instituições de saúde devem atender aos critérios mínimos para o atendimento às necessidades da pessoa idosa, promovendo o treinamento e a capacitação dos profissionais, assim como orientação a cuidadores familiares e grupos de autoajuda.

Por sua vez, a Lei Federal 7.853/1989, voltada para dispor sobre o apoio às pessoas com deficiência, estabelece que:

CURSO DE DIREITO DO SEGURO E RESSEGURO • Vinícius Mendonça

Art. 8º Constitui crime punível com reclusão de 2 (dois) a 5 (cinco) anos e multa:

IV – recusar, retardar ou dificultar internação ou deixar de prestar assistência médico-hospitalar e ambulatorial à pessoa com deficiência; [...]

§ 3º Incorre nas mesmas penas quem impede ou dificulta o ingresso de pessoa com deficiência em planos privados de assistência à saúde, inclusive com cobrança de valores diferenciados.

§ 4º Se o crime for praticado em atendimento de urgência e emergência, a pena é agravada em 1/3 (um terço).

Por sua vez, o Estatuto da Pessoa com Deficiência de 2015 estabelece que:

Art. 20. As operadoras de planos e seguros privados de saúde são obrigadas a garantir à pessoa com deficiência, no mínimo, todos os serviços e produtos ofertados aos demais clientes.

Art. 23. São vedadas todas as formas de discriminação contra a pessoa com deficiência, inclusive por meio de cobrança de valores diferenciados por planos e seguros privados de saúde, em razão de sua condição.

Art. 24. É assegurado à pessoa com deficiência o acesso aos serviços de saúde, tanto públicos como privados, e às informações prestadas e recebidas, por meio de recursos de tecnologia assistiva e de todas as formas de comunicação previstas no inciso V do art. 3º desta Lei.

Importante esclarecer que as operadoras poderão realizar os reajustes das coberturas dentro do que prevê a legislação em vigor por causa da necessidade de distinção da variação do perfil do risco com base na maior ou menor probabilidade do desenvolvimento de doenças, da sua respectiva gravidade e da complexidade dos tratamentos médicos a serem adotados.

Além disso, os portadores de lesões ou doenças preexistentes deverão observar as normas que estabelecem as condições para a contratação de cobertura parcial temporária ou de cláusula de agravo com base no seu respectivo perfil de risco.

Dessa forma, as diferenciações baseadas no perfil de risco tecnicamente justificáveis, em razão dos valores dos serviços de prestação à saúde disponibilizados pelas seguradoras, são legítimas e imprescindíveis para a viabilidade econômico-financeira da atividade no ramo de saúde suplementar.

11.7.12 Direito a acompanhante

O segurado tem o direito ao custeio das despesas com acompanhante para os casos de internação hospitalar previstos no contrato ou na legislação em vigor. Dentre eles, podem ser mencionados:

(i) *a gestante*, coberta por plano de obstetrícia no pré-parto, parto e pós-parto imediato;

(ii) *o menor de 18 anos*, no caso de internação hospitalar (Art. 12, inciso II, letra *f*, da LPS de 1998);

(iii) *os idosos com mais de 60 anos*, no caso de internação hospitalar ou em observação, devendo ser garantida a permanência em tempo integral, segundo critério médico (Art. 16 do Estatuto do Idoso); e,

11 • SEGURO-SAÚDE **305**

(iv) a *pessoa com deficiência*, no caso de internação ou em observação, devendo ser proporcionada condições adequadas para a permanência do acompanhante em tempo integral (Art. 22 do Estatuto da Pessoa com Deficiência de 2015).

A *Resolução Normativa – RN 465/2021* também prevê a obrigatoriedade do direito ao acompanhante para: (i) os *planos hospitalares*, com o custeio da cobertura das despesas, incluindo alimentação e acomodação, salvo contraindicação justificada do médico ou do cirurgião-dentista assistente (Art. 19, inciso VII); e, (ii) os *planos hospitalares com obstetrícia*, com o custeio da cobertura das despesas, incluindo paramentação, acomodação e alimentação, durante pré-parto, parto e pós-parto imediato, entendido como o período que abrange 10 (dez) dias após o procedimento, salvo intercorrências, a critério médico (Art. 21, inciso I).

Além das coberturas obrigatórias acima mencionadas, o segurado poderá contratar cobertura especial de acompanhante para outros procedimentos hospitalares.

11.8 OBRIGAÇÕES DO SEGURADO

Neste subitem serão apresentadas as principais obrigações específicas do segurado no âmbito dos seguros de saúde.

As *obrigações gerais do segurado vistas no Subitem 8.4*, relativas aos seguros de danos, desde que compatíveis, também se aplicam aos seguros de saúde.

11.8.1 Obrigação de pagar o prêmio

Como nas demais espécies securitárias, o segurado tem a obrigação de pagar o prêmio a título de contraprestação financeira pela contratação do seguro-saúde.

O pagamento do prêmio poderá ser realizado de uma única vez ou por meio de mensalidades ao longo do prazo de vigência do contrato, o qual costuma ser de no mínimo um ano de duração.

O adimplemento pontual do prêmio é de alta relevância uma vez que é a partir da arrecadação das contribuições financeiras prestadas pelos segurados que a seguradora adquire a capacidade de constituir as reservas técnicas necessárias para cobrir as despesas relativas à utilização das coberturas de atendimentos médicos ou odontológicos no ramo de saúde suplementar.

11.8.2 Obrigação de declarar o verdadeiro estado de saúde

Como reflexo do *princípio da máxima boa-fé*, o segurado tem a obrigação de declarar o seu estado de saúde de forma verdadeira quando da contratação do seguro-saúde.

Em razão disso, o segurado deverá informar de maneira precisa ao segurador no questionário de avaliação de risco o seu estado de saúde atual e o seu histórico individual e familiar, de modo completo e preciso, sem omitir qualquer fato.

A declaração honesta a respeito do estado de saúde do segurado e a respeito da existência de eventuais manifestações de doenças pretéritas consiste em informação imprescindível para a correta avaliação do risco e precificação da cobertura.

É com base nas declarações do perfil de risco do proponente que o segurador identificará as informações necessárias para a realização do cálculo atuarial com base na projeção da probabilidade do desenvolvimento de doenças e dos custos de utilização dos serviços médicos ou odontológicos desejados pelo segurado.

A violação ao dever de declarar de forma honesta o estado de saúde poderá implicar a suspensão da garantia para as doenças omitidas ou, até mesmo, a rescisão do contrato caso constatada a intenção de prática fraudulenta a fim de obter vantagem indevida do instituto do seguro (Art. 766 do CC/2002).

11.8.3 Obrigação de pagamento de coparticipação ou franquia

O segurado tem a obrigação de pagar a coparticipação ou a franquia quando da utilização do seguro-saúde caso elas estejam expressamente previstas no contrato.

No seguro-saúde, geralmente, o segurado estará obrigado a contratar a cláusula de coparticipação, um mecanismo de regulação que possibilita o compartilhamento de parte dos custos da utilização das coberturas contratadas.

A intenção da *cláusula de coparticipação* é conscientizar o segurado que a utilização da cobertura gera custos para o sistema privado de saúde e que ele deverá utilizá-la somente quando houver necessidade, evitando-se o denominado *risco moral* relacionado ao uso excessivo e desnecessário vinculado à disponibilidade da cobertura securitária.

Em razão disso, com o compartilhamento dos custos de utilização possibilita-se a redução do valor cobrado a título de prêmio e tem-se por objetivo despertar a consciência do segurado na utilização do sistema, evitando-se inclusive a sua sobrecarga e a supressão de vagas de atendimento para pacientes que realmente precisam dos atendimentos de saúde disponibilizados.

Com base no valor de coparticipação, o segurado poderá calcular adequadamente a relação entre o custo e o benefício da utilização dos serviços de saúde desejados.

Como visto, a *cláusula de franquia* estabelece um valor mínimo para a utilização das coberturas dentro do qual o próprio segurado deverá custear os tratamentos médicos necessários para o seu restabelecimento e a seguradora estará isenta de responsabilidade.

Trata-se também de um mecanismo de regulação que visa imprimir maior racionalidade na utilização das coberturas contratadas.

Desse modo, somente as despesas de tratamento que ultrapassarem o valor da franquia serão cobertas pela seguradora conforme previsto nas condições gerais do contrato.

No âmbito legal, a LPS de 1998 (Art. 16) estabelece que o contrato, as condições gerais ou regulamentos da cobertura deverão prever de maneira clara a cláusula de pagamento de franquia, os limites financeiros ou o percentual de coparticipação do segurado, nas despesas com assistência médica, hospitalar e odontológica.

No âmbito infralegal, a matéria encontra-se regulada pela *Resolução CONSU 08/1998*, que dispõe sobre mecanismos de regulação nos planos e seguros privados de assistência à saúde.

A RN CONSU 08/1998 estabelece que as seguradoras especializadas em seguro-saúde somente poderão utilizar mecanismos de regulação financeira, como a coparticipação e a franquia, desde que o segurado seja clara e previamente informado a respeito do funcionamento desses mecanismos e das condições para sua utilização (Art. 4º, inciso I, letra *a*).

Além disso, a coparticipação e a franquia não poderão implicar em prejuízo para a livre escolha dos profissionais, estabelecimentos e procedimentos de saúde, nem caracterizar financiamento integral do procedimento por parte do usuário, ou fator restritivo severo de acesso aos serviços (Arts. 1º, § 2º).

Relevante destacar ainda que não cabe a cobrança de coparticipação nas hipóteses de *internação hospitalar*, caso exista cobertura para essa espécie de procedimento contratada pelo segurado.

A seguradora também deverá informar previamente a sua rede referenciada quando houver participação do segurado, em forma de franquia, nas despesas decorrentes do atendimento realizado.

Com o objetivo de estabelecer uma normatização ainda mais detalhada, a ANS editou a *Resolução Normativa – RN 433/2018*, a fim de dispor sobre os mecanismos financeiros de regulação, como fatores moderadores de utilização dos serviços de assistência médica, hospitalar ou odontológica no setor de saúde suplementar.

Na RN 433/2018 foram estabelecidas regras especificando quais eventos e procedimentos estariam excluídos da incidência de cláusulas de coparticipação e franquia e quais os percentuais máximos exigidos dos segurados para os tratamentos nos quais aplicáveis.

Todavia, o Supremo Tribunal Federal, em decisão liminar proferida na *Arguição de Descumprimento de Preceito Fundamental – ADPF 532* (DJe 03/08/2018), suspendeu os efeitos da RN 433/2018, por entender que a competência da ANS estaria limitada ao aspecto regulamentar sobre assuntos de saúde suplementar, sendo-lhe vedada a edição de normas sobre criação de direitos e obrigações não previstos em lei.

Diante disso, a ANS deliberou por editar a *Resolução Normativa – RN 434/2018*, cujo objeto foi a revogação da RN 433/2018.

No âmbito do Superior Tribunal de Justiça, a jurisprudência encontra-se consolidada no sentido do reconhecimento da legalidade da utilização das cláusulas de coparticipação e de franquia nos seguros e planos de saúde, desde que observadas as normas aplicáveis sobre os mecanismos financeiros de regulação acima mencionados.

No *AgInt no REsp 1.662.767/RS* (DJe 20/02/2020), o rel. Ministro Marco Aurélio Bellizze considerou que:

> 4. A adoção da coparticipação no plano de saúde implica diminuição do risco assumido pela operadora, o que provoca redução do valor da mensalidade a ser paga pelo usuário, que, por sua vez, caso utilize determinada cobertura, arcará com valor adicional apenas quanto a tal evento.

> 5. Os fatores moderadores de custeio, além de proporcionar mensalidades mais módicas, são medidas inibitórias de condutas descuidadas e pródigas do usuário, visto que o uso indiscriminado de procedimentos, consultas e exames afetará negativamente o seu patrimônio. A prudência, portanto, figura como importante instrumento de regulação do seu comportamento.

> 6. Não há falar em ilegalidade na contratação de plano de saúde em regime de coparticipação, seja em percentual sobre o custo do tratamento seja em montante fixo, até mesmo porque "percentual de co-participação do consumidor ou beneficiário" (art. 16, VIII, da Lei 9.656/1998) é expressão da lei.

> 8. O afastamento da cláusula de coparticipação equivaleria a admitir-se a mudança do plano de saúde para que o usuário arcasse com valores reduzidos de mensalidade sem a necessária contrapartida, o que causaria grave desequilíbrio contratual por comprometer a atuária e por onerar, de forma desproporcional, a operadora, a qual teria que custear a integralidade do tratamento.

Desse modo, o STJ tem afirmado a plena legalidade das cláusulas de coparticipação e de franquia desde que não caracterizem financiamento integral do procedimento nem fator restritivo severo para o acesso aos serviços de assistência à saúde contratados (REsp 1.848.372/SP, rel. Ministro Luis Felipe Salomão, DJe 11/03/2021).

11.8.4 Obrigação de observância dos prazos de carência

Como visto neste curso, a contratação do seguro tem como pressuposto necessário da sua validade o comportamento de boa-fé do segurado no momento da celebração do contrato.

Dessa forma, as seguradoras utilizam o mecanismo regulador do prazo de carência a fim de evitar a prática de comportamentos oportunistas consistentes na contratação de seguros para cobrir eventos já manifestados ou prestes a se manifestar situados na esfera de conhecimento exclusivo do beneficiário.

A observância do prazo de carência tem por intuito garantir ao segurador que o segurado encontra-se num estado normal de saúde e que ele não está contratando a cobertura apenas para obter vantagem pessoal exatamente no período de manifestação de uma doença ou da necessidade de utilização de um procedimento médico especializado, cujos custos de tratamento são muito maiores do que o pagamento de um prêmio mensal fracionado viabilizado pela mutualidade inerente ao sistema securitário.

Nesse contexto, os usuários dos *planos individuais* ou *familiares* estão vinculados à observação dos respectivos prazos máximos de carência previstos na LPS de 1998 (Art. 12, inciso V): (i) *casos de urgência e emergência*, prazo máximo de 24 horas; (ii) *casos de consultas médicas, exames ou internações hospitalares*, prazo máximo de 180 dias; (iii) *serviços relacionados a partos*, prazo máximo de 300 dias; e, (iv) *doenças e lesões preexistentes declaradas no momento de contratação da cobertura*, prazo máximo de 24 meses.

Torna-se válido esclarecer que os prazos acima mencionados correspondem aos prazos máximos, ou seja, a seguradora poderá reduzir esses prazos caso eles sejam suficientes para inibir condutas oportunistas e, ao mesmo tempo, resguardar os interesses transcendentes na preservação das bases técnicas da atividade seguradora.

Como regra, a manifestação de um evento ou a necessidade de utilização de um procedimento antes do transcurso do prazo de carência não terá cobertura.

Entretanto, modulando algumas das limitações estabelecidas pelas operadoras de saúde em relação ao prazo de carência, o STJ editou a *Súmula 597* (DJe 20/11/2017), pela qual estabeleceu que:

> A cláusula contratual de plano de saúde que prevê carência para utilização dos serviços de assistência médica nas situações de emergência ou de urgência é considerada abusiva se ultrapassado o prazo máximo de 24 horas contado da data da contratação.

No *AgInt no REsp 1.448.660/MG* (DJe 10/04/2017), cujo relator foi o Ministro Paulo Sanseverino, o STJ considerou que:

> 2. Em se tratando de procedimento de urgência, ou seja, de atendimento médico que se não for realizado imediatamente implica em risco concreto de morte ou lesão irreparável para o paciente, deve ser adotado o prazo de carência de vinte e quatro horas, e não o de cento e oitenta dias, sob pena de violação da legítima expectativa do consumidor ao celebrar o contrato para preservar a sua vida, sua saúde e sua integridade física. Precedente específico do STJ.

Entende-se necessário esclarecer que as hipóteses de atendimento emergencial e de urgência estarão limitadas aos eventos e procedimentos expressamente cobertos pela garantia securitária, conforme as condições gerais do contrato.

Além disso, é preciso considerar que esse tipo de cobertura não deve ter relação direta com a evolução de quadros de doenças ou lesões preexistentes sob pena de violação aos *princípios da máxima boa-fé* e da *mutualidade* inerentes às relações securitárias.

Portanto, ele deverá estar limitado às hipóteses previstas no artigo 35-C da LPS de 1998, para os casos relacionados a risco imediato de vida ou de lesões irreparáveis para o paciente, caracterizado em declaração do médico assistente, e os resultantes de acidentes pessoais ou de complicações no processo gestacional.

Caso constatado que o atendimento emergencial ou de urgência derivou-se de prática originada de fraude ou omissão culposa por parte do segurado de informação necessária para avaliação do risco, entende-se que a seguradora poderá recusar-se a realizar o pagamento do reembolso das despesas pleiteadas.

É preciso compreender ainda que os segurados que eventualmente estejam sob o prazo de carência poderão, sem qualquer prejuízo, utilizar a rede pública de saúde para fins de atendimento das necessidades urgentes ou emergenciais não cobertas dentro do prazo de carência contratual.

Por isso, entende-se que o teor da Súmula 597 deve ser interpretado de maneira restritiva e, caso aplicado fora dos eventos pactuados, alargará demasiadamente as hipóteses de exceção de coberturas submetidas a prazos de carência contratuais previamente admitidas, inclusive, pela ANS, o que pode ocasionar um desequilíbrio econômico-financeiro prejudicial para a solvabilidade das operadoras de saúde.

11.9 DIREITOS DO SEGURADOR

Os *direitos gerais do segurador vistos no Subitem 8.5*, relativos aos seguros de danos, desde que compatíveis, também se aplicam aos seguros-saúde.

Além daqueles direitos, o segurador também poderá exercer os seguintes direitos específicos nos seguros de saúde.

11.9.1 Direito de exigir o prêmio

Como visto, o prêmio consiste em um dos elementos essenciais do contrato de seguro e é condição imprescindível para a realização da atividade seguradora.

Sem o pagamento do prêmio, o segurado não fará jus à cobertura. Por isso, o segurador tem o direito de exigir o prêmio do segurado como obrigação legal diretamente vinculada à própria solvabilidade da atividade securitária imposta pela ANS no ramo de saúde suplementar.

O inadimplemento implicará a suspensão da cobertura contratada até o seu devido cumprimento, devidamente corrigida de juros e correção monetária, observadas as particularidades descritas no Subitem 11.9.3.

11.9.2 Direito ao reajuste do prêmio

A seguradora tem o direito de realizar o reajuste do prêmio do seguro-saúde com base no *aniversário anual do contrato* e com base na *modificação da faixa etária do segurado*, com vistas a obter a atualização dos valores utilizados para cobrir a variação dos custos médicos e hospitalares da cobertura e do aumento do perfil de risco do beneficiário.

O reajuste também poderá ser realizado com base no *aumento do índice de sinistralidade* e de outros *fatores técnicos* expressamente previstos nas condições gerais do contrato e permitidos pela ANS.

A *variação dos custos* é apurada anualmente com base em fatores como o aumento dos preços de insumos e dos serviços prestados pela operadora.

Por sua vez, o *reajuste por faixa etária* baseia-se na modificação do perfil de risco do beneficiário vinculado a uma maior probabilidade do desenvolvimento de doenças, da gravidade da sua respectiva manifestação e da complexidade dos tratamentos médicos utilizados para preservação da saúde em razão do processo de envelhecimento natural do ser humano (Carlini, Capítulo 1, 2020).

A ideia fundamental do reajuste é a de equilibrar as características pessoais dos segurados com base nos seus respectivos perfis de risco e redistribuir entre a mutualidade de modo proporcional os custos da sua manutenção de modo a viabilizar financeiramente a prestação das coberturas contratadas (Tavares, 2019, Capítulo 2).

A diferenciação de faixas de reajuste visa possibilitar que, apesar do caráter intergeracional de custeio por segurados de diferentes faixas etárias em relação às coberturas assistenciais disponibilizadas, também não se inviabilize o ingresso de pessoas mais jovens e saudáveis com o perfil de risco menor de utilização das coberturas contratadas.

A compensação de maneira global dos perfis baseados em um menor ou em um maior uso dos serviços assistenciais possibilita a manutenção do equilíbrio econômico-financeiro dos contratos e a solvência financeira do sistema securitário como um todo.

A realização do reajuste deverá observar os regimes contratuais do respectivo seguro ou plano de saúde celebrado e a forma de contratação individual ou familiar, coletiva ou empresarial, ou por adesão.

Nos *contratos coletivos*, o percentual de reajuste deverá ser negociado diretamente pelas partes contratantes: seguradora e empresa ou associação coletiva, considerando o aumento dos custos necessários para a manutenção dos serviços contratados, respeitado o intervalo mínimo de 12 (doze) meses para a correção.

Em relação ao reajuste com base no aumento do índice de sinistralidade, a jurisprudência do STJ é pacífica no sentido de reconhecer a sua legalidade. No *AgIn no AREsp 1.567.127/SP* (DJe 25/11/2019), o rel. Ministro Marco Buzzi considerou que: "Nos termos da jurisprudência desta Corte, é válida a cláusula que autoriza o reajuste de plano de saúde com base na sinistralidade, ressalvadas as hipóteses de abusividade do percentual aplicado. Precedentes".

De acordo com a LPS de 1998 (Art. 15), a variação das contraprestações pecuniárias em razão da idade do beneficiário somente poderá ocorrer caso as faixas etárias e os percentuais de reajustes incidentes em cada uma delas estejam previstos em contrato, conforme normas expedidas pela ANS.

Todavia, é vedada a aplicação da regra de reajuste por faixa etária para os beneficiários com mais de 60 anos de idade que sejam usuários do produto contratado há mais de 10 anos (Art. 15, parágrafo único, da LPS de 1998).

Além disso, como destacado no Subitem 11.6.1, os contratos antigos firmados antes do início da vigência da LPS de 1998 observam as regras previstas nas suas condições gerais, salvo quando não estabelecerem cláusula expressa sobre índice de reajuste, hipótese na qual deverão ser observados os critérios de reajuste adotados pela ANS.

O Superior Tribunal de Justiça tem jurisprudência consolidada no sentido de reconhecer a legalidade da aplicação de reajuste nos seguros e planos de saúde. No *REsp 1.280.211/SP* (DJe 04/09/2014), o rel. Ministro Marco Buzzi destacou que:

> A variação das mensalidades ou prêmios dos planos ou seguros de assistência à saúde, em razão da mudança de faixa etária, não configurará ofensa ao princípio constitucional da isonomia quando baseada em legítimo fator distintivo, a exemplo do incremento do elemento risco nas relações jurídicas de natureza securitária, desde que não evidenciada a aplicação de percentuais desarrazoados.

No *REsp 1.568.244/RJ* (DJe 19/12/2016), o rel. Ministro Ricardo Villas Bôas Cueva também afirmou que:

> Conclui-se que a cláusula de aumento de mensalidade de plano de saúde conforme a mudança de faixa etária encontra fundamento no mutualismo e na solidariedade intergeracional, além de ser regra atuarial e asseguradora de riscos, o que concorre para a manutenção do equilíbrio econômico-financeiro do próprio plano.

Em relação aos *contratos sob a forma individual ou familiar*, conforme o entendimento do STJ firmado no *Tema 952* (DJe 19/12/2016), sob a sistemática dos recursos repetitivos:

> O reajuste de mensalidade de plano de saúde individual ou familiar fundado na mudança de faixa etária do beneficiário é válido desde que (i) haja previsão contratual; (ii) sejam observadas as normas expedidas pelos órgãos governamentais reguladores e; (iii) não sejam aplicados percentuais desarrazoados ou aleatórios que, concretamente e sem base atuarial idônea, onerem excessivamente o consumidor ou discriminem o idoso.

Portanto, no caso dos *contratos individuais*, os reajustes somente poderão ser realizados mediante expressa previsão contratual e nos termos autorizados pela ANS.

Dessa forma, o reajuste apenas poderá ser realizado com base no *percentual anual autorizado pela ANS* e, ademais, também deverá observar obrigatoriamente o *percentual fixado com base nas faixas etárias por grupos* previamente estabelecidas pela legislação em vigor.

No *Tema 1.016* (DJe 26/06/2019), o STJ também definiu que se aplicam aos *planos de saúde coletivos novos ou adaptados* as teses firmadas no Tema 952 acima analisado, ressalvando-se, quanto às entidades de autogestão, a inaplicabilidade do CDC.

Em relação aos reajustes, o STJ fixou ainda que os planos de saúde deverão observar três regimes específicos com base no critério temporal da sua celebração: (i) *regime dos contratos antigos*; (ii) *regime dos contratos novos ou adaptados*, firmados entre 02/01/1999 e 31/12/2003; e, (iii) *regime dos contratos novos*, celebrados depois de 01/01/2004.

No *regime dos contratos antigos*, deverá ser observado o critério de reajuste previsto nas condições gerais do contrato (ex.: IGPM), modulando-se eventuais aumentos desproporcionais com base nas normas do CDC.

A Súmula Normativa 03/2001 estabelecia ainda a obrigatoriedade da análise do aspecto formal da cláusula de reajuste pela ANS. A análise formal da cláusula era dispensada nos casos em que já concedida prévia autorização da SUSEP para a comercialização das coberturas de seguros e planos de saúde. E, no caso dos contratos antigos sem cláusula expressa indicativa do índice de reajuste, deveria ser observado o percentual de variação divulgado pela ANS.

No *regime dos contratos novos ou adaptados*, firmados entre 02/01/1999 e 31/12/2003, devem ser observadas as 7 faixas de reajuste previstas na *Resolução CONSU 06/1998* (1º nível – 0 a 17 anos; até o 7º nível – 70 anos ou mais), sendo que a partir do último nível não haverá diferenciação de idade para fins de reajuste, observada a vedação da variação para os beneficiários que já estiverem vinculados ao produto por mais de 10 anos.

As operadoras de planos e seguros privados de assistência à saúde poderão adotar com base em critérios próprios os valores e fatores de acréscimos das contraprestações entre as faixas etárias, desde que o valor fixado para a última faixa etária, não seja superior a 6 vezes o valor da 1ª faixa etária (Art. 2º da Resolução CONSU 06/1998).

No *regime dos contratos novos*, celebrados depois de 01/01/2004, devem ser observadas as 10 faixas etárias de reajuste previstas na *Resolução Normativa – RN 563/2022* (1º nível – 0 a 18 anos; até o 10º nível – 59 anos ou mais), sendo que: (i) o valor fixado para a última faixa etária não poderá ser superior a 6 vezes o valor da 1ª faixa; (ii) a variação acumulada entre a 7ª e 10ª faixas não poderá ser superior à variação acumulada entre a 1ª e a 7ª faixas; e, por fim, (iii) a variação por mudança de faixa não poderá apresentar percentual negativo.

O Estatuto do Idoso (Art. 15, § 3º) passou a vedar expressamente nos planos de saúde a discriminação das pessoas com mais de 60 anos com a cobrança de valores diferenciados em razão da idade, fora das hipóteses expressamente previstas pela LPS, como a segmentação de grupos em níveis acima mencionada.

11.9.3 Direito a rescindir o contrato em caso de inadimplemento e fraude

Como visto no Subitem 11.7.1, o segurado somente poderá exigir o cumprimento da garantia de cobertura assumida pelo segurador se ele estiver em dia com a obrigação de pagamento do prêmio.

Em razão disso, a seguradora tem o direito de suspender a garantia contratada no caso da constatação de inadimplemento do prêmio pelo segurado.

Entretanto, nos seguros e planos de saúde, a LPS prevê que a suspensão somente poderá ser realizada se o atraso do pagamento for superior a 60 (sessenta) dias, consecutivos ou não, nos últimos 12 (doze) meses de vigência do contrato, e, desde que o segurado seja notificado até o 50º (quinquagésimo) dia a respeito da possibilidade de suspensão por inadimplência (Art. 13, inciso II, da LPS).

Todavia, é vedada a suspensão ou rescisão unilateral, em qualquer hipótese, durante a ocorrência de internação do segurado (Art. 13, inciso III, da LPS).

A seguradora também poderá rescindir unilateralmente o contrato na hipótese de constatação de conduta fraudulenta do segurado.

Em razão disso, a constatação de que o segurado ou seu representante protagonizou conduta eivada por dolo ou culpa grave visando obter vantagem indevida da cobertura contratada, como, por exemplo, com a omissão de informações a respeito do seu verdadeiro estado de saúde, autoriza a seguradora a rescindir unilateralmente o contrato de seguro-saúde.

A seguradora também poderá exigir o ressarcimento pelos pagamentos feitos com base em conduta fraudulenta do segurado a fim de obter a reparação pelos danos causados por este ou por seu representante.

11.9.4 Direito a limitar os serviços de saúde cobertos

Como visto ao longo deste curso, as seguradoras estruturam as modalidades de seguros oferecidas no mercado com base na consideração dos riscos mais comumente vistos e do respectivo impacto financeiro provocado para fins de viabilização das coberturas voltadas para a proteção dos interesses dos segurados.

A limitação do tipo de risco e da abrangência de cobertura consiste em fator essencial para a viabilidade financeira da atividade, sob pena de se causar o colapso do sistema securitário e a extinção de coberturas disponibilizadas ao mercado consumidor uma vez que os grupos seguráveis são administrados com base em dados probabilísticos e com base em elementos de custo objetivamente quantificáveis.

No ramo de seguro-saúde, a necessidade de proteção do segurado e da preservação do equilíbrio econômico-financeiro das atividades operacionais securitárias consiste em uma equação extremamente sensível em face da relevância da ponderação entre esses dois fatores.

Muito provavelmente, pode-se afirmar que o mercado de assistência à saúde privada é um dos ramos de atividades mais regulados por normas estatais em razão dos valores protegidos relacionados à necessidade de conservação da saúde em face dos infortúnios provocados por doenças relacionadas à vida humana.

Nesse contexto, é preciso registrar mais uma vez que a responsabilidade financeira das seguradoras consiste em uma obrigação não apenas técnica, mas, acima de tudo, imposta pela legislação vigente como forma de garantir a prestação das coberturas contratadas pelos beneficiários dos seguros e planos de saúde.

Portanto, como regra, as operadoras de serviços de assistência à saúde privada poderão estabelecer todas as limitações necessárias do ponto de vista técnico-atuarial para garantirem a viabilidade financeira das coberturas comercializadas.

Importante registrar que as limitações deverão ser compatíveis com o escopo da cobertura oferecida e deverão ser tecnicamente justificadas em face de riscos anormais ou que extravasem a finalidade pretendida com o serviço coberto ou prestado pela respectiva operadora.

Por outro lado, a imposição jurídica da prestação de coberturas sem base técnica para a realização de serviços não cobertos ou expressamente excluídos pelas operadoras ao invés de gerar benefícios para o sistema de saúde privado poderá causar a inviabilidade da realização das suas atividades e prejuízos a toda a coletividade de usuários.

Nessa linha, merecem destaque os entendimentos proferidos pelo STJ que reconheceram às operadoras de saúde o direito de não cobrir serviços que não se encontram abrangidos pelas coberturas contratadas.

Ao analisar pleito de pagamento dos custos de tratamento de fertilização *in vitro* pleiteado por beneficiária, o STJ já decidiu como legal a cláusula contratual de exclusão desse tipo de serviço por não estar abrangido pela regra de cobertura obrigatória de planejamento familiar prevista no artigo 35-C, do inciso III, da LPS.

Trata-se de exclusão estabelecida em consonância às regras de proporcionalidade e razoabilidade técnica compatíveis com o tipo de cobertura e do serviço prestado (AgInt no REsp 1.835.797/DF, relator Ministro Raul Araújo, DJe 13/02/2020).

No *REsp 1.823.077/SP* (DJe 03/03/2020), o rel. Ministro Marco Buzzi considerou que:

> 2. A interpretação de controvérsias deste jaez deve ter como norte, além da estrita observância aos dispositivos legais aplicáveis, o objetivo de contemplar, da melhor forma possível, tanto o efetivo atendimento às necessidades clínicas dos pacientes/contratantes, quanto o respeito ao equilíbrio atuarial dos custos financeiros a serem realizados pelas instituições de saúde suplementar.
>
> 4. A Resolução Normativa 192 da ANS no sentido de que "a inseminação artificial e o fornecimento de medicamentos de uso domiciliar, definidos nos incisos III e VI do art. 13 da Resolução Normativa – RN 167, de 9 de janeiro de 2008, não são de cobertura obrigatória" está de acordo com o disposto nos incisos III e VI do art. 10 da Lei 9.656, de 1998.
>
> 5. A interpretação deve ocorrer de maneira sistemática e teleológica, de modo a conferir exegese que garanta o equilíbrio atuarial do sistema de suplementação privada de assistência à saúde, não podendo as operadoras de plano de saúde serem obrigadas ao custeio de procedimento que são, segundo a lei de regência e a própria regulamentação da ANS, de natureza facultativa salvo expressa previsão contratual.
>
> 6. A fertilização in vitro não possui cobertura obrigatória de modo que, na hipótese de ausência de previsão contratual expressa, é impositivo o afastamento do dever de custeio do mencionado tratamento pela operadora do plano de saúde. Precedentes.

Assim, no *Tema 1.067* (DJe 27/10/2021), o STJ definiu que: "Salvo disposição contratual expressa, os planos de saúde não são obrigados a custear o tratamento médico de fertilização in vitro".

De acordo com a jurisprudência do STJ, a seguradora poderá limitar as doenças que serão cobertas, mas não poderá definir quais os *tratamentos*, os *medicamentos* ou os *procedimentos* que deverão ser aplicados, cuja competência situa-se na esfera do profissional da saúde responsável pelo atendimento do segurado.

Com base nesse entendimento, o STJ já decidiu que a seguradora não pode se recusar a cobrir tratamento domiciliar (*home care*) nem a custear a aquisição de medicamento para o tratamento fora da bula (*off label*), de uso domiciliar ou não previsto no rol da ANS, ainda que de natureza experimental, mas necessário para a terapêutica curativa do paciente (REsp 1.766.181/PR, rel. Ministro Ricardo Villas Bôas Cuevas, DJe 13/12/2019; AgInt no AREsp 1.573.008/SP, rel. Ministra Nancy Andrighi, DJe 12/02/2020).

No *AgInt no AREsp 1.629.160*/SP (DJe 25/06/2020), o rel. Ministro Marco Aurélio Bellizze afirmou que: "A jurisprudência desta Corte é no sentido de que os planos de saúde podem, por expressa disposição contratual, restringir as enfermidades cobertas, sendo-lhes vedado, no entanto, limitar os tratamentos a serem realizados".

Em que pese o posicionamento do STJ sobre a matéria, entende-se necessário esclarecer que dentre os tratamentos disponíveis, o profissional da saúde deverá privilegiar o procedimento com cobertura securitária previsto nas condições gerais do contrato.

Isso significa dizer que diante da existência de dois tratamentos igualmente eficazes para o fim terapêutico pretendido, a seguradora terá o direito de cobrir aquele expressamente previsto nas condições gerais do contrato, não fazendo jus o segurado a um tratamento mais complexo ou mais caro apenas em razão de opção pessoal exercida pelo profissional da saúde.

A escolha de um dentre dois ou mais tratamentos, procedimentos ou medicamentos existentes, caso exista diferença de custo considerável para a sua realização, deverá ser tecnicamente fundamentada, sob pena de se prejudicar a capacidade de previsibilidade no custeio financeiro realizado pelas sociedades seguradoras, elemento técnico ao qual elas se encontram vinculadas por força de lei.

Nessa linha, entende-se que a opção por um tratamento mais custoso, sem justificativa técnica para a preterição de outro tratamento eficaz, implicará a assunção pelo segurado dos custos que extravasarem os limites do valor do tratamento similar coberto pela seguradora.

Em relação ao custeio de medicamentos, embora o STJ tenha posicionamento consolidado no sentido de obrigar as operadoras de saúde a custearem o pagamento de medicamentos necessários para os tratamentos ou procedimentos previstos no rol de coberturas da ANS, sob o rito dos recursos repetitivos, consolidou no *Tema 990* (DJe 26/11/2018) o entendimento de que: "As operadoras de plano de saúde não estão obrigadas a fornecer medicamento não registrado pela ANVISA".

Portanto, é requisito necessário para o custeio de medicamentos cobertos por seguros ou planos de saúde o registro prévio na ANVISA a fim de que os seus efeitos terapêuticos e a segurança da sua aplicação sejam previamente aferidos pelo órgão de vigilância sanitária federal.

Em relação à limitação temporal do tratamento aplicado ao beneficiário, modulando algumas das limitações estabelecidas pelas operadoras de saúde em relação à cobertura hospitalar prestada, o STJ editou a *Súmula 302* (DJ 22/11/2004) pela qual considera que: "É abusiva a cláusula contratual de plano de saúde que limita no tempo a internação hospitalar do segurado".

Desse modo, de acordo com o entendimento do STJ, deve prevalecer o interesse na continuidade do tratamento hospitalar prestado ao paciente a fim de que seja garantida a eficácia terapêutica dele esperada para fins de restabelecimento do beneficiário.

Em relação à limitação de sessões clínicas, a operadora de saúde poderá exigir a coparticipação do segurado no custeio dos tratamentos aos quais se encontra submetido com o intuito de equilibrar a equação econômico-financeira necessária para a solvabilidade das atividades desenvolvidas no mercado de saúde suplementar.

Nesse sentido, o STJ já decidiu no *Tema 1.032* (DJe 21/10/2019) ser legal a celebração de: "cláusula de coparticipação na hipótese de internação hospitalar psiquiátrica acima de 30 dias por ano, desde que expressa no contrato, informada ao consumidor e não superior a 50% do valor das despesas".

11.9.5 Direito de excluir a cobertura de doença preexistente

As seguradoras de saúde privada também poderão excluir as doenças e lesões preexistentes que não forem comunicadas quando da celebração do contrato pelo beneficiário.

A exclusão baseia-se no *princípio da máxima boa-fé* inerente aos contratos de seguro, por não se admitir conduta culposa ou dolosa do segurado visando obter vantagem indevida do sistema securitário (Art. 766 do CC/2002).

Diante disso, caso a doença ou lesão preexistente não tenha sido comunicada quando da celebração do contrato, a seguradora, posteriormente, ao constatá-la, poderá optar pela suspensão da garantia em relação ao evento constatado ou declarar a rescisão do contrato.

Contudo, com o intuito de estabelecer um critério objetivo de exclusão das doenças preexistentes, a LPS de 1998 estabeleceu que é vedada a exclusão de cobertura às doenças e lesões preexistentes quando da contratação do seguro, após 24 meses de vigência do contrato, cabendo à seguradora o ônus da prova e da demonstração do conhecimento prévio do consumidor ou beneficiário (Art. 11).

Portanto, de acordo com a LPS, após 24 meses de vigência da apólice a seguradora não poderá suspender ou negar a prestação da cobertura em razão de doença ou lesão preexistente do segurado.

Na hipótese de o segurado declarar a existência de doença ou lesão preexistente no momento da celebração do contrato, a seguradora deverá prestar *cobertura parcial temporária – CPT* para os eventos declarados.

Desse modo, o segurado estará coberto durante os primeiros 24 meses apenas parcialmente para os procedimentos considerados de baixa complexidade como consultas e exames de rotina, estando excluídos procedimentos de alta complexidade como cirurgias ou internação em leitos especiais (CTI ou UTI).

Todavia, a operadora poderá oferecer ao segurado a possibilidade de contratação de *cobertura especial* para as doenças e lesões preexistentes mediante o pagamento do benefício correspondente calculado com base no risco agravado com o intuito de elidir as limitações restritivas temporárias.

Em relação aos demais eventos que não possuam vínculo com a doença ou a lesão preexistente o segurado terá cobertura normal para os procedimentos contratados.

11.10 OBRIGAÇÕES DO SEGURADOR

As *obrigações gerais do segurador vistas no Subitem 8.6,* relativas aos seguros de danos, desde que compatíveis, também se aplicam aos seguros-saúde.

Além daquelas obrigações, o segurador também deverá observar a obrigação de prestar a garantia contratada nos seguros de saúde.

11.10.1 Obrigação de prestar a garantia contratada

A seguradora tem a obrigação de prestar a garantia contratada pelo segurado conforme as condições gerais da apólice.

Desse modo, a seguradora deverá realizar os reembolsos contratualmente previstos para a realização das despesas médicas e/ou odontológicas utilizadas pelo segurado conforme as respectivas coberturas contratadas.

A seguradora estará ainda obrigada a observar as normas reguladoras do mercado de saúde suplementar no âmbito legal e infralegal a fim de manter a regularidade das suas atividades perante os respectivos órgãos de supervisão prudencial (CONSU e ANS).

Dentre as normas regulamentares, cita-se com destaque às relacionadas à obrigação de manutenção da solvência das atividades operacionais mediante a manutenção do equilíbrio econômico-financeiro das coberturas disponibilizadas no mercado de consumo.

11.11 LIQUIDAÇÃO DO SINISTRO

A liquidação do processo de reembolso no seguro-saúde deverá observar as regras estabelecidas pelas seguradoras nas condições gerais do contrato.

Em assim sendo, o segurado deverá observar todas as normas relativas à utilização dos serviços prestados pelos profissionais da saúde e estabelecimentos laboratoriais, clínicos e hospitalares abrangidos pelas coberturas contratadas, como, por exemplo, a utilização do cartão de saúde e, caso exigido, a obtenção de autorização prévia da seguradora para a realização do procedimento de saúde desejado.

11 • SEGURO-SAÚDE **319**

Posteriormente, o segurado deverá encaminhar todos os documentos comprobatórios do procedimento de saúde e do pagamento das despesas médicas ou odontológicas realizados, como, por exemplo, formulário de solicitação de reembolso, relatório clínico, nota fiscal dos serviços prestados, recibo/comprovante de pagamento, conforme exigido pela seguradora.

O encaminhamento dos documentos deverá ser realizado por meio físico, com o envio dos originais, ou, também, poderá ser realizado por via eletrônica, conforme canais de processamento de pedidos de reembolso disponibilizados pelas seguradoras.

A entrega incompleta dos documentos suspende a contagem do prazo de análise do pedido de reembolso e apenas será reiniciada após a entrega da documentação completa pelo segurado.

Após a entrega de toda a documentação exigida, a seguradora terá o prazo de 30 (trinta) dias para realizar o reembolso do segurado pelos meios expressamente convencionados pelas partes.

As eventuais dúvidas ou divergências quanto à autorização da realização de procedimentos de saúde será solucionada por uma junta médica ou odontológica composta por 03 (três) membros: o representante da seguradora, o representante do segurado e um terceiro imparcial designado pela seguradora e pelo segurado para manifestação de desempate (Art. 4º, inciso V, da Resolução CONSU 08/1998).

Em relação ao pleito de pagamento, o segurado terá o prazo de até 1 (um) ano a contar do atendimento de saúde realizado para solicitar o reembolso dos valores cobertos pela apólice de seguro-saúde contratada.

Por fim, em relação à utilização pelo segurado da rede referenciada, a seguradora realizará o pagamento pelos serviços de saúde prestados diretamente ao profissional ou estabelecimento de saúde utilizado conforme previsto nas condições gerais do contrato.

11.12 PRESCRIÇÃO

Como visto no Subitem 6.11, como regra geral, a prescrição do contrato de seguro observa o *prazo ânuo*, para o exercício da *pretensão do segurado em face do segurador* (Art. 206, § 1º, inciso II, do CC/2002); ou, o *prazo trienal*, para o exercício da *pretensão do beneficiário em face do segurador* e a *pretensão do terceiro prejudicado, no caso de seguro de responsabilidade civil obrigatório* (Art. 206, § 3º, inciso IX, do CC/2002).

Seguindo a mesma lógica, entende-se que no *seguro-saúde* o exercício da pretensão do segurado em face do segurador deve observar o *prazo de 1* (um) *ano* por força do que estabelece o artigo 206, § 1º, inciso II, do Código Civil.

A razão para que seja observado o mesmo prazo possui fundamento na natureza de contrato securitário do seguro-saúde e de que o exercício das suas pretensões jurídicas cinge-se aos mesmos direitos relacionados à negativa de pagamento pelo motivo de ausência de cobertura securitária para os eventos recusados.

Além disso, como destacado, o sistema regulador das prescrições securitárias sofreu uma acentuada redução temporal com o intuito de possibilitar que a imobilização das reservas técnicas para fins de cobertura de pretensões passíveis de litígio judicial pudesse se adequar à velocidade das relações vividas na modernidade.

Logo, não haveria motivo justificável do ponto de vista jurídico para se cogitar da aplicabilidade de outro regime prescricional que não fosse o acima estabelecido.

Todavia, esse não foi o entendimento do Superior Tribunal de Justiça ao analisar o prazo prescricional aplicável às pretensões originadas de litígios sobre seguro-saúde.

Inicialmente, sob a sistemática dos recursos repetitivos, o STJ estabeleceu no *Tema 610* (DJe 19/09/2016), que em relação à pretensão de reparação fundada em declaração de nulidade de cláusula de reajuste:

> Na vigência dos contratos de plano ou de seguro de assistência à saúde, a pretensão condenatória decorrente da declaração de nulidade de cláusula de reajuste nele prevista prescreve em 20 anos (art. 177 do CC/1916) ou em 3 anos (art. 206, § 3º, IV do CC/2002), observada a regra de transição do art. 2.020 do CC/2002.

Portanto, no caso da declaração de nulidade de cláusula de reajuste de contratos firmados sob a vigência do Código Civil de 2002, segundo o STJ, as pretensões reparatórias devem observar o *prazo trienal* (Art. 206, § 3º, inciso IV, do CC/2002).

No *REsp 1.361.182/RS* (DJe 19/09/2016), voltado para fixar o prazo prescricional de 03 anos aplicável sobre *pretensão reparatória derivada de seguro ou plano de saúde* (Art. 206, § 3º, inciso IV, do CC/2002), o relator Ministro Bellizze, também afirmou que:

> É importante perceber que a sistemática adotada pelo Código Civil de 2002 foi a de redução dos prazos prescricionais, visando sobretudo garantir a segurança jurídica e a estabilização das relações jurídicas em lapso temporal mais condizente com a dinâmica natural das situações contemporâneas.

Em que pese o entendimento acima firmado, ao analisar qual o prazo aplicável à pretensão de reembolso das despesas médico-hospitalares de cobertura recusada pela seguradora, o STJ entendeu que seria aplicável o *prazo de 10 anos* (Art. 205 do CC/2002) (REsp 1.756.283/SP, rel. Ministro Luis Felipe Salomão, DJe 03/06/2020).

Em assim sendo, em relação aos prazos prescricionais aplicáveis ao seguro-saúde, o STJ entendeu por estabelecer duas linhas de interpretação específicas que fogem do prazo prescricional ânuo geral aplicável às pretensões securitárias:

(i) *prazo trienal*, para a pretensão de reparação fundada em declaração de nulidade de cláusula de reajuste (art. 206, § 3º, inciso IV, do CC/2002); e,

(ii) *prazo decenal*, para a pretensão de reembolso das despesas médico-hospitalares de cobertura recusada pela seguradora (Art. 205 do CC/2002).

Portanto, no seguro-saúde apesar de se entender que também se aplicam as regras gerais relativas ao regime prescricional dos seguros em geral, o STJ adota uma metodologia específica para uniformizar o regime aplicável aos produtos comercializados no mercado de saúde suplementar conforme os prazos acima mencionados.

Todavia, mais uma vez, com a devida vênia, registra-se que esse não parece ser o melhor entendimento jurídico aplicável à matéria, pois desconsidera a natureza jurídico-securitária do seguro-saúde para definir artificialmente regime prescricional extremamente longo e injustificável para o padrão das relações contratuais atuais.

Principalmente, para um negócio como o securitário que trabalha com a imposição legal da obrigatoriedade de constituição de reservas técnicas vinculadas a aspectos específicos da sua atividade econômica, as quais ficarão imobilizadas por tempo demasiadamente amplo, reduzindo-se a capacidade da aplicação de recursos para a absorção de novos riscos e para a criação de novos produtos pelas seguradoras.

A fixação dos prazos acima mencionados trata-se de mais um exemplo de intervenção estatal que causa o aumento dos custos transacionais em prejuízo da própria massa de segurados.

Todavia, futuramente, nada impede que tal posicionamento seja revisado a fim de adequá-lo à realidade vivida contemporaneamente e que demanda soluções jurídicas que reflitam adequadamente a velocidade das transformações sociais vistas no início do século XXI, principalmente, diante da necessidade de uma maior liquidez de recursos financeiros em uma economia cada vez mais desafiadora e complexa no mercado interno e no âmbito internacional.

PARTE II
FUNDAMENTOS DE DIREITO DO RESSEGURO

12
CONTRATO DE RESSEGURO

Neste capítulo será apresentada a tipologia específica do contrato de resseguro por meio da análise da sua definição, da sua história, do mercado, dos princípios e dos costumes consagrados pela prática ressecuritária internacional.

Também serão apresentados os aspectos relacionados à sua formação contratual, modalidades básicas, os principais direitos e obrigações do ressegurador e do ressegurado bem como sobre a liquidação da pretensão ressecuritária.

12.1 DEFINIÇÃO

O resseguro pode ser definido como *o contrato que tem por fim garantir, no todo ou em parte, mediante o pagamento de um prêmio, o legítimo interesse ressegurável do segurador em relação aos riscos relacionados às obrigações securitárias por ele assumidas no desenvolvimento da sua atividade empresarial.*

Diante dessa definição, pode-se afirmar que o resseguro tem uma dupla finalidade: garantir o segurador dos riscos do desenvolvimento da sua atividade e ao mesmo tempo incrementar a capacidade de incorporação de novos contratos por meio da pulverização dos riscos assumidos.

Apesar da interdependência de relacionamento entre o contrato de seguro e o contrato de resseguro, é mais adequado compreendê-los, juridicamente, sob a perspectiva de institutos autônomos, isto porque o seguro e o resseguro têm protagonistas, objetos e finalidades próprias suficientemente bastantes para distingui-los.

12.2 EVOLUÇÃO HISTÓRICA

Neste subitem será apresentada a história do resseguro no mundo e como ocorreu o seu desenvolvimento até se consolidar como um dos mais importantes contratos praticados no âmbito internacional.

Em sequência, será apresentado o desenvolvimento do resseguro no Brasil e as fases de transição entre a livre atuação, o monopólio estatal e a reabertura do mercado ressegurador nacional aos agentes estrangeiros com a promulgação da Lei Complementar 126/2007.

12.2.1 História no mundo

A origem do resseguro no mundo foi diretamente influenciada pelo desenvolvimento da instituição do seguro ao longo da história da humanidade em razão do vínculo operacional entre esses dois negócios jurídicos.

12.2.1.1 Idade Média

Os registros históricos a respeito do resseguro somente surgem a partir da consolidação das bases técnicas e comerciais do contrato de seguro ao longo da Idade Média, inexistindo registros a respeito da sua realização na Antiguidade (Kopf, 1929:25-26).

Na segunda parte da Idade Média (séculos XII d.C. a XV d.C.), o protagonismo exercido pelas associações mercantis na consolidação das práticas comerciais também se tornou um fator decisivo para o desenvolvimento do resseguro ao longo desse período.

Desde que o seguro passou a ser tratado como objeto de comércio, a partir do qual se percebia lucratividade, os seguradores passaram a buscar, com outros empresários, uma forma de compartilhar eventuais prejuízos econômicos relacionados à probabilidade de verificação de um sinistro no curso da vigência da garantia securitária originariamente contratada.

No século XIV, na trilha da linha evolutiva da atividade seguradora, no seio das operações realizadas pelos transportadores marítimos, *surgiu a essência do que viria a constituir o resseguro*: em determinados trechos da navegação, os riscos da contratação do seguro marítimo eram mitigados com terceiros, sem vínculo obrigacional com o proprietário dos bens segurados.

O comerciante que assumia os riscos do transporte marítimo perante o segurador original passou a ser conhecido como o ressegurador da garantia, daí surgindo, o que se denomina atualmente de *contrato de resseguro*.

Nesse contexto, o *primeiro contrato de resseguro* foi encontrado tempos depois do surgimento dos primeiros contratos de seguro registrados, mais precisamente, no ano de 1370, na cidade de Gênova, na Itália.

Em tal operação, figuraram como partes: Giovane Sacco, cedente do risco, e Goffredo di Benavia e Martino Maruffo, cessionários do risco sobre um interesse de um contrato de seguro marítimo (Gerathewohl, 1983:649-804).

O *contrato de seguro* referenciado previu a garantia de proteção da embarcação marítima na rota entre o porto de Gênova, Itália, até o porto de Sluis, em Bruges, Bélgica; enquanto o *contrato de resseguro*, por sua vez, cobriu o trajeto entre os portos de Cádis, na Andaluzia, Espanha, até o seu destino final, o mais perigoso e arriscado trecho da navegação.

Em tal época, o ramo de transportes marítimos era pautado por diversos riscos capazes de causar o naufrágio da embarcação, como, por exemplo: a rusticidade das estruturas náuticas utilizadas; a constante exposição às intempéries climáticas; os recorrentes ataques de navios piratas em busca de cargas valiosas; as guerras travadas entre as nações europeias com repercussão direta na destruição de frotas militares e comerciais, dentre outros (Holland, 2009:08-10; Piccinno, 2016:26-27).

12.2.1.2 Idade Moderna

Na Idade Moderna destaca-se o conteúdo das "Ordenanças Marítimas" de 1681, em França, na qual constava previsão expressa a respeito da *obrigação de o segurador contratar resseguro* no caso de arrependimento ou de constatação da incapacidade técnica para a realização da cobertura securitária originariamente firmada (Ziegler, 2000:21).

Tanto as práticas comerciais consolidadas pelos "Costumes de Antuérpia" (Holanda) quanto pelas legislações francesas da época tiveram o mérito de abranger assuntos diretamente relacionados ao resseguro sob a perspectiva do delineamento de regras no âmbito do seguro de transportes marítimos e do tráfego de mercadorias realizado entre os principais portos europeus e do mundo, inclusive, do Brasil (Martin, 1876:44-46).

No século XVII, na Inglaterra, o grande incêndio da cidade de Londres (1666) também motivou a busca por novas formas de pulverização de riscos, como, por exemplo, com a contratação de resseguros (Gerathewohl, 1983:649-804).

Todavia, a constatação da prática habitual da cessão integral ou parcial de riscos entre seguradores por taxas irrisórias para a cobertura das garantias securitárias prestadas, motivou a "Lei do Seguro Marítimo" inglesa de 1745 *a proibir de maneira expressa a contratação de resseguros*, salvo para as hipóteses de falência ou morte do segurador, as quais, na verdade, assemelhavam-se mais à figura do duplo seguro.

Essa proibição prejudicou diretamente a evolução da atividade de resseguros na Inglaterra por aproximadamente 120 anos, considerando que os seus efeitos somente foram revogados no século XIX, no ano de 1864.

Desse modo, o resseguro ficou por muito tempo esquecido em razão da maior difusão prática da *contratação do cosseguro*, contrato pelo qual dois ou mais seguradores compartilham diretamente frações do risco segurável entre si sem vínculo de solidariedade.

Tal ostracismo tecnológico somente foi superado no século XIX, período no qual as resseguradoras passaram a adotar o modelo de organização empresarial, especializando-se na oferta da contratação direta de riscos visando à preservação das atividades desenvolvidas por entidades seguradoras.

12.2.1.3 Idade Contemporânea

No curso da Revolução Industrial (séculos XVIII-XIX), desenvolveu-se a moderna capacidade de gerenciamento profissional de riscos ressecuritários impulsionado pelas grandes catástrofes que revelaram a insuficiência dos sistemas securitários para absorver isoladamente riscos de grandes proporções.

Aqui estava posta a vocação genética do resseguro para a atomização dos riscos de grandes catástrofes, cujos reflexos danosos têm o potencial de desequilibrar até mesmo os mais sólidos sistemas securitários concebidos pela engenhosidade humana, em face da incapacidade de absorção de todos os eventos simultaneamente causados por riscos de grandes proporções.

A popularização do *seguro de incêndio* foi considerada fundamental para a evolução do resseguro em razão do grande volume de negócios firmados naquele ramo securitário visando à proteção de patrimônios e de interesses privados, primeiramente, realizada por sociedades de mútuo (Holland, 2009:15).

Posteriormente, com a entrada das *companhias seguradoras* nesse ramo de negócios, concluiu-se que a oferta individual de coberturas de altas importâncias seguradas em segmentos de riscos especializados poderia implicar a sobrecarga da capacidade técnica de absorção de danos pelo sistema segurador.

No ramo de incêndios, o resseguro funcionou num primeiro momento a partir da prática consolidada da distribuição de riscos entre seguradoras com atuação no mesmo ramo securitário, entretanto, tal cenário limitado provocou a busca por novos métodos de compartilhamento de excedentes de riscos, com a contratação de congêneres no exterior.

A busca por alternativas de gerenciamento de riscos no exterior imprimiu, indelevelmente, a marca da internacionalidade ao desenvolvimento da atividade resseguradora, e, inclusive, a concepção, a respeito da indissociável existência da nota internacional do contrato de resseguro.

Considerando que na Idade Contemporânea certos países desempenharam um papel fundamental para a consolidação da atividade econômica do resseguro em âmbito mundial, neste momento será abordado como este instituto se desenvolveu na Alemanha, na Suíça, na Inglaterra e nos Estados Unidos da América, alguns dos mais importantes mercados em arrecadação de prêmios na atualidade.

a) Origem do resseguro na Alemanha

Na Alemanha, o *Grande Incêndio da cidade de Hamburgo*, no ano de 1842, também considerado uma das maiores catástrofes urbanas da história, provocou danos de tamanha proporção que nem mesmo o sistema de seguros no ramo de incêndio, cujas atividades restaram seriamente comprometidas, foi suficiente para cobrir todas as indenizações reclamadas.

Diante da constatação da exaustão técnica do sistema de atomização de riscos existente, o qual resumidamente se baseava: (i) na *limitação das coberturas assumidas*; (ii) na *cessão de riscos entre seguradoras congêneres situadas no mesmo país*; e, (iii) na *busca por resseguro em países estrangeiros*, concluiu-se pela necessidade de criação de uma alternativa especializada para solucionar esse problema (Gerathewohl, 1983:649-804).

No ano de 1842, a *Companhia de Seguros de Transporte do Baixo Reno*, com sede em Wesel, tornou-se *a primeira seguradora a criar uma subsidiária* para absorver compartilhadamente os riscos de garantias securitárias assumidas em razão da dificuldade de localização de parceiros externos especializados na atividade de resseguro.

No ano de 1846, a *Companhia de Resseguros Colônia* tornou-se *a primeira resseguradora independente do mundo* a fim de suprir a demanda pela contratação especializada de coberturas ressecuritárias no mercado, em funcionamento até os dias atuais sob a denominação de *General Reinsurance AG*, uma subsidiária do Grupo *General Re* (*Gen Re*) (Kopf, 1929:30-31; Schwepcke, 2004:03).

A criação da resseguradora germânica também se deveu muito em razão dos problemas financeiros provocados pelo grande incêndio ocorrido na cidade de Hamburgo, o qual impactou severamente os negócios da Colônia Companhia de Seguros de Incêndio (Magnus, 1997:115-116).

A constituição da Colônia Re possibilitou ainda que os excedentes de riscos anteriormente compartilhados com seguradoras francesas e belgas fossem retidos na Alemanha, evitando-se, assim, a redução dos dividendos apurados, a evasão de divisas e o aumento da dependência de parceiros estrangeiros em detrimento do mercado segurador alemão (Golding *apud* Holland, 2009:16-17).

Curioso notar que as atividades da Colônia Re somente tiveram início de fato no ano de 1852, após o aporte de capital de bancos colonenses e da família Rotschild, impulsionando os seus negócios no mercado interno. Posteriormente, promoveu-se a sua entrada nos mercados da Áustria, Suíça, Bélgica, Holanda e França, o que despertou o interesse de diversos investidores e incentivou a constituição, num curto espaço de tempo, de várias outras resseguradoras alemãs.

Na segunda metade do século XIX, em meio a um período de grande expansão econômica em razão da unificação política, diversas resseguradoras foram fundadas, mas a grande concorrência em um mercado ainda incipiente provocou a insolvência de grande parte dessas companhias.

Neste cenário de franca expansão da atividade de resseguros na Alemanha, merece destaque a fundação da *Munich Re*, em Munique, no ano de 1880, idealizada por Carl von Thieme, cuja bem-sucedida expansão internacional efetivou-se ao longo da década subsequente com o desenvolvimento de operações na França, Rússia, Inglaterra e Estados Unidos da América (Gerathewohl, 1983:649-804).

Na visão de von Thieme, a concepção de uma atividade empresarial especializada na subscrição de diversos tipos de riscos (ex.: resseguro de danos, resseguro de vida etc.), com base em uma rede internacional de negócios e uma diversificada abrangência territorial capaz de compensar eventuais flutuações de resultados, se tornaria o traço diferencial desse tipo de atividade (Kopf, 1929).

b) Origem do resseguro na Suíça

Na Suíça, outro país com grande destaque na história do desenvolvimento mundial do resseguro, a atividade de seguros foi impulsionada pela promulgação da Constituição Federal de 1848, época na qual foram fundadas as primeiras sociedades seguradoras, cujos excedentes de riscos eram compartilhados diretamente em regime de reciprocidade entre congêneres.

O *Grande Incêndio da cidade de Glarus* (1861), capital do cantão de mesmo nome situado na região central da Suíça, como os demais acidentes pretéritos ocorridos em Londres (1666) e em Hamburgo (1842), destruiu grande parte da cidade e revelou a incapacidade do sistema securitário cantonês, à época existente, para enfrentar as consequências advindas desse tipo de catástrofe de grandes proporções danosas.

No ano de 1863, em razão da necessidade da ampliação do sistema de distribuição de riscos suíço, foi fundada a *Swiss Re*, em Zurique, cuja profissionalização e especialização bem-sucedida no segmento de resseguros rapidamente propiciou a expansão internacional dos seus negócios na Alemanha, Itália, França, Áustria, Inglaterra, Bélgica e Rússia (Schwepcke, 2004:03).

A criação da Swiss Re se deu a partir da reunião de esforços de grandes instituições que integravam o sistema financeiro e securitário suíço, como, a Helvetia Seguros Gerais, o Banco de Crédito Suíço e o Banco Comercial de Basler.

c) Origem do resseguro na Inglaterra

Num estágio inicial, o sistema de resseguros adotado na Inglaterra, e em outros países europeus, também se baseava na difundida prática de compartilhamento de riscos com outras seguradoras diretas em atividade no mercado (Gerathewohl, 1983:649-804).

É preciso relembrar que a proibição sobre a atividade de resseguro imposta na Inglaterra somente foi extinta em meados do século XIX, durante esse período somente era autorizada a contratação de resseguro nas hipóteses de falência ou de morte do segurador, as quais, na verdade, como destacado, assemelhavam-se mais à figura do duplo seguro.

Além disso, predominava a comercialização de coberturas ressecuritárias por meio da atuação dos sindicatos do Lloyd's de Londres (Swiss Re, 2017).

A primeira resseguradora independente fundada na Inglaterra foi a *Reinsurance Company, Ltd.* (1867), época na qual havia apenas nove outras empresas de resseguros na Europa. A segunda resseguradora foi a *London General* (1873). No final do século XIX, havia 44 resseguradoras realizando negócios no Reino Unido (Kopf, 1929:37-46).

O ramo de resseguro de vida na Inglaterra apresentou um lento desenvolvimento no seu início, período no qual se destacaram na Europa a Colônia Re, a Swiss Re, a

Munich Re e a Egid Re, companhia sueca ofertante de cobertura à base de prêmio por riscos (Holland, 2009:18-19).

O resseguro de automóvel começou a ser ofertado logo após a comercialização das primeiras apólices de seguro do ramo (1896) e tanto a *Lei dos Selos de 1890* quanto a *Lei do Seguro Marítimo de 1906* previram expressamente dispositivos sobre o dever de contratação de resseguros.

A regulação minimalista sobre o setor de resseguros, conferindo-se maior liberdade para a própria autorregulação pelo mercado foi gradativamente cedendo espaço a partir da inserção do Reino Unido na Comunidade Econômica Europeia, com a adoção de normativas comunitárias sobre a matéria no ordenamento jurídico interno (Ford, 2012:251-275).

Em razão disso, a atividade resseguradora passou a ser regulada em consonância à sua inserção na atividade de seguros sob os pilares de liquidez e solvência. Todavia, como visto no Subitem 3.3.8, o Reino Unido efetivou a sua saída definitiva da União Europeia, o que poderá impactar a forma de regulação da atividade resseguradora britânica.

d) Origem do resseguro nos Estados Unidos da América

Nos Estados Unidos da América, os registros do primeiro contrato de resseguro escrito em solo norte-americano remontam ao ano de 1813, cujo objeto foi a cessão de riscos de seguro de incêndio entre a *Union Insurance Company* e a *Eagle Fire Insurance Company of New York* (Graham e Xie, 2007:26-27).

No início do século XIX, há inclusive precedentes judiciais firmados pela Suprema Corte de Nova Iorque (*Utica, N. Y. Bowery Fire Ins. Co. v. New-York Fire Ins. Co., 1837* e *Honey v. Mutual Safety Insurance, 1847*) e atos legais editados pelo governo de Nova Iorque reconhecendo a possibilidade de contratação de resseguros por companhias com atuação nos ramos de seguro de incêndio e de vida (Wendell, 1838:359-368; Kopf, 1929).

Apesar disso, a atividade de resseguros nos EUA também apresentou no seu início um lento desenvolvimento, muito provavelmente em razão das políticas restritivas à admissão de resseguradores estrangeiros.

Nesse sentido, destaca-se que a primeira resseguradora norte-americana foi a *Companhia de Resseguros da América*, fundada no ano de 1890 (Kopf, 1929).

Somente no final do século XIX, as resseguradoras estrangeiras foram oficialmente admitidas a operar no mercado norte-americano, mesmo assim, sob condições de funcionamento vinculadas à constituição de reservas técnicas iguais às exigidas das congêneres estadunidenses, o que provocou o encerramento das atividades de companhias estrangeiras de pequeno porte nos EUA (Golding *apud* Holland, 2009:20).

No final do século XIX, início do século XX, tal fenômeno protecionista também se verificou de forma similar no Brasil, período no qual diversas exigências como autorização para funcionamento e constituição de reservas e capitais mínimos foram impostas a companhias seguradoras não brasileiras, que exerciam livremente suas atividades no país, como será visto no próximo subitem.

Nos Estados Unidos da América, o início do século XX foi marcado por duas grandes catástrofes: (i) o *Grande Incêndio da cidade de Baltimore* (1904); e, (ii) o *Grande Terremoto e Incêndio da cidade de São Francisco* (1906), o qual foi considerado proporcionalmente o evento segurado mais custoso do século e afetou profundamente a capacidade de solvência de grande parte do sistema segurador norte-americano (Gerathewohl, 1983:649-804).

Em tal época o resseguro de vida era majoritariamente realizado à base de cessões recíprocas de riscos entre seguradoras, e as operações de resseguro não eram expressamente autorizadas em todos os estados norte-americanos, o que prejudicou o funcionamento de algumas resseguradoras e o atendimento da exigência de constituição de reservas mínimas impostas pelas legislações estaduais (Holland, 2009:21).

Outro aspecto que impediu um maior desenvolvimento do resseguro nos EUA foi o debate a respeito da possibilidade do exercício da atividade de maneira múltipla, abrangendo diversos ramos ou por especialidade de riscos cobertos, cuja preocupação preponderante era a de preservar a indenidade das reservas técnicas aportadas por segurados no ramo do seguro de vida.

Esta discussão parece ter conquistado proporções mundiais, e, também foi, à época, transplantada para o setor de seguros brasileiro, cuja preocupação ao impor a constituição de reservas mínimas era também a de garantir a solvência dos negócios realizados por companhias seguradoras estrangeiras em território nacional, em face da necessidade de tutela do interesse dos segurados brasileiros, como será visto com uma maior riqueza de detalhes no tópico seguinte.

A modificação do modelo norte-americano de cessão de riscos somente foi concluída na primeira parte do século XX, influenciada principalmente por força do início da 1ª Guerra Mundial, a qual impactou diretamente as relações comerciais mantidas, inclusive, na área de seguros e resseguros, com nações participantes do conflito.

Naquele período, o mercado ressegurador mundial foi dividido em dois segmentos: (i) os *países fornecedores de resseguros*, dentre os quais se destacavam a Alemanha, a Suíça, o Império Austro-Húngaro e a Rússia; e, de outro lado, (ii) os *países demandantes de coberturas ressecuritárias*, dentre os quais se destacava os Estados Unidos da América.

O mercado ressegurador alemão, à época, destruído pelos efeitos da guerra, era responsável pela arrecadação de 67% dos prêmios de resseguro auferidos por companhias resseguradoras independentes no mundo; e, após a Revolução Russa de 1917, das seis companhias resseguradoras soviéticas em atividade no território norte-americano apenas uma permaneceu em funcionamento após a aquisição do seu controle acionário por investidores aliados.

A solução para o atendimento da demanda interna norte-americana pela contratação de resseguro em face da edição da "Lei de Proibição do Comércio com Nações

Inimigas" de 1917 implicou a busca de novas companhias resseguradoras situadas na Suíça e na Dinamarca e, entre os anos de 1910-1920, no incentivo à constituição de 10 novas resseguradoras nacionais.

Todavia, como bem retrata Dave Holland (2009:22-23), o período do pós-guerra foi marcado por grandes dificuldades políticas e econômicas, como, por exemplo, a quebra da Bolsa de Valores de Nova Iorque (1929), a Grande Depressão econômica em nível internacional, e, subsequentemente, o início da 2ª Guerra Mundial (1939-1945), com os seus nocivos efeitos sociais, políticos e econômicos causados à humanidade.

Diante da iminência de um novo conflito de proporções globais, diversas companhias resseguradoras transnacionais inseriram em seus contratos cláusulas que tornavam os ajustes nulos e seus efeitos suprimidos no caso da deflagração de guerras que afetassem as relações comerciais entre as nações nas quais desenvolvessem suas atividades (Gerathewohl, 1983:649-804).

A nova geopolítica militar também implicou uma nova divisão das relações comerciais entre seguradores em nível mundial: (i) de um lado, *resseguradores de países aliados*, cujos negócios mantiveram-se vigentes com seguradores parceiros; e, (ii) de outro lado, *resseguradores situados em países neutros* (Suíça, Espanha, Portugal e Suécia), os quais mantiveram de maneira contínua a captação da demanda por coberturas ressecuritárias de países envolvidos no conflito.

Após o término da 2ª Grande Guerra Mundial iniciou-se um período de retomada da indústria seguradora e, por consequência, da atividade resseguradora mundial, com o aumento da aquisição de apólices de seguro em diversos ramos, e, como efeito reflexo, o crescimento da demanda pela contratação de resseguros a fim de se equilibrar os índices de retenção de riscos das seguradoras primárias (Holland, 2009:23-26).

As décadas de 1940-1970 representaram um período marcado pela constituição de grandes conglomerados resseguradores nos Estados Unidos da América, inclusive, provenientes do exterior, a fim de atender a demanda interna pela contratação de resseguros.

Nos anos 1970-1980, a concessão de benefícios tributários e a modificação da forma de precificação de produtos oferecidos no mercado propiciou o aumento da venda de apólices de seguro de vida e, consequentemente, da busca por soluções que visassem distribuir os riscos cobertos por meio da contratação de resseguros.

Nos anos 1990, houve a quebra de algumas das principais seguradoras do ramo vida norte-americanas – *Executive Life, Mutual Benefit* e *Confederation Life* -, todavia, a inserção de critérios de classificação preferencial na subscrição de riscos, aliado ao fornecimento de soluções de capital para a constituição de reservas financeiras com foco no lançamento de novos produtos, propiciou a continuidade do crescimento do mercado ressegurador.

Destaca-se, ainda, nesse período, o grande volume de operações de fusões e aquisições (*M&A*) entre companhias com atividade no mercado ressegurador norte-americano com o intuito de ampliar as participações de mercado e manter o potencial de captação de novos negócios ressecuritários e financeiros vinculados.

No início do século XXI, vários foram os riscos de grandes proporções provocados por ações humanas e por catástrofes naturais que impactaram o mercado ressegurador estadunidense, todavia, graças à existência de coberturas de resseguros e ao aperfeiçoamento das suas garantias foi possível diluir parte das repercussões econômicas negativas.

Nos séculos XX-XXI, verifica-se um período no qual o desenvolvimento da indústria ressecuritária possibilitou que o contrato de resseguro se consolidasse como um instituto de força econômica internacional. Assim sendo, com o passar do tempo, a solidez e a confiabilidade do contrato de seguro também passaram a vincular-se, indissociavelmente, à técnica do resseguro.

12.2.2 História no Brasil

A origem histórica do resseguro no Brasil esteve diretamente vinculada à evolução da atividade seguradora, caracterizando-se num primeiro momento pela liberalização das atividades de resseguradores estrangeiros, posteriormente sofrendo um intenso fluxo de nacionalização monopolística da atividade e, atualmente, pautada pela reabertura do mercado à atuação de resseguradoras estrangeiras no país.

12.2.2.1 Nacionalização da atividade e criação do monopólio do IRB

A política de nacionalização progressiva das sociedades seguradoras em todas as suas modalidades e a obrigatoriedade de que as sociedades estrangeiras com atuação no Brasil se transformassem em nacionais teve início no Governo Getulio Vargas (1934-1945) (Art. 117 da CF de 1934; e, Art. 145 da CF de 1937).

A criação do antigo Instituto de Resseguros do Brasil – IRB (atualmente IRB Brasil Re), pelo Decreto-Lei 1.186/1939, posteriormente substituído pelo Decreto-Lei 9.735/1946, teve como principal objetivo regular as operações ressecuritárias e estabelecer o monopólio sobre a cessão dos riscos de responsabilidades excedentes adquiridos por sociedades seguradoras no Brasil.

A natureza de órgão regulador e de único operador do mercado interno exercido pelo IRB, ao longo de aproximadamente 70 anos, possibilitou o controle total pela União Federal sobre a entrada e a saída de divisas financeiras relevantes derivadas das cessões de riscos das operações securitárias e ressecuritárias realizadas no país.

O Decreto-Lei 2.063/1940, voltado para a regulação das operações de seguros privados, à época vigente, inicialmente, excluiu o IRB do seu âmbito de aplicação (Art. 2º), devido à autonomia e à competência regulatórias atribuídas por lei ao próprio órgão monopolizador de resseguros para disciplinar o exercício de sua atividade.

Posteriormente, no Governo Castelo Branco (1964-1967), a citada legislação foi revogada pelo Decreto-Lei 73/1966 (Art. 4º), o qual instituiu o novo Sistema de Seguros

Privados, composto pelo Conselho Nacional de Seguros Privados (CNSP), pela Superintendência de Seguros Privados (SUSEP), pelo IRB, pelas sociedades seguradoras e pelos agentes de seguros, e tratou o resseguro como atividade integrante das operações de seguros privados com a finalidade de pulverizar os riscos e fortalecer as relações econômicas do mercado.

Curioso notar que, em caráter dúplice, o Decreto-Lei 73/1966 também atribuiu ao IRB a competência para regulação do resseguro e a promoção do desenvolvimento das operações de seguro, observadas as diretrizes emitidas pelo CNSP (Art. 42).

Essas legislações vigoraram por décadas regulando, exclusivamente, o mercado de seguros e resseguro brasileiro, o qual se desenvolveu, caracteristicamente, sob o influxo de uma política estatal de viés preponderantemente nacionalista, limitando a atuação dos agentes de mercado aos ditames regulatórios mantidos e atualizados pelos governos que se sucederam ao longo desse período histórico.

12.2.2.2 Processo de desestatização e reabertura do mercado

No Governo Fernando Henrique Cardoso (1995-2002), a partir da definição de uma política de desestatização de atividades estratégicas formulada pelo Conselho Nacional de Desestatização – CND (Lei Federal 9.491/1997, e Decreto Federal 2.594/1998), constatou-se a necessidade de modernização do mercado de resseguros conforme os preceitos da globalização econômica, visando imprimir uma maior competitividade ao setor.

O processo de modernização do mercado iniciou-se com a promulgação da Emenda Constitucional 13/1996, a qual suprimiu do artigo 192, inciso II, da Constituição Federal de 1988, a referência à existência de um ente oficial ressegurador, eliminando-se a trava de natureza constitucional para a extinção do monopólio estatal sobre resseguro.

Subsequentemente, com o intuito de estruturar a privatização do IRB (Decreto Federal 2.423/1997), promoveu-se a transferência do capital acionário com direito a voto mantido pelo Instituto Nacional de Seguridade Social (INSS) para a União Federal (Medida Provisória 1.578/1997, convertida na Lei Federal 9.482/1997), e aprovou-se a conversão do modelo de suas ações e a criação de novos órgãos de administração societários em consonância à Lei Federal 6.404/76.

Entretanto, o processo de modernização do mercado ressegurador ficou suspenso por aproximadamente uma década.

Isto porque, a Lei Federal 9.932/1999, cujo objetivo era promover a transferência das competências do IRB sobre regulação e supervisão do mercado ressegurador para a Superintendência de Seguros Privados (SUSEP), foi alvo da Ação Direta de Inconstitucionalidade 2.223-7, de 2000, cujo pedido de suspensão liminar foi acolhido pelo Supremo Tribunal Federal (STF), sob o fundamento de que a matéria deveria ser veiculada por meio de lei complementar.

Diante do posicionamento adotado pelo STF, a Emenda Constitucional 40/2003, foi promulgada com o objetivo de promover nova alteração da redação do artigo 192 da Constituição Federal de 1988 e substituir a expressão "lei complementar" por "leis complementares" visando facilitar a regulamentação exclusiva do mercado ressegurador, atividade originariamente inserida no âmbito do Sistema Financeiro Nacional, e também eliminar possíveis discussões hermenêuticas que pudessem suscitar novo vício de inconstitucionalidade.

A EC 40/2003 também suprimiu do artigo 192 da CF/1988 as menções à atividade de resseguro e ao órgão oficial fiscalizador, o que, para o STF, provocou a perda do objeto da ADIN 2.223-7, de 2000, restaurando-se a eficácia da Lei Federal 9.932/1999, cuja aplicação, todavia, restou prejudicada em razão da força normativa do Decreto-Lei 73/1966, recepcionado pela nova ordem constitucional com o *status* de lei complementar.

No Governo Luis Inácio da Silva (2003-2011), a promulgação da Lei Complementar 126/2007, definitivamente, superou o impasse legislativo mencionado e colocou fim ao monopólio do IRB sobre o desenvolvimento da atividade de resseguros no Brasil, com a transferência de suas competências de regulação e supervisão para a SUSEP e a previsão de disciplina específica para o funcionamento de resseguradores nacionais e estrangeiros no país.

A partir da promulgação da LC 126/2007, foram concebidos três tipos de resseguradores autorizados a funcionar no país: (i) ressegurador local; (ii) ressegurador admitido; e, (iii) ressegurador eventual. Por sua vez, o IRB foi expressamente autorizado a continuar em funcionamento na qualidade de ressegurador local, sem solução de continuidade de suas respectivas atividades, independentemente de requerimento ou de autorização governamental.

No ano de 2013, o processo de desestatização do IRB foi concluído por meio da realização dos seguintes atos societários:

(i) conversão das ações preferenciais existentes em ordinárias, conferindo aos demais acionistas o mesmo direito de voto atribuído à União Federal;

(ii) criação de uma ação preferencial de classe especial atribuída à União Federal (*golden share*);

(iii) transferência de parte do capital social mantido pela União Federal para a BB Seguros Participações S.A.; e, por fim,

(iv) emissão e subscrição de novas ações ordinárias pelos membros do quadro social, excluído o Governo Federal, o qual manifestou renúncia expressa ao direito de preferência.

Contudo, a União Federal permaneceu como acionista controladora do IRB Brasil Re, com o poder de veto sobre matérias relativas a políticas de subscrição e retrocessão e de natureza societária capazes de afetar os seus interesses, em razão da propriedade de ação preferencial de classe especial e da celebração de acordo de acionistas com os detentores das maiores participações sociais.

Finalmente, no ano de 2017, o IRB promoveu a abertura do seu capital social por meio de oferta pública de distribuição secundária de ações ordinárias, correspondente à venda de parte do capital acionário de membros integrantes do quadro societário, a qual gerou R$ 2 bilhões em negócios e, subsequentemente, formalizou o seu ingresso no segmento especial de negociação de valores mobiliários do "Novo Mercado da B3" (Bolsa de Valores de São Paulo – BM&FBOVESPA).

12.2.2.3 Novo mercado ressegurador brasileiro

No limiar do século XXI, o fim do monopólio do IRB representou a oportunidade para que sociedades empresárias de capital nacional e estrangeiro pudessem reingressar nesse nicho econômico com o intuito de aumentar a capacidade da oferta de coberturas de riscos para seguradoras e incentivar a competitividade da precificação das coberturas de resseguro comercializadas no mercado interno.

Além disso, considerando a posição econômica estratégica ocupada pelo Brasil na América Latina, a quebra do monopólio também teve como objetivo propiciar a criação de um polo internacional de resseguradores com a capacidade de atração de investimentos estrangeiros por meio da oferta de cobertura de riscos em âmbito regional e global.

Como destacado, é possível também afirmar que a reabertura do mercado ressegurador possui relação direta com a natureza internacional das operações de resseguro, preponderantemente firmadas por meio de uma rede de contratos entre sociedades empresárias com sedes em países diferentes, característica inerente ao princípio da pulverização de riscos que norteia a atividade ressecuritária.

A sofisticação e a complexidade dos riscos assumidos fizeram com que, ao longo do tempo, seguradores e resseguradores passassem a dedicar uma maior atenção na redação das cláusulas contratuais que disciplinassem as operações ressecuritárias bem como no prévio estabelecimento das formas de solução de controvérsias, da lei aplicável e do foro para a solução dos conflitos decorrentes do contrato.

Desse modo, o domínio das bases técnicas do resseguro passou, necessariamente, também a significar o conhecimento das consequências jurídicas derivadas da celebração dos clausulados contratuais, os quais, a depender do ordenamento jurídico no qual são aplicáveis podem sofrer sensíveis diferenciações a partir da interpretação dos tribunais nacionais.

O desenvolvimento da atividade resseguradora por diversas sociedades empresárias nacionais e estrangeiras, com negócios permanentes ou eventuais no Brasil, sob a forma de resseguradores locais, eventuais ou admitidos, inevitavelmente, faz surgir inúmeros problemas e questionamentos relativos à utilização do contrato de resseguro no Brasil e de suas repercussões no âmbito internacional, os quais serão analisados nos tópicos a seguir.

12.3 MERCADO

Neste tópico serão apresentados os dados estatísticos e as características do mercado ressegurador mundial e brasileiro.

12.3.1 Mercado ressegurador mundial

No plano mundial, o resseguro constitui atividade econômica estratégica. A força financeira deste mercado tem servido como instrumento valioso de proteção da humanidade, diante das intempéries climáticas prejudiciais à manutenção do patrimônio público e privado gerido pelos seguradores. Além disso, tem servido de instrumento fomentador de relevantes investimentos nos mais diversos setores econômicos.

Os benefícios do desenvolvimento da técnica ressecuritária são praticamente inestimáveis em face das benesses geradas pelo compartilhamento redutor dos impactos negativos incidentes sobre o patrimônio dos indivíduos e da coletividade.

Em que pese, atualmente, as sociedades empresárias integrantes de tal mercado constituírem verdadeiros conglomerados econômico-financeiros multinacionais, importa registrar, coincidentemente, que as principais resseguradoras mundiais advêm da *gestão alpina* ou *renana* de seguros, compreendida pela primazia da noção do resseguro como atividade de prevenção relacionada ao mutualismo.

Com base nessas características, o mercado ressegurador mundial tem se destacado pela capacidade de pulverização de riscos em nível global, fator responsável por torná-lo um instrumento técnico fundamental para a solvência dos sistemas de seguros nacionais.

Em 2022, estima-se que o mercado global de resseguros arrecadou U$ 364 bilhões em prêmios (Swiss Re, 2023) dos quais: (i) *US$ 280 bilhões* foram gerados no ramo de *resseguros de danos e de saúde* – 23% provenientes de companhias com operações em mercados emergentes; e, (ii) *U$ 84 bilhões* foram gerados no ramo de *resseguros de vida* – 15% provenientes de companhias com operações em mercados emergentes.

Em 2021, o capital global disponível para negociação de resseguros atingiu US$ 675 bilhões, o seu maior valor na história, o que representa um aumento de 40% comparado ao ano de 2006, dos quais: (i) US$ 579 bilhões foram alocados no resseguro tradicional; e, (ii) US$ 96 bilhões foram alocados no resseguro alternativo (ex.: títulos vinculados a seguros, títulos de catástrofes naturais, garantias de resseguro, dentre outros) (AON, *Reinsurance*, 2022).

De acordo com Cummins (2017:10-11), torna-se válido esclarecer que o mercado de resseguros assim como toda atividade de viés preponderantemente econômico está sujeito a ciclos e a crises influenciados por mudanças na frequência de lucros e na severidade das perdas financeiras experimentadas pelos agentes do setor, uma vez que os ciclos de subscrição de riscos no mercado ressegurador normalmente são pautados pelos indicativos técnicos de fases severas (*"hard" markets*) e de fases amenas (*"soft" markets*).

Nas fases severas ou de *"hard" markets* o mercado se caracteriza por uma oferta de coberturas ressecuritárias restritiva e de altos preços, enquanto nas fases amenas ou de *"soft" markets* o mercado se pauta pelo excesso de oferta e por uma queda no preço das coberturas ressecuritárias.

De toda sorte, o consenso no âmbito econômico é o de que as altas e baixas do mercado são provocadas por imperfeições de natureza interna e externa as quais desequilibram o fluxo de recursos envolvidos no desenvolvimento da atividade, como as decorrentes de perdas não esperadas (exemplo: as consequências provocadas por um evento ou por uma sequência de fenômenos naturais cujo potencial danoso intensifica-se em razão de mudanças climáticas).

Deste modo, pode-se concluir que a assimetria de informações entre os provedores de capital e a gestão dos níveis de exposição e de adequação de reservas relacionadas à atividade de resseguro pode causar uma elevação dos custos de capital durante fases severas do mercado e provocar a escassez de recursos empregados no desenvolvimento da atividade.

Diante de tal cenário, durante as *fases amenas* do mercado, os resseguradores adotam métodos conservadores na distribuição de lucros com o intuito de se precaverem em face da dificuldade de obtenção de capital quando da nova entrada do ciclo de *fases severas*, o que acaba por conduzir às vezes a um excesso de capacidade disponível e ao impacto negativo na fixação dos preços de coberturas ressecuritárias.

A evolução das bases técnicas do mercado ressegurador mundial tem destacado uma característica de resiliência marcante dessa atividade nos períodos de crises causadas pela verificação de grandes acidentes ou fenômenos naturais e de crises de volatilidade do mercado financeiro em nível internacional, em razão das bem estruturadas políticas de subscrição de riscos e de investimentos de longo prazo realizados pelos agentes deste setor.

Desse modo, mesmo diante de possíveis ineficiências especialmente verificadas nos ciclos severos, o mercado tem se mantido estável ao longo das últimas décadas do ponto de vista de sua liquidez e de pronta resposta aos desafios experimentados pelos resseguradores em nível mundial, e, inclusive, no Brasil no período pós-extinção do monopólio de exploração do mercado interno.

12.3.2 Mercado ressegurador brasileiro

Na atual sistemática legal vigente, as *sociedades resseguradoras* representam os agentes que desenvolvem a atividade de resseguro no país e, como visto, são autorizadas a funcionar pela Superintendência de Seguros Privados – SUSEP.

O IRB-Brasil Resseguros – IRB Re, após a sua privatização, se tornou uma sociedade anônima de capital aberto, com ações comercializadas na B3 (BOVESPA), e conta com uma ação preferencial de classe especial (*golden share*) mantida pela União

Federal, com o poder de veto sobre determinados assuntos institucionais (ex.: mudança da denominação social, transferência do controle acionário, definição das políticas de subscrição etc.).

O IRB-Re consiste na sociedade resseguradora com a maior participação no mercado ressegurador nacional, mantendo a sua relevância técnica e mercadológica para a pulverização de riscos das seguradoras com atividades no Brasil.

Torna-se oportuno esclarecer que, após a sua privatização, os artigos 41 a 55 do Dec.-Lei 73/66, voltados para a regulação do IRB-Re, consideram-se como tacitamente revogados, porque ele se tornou uma sociedade privada autônoma.

No que toca à reabertura do mercado ressegurador brasileiro, registra-se que a participação de sociedades estrangeiras, ainda que indiretamente, não é novidade no país, uma vez que o IRB já dominava a *expertise* de contratação de coberturas no exterior a fim de promover a pulverização dos riscos do mercado interno.

Além disso, o IRB também detinha a competência de autorizar a contratação direta com as entidades estrangeiras quando constatada a inexistência de capacidade regional para fazer frente a riscos excepcionais.

Com efeito, repita-se, a Lei Complementar 126/2007 alterou drasticamente este cenário e abriu o mercado para que outras sociedades resseguradoras, inclusive estrangeiras com representação ou não no Brasil, passassem a se instalar e funcionar no país, ampliando a base do resseguro no mercado nacional.

No Brasil, um país com um histórico de baixo impacto causado por grandes catástrofes naturais em comparação às regiões do globo mais afetadas, a expansão da atividade de resseguros tem despertado o interesse dos maiores grupos resseguradores internacionais da atualidade, os quais passaram a operar e a desenvolver atividades no país desde a reabertura do mercado, sob a forma de resseguradores locais, eventuais ou admitidos.

Em 2022, o mercado ressegurador brasileiro arrecadou prêmios de R$ 27,7 bilhões, o que representa um crescimento significativo comparado à arrecadação do ano de 2007, com um aumento substancial da cessão de riscos sobre prêmios de seguros (Austral, 2023; Valor Econômico, 2017).

A reabertura do mercado também propiciou, simultaneamente, entre os anos de 2008 a 2022, o crescimento da demanda pela cessão de riscos de seguradoras com sede no Brasil, e, também, da contratação de resseguro por cedentes do exterior, o que demonstra o grande potencial de internacionalização do mercado brasileiro (Susep, 10º Relatório, 2022).

O aumento na arrecadação de prêmios também pode ser atribuído à evolução do número de resseguradores autorizados a operar no mercado brasileiro, o qual conta com: (a) 13 resseguradores locais; (b) 74 resseguradores eventuais; e, (c) 32 resseguradores admitidos, num total de 119 resseguradores autorizados a operar no Brasil (Fenaber, 2023).

No ano de 2022, constata-se que os resseguradores locais conquistaram 58% de participação do mercado, enquanto os resseguradores eventuais e admitidos alcançaram 42% de participação do mercado.

Em 2022, os resseguradores locais arrecadaram R$ 16,2 bilhões em prêmios enquanto os resseguradores eventuais e admitidos arrecadaram R$ 11,5 bilhões, com destaque para o IRB, o qual mesmo após a reabertura do mercado manteve-se como o principal ressegurador brasileiro, graças a sua estrutura consolidada e experiência técnica adquirida ao longo de décadas de atuação no país.

Apesar do domínio do IRB, os demais resseguradores locais e os resseguradores eventuais e admitidos obtiveram um aumento considerável na arrecadação de prêmios e, consequentemente, de participação no mercado brasileiro, haja vista a diminuição gradativa do percentual de retenção obrigatória de riscos cedidos no país e do aumento da concorrência entre congêneres no período da pós-transição do monopólio para o mercado livre (Art. 11 da LC 125/2007).

Por fim, a atual relevância do resseguro como tema de estudo, em razão da sua grande capacidade de abrangência dos mais diversos riscos seguráveis aos quais se encontra exposta a indústria securitária e, por consequência, a humanidade, pode ser ainda aferida a partir da comparação entre prêmios arrecadados por ramos.

No período acima analisado, obtiveram grande destaque os resseguros dos ramos: (i) *patrimonial*, com uma arrecadação de R$ 6,6 bilhões; (ii) *rural*, com uma arrecadação de R$ 3,9 bilhões; (iii) *automóvel*, com uma arrecadação de R$ 2 bilhões; (iv) *financeiro*, com uma arrecadação de R$ 1,8 bilhão; (v) *responsabilidades*, com uma arrecadação de R$ 1,3 bilhão; (vi) *petróleo*, com uma arrecadação de R$ 1,2 bilhão; e, por fim, (vii) *transporte*, com uma arrecadação de R$ 1,2 bilhão.

Com base nas análises estatísticas acima, é possível afirmar que o mercado ressegurador brasileiro evoluiu significativamente na última década comparativamente ao período do monopólio exercido pelo IRB sob uma perspectiva multidimensional, qual seja:

(i) aumento do volume de arrecadação de prêmios de resseguro;

(ii) introdução de novas tecnologias aplicadas no desenvolvimento dos negócios de subscrição de riscos;

(iii) aumento da competitividade das tarifas praticadas em razão da concorrência entre congêneres com sede no Brasil e no exterior; e,

(iv) implantação do projeto de expansão das atividades para captação de riscos no exterior, principalmente, de países com uma maior proximidade geográfica e cultural, como os situados na América Latina.

Torna-se válido ainda destacar a alta capacidade dos resseguradores com atuação no mercado interno no que se refere à constituição de reservas técnico-financeiras para cobertura dos riscos assumidos, o que também demonstra um grande lastro para a absorção de novos riscos decorrentes do aumento da demanda e da exploração de novos nichos comerciais.

Por fim, importante ressaltar ainda a manutenção da tendência mundial de fusões e de aquisições (*M&A*) entre sociedades resseguradoras como estratégia voltada para a ampliação da participação em mercados nos quais já estejam autorizadas a funcionar e para a conquista de novos mercados com grande potencial de crescimento e lucratividade a médio e longo prazos como o brasileiro (*Insurance Journal*, 2017).

12.4 PRINCÍPIOS

Neste tópico serão apresentados os princípios específicos do contrato de resseguro, responsáveis pelo norteamento da aplicação de suas normas e do preenchimento de lacunas relacionadas ao desenvolvimento da sua dinâmica jurídico-contratual.

Em razão da sua interdependência e forte relação com o contrato de seguro, muitos dos princípios fundamentais extraídos da prática securitária tornam-se aplicáveis ao resseguro, respeitadas as particularidades próprias deste negócio jurídico (Baptista, 2010:61-89; Haddad, 2002:30).

12.4.1 Princípio da pulverização dos riscos

Como visto no Subitem 6.3.2, o princípio da pulverização dos riscos é considerado essencial para o desenvolvimento das atividades relacionadas ao seguro, ao resseguro e à retrocessão (Martins, 2019).

Em razão disso, o ressegurador também deverá buscar formas de distribuição de riscos que visem garantir a solvabilidade da sua atividade visando ao cumprimento das garantias contratuais assumidas perante a sociedade ressegurada.

No âmbito interno da companhia, a adoção de programas de gerenciamento de riscos se afigura como meio essencial para a neutralização dos riscos assumidos na atividade resseguradora.

Externamente, uma das principais formas de pulverização de riscos da atividade resseguradora consiste na celebração do contrato de retrocessão, pelo qual o ressegurador, na qualidade de retrocedente, compartilhará riscos com o retrocessionário.

12.4.2 Princípio da máxima boa-fé

O contrato de resseguro também se encontra submetido aos efeitos vinculativos do princípio da máxima boa-fé (*uberrima fides*) (Arts. 422 e 765 do Código Civil).

O princípio da máxima boa-fé impõe aos contratantes a obrigação da manutenção de um comportamento honesto e confiável durante toda a relação contratual.

Esse vínculo obrigacional justifica-se pelo fato de o ressegurador, como regra, manter-se fora da órbita de influência dos grupos securitários administrados pelo segurador, valendo-se da administração de riscos e dos dados consolidados de sinistros repassados pelo segurador para assunção da garantia ressecuritária.

A quebra de qualquer dever de boa-fé implica a suspensão da garantia ressecuritária e, dependendo da sua gravidade, a nulidade do próprio contrato, observadas as condições previamente estabelecidas entre as partes.

12.4.3 Princípio da cooperação

O princípio da cooperação encontra fundamento no pressuposto de colaboração mútua que ressegurado e ressegurador devem manter ao longo do prazo de vigência da relação ressecuritária.

A cooperação consiste em um princípio de grande abrangência por vincular ambas as partes em relação à prestação de informações e à adoção de medidas eficientes relacionadas à preservação do legítimo interesse ressegurável (Gerathewohl, 2013:479-481).

Nessa linha, as informações prestadas devem ser precisas e transparentes e as ações adotadas devem ser adequadas a fim de que a outra parte possa ter o conhecimento necessário a respeito da sua extensão e do seu conteúdo (Schwepcke, 2004:79-80).

A intensidade do princípio da cooperação pode variar de acordo com a modalidade de resseguro contratada: (i) *resseguro facultativo*, no qual a participação do ressegurador é mais ativa; e, (ii) *tratado de resseguro*, no qual a participação do ressegurador é menos influente, em razão de estar o risco, geralmente, abrangido pelas carteiras técnicas concebidas para a absorção dos riscos mais frequentes do mercado segurador.

12.4.4 Princípio indenitário

A vinculação ao princípio indenitário no contrato de resseguro decorre da necessidade de harmonização entre o dever de pagamento da importância ressegurada e a perda efetivamente sofrida pelo segurador.

A indenização, porventura recebida pelo segurador, deve manter um estreito liame com o prejuízo experimentado face à assunção das obrigações securitárias firmadas com terceiros.

Deste modo, é vedado ao segurador pleitear e ao ressegurador conceder o pagamento de indenizações que não possuam um estreito liame de correspondência com os riscos assumidos pelo segurador no desenvolvimento da atividade securitária e apenas nos limites dos desembolsos por ele gerados.

12.5 COSTUMES INTERNACIONAIS

Ao se analisar as fontes e a quase inexistente previsão sobre o resseguro nos planos legislativos nacionais, verifica-se que o Direito do Resseguro encontra, no *contrato*, nos *costumes* e nos *mecanismos de solução de controvérsias*, base para a concepção, a interpretação e a aplicação de normas voltadas para a operabilidade do instituto (Haddad, 2003:57-59).

Por isso, neste subitem serão apresentados os costumes construídos a partir da prática ressecuritária internacional, ou seja, os atos costumeiramente praticados no desenvolvimento do negócio ao longo dos tempos e que moldaram as operações de resseguro em nível mundial entre os agentes do mercado (Basso, 2014:51-123; Gama Júnior, 2006:179-222).

12.5.1 Costume da comunhão da fortuna securitária

O costume internacional da comunhão da fortuna securitária (*follow the fortunes*) estabelece que o ressegurador encontra–se vinculado às consequências do risco segurado.

Em razão desse costume, o ressegurador assume as obrigações decorrentes da boa ou má-sorte do segurador, porventura consumada no período da proteção ressecuritária (Gerathewohl, 2013:464-468; Barroso de Mello, 2011:92-95).

Deste modo, o ressegurador deverá observar o quanto a atividade securitária desenvolvida pela cedente dos riscos gerou de resultados prejudiciais a partir da verificação de riscos globais ou sinistros previamente especificados ao longo do tempo de vigência da cobertura contratual (Schwepcke, 2004:78-79).

Torna-se importante destacar que a denominada *comunidade de sortes* somente opera efeitos se o segurador portou-se na gestão da atividade securitária de acordo com o *princípio da máxima boa-fé*, ou seja, se diante da ocorrência prevista como autorizadora da provocação da prestação material do ressegurador, portou-se na defesa dos interesses deste, como se ele o fosse.

A comprovação da má-fé do cedente-segurador desnatura o contrato e libera o cessionário-ressegurador de prestar a obrigação contratada.

12.5.2 Costume da autonomia de gestão da atividade securitária

O costume internacional da autonomia de gestão da atividade securitária é o costume pelo qual o ressegurador encontra-se proibido de interferir nos atos de gestão do segurador no desenvolvimento da atividade securitária.

Dessa forma, o segurador terá o direito de adotar de maneira autônoma todas as medidas relacionadas à apuração e à liquidação dos sinistros sob a sua respectiva responsabilidade (Gerathewohl, 2013:464-473; Schwepcke, 2004:74-78).

Em razão disso, o ressegurador deverá destacar as práticas que porventura poderão implicar a suspensão ou a perda da garantia contratual, de acordo com os usos e os costumes da atividade de resseguros.

Nessa linha, o ressegurador também terá o direito de dirigir a liquidação do sinistro no que toca à provocação da prestação material da cobertura ressecuritária, exigindo, justificadamente, a apresentação de documentos, resultados de perícias técnicas e realizando a leitura e conferência de bancos de dados estatísticos relacionados às coberturas contratadas, respeitada a garantia do sigilo dos dados empresariais.

Como destacado, tal princípio não autoriza o cedente a reter dados e informações fundamentais para a materialização da prestação ressecuritária, uma vez que o ressegurador está, no contrato de resseguro, na mesma posição de interdependência do segurador em relação ao segurado na liquidação do sinistro do contrato de seguro, competindo a ele analisar a procedência do pedido de prestação material da garantia ressecuritária contratada.

Sob essa vertente, o segurador deverá apresentar todas as informações e todos os dados necessários para a materialização da prestação ressecuritária pelo ressegurador, desde que mantenham relação técnica fundamentada com a liquidação da cobertura.

12.5.3 Costume do respeito aos atos praticados pelo segurador

O costume internacional do respeito aos atos praticados pelo segurador ou à aceitação dos atos securitários (*follow the acts*) prevê que o ressegurador deverá considerar, obrigatoriamente, as práticas tomadas pelo segurador.

Isto é, desde que realizadas dentro de um padrão de normalidade da atividade, não cabe ao ressegurador refutar as práticas adotadas pelo segurador, mesmo diante do entendimento de que havia naquela oportunidade outra decisão mais acertada para o caso concreto a qual poderia evitar os prejuízos por ele sofridos (Gerathewohl, 2013:473-479).

Nessa linha, os atos praticados pelo segurador, dentro de um padrão de normalidade e em conformidade com as práticas do mercado, devem ser observados pelo ressegurador.

A obrigatoriedade de tal aceitação decorre da autonomia do segurador em gerir os seus próprios negócios, os quais, geralmente, são realizados consentaneamente aos termos da garantia ressecuritária.

De acordo com Marcelo Mansur Haddad (2002:80), traço distintivo entre *o costume da comunhão da sorte* e do *respeito aos atos praticados pelo segurado* encontra-se na perspectiva de inexistência de poder de controle dos fatos inerentes ao primeiro e da controlabilidade dos fatos inerentes ao segundo.

Essa regra somente gera efeitos se o segurador se portou na gestão da atividade securitária de acordo com o *princípio da máxima boa-fé*, em harmonia com o regime contratual ressecuritário firmado entre os contratantes.

O segurador também deve se portar, diante da ocorrência prevista como autorizadora da provocação da prestação material do ressegurador, na defesa dos interesses deste, como se ele o fosse.

As partes poderão dispor sobre cláusulas de controle e cooperação (*claims control clauses*) visando atuar de maneira colaborativa em relação à regulação de determinados riscos considerados vultosos ou de grande proporção, principalmente nos resseguros facultativos, com o intuito de diminuir a possibilidade de verificação de assimetrias informacionais.

As partes também podem estabelecer previamente o regime de pagamento ou ressarcimento dos custos normais ou excepcionais de regulação (*allocated and unallocated loss adjustment expenses*) a fim de evitar futuros litígios a respeito do assunto (Rios da Rocha, Fernandes e Searle, 2020).

12.5.4 Costume do direito de inspeção

O costume internacional do direito de inspeção estabelece que o ressegurador tem o poder de analisar documentos e aspectos relacionados à garantia securitária em poder do segurador, como forma de contrabalançar os direitos costumeiramente conferidos ao último (Haddad, 2002:85).

Importante advertir que o direito de inspeção deverá ser exercido em conformidade com o escopo do negócio jurídico firmado entre cedente e cessionária dos riscos, e, ademais, deverá ser justificadamente exercido para a finalidade de análise dos riscos subscritos e de eventual perícia técnica dos dados de verificação de sinistros eventualmente reclamados a título de cobertura ressecuritária.

O acesso aos dados do segurador deverá observar ainda todos os aspectos inerentes à confidencialidade dos negócios empresariais por ele geridos, restringindo-se o seu uso, exclusivamente, para fins de realização da garantia ressecuritária.

12.5.5 Costume do dever de retenção do risco pelo segurador

O dever de retenção do risco é o costume internacional pelo qual o segurador encontra–se obrigado a assumir parte das consequências prejudiciais incidentes sobre um legítimo interesse ressegurável diante da necessidade de equilíbrio entre as prestações assumidas no contrato de resseguro (Gerathewohl, 2013:481-485).

Todavia, segundo Marcelo Mansur Haddad (2002:86), é discutível a sua natureza de costume internacional, como, por exemplo, na realização da operação de *fronting*, pela qual o risco é transferido em sua integralidade para o ressegurador.

12.6 FORMAÇÃO CONTRATUAL – ASPECTOS ESPECÍFICOS

Neste subitem serão apresentados o objeto, os agentes, os elementos essenciais e as características que distinguem o resseguro das demais espécies contratuais, possibilitando assim uma visão jurídica ao mesmo tempo panorâmica e aprofundada do instituto.

12.6.1 Objeto

A respeito do objeto do contrato de resseguro, entende-se relevante destacar que ele gravita em torno do interesse ressegurável sobre os efeitos econômicos decorrentes do adimplemento, no todo ou em parte, das obrigações securitárias assumidas pelo segurador no exercício da sua atividade empresarial.

O legítimo interesse ressegurável apresenta-se como o objeto imediato da garantia com base no qual o ressegurado pretende se proteger dos efeitos econômicos prejudiciais provocados pelos riscos incidentes sobre a atividade seguradora.

12.6.2 Partes

Em relação às pessoas que funcionam na qualidade de partes do contrato de resseguro podem ser indicados:

(i) *o segurador*, denominado de cedente do risco original ou de ressegurado; e,

(ii) *o ressegurador*, denominado de cessionário do risco.

Em relação às partes do contrato, como representante da cedente do risco, pode ser mencionado ainda *o agente de intermediação do resseguro*, denominado de agente ou corretor do resseguro (*broker*), pessoa física ou jurídica, autorizada a atuar no mercado ressegurador.

Com base nesta breve apresentação, constata-se que, não obstante a interdependência do contrato de resseguro com o contrato de seguro, como regra, com ele não se confunde nem se verifica liame contratual que permita o segurado acionar diretamente o ressegurador pelo eventual descumprimento de obrigação contratual assumida pela seguradora em face daquele.

No contrato de resseguro há agentes próprios que não se confundem com os agentes que participam da relação securitária, com exceção da companhia seguradora, a cedente do risco, o que, por si só, não autoriza o raciocínio de que o objeto destes contratos seja o mesmo ou se confundam entre si, nem a pretensão de que as responsabilidades assumidas pelas partes nestas coberturas, de regra, se comuniquem de maneira direta umas com as outras, salvo expressa estipulação em sentido contrário.

12.6.3 Requisitos

No que se refere aos requisitos específicos do contrato de resseguro, podem ser apontados resumidamente os seguintes:

(i) *o risco*, elemento imprescindível a todo e qualquer contrato de natureza securitária ou ressecuritária, haja vista que é obrigatória a existência da probabilidade de perdas econômicas relacionadas diretamente ao desenvolvimento da atividade securitária por força de causas externas não diretamente imputáveis à cedente;

(ii) *o interesse ressegurável*, compreendido como o elemento que estabelece a relação de justo interesse econômico e jurídico da seguradora, cedente do risco, e as consequências prejudiciais advindas do exercício da sua atividade empresarial;

(iii) *o prêmio*, compreendido como o elemento que retrata o cumprimento do dever de contraprestação da cedente pela contratação da garantia ressecuritária destinada à constituição dos fundos financeiros necessários para fazerem frente à cobertura das consequências econômicas prejudiciais relacionadas ao desenvolvimento da atividade securitária;

(iv) *a garantia*, elemento que representa a prestação assumida pelo ressegurador de cobrir os riscos relacionados ao exercício da atividade empresarial desenvolvida pela seguradora visando garantir a solvabilidade das obrigações securitárias firmadas; e, por fim,

(v) *a empresarialidade*, compreendido como o requisito de constituição sob o tipo de uma sociedade anônima para a exploração da atividade de resseguros sob a forma empresarial.

A presença destes elementos possibilita distinguir o núcleo central do contrato de resseguro de outras modalidades contratuais, cujas diferenças ficam ainda mais evidentes a partir do cotejo das características de forma, natureza e tempo do contrato, como será visto mais detalhadamente no próximo tópico.

12.6.4 Características

Neste subitem serão apresentadas as características do contrato de resseguro a fim de demonstrar as particularidades inerentes a esse tipo contratual específico, conforme poderá ser visto, com uma maior riqueza de detalhes, a seguir.

12.6.4.1 *Contrato atípico*

Em relação à tipologia do contrato, o resseguro pode ser classificado como um *contrato atípico*.

De acordo com Paulo Piza (2002:393), embora se trate de contrato por vezes referenciado em legislações nacionais, não possui a sua estrutura jurídico-contratual nem os direitos ou obrigações aos quais a seguradora e resseguradora se obrigam com a celebração do contrato previamente estipulados em lei.

Adota-se, portanto, a classificação que entende necessário o detalhamento legislativo a respeito dos elementos, da estrutura e do regramento jurídico-contratual ao qual as partes contratantes estarão submetidas ao longo do tempo de vigência do contrato para fins de consideração da sua tipicidade.

Portanto, embora se reconheça até mesmo a existência de normas jurídicas a ele diretamente correlacionadas nos ordenamentos jurídicos de alguns países, não se constata a existência de prévia e expressa disposição legal a respeito da sua definição, dos seus caracteres essenciais ou do regime de direitos e obrigações especificamente voltados à regulação dos interesses dos contratantes.

Vigora no seio do resseguro a mais ampla liberdade das partes contratantes para estabelecerem o seu conteúdo contratual de acordo com os respectivos interesses influenciados pelos princípios e costumes verificados na prática internacional.

12.6.4.2 Contrato internacional

Em relação à classificação com base na jurisdição, o resseguro pode ser apontado como um *contrato costumeiramente internacional*, por ser, geralmente, celebrado entre empresários com sedes em Estados-nacionais diversos (Baptista, 2010:19-32; Nunes, 2011:80-112).

Como exemplo cita-se uma sociedade seguradora brasileira que firma contrato de resseguro com uma sociedade resseguradora com sede no exterior, com o objetivo de proteger os seus interesses em relação ao exercício da sua atividade empresarial no Brasil.

O elemento de conexão verifica-se presente neste contrato a partir da constatação, no caso concreto, do *elemento de estraneidade* ínsito à prática ressecuritária de se buscar a contratação por resseguradores, geralmente, situados em países diferentes dos quais os seguradores possuem sede, submetendo o seu objeto, assim, a princípio, a dois sistemas jurídicos nacionais diversos (Basso, 1998:78-116; Rodas, 1995:09-50).

Não obstante se reconheça possível a celebração do resseguro entre duas sociedades empresárias com sedes e negócios no mesmo país, tal aspecto não desnatura a natureza tipicamente internacional do contrato, visto que um dos princípios fundamentais das operações ressecuritárias é a busca pela alta dispersão do risco em nível global (Valadão, 1970:363-375).

12.6.4.3 Contrato interempresarial

A respeito da natureza da relação jurídica de base estabelecida entre contratantes e levando-se em consideração o objeto do negócio, o resseguro também pode ser compreendido como um *contrato interempresarial*, por ser celebrado exclusivamente entre empresários com o nítido escopo de lucro.

De um lado, a sociedade resseguradora almeja a obtenção do pagamento do prêmio pela participação no risco originariamente assumido com vistas a subsidiar as suas atividades de pulverização do risco e a obter lucro da operação; e, de outro, a companhia seguradora pretende eliminar ou, pelo menos ver reduzido, o impacto econômico prejudicial aos seus interesses com a incidência do risco assumido no desenvolvimento de sua atividade empresarial.

12.6.4.4 Contrato bilateral-sinalagmático

No que se refere à natureza das obrigações em relação as quais as partes contratantes se vinculam, o resseguro pode ser apontado como um *contrato bilateral-sinalagmático*, no qual existe a disposição de direitos e obrigações recíprocos e materialmente equivalentes entre o segurador e o ressegurador.

Entende-se ainda possível, em determinadas operações, classificar o resseguro como um *contrato plurilateral*, quando a seguradora não consegue obter a cobertura total do risco pretendido com um ressegurador, fazendo-se necessário compartilhá-lo com outros resseguradores para que eles possam prestar uma garantia proporcional sobre o legítimo interesse ressegurável.

12.6.4.5 Contrato oneroso

No que tange à natureza da contraprestação estabelecida entre as partes contratantes, o resseguro pode ser classificado ainda como um *contrato oneroso*, operacionalizado para realizar vantagem econômica tanto para a companhia seguradora quanto para a sociedade resseguradora, mediante contraprestações financeiras previamente pactuadas.

12.6.4.6 Contrato aleatório versus comutativo

De acordo com os que defendem a aleatoriedade, o resseguro pode ser considerado do ponto de vista individual como um *contrato aleatório*, uma vez que a vantajosidade das prestações e contraprestações firmadas pelas partes contratantes está vinculada à realização de um evento futuro e incerto.

Por outro lado, para os que defendem a comutatividade, sob uma ótica tipicamente empresarial do negócio, o resseguro deve ser classificado como um contrato *comutativo*, uma vez que as prestações e contraprestações firmadas são certas entre os contratantes, possibilitando a ambos assim anteverem quais serão os seus eventuais lucros e prejuízos com a realização da operação.

12.6.4.7 Contrato consensual

Quanto à forma pela qual é celebrado, o resseguro também pode ser compreendido como um *contrato consensual*, por se tratar de um contrato mais próximo da prática costumeira das relações jurídicas em que impera a simples aposição de convergência positiva de vontades dos contratantes.

O fato de a Lei Complementar 126/2007 (Art. 12) prever a possibilidade de a SUSEP fixar o prazo para a sua formalização e estabelecer o conteúdo mínimo obrigatório não transformam o contrato de resseguro em um contrato formal, uma vez que tais determinações possuem fins meramente fiscalizatórios e não têm a capacidade de influenciar a existência, a validade ou a eficácia do contrato.

Ademais, entende-se que a obrigatoriedade de formalização está adstrita aos fins meramente probatórios e não da substância do contrato propriamente dito.

12 • CONTRATO DE RESSEGURO — 351

12.6.4.8 Contrato não solene

Ainda sob a perspectiva da formalidade de celebração, o resseguro pode ser considerado um *contrato não solene*, uma vez que não está vinculado à prática de um ato público ou privado previamente estabelecido em lei, conferindo-se ampla liberdade para que os contratantes estabeleçam o modo como o contrato deverá ser celebrado.

12.6.4.9 Contrato de execução continuada

Em relação ao tempo de duração do ajuste firmado entre empresários, o resseguro pode ser classificado como um *contrato de execução continuada*, contrato de efeitos vistos ao longo do tempo da duração de vigência do pacto firmado entre ressegurado e ressegurador.

Todavia, inegável reconhecer que, em determinadas hipóteses, como as relacionadas à contratação de resseguros facultativos ou para eventos isolados, a relação ressecuritária poderá apresentar a característica de *contrato de execução instantânea*.

12.6.4.10 Contrato paritário

No que tange à equivalência das partes no contrato, o resseguro pode ser considerado um *contrato paritário*, no qual se demanda uma análise mais particularizada do risco, com a inserção e a supressão de cláusulas pelos contratantes visando ao atendimento das necessidades por eles almejadas (ex.: cláusula de pagamento direto, do dever de informação, da comunhão de sortes, de insolvência do segurador, de jurisdição etc.).

12.6.4.11 Contrato principal

Por fim, no plano da forma contratual, o resseguro pode ser ainda classificado como um *contrato principal*, por possuir sujeitos, objeto, definição, características, requisitos, apresentação e finalidade próprios.

A finalidade da contratação do resseguro é bastante específica, porquanto objetiva garantir a seguradora em relação *aos riscos de desvios técnicos relacionados ao desenvolvimento da atividade securitária, compreendidos como os riscos de flutuação aleatória, de catástrofe, de erro e de mudança* (Piza, 2015, Cap. 18.2).

Desse modo, o resseguro é contratado com o objetivo de proteger o exercício da atividade securitária, a qual notoriamente se desenvolve com base numa rede de contratos de seguros de riscos diversos aos quais se obriga a seguradora a respeitar e a cumprir quando da ocorrência do sinistro em consonância às condições gerais da apólice.

Independentemente da *performance* de um ou mais contratos de seguro assumidos no exercício da atividade securitária, os direitos e as obrigações firmados entre segurador e ressegurador continuarão a exercer os seus efeitos jurídicos plenos.

Desse modo, independentemente do modo como os riscos seguráveis são realizados no plano securitário, a obrigação de pagamento do prêmio pela contratação da cobertura ressecuritária ao longo do prazo de vigência do contrato permanecerá integra e vinculando o segurador perante o ressegurador.

Por outro lado, forçoso reconhecer que nos casos de contratação de resseguros facultativos, o resseguro parece adquirir uma função acessória relacionada a uma única cobertura securitária isolada.

Tal fato, todavia, não é suficientemente bastante para descaracterizar a sua natureza principal, uma vez que, como regra, os contratos de resseguro e de seguro não se comunicam diretamente no que tange aos seus direitos e obrigações.

Como regra, o segurado não tem ação direta em face do ressegurador, uma vez que a contratação do resseguro apenas gera direitos e obrigações entre seguradora e ressegurador, salvo nos casos expressamente previstos em lei ou pactuados pelas partes.

Além do mais, como destacado, o resseguro é um contrato que deve ser analisado com base na massa de operações empresariais realizadas pelo segurador, e, não apenas, de maneira isolada, com fundamento em um ou outro contrato firmado separadamente pelo cedente do risco.

12.7 INSTRUMENTOS

Neste tópico serão apresentados os instrumentos básicos utilizados na prática do resseguro para a celebração do contrato e a regulação do seu conteúdo visando à execução dos direitos e obrigações aos quais as partes se vinculam a cumprir e a observar ao longo da relação jurídico-contratual.

12.7.1 Proposta

A contratação de um resseguro deverá ser precedida obrigatoriamente de uma *proposta* na qual uma das partes interessadas manifestará a sua vontade dirigida a outra para a celebração das condições jurídicas mínimas dentro das quais se realizará o ajuste ressecuritário.

No resseguro, geralmente, compete à sociedade seguradora, diretamente ou por meio do seu agente de resseguro, apresentar a proposta de contratação dirigida ao ressegurador responsável por garantir o atendimento das necessidades técnico-operacionais relacionadas à atividade empresarial por ela desenvolvida.

Isto porque, compete à sociedade seguradora identificar quais são as suas necessidades do ponto de vista da utilização de técnicas externas de pulverização de riscos disponíveis no mercado para que ela possa exercer a sua atividade do modo mais eficiente possível.

12 • CONTRATO DE RESSEGURO

Sob essa perspectiva, os departamentos atuarial e comercial da companhia seguradora escolherão dentre as alternativas de contratação possíveis a que melhor atenderá aos seus interesses e informarão ao ressegurador a respeito da intenção na aquisição de um tipo de cobertura ou, até mesmo, de coberturas mistas ou conjugadas.

Na proposta deverão conter os dados técnicos essenciais capazes de identificar: *as partes*, o *tipo de cobertura*, a *forma de compartilhamento do risco*, o *preço*, o *fato gerador do pagamento*, o *prazo de vigência do contrato*, o *local de execução*, a *data da celebração*, e todas as demais cláusulas necessárias para a adequada regulação da avença, inclusive, as cláusulas com a exclusão de riscos.

Após a análise do ressegurador, a proposta poderá ser *aceita* ou *recusada*; ou, até mesmo, objeto de uma *contraproposta*, visando adequá-la à realidade técnico-operacional do cessionário do risco ou diante da complexidade da cobertura almejada.

No mercado ressecuritário, constata-se a prática da utilização do documento denominado *Slip* para veicular a proposta de contratação da cobertura, a qual costuma ser, no caso dos resseguros facultativos, o único documento escrito comprovando a existência da relação ressecuritária com o conteúdo das cláusulas em relação às quais as partes se vinculam (Merkin, 2007).

No caso *General Reinsurance Corporation and Ors v Forsakringsaktiebolaget Fennia Patria [1983] 2 Lloyd's Rep. 287*, a Corte de Apelação do Reino Unido, por meio do voto do Lorde Kerr, decidiu que: "A apresentação do *slip* pelo corretor constitui a oferta, e a assinatura de cada linha de cobertura constitui a aceitação desta oferta pelo subscritor do risco".

Na prática do resseguro, a agilidade e a habitualidade com as quais são fechadas as contratações de coberturas fizeram com que se desenvolvesse um costume pautado por uma verdadeira informalidade – ou, sob outra perspectiva, de uma formalidade mínima – na aceitação de riscos por serem os mesmos de certa forma geralmente conhecidos pelo mercado.

Nesse sentido, o *Slip* contém as informações mínimas relacionadas ao risco e às condições do contrato, o qual é submetido ao ressegurador ou resseguradores para subscrição de acordo com o percentual por eles assumido e o preço acordado (*International Risk*, 2016).

Por isso, como regra, as contratações de resseguro para riscos conhecidos e habitualmente vistos no mercado não costumam demandar maiores formalidades para fins de manifestação da aceitação da cobertura por parte dos resseguradores.

Normalmente, basta o lançamento da aceitação pelo ressegurador no *Slip* para que o contrato seja considerado perfeito e válido, e para que gere os seus efeitos jurídicos plenos entre as partes (Hadadd, 2003:82-91; Piza, 2002:330-332).

Ademais, importante relembrar que o resseguro é um contrato formado com base nos usos e costumes internacionais, assim, determinadas práticas estarão implicitamente incorporadas ao ajuste, caso estejam em consonância às suas particularidades, em razão da sua ampla observância e utilização pelo mercado (ex: cláusula da fortuna do segurador; cláusula da vedação à responsabilidade direta, dentre outras).

Nesse sentido, a prática revela que o *Slip* costuma ser o documento no qual o ressegurador lançará a sua anuência para formalizar a aceitação do risco, postergando-se a elaboração mais detalhada da estrutura definitiva do contrato para um momento posterior.

Nada obstante, após a aceitação da proposta, com o intuito de delimitar os direitos e os deveres ajustados e de evitar conflitos interpretativos futuros, recomenda-se que as partes formalizem o *contrato por escrito* com a redação completa das cláusulas essenciais descritas na proposta e das cláusulas acessórias que regularão a relação ressecuritária assim como especifiquem as respectivas exclusões contratuais.

12.7.2 Nota de cobertura

Após o recebimento da proposta e verificado que ela atende ao preenchimento dos requisitos técnicos mínimos de aceitação, caberá ao ressegurador manifestar a sua anuência para a celebração do contrato.

Como destacado, a aceitação geralmente é realizada na proposta de resseguro (*Slip*) por meio do lançamento da assinatura, das iniciais ou do carimbo de identificação do ressegurador.

Além dessa forma de contratação, também poderá ser emitido o documento denominado *nota de cobertura* (*Reinsurance Cover Note*) atestando para todos os fins o fechamento do negócio e o início da vigência dos seus efeitos jurídicos.

Sob a ótica particular do mercado londrino, Robert Merkin (2013) esclarece que a nota de cobertura emitida pelo agente de resseguro (*broker*), representando os interesses da cedente-ressegurada a fim de informá-la sobre as bases de fechamento da operação, não tem o poder de vincular o ressegurador, por consistir em documento de teor meramente informativo.

Neste caso, a proposta (*Slip*) devidamente aceita pelo ressegurador é o documento que retratará para fins de vinculação jurídica das partes a contratação do resseguro.

12.7.3 Clausulado contratual

No resseguro, como destacado, após a aceitação da proposta, as partes contratantes passam a redigir de maneira pormenorizada as cláusulas que farão parte do contrato escrito que formalizará os direitos e obrigações pactuados.

Denomina-se *Wording* a estrutura contratual definitiva e completa do resseguro estabelecendo detalhadamente os direitos e as obrigações em relação aos quais as partes se vincularão a cumprir durante o prazo de vigência do contrato.

Nesta etapa contratual, as partes estabelecerão de maneira precisa tanto no que tange à sua profundidade quanto no que tange à sua extensão a forma com a qual pretendem que a cobertura ressecuritária opere os seus efeitos.

A LC 126/2007 e a Resolução CNSP 451/2022 aludem à necessidade de inserção de cláusulas obrigatórias no contrato de resseguro com o intuito de estabelecer o conteúdo contratual mínimo que as partes deverão observar para a sua validade.

Portanto, o segurador e o ressegurador com atividade no país deverão adotar todas as medidas preventivas necessárias visando cumprir a formalização do contrato e a observância do seu conteúdo mínimo imposto pela legislação vigente a fim de evitarem eventuais sanções.

A Resolução CNSP 451/2022 (Art. 10) prevê que as operações de resseguro deverão ser formalizadas contratualmente no prazo de até 180 dias (cerca de 6 meses) do início da vigência da cobertura, sob pena de serem desconsideradas.

Todavia, é preciso esclarecer que a finalidade pretendida com a disposição citada não é a de propriamente invalidar os efeitos jurídicos da avença, mas, exclusivamente, garantir a transparência e a eficácia do controle das coberturas ressecuritárias pela seguradora e pelo órgão regulador.

Afinal, é por meio da formalização por escrito dos contratos de resseguro que a SUSEP, no exercício do seu poder de fiscalização, terá condições de conhecer os conteúdos firmados pelas partes e de analisar a adequação das garantias ressecuritárias contratadas para os fins de atendimento das exigências técnicas previstas na legislação em vigor.

Portanto, a exigência de formalização deve ser interpretada dentro do contexto regulatório e, não, como prescrição de invalidamento dos efeitos jurídicos gerados entre as partes contratantes, os quais permanecerão plenamente válidos para os fins almejados, afinal, o objetivo maior é a garantia da adequação e da solvabilidade da atividade exercida pela seguradora.

De modo geral, como destacado, os seguradores e resseguradores têm como perfeito o *contrato com base na emissão da proposta com os termos resumidos do acordo e da sua respectiva aceitação (Slip)*, podendo ainda ser anexada a cópia do contrato de seguro e de outros documentos que motivaram a operação, para fins de formalização da relação ressecuritária.

Nesse sentido, é possível constatar inclusive a existência de entendimentos de que o *Slip* pode ser considerado, em algumas situações, como a própria apólice do resseguro (*Slip Policy*). Segundo John Birds (2018): "Usualmente, o *Slip* demandará a elaboração da apólice; se assim não o for, então o *Slip* será referenciado como a *Apólice Slip do Resseguro*".

No caso *Balfour v. Beaumont [1984] 1 Lloyd's Rep. 272*, a Corte de Apelação do Reino Unido, por meio do voto do Lorde Donaldson, decidiu que: "A própria apólice do resseguro tomou a forma do que é chamado de '*Apólice Slip*' (*Slip Policy*). Isso, como seu nome revela, é um *Slip* o qual foi convertido em uma apólice pela adição do modelo do clausulado padrão assinado pelo Escritório de Apólices do Lloyd's".

Desse modo, tais documentos, por si só, já demonstram de maneira satisfatória a formalização da relação ressecuritária para os fins exigidos pela Resolução CNSP 451/2022. Afinal, de acordo com o seu artigo 10, § 4º: "O aceite do ressegurador ou resseguradores, na proposta de resseguro é prova da cobertura contratada".

Todavia, por uma questão de melhor delimitação dos direitos e obrigações firmados, recomenda-se a redação do clausulado contratual completo (*Wording*) a fim de regular adequadamente a execução do contrato de resseguro e de atender as eventuais exigências apresentadas pelo ente regulador.

Ademais, a redação do clausulado contratual completo certamente evitará conflitos interpretativos futuros quando da execução do resseguro, e, consequentemente, evitará prejuízos financeiros, principalmente, nas hipóteses de recusa de pagamento pelo ressegurador fundado nos usos e costumes do mercado internacional ou em razão da alegada falta de cumprimento de obrigações mínimas por parte da ressegurada.

Essa postura inclusive encontra-se alinhada às modificações experimentadas pelo mercado nas últimas décadas de uma maior concentração de esforços na fase de elaboração e de redação do clausulado contratual (*Wording*) com vistas a promover uma maior segurança jurídica das relações ressecuritárias.

Aqui cabe mais uma vez ressaltar que o resseguro é um contrato norteado por princípios e costumes os quais irradiam os seus respectivos efeitos ainda que não avençados por escrito pelas partes, salvo se elas expressamente os afastarem ou se modularem a forma pela qual eles incidirão sobre a relação contratual firmada.

Outro aspecto pertinente é o de que eventuais modificações dos efeitos dos princípios e costumes verificados na prática ressecuritária deverão ser realizados de maneira harmônica e perfeita com o contexto geral do contrato, sob pena de interpretação dúbia e risco de geração de controvérsia entre as partes contratantes.

Após devidamente estruturado e assinado pelas partes, o *clausulado contratual* regerá de maneira principal e definitiva a aplicação dos direitos e obrigações firmados pelas partes, sobrepondo-se ao conteúdo da proposta. Contudo, caso seja constatada alguma dissonância em relação aos termos da proposta inicial convencionada pelas partes, caberá à parte prejudicada comprovar a pertinência da sua utilização como meio de interpretação a fim de retificar eventual distorção prevista no clausulado (Noussia, 2013:50).

Neste caso, vigora a presunção de que as partes tiveram plena ciência do conteúdo do clausulado contratual e que a assinatura do documento implica a intenção inequívoca de sobreposição dos termos contidos na proposta inicial (Cf. *Youell v Bland Welch and Co Ltd QBD [1990] 2 Lloyd's Rep 431* – The Superhulls Cover-Case; e, *Allianz v. Aigaion [2008] EWCA Civ 1455*, neste caso, quando o próprio *Slip* se sobrepõe às tratativas anteriores das partes).

Por isso, nesta etapa contratual, a análise detalhada dos direitos e das obrigações em relação aos quais às partes se vincularam deve ser minuciosamente realizada com o intuito de diminuir o máximo possível a existência de cláusulas que venham a se contrapor ao interesse comum das partes e que venham a gerar dubiedade na interpretação do contrato.

Nesse sentido, a forma redacional dos clausulados contratuais deverá ser a mais clara possível e fiel ao legítimo interesse ressegurável das partes visando diminuir o escopo de litígio baseado em múltiplas interpretações das disposições do resseguro.

12.7.4 Endosso

O contrato de resseguro normalmente vigora por um prazo previamente ajustado pelas partes consistindo-se em um exemplo de contrato de execução continuada, salvo nas hipóteses de coberturas para eventos únicos, cujos efeitos sejam de execução instantânea.

Desse modo, em razão da modificação das necessidades técnicas verificadas pela sociedade seguradora, eventualmente, o contrato de resseguro firmado poderá sofrer alterações ao longo do tempo visando atender aos interesses da cedente do risco.

O instrumento adequado para a realização de modificações no texto do contrato de resseguro é denominado de endosso, meio pelo qual a companhia seguradora insere novas modificações e disposições contratuais à cobertura ou coberturas inicialmente contratadas.

Por meio do endosso, não se fará necessária a confecção de um novo contrato, bastando que as partes promovam a disposição das novas cláusulas e condições que nortearão à avença por meio desse instrumento contratual, o qual passará a fazer parte do contrato originário.

A principal finalidade com a utilização do endosso é o ganho de velocidade de análise e de modificação das bases do contrato, tornando-se desnecessária a sua reelaboração como um todo.

12.8 TIPOS DE RESSEGURADORES, REQUISITOS E NORMAS APLICÁVEIS

Neste subitem serão apresentados os tipos de resseguradores autorizados a funcionar no mercado de resseguros brasileiro, os requisitos de autorização de funcionamento e as normas aplicáveis às atividades desenvolvidas no Brasil.

12.8.1 Tipos de resseguradores

De acordo com o Art. 4º da Lei Complementar 126/2007, estão autorizados a funcionar no mercado interno três tipos de resseguradores:

(i) *ressegurador local*, compreendido como o ressegurador sediado no país, constituído sob a forma de sociedade anônima e que tem por objeto exclusivo a realização de operações de resseguro e retrocessão;

(ii) *ressegurador admitido*, classificado como o ressegurador sediado no exterior, com escritório de representação no país, que atendendo às exigências previstas na LC 126/2007 e às normas aplicáveis à atividade de resseguro e retrocessão no país tenha sido cadastrado na SUSEP para a realização das operações de resseguro e retrocessão;

(iii) *ressegurador eventual*, especificado como o ressegurador sediado no exterior, sem escritório de representação no país, que atendendo às exigências previstas na LC 126/2007 e às normas aplicáveis à atividade de resseguro e retrocessão no país tenha sido cadastrado na SUSEP para a realização das operações de resseguro e retrocessão.

De acordo com a LC 126/2007, equipara-se ao ressegurador local, o *fundo que tenha por único objetivo a cobertura suplementar dos riscos do seguro rural nas modalidades agrícola, pecuária, aquícola e florestal*, para fins de contratação de operações de resseguro e de retrocessão no Brasil.

A permissão de funcionamento para os *resseguradores admitidos* e *eventuais* no mercado brasileiro é cercada de condicionantes como forma de garantir a idoneidade das operações por eles firmadas com empresas sediadas no Brasil, inclusive, mediante o pagamento de taxa de fiscalização prevista em lei.

12.8.2 Requisitos específicos para os resseguradores admitidos e eventuais

Dentre os principais pressupostos específicos para o funcionamento dos *resseguradores admitidos* e *eventuais* no mercado nacional, podem ser citados os seguintes:

(i) constituição no país de origem autorizando a subscrição de resseguros locais e internacionais nos ramos de atuação no Brasil, há mais de 05 (cinco) anos;

(ii) dispor de capacidade econômica e financeira não inferior à mínima estabelecida pela SUSEP;

(iii) portar avaliação de solvência (*rating*) por agência reconhecida e com classificação igual ou superior ao mínimo estabelecido pela SUSEP; e,

(iv) possuir procurador, domiciliado no Brasil, com poderes especiais para receber citações, intimações, notificações e outras comunicações (Art. 6º da LC 126/2007).

Os *resseguradores admitidos* deverão ainda manter conta em moeda estrangeira com montante mínimo definido e vinculado à SUSEP para garantia das suas operações no país e apresentar periodicamente demonstrações financeiras nos moldes definidos pelo órgão regulador de seguros brasileiro.

Há ainda proibição expressa quanto à admissão dos *resseguradores eventuais* que possuam sede em países ou dependências que não tributam a renda ou que o façam por meio de alíquota inferior a 20% (vinte por cento), conhecidos como "paraísos fiscais"; ou, ainda, cuja legislação oponha sigilo relativo à composição societária de pessoas jurídicas ou à sua titularidade (Art. 4º da LC 126/2007).

A disposição de tal vedação encontra fundamento no compromisso institucional e internacional do governo brasileiro no combate à lavagem de dinheiro, por meio da utilização de investimentos financeiros relacionados a empresas do ramo securitário e ressecuritário, facilitando o controle da entrada e saída de capitais assim como a identificação dos respectivos beneficiários das somas advindas de tais operações.

12.8.3 Regras aplicáveis

A LC 126/2007 (Art. 5º) dispõe ainda que, observadas as peculiaridades técnicas, contratuais, operacionais e de risco da atividade e as disposições da SUSEP, os *resseguradores locais* estarão submetidos ao Decreto-lei 73/66, às demais leis aplicáveis às sociedades seguradoras, inclusive as que se referem à intervenção e à liquidação de empresas, mandato e responsabilidade de administradores.

Deste modo, conforme, aliás, se depreende da referida lei complementar, em várias oportunidades reconhecem-se como aplicáveis às operações de resseguro e retrocessão às normas pertinentes à constituição, funcionamento, fiscalização e dissolução das sociedades seguradoras.

12.8.4 Critérios básicos de cessão

A cessão do risco na contratação de resseguro, pela seguradora, e na retrocessão, pela resseguradora, no país ou no exterior, será feita mediante a negociação direta entre a cedente e o cessionário, ou por meio de intermediário legalmente autorizado a operar nestes mercados, cabendo ao Poder Executivo fixar o limite anual de cessão de riscos em resseguros e retrocessão a *resseguradores eventuais* (Arts. 8º-11 da LC 126/2007).

O intermediário autorizado é a *sociedade corretora de resseguros*, pessoa jurídica, que disponha de seguro de responsabilidade civil profissional na forma definida pela SUSEP, com responsável técnico corretor de seguros especializado e devidamente habilitado.

A transferência de risco somente poderá ser realizada com os resseguradores autorizados a operar no mercado brasileiro, e no caso da retrocessão, admitida a realização da operação com as sociedades seguradoras locais.

As operações de resseguro relativas a *seguro de vida por sobrevivência* e *previdência complementar* são exclusivas de *resseguradores locais*, cabendo à SUSEP estabelecer limites e condições quanto à retrocessão de riscos.

Torna-se válido destacar ainda a prerrogativa conferida à SUSEP quanto ao acesso a todos os contratos de resseguro e retrocessão porventura firmados no país e no exterior, referentes a riscos de empresas com sede no país, sob pena de ser desconsiderada, para todos os efeitos, a existência dos contratos que instruíram tais operações.

Após a reabertura do mercado brasileiro, o aumento do percentual da cessão de riscos em resseguro foi realizado gradualmente, sendo que, nos 03 (três) primeiros anos após a entrada em vigor da LC 126/2007, o que ocorreu em 16/01/2007, 60% (sessenta por cento) da cessão de resseguro foi realizada preferencialmente com *resseguradores locais*. Nos três anos que se seguiram, tal patamar foi reduzido para 40% (quarenta por cento).

A SUSEP tem ampliado ainda mais, no âmbito infralegal, o percentual de cessão a resseguradores, inclusive de sociedades coligadas ou pertencentes ao mesmo grupo econômico com sede no exterior, com o intuito de flexibilizar algumas regras e adaptá-las às necessidades de liquidez e de solvabilidade das resseguradoras com atuação no mercado nacional (ex: Resolução CNSP 451/2022 e Decreto Federal 10.167/2019).

12.8.5 Diretrizes para operações

A SUSEP tem a atribuição de estabelecer diretrizes para as operações de resseguro, de retrocessão e de intermediação de resseguro assim como para a atuação dos escritórios de representação dos resseguradores admitidos (Arts. 12-17 da LC 126/2007).

Para tanto, o órgão regulador federal poderá estabelecer: (i) cláusulas obrigatórias de contratos para as operações de resseguro e retrocessão; (ii) prazos para a formalização de contratos; (iii) restrições quanto à realização de determinadas operações de cessão de risco; (iv) requisitos para limites, acompanhamento e monitoramento de operações intragrupo, dentre outros requisitos.

Os contratos de resseguro deverão incluir cláusula dispondo que, em caso de liquidação da seguradora-cedente, subsistem as responsabilidades do ressegurador perante a massa liquidanda, independentemente de os pagamentos de indenizações ou benefícios aos segurados, participantes, beneficiários ou assistidos terem ou não sido realizados.

Desta forma, como regra, os resseguradores e os seus retrocessionários *não responderão diretamente perante o segurado*, participante, beneficiário ou assistido pelo montante assumido em resseguro e em retrocessão, cabendo tal responsabilidade única e exclusivamente à sociedade responsável pela garantia securitária contratada.

Ressalva deve ser feita apenas em relação aos *casos de insolvência, decretação de liquidação* ou *de falência* da cedente, em que será permitido o pagamento direto ao segurado, participante, beneficiário ou assistido, da parcela de indenização ou benefício correspondente ao resseguro quando: (i) o contrato de resseguro for considerado facultativo na forma definida pela SUSEP; e (ii) nos demais casos, se houver cláusula contratual de pagamento direto (cláusula *cut-through*) (Art. 14 e parágrafo único, da LC 126/2007).

Importante registrar que o pagamento direto do resseguro em tais casos somente será possível caso a seguradora não tenha pagado a parcela devida ao segurado e, por sua vez, o ressegurador não tenha pagado a parcela devida à cedente.

De acordo com a LC 126/2007 (Art. 15), é vedada a inserção de cláusulas que limitem ou restrinjam a relação direta entre as cedentes e os resseguradores nos contratos de intermediação de resseguros assim como a atribuição de poderes além dos necessários ao exercício da atividade de corretagem.

Entretanto, deverá ser incluída cláusula a respeito da autorização quanto ao recebimento de prêmios de resseguro e recuperações de indenizações e benefícios, sendo que o pagamento do prêmio realizado à corretora exime a cedente da responsabilidade pelo pagamento devido ao ressegurador. Por outro lado, o pagamento da indenização ou benefício à intermediadora só libera o ressegurador quando efetivamente recebido pelo ressegurado.

A aplicação dos recursos das provisões técnicas e dos fundos dos *resseguradores locais* e dos recursos exigidos no país para a garantia das obrigações dos *resseguradores admitidos* será efetuada de acordo com as diretrizes do Conselho Monetário Nacional – CMN.

12.8.6 Regime disciplinar

As cedentes, os resseguradores locais, os escritórios de representação de ressegurador admitido, os corretores e corretoras de seguro, resseguro e retrocessão e os prestadores de serviços de auditoria independente bem como quaisquer pessoas naturais ou jurídicas que descumprirem as normas relativas à atividade de resseguro, retrocessão e corretagem de resseguros estarão sujeitos às penalidades previstas em lei.

Dentre elas, podem ser citadas: (i) penas de advertência; (ii) suspensão do exercício das atividades ou profissão; (iii) inabilitação para o exercício do cargo ou função no serviço público e em empresas estatais, demais entidades públicas, e seguradoras e resseguradoras; (iv) multa de R$ 10.000,00 (dez mil reais) até R$ 1.000.000,00 (hum milhão de reais); e (v) suspensão para atuação em ramo do seguro ou resseguro (Arts. 108-112 do Decreto-lei 73/66).

Os auditores independentes que causarem danos a terceiros, por culpa ou dolo, serão considerados civilmente responsáveis e responderão a processo administrativo a ser instaurado pela SUSEP.

A não contratação de seguro legalmente obrigatório implicará a aplicação de multa correspondente ao dobro do valor do prêmio, quando este for definido na legislação aplicável e, nos demais casos, o que foi maior, entre 10% (dez por cento) da importância segurável ou R$ 1.000,00 (hum mil reais).

O intermediador de seguros estará sujeito à penalidade de multa, suspensão temporária do exercício profissional e cancelamento do registro (Art. 128 do Decreto-lei 73/66).

12.9 MODALIDADES BÁSICAS

Neste tópico serão apresentados os tipos de resseguros adotados pelo mercado tanto sob a perspectiva dos *resseguros considerados tradicionais* quanto dos *resseguros considerados alternativos*.

Também serão apresentados exemplos ilustrativos com o intuito de proporcionar um melhor entendimento a respeito das inúmeras formas de dispersão de riscos por meio da utilização deste recurso contratual pelas companhias seguradoras.

12.9.1 Aspectos preliminares

A necessidade de se imprimir várias formas de gestão em face da infinidade de riscos existentes possibilitou a criação de uma sofisticada base de modalidades de resseguro com a finalidade de proteger as sociedades seguradoras no desenvolvimento de suas atividades econômicas.

Com o intuito de apresentar uma sistematização a respeito das diversas modalidades de *resseguros tradicionais* disponíveis no mercado, adota-se neste curso uma dupla abordagem consistente:

   (i)   na definição das *formas de contratação de coberturas ressecuritárias*, divididas entre *os resseguros facultativos ou opcionais* e *os resseguros por tratado ou obrigatórios*; e,

   (ii) na definição das *modalidades de compartilhamento dos riscos*, divididas entre *os resseguros proporcionais* (quota-parte e excesso de responsabilidade) e *os resseguros não proporcionais* (excesso de danos por risco, excesso de danos por sinistro e excesso de danos por sinistralidade).

Necessário esclarecer que a partir da definição da forma de contratação do resseguro facultativo ou opcional e do resseguro por tratado ou obrigatório, o ressegurador definirá o modo proporcional ou não proporcional de compartilhamento dos riscos visando atender as necessidades técnicas da sua atividade empresarial (Donati e Putzolo, 2009:240).

Admite-se também como possível a contratação de coberturas simultâneas e de coberturas conjugadas para o atendimento das necessidades técnicas de cada segurador. Além disso, importa esclarecer que as formas de contratação e as espécies de resseguro ora apresentadas não são exaustivas, mas, apenas, são apresentadas como as mais comumente adotadas na prática do mercado ressegurador mundial.

Importante esclarecer ainda a possibilidade de contratação dos *resseguros alternativos ou não tradicionais*, os quais também serão abordados de maneira expositiva ao final deste subitem.

12.9.2 Resseguros tradicionais em relação à forma de contratação

Dentre as principais modalidades de resseguro, destacam-se *em relação à forma de contratação de coberturas*, classificadas com base na natureza da relação contratual firmada entre as partes contratantes: os *resseguros quanto à natureza individual ou facultativa* e os *resseguros por tratado, em grupo ou obrigatórios* (*International Association*, 2007:19).

12.9.2.1 Resseguro facultativo

Nos *resseguros facultativos ou opcionais*, prevalece a análise e subscrição individualizada de cada risco cedido ao ressegurador, geralmente, não encontra suporte nas carteiras pré-constituídas (Prosperetti e Apicella, 1994:71).

Desse modo, o ressegurado tem a faculdade de apresentar uma proposta de contratação para um risco determinado e o ressegurador tem a faculdade de aceitar ou de rejeitar a cobertura de acordo com a sua política de subscrição de riscos.

A "transferência" de riscos do segurador para o ressegurador é estruturada numa *base facultativa ou opcional* para ambas as partes, isto é, tanto o segurador quanto o ressegurador tem a faculdade de apresentar ofertas e de negar livremente as propostas de contratação de coberturas de acordo com a sua política de subscrição de riscos.

Dentre as principais vantagens na contratação do resseguro facultativo, podem ser citadas: (i) a capacidade de adaptação ao surgimento de riscos de curto prazo; (ii) a possibilidade de contratação de cobertura específica para um risco não abrangido pelo resseguro em grupo ou por tratado; e, (iii) a possibilidade de proteção do resseguro em grupo ou por tratado de resultados de subscrição adversa de riscos (Munich Re, 2010:04).

Dentre as principais desvantagens, podem ser citadas: (i) uma cobertura com um valor proporcionalmente maior do que coberturas em grupo ou por tratado, por se circunscrever a um risco individual; e, (ii) a possibilidade de recusa ou de não localização de demanda para aceitação do risco.

No resseguro facultativo as operações são instrumentalizadas por meio da emissão de certificados individuais para cada risco subscrito pelo ressegurador.

12.9.2.2 Resseguro por tratado

Por sua vez, nos *resseguros por tratado, em grupo ou obrigatórios*, prevalece a análise e a subscrição em grupo de uma espécie de risco cedido ao ressegurador, geralmente, encontra suporte nas carteiras pré-constituídas pela sociedade cessionária.

Importante esclarecer que no âmbito do Direito Internacional Público o termo *tratado* é costumeiramente utilizado para referência às convenções firmadas entre dois ou mais Estados-nacionais sobre as matérias por ele veiculadas (Guimarães, 2009:31-44).

No âmbito do Direito do Resseguro, o tratado, na verdade, possui uma conotação essencialmente privada voltada para a regulação de uma das formas adotadas para a contratação de cobertura visando à pulverização de riscos relativos ao desenvolvimento da atividade seguradora, o qual também pode ser referenciado como *resseguro automático*.

O resseguro em grupo ou por tratado tem uma característica automática porque a partir da contratação desse tipo de cobertura todo o risco que ingressar no grupo ou na carteira de negócios do segurador será automaticamente comunicado para o ressegurador para fins de inserção na cobertura ressecuritária por este prestada.

Desse modo, não há uma análise individual de cada risco subscrito por parte do ressegurado e do ressegurador, isto porque nesta modalidade opta-se por transacionar todos os riscos de uma carteira predeterminada focando-se no conjunto dos negócios ao invés de cada risco individualizado, operacionalizando-o por meio de um fluxo de comunicação a respeito dos riscos aceitos para fins de cobertura ressecuritária.

Desse modo, o ressegurado tem a obrigatoriedade de transferir todos os riscos de uma determinada carteira ou de todas as suas carteiras de negócios, no todo ou em parte, para o ressegurador, e, este, por sua vez, é obrigado a suportar todas as obrigações técnicas geradas no desenvolvimento da atividade do ressegurado.

A "transferência" de riscos do segurador para o ressegurador é estruturada numa *base obrigatória* para ambas as partes, isto é, tanto o segurador quanto o ressegurador têm a obrigatoriedade de estabelecer um fluxo de transferência de riscos entre si, não existindo a possibilidade de recusá-los, salvo nas hipóteses de contrariedade aos princípios e costumes ressecuritários e nas hipóteses previamente estabelecidas em contrato. Por isso, geralmente, estes riscos estão vinculados aos ramos tradicionais da técnica ressecuritária.

Dentre as principais vantagens na contratação do resseguro em grupo ou por tratado, podem ser citadas: (i) uma relação de longo prazo mantida entre as partes e periodicamente mensurada e ajustada ao longo do período de vigência do contrato; (ii) um maior retorno financeiro em face da contratação de um maior volume de negócios; (iii) um custo financeiro menor em face da contratação de um grupo de riscos tecnicamente dominado pelas partes contratantes; e, (iv) a possibilidade de exclusão de riscos individuais não desejados pelas partes contratantes (Munich Re, 2010:04).

A principal desvantagem dessa modalidade consiste na impossibilidade de recusa de riscos comunicados entre as partes abrangidos pela cobertura contratada.

12.9.3 Resseguros tradicionais em relação ao método de compartilhamento do risco

Após a definição da *forma de contratação do resseguro*: facultativo ou por tratado, o segurador e o ressegurador definirão qual será o *método de compartilhamento de riscos* a ser adotado. Em relação *ao método* de compartilhamento do risco, destacam-se *os resseguros quanto à natureza proporcional* ou *não proporcional* (Prosperetti e Apicella, 1994:74-83).

12.9.3.1 Resseguros proporcionais

Nos *resseguros proporcionais ou de riscos*, tem-se como fim o compartilhamento de parte da responsabilidade securitária assumida pelo segurador com o ressegurador de maneira proporcional ao volume de riscos e de prêmios percebidos no desenvolvimento da atividade.

São tipos de *resseguro proporcional ou de riscos*: (i) o resseguro de quota-parte ou de participação pura; e, (ii) o resseguro de excedente de responsabilidade ou de importâncias.

a) Resseguro de quota-parte ou de participação pura

No *resseguro de quota-parte ou de participação pura (quota share)*, modalidade proporcional, tem-se por finalidade compartilhar a responsabilidade do segurador com o ressegurador, *na medida de um percentual fixo* sobre o prêmio e o risco, em relação à emissão global de apólices de seguros.

Dentre as principais vantagens do resseguro proporcional ou de participação pura, podem ser citadas: (i) a facilidade para a administração dos resultados a título de recebimento do prêmio e indenizações; (ii) a proteção sob a perspectiva do potencial de frequência e de gravidade dos riscos; (iii) a proteção da retenção líquida na base financeira; e, (iv) a possibilidade de recuperação de pequenas perdas (Munich Re, 2010:06).

Por exemplo, num grupo segurado com o valor de R$ 100 milhões e com prêmios diretos da ordem de R$ 10 milhões, se 60% do risco for "cedido" ao ressegurador ele receberá R$ 6 milhões a título de prêmio e ficará responsável proporcionalmente por todos os sinistros até R$ 60 milhões; por sua vez, a seguradora ficará com R$ 4 milhões de prêmios e ficará responsável proporcionalmente por 40% de todos os riscos verificados correspondentes até o valor de R$ 40 milhões. Desse modo, se vier a ocorrer um sinistro de R$ 1 milhão, o ressegurador assumirá a quota-parte correspondente a 60% enquanto a seguradora os 40% dos danos causados ao segurado até o limite da apólice.

b) Resseguro de excedente de responsabilidade ou de importâncias

No *resseguro de excedente de responsabilidade ou de importâncias (surplus)*, modalidade proporcional, tem-se por finalidade compartilhar a responsabilidade do segurador com o ressegurador, *na medida de um valor* previamente estabelecido pelas partes, em relação à emissão individualizada de apólices de seguros.

O valor fixado a título de *responsabilidade da seguradora* será denominado de *limite de retenção* que ela assumirá isoladamente (também denominado de pleno ou linha de responsabilidade).

Por sua vez, o valor fixado a título de *responsabilidade da resseguradora*, calculado com base na multiplicação do valor assumido pela ressegurada, será denominado de *excedente de responsabilidade*, ou seja, tudo aquilo que ultrapassar o pleno até o limite máximo prefixado.

A prática do mercado revela que a proporção da retenção e da cessão é fixada pela seguradora com base nas características do risco. Se o risco é comum e encontra-se dentro dos padrões de normalidade do cálculo da probabilidade de ocorrências e de valores, maior será a retenção do risco pela seguradora. Se o risco é excepcional, a probabilidade da sua ocorrência é mais frequente e o valor dos danos considerável, maior será o compartilhamento do risco com a resseguradora. Desse modo, permite à seguradora assumir riscos maiores e controlar o volume da sua exposição às perdas com base nas classes de riscos seguráveis (Instituto Mapfre, 2011:61-63).

Por exemplo, para um determinado risco com o valor de R$ 100 milhões, se o segurador fixar o limite de retenção de R$ 50 milhões como o valor da sua responsabilidade e o ressegurador assumir o dobro equivalente a R$ 100 milhões, no caso da verificação, por exemplo, de um sinistro de R$ 100 milhões, a seguradora arcará com o limite da sua retenção e o ressegurador deverá pagar o excedente correspondente ao valor de R$ 50 milhões de indenização.

Caso ocorra, por exemplo, um sinistro de R$ 200 milhões, a seguradora assumirá o valor de R$ 50 milhões correspondentes ao pleno, o ressegurador assumirá o excedente limitado à sua responsabilidade de R$ 100 milhões e, o restante, também será custeado pela seguradora, totalizando R$ 100 milhões. Neste exemplo, a seguradora também poderá buscar a contratação de outro ressegurador com o objetivo de cobrir o eventual valor excedente não coberto pelo primeiro.

12.9.3.2 Resseguros não proporcionais

Em relação ao método de compartilhamento de risco, nos *resseguros não proporcionais ou de sinistros* o ressegurador assume a responsabilidade pelo excedente da quantia previamente fixada com o segurador, a título de danos suportados no exercício da atividade securitária, seja em razão da emissão específica ou global de apólices.

São tipos de *resseguro não proporcional ou de sinistros*: (i) resseguro de excesso de danos por risco; (ii) resseguro de excesso de danos por sinistro; e, (iii) resseguro de excesso de danos por sinistralidade.

a) Resseguro de excesso de danos por risco

No *resseguro de excesso de danos por risco* (*excess of loss*), o ressegurador assume a responsabilidade pelo risco que ultrapassar certo valor prefixado pelas partes. Desse modo, a seguradora assumirá os custos do sinistro até o limite prefixado, também denominado de prioridade. O valor do sinistro que ultrapassar o limite de prioridade deverá ser custeado pelo ressegurador até o valor máximo por ele garantido.

Nessa modalidade, o prêmio é calculado livremente pelas partes, sem proporcionalidade, geralmente, com base na probabilidade da ocorrência de sinistros que ultrapassem o valor fixado a título de prioridade a ser coberto pela capacidade máxima do resseguro.

Por exemplo, se a seguradora contratar uma garantia ressecuritária máxima de R$ 30 milhões, ela poderá dispor o limite de prioridade de R$ 1 milhão pelo qual ela ficará responsável isoladamente por custear todo e qualquer sinistro. Por sua vez, o ressegurador ficará responsável por cobrir o excesso de danos superior a R$ 1 milhão. Desse modo, se ocorrer, por exemplo, um sinistro de R$ 10 milhões, a seguradora arcará com o pagamento de R$ 1 milhão relativo à prioridade e o ressegurador suportará o excesso de danos correspondente ao valor de R$ 9 milhões.

b) Resseguro de excesso de danos por evento

No *resseguro de excesso de danos por evento* (*catastrophic loss*), o ressegurador assume a responsabilidade pela cobertura dos valores relacionados aos sinistros de diversos riscos originados de um mesmo evento que excederem o limite da prioridade.

Trata-se de cobertura geralmente contratada para eventos catastróficos capazes de ocasionar vários sinistros simultâneos com amplas repercussões financeiras prejudiciais em relação às apólices emitidas pela seguradora.

O aumento do impacto das mudanças climáticas e da intensidade das suas repercussões econômicas evidencia a relevância dessa cobertura como meio eficiente de dispersão de riscos.

Nessa modalidade, o limite de prioridade será aplicado em relação aos sinistros provocados pelo evento segurável, normalmente, de grandes proporções ou de efeitos catastróficos, como incêndios, furacões, terremotos, dentre outros.

Por exemplo, se a seguradora contratar uma garantia ressecuritária máxima de R$ 100 milhões, ela poderá dispor o limite de prioridade de R$ 30 milhões pelo qual ela ficará responsável por custear o valor dos sinistros apurados. Por sua vez, o ressegurador ficará responsável por cobrir o excesso de danos superior a R$ 30 milhões. Desse modo, se ocorrer, por exemplo, um sinistro de R$ 80 milhões, a seguradora arcará com o pagamento de R$ 30 milhões relativo à prioridade e o ressegurador suportará o excesso de danos correspondente ao valor de R$ 50 milhões.

c) Resseguro de excesso de danos por sinistralidade

No *resseguro de excesso de danos por sinistralidade* (*stop loss*), o ressegurador assume a responsabilidade pela cobertura dos valores de toda a carteira de sinistros que exceder o limite da prioridade calculada com base num percentual predeterminado pelas partes tomando-se como referência o valor dos prêmios e vinculado a um limite máximo.

Nesta modalidade, costuma-se adicionar ainda um percentual correspondente ao pagamento de uma coparticipação pela seguradora incidente sobre o valor que exceder o limite da prioridade.

Por exemplo, com base na relação prêmio e sinistros ocorridos, a seguradora assume a prioridade do custeio de 80% sobre o valor total dos sinistros que ocorrerem em uma determinada carteira ao longo do prazo de um ano. Por sua vez, o ressegurador assumirá o valor que exceder o limite de retenção no percentual de 20%. Além disso, as partes também podem fixar que os valores acima da prioridade exigirão o pagamento de uma coparticipação da seguradora calculada com base em um percentual determinado.

A coparticipação tem a função de evitar, por exemplo, que a seguradora ao constatar a proximidade do alcance do limite de retenção, deliberadamente, atue de modo a acionar a cobertura do ressegurador para cobrir os danos que ela deveria assumir isoladamente.

Portanto, constata-se haver uma série de opções para que a companhia ressegurada possa proteger os seus interesses de maneira adequada frente à natureza e à extensão dos riscos aos quais se encontra submetida no desenvolvimento de sua atividade empresarial.

12.9.4 Programas de resseguro, resseguros mistos ou híbridos

Como destacado, o sistema de gestão de riscos estruturado pelo resseguro é extremamente diversificado, conferindo às seguradoras até mesmo a possibilidade de contratação de coberturas simultâneas sob diferentes formas e métodos de proteção com diferentes resseguradores.

Além disso, as seguradoras poderão, inclusive, mesclar as opções disponíveis por meio de programas de resseguro ou de resseguros mistos, com o intuito de atender as suas necessidades específicas de solvência e melhorar o seu rendimento financeiro.

12.9.5 Resseguros alternativos

Neste subitem serão apresentados os resseguros alternativos concebidos com base em estruturas técnicas mistas do *contrato de resseguro* com *produtos financeiros* voltados para o atendimento das necessidades imediatas de pulverização de riscos das sociedades seguradoras não atendidas pelos meios ressecuritários tradicionais.

Os resseguros alternativos (*reinsurance alternative risk transfer – ART*) também são conhecidos no mercado como *resseguros financeiros ou não tradicionais (finite risk reinsurance – FinRe)* exatamente para fins de distinção dos resseguros puramente técnicos cujo objeto consiste na garantia de riscos assumidos pelo segurador.

No resseguro financeiro, o objeto do contrato é misto porque muitas vezes ele se baseia, predominantemente, mais no objetivo financeiro almejado pelas partes contratantes do que na sua perspectiva eminentemente técnico-ressecuritária.

Em outras palavras, esse tipo de contrato possui uma finalidade mais pragmática com foco no resultado financeiro almejado pela sociedade seguradora dentro de um espaço de tempo predeterminado e que também possa ser utilizado pelo ressegurador como forma de remuneração complementar à atividade técnico-ressecuritária por ele desenvolvida.

A estruturação básica da operação poderá ter como objetivo a transferência de valores entre as partes contratantes ou poderá fazer uso de uma estrutura de transferência de riscos que propiciará a liberação de ativos imobilizados da companhia seguradora.

A estruturação básica da operação consiste na abertura de uma conta financeira por meio da qual a companhia seguradora e o ressegurador realizarão operações de crédito, desconto e de gestão de valores com a possibilidade de concessão de limites especiais para cobrir os riscos verificados durante o prazo de vigência contratual.

Em síntese, os benefícios almejados com a contratação dos resseguros financeiros podem abranger desde aspectos relacionados à necessidade do aumento da capacidade de liquidez e solvabilidade para fins regulatórios assim como melhorar os resultados financeiros apresentados para fins corporativos internos e de análise do mercado.

A adjetivação alternativa advém exatamente da natureza complementar desse tipo de cobertura e, também, dependendo da sua formatação com o objetivo puramente financeiro, da sua maior identificação com produtos tipicamente bancários ou do mercado de investimentos.

Há atualmente uma grande variedade de resseguros alternativos disponibilizados no mercado, por se tratar de produtos desenvolvidos sob medida para o atendimento das necessidades de cada companhia seguradora (Jarzabkowski, Bednarek e Spee, 2015:166-170).

Sinteticamente, os resseguros financeiros podem ser classificados em duas grandes categorias: *resseguro financeiro prospectivo* e *resseguro financeiro retrospectivo* (Haddad, 2003:35-43; Wang, 2003:122-126).

12.9.5.1 Resseguro financeiro prospectivo

O resseguro financeiro prospectivo é aquele que visa abranger *prêmios e riscos futuros* e pode ser subdividido em: resseguro financeiro proporcional *(surplus relief)* e resseguro financeiro por excesso de danos agregados *(spread loss)*.

O *resseguro financeiro proporcional (surplus relief)* consiste na transferência, parcial ou total, da reserva de prêmios não ganhos pelo segurador ao ressegurador, mediante o pagamento de uma comissão, com o objetivo de aumentar o seu nível de liquidez para fins regulatórios, e do compromisso de assunção da cobertura dos riscos correspondentes, podendo limitá-los com base num valor máximo ou proporcional consideradas as perdas verificadas.

O *resseguro financeiro por excesso de danos (spread loss)* consiste na abertura de uma conta financeira na qual o segurador cedente depositará um prêmio anual para cobrir os sinistros verificados. Se o saldo for negativo, ele será coberto pelo ressegurador mediante o compromisso de pagamento do empréstimo pelo segurador. Se o saldo for positivo, ele será restituído ao segurador mediante o pagamento de comissão ao ressegurador.

12.9.5.2 Resseguro financeiro retrospectivo

O resseguro financeiro retrospectivo é aquele que visa abranger *riscos* e *sinistros já verificados* e pode ser subdividido em: resseguro financeiro de cobertura financiada *(time and distance)*, resseguro financeiro de transferência de reservas de sinistros *(loss portfolio transfer)* e resseguro financeiro por excesso de danos retrospectivo *(excess of loss)*.

O *resseguro financeiro de cobertura financiada (time and distance)* consiste na transferência de um prêmio ao ressegurador para que ele assuma a obrigação de reinvesti-lo, mediante o pagamento de comissão, e de devolvê-lo ao final do contrato com os ganhos dele esperados, a fim de melhorar a sua posição financeira e até de financiar futuros sinistros.

O *resseguro financeiro de transferência de reservas de sinistros (loss portfolio transfer)* consiste na transferência, parcial ou total, da carteira de sinistros ao ressegurador para que este assuma a respectiva liquidação das obrigações securitárias assumidas, já comunicadas e ainda por comunicar, mediante o recebimento de um prêmio com desconto.

O *resseguro financeiro por excesso de danos retrospectivo (excess of loss)* também consiste na transferência da carteira de sinistros ao ressegurador a qual poderá estar vinculada apenas à assunção das obrigações que excedam a um valor predeterminado.

Essas duas últimas formas de resseguro financeiro costumam ser adotadas em situações nas quais a seguradora pretenda investir em uma nova linha de atuação, esteja se retirando de um determinado mercado ou quando esteja em meio a uma operação de reestruturação societária.

12.9.5.3 Letra de risco de seguro

A *letra de risco de seguro* será apresentada neste tópico, por ser um título de investimento *(insurance linked securities – ILS)*, com características de produto financeiro alternativo, inspirada nas coberturas de riscos de grandes catástrofes *(catastrophes or cat bonds)* e oferecida no mercado de valores para a pulverização de riscos das atividades seguradora e resseguradora (Spry, 2010).

A letra de risco de seguro é a operação firmada com o objetivo de garantir as obrigações securitárias ou ressecuritárias transferidas por uma contraparte à sociedade de propósito específico que emitirá títulos de crédito representativos da operação a serem livremente negociados no mercado, mediante a promessa de pagamento de um valor, caso não se verifiquem os eventos previstos nas suas condições de comercialização.

Dessa forma, o titular dos direitos sobre a LRS obterá lucro da operação de investimento caso os riscos a respeito dos quais a contraparte pretenda se proteger não aconteçam. Na hipótese de materialização do risco por meio da ocorrência do sinistro, os valores arrecadados serão utilizados para garantir o pagamento das coberturas relacionadas.

Trata-se de uma espécie de *resseguro alternativo*, que coloca no mercado de valores, títulos que conferem a opção de captação de recursos para fins de obtenção de liquidez dos agentes do mercado de seguros e resseguros para o cumprimento das obrigações assumidas no exercício das suas atividades operacionais.

Compete a *Lei de Securitização de Créditos* (Lei Federal 14.430, de 03/08/2022), e a *Resolução CNSP 453, de 19/12/2022*, disporem sobre os requisitos de constituição da sociedade seguradora de propósito específico (SSPE) e de emissão da LRS.

De acordo com a Lei de Securitização de Créditos (LSC), a emissão da LRS deverá ser feita apenas por meio de *sociedade seguradora de propósito específico* (SSPE), cujo objeto exclusivo seja realizar operações de aceitação de riscos de seguros, previdência complementar, saúde suplementar, resseguro ou retrocessão de uma ou mais contrapartes (Art. 2º).

Os recursos captados a título de garantias das operações de transferência de riscos deverão corresponder, no mínimo, ao valor total da perda máxima dos riscos de seguros e resseguros aceitos, acrescido das despesas da SSPE.

A *contraparte* poderá ser: "a sociedade seguradora, o ressegurador, a entidade de previdência complementar, a operadora de saúde suplementar, ou a pessoa jurídica, de natureza pública ou privada, sediada no País ou não, que cede riscos de seguros e resseguros à SSPE" (Art. 2º, inciso IV, da Resolução CNSP 453/2022).

Em razão dos riscos envolvidos na sua operacionalização, A LRS somente poderá ser adquirida por *investidor profissional*, de acordo com as normas da Comissão de Valores Mobiliários – CVM (Instrução 30/2021), ou seja, por instituições financeiras, sociedades seguradoras, fundos de investimentos, pessoa física ou jurídica, com investimentos financeiros em valor nominal superior a R$ 10 milhões etc.

O título deverá conter várias informações consideradas obrigatórias, dentre as quais, por exemplo: a data de início, de vencimento e de expiração da cobertura dos riscos securitários e ressecuritários cobertos, taxas de juros e data da exigibilidade do pagamento do título, e remuneração a ser paga a SSPE.

A LRS deverá ser emitida exclusivamente, por meio de sistema eletrônico da emissora, sob a forma escritural. E poderá ser executada, mediante apresentação de certidão de interior teor do título, sob a forma física ou eletrônica (Arts. 14 e 15 da LSC).

De acordo com a Resolução CNSP 453/2022 (Art. 8º), a LRS poderá oferecer, independente da operação, os seguintes tipos de remuneração: (i) rentabilidade integral do patrimônio; ou, (ii) remuneração sobre os ativos do patrimônio.

Por se tratar de um investimento de risco, a LRS poderá gerar valor de pagamento inferior ao valor da sua emissão, em razão da verificação dos eventos securitários ou ressecuritários cobertos ou dos critérios de remuneração pactuados.

Importante destacar que as operações de emissão realizadas são independentes patrimonialmente, isto é, não se comunicam do ponto de vista obrigacional, nem com as obrigações contraídas para o exercício das atividades da SSPE, nem podem ser atingidas por eventual insolvência da emitente (Art. 16).

Além disso, os investidores da LRS não poderão requerer a falência ou a liquidação extrajudicial da SSPE (Art. 6º).

Tais dispositivos conferem a proteção de que o objeto do negócio jurídico firmado entre as partes possa ser materializado integralmente pelo fundo especial constituído, sem a interferência de outros interesses jurídicos que poderiam ser a ele correlacionados (ex.: cobrança de tributos, direitos trabalhistas, insolvenciais ou falimentares etc.).

12.10 DIREITOS E OBRIGAÇÕES

Neste subitem serão apresentados os principais direitos e obrigações da seguradora e do ressegurador na execução do contrato de resseguro.

12.10.1 Direitos da seguradora

Em relação à seguradora podem ser citados como direitos essenciais que emanam do contrato de resseguro: *o direito à informação, o direito ao recebimento da cobertura contratada* e *o direito a denunciar a qualquer tempo o contrato no caso de inadimplemento do ressegurador*, como será visto a seguir.

12.10.1.1 *Direito à informação*

Primeiramente, a seguradora tem o direito de exigir do ressegurador informações a respeito da cobertura ressecuritária que pretende contratar no que se refere aos aspectos da estrutura técnica para a absorção do legítimo interesse ressegurável.

Em razão disso, previamente à assinatura do contrato, a seguradora poderá exigir o acesso ao clausulado do resseguro (*wording*) para a aferição dos direitos e das obrigações aos quais estará vinculada no curso da execução da avença e para a obtenção dos esclarecimentos a respeito de como a garantia será materializada pelo ressegurador.

Por fim, o direito à informação também contempla o direito de exigir a entrega de todo e qualquer documento que comprove a existência e o conteúdo da relação contratual firmada, como, por exemplo, o instrumento de aceitação prévia (*slip* e *reinsurance cover*) e o instrumento de aceitação definitiva (*wording*), com a previsão das respectivas partes, objeto, prêmio, importância ressegurada, condições de pagamento e prazo de vigência.

12.10.1.2 *Direito à prestação da garantia*

Como corolário lógico do pagamento do prêmio pela contratação do resseguro, a seguradora tem o direito de exigir a prestação da garantia contratada, normalmente, consubstanciada no pagamento do valor contratado a título de cobertura ressecuritária, mediante a comprovação do atendimento dos pressupostos caracterizadores da verificação do fato gerador da pretensão.

Desse modo, constatada a verificação do sinistro de acordo com os usos e costumes da prática ressecuritária e com as condições previstas no contrato, a seguradora poderá exigir do ressegurador o pagamento do valor contratado para cobertura dos danos relacionados ao exercício da sua atividade.

12.10.1.3 Direito à denúncia

A seguradora poderá denunciar o contrato nas hipóteses de resolução por inadimplemento do ressegurador ou de resilição unilateral ou bilateral, conforme expressa previsão contratual.

Como consequência lógica do cumprimento de suas obrigações, como a centrada no pagamento do prêmio a título de contraprestação pela garantia contratada, verificada a inadimplência do ressegurador em relação a qualquer uma das obrigações firmadas, poderá a seguradora notificá-lo comunicando a resolução do contrato.

No caso de denúncia unilateral, a seguradora deverá fundamentar-se em uma das previsões contratuais autorizadoras do exercício desse direito, como, por exemplo, disposição contratual que permita o término do contrato mediante a expedição de notificação com a geração de efeitos imediatos ou com o prazo de aviso prévio para o seu encerramento.

Recomenda-se que as partes também estabeleçam de maneira prévia as condições para a extinção do contrato antes do fim do prazo inicial de vigência bem como o pagamento de multa e de reparação financeira por danos causados em razão de inadimplemento contratual.

12.10.2 Obrigações da seguradora

Em relação à seguradora podem ser citadas como obrigações que emanam do contrato de resseguro: *a obrigação de pagar o prêmio de resseguro, a obrigação de portar-se com a máxima boa-fé, a obrigação de preservar as notas técnicas* dos contratos objeto de cessão, a *obrigação de notificar o ressegurador* a respeito da verificação do sinistro, *a obrigação de prestar todas as informações necessárias* bem como *a obrigação de observar os usos e os costumes* aplicáveis ao contrato, como será visto a seguir.

12.10.2.1 Obrigação de pagar o prêmio

A principal obrigação financeira da seguradora é a de pagar o prêmio a título de contraprestação pela contratação do resseguro.

O pagamento do prêmio é fundamental por se tratar do elemento financeiro a partir do qual o ressegurador estabelecerá a estrutura técnica necessária para solver as obrigações contratuais assumidas com a seguradora e para extrair lucro do exercício da sua atividade empresarial.

A utilização dos fundos financeiros constituídos pelas operações ressecuritárias para a realização de investimentos permitirá ainda que a coletividade possa usufruir dos benefícios proporcionados pelo resseguro em escala global.

12.10.2.2 Obrigação de portar-se com a máxima boa-fé

A sociedade seguradora, por meio dos seus respectivos representantes legais, deverá portar-se na formação, na execução e após a extinção do contrato de resseguro conforme a máxima boa-fé (*uberrima fides*).

É importante relembrar que o ressegurador está no contrato de resseguro em face da seguradora assim como a seguradora está no contrato de seguro em face do segurado, por isso a importância de que todos os atos praticados pela cedente do risco sejam pautados pela máxima boa-fé.

O ressegurador parte do pressuposto de que todas as informações transmitidas pela seguradora a respeito dos dados internos e do desenvolvimento da sua atividade serão realizadas de forma precisa e honesta.

Desse modo, o ressegurador pressupõe que todas as informações prestadas e todas as ações técnicas adotadas pela seguradora estejam em consonância aos melhores padrões de esforços conhecidos e aplicados pelo mercado ressegurador mundial.

Logo, constatada a prática de eventual violação à boa-fé, poderá o ressegurador denunciar o contrato por resolução imputável à ação culposa ou dolosa praticada pela seguradora ou seu representante legal.

12.10.2.3 Obrigação de preservar as notas técnicas

Como visto, o ressegurador deverá observar a boa ou a má-sorte da seguradora e ainda respeitar a autonomia com a qual ela administra as suas operações e pratica os atos relativos ao desenvolvimento da sua atividade empresarial.

Em assim sendo, a seguradora deverá portar-se no sentido de preservar as notas técnicas relativas ao desenvolvimento da sua atividade de acordo com os melhores preceitos praticados por congêneres e os estipulados pelos entes reguladores do mercado.

Portanto, o simples fato de o ressegurador ter aceitado os riscos cedidos a título de resseguro não significa dizer que a seguradora poderá se desvencilhar da adoção das medidas técnicas necessárias à preservação da sua atividade.

Muito pelo contrário, a seguradora deverá portar-se de maneira ainda mais zelosa no que se refere à seleção de novos riscos de acordo com a sua capacidade técnica de absorção visando preservar a sua solvabilidade financeira.

12 • CONTRATO DE RESSEGURO

12.10.2.4 *Obrigação de notificar o ressegurador*

A garantia assumida pelo ressegurador pressupõe uma organização técnica mínima para que ele possa fazer frente ao pagamento de indenizações em face da verificação dos eventos previstos no contrato de resseguro.

É por meio da constituição de reservas financeiras que o ressegurador poderá garantir o pagamento das quantias a serem desembolsadas quando da liquidação do procedimento de sinistro favorável ao pedido formulado pela seguradora.

Para tanto, deverá a seguradora providenciar a notificação imediata do ressegurador quando da constatação da verificação do fato gerador do pagamento da pretensão ressecuritária a fim de que o cessionário adote as providências cabíveis visando preservar os seus interesses e, ao mesmo tempo, atender ao pedido de pagamento apresentado.

Geralmente, a notificação do sinistro é realizada de acordo com as práticas do mercado, isto é, logo após a constatação do evento passível de pagamento de indenização, ou, conforme as cláusulas e disposições expressamente firmadas pelas partes em contrato.

Todavia, o ressegurador poderá negar o pagamento da indenização caso a seguradora não formalize a notificação do sinistro dentro do prazo expressamente previsto em contrato; ou, ainda, caso comprovada a inexistência de cobertura para os prejuízos alegados.

12.10.2.5 *Obrigação de prestar informações*

A contratação do resseguro, de certo modo, é realizada de forma similar com a contratação de um seguro. Com isto se quer dizer que o ressegurador, como a seguradora no contrato de seguro, necessita que a parte interessada na celebração do contrato preste informações completas sobre o interesse ressegurável.

Deste modo, a sociedade seguradora tem o dever de prestar todas as informações técnicas necessárias e solicitadas pelo ressegurador a fim de que ele possa realizar a análise da viabilidade do risco no período pré-contratual.

A seguradora também terá o dever de prestar informações ao longo da execução do contrato com vistas a possibilitar que o ressegurador verifique se o estado técnico da cedente permanece o mesmo quando do momento da apresentação da proposta ou se ele foi modificado.

No mesmo sentido, a seguradora deverá prestar todas as informações relativas à constatação do evento danoso a título de cooperação para a liquidação do sinistro com o intuito de possibilitar que o ressegurador promova a conclusão da análise do pagamento da indenização contratada da maneira mais célere e adequada possível.

A seguradora também terá a obrigação de prestar informações técnicas posteriormente ao término do prazo de vigência do contrato com o intuito de possibilitar que o ressegurador adote as medidas necessárias à preservação dos seus interesses em face de análises internas ou requisições recebidas de órgãos públicos, como, por exemplo, entes reguladores do mercado.

Por fim, torna-se válido esclarecer que por se tratar de um contrato celebrado sob a influência do princípio da máxima boa-fé, a negativa da seguradora em cooperar poderá implicar a resolução do contrato.

12.10.2.6 Obrigação de observar os usos e costumes

No contrato de resseguro, a seguradora deverá observar todos os usos e costumes da prática ressecuritária, por se tratar de um contrato vinculado às operações comerciais firmadas ao longo do tempo entre os resseguradores.

Desse modo, como já explicado, os usos e costumes aplicados à prática ressecuritária incorporam-se à relação contratual firmada entre as partes irradiando os seus efeitos independentemente de expressa previsão contratual, salvo se as partes assim o dispuserem em sentido contrário.

12.10.3 Direitos do ressegurador

Em relação ao ressegurador podem ser citados como direitos essenciais que emanam do contrato de resseguro: *o direito de exigir o prêmio, o direito a suspender a garantia* e o *direito à denúncia*, como será visto a seguir.

12.10.3.1 Direito de exigir o prêmio

A atividade técnica desenvolvida pelo ressegurador, necessariamente, leva em consideração as características inerentes ao desenvolvimento da atividade securitária.

Geralmente, os prejuízos e danos sofridos pela seguradora no exercício da sua atividade empresarial estão relacionados a perdas financeiras, logo, o objeto mediato da garantia prestada pelo ressegurador, normalmente, estará relacionado ao pagamento em dinheiro das perdas financeiras apuradas.

Desse modo, o ressegurador tem o direito de exigir da seguradora o pagamento do prêmio no tempo e no modo previstos, pois a contraprestação financeira devida a título de contratação da garantia é fundamental para a solvabilidade da rede de pulverização de riscos oferecida pelo resseguro.

12.10.3.2 Direito a suspender a garantia

Constatado o inadimplemento injustificado por parte da seguradora, poderá o ressegurador suspender a prestação da garantia ressecuritária até que se restabeleça o fluxo normal de pagamentos pactuados pelas partes.

O direito a suspender a garantia por inadimplemento da seguradora é uma verdadeira proteção conferida ao ressegurador visando reequilibrar as prestações e contraprestações firmadas entre as partes contratantes.

Indubitavelmente, constituiria enriquecimento ilícito da cedente exigir do ressegurador o cumprimento de uma obrigação diante da constatação do não cumprimento da obrigação mínima e fundamental atribuída à seguradora de custear o sistema de pulverização de riscos viabilizado pelo resseguro.

12.10.3.3 Direito à denúncia

O ressegurador poderá exercer o seu direito de denúncia contratual seja por meio de resolução, diante de violação contratual protagonizada pela sociedade seguradora, seja por meio de resilição unilateral ou bilateral, diante de expressa previsão contratual nesse sentido ou desde que ambas as partes assim o convencionem.

Exemplo de resolução é a constatação de que a sociedade seguradora não cumpriu adequadamente, conforme os usos e costumes e as disposições contratuais firmadas, a obrigação de prestar as informações solicitadas para a análise de um sinistro.

Exemplo de resilição é a manifestação de vontade mútua das partes contratantes de pretenderem extinguir o resseguro firmado por desinteresse comercial na manutenção da relação contratual.

12.10.4 Obrigações do ressegurador

Em relação às obrigações do ressegurador podem ser citadas: *a obrigação de preservar as notas técnicas, a obrigação de prestar a garantia* e *a obrigação de informar à seguradora*, como será visto a seguir.

12.10.4.1 Obrigação de preservar as notas técnicas

Assim como a seguradora, o ressegurador encontra-se submetido aos padrões de solvência estabelecidos pela melhor técnica empreendida pelos operadores do ramo e impostos pelos entes reguladores de mercado.

Em razão disso, ele deverá pulverizar os riscos assumidos por meio de retrocessão, da constituição de fundos, reservas e provisões visando preservar a sua atividade.

Nesse sentido, o ressegurador deverá, simultaneamente, acompanhar e exigir que a sociedade seguradora adote as medidas adequadas visando à preservação técnica do seu negócio e, também, deverá adotar as medidas a ele concernentes e que preservarão a sua solvabilidade visando ao cumprimento de suas obrigações contratuais.

Portanto, a obrigação da preservação das notas técnicas pelo ressegurador tem a finalidade dupla de incentivá-lo a cuidar da indenidade da sua estrutura técnica interna mediante a zelosa seleção de novos riscos ressecuritários e a cooperar com a seguradora no sentido de que ela exerça a sua atividade em conformidade com os melhores padrões do mercado segurador.

12.10.4.2 Obrigação de prestar garantia

A seguradora quando busca contratar a proteção conferida por um ressegurador tem por objetivo proteger o seu legítimo interesse ressegurável geralmente representado pela indenidade do exercício da sua atividade empresarial.

Portanto, o objeto imediato do resseguro pode ser apontado como a preservação do legítimo interesse ressegurável e o objeto mediato o recebimento do valor fixado a título de pagamento quando da verificação do fato gerador da pretensão.

Normalmente, verificada a condição pactuada entre as partes, de acordo com os usos e costumes do mercado e as condições previstas em contrato, competirá ao ressegurador realizar o pagamento em dinheiro da importância ressegurada à sociedade seguradora (Matute, 2001:600).

Importante ressaltar a relevância de que a seguradora se porte ao longo da execução do contrato de modo a cumprir com todas as suas obrigações a fim de evitar que o ressegurador suscite alguma hipótese de suspensão da prestação ou da exclusão de pagamento da garantia.

12.10.4.3 Obrigação de informar

O ressegurador tem a obrigação de informar à sociedade seguradora a respeito de todas as características e peculiaridades da modalidade de resseguro contratada.

A obrigação de informar a respeito de todos os aspectos técnicos e jurídicos do contrato está diretamente relacionada ao *princípio da máxima boa-fé* que deve imperar de maneira recíproca entre as partes contratantes no resseguro.

Desse modo, a seguradora poderá a qualquer tempo instar o ressegurador a lhe prestar as informações necessárias para a análise da modalidade de resseguro desejada bem como em relação ao clausulado contratual ao qual se vinculará ao longo do prazo de vigência do contrato.

A negativa injustificada por parte do ressegurador poderá implicar em resolução do contrato bem como a obrigação de indenizar eventuais perdas e danos sofridos pela seguradora.

12.11 LIQUIDAÇÃO DO SINISTRO

Neste subitem será analisado o procedimento de liquidação do sinistro no contrato de resseguro.

12.11.1 Definição

A liquidação do sinistro de resseguro é o procedimento técnico por meio do qual o ressegurador realiza a constatação e a análise a respeito da procedência da prestação material da garantia contratada suscitada pelo ressegurado.

12.11.2 Notificação de sinistro

A notificação de sinistro é o instrumento pelo qual o cedente comunica ao cessionário a ocorrência do evento previsto na apólice visando obter o pagamento da cobertura ressecuritária.

Em muitos casos, os clausulados firmados entre as partes contratantes estabelecem a forma pela qual a companhia seguradora deverá realizar a notificação ao ressegurador, determinando-se inclusive que, de regra, ela seja feita logo após a verificação do fato gerador da cobertura.

Por isso, a sociedade seguradora deverá atentar-se para os ditames relativos ao tópico do aviso de sinistro previsto no contrato de resseguro com o intuito de providenciar de maneira célere e diligente todas as informações previstas em contrato e necessárias para a realização da análise do pedido de pagamento da indenização.

12.11.3 Constatação da procedência do aviso

A constatação da procedência do aviso de sinistro ocorre por meio da realização de perícia técnica pela resseguradora voltada para analisar a congruência entre o fato gerador da pretensão e a cobertura ressecuritária contratada.

A peculiaridade da regulação do sinistro de resseguro encontra-se no fato de que ela é normalmente feita a partir das análises e conclusões da sociedade seguradora no âmbito da liquidação do sinistro da garantia securitária originariamente contratada.

Além disso, apura-se na liquidação do resseguro se o segurador observou os limites pactuados e as responsabilidades decorrentes da garantia securitária contratada, ou seja, se no contrato de seguro houve o pagamento de quantia a maior ou a menor; se foi realizado pagamento dentro do prazo estipulado em lei; se o pagamento realizado observou as normas administrativas vigentes, dentre outros.

A interferência do ressegurador na direção dos trabalhos relativos à regulação da liquidação do seguro é outro ponto sensível, considerando-se o costume que preserva a liberdade de gestão da atividade exercida pelo segurador, ressalvada a hipótese de anuência.

Não obstante ser o contrato de resseguro um contrato estabelecido entre o cedente e o cessionário, a habitual intervenção do ressegurador na liquidação securitária (de competência exclusiva do segurador) poderia implicar a arguição da extensão das responsabilidades decorrentes da apólice de seguro ao ressegurador.

Todavia, entende-se que a celebração de parcerias voltadas para o aprimoramento da relação contratual e para a otimização dos resultados obtidos por ambas as partes não constitui motivo suficiente para tal caracterização.

É preciso destacar que a finalidade precípua do estabelecimento de uma parceria na gestão de riscos e na regulação de sinistros é a de preservar as margens de liquidez e

CURSO DE DIREITO DO SEGURO E RESSEGURO • Vinícius Mendonça

de solvência necessárias para atender de maneira adequada a cobertura das garantias contratadas.

Por fim, a liquidação do sinistro no plano ressecuritário deverá ser realizada na conformidade dos critérios traçados pelas particularidades de cada ramo de seguro.

12.11.4 Extinção

A extinção do contrato de resseguro ocorre nas mesmas hipóteses já descritas na parte geral deste curso, aplicáveis ao contrato de seguro.

12.11.5 Prescrição

Caso o contrato de resseguro celebrado esteja submetido ao ordenamento jurídico nacional, considerando que não há no Brasil uma lei específica que regule o prazo de prescrição do instituto, o prazo prescricional aplicável às lides ressecuritárias deverá observar as regras previstas no Código Civil.

Em razão da sua inegável vinculação genética com o contrato de seguro, entende-se que o contrato de resseguro se submete ao prazo prescricional de 01 (um) ano, contado do fato gerador da pretensão, como se verifica no caso da pretensão exercida pelo segurado em face do segurador (Art. 206, § 1º, inciso II, do Código Civil).

Por compreender que o resseguro se qualifica como um contrato de seguro, o Superior Tribunal de Justiça, ao apreciar a matéria, já decidiu que o resseguro se submete ao prazo prescricional de 01 (um) ano (REsp 1.170.057/MG, rel. Ministro Ricardo Villas Bôas Cueva, DJe 13/02/2014).

Importante registrar que no âmbito do direito projetado, o *Projeto de Lei de Seguros* prevê, especificamente, que o prazo prescricional aplicável aos contratos de seguro e de resseguro também será de 01 (um) ano, a contar do fato gerador da pretensão.

Parte III
FUNDAMENTOS PROCESSUAIS DO SEGURO E RESSEGURO

13
PROCESSO DE CONHECIMENTO

Neste capítulo serão apresentados os tópicos relacionados ao processamento de ações judiciais versando sobre seguro e resseguro sob a perspectiva do procedimento comum único e também serão abordados os aspectos relacionados à intervenção de terceiros, aos sistemas de produção de provas e à fixação do foro competente e da lei aplicável.

13.1 OBJETIVOS DO CPC DE 2015

O Código de Processo Civil de 2015 representa uma nova configuração do sistema processual civil brasileiro.

Esse novo sistema processual foi estruturado com base na ampliação da demanda global pela efetivação de direitos individuais e coletivos, considerados sob as suas múltiplas dimensões, em razão da grande relevância adquirida pelas relações jurídicas massificadas e pela necessidade do aprimoramento do acesso à tutela jurisdicional (Cappelletti, 2002:09-15; Medina, 2011:189-192).

Nesse contexto, a promulgação da Constituição Federal de 1988, sob a compreensão da unidade e indivisibilidade dos direitos fundamentais, refletiu toda a sua carga normativo-axiológica na concepção do CPC de 2015 (Sarlet, 2007:55).

Trata-se do que se convencionou chamar de eficácia dos direitos e garantias fundamentais, pela qual os mandamentos constitucionais têm o poder de vincular o legislador, o administrador e o julgador no exercício de suas funções (Canotilho, 1993:580; Nery, 2008:58-59).

Oportuno mencionar ainda a influência do Código Civil de 2002, o qual modificou substancialmente as bases do direito material no âmbito das relações privadas e cujos vetores basilares (princípios da sociabilidade, da eticidade e da operabilidade) também influenciaram o modo de ser do CPC de 2015.

Importante destacar que o atual CPC prevê um conjunto de *normas fundamentais* como vetores de interpretação e de aplicação de todo o sistema processual, com o objetivo de promover a solução dos conflitos sob uma perspectiva de estímulo: *à autocomposição, à probidade, à cooperação, à efetividade, à isonomia material, ao prevalecimento dos fins sociais e coletivos, à dignidade humana, à proporcionalidade, à razoabilidade, à legalidade, à publicidade e à eficiência.*

Simultaneamente, o sistema judiciário brasileiro passou a ocupar posição de destaque com a adoção gradual dos avanços da tecnologia da informação e da adoção do processo judicial eletrônico *(e-process)* como meios mais eficientes para a prática de atos processuais por meio de aplicativos na rede mundial de computadores, reduzindo-se custos, tempo e distância entre tribunais e jurisdicionados.

Em meio a todo esse contexto de sensíveis transformações, o principal desafio do CPC/2015 concentra-se em superar os problemas relacionados ao processamento do alto volume de demandas que diariamente são instauradas nos tribunais pátrios, maximizado pelo *fenômeno da superjudicialização* dos conflitos sociais e dos inúmeros entraves jurídicos que impedem o trâmite compatível dos processos judiciais.

Mauro Cappelletti (2008:311-329) ao analisar o tempo médio de solução de litígios nos países europeus menciona, inclusive, como exemplo extracontinental, a problemática dos países latino-americanos, cuja morosidade do trâmite dos processos parece ter relação com o próprio sistema processual escrito e excessivamente formal.

O renomado professor italiano, utilizando-se da alegoria do relógio danificado para comparar o andamento do processo civil a de um relógio defeituoso que a cada segundo que se pretende avançar é preciso sacudi-lo e golpeá-lo para funcionar, sintetiza com poucas palavras o problema central da processualística na atualidade, ao afirmar que a excessiva duração do processo é a chaga da justiça civil.

Este é outro problema que precisará ser solucionado com a aplicação do CPC ora em vigor: a busca pela justiça mais célere (quantidade de Justiça) deverá pautar-se pela preservação e pela promoção dos direitos e garantias fundamentais dos jurisdicionados (qualidade de Justiça), sem que isso implique em um empecilho intransponível para a solução efetiva e adequada dos litígios no Brasil.

Além disso, está-se diante de um cenário cuja perspectiva de melhoria passa necessariamente pelo aprimoramento das condições estruturais do Poder Judiciário, com o intuito de tornar a prestação jurisdicional mais rápida, adequada, efetiva, justa e concreta (Bedaque, 2006:46-50).

Enfim, compatibilizá-la com o substrato mínimo do *princípio da duração razoável do processo*, cuja relevância máxima está centrada na confiança depositada por toda a sociedade no ordenamento jurídico, baseada na legítima expectativa de que o processo será realizado dentro de um tempo justo, vinculando todos os agentes atuantes na produção, na gestão e na aplicação da cadeia normativa (Sarlet, Marinoni e Mitidiero, 2013:761-764).

Com base em tais considerações introdutórias, será apresentado como as causas versando sobre os contratos de seguro e de resseguro deverão ser processadas na atual sistemática processual vigente considerando a finalidade pretendida com a instituição do procedimento comum único.

13.2 PROCEDIMENTOS APLICÁVEIS ÀS CAUSAS SOBRE DIREITO DO SEGURO E RESSEGURO

Neste subitem serão apresentadas as normas relativas aos procedimentos aplicáveis às causas envolvendo o direito do seguro e resseguro no sistema processual civil brasileiro.

13.2.1 Procedimento comum único

Uma das principais modificações realizadas pelo Código de Processo Civil de 2015 está na supressão do *procedimento comum sumário*, previsto nos artigos 272, e 275 a 281 do revogado Código de Processo Civil de 1973.

Na sistemática processual do CPC de 2015 (Art. 318), o *procedimento comum passa a ser único*, eliminando assim a eleição de um procedimento comum diferenciado para a solução de determinadas causas *com base na matéria* ou *no valor da causa*, previamente fixadas pelo legislador e processadas no âmbito dos juízos de competência cível comum.

No Código de Processo Civil de 1973 a adoção do *procedimento sumário* para causas envolvendo o contrato de seguro poderia ocorrer em duas hipóteses:

(i) *nas causas versando sobre seguro cujo valor não excedesse a 60 (sessenta) vezes o valor do salário-mínimo* (Art. 275, I, do CPC/1973); ou,

(ii) *nas causas de cobrança de seguro para fins de reparação pelos danos causados em acidente de veículo, ressalvados os casos de execução* (Art. 275, II, alínea "e", do CPC/1973).

Deste modo, de acordo com a previsão do inciso I do artigo 275 do CPC/1973, toda e qualquer causa que versasse sobre direito do seguro poderia ser processada e julgada pelo procedimento sumário, desde que circunscrita ao valor de 60 (sessenta) salários-mínimos, independentemente da modalidade contratada.

De acordo com o inciso II, alínea "e", do artigo 275 do CPC/1973, a única hipótese expressa não limitada ao teto de valor máximo se referia às causas securitárias relacionadas à reparação de danos causados por acidentes de veículos.

Segundo Nelson Nery Júnior e Rosa Nery (2010:563-564), por se tratar de tipo de procedimento fixado em razão da matéria, independentemente do valor da reparação dos danos sofridos, a ação de cobrança poderia versar sobre a reparação de danos decorrentes de qualquer acidente de veículo (terrestre, aéreo ou marítimo), em face da inexistência de restrição legislativa.

Em que pese admitida a *intervenção de terceiros fundada em contrato de seguro* (Art. 280 do CPC/1973), a jurisprudência entendeu que o cabimento deste tipo de intervenção deveria ser interpretado de maneira restritiva, indeferindo-a nos casos em que manifesto o comprometimento da celeridade processual intrínseca à natureza do rito sumário (STJ, AgRg no AREsp 557.860/MG, relator Ministro Luis Felipe Salomão, DJe 10/02/2015).

Devem ser destacadas ainda as reformas processuais sequenciais que influenciaram a transformação do próprio modo de ser do procedimento sumário, tentando simplificá-lo ao máximo e restringindo a sua aplicação às causas limitadas pelo valor e pela natureza da matéria, dentro da qual se encontrava o contrato de seguro (Fadel, 2010:331).

Todavia, a morosidade no processamento das demandas postas sob este rito não surtiu os efeitos inicialmente desejados com a introdução das reformas processuais, assemelhando-se em muito, do ponto de vista temporal de sua solubilidade, às demandas submetidas ao antigo *procedimento ordinário* (Calmon de Passos, 1998:53-60).

Diante deste cenário pouco alentador do ponto de vista da efetividade processual, o legislador do atual CPC optou pela quebra da metodologia até então empregada e pela concepção de um novo procedimento ordinário, mais pragmático, o qual privilegia a autocomposição das partes, adotando-o como *procedimento único* para a solução das demandas submetidas ao processo de conhecimento (Arruda Alvim, 2011:38).

Um dos destaques do *procedimento comum único* é a *audiência de conciliação* ou *de mediação*, cuja designação deverá ser feita antes mesmo da apresentação da contestação pela parte contrária, em nítida tentativa de conferir primazia à solução consensual do conflito e de atribuir o encargo da solução do litígio, preponderantemente, às partes litigantes (Art. 334 do CPC/2015).

A audiência conciliatória ou de mediação apenas não será realizada se ambas as partes manifestarem, expressamente, desinteresse na composição consensual (o autor, na própria petição inicial; e, o requerido por meio de petição simples protocolada com 10 dias de antecedência da data da audiência) ou quando não for admitida a autocomposição, como, por exemplo, no caso de direitos indisponíveis (Art. 334, § 4º, incisos I e II, e § 5º, do CPC/2015).

Na linha das reformas processuais que precederam o advento do CPC de 2015, o Conselho Nacional de Justiça (CNJ) editou a Resolução nº 125/2010, que dispõe sobre a *Política Judiciária Nacional de tratamento adequado dos conflitos de interesses* no âmbito do Poder Judiciário, com o intuito de regulamentar a criação da estrutura necessária para viabilizar a solução consensual dos conflitos por meio da conciliação e da mediação, como será visto com maiores detalhes no Capítulo 16.

O CPC de 2015 (Art. 334, § 7º) prevê ainda a possibilidade de realização de *audiência de conciliação ou de mediação por meio eletrônico*, observadas as garantias inerentes ao amplo acesso e à efetiva participação das partes e dos seus respectivos advogados.

De acordo com a sistemática regulada pelo CPC vigente *todos os atos processuais poderão ser praticados, integralmente ou parcialmente, por meio digital*, conferindo-se amplo reconhecimento ao emprego da tecnologia da informação em busca da racionalização, da economia e da celeridade do trâmite dos processos judiciais (Arts. 193 a 195).

Importante relembrar que a audiência do novo procedimento comum único é um ato típico extraído do antigo *procedimento comum sumário* (Art. 277 e seguintes do CPC de 1973) e do *procedimento sumaríssimo* (Art. 16 e seguintes da Lei Federal 9.099/95), a qual, agora, passa a ser incorporada ao rito singular e cuja aplicação deverá ser observada obrigatoriamente no processamento de todas as causas. Daí, se afirmar da *sumarização* do procedimento comum ordinário do CPC de 2015.

A simplificação procedimental com o remodelamento do procedimento comum transformando-o em único, fixando uma *maior concentração dos atos processuais* e reduzindo o escopo de tempo necessário para a instrução probatória, possui relação direta com o objetivo da efetividade do processo.

Em razão disso, a simplificação procedimental consiste na regra geral e uniforme para *o julgamento de todas as causas submetidas ao CPC*, e aplicável subsidiariamente aos *procedimentos especiais* e ao *processo de execução*, visando imprimir maior celeridade processual no julgamento das demandas (Art. 318, parágrafo único, do CPC/2015).

De acordo com Fernando da Fonseca Gajardoni (2011:166), a proposta de fusão dos procedimentos sumário e ordinário, sob a forma de um *procedimento misto ou híbrido único*, com as melhores soluções oferecidas por cada um deles poderá aumentar a capacidade de produção de resultados e proporcionar que os processos sejam concluídos com maior velocidade no primeiro grau de jurisdição.

A razão da supressão do procedimento sumário também possui relação direta com o advento e a consolidação dos *Juizados Especiais Cíveis* (Lei Federal 9.099/95), cujo rito adotado é uma espécie de procedimento sumaríssimo, com a competência para julgamento de causas limitadas até o valor de 40 (quarenta) salários-mínimos e as de menor complexidade probatória (Art. 3º).

Não obstante o desvirtuamento do procedimento da Lei dos Juizados Especiais Cíveis (com a designação da audiência de instrução e julgamento para data afastada no tempo da audiência conciliatória), tais Juízos ainda preponderam na resolução das causas consideradas de baixa complexidade probatória, aliadas ao fato da desnecessidade de subscrição da demanda por advogado até o valor de 20 (vinte) salários mínimos e da inexistência do pagamento de custas, taxas ou despesas judiciais na primeira instância processual (Arts. 9º e 54 da LJE).

A *oralidade*, a *simplicidade*, a *informalidade*, a *economia* e a *celeridade procedimentais*, todas estas, características dos Juizados Especiais Cíveis (Art. 2º da Lei Federal 9.099/95), demonstraram ao legislador que as causas de menor complexidade probatória e de valores reduzidos poderiam ser adequadamente solucionadas por esta via jurisdicional, tornando-se, assim, desnecessária a manutenção do procedimento sumário adotado pelos juízos cíveis comuns.

Desse modo, na atual sistemática adotada pelo CPC/2015, os litígios envolvendo *contratos de seguro e de resseguro*, como regra, deverão ser resolvidos pelo *procedimento comum único* ou caberá ao autor optar pela propositura da ação nos *Juizados Especiais Cíveis*, desde que observadas as regras processuais específicas de competência, legitimidade, matéria e do valor da causa para fins de propositura da ação (Arts. 3º, 4º e 8º da Lei Federal 9.099/95).

Destaca-se, ainda, no âmbito do *procedimento de execução*, a possibilidade de propositura de: (i) *ação de execução do contrato de seguro de vida por morte* (Art. 784, inciso VI, do CPC de 2015); e, a (ii) *ação de execução de prêmio do seguro proposta pela seguradora em face do segurado* (Art. 27 do Decreto-lei 73/1966), as quais poderão ser

CURSO DE DIREITO DO SEGURO E RESSEGURO • Vinícius Mendonça

substituídas pelo *procedimento comum único* caso a parte almeje a obtenção de título executivo judicial (Art. 785 do CPC).

Importante registrar ainda o cabimento, em tese, de outras espécies de medidas como, por exemplo, as referentes à *tutela de natureza cautelar em caráter antecedente* (Art. 305 do CPC/2015), e, ainda, de outras espécies de ações específicas arroladas no âmbito dos *procedimentos especiais*, como, por exemplo: (i) a *ação de consignação em pagamento* (Arts. 539-549 do CPC/2015), para o depósito dos valores devidos a título de contratação da garantia securitária; e, (ii) a *ação monitória* (Arts. 700-702 do CPC/2015), para a discussão de direito fundado em prova escrita sem eficácia de título executivo.

Todavia, o cabimento destas medidas é residual se comparado ao volume de causas que necessariamente devem ser submetidas ao procedimento comum único, em razão da sua natureza e complexidade jurídico-probatória. Além do mais, estas ações somente serão cabíveis se demonstrado o preenchimento dos requisitos específicos exigidos em lei.

Por fim, as ações versando sobre o *seguro de danos causados por veículos automotores – DPVAT*, regido pela Lei Federal 6.194/1974, também deverão observar o *procedimento comum único*, uma vez que na nova sistemática processual não subsiste mais o procedimento sumário, ou, alternativamente, caberá ao autor optar pela propositura da ação no Juizado Especial Cível Comum ou Federal, considerando a data de ocorrência do sinistro e desde que preenchidos os requisitos cumulativos exigidos pelas respectivas leis dos juizados especiais.

13.2.2 Procedimento aplicável às causas sobre resseguro

Os *contratos de resseguro*, como regra, por serem negócios jurídicos de natureza paritária e de forte tradição internacional têm como prática a sua solução predisposta no âmbito do *procedimento arbitral* (eleito a partir da celebração de convenção arbitral), esfera mais técnica e reservada para a solução de litígios dotados de alta carga de especialização em razão da matéria.

Trata-se de um reflexo da própria natureza de *gentlemen's agreement* do resseguro, inerente às relações vistas ao longo do tempo da sua prática internacional entre os operadores do mercado, baseada na integridade e na lealdade mútua das partes contratantes.

Marcelo Mansur Haddad (2003:91-92) explica que os litígios ressecuritários submetidos aos procedimentos arbitrais são solucionados por meio da aplicação dos critérios de julgamento baseados no direito, na equidade, nos princípios e nos costumes consolidados pela prática do mercado internacional, conforme convencionado pelas partes.

Ainda segundo Haddad:

Não se contesta hoje que a arbitragem, além de possibilitar que decisões técnicas sejam tomadas com uma certa celeridade, garantindo-se sua confidencialidade, permite que, em havendo autorização das partes e das próprias legislações nacionais ou, segundo alguns autores, mesmo na ausência de tais autorizações, os árbitros tomem suas decisões sem qualquer vinculação aos direitos nacionais, mesmo porque, pelo menos no caso específico do resseguro, tal vinculação seria de pouca serventia, já que os próprios legisladores estatais toleraram ou incentivaram o que poderia se designar como uma 'auto-regulamentação' baseada na própria praxe internacional do instituto.

Nesse sentido, aliás, torna-se válido destacar a promulgação da Lei Federal 13.129/15, que promoveu alterações à *Lei de Arbitragem de 1996* e à *Lei das Sociedades Anônimas de 1976*, visando ampliar o espectro de sua aplicabilidade aos litígios especializados e promover outras alterações em relação ao procedimento arbitral no Brasil.

Deste modo, não obstante as características do novo sistema processual civil, as sociedades seguradoras e sociedades resseguradoras deverão continuar privilegiando o *foro arbitral* para a solução de eventuais litígios relacionados ao contrato de resseguro.

Todavia, na eventualidade de surgimento de algum conflito cujo objeto seja uma relação ressecuritária, impõe-se observar que o *procedimento comum único* (Art. 318 e seguintes do CPC/2015) deverá ser o rito adotado, como regra, para fins de processamento e julgamento deste tipo de contrato, na mesma linha do entendimento aplicável aos contratos de seguro em geral.

Aplicam-se aos *contratos de retrocessão* as mesmas considerações ora apresentadas em relação ao contrato de resseguro, por serem contratos empresariais e paritários que privilegiam a adoção de soluções por via da arbitragem ao invés do uso da jurisdição comum.

13.3 INTERVENÇÃO DE TERCEIROS

Sob a ótica do processo de conhecimento, a violação de um direito e o respectivo descumprimento de uma obrigação, normalmente, fazem com que as partes diretamente envolvidas numa determinada relação jurídica promovam a instalação do litígio no âmbito judicial.

Não raras vezes, a solução para o litígio entre duas partes litigantes também repercutirá na esfera jurídica de terceiros que com elas mantenham alguma relação jurídica específica e que indiretamente poderá ser afetada pela relação jurídica principal.

Nesse caso, está-se diante da denominada *intervenção de terceiros*, gênero processual que abrange diversas formas de admissão de partes interessadas no desfecho da lide principal. Dentre as que mais interessam ao contrato de seguro, podem ser citadas as seguintes modalidades:

(i)   *assistência*, quando o terceiro juridicamente interessado em que a sentença seja favorável a uma das partes litigantes requer a sua admissão no processo para auxiliar a parte principal, sob a forma de assistente simples ou litisconsorcial (Arts. 119-124 do CPC/2015);

(ii) *denunciação à lide*, quando a parte principal requer a participação, no processo, daquele que estiver obrigado pela lei ou por contrato a indenizá-la em ação regressiva (Arts. 125-129 do CPC/2015);

(iii) *chamamento ao processo*, quando o requerido requer a participação do afiançado, na ação em que o fiador for réu; dos demais fiadores, na ação proposta contra algum deles; ou, dos demais devedores solidários, quando o credor exigir de um ou de alguns o pagamento (Arts. 130-132 do CPC/2015); e,

(iv) *amicus curiae*, quando o Juiz defere a participação qualificada no processo de uma pessoa, órgão ou entidade especializada visando contribuir com a sua manifestação para a solução da causa (Art. 138 do CPC/2015).

Desse modo, devidamente delimitadas as hipóteses de intervenção de terceiros, torna-se oportuno analisá-las brevemente no que tange à sua aplicabilidade aos conflitos versando sobre o contrato de seguro no âmbito do processo civil.

13.3.1 Assistência

Na *assistência*, a seguradora espontaneamente requer a sua admissão na lide a fim de auxiliar o segurado na sustentação da sua tese de defesa visando afastar a responsabilidade a este imputada pelo autor da ação principal.

O interesse da seguradora é manifesto, porquanto se os pedidos principais formulados pelo autor em face do segurado forem julgados improcedentes, por consequência, a obrigação de pagar a importância segurada também restará afastada.

No sentido contrário, caso os pedidos principais venham a ser julgados procedentes e exista cobertura contratual para tanto, a seguradora deverá prestar a garantia securitária até o limite da importância segurada.

Na hipótese de a seguradora figurar na qualidade de parte requerida, caso exista interesse na lide, a resseguradora também poderá pleitear a sua admissão na condição de assistente simples da seguradora a fim de participar do desenvolvimento do processo.

Neste caso, a resseguradora também poderá contribuir para a defesa da seguradora e estará sujeita aos efeitos positivos ou negativos do resultado da ação no caso da eventual procedência ou improcedência dos pedidos autorais nos estritos termos da relação jurídica ressecuritária.

13.3.2 Denunciação à lide

Na *denunciação à lide*, a parte principal formaliza o requerimento de citação da seguradora para que ela venha a fazer parte do processo na qualidade de terceira interessada sobre o resultado final da ação.

Nesse caso haverá duas relações tramitando paralelamente e simultaneamente dentro de um mesmo processo: (i) a *lide principal*, na qual as partes principais litigam a respeito de uma determinada relação jurídica; e, (ii) a *lide acessória*, na qual o segurado e segurador litigarão a respeito da cobertura securitária.

A intenção da parte principal, caso reste comprovada a responsabilidade discutida, é a de possibilitar que a eventual cobertura securitária seja satisfeita nos autos do processo principal sem a necessidade de se demandar em uma nova ação a companhia seguradora, garantindo-se, imediatamente, a satisfação do seu direito de regresso.

Em assim sendo, a seguradora denunciada poderá ter ciência e participar do processo desde o seu início, adotando as providências que entender necessárias visando: (i) *assistir à defesa do segurado*; ou, até mesmo, (ii) *posicionar-se no sentido contrário à denunciação*, com o objetivo de informar a inexistência de garantia securitária em razão da não contratação de cobertura, da constatação de violação contratual pelo segurado ou da efetivação pretérita do pagamento total da importância segurada.

Dessa forma, a denunciação da lide poderá ser promovida por qualquer das partes em relação àquele que estiver obrigado, por lei ou pelo contrato, a indenizar, em ação regressiva, o prejuízo de quem for vencido no processo (Art. 125 do CPC/2015).

A denunciação à lide poderá ser realizada de duas formas: (i) pelo *autor*, hipótese na qual o pedido de citação do denunciado deverá ser formalizado na inicial, e caso aceito, o denunciado poderá assumir a posição de litisconsorte do denunciante e acrescentar novos argumentos à peça introdutória; ou, (ii) pelo *requerido*, hipótese mais comumente vista e na qual o pedido deverá ser realizado na contestação.

Na hipótese de denunciação à lide formalizada pelo requerido, se *o denunciado contestar o pedido formulado pelo autor*, o processo prosseguirá tendo, na ação principal, em litisconsórcio, denunciante e denunciado.

Ao final do processo principal o juiz poderá proferir sentença: (i) *favorável ao denunciante*, hipótese na qual a denunciação da lide não precisará ser julgada em virtude do afastamento do pedido inicial; ou, (ii) *desfavorável ao denunciante*, hipótese na qual o juiz passará à apreciação do julgamento da denunciação da lide.

Em caso de julgamento pela procedência da ação principal, poderá o autor, se for o caso, requerer o cumprimento da sentença também contra o denunciado, nos limites da condenação deste na ação regressiva (Art. 128 do CPC/2015).

Diante dessas considerações, pergunta-se: o terceiro prejudicado poderá mover, em todos os casos, ação diretamente em face da seguradora do responsável causador do dano?

Ainda na vigência do revogado Código de Processo Civil de 1973 (Art. 543-C), o Superior Tribunal de Justiça consolidou a sua jurisprudência no sentido da impossibilidade de propositura de ação direta de terceiro em face da seguradora visando obter a reparação pelos danos causados pelo segurado.

De acordo com a *Súmula 529* do STJ: "*no seguro de responsabilidade civil facultativo, não cabe o ajuizamento de ação pelo terceiro prejudicado direta e exclusivamente em face da seguradora do apontado causador do dano*" (DJe 18/05/2015).

Desse modo, o STJ estabeleceu como obrigatória a propositura de ação contra o segurado e, simultaneamente, a indicação da companhia seguradora no polo passivo da ação, na condição de litisconsorte passivo, para fins de apreciação do pedido de extensão dos efeitos da sentença condenatória.

A atual jurisprudência do STJ editada posteriormente à entrada em vigor do CPC de 2015 manteve o mesmo entendimento a respeito da necessidade de se indicar no polo passivo da ação, simultaneamente, o segurado causador do dano e a seguradora responsável pela garantia securitária contratada, sob pena de extinção do processo por carência da ação, dada a inexistência de relação jurídica entre o prejudicado e a seguradora (AgInt no AREsp 1.559.077/RJ, rel. Ministro Marco Aurélio Bellizze, DJe 06/04/2020).

Há duas exceções expressamente admitidas pela legislação em relação à possibilidade de ação direta do terceiro prejudicado em face da seguradora: (i) na *ação de responsabilidade civil em relação de consumo na qual constatada a falência do segurado*; e, (ii) nos *casos de seguros obrigatórios*.

O *Código de Defesa do Consumidor* (Art. 101, inciso II), por exemplo, prevê que, na *ação de responsabilidade civil do fornecedor de produtos e serviços*, no caso de o requerido ter sido declarado falido, o consumidor poderá mover a ação diretamente em face da seguradora, vedada a denunciação da lide ao ressegurador e dispensado o litisconsórcio obrigatório com este.

Por sua vez, o *Código Civil* (Art. 788) prevê que, nos seguros de *responsabilidade legalmente obrigatórios*, a indenização pelo sinistro será paga pelo segurador diretamente ao terceiro prejudicado. Além disso, demandado em ação direta pela vítima do dano, o segurador não poderá opor exceção de contrato não cumprido pelo segurado, sem promover a citação deste para integrar o contraditório.

Portanto, atualmente, constata-se que a possibilidade de propositura de ação direta em face da seguradora pelo terceiro prejudicado encontra-se restrita às hipóteses mencionadas.

Em todos os demais casos relacionados aos seguros facultativos, o terceiro prejudicado deverá promover a inserção simultânea tanto do segurado quanto da seguradora no polo passivo da ação.

Ultrapassada a primeira questão, coloca-se outra indagação: o terceiro prejudicado, na ação movida em face do segurado causador dos danos, poderá pedir a condenação direta da seguradora no caso de denunciação da lide?

Neste caso, com base na *Súmula 537*, o STJ consolidou o entendimento de que: "*em ação de reparação de danos, a seguradora denunciada, se aceitar a denunciação ou contestar o pedido do autor, pode ser condenada, direta e solidariamente junto com o segurado, ao pagamento da indenização devida à vítima, nos limites contratados na apólice*" (DJe 15/06/2015).

Dessa forma, caso o terceiro proponha a ação em face do segurado causador do dano e a seguradora seja denunciada à lide, na qualidade de litisconsorte passivo, possível a condenação desta de forma direta e solidária para a satisfação do pedido condenatório principal nos limites previstos na apólice (AgInt no AREsp 1.537.439/AM, rel. Ministra Maria Isabel Gallotti, DJe 28/05/2020).

Entretanto, entende-se que compete ao autor formular o pedido de cumprimento da sentença diretamente em face da seguradora, nos limites da condenação desta na ação regressiva. Desse modo, a condenação direta deverá estar necessariamente vinculada ao pedido formulado pelo requerente, não cabendo a sua decretação de ofício pelo Juiz em razão da redação do artigo 128, parágrafo único, do CPC de 2015.

Importante lembrar ainda que na hipótese de a seguradora contestar o próprio pedido de denunciação à lide, caberá ao tribunal também apreciar o pedido da lide secundária a fim de determinar precisamente a responsabilidade pela satisfação da lide principal.

O simples fato de a seguradora ser denunciada à lide não implicará, necessariamente, a sua condenação à satisfação do pedido condenatório na lide principal, uma vez que ela poderá comprovar a inexistência de cobertura para o evento danoso ou a violação contratual praticada pelo segurado como causa de suspensão da garantia ou da rescisão do contrato.

Nesse caso, cita-se, por exemplo, uma ação de reparação de danos promovida por terceiro prejudicado em face do segurado que tenha provocado um acidente automobilístico sob o efeito de álcool, reconhecidamente fato motivador da exclusão de cobertura securitária (REsp 1.441.620/ES, rel. Ministra Nancy Andrighi, DJe 23/10/2017).

Além disso, oportuno registrar que se a denunciação à lide for indeferida, não for promovida ou não for permitida, o direito de regresso deverá ser exercido por ação autônoma (Art. 125, § 1º, do CPC/2015).

Por fim, importante mencionar ainda que o CPC/2015 apenas admite uma única denunciação sucessiva promovida pelo denunciado em face da pessoa responsável por indenizá-lo, sendo vedada a promoção de nova denunciação, hipótese em que o direito de regresso também deverá ser exercido por ação autônoma.

Dessa forma, em tese, um terceiro prejudicado poderia demandar o segurado causador do dano, o qual por sua vez denunciaria a sua seguradora para fins de garantia do seu direito de regresso, a qual, sucessivamente, poderia ainda denunciar a resseguradora.

Todavia, em relação ao *contrato de resseguro* e ao *contrato de retrocessão*, os resseguradores e os seus retrocessionários *não responderão diretamente perante o segurado* pela importância assumida, ficando a seguradora que emitiu o contrato integralmente responsável por indenizá-lo (Art. 14 da LC 126/2007).

Merecem ressalva as hipóteses de *insolvência*, de *decretação de liquidação* ou de *falência da seguradora*, quando o contrato de resseguro for *considerado facultativo* ou se *houver cláusula de pagamento direto ao segurado*.

Nestas hipóteses, em razão de expressa previsão legal, o ressegurador poderá responder diretamente em relação à obrigação discutida na lide principal.

13.3.3 Chamamento ao processo

No chamamento ao processo, o requerido formula o pedido de participação na lide principal dos demais coobrigados em relação à satisfação da obrigação litigiosa.

Difere da denunciação à lide, porquanto no chamamento ao processo os demais coobrigados deverão ter as suas respectivas responsabilidades fixadas na lide principal independentemente de ação regressiva.

O pedido de chamamento deverá ser formalizado pelo requerido na contestação e a sentença de procedência valerá como título executivo em favor daquele que satisfizer a dívida, a fim de que possa exigi-la, por inteiro, do devedor principal, ou, de cada um dos codevedores, a sua quota, na proporção que lhes tocar (Arts. 131 e 132 do CPC/2015).

Em relação à matéria securitária, o *Código de Defesa do Consumidor* (Art. 101, inciso II), por exemplo, prevê que, na *ação de responsabilidade civil do fornecedor de produtos e serviços*, o requerido que houver contratado seguro de responsabilidade poderá chamar ao processo a seguradora para satisfazer o objeto do litígio por meio da garantia securitária, vedada a integração do contraditório pelo ressegurador.

O Superior Tribunal de Justiça consolidou jurisprudência no sentido de não admitir o chamamento ao processo nem a denunciação à lide nos casos de litígios envolvendo consumidores com o intuito de promover uma maior celeridade processual, ressalvada a integração à lide da seguradora no caso da contratação de seguro de responsabilidade (REsp 913.687; e, REsp 1.165.279).

Em tais casos, por se tratar de um direito subjetivo, competirá ao consumidor postular a integração à lide da seguradora ou se manifestar contrariamente a ela caso entenda que a integração do terceiro implicará uma maior dilação probatória ou em demora do desfecho da lide principal, em razão da diversidade de causas de pedir relacionadas às responsabilidades a serem apuradas.

Nada obstante, entende-se possível, caso seja do interesse da seguradora, postular a sua admissão na qualidade de assistente a fim de contribuir com a defesa do segurado e de cientificar-se do resultado final do processo.

13.3.4 *Amicus curiae*

Por fim, menciona-se ainda o *amicus curiae*, uma última espécie de intervenção de terceiro de natureza especial, por se tratar de uma pessoa ou órgão cujo interesse em relação ao objeto da lide principal é institucional ou supraindividual (Bueno, 2020).

A intervenção sob a modalidade de *amicus curiae* ocorrerá quando for solicitada ou admitida a participação de pessoa, órgão ou entidade especializada com base na relevância da matéria, da especificidade do tema ou da repercussão social da controvérsia (Arts. 138 do CPC/2015).

O denominado *amigo da corte* poderá participar do processo oferecendo: (i) uma análise ou interpretação legal dos dispositivos normativos porventura suscitados pelas partes; (ii) informações fáticas ou de evidência técnica a respeito do objeto litigioso; ou, (iii) contextualizando os efeitos sociais, políticos e econômicos correlacionados ao seu julgamento.

Desse modo, o papel do agente com interesses acima da causa poderá ser o de clarificar determinado ponto que não tenha sido devidamente abordado pelas partes, ampliar a visão sobre um ponto específico delimitado no processo e de apresentar as suas possíveis consequências em relação ao mercado segurador e ressegurador (Gautier, 2005:240).

Nesse caso, cita-se, por exemplo, a relevância da participação de *especialistas do mercado segurador e ressegurador* e da *Confederação Nacional das Empresas de Seguros Gerais, Previdência Privada e Vida, Saúde Suplementar e Capitalização – CNSEG* assim como das respectivas *federações* que representem as sociedades que integram os seus mercados (FENSEG, FENAPREVI, FENASAÚDE e FENACAP), e da *Federação Nacional de Empresas de Resseguro – FENABER* e de outras entidades correlatas.

A participação de pessoas com especialização técnica e sensibilidade quanto ao dimensionamento dos efeitos coletivos gerados por um determinado conflito poderá contribuir positivamente para que o Juiz profira um julgamento com a capacidade de pacificar de modo adequado o litígio e prevenir medidas reflexas a ele correlacionadas.

13.4 SISTEMAS DE PRODUÇÃO DE PROVAS

A propositura de uma ação judicial, com a consequente estabilização da relação processual, pressupõe conduta ativa das partes em relação à produção de provas que possam influenciar a formação da convicção do julgador.

Como regra, em matéria probatória, o processo civil brasileiro adota um perfil adversarial, no qual compete às partes produzirem as provas a respeito dos direitos alegados a fim de que o Juiz possa identificar a procedência, total ou parcial, dos argumentos suscitados.

Desse modo, o segurado ao propor uma ação em face da seguradora deverá instrui-la com os elementos de prova necessários para comprovar a existência dos *fatos alegados* e a *procedência dos pedidos formulados* (Art. 373, inciso I, do CPC/2015).

Por sua vez, a seguradora deverá instruir a sua contestação com a *prova dos fatos impeditivos, modificativos ou extintivos do direito alegado pelo autor* com o intuito de afastar o pedido que porventura tenha sido fundado em descumprimento de norma dispositiva ou de cláusula prevista nas condições gerais da apólice (Art. 373, inciso II, do CPC/2015).

A adequada realização da instrução processual com as provas necessárias para a sustentação das alegações apresentadas consiste em ônus atribuído estrategicamente às partes porquanto detentoras do conhecimento fático e do direito por elas discutido.

Como regra, caberá ao segurado apresentar as provas constitutivas do direito alegado, materializadas pela *apresentação da apólice de seguro e das suas condições gerais, comprovantes de pagamento do prêmio do seguro, comprovação do fato gerador da garantia securitária, verossimilhança, adequação e congruência dos fatos alegados*, e, quando for o caso, a *comprovação da natureza e da extensão dos danos sofridos*.

Por sua vez, competirá à seguradora alegar a *inexistência de relação jurídica entre as partes* ou comprovar a *quebra de dever contratual protagonizada pelo segurado*, a *inconsistência parcial ou total dos fatos ou dos danos alegados*, a *inexistência de cobertura contratual*, a *exaustão da garantia contratada* ou, até mesmo, a *nulidade do contrato no caso da constatação de fraude contra o seguro*.

Como é possível constatar, há uma série de elementos que deverão ser demonstrados pelas partes litigantes no curso da instrução probatória como requisitos necessários para a comprovação dos fatos e do direito por elas alegados (Bueno, 2014).

Em relação à forma de distribuição do ônus probatório, com o intuito de organizar as regras de produção de provas, o CPC/2015 adotou dois sistemas:

(i) o *sistema de distribuição estática do ônus da prova*, critério abstrato e previsto de maneira antecipada pela lei levando-se em consideração o polo processual ativo ou passivo no qual a parte encontra-se situada (Art. 373, incisos I e II, do CPC/2015); e,

(ii) o *sistema de distribuição dinâmica do ônus da prova*, critério flexível cuja aplicação deverá ser realizada pelo Juiz com base nos casos previstos em lei, nas circunstâncias e particularidades do caso concreto ou desde que expressamente convencionado pelas partes (Art. 373, §§ 1º ao 4º, do CPC/2015) (Streck, 2016).

Nas relações securitárias, a modificação do critério estático, com a respectiva inversão do ônus probatório, costuma acontecer nas causas ajuizadas por um consumidor e nas quais ele sustente *alegações verossímeis* ou quando *ele é considerado hipossuficiente*, conforme as *regras ordinárias de experiência* (Art. 6º, inciso VIII, do CDC).

Dessa forma, com o objetivo de facilitar a proteção dos direitos do segurado, o Juiz poderá diante da constatação da verossimilhança das alegações ou da sua hipossuficiência declarar a inversão do ônus probatório e redistribui-lo à seguradora que terá a incumbência de observá-lo.

Todavia, é preciso registrar que o Juiz não poderá decretar a inversão do ônus da prova em todo e qualquer caso. É necessário, além da verificação do preenchimento dos requisitos legais, analisar a compatibilidade do tipo de prova que se pretende produzir e a sua natureza essencialmente constitutiva, impeditiva, modificativa ou extintiva do direito alegado.

O Juiz não poderá, por exemplo, decretar a inversão do ônus da prova dirigida ao segurador para que ele prove fato negativo, como, por exemplo, o inadimplemento do prêmio do seguro ou que o segurado não fez declaração diversa da que consta da proposta e da apólice do seguro.

A inversão deverá limitar-se a fatos cuja possibilidade de produção seja materialmente viável por parte da seguradora, sob pena de se transferir ônus inerente ao tipo de direito alegado por uma parte à outra que não terá meios de se desvencilhar da sua formação.

O CPC não admite a inversão do ônus probatório cuja produção é manifestamente impossível. Isso seria injusto e inadequado do ponto de vista processual, e pior, legitimaria o ajuizamento de uma série de pretensões temerárias e ilícitas que não podem ser admitidas pelo Direito.

Além dos casos de inversão do ônus probatório em razão da natureza subjetiva do consumidor, o artigo 373, § 1º, do CPC/2015 admite a modificação do critério estático quando o Juiz constatar a *impossibilidade* ou a *excessiva dificuldade da parte de cumprir o encargo* ou a *maior facilidade de obtenção da prova do fato contrário*, desde que o faça por decisão fundamentada.

Além disso, o Juiz deverá conferir à *parte contrária oportunidade para se desincumbir do ônus que lhe foi atribuído, sendo vedada a criação de situação que lhe seja impossível ou excessivamente difícil* (Art. 373, § 2º, do CPC/2015).

Em relação aos negócios jurídicos processuais, a *convenção espontânea sobre a distribuição do ônus da prova*, a qual poderá ser celebrada antes ou depois do processo, não poderá ser firmada pelas partes quando recair *sobre direito indisponível* ou *tornar excessivamente difícil a uma parte o exercício do direito* (Art. 373, § 3º, do CPC/2015).

Também é vedada a *celebração de convenção processual, com base em cláusula contratual, que estabeleça a inversão do ônus da prova em prejuízo do consumidor* (Art. 51, inciso VI, do CDC).

Por fim, relevante destacar que o Juiz deverá definir a distribuição do ônus probatório na *decisão do saneamento* do processo, a fim de que as partes possam conhecê-la de forma antecipada, e, inclusive, interpor recurso em face da sua inadequação ou ilegalidade (Art. 357, inciso III, do CPC/2015).

Nesta etapa processual, o Juiz também poderá, por meio de *medidas cooperativas*, propor às partes a produção de provas que não tenham sido anteriormente requisitadas ou, até mesmo, *inquisitorialmente*, determinar de ofício a produção de provas que entenda necessárias para o esclarecimento dos fatos e para a solução do litígio (Didier, 2011:207-217).

13.4.1 Momento de produção e natureza das provas

De modo geral, o segurado, autor da ação, deverá apresentar as provas, quanto aos fatos alegados, no momento do protocolo da petição inicial. Por sua vez, a seguradora, caso situada no polo passivo da ação, deverá apresentar as suas provas no momento do protocolo da sua defesa, uma vez que parte considerável das provas necessárias para a solução do litígio costuma ser produzida na vigência da relação contratual.

Dente as principais, podem ser citadas: a *proposta de seguro*, os *comprovantes de pagamento dos prêmios de seguro*, a *apólice* e as *condições gerais do contrato*, a *perícia técnica realizada pelo regulador do sinistro*, os *documentos* e *laudos emitidos por entes públicos*, dentre outras.

Todavia, há casos em que as partes precisam produzir novas provas perante o Juiz de Direito, no curso do processo judicial, com o intuito de ratificar a posição jurídica sustentada ou de demonstrar inconsistências em relação a determinados fatos suscitados pela parte contrária.

A natureza das provas judiciais é bastante diversificada admitindo-se, dentre as principais: a *prova documental*, o *depoimento pessoal das partes*, a *confissão*, o *depoimento testemunhal* e a *prova pericial* a fim de se comprovar os fatos alegados.

Como corolário dos princípios do devido processo legal, do contraditório e da ampla defesa, no âmbito judicial, *as partes têm o direito de empregar todos os meios legais, bem como os moralmente legítimos, para provar a verdade dos fatos em que se funda o pedido ou a defesa e influir eficazmente na convicção do juiz* (Art. 369 do CPC/2015).

Trata-se de dispositivo de fundamental valia, principalmente nas relações securitárias, nas quais há reconhecidamente uma grande assimetria em relação às informações unilateralmente prestadas pelo segurado ou pelo terceiro prejudicado para a formalização do aviso de sinistro.

Em relação às provas que devem ser produzidas no curso do processo judicial, caberá ao Juiz na *decisão saneadora* delimitar *as questões de fato sobre as quais recairá a atividade probatória, especificando os meios de prova admitidos* (Art. 357, inciso II, do CPC/2015). E, também, *de ofício ou a requerimento das partes, determinar as provas necessárias ao julgamento do mérito* (Art. 370 do CPC/2015).

Em razão das circunstâncias fáticas particulares da causa, e desde que devidamente justificada pela parte interessada, a prova também poderá ser produzida de *forma antecipada, por meio de ação própria*, nas hipóteses em que caracterizado:

(i) *fundado receio de que venha a tornar-se impossível ou muito difícil a verificação de certos fatos na pendência da ação* (ex: necessidade de se apurar os elementos do sinistro enquanto existentes a fim de se documentar as provas sob o risco do seu perecimento);

(ii) *prova capaz de viabilizar a autocomposição ou outro meio adequado de solução de conflito* (ex: a produção de prova sobre questão técnico-pericial capaz de demonstrar a autoria e a responsabilidade discutida pelas partes ou em face de terceiros); e,

(iii) *prévio conhecimento de fatos que possam justificar ou evitar o ajuizamento de ação* (ex: tomada de depoimento pessoal do autor convalescente ou do terceiro envolvido a respeito da dinâmica de um sinistro) (Arts. 381 e 382 do CPC/2015).

A parte poderá ainda pleitear a *exibição de documento ou coisa* que esteja sob a posse da parte contrária com o objetivo de comprovar a existência do seu direito, desde que realize a sua individuação, demonstre a finalidade e aplicação da prova pretendida, e as circunstâncias da afirmação de que ela se encontra com a parte adversa (Arts. 396 e 397 do CPC/2015).

A exibição de documentos poderá ser realizada de maneira autônoma e antecedente, por meio da *ação de produção antecipada de provas* (Art. 381 do CPC/2015), ou de *maneira incidental* no corpo da ação principal ajuizada (Art. 396 do CPC/2015).

O STJ também tem admitido a propositura de *ação sob o rito comum* com essa finalidade, em prestígio ao direito à produção de prova e à sua utilidade para evitar ou solucionar o conflito (REsp 1.803.251/SC, rel. Ministro Marco Aurelio Belizze, DJe 08/11/2019).

Desse modo, tais medidas possibilitarão a obtenção da análise das características das provas produzidas a fim de que elas possam ser utilizadas para firmar uma autocomposição sobre o conflito ou viabilizar a propositura de uma ação judicial.

Todavia, em matéria securitária, entende-se que a propositura da ação com o objetivo de exibição da apólice de seguro e das condições gerais do contrato, ou de outros documentos correlatos, deverá ser precedida de *requerimento administrativo*, devido à necessidade de demonstração da existência de interesse processual pela parte autora.

Ademais, a propositura da ação implicaria a movimentação injustificável do Poder Judiciário quando a questão poderia ter sido resolvida na via extrajudicial (STJ, AgInt no AREsp 1.290.510/SP, Relator Ministro Ricardo Villas Bôas Cueva, DJe 21/03/2019).

Lembrando-se que se alguma das provas for falsa, a *arguição quanto à falsidade de prova* deverá ser realizada na *contestação*, na *réplica* ou no *prazo de 15 (quinze) dias da intimação da juntada do documento nos autos*, por meio da exposição dos motivos e dos meios pelos quais se provará o alegado, a fim de subsidiar a realização de prova pericial (Arts. 430 a 432 do CPC/2015).

Todavia, ainda que a falsidade não seja oportunamente alegada, entende-se que ela poderá ser posteriormente comprovada por meio da utilização de outros mecanismos probatórios diretos ou indiretos, como, por exemplo, o depoimento pessoal da parte ou de testemunha, com o intuito de possibilitar a análise adequada a respeito da verdade dos fatos pelo julgador da causa.

Em relação à análise das provas apresentadas pelas partes, caberá ao Juiz aplicar as *regras de experiência comum*, pela observação do que ordinariamente acontece, e as *regras de experiência técnica*, com ressalva do exame pericial (Art. 375 do CPC/2015).

O STJ, por exemplo, já decidiu existir presunção de culpa no caso de acidente provocado por motorista embriagado causador do sinistro pelo descumprimento do dever de segurança no trânsito, ainda que o boletim de ocorrência não tenha sido claro em relação a todas as circunstâncias fáticas do evento (REsp 1.749.954/RO, Rel. Min. Bellizze, DJe 15/03/2019).

De acordo com o voto do Ministro Bellizze, extraído com base nas *regras de experiência comum e científicas*:

3.1 É indiscutível que a condução de veículo em estado de embriaguez, por si, representa o descumprimento do dever de cuidado e de segurança no trânsito, na medida em que o consumo de álcool compromete as faculdades psicomotoras, com significativa diminuição dos reflexos; enseja a perda de autocrítica, o que faz com que o condutor subestime os riscos ou os ignore completamente; promove alterações na percepção da realidade; enseja déficit de atenção; afeta os processos sensoriais; prejudica o julgamento e o tempo das tomadas de decisão; entre outros efeitos que inviabilizam a condução de veículo automotor de forma segura, trazendo riscos, não apenas a si, mas, também aos demais agentes que atuam no trânsito, notadamente aos pedestres, que, por determinação legal (§ 2º do art. 29 do CTB), merecem maior proteção e cuidado dos demais.

De qualquer forma, não dependem de prova os fatos: (i) *notórios*; (ii) os *afirmados por uma parte e confessados pela parte contrária*; (iii) os *admitidos no processo como incontroversos*; e, (iv) os *fatos em cujo favor milita presunção legal de existência ou de veracidade* (Art. 374 do CPC/2015).

Por fim, o Juiz apreciará a prova constante dos autos independentemente de quem a tenha produzido e deverá indicar na decisão as razões da formação de seu convencimento (Art. 371 do CPC/2015).

13.4.2 Prova indiciária da fraude

Como visto ao longo deste curso, o contrato de seguro realiza-se com base no *princípio da máxima boa-fé*, a fim de que a assimetria informacional relacionada à posição das partes contratantes seja reduzida por meio de um comportamento verdadeiro e honesto do segurado ao longo da vigência contratual.

Por se tratar de norma jurídica positivada, a assunção do compromisso de se portar conforme a boa-fé irradia-se ainda em relação aos representantes do segurado e aos terceiros eventualmente prejudicados por suas condutas cujos danos estejam abrangidos pela cobertura securitária.

Todavia, mesmo diante da imposição dos *deveres de boa-fé* e de *cooperação* entre as partes contratantes, tanto no plano do direito substantivo quanto processual, constata-se a existência de condutas fraudulentas praticadas tanto por segurados quanto por seus representantes e pelos terceiros prejudicados a fim de obterem enriquecimento ilícito.

Oportuno destacar que existem, em síntese, duas grandes classes de fraudadores: (i) os *fraudadores eventuais*, segurados ou terceiros que se aproveitam eventualmente de uma determinada situação ou oportunidade para tentar obter uma vantagem a partir da cobertura contratada; e, (ii) os *fraudadores profissionais*, segurados, seus representantes e terceiros que atuam concertadamente sob a estrutura de organizações criminosas deliberadamente constituídas para desfalcar os fundos de seguros por meio da prática de crimes em série.

Nesse contexto, a fraude pode ocorrer de diversas formas e ela possui diversos matizes. Entende-se até mesmo possível apresentar uma classificação das fraudes com base nas suas principais características:

(i) *fraude pré ou pós-aceitação contratual,* quando ela ocorre anteriormente ou posteriormente à celebração do contrato;

(ii) *fraude comissiva ou omissiva,* quando ela ocorre por meio de uma ação ou omissão atribuível ao segurado ou ao seu representante;

(iii) *fraude parcial ou totalmente simulada quanto à causa ou à natureza dos danos,* quando ela ocorre por meio da alteração parcial ou total da causa ou da natureza do evento danoso;

(iv) *fraude parcial ou totalmente ampliada quanto à extensão dos danos,* quando ela ocorre por meio da ampliação parcial ou total dos prejuízos alegados ou comunica um fato quando não houve prejuízo algum para obter a vantagem indevida.

De acordo com Richard Cascarino (2012), as fraudes nos contratos de seguro consistem no segundo maior tipo de crime motivado por objetivos financeiros nos Estados Unidos da América. Nos EUA, estima-se que as perdas causadas por fraudes ao seguro alcancem US$ 100 bilhões por ano, impondo-se prejuízos não somente às seguradoras, mas, principalmente, aos segurados e à coletividade, os quais são obrigados a assumir o custeio compartilhado das perdas financeiras apuradas (NAIC, Insurance, 2020).

Além disso, os desvios causados pelas fraudes praticadas inviabilizam a *estabilização* ou a *redução de preços dos prêmios de seguro* e até mesmo a *ampliação da oferta de coberturas existentes* bem como o *lançamento de novas coberturas* em razão das limitações financeiras impostas pelas perdas apuradas.

Como visto acima, as fraudes costumam ser cometidas por meio da prestação de informações inverídicas a fim de se obter a redução do valor dos prêmios dos seguros (fraude tarifária), da comunicação de avisos de sinistros simulados, da majoração do valor de prejuízos alegados, da comunicação de prejuízos sobre bens inexistentes, dentre inúmeras outras formas.

As fraudes abrangem praticamente todos os ramos securitários, desde os seguros de danos (ex: seguros de automóvel, seguros de responsabilidade civil etc.) até os seguros de pessoas (ex: seguros de vida, seguros de acidentes pessoais etc.).

No seguro de automóvel foi criado inclusive um termo para identificar os eventos cometidos por fraudes, denominados de: *crash for cash* (acidente por dinheiro), isto é, de sinistros caracterizados pela simulação de acidentes, de furtos ou roubos de veículos apenas para provocar o recebimento da importância segurada sem qualquer relação fortuita de veracidade entre causa e efeito conforme exigido pelas condições gerais da apólice.

As seguradoras investem cada vez mais em tecnologias capazes de detectar a prática de fraudes com o objetivo de reduzir os ataques realizados por fraudadores, contudo, parte dessas condutas não é identificada em razão da própria dinâmica da prática delituosa baseada na destruição dos elementos configuradores da autoria ou da materialidade do crime.

Por isso, justifica-se a relevância atribuída à consideração dos *indícios* apurados pelos reguladores de sinistro como elementos indiretos de prova das condutas voltadas para a lesão dos fundos financeiros reunidos pela coletividade de segurados (Tzirulnik, 2000:123-125).

Importante destacar que na aferição da fraude bastará ao Juiz constatar a existência de indícios que, valorados com o conjunto probatório, revelem a congruência da tese apresentada pela seguradora de violação do dever de boa-fé pelo segurado ou por terceiro.

Desse modo, considerando que as práticas adotadas por fraudadores de seguro se utilizam de táticas para dificultar a sua constatação, bastará ao julgador verificar a presença de elementos indiciários e de circunstâncias que legitimem a tese apresentada pela companhia seguradora de violação do dever de boa-fé inerente ao contrato de seguro.

Não se faz necessária ampla e extensa demonstração de elementos probatórios, uma vez que muitos dos seus elementos são dolosamente destruídos pelo fraudador de seguros. Nesse caso, o laudo de investigação pericial elaborado pela companhia seguradora é fundamental e deve ser recebido pelo Juiz dotado de toda a sua carga probatória plena com base na sua coerência e integridade.

No Brasil, o *Código Penal* tipifica a fraude como *crime*, no capítulo dedicado a punir a prática do *estelionato* e da *fraude para recebimento de indenização ou valor do seguro*:

Estelionato

Art. 171 – Obter, para si ou para outrem, vantagem ilícita, em prejuízo alheio, induzindo ou mantendo alguém em erro, mediante artifício, ardil, ou qualquer outro meio fraudulento:

Pena – reclusão, de um a cinco anos, e multa,

§ 2º – Nas mesmas penas incorre quem:

Fraude para recebimento de indenização ou valor de seguro

V – destrói, total ou parcialmente, ou oculta coisa própria, ou lesa o próprio corpo ou a saúde, ou agrava as conseqüências da lesão ou doença, com o intuito de haver indenização ou valor de seguro;

Comunicação falsa de crime ou de contravenção

Art. 340 – Provocar a ação de autoridade, comunicando-lhe a ocorrência de crime ou de contravenção que sabe não se ter verificado:

Pena – detenção, de um a seis meses, ou multa.

Falso testemunho ou falsa perícia

Art. 342. Fazer afirmação falsa, ou negar ou calar a verdade como testemunha, perito, contador, tradutor ou intérprete em processo judicial, ou administrativo, inquérito policial, ou em juízo arbitral:

Pena – reclusão, de 2 (dois) a 4 (quatro) anos, e multa.

O STJ tem jurisprudência pacificada no sentido de que a fraude representada pela omissão de informações relevantes quando da apresentação da proposta de seguro configura o descumprimento do dever de informação e justifica a recusa de pagamento da cobertura securitária (AgInt no AREsp 1.041.369/PR e AgInt no AREsp 928.835/SP).

No *REsp 1.340.100/GO* (DJe 08/09/2014), o Ministro Ricardo Villas Bôas Cueva manifestou-se no sentido de que:

> 1. O contrato de seguro é baseado no risco, na mutualidade e na boa-fé, que constituem seus elementos essenciais. Além disso, nesta espécie de contrato, a boa-fé assume maior relevo, pois tanto o risco quanto o mutualismo são dependentes das afirmações das próprias partes contratantes.
>
> 2. A seguradora, utilizando-se das informações prestadas pelo segurado, como na cláusula de perfil, chega a um valor de prêmio conforme o risco garantido e a classe tarifária enquadrada, de modo que qualquer risco não previsto no contrato desequilibra economicamente o seguro, dado que não foi incluído no cálculo atuarial nem na mutualidade contratual (base econômica do seguro).
>
> 3. A má-fé ou a fraude são penalizadas severamente no contrato de seguro. Com efeito, a fraude, cujo princípio é contrário à boa-fé, inviabiliza o seguro justamente porque altera a relação de proporcionalidade que deve existir entre o risco e a mutualidade, rompendo, assim, o equilíbrio econômico do contrato, em prejuízo dos demais segurados. [...]
>
> 6. Retirar a penalidade de perda da garantia securitária nas fraudes tarifárias (inexatidão ou omissão dolosas em informação que possa influenciar na taxa do prêmio) serviria de estímulo à prática desse comportamento desleal pelo segurado, agravando, de modo sistêmico, ainda mais, o problema em seguros de automóveis, em prejuízo da mutualidade e do grupo de exposição que iria subsidiar esse risco individual por meio do fundo comum.

Portanto, ao constatarem a existência de indícios da consumação de fraude as seguradoras têm o *dever ético* e *legal* de recusar o pagamento da cobertura securitária em razão do papel de gestoras dos fundos coletivos originados dos prêmios de seguros pagos pela coletividade.

Por seu turno, consiste em dever das autoridades públicas competentes adotar postura ativa na coibição de condutas praticadas por fraudadores eventuais ou profissionais que visem lesar os fundos financeiros constituídos para o pagamento das coberturas securitárias como forma de proteção dos interesses de toda a coletividade.

13.5 FORO COMPETENTE E DIREITO APLICÁVEL

As normas sobre competência para o julgamento das controvérsias submetidas aos tribunais dos Estados-nacionais encontram-se previstas nos ordenamentos jurídicos internos e nos sistemas normativos internacionais.

Trata-se de método de organização pelo qual as competências são distribuídas previamente entre os órgãos judiciários a fim de que os seus agentes e os jurisdicionados tenham conhecimento a respeito do modo de funcionamento dos órgãos investidos de jurisdição estatal.

A organização das atividades jurisdicionais também tem a finalidade de garantir a imparcialidade dos órgãos responsáveis por decidir os litígios e estabelecer o modo mais eficiente para que as partes possam acessar o sistema judiciário.

Nesse contexto, definida a competência, o órgão investido do poder jurisdicional poderá dizer sobre o direito e inclusive executar coercitivamente suas decisões quando devidamente provocado pela parte interessada, desde que observados os ditames do devido processo legal, da ampla defesa e do contraditório.

A definição da competência jurisdicional é realizada com base na análise de *critérios materiais*, extraídos da relação jurídica firmada entre as partes (ex.: natureza do conflito, qualidade das partes e o local da violação do direito) e de *critérios funcionais*, baseados na relação processual instalada (ex.: fases processuais, atos processuais e graus de jurisdição).

Em que pese as regras de competência tratarem de normas de ordem pública, haverá certas matérias cuja escolha a respeito da sua aplicabilidade estará situada na esfera dispositiva das partes litigantes. Dessa forma, as partes poderão modificá-las de acordo com o seu melhor interesse e sua maior eficiência para a solução de eventuais conflitos jurídicos.

Com base nessas regras, ao celebrarem o contrato de seguro ou o contrato de resseguro, geralmente, as partes fixam expressamente no instrumento contratual o *foro competente* e, consequentemente, o *direito aplicável* para a solução de controvérsias originadas da relação jurídica firmada.

A *cláusula de eleição de foro* (*jurisdiction clause*) trata-se de cláusula-padrão previamente estabelecida a fim de conferir *previsibilidade* e *segurança jurídica* para as partes em relação ao local no qual deverão ser propostas as medidas processuais.

Com o intuito de refinar ainda mais as normas jurídicas incidentes, as partes poderão celebrar a *cláusula de lei aplicável* (*choice of law clause*), com o objetivo de fixar qual deverá ser o conjunto normativo adotado para solucionar a questão conflituosa.

Por isso, em relação ao seguro e ao resseguro, as partes analisam primeiramente a *natureza dos efeitos territoriais e jurisdicionais* gerados pelo contrato.

Nos *contratos de seguro e resseguro de efeitos nacionais*, como regra, a cláusula de eleição de foro é firmada considerando os limites do território com competência jurisdicional no qual estejam situadas as partes contratantes e no qual o seu objeto deve ser realizado.

Por sua vez, nos *contratos de seguro e resseguro de efeitos internacionais*, como regra, as partes elegem, dentre os foros competentes e as suas respectivas leis aplicáveis, o que terá precedência sobre o outro para decidir sobre o conflito instalado.

Além da natureza dos efeitos territoriais, a legislação costuma ainda exigir a necessidade de aferição da *natureza da matéria e das partes contratantes*.

Em relação à *matéria*, primeiramente, as partes analisam se há alguma regra de competência absoluta, isto é, imodificável segundo a qual elas estarão obrigatoriamente vinculadas. Posteriormente, elas investigam qual deverá ser a Justiça especializada em razão da matéria para a propositura das medidas processuais adequadas.

A respeito da *natureza das partes signatárias*, elas analisam ainda se são autossuficientes e paritárias ou se alguma delas é hipossuficiente e apenas manifestou adesão às condições contratuais redigidas pela parte contrária, conforme os ditames previstos na legislação aplicável.

Com base na identificação desses aspectos, torna-se possível delimitar o sistema de fixação de foro e da lei aplicável aos contratos de seguro e resseguro a partir da análise das regras de competência jurisdicional dispostas nos sistemas nacionais e internacionais.

13.5.1 Regras de competência absoluta

De modo geral, os contratos de seguro e de resseguro não estão submetidos a uma norma de competência absoluta em relação aos aspectos de limitação territorial para a definição do foro e da lei aplicável.

Essa constatação possui consequências relevantes, uma vez que as partes poderão dispor sobre a escolha do foro nacional ou internacional no qual instalarão a eventual relação processual para fins de solução de litígios contratuais.

Dessa forma, a princípio, no âmbito da autonomia privada, as partes são livres para estabelecer o foro e o direito aplicável que lhes forem mais convenientes para fins de solução da controvérsia originada dos contratos firmados.

Contudo, no Brasil, devem ser mencionadas duas situações específicas: uma relacionada à qualidade do segurado consumidor hipossuficiente e outra relacionada à norma prevista no âmbito infralegal sobre matéria ressecuritária.

Em relação ao segurado consumidor hipossuficiente, a jurisprudência se consolidou no sentido de que consiste em regra de *competência absoluta territorial* a fixação do foro no domicílio do segurado caso ele figure na qualidade de demandado.

Normalmente, quando o consumidor hipossuficiente é autor da ação, as lides securitárias têm o seu foro fixado com base em *competência territorial relativa*: (i) no domicílio do consumidor; (ii) no local do evento predeterminado nas condições gerais da apólice; ou, (iii) no domicílio do ente segurador. A escolha é atribuída ao segurado com o intuito de facilitar o seu acesso à tutela jurisdicional.

Todavia, quando o segurado hipossuficiente figura na qualidade de requerido, vigora o entendimento da competência absoluta do seu domicílio para a propositura da ação pela seguradora (STJ, AgRg no CC 127.626/DF, Rel. Ministra Nancy Andrighi, DJe 17/06/2013).

Ressalva deve ser feita quando o consumidor manifestar livremente a sua concordância, expressa ou tácita, com a fixação de outro foro ou quando constatada a inexistência de óbice para o exercício do direito de defesa pelo segurado hipossuficiente, como é a hipótese dos órgãos judiciários que adotam o processo judicial eletrônico (PJe) e facultam às partes a prática de atos processuais virtuais como a realização de audiência por videoconferência.

Como se depreende, esse entendimento restritivo tende a ser cada vez mais relativizado com a expansão das tecnologias informacionais adotadas para o processamento das demandas por meio de processos judiciais eletrônicos.

O próprio STJ tem jurisprudência consolidada no sentido de que *a cláusula de eleição de foro firmada pelas partes em contrato de adesão deve ser privilegiada e apenas afastada nas hipóteses de hipossuficiência ou dificuldade de acesso ao Poder Judiciário* (REsp 1.675.012/SP, Rel. Ministra Nancy Andrighi, DJe 14/08/2017).

Além disso, o Código de Processo Civil (Art. 63, § 4º) veicula regra no sentido de que compete ao requerido alegar a abusividade da cláusula de eleição de foro na contestação, sob pena de prorrogação da competência territorial para o processamento da ação.

Em relação à norma infralegal versando sobre o contrato de resseguro, o artigo 11 da Resolução 451/2022 do Conselho Nacional de Seguros Privados – CNSP estabelece a obrigatoriedade de *os contratos de resseguro de riscos no Brasil preverem a submissão dos conflitos surgidos na sua execução à lei e ao foro brasileiro*, salvo quando firmada pelas partes a cláusula de arbitragem, a qual observará os termos da lei de regência.

Apesar do seu conteúdo vinculativo, essa norma não veicula regra de competência absoluta em sentido estrito, pois não exclui a faculdade das partes de elegerem o foro arbitral para a solução de controvérsias, mas, estabelece, no âmbito da competência internacional concorrente, disposição prévia vinculando o local e a lei aplicável para a solução do conflito.

Todavia, independentemente desse conteúdo, com base no *princípio da autonomia privada*, entende-se que as partes contratantes podem dispor livremente sobre a fixação do foro e da lei aplicável relacionada à solução de conflitos securitários e ressecuritários, principalmente, nos casos dos contratos com efeitos jurídicos extraterritoriais.

Entende-se que a intervenção estatal em matéria de fixação de foro e de lei aplicável deve ser mínima, uma vez que se trata de interesse disponível melhor regulado pelas partes contratantes.

Esse é o caso do resseguro, um contrato regulado pelos princípios e pelos usos e costumes consolidados na prática ressecuritária internacional (*Lex Mercatoria*).

No âmbito do direito projetado, menciona-se a existência de dispositivo no *Projeto de Lei de Seguros* (Art. 126) prevendo norma para vincular obrigatoriamente *o julgamento das controvérsias sobre contratos de seguro celebrados no Brasil à jurisdição nacional*.

Importante esclarecer que para o Projeto de Lei de Seguros, o resseguro está inserido na atividade seguradora, assim, aquele instituto poderia ser classificado como abrangido pela normatização que disciplina a competência absoluta da Justiça brasileira para solução dos conflitos surgidos na execução dos contratos de seguro celebrados no Brasil.

Em relação à lei aplicável, o *Projeto de Lei de Seguros* (Art. 9º) prevê ainda que *as suas normas deverão ser aplicadas com exclusividade aos contratos de seguro*: (i) celebrados por seguradora autorizada a operar no Brasil; (ii) quando o segurado ou o proponente tiver residência ou domicílio no País; (iii) quando os bens sobre os quais recaírem os interesses garantidos situarem-se no Brasil; ou, (iv) sempre que os interesses garantidos recaírem sobre bens considerados relevantes para o desenvolvimento da infraestrutura brasileira.

Além disso, o PLS (Art. 63) prevê que a *arbitragem sobre seguros e resseguros deverá ser realizada no Brasil* e *observar o procedimento e as regras do Direito brasileiro*.

Como se nota, o PLS veicula inovações que poderão limitar a liberdade das partes na eleição do foro e na escolha da lei aplicável aos litígios securitários e ressecuritários, com reflexos inclusive para a instalação dos procedimentos arbitrais sobre a matéria no Brasil.

13.5.2 Cláusula de foro

Em relação à estipulação de *cláusula expressa sobre foro*, confirmada a competência relativa sobre a matéria, deve se passar subsequentemente à análise das regras específicas a respeito da *natureza das partes contratantes*.

Essa análise se faz importante porque parte considerável dos ordenamentos jurídicos dos países avançados dispõem regras específicas de proteção ao consumidor considerado hipossuficiente na fixação do foro competente.

O *contrato de seguro* costuma ser comercializado com foco em dois importantes mercados: (i) *mercado de consumo de massa*, destinado à venda de coberturas de produtos voltados para o grande público consumidor em geral; e, (ii) *mercado de consumo especializado*, destinado à venda de coberturas especificamente delineadas com base nas exigências apresentadas por contratantes especiais.

No primeiro mercado encontram-se situados duas espécies de consumidores: (i) os *consumidores hipossuficientes*, os que estejam em posição contratual inferior do ponto de vista jurídico, técnico e econômico em relação ao segurador; e, (ii) os *consumidores autossuficientes*, os que estejam na mesma posição contratual tanto do ponto de vista jurídico, técnico ou econômico em relação ao segurador.

Como destacado no subitem precedente, no caso do *consumidor hipossuficiente*, a legislação estabelece algumas regras específicas que limitam a fixação do foro à hipótese que não implique em cerceamento do exercício dos seus direitos fundamentais.

Em outras palavras, a legislação prevê regras de fixação de competência mais favoráveis ao consumidor visando facilitar o exercício do seu direito de ação ou a sua defesa processual (Art. 101, inciso I, do CDC; e, Art. 63, § 3º, do CPC).

Todavia, caso o Juiz não a declare ineficaz de ofício, compete ao consumidor beneficiado alegar a inaplicabilidade da cláusula de eleição de foro na contestação, sob pena de preclusão da matéria (Art. 63, §§ 3º e 4º, do CPC).

No caso do *consumidor autossuficiente*, as partes são livres para estabelecer o foro que lhes for mais conveniente para a solução dos conflitos surgidos do contrato, uma vez que a relação jurídica já se encontra equilibrada, inexistindo razão para intervenção estatal.

O consumidor autossuficiente poderá figurar tanto no mercado de consumo de massa quanto no mercado de consumo especializado em face do tipo de produto por ele adquirido, isto é, um produto típico e sem modificações ou um produto especializado e customizado com base nas suas exigências contratuais.

No *contrato de resseguro*, por se tratar de um contrato interempresarial, as partes são totalmente livres para estabelecer o foro originado do contrato, não sendo aplicáveis as distinções consumeristas acima mencionadas.

Portanto, por meio da cláusula de eleição de foro as partes autossuficientes poderão prever o local de processamento das demandas originadas do contrato para solução da controvérsia, podendo defini-lo levando-se em consideração a competência jurisdicional territorial comum ou considerando ainda a possibilidade de sua fixação em outro foro diverso com base na sua característica internacional.

Em relação à possibilidade de fixação da cláusula de foro, o artigo 78 do Código Civil prevê que: *as partes poderão nos contratos escritos especificar o domicílio [nacional ou estrangeiro] onde os direitos e as obrigações deverão ser exercidos e cumpridos.*

Nesse sentido, o Código de Processo Civil estabelece que não compete à Justiça Brasileira processar e julgar ação quando constatada a existência de *cláusula de eleição de foro exclusivo estrangeiro em contrato internacional* arguida pelo requerido na contestação, ressalvado os casos de competência absoluta (Art. 25 do CPC).

A autonomia das partes para escolher o foro nacional ou o foro estrangeiro exclusivo em contrato internacional possui algumas exigências, como, por exemplo, a *obrigatoriedade de a convenção constar de instrumento escrito* e a *menção de maneira expressa do negócio jurídico* a ela relacionado (Art. 25, § 2º, c/c Art. 63, § 1º, do CPC).

Em relação ao assunto, o Supremo Tribunal Federal, na *Súmula 335* (Sessão Plenária de 13/12/1963), se manifestou no sentido de que: "*É valida a cláusula de eleição de foro para os processos oriundos de contrato*".

O Superior Tribunal de Justiça também tem se posicionado favoravelmente ao reconhecimento da validade da estipulação de cláusula de foro tanto no âmbito do direito nacional quanto internacional (REsp 1.633.275/SC, rel. Ministro Villas Bôas Cueva, DJe 14/11/2016; REsp 1.761.045/DF, rel. Ministro Paulo Sanseverino, DJe 11/11/2019).

No *EREsp 1.707.526/PA*, cujo relator foi o Ministro Raul Araújo (2ª Seção, DJe 01/06/2020), o STJ ao decidir pela validade da cláusula de eleição de foro, consignou que ela somente poderá ser afastada se presentes as condições de caracterização da hipossuficiência do consumidor ou de óbice para o seu acesso à Justiça.

Importante registrar ainda que a sentença estrangeira apenas terá validade no Brasil após ser homologada pelo STJ. Até a homologação, em razão da competência concorrente, o Judiciário brasileiro tem admitido a propositura simultânea de ação sobre o conflito no Brasil, uma vez que não há litispendência entre a ação proposta no estrangeiro e a ação proposta no país (SEC 3.932/EX, rel. Ministro Felix Fischer, Corte Especial, DJe 11/04/2011; e, MC 15.398/RJ, rel. Ministra Nancy Andrighi, DJe 23/04/2009).

Todavia, a regra de competência que estabelece o prevalecimento da cláusula de foro estrangeiro poderá vir a modificar esse entendimento jurisprudencial (Art. 25 do CPC).

13.5.3 Cláusula de lei aplicável

Nos contratos internacionais, as partes ao definirem o foro competente, por via de consequência, estarão definindo a norma reguladora do direito aplicável para solucionar os litígios derivados dos contratos de seguro e resseguro em razão da observância da legislação do país no qual as medidas processuais deverão ser adotadas.

Todavia, a autonomia privada permite que as partes também celebrem *cláusula de escolha da lei aplicável*, com o intuito de definirem quais deverão ser as normas jurídicas, estatais ou não estatais, aplicáveis para a solução dos litígios securitários e ressecuritários.

A legitimidade da celebração dessa cláusula não é pacífica uma vez que os ordenamentos jurídicos internos, como regra, estabelecem dispositivos específicos regulando qual deverá ser a lei aplicável aos casos concretos baseados nos seus respectivos elementos de conexão com o direito estrangeiro (Art. 9º da LINDB).

Em que pese tal divergência, a autonomia contratual e as particularidades de determinados negócios jurídicos, especialmente os praticados no âmbito internacional, demandam a aplicabilidade de conjuntos normativos específicos muitas vezes inexistentes ou insuficientes no âmbito dos ordenamentos jurídicos internos.

O contrato de resseguro é um exemplo concreto da necessidade de solução de eventuais litígios com base nos princípios, nos usos e nos costumes internacionais por não possuir em grande parte dos ordenamentos jurídicos nacionais qualquer corpo legislativo específico para regular as suas particularidades contratuais.

A edição do conjunto normativo denominado "Princípios do Direito do Contrato de Resseguro", pela UNIDROIT, com a participação dos agentes do mercado, reforça esse entendimento.

Nessa linha, as partes poderiam firmar uma *cláusula de eleição de foro* com a especificação da competência de um determinado país para a adoção das medidas judiciais pertinentes e, ainda, celebrar uma *cláusula de lei aplicável* fixando os princípios, os usos e os costumes ressecuritários internacionais como o conjunto normativo para solucionar os conflitos originados do contrato, e supletivamente as normas de um sistema jurídico estatal.

Entende-se que não há qualquer espécie de vedação à adoção desse tipo de mecanismo contratual considerando que as partes são as pessoas dotadas das melhores informações possíveis para a escolha do local mais adequado para o processamento das medidas judiciais e para selecionar qual deverá ser a melhor lei aplicável para a solução do litígio.

A única restrição relaciona-se à necessidade de que as *leis, atos, sentenças e as declarações de vontade produzidas no exterior não ofendam a soberania nacional, a ordem pública e os bons costumes,* caso as partes desejem que os seus efeitos tenham eficácia no ordenamento jurídico brasileiro (Art. 17 da LINDB).

13.5.4 Inexistência de cláusula sobre foro e lei aplicável

No que se refere à solução de conflitos em matéria de seguro e resseguro, os problemas começam a surgir com maior intensidade quando as partes contratantes não definem previamente o foro e a lei aplicável.

Como destacado, a principal forma de se evitar problemas relacionados ao lugar e à forma de processamento de conflitos contratuais consiste na celebração antecipada de *cláusula de eleição do foro e de lei aplicável.*

Ao definirem de maneira antecipada o assunto, as partes economizam tempo e recursos financeiros evitando-se discussões desnecessárias sobre o local no qual deverão ser propostas as medidas processuais para a solução do litígio e qual deverá ser a lei reguladora.

Todavia, na realidade prática desses contratos nem sempre as partes definem previamente o foro e a lei aplicável. Além disso, há aspectos relacionados ao conflito que as motivam a buscar de maneira independente o local que melhor possa atender a sua estratégia processual para a solução da controvérsia (*forum shopping*).

Nesse contexto, os principais problemas a respeito da não fixação de competência se destacam quando as relações jurídicas firmadas pelas partes contratantes possuem efeitos extraterritoriais.

Esse é o caso dos *contratos de seguro e de resseguro internacionais,* considerando a possibilidade de fixação do foro com base em dois ou mais sistemas jurisdicionais com competência simultânea para o processamento de conflitos em razão do *local de celebração do contrato, do cumprimento da obrigação* ou *do domicílio das partes.*

Diante da *não celebração de cláusula expressa sobre foro e lei aplicável,* as partes deverão buscar no *direito nacional* e no *direito internacional* as normas definidoras de competência voltadas para regular os conflitos relacionados aos contratos de seguro e de resseguro firmados.

Caso a matéria contratual esteja restrita aos *limites territoriais do país no qual estejam as partes situadas,* elas deverão buscar nas *regras gerais de competência processual interna* as normas a serem aplicadas para a definição do foro (Arts. 92 a 114 da CF/1988; Arts. 42 a 69 do CPC/2015).

Em relação aos contratos com *efeitos extraterritoriais,* as partes deverão buscar, primeiramente, nos *tratados internacionais* as regras a serem aplicadas para a solução de controvérsias; e, posteriormente, as *regras processuais internas* para dispor sobre conflitos internacionais com competência concorrente, com base no elemento de conexão dos países competentes para julgar a controvérsia.

No âmbito internacional, podem ser mencionados os *tratados bilaterais ou multilaterais que versam sobre matéria contratual* para regular o foro competente e a lei aplicável sobre as matérias contratuais gerais ou sobre tipos contratuais específicos.

Não há, atualmente, um tratado bilateral ou multilateral específico sobre seguros ou resseguros no âmbito internacional, por isso, as partes devem buscar nos tratados sobre contratos em geral as regras para aplicação sobre conflitos contratuais.

Na América Latina, o *Código Internacional de Direito Privado*, de 20/02/1928, denominado vulgarmente de "Código de Bustamante", introduzido no Brasil por meio do Decreto Federal 18.871/1929, disciplina diversas matérias privadas, dentre as quais se encontram dispostas matérias de natureza contratual.

A respeito do contrato de seguro, o "Código de Bustamante" (Arts. 261 a 262) estabelece que essa espécie contratual se rege: (i) pela *lei comum das partes* ou, no caso de seu defeito, do *lugar da celebração do contrato*; e, (ii) no caso da necessidade de demonstração da falta de preenchimento de formalidades externas se sujeitará à *lei do lugar da conduta comissiva ou omissiva do seu surgimento* e no qual se faça *necessário o exercício ou a conservação de direitos*.

No âmbito do *Mercado Comum do Sul – Mercosul*, não há qualquer tratado ou protocolo específico sobre solução de conflitos relacionados à matéria securitária ou ressecuritária. Além disso, o *Protocolo de Buenos Aires sobre Jurisdição Internacional em Matéria Contratual*, de 05/08/1994, introduzido no Brasil pelo Decreto Federal 2.095/1996, exclui expressamente da sua competência os contratos de seguro e de seguridade social.

Dentre os critérios existentes possivelmente indutores do foro competente e da lei aplicável no âmbito internacional cita-se: o *local da celebração do contrato* (critério adotado, por exemplo, no Brasil, na França e na Inglaterra); o *local da execução do negócio jurídico* (critério adotado, por exemplo, na Alemanha, Suíça e Argentina); e, o local do *domicílio da cedente do risco*, por se aproximar mais do fator relativo à gestão do risco ressegurado costumeiramente realizado pela sociedade seguradora (Piza, 2002:359-363).

No âmbito das *regras internas* existentes no ordenamento jurídico brasileiro para regular a competência jurisdicional concorrente com outros países e qual deverá ser o direito aplicável, destaca-se a *Lei de Introdução do Direito Brasileiro* e o *Código de Processo Civil*.

A *Lei de Introdução do Direito Brasileiro* – LINDB prevê de maneira genérica que em relação às obrigações firmadas pelas partes contratantes, aplica-se a *lei do país em que forem constituídas* e elas *reputam-se constituídas no lugar em que residir o proponente* (Art. 9º). Ademais a LINDB prevê que a autoridade judiciária brasileira é competente quando *o réu for domiciliado no Brasil* ou *aqui tiver de ser cumprida a obrigação* (Art. 12).

Por sua vez, o *Código de Processo Civil* (Arts. 21-24) estabelece que em matéria de competência, a Justiça Brasileira deverá processar e julgar as ações em que: (i) o *demandado estiver domiciliado no Brasil*, considerando-se, inclusive, a pessoa jurídica estrangeira com agência, filial ou sucursal no país; (ii) a *obrigação deve ser cumprida no Brasil*; e, (iii) a *ação que possua como fundamento fato ocorrido ou ato praticado no Brasil*.

A autoridade brasileira ainda terá competência para julgar conflito: (i) *decorrente de relação de consumo*, quando o consumidor morar no Brasil; e, (ii) *quando as partes se submeterem, expressa ou tacitamente, à jurisdição nacional*.

A competência da Justiça Brasileira restará conservada *independentemente da propositura de ação perante tribunal estrangeiro*, salvo se houver disposição em sentido contrário em tratados internacionais e acordos bilaterais no Brasil.

Por outro lado, a homologação de sentença judicial estrangeira também não sofrerá prejuízo quando existir causa em curso perante a jurisdição brasileira.

Em síntese, *em relação à lei aplicável*, a LINDB prescreve que se aplica: (i) a lei do país em que as obrigações forem constituídas. No âmbito da *competência internacional concorrente*, a LINDB e o CPC prescrevem que a autoridade judiciária brasileira é competente quando: (i) as obrigações tiverem que ser cumpridas no Brasil; (ii) o réu tiver domicílio no Brasil; (iii) a ação possuir como fundamento fato ocorrido ou ato praticado no Brasil; (iv) a ação se referir à relação de consumo; ou, (v) as partes se submeterem, expressa ou tacitamente, à jurisdição nacional.

Portanto, constatada a existência de tratado internacional versando sobre a definição de competência e de lei aplicável, ele deverá prevalecer sobre a matéria. Diante da inexistência de tratado internacional, as partes deverão analisar no âmbito dos seus respectivos ordenamentos jurídicos internos as regras gerais ou específicas aplicáveis.

Por fim, importante destacar que a jurisprudência dos tribunais nacionais ou comunitários desempenha um papel relevante na definição da competência para o julgamento de conflitos internacionais a partir dos juízos interpretativos das leis aplicáveis e dos negócios jurídicos analisados com base nos elementos de conexão presentes nos casos concretos.

13.5.5 Cláusula de arbitragem

As partes contratantes também poderão firmar *cláusula de arbitragem* para solucionar as questões jurídicas surgidas da relação contratual.

Diante da constatação da existência de convenção expressa a respeito da adoção de arbitragem, vigora o entendimento a respeito do prevalecimento da cláusula arbitral para solução das controvérsias surgidas dos contratos de seguro e resseguro.

Caso tenham deliberado previamente à celebração do contrato sobre tal matéria – ou, até mesmo posteriormente, mediante a sua modificação expressa -, vigorará o definido pelas partes como critério compatível com o *princípio da autonomia da vontade* em matéria contratual.

Principalmente, quando for constatada a natureza de contrato interempresarial e paritário, no qual os respectivos beneficiários possuem plena capacidade para dispor sobre a forma de solução de controvérsias.

O Código de Processo Civil (Art. 42) prevê que as causas cíveis serão processadas e decididas pelo juiz nos limites de sua competência, ressalvado às partes o *direito de instituir juízo arbitral*, na forma da Lei de Arbitragem.

Advertência apenas se faz em relação à compatibilidade do foro competente e da lei aplicável escolhida aos preceitos cogentes da ordem pública ao qual submetido o desenlace do conflito, os quais se sobrepõem nas matérias por eles imperativamente destinadas à observância dos particulares, de acordo com o entendimento doutrinário predominante no direito brasileiro (Cretella Neto, 2016:357-394; Dolinger, 2003:71-108).

Ademais, importante ainda observar a compatibilidade das regras relacionadas ao local de execução da decisão arbitral a fim de evitar possíveis alegações de contrariedade à matéria de ordem pública (Art. 17 da LINDB).

A arbitragem no âmbito dos contratos de seguros e resseguros é considerada a melhor opção de solução de controvérsias pelas suas múltiplas vantagens em comparação aos sistemas públicos de pacificação de conflitos (Haddad, 2003:91-96):

(i)   segurança jurídica quanto à escolha dos árbitros e às normas jurídicas aplicáveis;

(ii) previsibilidade do tempo de duração da instrução e do julgamento do conflito, o que normalmente implicará maior celeridade da solução aplicável ao caso;

(iii) menor custo considerando a previsibilidade dos gastos que deverão ser realizados pelas partes envolvidas na discussão; e,

(iv) qualificação técnica dos julgadores para a solução do conflito instalado no âmbito de questões de alta complexidade técnica como a verificada no contrato de resseguro, baseado nos princípios e costumes internacionais aplicáveis à matéria.

Importante esclarecer que também se desconhece existir convenção internacional específica regulando a arbitragem em matéria de seguro e resseguro, aplicando-se de maneira genérica às controvérsias surgidas do contrato os conjuntos normativos internacionais estabelecidos no âmbito de tratados ou acordos bilaterais em matéria de contratos comerciais internacionais ou de normas de instituições de arbitragem privadas escolhidas pelas partes.

No ano de 2019, o Instituto Internacional pela Unificação do Direito Privado – UNIDROIT aprovou a consolidação dos *Princípios do Direito do Contrato de Resseguro* (*Principles of Reinsurance Contract Law*), norma facultativa (*soft law*), cuja adesão expressa das partes contratantes poderá viabilizar a adoção de um conjunto normativo especializado para solucionar controvérsias ressecuritárias.

Além disso, toda matéria não regulada na consolidação ressecuritária observará as normas previstas na consolidação dos *Princípios dos Contratos Comerciais Inter-*

nacionais (Principles of International Commercial Contracts), também editados pelo UNIDROIT, visando estabelecer a complementação do seu conteúdo com base em normas convencionais aceitas no âmbito do Direito Internacional.

Sob essa vertente, a arbitragem em matéria de resseguro possui particularidades que a diferenciam da arbitragem tipicamente aplicável nas demais áreas geradoras de conflitos no direito comercial, uma vez que ela é preponderantemente dirigida pelas partes contratantes e pelos árbitros, muitas das vezes não se vinculando a um conjunto normativo preestabelecido, mas às práticas do comércio do resseguro em nível internacional (Noussia, 2013:01-03).

14
PROCESSO DE EXECUÇÃO

Neste capítulo serão apresentados os requisitos para o processamento da ação de execução do contrato de seguro de vida por morte. Também serão analisados os motivos que justificam a impenhorabilidade do capital segurado proveniente do seguro de vida e a possibilidade de oferecimento ou de substituição da penhora em dinheiro pelo seguro garantia judicial.

14.1 EXECUÇÃO DO CONTRATO DE SEGURO DE VIDA

De acordo com Humberto Theodoro Júnior (1992:142-145), a sistemática dos títulos executivos foi concebida a partir da compreensão de que determinadas pretensões jurídicas, em razão da alta probabilidade da sua existência, seriam merecedoras de um tratamento diferenciado da lei, a fim de proteger o interesse dos seus respectivos titulares em face do eventual inadimplemento do devedor.

Importante registrar que o titular de uma pretensão executiva somente poderá fazer uso desta tutela jurisdicional diferenciada, mediante a comprovação de que o direito no qual ela está fundada é representado por um *título executivo judicial* ou *extrajudicial*, dotado de certeza, liquidez e exigibilidade, e o inadimplemento voluntário da obrigação (Arts. 783 e 786 do CPC).

Por isto, Cândido Rangel Dinamarco (2008:474-476) ensina que nos ordenamentos jurídicos de tradição romano-germânica vigora o *princípio da nulidade da execução sem título* (*nulla executio sine titulo*), cujo preceito serve para estabelecer que a restrição patrimonial ocorra nos limites da obrigação estampada no título, e para proibir que ela atinja pessoas e bens que não façam parte da relação jurídico-processual.

Mas, no que consiste o título executivo? O *título executivo* pode ser definido como *o documento representativo de uma obrigação certa, líquida e exigível, prevista em lei, que autoriza o seu titular, no caso de inadimplemento, a buscar a tutela jurisdicional executiva, a fim de obter a satisfação do direito violado.*

Cássio Scarpinella Bueno (2008:71) explica que título executivo é o pressuposto: (i) *necessário*, porque se trata de requisito previamente estabelecido em lei; e, (ii) *suficiente*, porque a lei somente exige a apresentação do título para que a ação executiva possa ter início, admitindo-se, inclusive, em certos casos, a sua complementação documental, sem que isso descaracterize a sua nota de executividade.

É o que ocorre, por exemplo, com o *contrato de seguro de vida por morte*, previsto no artigo 784, inciso VI, do CPC de 2015, cujos pressupostos de cabimento específicos exigem além da apresentação da *apólice* e das *condições gerais do contrato*, a juntada dos *comprovantes de pagamento do prêmio* e da *certidão de óbito do segurado* à inicial da ação.

De acordo com o critério legal adotado pelo Código de Processo Civil de 2015, como já se fazia na sistemática do CPC/1973, o título executivo pode ser classificado em:

(i) *título executivo judicial*, aquele que é constituído por meio de um ato estatal representado por um provimento revestido de natureza jurisdicional (Art. 515 do CPC/2015); e,

(ii) *título executivo extrajudicial*, aquele que é constituído por meio de um ato de livre vontade manifestado por particulares e que visa ao reconhecimento de uma obrigação, em conformidade com as hipóteses previstas em lei (Art. 784 do CPC/2015).

Segundo a doutrina, os títulos executivos extrajudiciais também podem ser classificados em: (i) *títulos de crédito*, os quais abrangem os títulos cambiais (letra de câmbio e nota promissória) e os cambiariformes (cheque, duplicata, cédula de crédito e nota de crédito industrial, comercial e rural, conhecimento de transporte e frete, conhecimento de depósito e *warrant* etc.); e, (ii) *títulos que representam outras obrigações*, os quais abrangem os demais atos e fatos geradores de manifestações de livre vontade que não se amoldam aos anteriores (Nery Júnior e Nery, 2010:1.025).

Com base na classificação acima apresentada, o contrato de seguro somente poderá ser considerado um título executivo se a lei lhe conferir expressamente o atributo da executividade.

Em assim sendo, de acordo com o *princípio da taxatividade* (*nullus titulus sine lege*), pelo qual a relação dos títulos executivos e sua respectiva apresentação jurídica somente podem ser criadas por *lei em sentido estrito-formal* (Art. 778 do CPC/2015), pode-se afirmar que as partes não possuem, por si próprias, poder para conferir ao contrato de seguro a qualidade de documento dotado da capacidade de instruir uma ação de execução.

Desse modo, somente são considerados títulos executivos os dispostos expressamente no Código de Processo Civil (Arts. 515 e 784 do CPC/2015) ou em leis especiais.

Ademais, o número de títulos executivos é fechado (*numerus clausus*), não se admitindo a inserção de outros no ordenamento jurídico senão, como dito, por meio da atividade legislativa, vinculadora da atividade jurisdicional (Fidelis dos Santos, 2006:08).

Na sistemática executiva, é preciso observar ainda o *princípio da tipicidade*, pelo qual a subsunção do ato ou fato à norma deverá observar necessariamente o modelo geral e abstrato definido na hipótese legal, sendo vedada a *interpretação extensiva* e o *emprego da analogia* para sua configuração (Art. 778 c/c Arts. 784 e incisos, e, 786, do CPC/2015).

Como mencionado, a atribuição da característica de executividade do título, indubitavelmente, vincula a atuação do Poder Judiciário, de modo que se torna necessária a prévia delimitação no plano legal de quais serão as hipóteses em que o Estado-Juiz deverá admitir o processamento e o julgamento da pretensão pela via restrita da ação executiva, com o intuito de se evitar a prática de arbitrariedades.

Todavia, é preciso ressaltar que a restrição deverá ser feita com base nos *princípios da proporcionalidade* e da *razoabilidade*, tendo em vista que os mecanismos de efetividade de cumprimento de obrigações inadimplidas cada vez mais têm sido considerados fundamentais para a manutenção do fluxo da concessão de crédito e da geração de riquezas nas sociedades modernas.

Nesse sentido, Manoel Pereira Calças e Simone Bento (2015) explicam que:

No desenrolar da história, há outro fator de enorme importância no desenvolvimento do comércio. Surge o crédito, que introduz o tempo entre a entrega das mercadorias e o pagamento do preço, uma vez que o comerciante deixa de pagar os bens adquiridos em dinheiro e passa a pagá-los em certo prazo, o que vai imprimir à compra e venda uma maior elasticidade. A tradição ou entrega da mercadoria é realizada mediante a promessa de pagamento do preço em data futura. Mais fascinante ainda é a criação dos títulos de crédito, que passam a representar a obrigação de pagamento em moeda a ser realizada futuramente, contribuindo, assim, com o incremento da atividade dos comerciantes. É a chamada materialização do crédito ou objetivação do crédito, que ocorre com o primeiro título de que se tem notícia, que foi a 'letra de câmbio'.

Além disso, é preciso relembrar que os contratos muitas vezes se desenvolvem ao largo da tipicidade legal, o que não deve ser considerado, por si só, como fator limitador ou impeditivo da constituição de novos instrumentos processuais garantidores da satisfação de pretensões por meio da utilização de técnicas processuais de alta carga de executividade.

O contrato de resseguro é um exemplo de contrato desenvolvido ao longo do tempo à margem da normatização aplicável ao contrato de seguro. Trata-se de contrato imprescindível que pouca ou quase nenhuma regulação possui na maior parte dos países em que praticado, figura contratual imprescindível para o funcionamento e para a solvabilidade do sistema securitário, haja vista tratar-se do "seguro do segurador" (Piza, 2002).

Muitos dos contratos atualmente previstos como títulos executivos extrajudiciais também nasceram da prática de negócios jurídicos entabulados de forma atípica ao longo do tempo e, que, por terem se consolidado em razão da lógica do mercado e em razão da sua relevância social, passaram a ser tipificados em legislações, sendo que alguns deles adquiriram executividade.

Nesse sentido, Luiz Fux (2004:1.274) afirma ainda existir uma "tendência de multiplicação de documentos a que se confere eficácia executiva" tanto como *técnica de prestação jurisdicional* quanto como *forma de se valorizar as manifestações de vontade*.

Em síntese, mecanismos processuais de proteção e de efetivação do crédito têm sido considerados mais do que diferenciais, verdadeiros pressupostos de funcionalidade dos mercados dotados da capacidade de fomentar o crescimento econômico e de viabilizar a atração de investimentos sustentáveis (Williamson, 2015; Fischer, 2015).

14.1.1 Espécies de seguros de pessoas

Apresentadas estas considerações a respeito do modo de operação do sistema dos títulos executivos extrajudiciais, torna-se mandatório analisar no que consistem os *seguros de pessoas* e suas *respectivas espécies de cobertura*, a fim de diferenciá-los entre si e possibilitar uma abordagem tecnicamente adequada do artigo 784, inciso VI, do CPC/2015.

Como visto, o *seguro de pessoas* encontra previsão legal no Decreto-Lei 73/1966 (Arts. 1º e 3º) e no Código Civil (Arts. 789 a 802).

No plano infralegal é regulado pela Resolução 439/2022, do CNSP, e pelas Circulares 302/2005, e 317/2006, da SUSEP, que dispõem sobre os critérios para operação das coberturas de riscos e sobre as regras complementares de funcionamento deste ramo securitário.

Numa conceituação ampla, o *seguro de pessoas* pode ser definido como o ramo securitário cujo objeto é a *proteção da vida* ou da *integridade física do ser humano, e de relações jurídicas a elas vinculadas consideradas essenciais para a manutenção do seu bem-estar existencial.*

Com base nesta definição, pode-se afirmar que o *seguro de pessoas* é gênero do qual são espécies o *seguro de vida* e o *seguro de acidentes pessoais*, modalidades de coberturas securitárias específicas e com finalidades distintas.

No que se refere ao *seguro de vida*, com base no artigo 757 c/c com o artigo 789, ambos, do Código Civil, é possível defini-lo como: "o contrato que tem por fim garantir o legítimo interesse segurável sobre uma vida, contra riscos predeterminados".

Levando-se em consideração *o evento sobre o qual incidirá o risco*, o seguro de vida pode ser classificado em: (i) *seguro de vida por morte*, cujo objeto é a prestação de uma garantia em razão da morte do segurado, dentro das condições contratuais previamente estipuladas; ou, em (ii) *seguro de vida por sobrevivência*, cujo objeto é a prestação de uma garantia em razão da sobrevivência do segurado, tomando como base uma data previamente fixada.

Por fim, levando-se em conta *a pessoa cuja vida se pretende proteger*, pode-se ainda classificar o seguro de vida em: (i) *seguro sobre a própria vida*, contratado pelo próprio segurado, o qual terá a faculdade de apontar os beneficiários; (ii) *seguro sobre a vida de outrem*, contratado por um terceiro, em relação à vida de uma determinada pessoa, figurando o contratante como o beneficiário da apólice.

Neste ponto, importante esclarecer que a SUSEP permite a comercialização de apólices de *seguros de vida* conjugadas com outras modalidades de *seguros de pessoas*, a fim de proporcionar uma maior comodidade ao segurado, atualmente submetido a uma série de riscos simultâneos que podem acometê-lo parcialmente ou totalmente, em prejuízo da sua integridade física e de sua capacidade laboral.

Dentre as modalidades que podem ser comercializadas conjugadamente com o seguro de vida, podem ser citadas: o *seguro de invalidez permanente por acidente*; o *seguro de invalidez laborativa permanente total por doença*; o *seguro de diária por internação hospitalar*; o *seguro de diária de incapacidade temporária* etc.

Para fins desta análise, interessa compreender especificamente no que consiste o *seguro de acidentes pessoais*. A respeito do seguro de acidentes pessoais, é possível defini-lo como o contrato que tem por fim garantir o legítimo interesse segurável sobre a integridade física de uma pessoa, *contra riscos relacionados a acidentes* que possam causar lesão permanente ou temporária aos seus atributos físico-funcionais, ou sua morte.

De acordo com a Resolução CNSP 439/2022:

Art. 2º. Para fins desta Resolução, define-se:

I – acidente pessoal: o evento com data caracterizada, exclusivo e diretamente externo, súbito, involuntário, violento, causador de lesão física, que, por si só e independentemente de toda e qualquer outra causa, tenha como consequência direta a morte, a invalidez permanente total ou parcial, a incapacidade temporária ou que torne necessário tratamento médico, observando-se, que o suicídio, ou sua tentativa, será equiparado, para fins de pagamento de indenização, a acidente pessoal;

A partir da comparação das modalidades de seguro analisadas pode-se concluir que o seguro de vida tem por objetivo cobrir *os riscos em geral* previstos nas condições da apólice que possam acometer a vida do segurado. Enquanto o seguro de acidentes pessoais visa cobrir especificamente os *riscos decorrentes de acidentes* previamente estabelecidos nas condições gerais do contrato que possam afetar a vida ou a integridade física do segurado.

Portanto, o âmbito de proteção do seguro de vida é muito mais amplo por abranger os riscos em geral, enquanto do seguro de acidentes pessoais é mais restrito, devidamente limitado pelo fato gerador da obrigação de garantia relacionado ao *evento externo, violento e súbito, vinculado por um nexo de causalidade com o sinistro*.

Logo, com base nesta breve diferenciação, conclui-se que *não há fundamento técnico-jurídico* para se tratar estas espécies de coberturas como se fossem *uma mesma modalidade de proteção securitária nem como se fizessem parte de um mesmo tópico regulado pela legislação processual*, visto que claramente diferenciados os escopos de proteção destes dois institutos securitários.

14.1.2 Projeto de Lei 166/2010 e Substitutivo 8.046/2010

As discussões sobre o Projeto de Lei 166/2010 (Código de Processo Civil de 2015) levaram em consideração os aspectos técnicos anteriormente apresentados, não sem motivo que, ao longo do seu trâmite no Congresso Nacional, ele foi objeto de modificações que pretenderam conferir maior segurança jurídica para *a execução do contrato de seguro de vida*.

No *Senado Federal* (PL 166/2010), a primeira alteração redacional proposta em face do revogado artigo 585, inciso III, do Código de Processo Civil de 1973, concentrou-se na separação das duas categorias de contratos por ele veiculados em *incisos autônomos*, especificamente voltados para a sua regulação. Em razão disto, os *contratos garantidos por hipoteca, penhor, anticrese e caução* foram alocados no inciso V do artigo 784 do CPC/2015. De outro lado, o *contrato de seguro de vida* foi alocado no inciso VI do artigo 784 do CPC/2015.

No âmbito da *Câmara dos Deputados*, o Substitutivo 8.046/2010 (PL 166/2010) avançou ainda mais na regulação da matéria, pois além de manter a proposta de disposição do contrato de seguro de vida em um inciso autônomo para fins de constituição de hipótese de título executivo extrajudicial (Art. 784, inciso VI, do CPC/2015), tratou de *limitar* a sua aplicabilidade apenas à modalidade *do seguro de vida por morte* (Bueno, 2015:483).

Eliminou-se, assim, na sistemática do atual CPC a possibilidade de se executar a cobertura de *seguro de vida por sobrevivência*; e, ao mesmo tempo, afastou-se, definitivamente, o que já havia restado claro na sistemática do CPC/1973, a interpretação sobre a equiparação dos *seguros de acidentes pessoais* aos *seguros de vida*, manifestamente violadora dos *princípios da taxatividade* e *da tipicidade* dos títulos executivos.

Deste modo, com base nesta interpretação restritiva da lei, a qual veio a ser totalmente encampada pelo legislador do CPC/2015 (Art. 784, inciso VI), ter-se-ia um sistema uniforme e simétrico do ponto de vista de sua operabilidade jurídica em todos os planos de tratamento da temática relacionada exclusivamente ao *contrato de seguro de vida por morte* no CPC (regras de execução e regras de penhora) e no Código Civil (regra de direito material), o que foi efetivamente operacionalizado com o CPC/2015.

Nesse ponto, pode-se concluir que o legislador empregou uma técnica redacional muito mais apropriada na disposição do inciso VI do artigo 784, do CPC/2015, concebido exclusivamente para a previsão do *seguro de vida por morte*.

Em uma breve digressão histórica, conforme se depreende do conteúdo normativo dos Códigos de Processo Civil comparados abaixo, é possível constatar a tendência da *redução substancial* da possibilidade de utilização da ação de execução fundada em relação securitária no ordenamento jurídico brasileiro, em face da complexidade inerente à solução desse tipo de controvérsia no âmbito judicial:

Códigos de Processo Civil Comparados	
CPC/1939 (Art. 298, inciso VII)	Admitia-se apenas *a execução dos contratos de seguro de vida*.
CPC/1973 (Art. 585, inciso III)	Previu-se, originariamente, a possibilidade de execução *de todos os contratos de seguro em geral*, sem quaisquer exceções, disposição esta que, em razão da sua desproporcional amplitude, foi parcialmente revogada ainda no período de sua *vacatio legis* pela Lei Federal 5.025, de 01/10/1973, que restringiu a hipótese de executividade aos *contratos de seguro de vida e de acidentes pessoais de que resultasse morte ou incapacidade*. A Lei Federal 11.382, de 06/12/2006, promoveu nova alteração do dispositivo referenciado para suprimir a execução dos contratos de seguro de acidentes pessoais, mantida exclusivamente a *executividade dos contratos de seguro de vida*, restaurando-se o regime que vigorava no CPC/1939.
CPC/2015 (Art. 784, inciso VI)	Prevê, exclusivamente, a hipótese de execução do *contrato de seguro de vida por morte*.

Ao analisar a questão em foco, Cassio Scarpinella Bueno (2008:96-98) manifestou o seguinte entendimento:

> A Lei n. 11.382/2006, ao dar nova redação ao dispositivo em exame, deixou de fazer menção aos contratos de seguros de acidentes pessoais de que resulte morte ou incapacidade. O significado desta omissão é que tal contrato deixou de ser título executivo *extrajudicial* à falta de lei que o identifique como tal. O seguro de acidentes, destarte, haja ou não morte ou incapacidade do segurado, é documento que servirá de prova segura da existência de um direito a uma das partes, mas não mais dispensa, por ter deixado de ser título executivo extrajudicial, *prévia* manifestação do Estado-juiz acerca do *reconhecimento* do direito por ele documentado.

No mesmo sentido, posicionou-se Marcus Vinícius Rios Gonçalves (2008:74):

> [...] Nem todo contrato de seguro é título executivo extrajudicial, mas apenas os de vida. Quis o legislador facilitar aos beneficiários o recebimento da indenização. Em boa hora, a Lei n. 11.382/2006 exclui os seguros de acidentes pessoais do rol de títulos executivos, porque não gozam de liquidez: o valor da indenização depende de prova da lesão, de sua permanência e do grau de incapacidade que provocou.

A partir da leitura do CPC de 2015, Humberto Dalla Bernardino de Pinho (2015:190-191) também se posiciona a respeito da limitação da ação de execução à hipótese de exigibilidade do seguro de vida, não comportando tal via a execução do seguro de acidentes pessoais considerando a limitação imposta pelo legislador.

Portanto, no exercício da técnica legislativa, percebe-se que a limitação analisada se trata de uma *opção política* que levou em conta, quando do momento da sua elaboração, discussão e aprovação no Congresso Nacional, *preceitos de natureza ética, jurídica* e *social* para estabelecer que apenas o *seguro de vida por morte* gozaria de adequação e necessidade para utilização da via estreita da tutela jurisdicional executiva.

Deste modo, as demais espécies de cobertura securitárias, dentre as quais o *seguro de vida por sobrevivência* e o *seguro de acidentes pessoais*, por não terem sido elencados como títulos executivos extrajudiciais, deverão fazer uso do *procedimento comum único*, não cabendo ao jurista fazer interpretação ampliativa deste dispositivo.

Em razão da plena observância dos dispositivos relacionados ao trâmite legislativo e a ponderação dos interesses realizados pelo legislador, conclui-se que a alteração realizada está em plena harmonia com a Constituição Federal de 1988, inexistindo qualquer espécie de vício que possa contaminar a opção política realizada pelo legislador.

14.1.3 Execução pela via do documento particular

Isto posto, importa analisar o argumento de que seria possível, em tese, *a execução do contrato de seguro de acidentes pessoais* pela via do artigo 784, incisos III c/c VI, do CPC/2015, isto é, que seria possível executá-lo por meio da previsão sobre a *executividade do documento particular assinado pelo devedor e por duas testemunhas*.

Esta não é uma tese nova, pelo contrário, já era sustentada na vigência do inciso II do artigo 585 do revogado de CPC/1973 (atual artigo 784, inciso III, do CPC/2015), todavia, sem maior repercussão no âmbito doutrinário e jurisprudencial brasileiros. Ainda assim, por um compromisso didático, importa analisar os seus fundamentos, a fim de demonstrar, mesmo sob a nova ordem jurídico-processual, a sua inadequação técnica.

Inicialmente, desde já, afirma-se que não se vislumbra a possibilidade de acolhimento da tese da executividade de outras espécies de contrato de seguro, fundada no inciso III do artigo 784 do CPC/2015, por vários motivos.

Primeiro, porque os contratos de seguro somente podem ser celebrados de acordo com os dispositivos legais e com as normas editadas pela Superintendência de Seguros Privados – SUSEP, as quais estabelecem rigoroso padrão para a aceitação de riscos e para a emissão de apólices de seguro, dentro dos quais não existe previsão baseada na hipótese do artigo 784, III, do CPC/2015.

Ou seja, a única forma admitida como regra para a formalização de contratos de seguro é por meio da emissão dos documentos típicos admitidos pela SUSEP e pela prática do mercado, usualmente reconhecidos como, por exemplo, a apólice e o bilhete de seguro, de acordo com o objeto da cobertura e as particularidades de cada ramo segurador.

De acordo com o Código Civil:

> Art. 758. O contrato de seguro prova-se com a exibição da apólice ou do bilhete do seguro, e, na falta deles, por documento comprobatório do pagamento do respectivo prêmio;
>
> Art. 759. A emissão da apólice deverá ser precedida de proposta escrita com a declaração dos elementos essenciais do interesse a ser garantido e do risco.

Isto porque, como regra, a aceitação de uma proposta de seguro somente ocorre após a realização de criteriosa análise da compatibilidade de inserção de um risco dentro de um grupo segurável existente, fazendo-se necessária a análise prévia da adequação dos termos das declarações constantes da proposta de seguro com as normas impostas pela SUSEP e com as condições contratuais previamente estabelecidas pela seguradora.

Logo, não se cogita de que uma sociedade seguradora possa materializar uma operação de seguro por qualquer outro meio senão pelos documentais usualmente conhecidos para as operações securitárias como, por exemplo, a emissão de apólice, bilhete de seguro, certificado ou nota de cobertura, de acordo com a natureza da proteção do legítimo interesse segurável sobre o qual incide o risco, os quais por si só não são dotados de executividade.

Em relação aos documentos típicos utilizados para comprovar a existência da relação securitária, exceção deve ser feita tão somente à hipótese de não emissão da apólice dentro do prazo previsto em lei, ou, à *aceitação tácita do risco pelo decurso de prazo sem manifestação da sociedade seguradora*, caso prevista nas condições contratuais (Arts. 4º e 13, da Circular SUSEP 642/2021).

Nestes dois casos, desde que compatíveis com a lei e com as condições gerais do contrato, verificado o sinistro e não emitida a apólice, o segurado poderia, em tese, apresentar *a proposta de seguro* devidamente recebida pela sociedade seguradora e *o comprovante do pagamento do prêmio do seguro* como documentos comprobatórios da existência da relação jurídica.

De qualquer forma, a sua exigibilidade dar-se-ia do mesmo modo pela única via de execução do seguro de vida admitida por lei: artigo 784, inciso VI, do CPC/2015.

Em segundo lugar, a interpretação que se faz do inciso III do artigo 784 do CPC/2015, admitir-se-ia a execução de qualquer espécie de contrato pelas vias previstas neste dispositivo.

Todavia, a interpretação quanto à aplicabilidade deste dispositivo, de acordo com a particularidade do negócio suscitado, como, por exemplo, a do caso do *contrato de seguro*, não pode ser feita apenas literalmente, mas, sim, *sistematicamente*, levando-se em consideração a existência de dispositivo específico regulador da matéria no inciso VI do artigo 784 do CPC/2015.

Como visto, os títulos executivos são regidos pelo *princípio da taxatividade* e pelo *princípio da tipicidade*, os quais restringem o seu cabimento aos apenas previstos em lei, considerando-se que o legislador estabeleceu previsão expressa no inciso VI do artigo 784 do CPC/2015 a respeito do cabimento da ação executiva, exclusivamente, para o *seguro de vida no caso de morte*, a fim de se obter a tutela jurisdicional.

Logo, não se poderia chegar à conclusão de que foi admitida a utilização da via executória para *todas as demais modalidades de seguro* em outro dispositivo de mesma natureza jurídica, disposto no mesmo artigo de lei, sob pena de incoerência lógica do sistema.

Do contrário, não haveria motivo para dispor sobre o contrato de seguro de vida em um inciso próprio e autônomo (Art. 784, inciso VI, do CPC/2015), bastaria a veiculação do inciso III do artigo 784 do CPC/2015, com a autorização ampla para o enquadramento de todas as espécies de seguro à sua tipificação, o que, todavia, não se pode admitir, sob pena de ferir a lógica jurídica empregada na construção do sistema de títulos executivos extrajudiciais no CPC de 2015.

O raciocínio a ser empregado na análise dessa questão é simples: se a lei autoriza a propositura de ação de execução para o *seguro de vida*, e se o *seguro de acidentes pessoais* não é seguro de vida, logo, o seguro de acidentes pessoais não se enquadra na hipótese taxativa e típica prevista pelo legislador (Art. 784, inciso VI, do CPC/2015).

Desse modo, a utilização da via executiva para o processamento de seguro de acidentes pessoais implicará a manifesta carência de ação, visto que não há título executivo (Art. 803, inciso I, do CPC/2015).

É preciso ponderar, ainda, como se costuma afirmar na jurisprudência do Supremo Tribunal Federal – STF que o legislador ao dispor sobre o inciso VI do artigo 784 do CPC/2015 impôs um "silêncio eloquente" à norma, por isso não cabe ao intérprete dizer do cabimento da tutela executiva onde o legislador não admitiu a sua utilização, sob pena de interpretação contra o disposto no texto de lei (interpretação *contra legem*).

Além do mais, incide no caso em análise a máxima *in claris cessat interpretatio*, isto é, na clareza da norma, desnecessária inclusive a sua interpretação, sob pena de distorção da intenção do legislador.

Não se pretende com esta máxima dizer que se prescinde totalmente da realização do processo interpretativo do dispositivo legal, afinal, como ensina Humberto Ávila (2011:30-35): "*Normas* não são textos nem o conjunto deles, mas os sentidos construídos a partir da interpretação sistemática dos textos normativos. Daí se afirmar que os dispositivos se constituem no objeto da interpretação; e as normas, no seu resultado".

Mas, sim, que há dispositivos cuja significação é tão clara que a interpretação deverá ser feita nos limites da finalidade pretendida com a sua elaboração em consonância ao tratamento sistemático da matéria.

Do contrário, o interpretar serviria meramente para legitimar compreensões predeterminadas e que violariam totalmente o próprio sentido e conteúdo normativo--finalístico-sistemático de determinados dispositivos dotados de juridicidade.

A fragilidade de tal tese restou totalmente superada pela jurisprudência brasileira, que ao analisar o dispositivo alterado de acordo com os postulados da taxatividade e da tipicidade, ainda na vigência do CPC/1973, estabeleceu como entendimento dominante o de que somente o contrato de seguro de vida é o título hábil e exclusivo para fins de propositura de ação de execução.

Nesse sentido, afastou a inadequada interpretação de que seria possível conferir força executiva ao seguro de acidentes pessoais *contra legem*, fundada numa equivocada interpretação do *seguro de pessoas* (confunde gênero com espécie), e imiscuindo-se sem qualquer fundamentação na atividade legislativa exercida pelo Congresso Nacional, dentro dos ditames e dos preceitos admitidos pela Constituição Federal de 1988.

Ademais, importante lembrar que a execução para cobrança de qualquer espécie de crédito deverá fundar-se em título cuja obrigação é certa, líquida e exigível (Art. 783 do CPC/2015), o que deverá ser demonstrado pelo exequente, sob pena de carência da ação.

Nesse sentido, Tzirulnik, Cavalcanti e Pimentel (2003:53-54) afirmam que:

> Não há dúvida, na doutrina contemporânea, de que os instrumentos típicos do seguro não constituem títulos de crédito. *São apenas documentos causais, de função probatória e legitimadora.* Os seguros – e assim devem refletir os seus instrumentos (além da apólice e bilhete, os certificados de cobertura) – são contratados para a garantia dos legítimos interesses do segurado, como dispõe o art. 757 do novo diploma.

É de se dizer que o contrato de seguro, por si só, *não é dotado de executividade* e *nem as partes podem atribuir por si mesmas tal natureza ao contrato*, mas somente a lei.

Por isso, sob qualquer ótica que se analise, a tese da executividade dos seguros de acidentes pessoais não encontra amparo legal ou jurídico, porque desprovidos de certeza, de liquidez e de exigibilidade.

14 • PROCESSO DE EXECUÇÃO **425**

Desta forma, o artigo 784, inciso VI, do atual Código de Processo Civil estabeleceu de maneira restritiva o cabimento de ação de execução para os casos exclusivos de *cobertura securitária de vida no caso de morte*, o que somente poderá ser feito pelos beneficiários da apólice contratada, os únicos legitimados a propor este tipo de ação.

Importante anotar ainda que se não houver indicação dos beneficiários ou se esta não prevalecer, como já destacado, metade do capital segurado deverá ser pago ao cônjuge não separado judicialmente e o restante aos herdeiros, obedecida a ordem de sucessão hereditária (Art. 792 do Código Civil).

Neste ponto, importante esclarecer que também *não cabe falar na propositura de ação executiva baseada em outras modalidades de seguro*, como as que se referem, por exemplo, aos seguros de danos (seguro de automóvel) ou a outras espécies de seguros de pessoas, ainda que tenham sido comercializadas conjuntamente com o seguro de vida, como é o caso das coberturas de invalidez permanente por acidente, invalidez laborativa ou funcional permanente total por doença, diárias de incapacidade, despesas médicas, hospitalares e odontológicas ou de internação hospitalar.

Nesse sentido, o Superior Tribunal de Justiça, no REsp 1.416.786/PR (DJe em 09/12/2014), cujo relator foi o ministro Ricardo Villas Bôas Cueva, decidiu que o seguro de automóvel não é dotado de executividade, porquanto somente os contratos de seguro de vida são títulos executivos extrajudiciais.

Como visto anteriormente, as espécies de seguros mencionadas são modalidades autônomas e não se confundem com o seguro de vida, espécie do gênero seguro de pessoas (Art. 789 do Código Civil), sob pena de afronta direta ao Art. 784, inciso VI, do CPC/2015.

14.1.4 Execução pela via do prêmio de seguro

A respeito da tese de que também seria possível utilizar-se da *ação de execução para a cobrança de todo e qualquer tipo de contrato de seguro*, sob o argumento de que o artigo 27 do Decreto-Lei 73/66 permite o processamento pela forma executiva da *ação de cobrança de prêmios do contrato de seguro*, necessário tecer os comentários que seguem abaixo especificados.

Um ponto que se entende fundamental esclarecer no ofício da prática securitária que de há muito já foi incorporado no conhecimento jurídico em geral, mas, cujo equívoco costuma se repetir em alguma doutrina e em julgados menos afeitos à técnica do seguro, é a de que: *o prêmio constitui a contraprestação financeira devida pelo segurado à seguradora pela contratação do seguro.*

Deste modo, quando o segurador realiza o pagamento da soma contratada, mediante a verificação de um evento em conformidade com as condições gerais do contrato, não está pagando o prêmio, mas, sim, a *importância* ou *capital segurado* previsto na apólice. Portanto, não há que se confundir *prêmio* com o *capital segurado*.

De acordo com a Resolução CNSP 439/2022:

Art. 2º. Para fins desta Resolução, define-se:

[...]

V – capital segurado: valor máximo para a cobertura contratada a ser pago pela sociedade seguradora na ocorrência do sinistro; [...]

XVII – prêmio: valor correspondente a cada um dos pagamentos destinados ao custeio do seguro.

Aliás, a partir da própria etimologia da palavra prêmio, do latim *praemium*, que significa aquilo que "vem primeiro" ou "recompensa, dinheiro, vantagem" (Michaelis, 2015), é possível deduzir que o segurado não poderia ser o destinatário do prêmio do seguro, pois, como regra, somente adquire o direito ao recebimento do capital segurado quando se verifica um *fato prejudicial, danoso, incidente sobre o seu patrimônio*.

Diferentemente dos contratos de jogo ou de aposta, no seguro, quem recebe o prêmio é o segurador, isto porque, é ele quem assume a obrigação de garantir o legítimo interesse segurável contra riscos que possam incidir sobre a vida, a integridade física ou o patrimônio do segurado, devidamente considerados dentro da técnica atuarial dotada de uma autêntica precisão inerente às atividades empresariais, de acordo com as condições previstas em contrato.

Por isso, Cesare Vivante afirmava inclusive que o contrato de seguro é um exemplo de *contrato tipicamente empresarial*, pois a atividade securitária somente comporta estruturação dentro das modernas técnicas de organização das sociedades empresárias.

De acordo com as lições de Vera Helena de Mello Franco (2013:323), não sem motivo, aliás, que a atividade seguradora no Brasil somente pode ser exercida mediante a constituição de empresa sob a forma de uma sociedade anônima, cujo funcionamento deverá ser precedido de autorização do órgão regulador do mercado (SUSEP), salvo as exceções expressamente previstas em lei (Art. 24 do Decreto-Lei 73/66 c/c Art. 757 do Código Civil).

Manoel de Queiroz Pereira Calças (2003:20-21) ensina que a opção pela constituição de uma *sociedade anônima* habitualmente está relacionada à *realização de grandes empreendimentos empresariais*, considerando a complexidade da sua criação e operacionalização em comparação às sociedades de responsabilidade limitada.

Por isso, o segurador é "premiado", faz jus ao recebimento do prêmio do seguro, por proteger toda a sociedade dos riscos incidentes sobre o patrimônio individual e coletivo utilizando-se da forma organizacional empresarial e dos cálculos atuariais para aferir a probabilidade de ocorrência dos riscos seguráveis.

A respeito da *executividade do prêmio de seguro*, o Decreto-Lei 73/66 (Art. 27) e o Decreto Federal 61.589/67 (Art. 5º) dispõem que: "Art. 27. Serão processadas pela forma executiva *as ações de cobrança dos prêmios* dos contratos de seguro"; e, "Art. 5º. Será executiva *a ação de cobrança do prêmio* que for devido e não pago no prazo para tanto convencionado".

14 • PROCESSO DE EXECUÇÃO   **427**

Nesse ponto, torna-se relevante explicar que os dispositivos legais que admitem a utilização da via executiva para a cobrança da contraprestação financeira devida pelo segurado ao segurador têm como fim precípuo viabilizar a rápida satisfação da pretensão concernente a um dos elementos fundamentais da solvabilidade do sistema securitário.

Portanto, é interesse de toda a coletividade que as dívidas relacionadas ao pagamento dos prêmios de seguro sejam rapidamente solucionadas, a fim de que o seu produto seja devidamente incorporado aos respectivos fundos destinados a garantir o pagamento dos sinistros cobertos pelos contratos de seguros.

Logo, conclui-se que somente *os prêmios de seguro devidos às companhias seguradoras em razão de inadimplementos protagonizados pelos segurados* poderão ser objeto de ação de execução, em razão da autorização específica, taxativa e típica contida no artigo 27 do Decreto-Lei 73/66 c/c artigo 784, inciso XII, do CPC/2015 (Medina, 2012:746-747).

O Tribunal de Justiça de São Paulo, na Apelação Cível 0001530-35.2011.8.26.0396, já se posicionou de maneira categórica a respeito da matéria, ao afirmar que incabível a propositura de ação de execução para a cobrança de *seguro de acidentes pessoais* com fundamento no artigo 27 do Decreto-Lei 73/66, pois esta via executiva foi reservada apenas para *a cobrança do prêmio de seguro devido pelo segurado ao segurador*.

Diante disso, esclareceu que o Decreto-lei 73/66 e o Decreto Federal 61.589/67 apenas se referem "à possibilidade de execução para a cobrança do prêmio que não se confunde com a indenização securitária" (TJSP, relator Desembargador Gilberto Leme, Apelação Cível 0001530-35.2011.8.26.0396, data de registro: 15/05/2014).

A jurisprudência do Superior Tribunal de Justiça é pacífica ao reconhecer a legitimidade exclusiva da companhia seguradora para propor ação de execução visando à cobrança do prêmio do seguro cujo pagamento é devido pelo segurado com base no artigo 27 do Decreto-Lei 73/1966. Nesse sentido, torna-se válido citar os seguintes acórdãos:

(i)   *REsp 831.952/SP*, relator Ministro Jorge Scartezzini (DJ 06/11/2006), para o qual: "Esta Corte, em diversas ocasiões, afirmou que a cobrança de prêmios relativos a contrato de seguro é passível de processar-se pela forma executiva. Precedentes. [...] Aliás, este entendimento consolidou-se no âmbito deste Sodalício a partir do julgamento do REsp 434.831-RS, de relatoria do i. Ministro Ruy Rosado de Aguiar, onde ali se admitiu, de forma clara, a cobrança pela via executiva do prêmio do seguro, com expressa remissão dos arts. 585, VII, do CPC; 27 do Decreto-Lei 73, de 1966; e 5º do Decreto 61.589/67";

(ii) *REsp 743.125/MG*, relator Ministro Humberto Gomes de Barros (DJ 20/02/2006), para o qual: "A cobrança do prêmio relativo ao contrato de seguro, ainda que não seja de vida ou acidentes pessoais, é passível de processar-se pela forma executiva. Interpretação do Art. 27, do Decreto-Lei 73/66 c/c Art. 585, VII, do CPC. [...] Desta forma, os prêmios dos contratos de seguro, devidos às seguradoras pelos segurados inadimplentes, são títulos executivos";

428 CURSO DE DIREITO DO SEGURO E RESSEGURO • Vinícius Mendonça

(iii) *REsp 392.435/PR*, relator Ministro Barros Monteiro (DJ 28/03/2005), para o qual: "por expressa disposição legal (art. 27 do Decreto-Lei 73, de 21.11.1973, c/c o art. 585, VII, do CPC), a cobrança do prêmio relativo ao contrato de seguro é passível de processar-se pela forma executiva".

Dessa forma, *somente os prêmios devidos às seguradoras pelos segurados inadimplentes são títulos executivos, independentemente da modalidade securitária contratada*, por se tratar de dívida certa, líquida e exigível, apurada mediante simples cálculo aritmético e de atualização do débito.

Interpretação sustentada em sentido contrário, além de violar os *princípios da taxatividade e da tipicidade*, padece de grave vício de coerência lógica e sistemática da compreensão aplicável aos contratos de seguro e dos títulos executivos extrajudiciais.

14.1.5 Documentos necessários para a instrução da ação de execução

Outro ponto que merece esclarecimento é o que se refere à exigibilidade da apresentação do *contrato de seguro* para fins de instrução da inicial da ação de execução do seguro de vida por morte. É importante esclarecer que o instrumento comprobatório da existência do contrato de seguro, de regra, é a *apólice* (Art. 758 do Código Civil).

Logo, quando se fala em apresentação do contrato de seguro deve-se ter em mente que a sua materialização se dá por meio da apólice, documento comprobatório da existência da relação securitária firmada.

Não poderia ser outro o entendimento do legislador do Código Civil, ao dispor no artigo 758 que o seguro prova-se com a *exibição da apólice* ou *do bilhete de seguro*, na falta deles, pode ser usado documento comprobatório do pagamento do respectivo prêmio, caso os fatos relacionados à contratação, mediante a apresentação da proposta de seguro dentro dos parâmetros adequados de aceitação do risco, possam admitir esta interpretação.

Por isso, afirma-se que a apólice desempenha um papel importantíssimo em relação à prova da existência da operação securitária. Pode-se dizer que a apólice (ou bilhete de seguro, certificado ou nota de cobertura, a depender da modalidade de seguro contratada) *é a exteriorização típica, a forma documental, pela qual se reveste o contrato de seguro*, de regra, concebido a partir da livre manifestação consensual de vontades exteriorizada pelos contratantes.

Não sem motivo, aliás, ser considerada pelo legislador do Código Civil, em seu artigo 773, como elemento de constatação da *aplicação da pena de pagamento em dobro do prêmio, decorrente de aceitação de proposta de risco inexistente*.

Todavia, importante que o exequente ao instruir a petição inicial de execução com a apólice também o faça devidamente instruída das *condições gerais do seguro de vida*, conjunto obrigatório das normas de regência do modo de operabilidade da garantia contratada, que especifica *o seu objeto, extensão, direitos e obrigações, exceções e a forma de pagamento da garantia contratada*, a fim de possibilitar ao Juízo o pleno conhecimento da natureza do seguro e a forma dentro da qual ele deverá ser realizado.

No contrato de seguro de vida por morte imprescindível ainda a juntada da *certidão de óbito do segurado*, com o intuito de provar a ocorrência do fato gerador da materialização da garantia securitária, a causa do falecimento e a sua verificação dentro do prazo de vigência da apólice.

Importante anotar que se o evento morte foi motivado por um acidente de trânsito ou por conduta praticada por terceiro contra a pessoa do segurado, entende-se necessário ainda a juntada do *Boletim de Ocorrência* lavrado perante a autoridade policial competente, e, se houver, do *laudo médico legal* e de outros exames porventura realizados, a fim de se identificar as circunstâncias fáticas e médicas dentro das quais verificou-se o fato prejudicial à vida do segurado.

Isto porque, dependendo dos motivos que desencadearam o fato morte, poderá restar caracterizada uma *causa de exclusão de cobertura* apta a justificar a negativa de pagamento da importância segurada, como, por exemplo, a que se refere à morte por acidente de trânsito decorrente de embriaguez do segurado (Arts. 762, 766 e 768 do Código Civil).

Por fim, entende-se também necessário instruir a petição inicial com a *prova do pagamento dos prêmios devidos pela contratação do seguro* (Art. 4º do Dec. Federal 61.859/1967), isto é, da parcela única ou das parcelas mensais diluídas ao longo do tempo de vigência do contrato pagas pelo segurado, a fim de comprovar a situação de pleno adimplemento de suas obrigações financeiras perante o segurador (boletos bancários, transferências eletrônicas ou depósitos).

Nesse sentido, o Decreto Federal 61.859/1967, prevê que: "Art. 4º. Nenhuma indenização decorrente do contrato de seguro poderá ser exigida sem a produção de provas de pagamento tempestivo do prêmio".

Todos estes elementos compõem o mínimo conjunto probatório documental necessário e imprescindível para que o Juiz da causa possa realizar o juízo preliminar de cabimento da medida executiva, incorporando-se ao título executivo extrajudicial como pressupostos complementares sem os quais restará prejudicado o processamento da medida (Bueno, 2008:96-98).

Caso não apresentados tais documentos, o Juiz deverá indeferir de plano a inicial da ação de execução, julgando-a extinta sem julgamento de mérito, o que não impedirá, todavia, a sua repropositura, quando devidamente instruída pelos elementos probatórios mínimos e necessários para a sua apreciação (Art. 330, inciso IV, c/c Arts. 321 e 485, inciso I, do CPC/2015).

14.2 IMPENHORABILIDADE DO CONTRATO DE SEGURO DE VIDA

Neste subitem será analisado o regime de penhora aplicável ao contrato de seguro de vida bem como a sua interrelação com o direito material vigente.

14.2.1 Aspectos preliminares

Como visto no tópico anterior, o *processo de execução* se apresenta como um dos pontos mais relevantes e sensíveis da sistemática processual na atualidade, porquanto consiste na etapa em que o direito deve realizar-se com a sua máxima eficácia na busca da satisfação de uma obrigação jurídica violada.

Somente após a demonstração da presença dos requisitos específicos para fins de utilização da tutela jurisdicional é que o Estado-Juiz estará autorizado a processar a demanda executiva, e, no caso da execução por quantia certa, como um dos corolários lógicos do procedimento, determinar que se proceda à penhora de bens do executado a fim de se garantir o Juízo visando à satisfação do direito violado.

De acordo com Alexandre Freitas Câmara (2008:266-267), a penhora é um ato de natureza processual dotado de *efeito dúplice*, isto é, tanto processual quanto material.

Nesse sentido, a penhora tem como *finalidade processual* servir para: (i) a garantia do juízo; (ii) a individualização dos bens a serem executados; e, (iii) a constituição do direito de preferência. Ao mesmo tempo, a penhora tem como *finalidade material* assegurar: (i) a transferência da posse direta do bem penhorado da esfera patrimonial do executado; e, (ii) a ineficácia dos atos de alienação ou que atribuam onerosidade ao bem objeto de apreensão judicial.

Nessa linha, a penhora é considerada um instrumento fundamental para o sucesso da execução por quantia certa, afinal, é por meio da constrição e apreensão de bens do executado que se tornará possível a garantia do Juízo visando à satisfação da pretensão executiva.

Todavia, há determinados bens que por força de lei não podem ser objeto de constrição judicial, uma vez que na ponderação de interesses a serem tutelados gozam de maior proteção jurídica do que a pretensão executiva, justificando a sua exclusão do rol de bens penhoráveis por meio do *atributo da impenhorabilidade*.

O *contrato de seguro de vida* consiste em um desses direitos que ao longo da tradição jurídico-processual brasileira foi eleito merecedor da proteção da impenhorabilidade, em razão da sua considerável relevância social (CPC/1939 e CPC/1973).

Em razão disto, torna-se relevante analisar de que forma a disciplina legal sobre a impenhorabilidade do contrato de seguro de vida é regulada pelo Código de Processo Civil de 2015.

14.2.2 Características especiais do seguro de vida

Inicialmente, antes de abordar a temática da impenhorabilidade propriamente dita, importa esclarecer que o *seguro de vida* possui uma formatação técnica essencialmente diferenciada das demais espécies securitárias. Aliás, em razão desta sua natureza especial, por muito tempo debateu-se na doutrina do Direito do Seguro, a respeito da sua natureza indenizatória ou não indenizatória.

Em relação ao aspecto indenizatório, impositivo esclarecer que o bem mediato do seguro representado pela proteção das repercussões econômicas incidentes sobre a vida de uma pessoa não poderia ser objeto de indenização, mas, sim, de compensação, espécie do gênero reparação, considerando o seu *valor inestimável* que impossibilita o retorno ao *status quo ante*.

Todavia, de acordo com a mais gabaritada doutrina sobre o tema, com o advento do Código Civil, esta discussão não possui mais finalidade jurídica, uma vez que ao introduzir o conceito do *legítimo interesse segurável* (Art. 757), o centro gravitacional do contrato desloca-se da natureza indenizatória e passa a se situar na obrigação de garantia que se pretende obter por meio da contratação da proteção securitária (Comparato, 1968).

Esta teoria é mais técnica e mais compreensiva das complexas e diversas operações subjacentes à contratação de um seguro atualmente.

Além disso, explica o porquê da possibilidade de se contratar mais de uma apólice de seguro de vida sobre o mesmo interesse segurável sem que isso implique em desvirtuamento do princípio indenitário que limita o pagamento do capital segurado aos danos efetivamente sofridos pelo segurado, como visto nos seguros de danos.

Importante mencionar ainda que a operacionalização do seguro de vida é realizada atualmente em uma ordem constitucional dotada de princípios capazes de influenciar o modo de funcionamento das relações privadas e a forma de ponderação entre os interesses individuais e coletivos, existenciais e patrimoniais (Forgioni, 2009:80-88).

Todavia, necessário destacar que a *autonomia da vontade* e a *liberdade de contratar continuam a exercer uma função preponderante no âmbito contratual,* por serem autênticos princípios inerentes à dinâmica do contrato como instrumento de operabilidade do fluxo das relações econômicas bem como da interação em nível técnico, complexo e global dos negócios mantidos entre empresas (Franco e Sztajn, 2008:270-286).

Em outras palavras, em razão da necessidade de *preservação da livre disposição de vontades* em relação ao objetivo pretendido com a celebração do vínculo contratual, a intervenção estatal somente poderá ser realizada com base numa correlação harmônica entre *os direitos e garantias fundamentais e a preservação dos princípios da livre iniciativa e da proteção à propriedade privada,* elementos imprescindíveis para o incentivo ao desenvolvimento da atividade econômica e para a realização da função social do contrato nos dias atuais (Arts. 5º, inciso XXII, e 170, inciso III, da CF/1988).

Mas, pergunta-se: como a intervenção estatal tem repercutido na forma de operacionalização do contrato de seguro de vida? E quais são os princípios norteadores deste contrato em face das regras sobre a impenhorabilidade do capital segurado sob a ótica da ordem jurídica civil-constitucional?

14.2.3 A impenhorabilidade do seguro de vida por dívidas e herança do segurado

No âmbito das relações privadas, a *autonomia da vontade* manifestada pelo *contratante de um seguro de vida*, principalmente no que tange à escolha do beneficiário que receberá o capital segurado, goza de um caráter extremamente relevante conferido pela ordem jurídica e que prepondera até mesmo sobre o interesse de crédito derivado de outras relações obrigacionais que possam incidir sobre o patrimônio do devedor.

Afinal, como destacado, o contrato de seguro de vida possui uma finalidade especial se comparada a outras modalidades de seguro, isto porque o seu objeto gravita em torno da *preservação de um interesse segurável sobre uma vida humana*.

De regra, o seguro de vida é contratado com a finalidade de garantir a subsistência de parentes do segurado ou de pessoas que dele dependam economicamente (Art. 792 e parágrafo único do Código Civil), constituindo *um patrimônio destinado à manutenção do mínimo existencial do núcleo familiar* (Art. 1º, inciso III, da CF/1988), considerado instituição *base da sociedade civil* (Art. 226 da CF/1988).

O falecimento do segurado poderá prejudicar a subsistência daqueles que com ele mantenham vínculo de dependência econômica, merecendo assim uma *tutela especial do legislador* no que tange a assegurar a destinação final pretendida com a contratação da garantia, isto é, que ela seja materializada sem a interferência de outros interesses de menor envergadura jurídica e social protegidos pelo sistema legal.

Araken de Assis (2007:215; 222-223) afirma que esta proteção conferida pela lei consiste no:

> [...] *beneficium competentia* (benefício de competência), ou seja, a impenhorabilidade absoluta do estritamente necessário à sobrevivência do executado, e de sua família, e à sua dignidade. Tal valor se impôs à consciência humana no período romano das *extraordinariae cognitiones*, quando, então, o devedor inocente do seu estado de insolvência adquiriu direito à execução patrimonial da *cessio bonorum*, que, na prática, isentava-o da constrição pessoal e da infâmia, além de conceder o *beneficium competentiae*. Desenvolveu-se o instituto, no direito comum, até ganhar a dimensão atual, recepcionado pela maioria dos códigos.

Nesse sentido, eventuais interesses creditícios na ponderação de interesses devem ser relativizados em função da necessidade de proteção do núcleo familiar ou daqueles que dependam economicamente do segurado, materializada por meio da garantia conferida pelo contrato de seguro de vida aos que dele dependam para a manutenção da dignidade existencial mínima (Art. 170, *caput*, da CF/1988).

O reconhecimento da *dignidade humana* como o valor máximo do *sistema normativo operante no âmbito constitucional e infraconstitucional*, verdadeiro fundamento do Estado Democrático de Direito e vinculador da livre iniciativa econômica, amplia ainda mais a relevância de se considerar a finalidade do contrato de seguro de vida sob a perspectiva do seu fim social, desde que preenchidos os pressupostos contratuais e obrigacionais previstos em lei e predeterminados nas condições gerais da apólice (Marinoni, 2008:639).

É preciso reconhecer que a relevância dos benefícios gerados pelo contrato de seguro de vida se estendeu para limites nunca imaginados, como, por exemplo, para fins de garantia de cumprimento de obrigações firmadas perante terceiros, como as que decorrem da celebração de contrato de financiamento habitacional, cujo beneficiário não é diretamente a família do segurado, mas sim a instituição bancária responsável pela concessão do financiamento, uma pessoa jurídica autônoma e, a princípio, sem qualquer relação societária com o *de cujus* ou seus familiares.

Trata-se do que os técnicos do seguro denominaram de *seguro prestamista*, cuja natureza jurídica de seguro de vida, todavia, tem sido contestada pela doutrina que classifica a sua natureza como a de um *seguro garantia* (Gonçalves, 2012).

Conforme destacado por Luiz Fux (2004:1.401-1.403), a relevância social do *contrato de seguro de vida no caso de morte* motivou o legislador a dispor no âmbito do Código de Processo Civil normas específicas para o seu tratamento e rápida solução por meio da *via da execução de título extrajudicial* (Art. 784, inciso VI, do CPC/2015).

Nessa linha, o Código de Processo Civil de 2015, em seu artigo 833, inciso VI, manteve a linha de tratamento dos códigos anteriores (Art. 942, inciso XIV, do CPC/1939; e, Art. 649, inciso VI, do CPC/1973), ao prever que *o produto derivado da contratação do seguro de vida é um bem impenhorável*.

Trata-se do que a doutrina citada por Pontes de Miranda (1976:189-190) convencionou de chamar de *direito expectativo ao recebimento do capital segurado*, consistente na proteção conferida por lei ao recebimento integral do produto financeiro da garantia securitária destinada aos beneficiários indicados na apólice (Donizetti, 2009:668-669).

Marcus Vinícius Rios Gonçalves (2008:86) adverte que:

> A impenhorabilidade é matéria de ordem pública: verificando o juiz que a constrição atingiu bem sobre o qual não poderia ter recaído, deve determinar de ofício o seu cancelamento. Se não o fizer, pode ser requerido por simples petição, nos autos da execução, em qualquer fase do procedimento, mesmo depois dos embargos ou da impugnação. Por ser de ordem pública, não está sujeita à preclusão. O devedor pode valer-se das objeções de pré-executividade para alegá-la ou fazê-lo nos próprios embargos ou impugnação. Ou, por simples petição, a qualquer tempo.

No âmbito do direito material, o legislador do Código Civil (Art. 794) também foi claro ao estabelecer que: "No seguro de vida [...] para o caso de morte, o capital estipulado não está sujeito às dívidas do segurado, nem se considera herança para todos os efeitos de direito", não havendo margem para dúvidas de que o capital contratado não pode ser objeto de constrição pelos fins especificados também na norma de direito material.

Ademais, é considerada "[...] nula, no seguro de pessoa, qualquer transação para pagamento reduzido do capital segurado" (Art. 795 do Código Civil). Isto porque, a justificativa do pagamento integral nessa modalidade securitária está centrada na inexistência de correlação entre o ressarcimento e um dado prejuízo, como acontece nos seguros de danos.

14.2.4 A impenhorabilidade do seguro de vida por dívidas do beneficiário

Como visto, o CPC estabeleceu um sistema especial para o tratamento do seguro de vida tanto sob a ótica de declará-lo um título executivo extrajudicial quanto sob a ótica de inseri-lo no rol de bens considerados impenhoráveis com o intuito de garantir a realização da sua finalidade negocial.

Trata-se de medida que realiza em sua plenitude a finalidade social do contrato de seguro de vida e valoriza a natureza alimentar do capital segurado destinado a atender a casos reconhecidamente de necessidade de proventos para o sustento dos respectivos beneficiários.

Logo, por se tratar de verba de natureza alimentar dotada de destinação específica, constata-se que também não se afigura razoável admitir a partir do seu recebimento que o capital segurado possa ser objeto de penhora por dívidas do beneficiário.

Portanto, a importância paga a título de compensação no seguro de vida também goza de uma imunidade absoluta em relação ao resultado do ingresso do capital segurado no patrimônio do beneficiário.

O entendimento de que as dívidas do beneficiário têm o condão de atingir o capital segurado não encontram fundamento na legislação em vigor, porquanto a contratação do seguro de vida tem por finalidade garantir *a constituição de um capital mínimo necessário à preservação da subsistência da pessoa beneficiada*.

A desconsideração dessa finalidade viola o *princípio da segurança jurídica* e causa descrédito para a confiança depositada pela sociedade nos instrumentos jurídicos de planejamento e previdência econômica.

O capital segurado tem uma destinação prefixada, qual seja, servir de prestação de *natureza alimentar* que não pode ser alterada por fato jurídico que não possua correlação direta com a contratação do seguro de vida, salvo se diretamente relacionado a outros interesses de igual envergadura jurídica, como o relacionado ao inadimplemento de obrigação alimentar.

Além da hipótese da penhora de parte do capital para fins de satisfação de verba alimentar inadimplida pelo beneficiário, em razão da necessidade de manutenção da eticidade e do equilíbrio das prestações contratuais, ressalva também deve ser feita em relação à possibilidade do eventual desconto de verbas relativas ao pagamento de prêmios inadimplidos no seguro de vida em grupo e da redução do capital no seguro individual.

Tal fundamentação encontra respaldo na possibilidade da penhora para fins de pagamento de dívida relativa ao próprio bem, inclusive àquela contraída para sua aquisição (Art. 833, § 1º, do CPC/2015).

Por outro lado, de acordo com a nova sistemática introduzida pelo CPC/2015, apenas são passíveis de penhora *a quantia depositada em caderneta de poupança* excedente do valor de 40 (quarenta) salários mínimos (inciso X); e, *as contraprestações financeiras pagas a título de atividade laboral autônoma* ou *mediante vínculo empregatício* ou *vínculo estatutário*, os *proventos de aposentadoria* bem como *as quantias recebidas por liberalidade de terceiro e destinadas ao sustento do devedor e de sua família* (Art. 833 inciso IV), desde que excedentes a 50 (cinquenta) salários mínimos mensais (Art. 833, § 2º).

Em relação às hipóteses acima, não há qualquer regra que estabeleça a possibilidade de penhora relacionada à verba proveniente do contrato de seguro de vida.

Diante disso, os entendimentos que ampliam a penhorabilidade do capital segurado mesmo após a sua disponibilidade e integração ao patrimônio do beneficiário violam de maneira indevida a proteção conferida pelo legislador tanto no plano material quanto processual (Art. 794 do Código Civil; e, Art. 833, inciso VI, do CPC/2015).

14.2.5 Panorama jurisprudencial

A interpretação sobre os limites da impenhorabilidade do capital derivado do seguro de vida fez com que a jurisprudência se posicionasse sob duas perspectivas analíticas sobre a matéria:

(i) a primeira, *na linha de que é terminantemente proibida qualquer espécie de constrição por penhora da verba securitária,* em razão disso, nem mesmo após a sua disponibilidade ou o ingresso no patrimônio do beneficiário ela poderia ser penhorada; e,

(ii) a segunda, *na linha de que a proteção da impenhorabilidade conferida pela lei restringe-se à percepção do direito expectativo,* cessando após a sua disponibilidade ou ingresso no patrimônio do beneficiário.

Entende-se que a primeira linha jurisprudencial está em plena consonância ao que estabelece a legislação processual e material em vigor, afinal, como mencionado, o objetivo do legislador foi o de impedir que eventuais dívidas afetassem a destinação integral do capital segurado como fonte de natureza alimentar destinada aos beneficiários.

Nesse sentido, o Tribunal de Justiça do Estado do Rio Grande do Sul (TJRS), no Agravo de Instrumento 70079875001, cujo relator foi o Desembargador Jorge Corssac (data do julgamento: 27/03/2019), decidiu que: "A verba decorrente do pagamento de seguro de vida, independentemente do beneficiário, é absolutamente impenhorável, na forma do artigo 833, VI, do CPC".

O TJRS, no Agravo de Instrumento 70084817428, cujo relator foi o Desembargador Eduardo Lima (data do julgamento: 15/04/2021), também decidiu que: "A teor do disposto no artigo 833, VI, do CPC, é absolutamente impenhorável o seguro de vida. Tal instituto é resguardado justamente porque a sua função é beneficiar terceiros, criando uma espécie de fundo alimentar em favor destes".

No mesmo sentido, os precedentes do Tribunal de Justiça de Minas Gerais (TJMG) no Agravo de Instrumento 1.0000.21.106150-2/001, relator Desembargador Domingos Coelho, julgamento em: 22/11/2021 e do Tribunal de Justiça do Rio de Janeiro (TJRJ), no Agravo de Instrumento 0049214-23.2021.8.19.0000, relator Desembargador Carlos Santos, julgamento em: 27/09/2021.

Importante esclarecer que a discussão a respeito da relativização da *regra geral de impenhorabilidade* advém desde o revogado CPC/1973 (atual Art. 833 do CPC/2015) e tem sido objeto de intenso debate no Superior Tribunal de Justiça (STJ), com destaque para a análise da incidência da constrição judicial sobre *a verba de natureza alimentar* (Art. 649, incisos IV e X, do CPC/1973; Art. 833, incisos IV e X, do CPC/2015).

Após a apreciação das correntes decisórias divergentes existentes a respeito da extensão e dos limites da proteção da impenhorabilidade sobre verbas de natureza alimentar na jurisprudência do STJ, a Segunda Seção, no *EREsp 1.330.567*, cujo relator foi o ministro Luis Felipe Salomão (DJe 19/12/2014), consolidou o entendimento sobre a matéria no seguinte sentido:

(i) *como regra é vedada a penhora de verbas de natureza salarial,* conferindo-se interpretação ampla do termo para abranger *todo e qualquer crédito decorrente de atividade profissional* (AgRg no Ag 1.388.490, relator ministro Raul Araújo, DJ 05/08/2011);

(ii) a impenhorabilidade da verba de natureza salarial *restringe-se apenas à percebida no último mês vencido e desde que ela não ultrapasse o teto constitucional referente à remuneração de ministro do Supremo Tribunal Federal* (Art. 37, incisos XI e XII, da CF/88), conferindo-se interpretação restritiva ao revogado artigo 649, inciso IV, do CPC/1973, *para permitir a constrição do valor residual auferido e não utilizado pelo executado* (REsp 1.230.060/PR, relatora Ministra Maria Isabel Gallotti, 2ª Seção, DJe 29/08/2014);

(iii) *como regra também é vedada a penhora de verba de natureza previdenciária,* inclusive, a verba derivada de previdência complementar privada (PGBL) (EREsp 1.121.719/SP, relatora Ministra Nancy Andrighi, 2ª Seção, DJe 04/04/2014);

(iv) *como regra a impenhorabilidade abrange as reservas de valores até 40 (quarenta) salários-mínimos* (Art. 649, inciso X, do CPC/1973), conferindo-se interpretação ampla do termo para abranger *toda e qualquer espécie de investimento financeiro* (poupança, conta-corrente, fundo de investimento, guarda de papel-moeda) (EREsp 1.121.719/SP, relatora Ministra Nancy Andrighi, 2ª Seção, DJe 04/04/2014);

(v) *a impenhorabilidade das reservas financeiras abrange mais de uma espécie de investimento,* desde que limitadas ao valor de 40 (quarenta) salários mínimos, conferindo-se interpretação extensiva para abranger todas as espécies de aplicação cuja soma total seja inferior ao limite imposto pelo revogado Art. 649, inciso X, do CPC/1973 (REsp 1.230.060/PR, relatora Ministra Maria Isabel Gallotti, 2ª Seção, DJe 29/08/2014 e REsp 1.231.123/SP, relatora Ministra Nancy Andrighi, 3ª Turma, DJe 30/08/2012).

Em síntese, de acordo com o entendimento pacificado pelo STJ, a impenhorabilidade de verba de natureza alimentar está limitada: (i) *ao percebimento da verba remuneratória mensal, limitada até o teto remuneratório de ministro do STF* (Art. 37, incisos XI e XII, da CF/88), sendo possível a penhora do valor residual não utilizado pelo executado (Art. 649, inciso IV, do CPC/1973); e, (ii) *aos investimentos financeiros limitados até 40 (quarenta) salários mínimos* (Art. 649, inciso X, do CPC/1973), ainda que pulverizados em mais de uma espécie de aplicação, sendo possível a penhora do valor excedente a tal limite.

De acordo com tal sistematização, a partir da introdução da regra prevista no § 2º do artigo 833 do CPC/2015, entende-se que a única alteração a ser incorporada no entendimento jurisprudencial do STJ consolidado no EREsp 1.330.567, cujo relator foi o ministro Luis Felipe Salomão, é a de que *o limite do teto remuneratório protegido pela regra da impenhorabilidade passou a ser o de 50 (cinquenta) salários-mínimos mensais.*

No âmbito do Superior Tribunal de Justiça, a questão sobre o *seguro de vida* foi analisada, ainda sob a ótica do revogado artigo 649, inciso IV, do CPC/1973, no *REsp 1.361.354/RS*, cujo relator foi o ministro Ricardo Villas Bôas (DJe: 25/06/2018), que reconheceu a possibilidade de relativização da regra de impenhorabilidade limitando-a a 40 (quarenta) salários-mínimos.

Diante da natureza de verba alimentar, o STJ entendeu aplicável por analogia, para fins de preservação do mínimo existencial destinado ao beneficiário do seguro de vida, a imunidade do valor de até 40 (quarenta) salários-mínimos da importância segurada.

Diante do teor do precedente do STJ acima mencionado, ao contrário do que possa parecer de uma primeira leitura, constata-se que a finalidade dessa decisão foi a de reconhecer a existência de proteção ao beneficiário do seguro de vida, porquanto o valor do capital não excedia o teto de 40 (quarenta) salários-mínimos. Além do mais, trata-se de decisão isolada sobre a matéria, desprovida de força vinculante além das partes do processo.

Todavia, forçoso reconhecer que qualquer espécie de relativização realizada pelo STJ sobre a matéria não encontra respaldo nos limites permitidos pelo CPC de 2015, nem encontra amparo na norma expressa prevista pelo Código Civil que também determina a impenhorabilidade do seguro de vida.

A decisão proferida pelo STJ nesse sentido trata o valor identificado como disponível em conta bancária como se tivesse uma mesma natureza e fosse proveniente de uma só origem financeira.

Todavia, o CPC de 2015 é claro ao estabelecer que os recursos financeiros originados de seguro de vida não poderão ser objeto de penhora, nem por muito menos poderão ser objeto de relativização, porquanto gravados por *cláusula legal de impenhorabilidade* em face de qualquer espécie de dívida do segurado ou do beneficiário.

Como visto, a contratação de um seguro de vida encontra-se situada na esfera do planejamento financeiro contra os riscos futuros que poderão influenciar diretamente a vida do segurado ou dos seus respectivos beneficiários.

Trabalha com o princípio da provisão lícita de recursos de longo prazo como forma de distribuição dos riscos aos quais os seres humanos estão suscetíveis de maneira coletiva e, sob uma perspectiva finalística, desoneram as instituições públicas para que possam aplicar os seus recursos limitados no auxílio daqueles que possuem uma capacidade financeira menor.

Dispensável registrar a importância do recebimento do capital segurado para um dependente desamparado economicamente ou, no plano previdenciário, a sua complementaridade em face da insuficiência do valor do benefício do Regime Geral de Previdência para que o cidadão possa gozar de uma vida digna quando da sua velhice.

Os países mais avançados se destacam pela disciplina e pela cultura de valorização de mecanismos de preservação de recursos para a utilização futura dos seus cidadãos quando da verificação de fatos prejudiciais à sua integridade física ou quando da necessidade de uso na sua respectiva velhice.

Por isso, o seguro de vida é tão importante para a proteção da população dos países mais desenvolvidos e as estatísticas demonstram que o índice de consumo *per capita* de produtos securitários em tais comunidades é proporcionalmente muito maior do que no Brasil.

Os posicionamentos jurisprudenciais que visem a relativizar a imunidade de penhora do produto do seguro de vida ou da previdência complementar privada, contratados isoladamente ou de forma conjugada, implicam em desincentivo para a contratação dessas relevantes técnicas de proteção social contra os infortúnios.

Desse modo, o adquirente de produtos securitários e de previdência complementar buscará outras formas de garantir a indenidade dos recursos por ele poupados ao invés do seguro de vida ou da previdência privada porquanto trata-se de contratos que não lhes garantirão a realização dos objetivos por ele almejados com a provisão de capital.

Em outras palavras, trata-se de uma interferência indevida em matéria que não deveria sofrer intervenção estatal porquanto situada na esfera privada das partes contratantes e expressamente protegida por expressas disposições legais no direito material e no direito processual.

Sem mencionar ainda as hipóteses de contratação de seguro de vida para garantia do cumprimento de obrigações financeiras assumidas perante terceiros ou que visem compensar a perda da vida do segurado como elemento do cálculo prévio realizado pelo credor previdente visando garantir o pagamento do seu crédito.

Tal perspectiva poderia encarecer o custo de contratação de determinados produtos e serviços ou até mesmo inviabilizá-los por inexistência de garantia da sua destinação final.

14 • PROCESSO DE EXECUÇÃO 439

Em razão disso, o entendimento adotado por parte da jurisprudência brasileira no sentido de compreender penhorável o capital segurado pago ao beneficiário não parece se adequar à finalidade pretendida pelo legislador, por desvirtuar o escopo dessa espécie de proteção jurídica.

Principalmente, considerando-se que incide à espécie a regra de *interpretação restritiva*, não se admitindo interpretação ampliativa para afastar a regra de impenhorabilidade sobre o seguro de vida, fundo alimentar constituído para a subsistência do beneficiário.

Esta é a melhor interpretação que deverá prevalecer sobre a matéria como forma de observância do *princípio da finalidade social do contrato* e do *princípio da segurança jurídica* inerente aos mecanismos contratuais contra os infortúnios cobertos pela técnica securitária.

14.3 SEGURO GARANTIA JUDICIAL

Neste subitem será apresentado o seguro garantia judicial como instrumento jurídico idôneo para fins de utilização nos momentos de oferecimento ou de substituição de bem penhorável no processo de execução, com base nas disposições do Código de Processo Civil e da Lei de Execução Fiscal, e nas ações envolvendo créditos trabalhistas e previdenciários.

14.3.1 Aspectos preliminares

Como destacado, o CPC de 2015 foi promulgado com a missão de aprimorar o sistema processual civil brasileiro, dentro do qual se encontra o de execução civil, sob a perspectiva da prestação de uma tutela jurisdicional efetiva, justa e adequada.

O sistema de execução civil tem um objetivo muito claro a ser perseguido por meio do processo: provocar a atuação do Estado-Juiz a fim de viabilizar a satisfação de um crédito de titularidade do exequente, fundado em uma obrigação certa, líquida e exigível, não cumprida pelo executado do modo ou dentro do prazo pactuado.

Por isso, afirma-se que a execução *é um procedimento de natureza judicial concebido em favor da satisfação da pretensão violada*, a qual é exercida de *modo forçado*, em razão do poder jurídico conferido pela lei, mas, não arbitrário, porque submetida ao devido processo legal e às normas processuais específicas incidentes sobre a matéria (Marcato, 2008:2.118).

Além disso, o sistema de execução civil é permeado por princípios que visam nortear a atuação do Estado-Juiz na atribuição de conduzir o procedimento executivo o mais eficazmente possível (*princípio da maior eficácia da execução*, Art. 797 do CPC/2015); e, ao mesmo tempo, assegurar que o devido processo legal seja realizado da maneira menos onerosa para o executado (*princípio da menor onerosidade para o devedor*, Art. 805 do CPC/2015).

CURSO DE DIREITO DO SEGURO E RESSEGURO • Vinícius Mendonça

Dentre as principais alterações do CPC/2015 menciona-se a modificação da ordem de alguns bens na escala de penhora e a equiparação expressa da *fiança bancária* e do *seguro garantia judicial* ao dinheiro, a fim de que eles pudessem servir como instrumentos de desoneração dos efeitos decorrentes da incidência da penhora sobre o patrimônio do executado.

A possibilidade de oferta e de substituição de bens penhorados pela fiança bancária e pelo seguro garantia judicial passou a ser admitida ainda na vigência do CPC/1973 (Art. 655), com a modificação implementada pela "Reforma da Execução" (Lei Federal 11.382, de 06/12/2006).

O legislador do atual CPC ciente da necessidade e da relevância da disponibilização de bens e de direitos capazes de viabilizar a penhora no âmbito do processo de execução deliberou por ampliar ainda mais o potencial de uso da fiança bancária e do seguro garantia judicial, equiparando expressamente estas formas de garantia ao dinheiro.

Diante disto, torna-se relevante analisar no que consiste esta equiparação sob a perspectiva específica da *proteção conferida pelo seguro garantia judicial*, quais são os seus limites e os seus efeitos no que tange à desoneração dos ativos de sociedades empresárias submetidas a processos de execução, possibilitando, assim, a redução dos efeitos prejudiciais relacionados à penhora.

14.3.2 A sistemática da penhora na execução por quantia certa no CPC de 2015

No que tange à indicação de bens visando garantir à execução, o CPC de 2015 promoveu pontuais, mas sensíveis alterações que modificaram a sistemática disciplinada pelo revogado CPC/1973 (Art. 655), com o intuito de ajustá-la ainda mais ao *postulado da máxima eficácia do procedimento executivo* e com os mais modernos *parâmetros de liquidez* e *efetividade* consonantes à busca da satisfação do crédito.

Na linha da processualística brasileira, o Código de Processo Civil de 2015 estabeleceu um catálogo de bens organizados *em ordem decrescente de liquidez*, ou seja, baseado na sua maior ou menor facilidade de conversão em dinheiro, com o intuito de viabilizar a satisfação da execução de maneira plena, proporcional e eficaz.

Com base na visão de Pontes de Miranda (1976:225-226), oportuno esclarecer que o legislador brasileiro optou pelo *critério da execução por graus* ou *por ordem*, em face do qual a penhora deve ser realizada em obediência à ordem de bens elencados no artigo 835, incisos I a XIII, do CPC/2015.

Todavia, não se trata de um rol taxativo, mas meramente exemplificativo, isto é, outros bens além daqueles expressamente discriminados no artigo 835 do CPC/2015 poderão ser indicados pelo responsável patrimonial, desde que sejam capazes de satisfazer a pretensão executiva.

Apesar de o CPC de 2015 ter mantido a designação de que a penhora deverá recair *preferencialmente* sobre os bens arrolados nos incisos I a XIII do artigo 835, promoveu a estruturação de uma nova ordem, com o intuito de privilegiar aqueles que pela sua própria natureza e pela lógica de mercado passaram a adquirir maior facilidade de negociação e rápida conversão em dinheiro, em razão da sua relevância econômica (Wambier, Didier Júnior, Talamini e Dantas, 2015:1.929-1.930).

Dentre esses bens, podem ser citados: os *títulos da dívida pública da União, dos Estados e do Distrito Federal com cotação em mercado* e os *títulos e valores mobiliários com cotação em mercado*, os quais passaram a ocupar posição privilegiada, por serem ativos dotados de alta capacidade de conversibilidade em dinheiro.

Também merece destaque a introdução de novos incisos a respeito da *categoria dos semoventes* e dos *direitos aquisitivos derivados de promessa de compra e venda e de alienação fiduciária em garantia.*

Por fim, merece destaque a alteração que rebaixou a ordem de disposição de liquidez dos ativos representados pelas *ações e quotas de sociedades simples e empresárias*, em razão da eventual existência de restrições inerentes à liquidação de quotas societárias desses tipos organizacionais; e, da penhora do *percentual do faturamento de empresa devedora*, considerando a delicada situação de constrição de numerário utilizado para o desenvolvimento da atividade econômica de sociedades empresárias.

Nessa linha, destaca-se que os *veículos de via terrestre*, os *bens imóveis*, os *bens móveis em geral*, os *navios e as aeronaves*, e as *pedras* e os *metais preciosos* também foram rebaixados em relação à posição ocupada na antiga gradação legal.

Em que pese tenha o legislador promovido alterações na ordem do catálogo de ativos passíveis de constrição judicial, como destacado, todavia, trata-se de uma *ordem preferencial*, cuja disposição, a doutrina e a jurisprudência, ainda na vigência do artigo 655 do CPC/1973, já haviam concluído pela sua *natureza relativa* em face do caso concreto e do melhor interesse para o exequente na satisfação do seu crédito (Wambier, Correia de Almeida e Talamini, 2008:206).

Nada obstante, o legislador entendeu que na nova sistemática processual, dentre os ativos listados, o *dinheiro* mereceria primazia dentre os demais, a ponto de não possuir apenas uma natureza preferencial, mas, sim, *prioritária*, cuja busca na satisfação do crédito inadimplido deveria gozar de *natureza absoluta*, não admitindo, *a priori*, sua relativização.

Nesse sentido, dispôs no artigo 835, § 1º, do CPC/2015, que a *penhora em dinheiro é prioritária*, podendo o juiz, somente nas demais hipóteses legais, alterar a ordem prevista no *caput* de acordo com as circunstâncias do caso concreto.

Desse modo, entende-se que o Juiz ao promover a busca de ativos integrantes do patrimônio do executado deverá conferir primazia, prioridade, na penhora do dinheiro, aliás, como já vinha sendo feita e reconhecida pela jurisprudência em diversos casos, ainda sob a vigência do revogado artigo 655 do CPC/1973.

Mas não foi só. O CPC de 2015 foi ainda mais longe, introduziu um dispositivo legal que inovou sensivelmente em relação à sistemática processual anterior, com o intuito de superar os entraves relacionados ao oferecimento de bens e à substituição da penhora de numerário em espécie, no que se refere à *equiparação do dinheiro à fiança bancária e ao seguro de garantia judicial* (Art. 835, § 2º) (Neves, 2015:1.197-1.198).

Esta equiparação já vinha sendo sustentada e reivindicada há tempos pela doutrina a fim de viabilizar plenamente o oferecimento da fiança bancária e do seguro garantia antes do ato de constrição judicial; e, principalmente, posteriormente, para fins de substituição da penhora realizada sobre dinheiro, mesmo diante da negativa de aceitação pelo exequente, visando garantir a execução.

Desse modo, de acordo com a sistemática do CPC/2015, o executado poderá oferecer o seguro garantia judicial em dois momentos processuais distintos:

(i) *antes da realização da penhora* (Art. 829, § 2º, c/c Art. 835, inciso XIII, ambos, do CPC/2015) ou *do arresto de bens* (Art. 830 c/c Art. 835, inciso XIII, ambos, do CPC/2015); e,

(ii) *depois da efetivação da constrição judicial de bens*, por meio do incidente de substituição da penhora, desde que em valor não inferior ao do débito constante da inicial, acrescido de 30% (trinta por cento) (Arts. 847, *caput*, e 848, parágrafo único, do CPC/2015).

Em razão do escopo desta análise, passar-se-á a partir deste momento, à apresentação dos caracteres técnicos e operacionais do *seguro garantia judicial*, com o intuito de delimitar as particularidades relacionadas à comercialização e ao funcionamento deste tipo de proteção securitária.

14.3.3 Seguro garantia

Inicialmente, importante esclarecer que o *seguro garantia judicial* é espécie do gênero *seguro garantia*. O seguro garantia é regulado pela Circular SUSEP 662/2022 (a qual revogou a Circular SUSEP 477/2013) e tem por fim dispor sobre os requisitos técnicos e as condições mínimas necessárias para a comercialização deste tipo de cobertura no mercado.

De acordo com o artigo 3º da Circular SUSEP 662/2022, o seguro garantia "*destina-se a garantir o objeto principal contra o risco de inadimplemento, pelo tomador, das obrigações garantidas*".

Desse modo, a seguradora garante o pagamento de um valor ou a execução do objeto principal, caso o tomador não cumpra a obrigação assumida, respeitadas as condições e os limites previstos nas condições gerais da apólice.

Em síntese, a abrangência da proteção deste seguro pode ser subdividida em duas grandes linhas para fins didáticos: (i) *seguro garantia setor público*, cujo objeto principal rege-se pelo regime de direito público; e, (ii) *seguro garantia setor privado*, cujo objeto principal observa o regime de direito privado (Arts. 6º e 7º Circular SUSEP 662/2022).

No *seguro garantia setor público*, podem ser celebradas coberturas como: (i) *seguro garantia do licitante* (abrange a participação em licitações); (ii) *seguro garantia de obras e serviços públicos* (abrange o contrato principal firmado com ente público, cujo objeto seja a execução de obras, serviços, compras, concessões ou permissões); (iii) *seguro garantia de parcelamento administrativo fiscal* (abrange a responsabilidade patrimonial em função de processos administrativos, parcelamentos administrativos de créditos fiscais, inscritos ou não em dívida ativa, e de regulamentos administrativos); (iv) *seguro garantia judicial* (abrange a responsabilidade patrimonial em função de processos judiciais e inclusive execuções fiscais).

No *seguro garantia setor privado*, a modalidade de cobertura abrange o contrato principal firmado com ente privado, que não se amolde às hipóteses previstas para as espécies de seguro garantia setor público.

Torna-se oportuno registrar que o escopo de proteção do *seguro garantia* também poderá abranger os valores relativos *ao pagamento de multas* e *de indenizações*, decorrentes do inadimplemento das obrigações assumidas, previstos em contrato ou na legislação específica (Art. 21 da Circular SUSEP 662/2022).

Entende-se relevante destacar ainda que é permitida a cobrança de franquias, participações obrigatórias do segurado ou a estipulação de prazo de carência para a utilização da cobertura contratada (Art. 14 da Circular SUSEP 662/2022).

Na sistemática do seguro garantia, o *tomador* é o devedor das obrigações por ele assumidas perante o *segurado* (Art. 2º, inciso IX, da Circular SUSEP 662/2022). Por sua vez, o *segurado* é o *credor* das obrigações assumidas pelo tomador na relação jurídica principal (Art. 2º, inciso IV, da Circular SUSEP 662/2022).

No mercado securitário, é permitida a comercialização de diversas modalidades de coberturas de seguro garantia, de maneira isolada ou até mesmo conjugadamente, dependendo da compatibilidade das modalidades contratadas.

Com base na classificação acima, dentre as principais modalidades comercializadas no ramo *seguro garantia*, podem ser citadas: (i) *o seguro garantia do licitante*; (ii) *o seguro garantia para construção, fornecimento ou prestação de serviços*; (iii) *o seguro garantia judicial*; (iv) *o seguro garantia judicial para execução fiscal*; (v) *o seguro garantia para parcelamento administrativo fiscal*; (vi) *o seguro garantia administrativo de créditos tributários*, dentre outras; e, por fim, a cobertura adicional consistente no (vii) *seguro garantia de ações trabalhistas e previdenciárias*, todas reguladas por condições contratuais especiais.

14.3.3.1 *Seguro garantia judicial*

Dentre as modalidades mencionadas, para fins deste estudo, interessa compreender no que consiste o *seguro garantia judicial*.

O seguro garantia judicial pode ser definido como *o contrato que tem por fim garantir o cumprimento das obrigações concernentes à responsabilidade patrimonial do* executado-tomador, assumidas por força de lei ou de contrato, em benefício do exequente-segurado, cujo adimplemento é objeto de questionamento em um processo judicial.

No seguro garantia judicial, o executado (*tomador*) é o responsável patrimonial pelas obrigações assumidas perante o exequente (*segurado*) (Art. 2º, inciso IX, da Circular SUSEP 662/2022). Assim, no caso da *execução civil* o segurado será o credor da obrigação pecuniária discutida pelo tomador em juízo.

Nesse contexto, a *vigência* da apólice do seguro garantia judicial deverá levar em conta o prazo necessário para o cumprimento da ordem judicial expropriatória do patrimônio do executado, cujas alterações poderão ser feitas mediante endosso para adaptação quantitativa e qualitativa da abrangência e do prazo de duração da cobertura (Art. 7º da Circular SUSEP 662/2022).

Desse modo, levando-se em consideração que *no seguro garantia judicial, de regra, a renovação do contrato é obrigatória, uma vez que a permanência do vínculo contratual é condição necessária para a satisfação da pretensão executiva*, compete à sociedade seguradora notificar o segurado e o tomador com no mínimo 90 (noventa) dias antes do término da sua vigência informando a respeito da possibilidade da recondução do contrato, competindo ao último formalizar o pedido de renovação conforme previsto nas condições contratuais (Art. 9º da Circular 662/2022).

Em razão disto, o comunicado a respeito da impossibilidade de renovação do contrato somente poderá ocorrer diante das seguintes hipóteses:

(i) *inexistência de risco a ser coberto pela perda do objeto do contrato de seguro garantia* (exemplo: declaração judicial da prescrição ou da decadência do crédito postulado; reconhecimento da pretensão autoral mediante o depósito judicial em dinheiro do valor controvertido pelo executado); ou,

(ii) *perda de direito pelo segurado*, nas hipóteses previstas em lei e nas condições gerais e especiais do contrato (Art. 24 da Circular 662/2022).

Em relação à responsabilidade financeira pela contratação do seguro, importante destacar que *compete ao tomador-executado o pagamento do prêmio à seguradora durante o prazo de vigência da apólice. Além disso, a apólice permanecerá vigente, irradiando todos os seus efeitos jurídicos, ainda que ele não pague a contraprestação devida nas datas estipuladas nas condições gerais do contrato* (Art. 16 da Circular SUSEP 662/2022).

Deste modo, ainda que o tomador-executado incorra em inadimplemento da contraprestação devida pela garantia contratada, *o segurado-exequente não sofrerá qualquer prejuízo, como, por exemplo, o relativo à suspensão da cobertura ou à rescisão do contrato*, considerando-se a finalidade específica desta cobertura voltada para servir de proteção ao terceiro, o qual não pode ser prejudicado por ato culposo ou doloso do devedor, ressalvados os casos previstos em lei e nas condições gerais e especiais do contrato.

A sociedade seguradora poderá ainda *executar o contrato de contragarantia em face do tomador-executado* visando à cobrança do prêmio inadimplido conforme estipulado na apólice. Nesse sentido, a Circular SUSEP 662/2022 prevê que: "Art. 32. O contrato de contragarantia, que rege as relações obrigacionais entre a seguradora e o tomador, quando houver, será livremente pactuado, não podendo interferir no direito do segurado".

Assim, verificado o fato gerador da obrigação de pagar, deverá a sociedade seguradora providenciar, dentro do prazo estipulado e mediante as condições contratuais elencadas, o pagamento da importância segurada ao exequente, como forma de extinguir a pretensão executiva.

Mas, pergunta-se: como e sob quais condições deverá ser realizado o pagamento da obrigação pecuniária objeto da garantia assumida pela sociedade seguradora? Como regra, a efetivação do pagamento do capital segurado somente ocorrerá após a verificação das seguintes etapas contratuais:

(i) *expectativa de sinistro*, consistente no trânsito em julgado do provimento jurisdicional que reconheça a procedência da pretensão executiva ou diante da realização de acordo judicial previamente autorizado pela sociedade seguradora, cuja obrigação pelo pagamento seja assumida pelo tomador;

(ii) *caracterização do sinistro*, consistente no inadimplemento por parte do executado do valor da pretensão executiva reconhecida como devida pelo provimento jurisdicional transitado em julgado após intimação do juízo competente; e,

(iii) *comunicação do sinistro*, consistente na intimação da sociedade seguradora pelo Juízo competente para o pagamento do valor da pretensão executiva reconhecida como devida por provimento jurisdicional transitado em julgado (Arts. 17-19 da Circular SUSEP 662/2022).

Portanto, salvo previsão contratual em sentido contrário, o pagamento do capital segurado deverá ser feito pela sociedade seguradora após a verificação destas três etapas procedimentais e a intimação judicial expedida pelo Juízo competente, dentro do prazo previsto em contrato.

Além disso, o tomador-executado poderá contratar apenas uma apólice de seguro garantia para cobrir cada interesse segurável, salvo na hipótese de contratação de apólices complementares, que visem cobrir proporcionalmente o risco não totalmente abrangido pela primeira garantia securitária (Art. 23 da Circular SUSEP 662/2022).

Desse modo, por se tratar o seguro garantia de uma espécie de *seguro de danos* é vedado o *sobresseguro*, ou seja, a contratação de mais de um seguro sobre o mesmo interesse segurável totalmente coberto pelo anterior, com o intuito de evitar o enriquecimento ilícito do beneficiário da garantia, em razão da necessidade de observância do pressuposto da correlação lógica entre o valor do dano e o valor da cobertura contratada.

Independentemente disso, constatada a existência de duas ou mais formas de garantias prestadas em prol do mesmo segurado, caberá à seguradora responder proporcionalmente com os demais garantidores em relação ao prejuízo verificado.

Por fim, a extinção do seguro garantia dar-se-á nas seguintes hipóteses: (i) *realização do objeto do contrato garantido reconhecido pelo segurado* (por termo, declaração ou devolução da apólice); (ii) *ajuste entre segurado e seguradora*; (iii) *esgotamento por pagamento do valor contratado a título de garantia*; (iv) *extinção do contrato principal ou da obrigação em relação aos quais se vincula a garantia contratada*; ou, (v) *término de vigência da apólice*, salvo se houver disposição em sentido contrário nas condições do contrato (Art. 26, incisos I a V, da Circular SUSEP 662/2022).

Percebe-se, assim, que o oferecimento e a substituição de bem penhorado pelo seguro garantia judicial tem uma múltipla funcionalidade, pois:

(i) *desonera o executado da penhora sobre bem que lhe seja mais útil durante o curso do processo de execução* (ex: a imobilização de soma financeira capaz de acarretar risco de paralisação das atividades de uma sociedade empresária, abalo de crédito e confiança do mercado, gerando a sua respectiva falência);

(ii) *garante o exequente de que a soma pretendida por meio do processo de execução será integralmente paga*, mediante a realização do aviso do sinistro dirigido à sociedade seguradora quando da ocorrência do fato autorizador do pagamento do capital segurado; e, por fim,

(iii) *garante ao Juízo a adequação e a equivalência do bem substituto*, o desincumbido de determinar novas providências judiciais assecuratórias visando localizar outro bem que satisfaça a pretensão executiva e, assegurando ao seu fim, o seu total cumprimento visando à extinção do processo.

Portanto, inúmeros são os benefícios gerados pela possibilidade de se admitir no processo de execução o oferecimento e a substituição de um bem penhorado pelo seguro garantia judicial, crédito considerado de procedência idônea, cujo pagamento é garantido por uma série de pressupostos técnicos e atuariais exigidos pelo órgão regulador do mercado (SUSEP), reduzindo-se o gravame da imobilização de outros bens patrimoniais necessários para o exercício das atividades rotineiras no âmbito empresarial.

Devidamente apresentados os fundamentos jurídicos do seguro garantia judicial comum, importa analisar o seguro garantia judicial para execução fiscal, a fim de conhecer os pressupostos jurídicos para a celebração desse tipo de cobertura securitária específica.

14.3.3.2 *Seguro garantia judicial para execução fiscal*

A primeira particularidade relativa ao *seguro garantia judicial para execução fiscal* se refere ao próprio objeto da cobertura, *destinado a garantir o cumprimento de obrigações discutidas no âmbito de execuções fiscais*.

No seguro garantia judicial para execução fiscal, o exequente (*segurado*) é o titular do crédito fiscal objeto de cobrança judicial por meio do procedimento de execução movido em face do executado (*tomador*).

Desse modo, no caso da *execução fiscal* o segurado será o credor da obrigação fiscal pecuniária questionada pelo tomador. Admite-se ainda a contratação do *seguro garantia de parcelamento administrativo fiscal*, visando assegurar o cumprimento das obrigações devidas pelo tomador à Fazenda Pública cuja cobrança ainda esteja no âmbito administrativo.

Diferentemente do que ocorre em relação ao seguro garantia judicial comum, no seguro garantia judicial de execução fiscal, por força da Lei Federal 6.830/80 (LEF), *a seguradora poderá se ver forçada a cumprir o objeto do contrato ainda que não tenha ocorrido o trânsito em julgado do provimento jurisdicional*, como, no caso, por exemplo, da não atribuição de efeito suspensivo aos embargos à execução ou ao recurso de apelação interposto pelo tomador-executado.

A renovação deste tipo de cobertura observa as mesmas regras estabelecidas para o seguro garantia judicial de execução civil, acrescendo-se como causas de não renovação da apólice *a extinção do seu objeto* e *a substituição da garantia por outra*, como, por exemplo, quando o executado optar pelo parcelamento administrativo do crédito fiscal.

Em relação à efetivação do pagamento do capital segurado, salvo previsão contratual específica, no seguro garantia de execução fiscal, deverão ser observadas apenas duas etapas:

(i) *caracterização do sinistro*, representada pelo não pagamento do valor da ação de execução fiscal pelo executado, objeto da garantia; e,

(ii) *comunicação do sinistro*, consistente na intimação judicial expedida pela autoridade competente dirigida à sociedade seguradora para o pagamento do valor da ação de execução fiscal, nos termos do artigo 19 da LEF.

Após a verificação das etapas acima descritas, *a sociedade seguradora deverá realizar o depósito judicial do valor segurado no prazo de 15 (quinze) dias, sob pena de não o fazendo, contra ela prosseguir a execução nos próprios autos do processo de execução fiscal no qual prestada a garantia, nos termos do artigo 19 da LEF*.

Conclui-se, portanto, que em face da relevância do crédito fiscal, *o regime regulatório do seguro garantia de execução fiscal é ainda mais rigoroso*, podendo ser determinado pelo Juiz o depósito judicial correspondente ao valor da obrigação fiscal ainda que não ocorrido o trânsito em julgado do provimento jurisdicional sobre a procedência da pretensão executiva.

Como destacado, importante considerar que o não cumprimento da ordem judicial implicará a integração da seguradora à lide para figurar como responsável patrimonial passivo pela quitação do crédito fiscal na qualidade de executada, seguindo contra ela a pretensão executiva nos mesmos autos do processo de execução nos quais foi prestada a garantia.

Além do processo de execução fiscal, como será visto a seguir, o seguro garantia judicial também poderá ser apresentado em processos de competência da Justiça do Trabalho e envolvendo interesses previdenciários.

14.3.3.3 Seguro garantia judicial trabalhista e previdenciário

As seguradoras poderão disponibilizar ainda a contratação de uma *cobertura adicional com condições especiais para ações trabalhistas e previdenciárias.*

A cobertura tem por objeto garantir ao segurado o reembolso dos prejuízos relacionados ao descumprimento de obrigações de natureza trabalhista e previdenciária, por responsabilidade subsidiária, referente à relação entre o reclamante da demanda trabalhista e o tomador, oriundas do contrato principal, ocorridas dentro do período de vigência da apólice.

O pagamento da indenização também está vinculado ao preenchimento dos pressupostos de *expectativa, caracterização* e *comunicação do sinistro* em relação às demandas trabalhistas e previdenciárias.

Assim, além dos benefícios conferidos pela cobertura para as ações cíveis e tributárias, o reclamado poderá apresentar o seguro garantia judicial para fins de *garantia da execução trabalhista* (Art. 882 da CLT), para *substituição do depósito recursal* quando da interposição de recurso para as instâncias superiores da Justiça do Trabalho (Art. 899, § 11, da CLT) bem como para garantir o pagamento judicial de *créditos previdenciários* correlacionados.

A apresentação do seguro garantia judicial na Justiça do Trabalho deverá observar os termos previstos no *Ato Conjunto TST/CSJT/CGJT 01/2019,* o qual dispõe sobre o uso dessa garantia em substituição ao depósito recursal e como garantia da execução trabalhista.

Devidamente apresentadas as modalidades de seguro judicial para execuções cíveis, fiscais, trabalhistas e previdenciárias, importa analisar o sentido do termo *equiparação* para fins de oferecimento e substituição da penhora de acordo com o CPC de 2015.

14.3.4 O sentido do termo equiparação e a substituição da penhora no CPC de 2015

Com o intuito de aprimorar ainda mais o sistema executivo, o Código de Processo Civil de 2015 além de prever a possibilidade de oferecimento do seguro garantia judicial, foi ainda mais longe, pois tratou, *para fins de substituição da penhora, de equiparar o seguro garantia judicial ao dinheiro,* desde que em valor não inferior ao executado devidamente acrescido de 30% (trinta por cento).

Mas, afinal, o que significa equiparar? Fazendo uso da interpretação literal ou sintática, em busca do significado gramatical da expressão na língua portuguesa, de acordo com o Dicionário Michaelis (2015), o verbo "equiparar", cuja origem vem do latim *aequiparare,* tem o significado de "[...] 1. Atribuir o mesmo valor, igualar comparando, tornar igual: [...]. *vpr* 2. Comparar-se, igualar-se. *Vtd* [...]".

No mesmo sentido o Dicionário Aurélio (2004:545), para o qual, o verbo "equiparar" tem o significado de: "[...] 1. Comparar (pessoas ou coisas), considerando-as iguais;

pôr em paralelo, igualar: *O professor equiparou os dois alunos*. 2. Conceder paridade a: *equiparar funcionários*. [...] 6. Comparar-se, igualando-se".

Deste modo, poderá o executado valer-se do incidente contido no artigo 847, *caput*, c/c artigo 835, § 2º, do CPC/2015 *para fins de substituição de qualquer bem penhorado* na escala de gradação prevista no artigo 835, inclusive, *a substituição de dinheiro pelo seguro garantia judicial*, visto que iguais, equivalentes, para fins de penhora (Wambier, Didier Júnior, Talamini e Dantas, 2015:1.929-1.930).

Neste caso, *o executado deverá manifestar de maneira expressa o seu interesse na substituição do bem penhorado, no prazo de 10 (dez) dias contados da intimação da penhora* (Art. 847, *caput*, do CPC/2015), apresentando ao Juiz os motivos do seu convencimento, lastreados nos seguintes pressupostos:

(i) *idoneidade da garantia oferecida*, caracterizada pela adequação do bem substituto em face da pretensão executiva;

(ii) *caracterização da menor onerosidade para o executado*, representada pela demonstração de que a substituição do bem penhorado pela garantia ofertada implicará em benefício para o devedor no que toca à gestão das atividades econômicas por ele realizadas; e,

(iii) *inexistência de prejuízo para o exequente*, evidenciada pela capacidade da garantia oferecida satisfazer de maneira adequada, plena e eficaz a pretensão executiva objetivada com a constrição do bem substituído.

Em face disso, o Juiz deverá determinar *a intimação do exequente para que se manifeste no prazo de 03 (três) dias* (Art. 847, § 4º c/c Art. 853 do CPC/2015), e, caso este não apresente alegação devidamente fundamentada da insuficiência ou da não adequação da garantia, como, por exemplo: *cobertura inferior ao do valor exigido por lei* ou *prazo insuficiente para cobrir o lapso estimado de duração do processo (ou seja, impossibilidade de renovação da apólice)* caberá ao Juiz deferir a substituição por tratar-se de regra admitida pela legislação processual civil (Marinoni e Arenhart, 2008:268-270).

Admite-se, ainda, *a instauração do incidente por meio de formulação do pedido de substituição por qualquer das partes* (Art. 848 e parágrafo único, do CPC/2015), ou até mesmo que ele *seja formalizado em conjunto*, manifestando-se expressamente o interesse na substituição da garantia e comprovando-se os motivos que as conduzem a postular a modificação da penhora, a fim de se adequar o escopo da constrição judicial de bens em face da pretensão executiva.

O legislador, conhecedor das nefastas consequências de uma desnecessária imobilização financeira de grande monta, deliberadamente acresceu uma qualidade que possibilita afirmar que *o seguro garantia judicial possui a mesma qualidade do dinheiro para fins de penhora*, logo, possível a substituição da constrição judicial sobre dinheiro por meio da apresentação desta garantia (Art. 835, § 2º, c/c Art. 847, *caput*; e, Art. 848, parágrafo único, todos, do CPC/2015) (Neves, 2015:1.182-1.183).

A possibilidade de utilização do seguro de garantia judicial para a diluição das repercussões negativas incidentes sobre as operações empresariais contribui ainda para *a diminuição do custo do crédito*, uma vez que assegura o cumprimento de dívidas contraídas pelo executado, e, ainda, proporciona maior segurança jurídica para o exequente, vez que não sofrerá o risco de ter o seu direito questionado por terceiros, no caso, por exemplo, da penhora sobre um bem imóvel a respeito do qual exista litígio sobre a sua posse ou propriedade.

Conforme se depreende do artigo 28 da Circular SUSEP 662/2022, a aceitação de uma proposta de seguro garantia judicial deverá ser submetida a uma rigorosa análise técnica pela sociedade seguradora, visando aferir a capacidade econômica, financeira e patrimonial do tomador-executado para quitar a obrigação discutida em juízo.

Deste modo, a companhia seguradora poderá exigir uma série de informações consideradas relevantes do ponto de vista técnico bem como o oferecimento de garantia a fim de assumir as possíveis repercussões prejudiciais relacionadas ao risco que incide sobre o legítimo interesse segurável.

É possível constatar, assim, os benefícios gerados pela contratação dessa espécie de cobertura, uma vez que o risco de inadimplemento será pulverizado com base em preceitos de ordem técnico-atuariais adotados pelas empresas que atuam sob a fiscalização do órgão regulador do mercado (SUSEP).

A opção do legislador está em consonância a uma economia de mercado cada vez mais competitiva, na qual a disponibilidade de recursos financeiros dotados de alta liquidez são imprescindíveis para a manutenção das atividades econômicas desenvolvidas por sociedades empresárias, sob pena do estrangulamento da sua capacidade de adquirir insumos para a consecução dos seus fins sociais, quitar seus compromissos vitais com fornecedores e permitir ainda o pagamento das obrigações trabalhistas dos seus respectivos funcionários e o recolhimento dos tributos devidos aos entes estatais.

Diante do conteúdo dos artigos 835, § 2º, e 848, parágrafo único, do CPC/2015, afasta-se, definitivamente, *o argumento de rejeição do oferecimento e da substituição da penhora de numerário em espécie por fiança bancária e pelo seguro garantia judicial por contrariarem a ordem de classificação legal da penhora, considerando que na atual sistemática processual possuem a mesma natureza do dinheiro.*

Em boa hora o legislador introduziu estes dispositivos legais no ordenamento jurídico, com o intuito de viabilizar alternativas de bens a serem oferecidos em consonância à efetividade do processo, mas sem que isso implicasse na desnecessária restrição de bem considerado imprescindível para o exercício da atividade econômica nos dias atuais (Didier Júnior et al, 2009, v. 5:599-602).

Levando-se em consideração a interrelação do seguro garantia judicial com a satisfação de obrigações de natureza tributária de interesse da Fazenda Pública, imperativo a partir deste ponto discorrer por meio de breves notas como a Lei de Execução Fiscal

14 • PROCESSO DE EXECUÇÃO · 451

prevê a aplicação do seguro garantia judicial e a possibilidade de aplicação subsidiária das regras do CPC/2015 a este procedimento judicial específico.

14.3.5 A possibilidade de oferecimento do seguro garantia judicial na LEF

Na sistemática originária da Lei de Execução Fiscal (Lei Federal 6.830/80), somente admitia-se a garantia da execução por meio de *depósito em dinheiro* ou por meio de oferecimento de *fiança bancária* (Arts. 7º, inciso II, e 9º, incisos I e II), ou por meio da realização de penhora de outros bens (Art. 9º, incisos III e IV).

Com base nisto, a jurisprudência negava sistematicamente a possibilidade de oferecimento de *seguro garantia judicial* fundado no permissivo legal do artigo 656, § 2º, do CPC/1973, sob o argumento de que a ação de execução fiscal era regida por lei especial.

A Lei Federal 13.043/2014, que alterou a redação do artigo 9º, inciso II, da Lei de Execução Fiscal, foi promulgada com o intuito de modificar esse entendimento restritivo, autorizando de maneira expressa o oferecimento do seguro garantia judicial para fins de garantia do juízo em ação de execução fiscal.

Desse modo, o Juiz ao deferir o processamento da inicial da ação de execução fiscal passou a facultar ao executado o *depósito em dinheiro* e o oferecimento de *fiança bancária* ou *seguro garantia judicial*, a fim de garantir o juízo (Art. 7º, inciso II, da LEF).

A Lei Federal 13.043/2014 também estabeleceu que a "garantia da execução, por meio de depósito em dinheiro, fiança bancária ou seguro garantia, produz os mesmos efeitos da penhora" (Art. 9º, § 3º, da LEF).

Desse modo, a interpretação é a de que *a fiança bancária* e *o seguro garantia judicial possuem a mesma natureza do dinheiro* para fins de penhora em ação de execução fiscal, logo, trata-se de bens de natureza equivalente, os quais, em tese, na mesma linha da previsão contida nos artigos 835, § 2º, e 848, parágrafo único, ambos, do CPC/2015, admitiriam substituição para fins de garantia do Juízo.

Ademais, a lei especial também previu que compete ao Juiz deferir *em qualquer fase do processo* o pedido de substituição do bem penhorado por *dinheiro, fiança bancária ou seguro garantia judicial* (Art. 15, inciso I, da LEF), o que denota a equivalência entre tais bens.

A jurisprudência do STJ que até então não admitia o oferecimento de seguro garantia judicial para fins de penhora em processo de execução fiscal, modificou o seu entendimento e passou a admiti-la a partir de julgado da lavra do ministro Herman Benjamin (REsp 1.508.171, julgado em 17/03/2015, DJe 06/04/2015), em face da alteração da redação do artigo 9º, inciso II, da LEF, pela Lei Federal 13.043/2014.

Mas, ainda que os artigos 9º, § 3º, e 15, inciso I, da LEF, não tivessem veiculado expressamente tal desígnio, pergunta-se: poderia ser aplicada a razão da equiparação contida nos artigos 835, § 2º, e 848, parágrafo único, ambos, do CPC/2015, para fins de substituição da penhora sobre dinheiro pela fiança bancária ou pelo seguro garantia judicial na execução fiscal?

A resposta é sim, por dois motivos. Primeiro, porque as regras introduzidas pela Lei Federal 13.043/2014 e pelo CPC de 2015 (Art. 835, § 2º, e Art. 848, parágrafo único) possuem a manifesta intenção de promover a *máxima eficácia da execução com a menor onerosidade para o executado*, aprimorando as bases do sistema de penhora judicial e conferindo-lhe uma maior adequação e proporcionalidade em face dos meios de garantia judicial disponíveis para a satisfação do crédito do exequente (Art. 805 do CPC/2015).

Trata-se de uma nítida modificação valorativa dos efeitos normativos da sistemática da penhora realizada tanto no âmbito da lei geral aplicável ao processo de execução civil quanto no plano da lei específica que regula o processo de execução fiscal, como forma de possibilitar que a constrição de bens seja realizada de uma maneira eficiente, proporcional e razoável, reduzindo-se os efeitos do caráter prejudicial da invasão patrimonial diante da existência de alternativa capaz de satisfazer plena e adequadamente os interesses do exequente sem que isso lhe cause prejuízos.

Esta modificação possui fundamentos extremamente relevantes do ponto de vista jurídico, social e econômico, os quais devem ser impositivamente considerados pelo intérprete da lei, principalmente, quando diante da possibilidade de imobilização de capital necessário para o desenvolvimento de atividades econômicas vitais para a manutenção de uma empresa.

Ademais, porque se aplicam à Lei de Execução Fiscal, subsidiariamente, as normas contidas no Código de Processo Civil (Art. 1º da LEF), logo, considerando-se a inexistência de regra específica que vede tal possibilidade, plenamente aplicáveis os dispositivos legais que admitem a equiparação do dinheiro à fiança bancária e ao seguro garantia judicial para efeitos de penhora judicial visando complementar a regulação normativa sobre a matéria de modo mais favorável ao executado (Art. 771 do CPC/2015).

A introdução da regra contida nos artigos 835, § 2º, e 848, parágrafo único, ambos do CPC/2015, tem o potencial de gerar um efeito dúplice: regular de maneira ampla toda e qualquer espécie de penhora submetida à execução civil bem como viabilizar a complementação da legislação específica por norma que tenha por intuito aprimorar a eficácia da penhora, imprimindo uma maior coerência lógica do sistema jurídico executivo, inexistindo qualquer espécie de prejuízo para o exequente.

Torna-se relevante registrar que o Superior Tribunal de Justiça – STJ, por meio de sua Corte Especial e da 1ª Seção, já admitiu *a possibilidade da aplicação subsidiária das regras gerais contidas no Código de Processo Civil à Lei de Execução Fiscal, constatada a inexistência de dispositivo em sentido contrário na lei especial* e *diante de norma geral posterior mais benéfica*, para os casos de:

(i) *oferecimento de novos embargos à execução, ainda que nas hipóteses de reforço ou de substituição de penhora, para discutir os aspectos formais do novo ato constritivo, exegese do artigo 745, inciso II, do revogado CPC/1973* (incluído pela Lei Federal 11.382/2006, que revogou o artigo 669 do CPC/1973) (REsp 1.116.287/SP, rel. Min. Luiz Fux, Corte Especial, DJe 04/02/2010);

14 • PROCESSO DE EXECUÇÃO **453**

(ii) *realização de penhora online em ação de execução fiscal em razão do advento da Lei Federal 11.382/2006 que passou a admitir esta possibilidade para a ação de execução civil, exegese dos artigos 655 e 655-A do revogado CPC de 1973* (REsp Repetitivo 1.184.765/PA, 1ª Seção, rel. Min. Luiz Fux, DJe 03/12/2010); e,

(iii) *concessão de efeito suspensivo aos embargos à execução fiscal quando demonstrada a relevância dos seus fundamentos, risco de grave dano de difícil ou incerta reparação, desde que previamente garantida a penhora, exegese do artigo 739-A, § 1º, do revogado CPC/1973* (REsp 1.272.827/PE, 1ª Seção, rel. Min. Mauro Campbell, DJe 31/05/13).

Como se constata, o STJ tem admitido a utilização da *interpretação sistemática*, e, até mesmo, da inovadora *teoria do diálogo das fontes*, para fins de aplicação das regras gerais do Código de Processo Civil de maneira subsidiária à Lei de Execução Fiscal, nos casos em que não houver incompatibilidade da lei processual geral com a específica, com o intuito de lhe imprimir uma maior efetividade do ponto de vista processual.

Diante disso, é preciso que a interpretação a respeito da coerência lógica do sistema seja mantida em relação a todos os casos que demandem a aplicação subsidiária das normas do CPC, isto é, que *as normas compatíveis com o regime de execução sejam aplicadas de maneira uniforme*, e, não, apenas, casuisticamente, de acordo com o maior ou menor interesse da Fazenda Pública, sob pena de violação aos *princípios da isonomia e da segurança jurídica* também aplicáveis à proteção dos jurisdicionados.

Tal compreensão viabilizará que os ativos financeiros imobilizados possam ser destinados à satisfação de outras obrigações extremamente relevantes como as que se referem à aquisição de insumos, créditos de natureza trabalhista e tributária.

Nesse contexto, o legislador do Código de Processo Civil e da Lei de Execução Fiscal teve por objetivo fortalecer o instrumento do seguro garantia judicial com o intuito de reduzir os efeitos deletérios da penhora sobre bens patrimoniais do devedor, maximizando os recursos financeiros disponíveis para garantir a penhora e possibilitando a liberação de numerário necessário para a realização das atividades econômicas cotidianas de sociedades empresárias.

14.3.6 Panorama jurisprudencial

No Superior Tribunal de Justiça, é possível constatar a existência de precedentes aplicando as novas linhas interpretativas acima mencionadas, favoravelmente à aceitação do seguro garantia judicial como bem passível de garantia do juízo ou de substituição da penhora no processo de execução, inclusive, em relação à constrição de dinheiro.

O argumento de que a aceitação do seguro garantia judicial implicaria violação à gradação legal prevista pelo Código de Processo Civil já não possui mais pertinência jurídica na atual sistemática processual vigente (Art. 835 do CPC/2015).

Como destacado, entende-se que o novo posicionamento está mais consentâneo à intenção do legislador de dispor mecanismos alternativos de penhora para conferir ainda mais eficácia ao sistema de execução e, ao mesmo tempo, reduzir os efeitos prejudiciais da constrição de ativos financeiros utilizados no desenvolvimento de atividades empresariais.

Nesse sentido, torna-se válido destacar os votos proferidos pelo ministro Ricardo Villas Bôas Cueva, no *REsp 1.691.748/PR* (DJe 17/11/2017) e no *REsp 1.838.837/SP* (DJe 21/05/2020), e que reconheceram a plena aplicabilidade da utilização do seguro garantia judicial para fins de oferecimento ou de substituição de penhora equiparada a dinheiro com base no permissivo do CPC/2015.

Nos acórdãos mencionados, o ministro relator destacou os benefícios propiciados pela nova disposição relativa à penhora no processo executivo brasileiro:

> 5. No cumprimento de sentença, a fiança bancária e o seguro-garantia judicial são as opções mais eficientes sob o prisma da análise econômica do direito, visto que reduzem os efeitos prejudiciais da penhora ao desonerar os ativos de sociedades empresárias submetidas ao processo de execução, além de assegurar, com eficiência equiparada ao dinheiro, que o exequente receberá a soma pretendida quando obter êxito ao final da demanda.

> 6. Por serem automaticamente conversíveis em dinheiro ao final do feito executivo, a fiança bancária e o seguro-garantia judicial acarretam a harmonização entre o princípio da máxima eficácia da execução para o credor e o princípio da menor onerosidade para o executado, a aprimorar consideravelmente as bases do sistema de penhora judicial e a ordem de gradação legal de bens penhoráveis, conferindo maior proporcionalidade aos meios de satisfação do crédito ao exequente.

Torna-se válido destacar que os precedentes acima mencionados possibilitaram a substituição da penhora em execuções nos valores de R$ 18 milhões (Banco Santander) e de R$ 6 milhões (Banco Itaú), respectivamente, viabilizando a desmobilização de recursos financeiros para serem utilizados em funções relevantes vinculadas às atividades econômicas das instituições financeiras executadas.

No mesmo sentido, destaca-se o REsp 2.034.482/SP, cuja relatora foi a Ministra Nancy Andrighi (DJe 23/03/2023), que se posicionou pela possibilidade de substituição da penhora em dinheiro pelo seguro garantia judicial.

Entende-se que a equiparação conferida pelo artigo 9º, inciso II, da LEF, e pelos artigos 835, § 2º, e 848, parágrafo único, do Código de Processo Civil, e cada vez mais o aprimoramento da forma de operacionalização do seguro garantia, uma modalidade contratual securitária regulada pela SUSEP e voltada para a proteção dos interesses do segurado-exequente, tem o potencial de consolidar a perspectiva de admissão da substituição da penhora em dinheiro pelo seguro garantia.

Nos casos em que provado pelo executado que a indisponibilidade financeira gerará mais custos e prejuízos do que a substituição, ainda que o exequente recuse o pedido de substituição, caberá ao Juiz ponderar os aspectos circunstanciais existentes, a fim de aquilatar a melhor opção para o caso concreto (Wambier, Correia de Almeida e Talamini, 2008:206-208).

Na ponderação dos interesses a ser realizada no curso do processo executivo é sabido que o *princípio do menor gravame ao executado*, aliado a outros de influência sistêmica como o relativo ao *princípio da preservação da empresa*, obrigam o Juiz a considerar todas as circunstâncias envolvidas no caso concreto (Bueno, 2008:229-230).

Principalmente, quando possível assegurar plenamente os interesses do exequente mediante a substituição da penhora por bem com o mesmo *status* creditício reconhecido por lei para fins de penhora e simultaneamente preservar a manutenção das atividades empresariais do executado, as quais repercutem não apenas na esfera dos seus interesses privados, mas, também, nos interesses sociais como o de trabalhadores, fornecedores, parceiros comerciais, consumidores e do próprio fisco no que tange ao interesse subjacente à arrecadação dos tributos incidentes sobre operações econômicas do executado.

Segundo Thomaz de Andrade Pereira (2009:53-61), o *princípio da preservação da empresa* deve ser compreendido como "um mandamento de otimização constitucional – enquanto derivado da função social dos meios de produção" (Art. 170, inciso III, da CF/1988, e Arts. 47 e 75 da Lei Federal 11.101/2005), destinado a "viabilizar a superação da situação de crise econômico-financeira do devedor, a fim de permitir a manutenção da fonte produtora, do emprego dos trabalhadores e dos interesses dos credores", como fator de "estímulo à atividade econômica".

Neste ponto, importante relembrar que a própria Lei de Recuperação Judicial e Falência (Lei Federal 11.101/2005) tratou de estabelecer mecanismos e ordem de preferência que visam assegurar o direito de crédito de acordo com a maior relevância para fins sociais em face de outros interesses que devem ser ponderados quando da arrecadação da massa e sua respectiva partilha para fins de quitação dos débitos existentes.

Neste caso, o interesse creditício deve ser ponderado em face de outros interesses tão relevantes quanto o que concerne exclusivamente à satisfação do crédito almejado mediante a propositura da ação de execução, desde que o mesmo possa ser assegurado por outros meios legítimos admitidos pela lei, como a substituição pela fiança bancária e pelo seguro garantia judicial (Art. 835, § 2º, e Art. 848, parágrafo único, ambos, do CPC/2015).

No que tange ao processo de execução, o Código de Processo Civil de 2015 ao manter e ampliar o espectro de cabimento da fiança bancária e do seguro garantia judicial para fins oferecimento e de substituição da penhora de bens, dentro dos quais se encontra o dinheiro, aprimora ainda mais o sistema executivo, diminuindo o impacto prejudicial e negativo decorrente da imobilização de ativos necessários para *o desenvolvimento de atividades operacionais básicas de pequenas, médias e grandes empresas* submetidas ao trâmite do processo judicial.

Como visto, a disponibilização de mecanismos alternativos para fins de garantia do Juízo e da satisfação da pretensão executiva são imprescindíveis para que a prestação da tutela jurisdicional executiva possa ser efetivada sem prejuízo da continuidade da realização de atividades empresariais necessárias para a manutenção do fluxo de circulação de riquezas econômicas (Theodoro Júnior, 2007:101-102).

Tais mecanismos de garantia se encontram em plena harmonia com a Constituição Federal de 1988, e são fundamentais para a realização plena dos valores sociais do trabalho e da livre iniciativa (Arts. 1º, inciso IV, e 170, parágrafo único, da CF/1988), do desenvolvimento nacional, da redução das desigualdades sociais e para a promoção do bem de todos (Arts. 3º, incisos II, III e IV, e 170, inciso VII, da CF/1988), assegurando-se ainda a preservação do direito de propriedade (Art. 5º, inciso XXII, e 170, inciso II, da CF/1988) atributo inerente ao sistema capitalista que norteia o modelo econômico nacional.

Nesse contexto, o cumprimento do objeto do seguro garantia judicial é garantido por uma série de pressupostos atuariais impostos e fiscalizados pela Superintendência de Seguros Privados (SUSEP), com o intuito de manter a solvabilidade do mercado e garantir o cumprimento das obrigações assumidas perante os segurados.

Além disso, torna-se importante relembrar que o seguro garantia judicial também costuma ser operacionalizado por meio da contratação de resseguro visando ampliar ainda mais o espectro de pulverização de riscos assumidos pelas sociedades seguradoras e robustecer a capacidade de solvabilidade para o cumprimento de obrigações por elas contraídas no mercado securitário.

Trata-se de posicionamento que oferece, assim, uma nova possibilidade para fins de desoneração do patrimônio financeiro constrito para fins de garantia do Juízo e da satisfação de crédito no âmbito do processo de execução, em louvável opção adotada pelo legislador.

Dessa forma, na nova ordem processual brasileira não subsiste mais razão para se afastar o oferecimento, ou, a substituição da penhora em dinheiro, pelo seguro garantia judicial.

15
PROCESSO RECURSAL

Neste capítulo serão apresentados os tópicos sobre o direito de revisão judicial, sob a ótica da sua análise jurídica e econômica, o sistema de precedentes e as técnicas de uniformização jurisprudencial adotadas pelos tribunais brasileiros.

15.1 DIREITO À REVISÃO JUDICIAL E A ANÁLISE DOS CUSTOS ECONÔMICOS

A propositura de uma ação judicial para a satisfação de um direito supostamente violado em um contrato de seguro trata-se, ao mesmo tempo, de uma decisão de natureza jurídica e de uma decisão de natureza econômica.

Trata-se de uma *decisão de natureza jurídica* porque o direito de ação é assegurado *a toda e a qualquer pessoa com a garantia de apreciação pelo Poder Judiciário da lesão ou ameaça a direito, nos casos previstos em lei* (Art. 5º, incisos XXXIV e XXXV, da CF/1988).

Sob essa perspectiva, o direito de provocar a apreciação de uma ação individual ou coletiva relacionada a uma lide securitária pelo Poder Judiciário consiste em uma garantia jurídica fundamental reconhecida pela Constituição Federal de 1988.

Simultaneamente, o direito de ação trata-se de uma *decisão de natureza econômica* porque a instauração do processo acarretará o surgimento de uma série de custos que deverão ser suportados pelas partes litigantes no âmbito processual, conforme as regras previstas na legislação em vigor, salvo se beneficiadas pela assistência judiciária gratuita.

Os custos que poderão ser gerados para a instauração e o processamento de uma ação judicial abrangem:

(i)   as *custas judiciais*, as *taxas judiciais* e as *despesas processuais* (ex: honorários periciais, custos para a remessa de documentos, diárias e transporte de servidores no exercício da função etc.) (Arts. 82, 84 e 95 do CPC/2015);

(ii) os *honorários advocatícios sucumbenciais* e as *multas* por atos praticados em contrariedade ao que dispõe a legislação em vigor, as quais poderão ser cumuláveis e reversíveis à parte contrária (Art. 85, Art. 77, §§ 1º e 2º, Art. 96, Art. 774, do CPC/2015);

(iii) a incidência de *juros legais* e de *correção monetária* sobre o valor final da importância condenatória; e,

(iv) as *sanções de natureza processual*, as quais embora não possuam um valor econômico intrínseco e previamente determinado também poderão causar perdas de oportunidade valiosas do ponto de vista processual para a parte sancionada.

Desse modo, o valor econômico inicial relacionado à discussão de uma pretensão jurídica originada do conflito de um contrato de seguro poderá sofrer considerável majoração para agregar outras verbas acessórias que nascerão no decorrer da relação processual até a sua satisfação.

No âmbito recursal, o *direito à revisão judicial das decisões* que tenham sido proferidas em desconformidade com a legislação em vigor também consiste em uma garantia constitucional, pois *ninguém será privado dos seus bens sem o devido processo legal e aos litigantes processuais são assegurados o contraditório e a ampla defesa, com os meios e recursos a ela inerentes* (Art. 5º, incisos LIV e LV, da CF/1988).

Em um sistema judiciário cada vez mais pautado por um grande volume de conflitos jurídicos, a utilização de recursos tornou-se um instrumento fundamental para a correção de eventuais erros nas decisões proferidas pela primeira instância decisória ou em desacordo com o entendimento consolidado nas instâncias judiciárias superiores (Art. 5º, inciso LXXVIII, da CF/1988).

Por outro lado, o Código de Processo Civil de 2015 estabeleceu uma série de medidas que visam, manifestamente, desincentivar a interposição de recursos pelas partes litigantes com o intuito de possibilitar uma maior celeridade no trâmite dos processos e evitar o abuso do direito de defesa com a interposição de recursos protelatórios.

A imposição de uma série de pressupostos especiais de admissibilidade recursal nos tribunais superiores tem restringido a possibilidade de revisão judicial de decisões proferidas na primeira e na segunda instâncias, a fim de evitar o revolvimento da análise fática ou probatória sobre a matéria.

A adoção de um regime de fixação de *honorários advocatícios recursais* também consiste em uma medida de desincentivo, porque caberá à instância julgadora superior majorar o percentual condenatório fixado a fim de desestimular a interposição de recursos pela parte vencida (Art. 85, §§ 1º, 2º e 11, do CPC/2015).

O mecanismo de desincentivo às manifestações judiciais infundadas já havia sido instaurado também no processo de execução, representado pela aplicação de *multa de 10% (dez por cento)* e pela condenação em honorários advocatícios na etapa processual do cumprimento de sentença ainda na vigência do revogado Código de Processo Civil de 1973, mantido pelo atual CPC de 2015 (Art. 85, § 1º, c/c Art. 523 do CPC/2015).

A criação de um sistema de pagamento dos custos de movimentação do Poder Judiciário para fins de apreciação de uma ação judicial na fase de conhecimento, na etapa recursal e na fase de execução, com a sua respectiva distribuição entre as partes litigantes, trata-se de uma medida que visa obrigar as partes a calcularem de maneira precisa a maior ou a menor vantajosidade na utilização das diversas instâncias judiciárias para solução das controvérsias privadas (Gico Júnior, 2020).

Nesse contexto, apresenta grande valia a utilização pelas partes do instrumental jurimétrico para viabilizar a análise estatística detalhada a respeito das chances de êxito ou derrota na sustentação de uma tese jurídica em relação à instância jurisdicional e aos tribunais nos quais a causa esteja vinculada (Loevinger, 1963; Nunes, 2019).

Todavia, importante registrar que, independentemente dessas medidas, toda e qualquer constatação da violação das bases técnicas do contrato de seguro deverá ser legitimamente sustentada como objeto de irresignação recursal em razão da garantia da revisão judicial.

Diante da constatação da sua pertinência e validade, a tese deverá ser sustentada pelas sociedades seguradoras em todas as instâncias processuais alcançadas como forma de defesa da indenidade dos grupos segurados por elas administrados, principalmente, em face de decisões sem fundamentação adequada ou manifestamente contrárias ao Direito.

Além disso, como será visto a seguir, por mais consolidados possam estar determinados entendimentos jurisprudenciais, parte deles não reflete a melhor solução jurídica aplicável à matéria securitária, por desconsiderarem as consequências econômicas prejudiciais causadas para a massa de segurados e para a coletividade como um todo.

Nesses casos específicos, entende-se que a interposição de recursos por parte das seguradoras é um dever inerente de proteção da técnica de operabilidade do contrato de seguro e dos interesses coletivos por elas tutelados com a formação dos grupos homogêneos segurados (Art. 11, §§ 2º e 3º, e Art. 30, todos, do Decreto-lei n.º 73/1966).

Sob tal lógica, a interposição de um recurso não se trata de um abuso de direito nem de uso excessivo dos instrumentos de defesa conferidos pelo sistema processual, mas sim de um autêntico instrumento de garantia à obtenção de provimentos jurisdicionais em conformidade com uma decisão justa e amparada pelo ordenamento jurídico vigente.

Nesse sentido, destaca-se, por exemplo, em relação ao *seguro de automóvel*, a evolução que o conceito do estado de embriaguez do segurado sofreu ao longo do tempo, sob a ótica de uma causa de exclusão de cobertura securitária, até a consolidação do atual entendimento a respeito da sua legalidade na jurisprudência do Superior Tribunal de Justiça.

A superação do entendimento anterior que refutava a utilização da cláusula de exclusão cedeu com o passar do tempo considerando a própria modificação e a maior percepção dos ministros do STJ a respeito das consequências negativas que o incentivo à ingestão de álcool poderia ocasionar pelas decisões adotadas pelo tribunal com influência direta no aumento de acidentes e da precificação das coberturas para riscos automotivos.

Nesse caso específico, a jurisprudência cedeu em face de uma modificação dos valores da própria coletividade que passou a considerar pela via legislativa a embriaguez como um fato social inaceitável e passível da imputação de sanções nas esferas administrativa, cível e criminal, quando da condução de veículo automóvel em razão do seu grave potencial danoso.

Logo, por mais consolidada estivesse a jurisprudência do STJ no sentido da não admissão da exclusão de cobertura por tal fato, ela cedeu com a modificação de percepção valorativa e jurídica da corte para reposicionar-se com base em novos fundamentos jurídicos que considerassem como legítima e legal a recusa da garantia por tal fato.

Em tal exemplo, a jurisprudência estável ao longo do tempo de sua aplicabilidade cedeu espaço para um novo entendimento como reflexo da mutação do conceito legislativo e jurídico que incidiram nas suas bases motivadoras para a constituição de um entendimento mais consentâneo aos anseios sociais e do ponto de vista técnico do seguro.

Em razão desses aspectos, torna-se relevante analisar no que consiste o sistema de precedentes judiciais criado pelo CPC de 2015 e os instrumentos processuais relacionados ao tratamento de recursos de causas massificadas bem como o papel da jurisprudência e dos entendimentos sumulados nos tribunais brasileiros.

15.2 SISTEMA DE PRECEDENTES JUDICIAIS

Ao longo do tempo, com a estabilização da função desenvolvida pelos tribunais na aplicação do Direito, desenvolveu-se o conceito de que uma decisão judicial aplicada a um determinado caso concreto também poderia servir como parâmetro para se julgar casos iguais posteriormente submetidos à apreciação do Poder Judiciário (Edlin, 2010:33-41).

Pela *teoria da força obrigatória dos precedentes judiciais*, todas as decisões posteriormente proferidas pelo Poder Judiciário a respeito de causas semelhantes deveriam pautar-se pela observação de decisões anteriores que já tivessem julgado o mesmo tipo de situação com o intuito de aplicar a mesma razão jurídica para litígios considerados iguais.

A finalidade maior na construção da *teoria dos precedentes judiciais vinculantes* foi a de garantir maior *uniformidade* decisória dos órgãos que compõem os tribunais e, consequentemente, de garantir uma maior *previsibilidade* e *segurança jurídicas* das decisões do Poder Judiciário conferindo-lhe maior vinculatividade social similar à irradiada pelas leis.

A certeza de que uma determinada controvérsia jurídica com características iguais e já decidida anteriormente por meio de um precedente judicial seria aplicada da mesma forma em um caso posterior possibilitaria às partes analisarem previamente os riscos e as consequências das suas condutas reduzindo ao máximo a instauração do litígio judicial pela parte que pretendesse se portar contrariamente aos seus fundamentos jurídico-decisórios.

Menciona-se ainda o *tratamento isonômico* conferido pela vinculação ao precedente judicial, pois, independentemente das partes, a constatação de que se trata de um caso semelhante submetido ao mesmo enquadramento jurídico garantiria a aplicação de uma decisão igualitária (Gillespie, 2007:60-86).

Outra finalidade pretendida com a adoção do sistema de precedentes judiciais seria a de *racionalizar* o uso da atividade jurisdicional. A racionalidade estaria diretamente vinculada à constatação da necessidade de utilização do Poder Judiciário.

Desse modo, os litigantes provocariam o Poder Judiciário apenas para os casos que realmente dependessem de provimento jurisdicional, incentivando as próprias partes a buscarem a solução adequada para os conflitos instaurados a partir do padrão jurisdicional consolidado.

Sob esta perspectiva, a confiança que o jurisdicionado deposita no sistema estatal de solução de controvérsias e nas instituições judiciárias passa a ser um fator elementar para a utilização do processo como meio efetivo de pacificação social, surgindo daí a importância do conhecimento do modo de atuação da função jurisdicional como elemento de segurança jurídica das relações sociais (Beatty e Samuelson, 2014:84).

A criação de um sistema de precedentes também passou a vincular-se a uma *finalidade eminentemente econômica*, pois a partir do reconhecimento da escassez de recursos materiais e da limitação de recursos humanos, propicia o uso de forma ótima da estrutura do Poder Judiciário em relação à prestação da atividade jurisdicional.

A partir do conhecimento do precedente judicial e da garantia que ele será respeitado, também propicia a economia de recursos pelas partes litigantes que poderão calcular previamente os custos financeiros que uma determinada ação judicial poderá gerar no caso do eventual insucesso ou de condenação judicial.

No âmbito do sistema de precedentes judiciais, cuja origem é o sistema de *common law*, o contrato de seguro é certamente uma das matérias jurídicas que mais se destacou ao longo do tempo e formou um verdadeiro sistema de decisões vinculantes de entendimentos jurídicos posteriores.

A popularidade e a capilaridade do contrato de seguro no tecido social possibilitaram que as suas controvérsias alcançassem rapidamente as instâncias dos principais tribunais do sistema de *common law*, nos quais foram proferidas importantes decisões sobre a matéria.

Nesse sentido, tornaram-se célebres as decisões proferidas por Lorde Mansfield, Presidente da Suprema Corte Inglesa, a respeito de litígios envolvendo o contrato de seguro e que consolidaram entendimentos sobre o *princípio da máxima boa-fé*, o *princípio indenitário* e o *legítimo interesse segurável* na jurisprudência britânica e dos demais países que adotam o sistema de *common law* até os dias atuais (Hodgin, 2002:24-25; Watterson, 2008:59-118).

Tamanha a importância das decisões proferidas por Lorde Mansfield no *common law* que ele é considerado o *"pai"* do *Direito Comercial* e do *Direito de Seguros* na Inglaterra, por ter sistematizado, por meio das suas fundamentações, conceitos jurídicos

CURSO DE DIREITO DO SEGURO E RESSEGURO • Vinícius Mendonça

que se tornariam parâmetros referenciais vinculativos para as decisões judiciais futuras produzidas pelo Poder Judiciário e, que, até aquela época, estavam restritos aos tribunais de jurisdição comercial (Bell, 1845:vi; Schreiber, 1960:766; Magilll, v. 4, 2013:907-908).

No Brasil, as decisões sobre as controvérsias derivadas do contrato de seguro também formaram um verdadeiro sistema de precedentes judiciais, especificamente voltado para solucionar de maneira sistemática os conflitos submetidos à apreciação do Poder Judiciário.

A adoção do sistema de precedentes judiciais vinculantes no plano legislativo nacional tem sido fruto de uma evolução gradual visando imprimir cada vez mais uma maior uniformidade das decisões proferidas no sistema judiciário com o intuito de conferir segurança e previsibilidade jurídicas que possam balizar as condutas sociais.

A premissa de que um sistema de precedentes vinculantes tornará o sistema judiciário mais racional e eficiente passa, necessariamente, pela correta fundamentação das decisões judiciais elaboradas para a solução dos casos concretos, como será visto a seguir.

15.2.1 Fundamentação das decisões judiciais

O legislador do Código de Processo Civil de 2015, na revisitação das bases do sistema processual anterior, também constatou que parte dos problemas relacionados à melhoria da produtividade da prestação da tutela jurisdicional estava vinculada à qualidade das decisões proferidas no âmbito judicial.

Por isso, tratou de estabelecer uma série de requisitos elementares, considerados fundamentais para a elaboração de uma decisão judicial, a fim de possibilitar a melhor estruturação, compreensão e controle dos fundamentos de decidibilidade do julgador.

A adequada fundamentação judicial é uma garantia de natureza constitucional como forma de possibilitar a compreensão das razões fáticas e jurídicas que motivaram o julgador a proferir uma decisão e de possibilitar o controle da correção do conteúdo decidido com base na legislação em vigor e na jurisprudência aplicável (Art. 93, inciso IX, da CF/1988).

Ademais, considerando a instituição de um sistema vinculante de precedentes judiciais, a adequada fundamentação obriga o julgador a fazer a análise pormenorizada do paradigma decisório e da jurisprudência uniformizada cuja aplicabilidade (ou o seu afastamento) venha a ser suscitado para fins do julgamento do caso concreto.

Como é conhecido, as *sentenças judiciais* deverão conter os elementos estruturais clássicos inerentes à sua elaboração, dos quais são exemplos: (i) o *relatório*, compreendido como o tópico com a identificação das partes e a síntese dos atos processuais praticados; (ii) os *fundamentos*, representados pela análise pormenorizada das questões de fato e de direito; e, (iii) o *dispositivo*, o qual dispõe sobre a solução decisória para as questões principais expostas pelas partes litigantes (Art. 489 do CPC/2015).

Entretanto, para que uma decisão judicial possa ser considerada devidamente fundamentada, seja ela uma decisão interlocutória, uma sentença ou um acórdão, o julgador deverá ainda observar uma série de requisitos obrigatórios estabelecidos pela legislação em vigor, sob pena de motivar a interposição de recurso em razão da insuficiência ou da ausência de fundamentação.

O CPC de 2015 elencou esses requisitos obrigatórios no Art. 489, § 1º, com o intuito de expor de maneira pedagógica o seu conteúdo e de viabilizar a superação dos erros judiciais mais comuns no que se refere à ausência de fundamentação das decisões judiciais.

De acordo com o CPC de 2015, primeiramente, *não se considera devidamente fundamentada a decisão judicial que se limitar à indicação, à reprodução ou à paráfrase de ato normativo, sem explicar sua relação com a causa ou a questão decidida* (Art. 489, § 1º, inciso I, do CPC/2015).

Desse modo, o julgador ao analisar a controvérsia jurídica instalada sobre um contrato de seguro não poderá indicar apenas, por exemplo, o ato normativo aplicável com o intuito de solucionar o litígio.

O julgador deverá, fundamentadamente, explicar por qual motivo o dispositivo é aplicável ao caso concreto, demonstrando a sua adequação jurídica e afastando eventual interpretação em sentido oposto suscitada pela parte contrária.

A análise da causa de pedir e a explicação devidamente fundamentada da aplicação do dispositivo normativo para solucionar a questão decidida é requisito necessário para a validade da decisão judicial proferida.

Outro ponto previsto pelo CPC é o que se refere ao dever de *evitar o emprego de conceitos jurídicos indeterminados, sem explicar o motivo concreto de sua incidência no caso analisado* (Art. 489, § 1º, inciso II, do CPC/2015).

Nessa hipótese, o CPC também tem por intuito evitar que o julgador venha a fazer uso de argumentos abstratos ou venha a aplicar princípios sem justificar de maneira fundamentada a sua adequação e a sua aplicabilidade específica ao caso concreto.

O julgador não poderá, por exemplo, reputar uma determinada cláusula prevista nas condições gerais do contrato como abusiva ou desproporcional sem realizar o necessário cotejo analítico da sua caracterização e da adequação da aplicação ao caso concreto.

A intenção dessa determinação é a de evitar a aplicação de soluções preconcebidas pelo julgador e a sua aplicação indistinta e imotivada, sem a necessária demonstração da sua racionalidade jurídica, a diversos outros casos sem qualquer liame de identidade.

No mesmo sentido, é vedado ao julgador *invocar motivos que se prestariam a justificar qualquer outra decisão* para julgar um caso sob a sua análise (Art. 489, § 1º, inciso III, do CPC/2015).

Em tal caso, é proibido utilizar a mesma fundamentação modelo ou padronizada para decidir casos diversos com fundamentação descontextualizada, como, por exemplo, a que se refere à "presença ou ausência de demonstração dos requisitos exigidos pela legislação em vigor" (Marinoni, Arenhart e Mitidiero, v. 2, 2015:444).

Em mais um item vinculativo, o CPC estabeleceu que o julgador *não poderá se omitir de enfrentar todos os argumentos deduzidos no processo capazes de, em tese, infirmar a conclusão adotada* (Art. 489, § 1º, inciso IV, do CPC/2015).

Com base nesse comando, o juiz não poderá limitar-se apenas a fazer uso de um único argumento que lhe pareça ser o mais pertinente para firmar o seu entendimento a respeito da decisão a ser aplicada ao caso concreto.

Ele deverá, necessariamente, enfrentar todos os demais pontos relevantes suscitados pela parte vencida e que poderiam levar a todo e qualquer julgador a proferir uma decisão contrária ao entendimento por ele adotado como forma de demonstrar que considerou todos os aspectos jurídicos relacionados à matéria.

Importante relembrar que a solução judicial aplicável ao caso concreto se desenvolve a partir da consideração de todos os fatos e argumentos jurídicos relevantes apresentados pelas partes litigantes ao longo do processo.

Desconsiderá-los apenas com o intuito de aplicar entendimentos já predeterminados na consciência do julgador, desconsiderando as particularidades dos fatos apresentados e das circunstâncias jurídicas da causa, significa desprestigiar a dialogicidade inerente ao processo balizado pela garantia do contraditório substancial que possibilitará a construção de uma decisão madura, equilibrada e justa para as partes.

Tal consideração trata-se de elemento fundamental em face da garantia da ampla defesa e do contraditório e de um processo dialógico no qual as partes apresentam argumentos fáticos e jurídicos úteis para influenciar a formação do juízo de convicção do magistrado.

Assim, o juiz deverá, necessariamente, demonstrar que não obstante tenha discordado dos argumentos apresentados, os levou em consideração para fins de elaboração da decisão judicial.

Em outro ponto, o CPC estabeleceu ainda que o julgador *não poderá se limitar a invocar precedente ou enunciado de súmula, sem identificar seus fundamentos determinantes nem demonstrar que o caso sob julgamento se ajusta àqueles fundamentos* (Art. 489, § 1º, inciso V, do CPC/2015).

Na mesma linha dos comandos acima mencionados, o julgador deverá, necessariamente, na hipótese de invocar a aplicação de precedente ou de súmula, realizar a comparação dos aspectos fáticos e dos fundamentos jurídicos que justifiquem a sua aplicação.

Não se trata de se reestruturar todo o processo decisório do precedente ou do entendimento sumulado, mas, necessariamente, demonstrar a sua plena aplicabilidade com base na consideração das particularidades do caso concreto.

Sob o prisma inverso, de acordo com o CPC o julgador também *não poderá deixar de seguir enunciado de súmula, jurisprudência ou precedente invocado pela parte, sem demonstrar a existência de distinção no caso em julgamento ou a superação do entendimento* (Art. 489, § 1º, inciso VI, do CPC/2015).

Como será visto no próximo subitem, a realização do *juízo de distinção* (*distinguishing*) consiste em elemento necessário para o funcionamento do sistema de precedentes judiciais obrigatórios seja para justificar a sua aplicabilidade seja para demonstrar a inadequação da sua aplicação para o julgamento do caso concreto.

De acordo com Mônica Sousa e Roberto Almeida (2017:253-254):

> Corriqueiras são as decisões judiciais não fundamentadas. Formalmente, é bem verdade, a vasta maioria possui um ou mais capítulos dedicados à fundamentação. Falta, contudo, a fundamentação substancial. A fundamentação que permite ao jurisdicionado saber que teve a oportunidade de contribuir para a formação do convencimento do magistrado. É essa a fundamentação – que contempla os argumentos das partes, que ajusta a hipótese normativa ao caso concreto, que distingue ou aplica corretamente enunciado de súmula ou precedente judicial ao caso em questão – que concretiza uma das garantias fundamentais do processo civil brasileiro: o princípio do contraditório (art. 5º, LV, da CRFB/1988).

> O princípio do contraditório é reflexo do princípio democrático, pressupondo participação. Garantir a participação consiste em permitir às partes tomarem conhecimento de tudo o que ocorre no processo, reagir às decisões judiciais, manifestar-se em juízo e, sobretudo, poder influenciar nas decisões dos magistrados. O poder de influência se relaciona com o expresso enfrentamento, pelo órgão jurisdicional, das razões jurídicas invocadas pelas partes. Essa é a dimensão substantiva do princípio do contraditório.

De outro modo, a ausência de demonstração da construção de uma decisão judicial lógica e racional, e da consideração dos fatos e dos argumentos jurídicos apresentados pelas partes com todas as suas especificidades, caracterizará a negativa de prestação jurisdicional e a violação da inafastabilidade da jurisdição e da garantia ao contraditório.

A ausência de fundamentação é, em uma última instância, violação ao princípio democrático que norteia o funcionamento do Estado Democrático de Direito.

Além disso, no *caso de colisão entre normas, o juiz deve justificar o objeto e os critérios gerais da ponderação efetuada, enunciando as razões que autorizam a interferência na norma afastada e as premissas fáticas que fundamentam a conclusão* (Art. 489, § 2º, e Art. 1.038, § 3º, ambos, do CPC/2015).

Por fim, a decisão judicial *deve ser interpretada a partir da conjugação de todos os seus elementos e em conformidade com o princípio da boa-fé* (Art. 489, § 3º, do CPC/2015).

Nesse sentido, a decisão judicial que apreciar uma lide securitária deverá, necessariamente, ser elaborada com base em todos esses elementos sob pena de justificar, legitimamente, a interposição de recurso visando obter a sua complementação ou reforma em razão da insuficiência ou da ausência de fundamentação.

15.2.2 Precedente judicial

Com base no que já foi anteriormente exposto, é possível definir o precedente como *uma decisão judicial aplicada a um caso concreto que define um critério de solução jurídica próprio para a controvérsia analisada com o potencial de influenciar a solução de casos futuros dotados de similaridade.*

Na base da estrutura do precedente judicial encontra-se a elaboração de uma *tese jurídica* com a qualidade de sistematizar uma solução que poderá ser aplicada a diversos outros casos semelhantes irradiando os seus efeitos para além do caso específico analisado.

O precedente possui uma característica de nítida *singularidade* em face de outras decisões judiciais comumente proferidas, pois ele marca no espaço e no tempo o momento em que uma determinada matéria passou a ser solucionada com base na tese jurídica nele contida tornando-se referência na sua esfera jurídico-decisória.

Portanto, o precedente não consiste em uma decisão judicial comum que se limita a interpretar um determinado dispositivo legal ou a citar um posicionamento judicial anterior.

Ele possui uma verdadeira atividade de *elaboração criativa* com base nas particularidades do caso concreto e com base na necessidade de se aplicar uma solução jurídica até então inexistente para o conflito analisado.

A expressão *elaboração criativa* deve ser compreendida dentro do contexto da interpretação sistemática da norma jurídica aplicável, da sua correlação lógica com as especificidades dos fatos e com a técnica peculiar de pacificação social do caso concreto.

No contrato de seguro, a criação do precedente deve estar em consonância com a norma editada pelo legislador e com a finalidade por ele pretendida, com a técnica securitária norteadora da atividade profissional e com base nas características particulares do caso concreto analisado.

Torna-se necessário esclarecer ainda que o precedente é formado por duas partes: (i) a *razão decisória fundamental* (*ratio decidendi*); e, (ii) a *razão decisória acessória* (*obiter dictum*) (Vollans e Asquith, 2011:45-50).

A *razão decisória fundamental* é a parte do precedente que veicula a tese jurídica essencial para a formação do raciocínio jurídico desenvolvido pelo julgador diferenciando-o de outras decisões judiciais.

A *razão decisória acessória* consiste na parte do precedente que veicula informações complementares para a formação do raciocínio jurídico principal e que servem apenas para reforçá-lo ou delimitar o contexto no qual ele foi concebido.

Portanto, o precedente judicial terá como parte principal a ser destacada a *razão decisória fundamental* contendo os aspectos fáticos e o fundamento jurídico elaborado pelo julgador para decidir o caso concreto e que poderá ser aplicada, com base na exposição da sua adequação e identidade, a outros casos concretos.

Em que pese a sua força vinculativa, o precedente judicial poderá ter a sua aplicação afastada em duas situações específicas: (i) no *juízo de distinção* (*distinguishing*), quando constatada a inaplicabilidade do precedente ao caso concreto por sua diferenciação; e, (ii) no *juízo de superação do precedente* (*overruling*), quando constatada a modificação do entendimento jurídico aplicável sobre a matéria decidida.

No *juízo de distinção*, o julgador constata que a razão decisória fundamental não é aplicável ao caso concreto em razão da inexistência de similitude entre os fatos ou o raciocínio jurídico aplicável à matéria a ser decidida (Art. 489, § 1º, inciso VI, do CPC/2015).

Cita-se como caso de aplicação da *técnica da diferenciação*, a decisão judicial que considera ser inaplicável o Código de Defesa do Consumidor aos seguros-saúde providos por entidades de autogestão por se submeterem a um regime jurídico diferente dos demais seguros comercializados com escopo de lucro em razão da sua natureza assistencial.

Por sua vez, no *juízo de superação do precedente*, o julgador constata que a razão decisória fundamental perdeu a sua validade, parcial ou total, em razão da modificação dos valores formadores do sistema ou da legislação aplicável à matéria.

Cita-se como exemplo de superação de precedente a partir da modificação na jurisprudência do STJ, os entendimentos a respeito da exclusão de cobertura pela constatação de embriaguez no seguro de automóvel e da exclusão de cobertura para o suicídio ocorrido nos dois primeiros anos de vigência da apólice do seguro de vida.

Nesses dois casos, a jurisprudência que anteriormente havia se consolidado como desfavorável para as cláusulas de exclusão, em razão da modificação no âmbito valorativo e legislativo, foi superada pelos novos entendimentos que passaram a considerá-las lícitas.

15.3 TÉCNICAS DE UNIFORMIZAÇÃO DE PRECEDENTES JUDICIAIS NOS TRIBUNAIS

A constatação de que os precedentes editados pelos tribunais poderiam adquirir uma maior vinculatividade por meio do uso de *técnicas de uniformização de jurisprudência* motivou a criação pelo CPC de 2015 de procedimentos específicos para organizar a sua formação e aplicação, como será visto a seguir.

15.3.1 Dever de uniformização jurisprudencial

O Código de Processo Civil de 2015 previu de maneira expressa que *os tribunais devem uniformizar sua jurisprudência e mantê-la estável, íntegra e coerente* (Art. 926).

Como se denota, o CPC veiculou autênticos deveres impostos aos tribunais voltados para a criação de jurisprudência dotada dos atributos da *persuasão* e da *vinculatividade*. A esses atributos agregam-se a estabilidade, a integridade e a coerência da jurisprudência.

O *atributo da estabilidade* significa que a jurisprudência deverá permanecer irradiando seus efeitos ao longo do tempo necessário para a solução dos casos concretos que se enquadrem nos seus preceitos fáticos e jurídicos (Didier Júnior, 2016, Capítulo 17).

A estabilidade significa a imutabilidade necessária para que os membros do Poder Judiciário e o jurisdicionado possam continuar considerando-a como referência segura para a solução das controvérsias surgidas das condutas sociais praticadas.

Como corolário lógico do dever de estabilidade, a sua não aplicação apenas poderá ocorrer com base nas hipóteses expressamente admitidas em lei consubstanciadas nas técnicas do *juízo de distinção* ou *de superação* dos precedentes judiciais.

O *atributo da integridade* significa que a jurisprudência deverá levar em consideração a completude unitária do ordenamento jurídico na sua formação para fins da preservação da plenitude dos seus efeitos na aplicação dos casos por ela regulados.

A sua integridade deve respeitar as relações entre preceitos principiológicos, hierárquicos, sistemáticos e especificidades em razão da natureza da matéria substancial e processual decididas.

O *atributo da coerência* significa que a jurisprudência deverá permanecer consentânea em face das decisões que possam ser tomadas em aspectos idênticos ou similares mantendo-se preservada a sua linha decisória original.

A sua coerência possui relação direta com o dever de não contradição entre os entendimentos jurídicos proferidos pelo tribunal, principalmente, considerando que eles podem ser construídos por julgadores diferentes e em momentos temporais distantes entre si.

Trata-se de um autêntico dever de respeito à própria produção normativa vinculadora editada no âmbito do Poder Judiciário como forma de manter a credibilidade institucional no sistema de uniformização jurisprudencial.

Com base no contexto de multiplicação de ações e de questões jurídicas provenientes de causas massificadas, a técnica primordial a ser adotada no plano da uniformização da jurisprudência consiste na edição de enunciados de súmula correspondente ao entendimento jurídico dominante dos tribunais.

A edição pelos tribunais dos enunciados de súmulas deverá ater-se às circunstâncias fáticas dos precedentes que motivaram sua criação e deverá ser realizada de acordo com a forma e os pressupostos previstos no seu Regimento Interno.

15.3.2 Técnicas de uniformização

Os juízes e os tribunais deverão adotar as técnicas de uniformização de jurisprudência previstas no Código de Processo Civil de 2015 com base no critério da natureza da matéria julgada (constitucional ou infraconstitucional), da hierarquia do tribunal julgador (tribunais superiores de jurisdição nacional ou tribunais de jurisdição estadual ou regional) e da constância do julgamento da matéria (ações constitucionais e recursos singulares ou repetitivos).

De acordo com o artigo 927 do CPC de 2015, os juízes e tribunais deverão observar:

(i) as *decisões em controle concentrado de constitucionalidade* e os *enunciados de súmula vinculante* do Supremo Tribunal Federal;

(ii) os acórdãos em *incidente de assunção de competência* ou de *resolução de demandas repetitivas* e em *julgamento de recursos extraordinário e especial repetitivos*;

(iii) os *enunciados das súmulas do Supremo Tribunal Federal em matéria constitucional* e do *Superior Tribunal de Justiça em matéria infraconstitucional*;

(iv) a *orientação do plenário* ou do *órgão especial* aos quais estiverem vinculados.

Portanto, o juiz e o tribunal ao iniciarem a análise do caso concreto deverão buscar em primeiro lugar a existência de precedentes judiciais editados no âmbito dos tribunais superiores e nos tribunais de jurisdição estadual ou regional de suas sedes com o intuito de aplicar a tese jurídica firmada de maneira uniforme.

Como destacado, a finalidade da imposição desse sistema é o de racionalizar e conferir maior celeridade, segurança jurídica e isonomia na prestação da tutela jurisdicional (Medina, 2015:1.241).

A aplicação do precedente judicial objeto de análise pelas instâncias decisórias hierarquicamente superiores possibilitará uma maior economia processual e um melhor rendimento dos trabalhos realizados pelo Poder Judiciário (Mello e Barroso, 2020:03).

Para isso, como destacado, os juízes e tribunais deverão observar os deveres positivos e negativos de fundamentação das decisões judiciais como meio de delineamento e controle do critério de decidibilidade adotado (Art. 489, § 1º, do CPC/2015).

E, também, deverão observar a garantia ao contraditório com o objetivo de permitir que as partes possam apresentar os argumentos que busquem influenciar o convencimento do magistrado no sentido da adoção da decisão mais adequada para o caso concreto (Arts. 10º e 927, § 1º, do CPC/2015).

O reconhecimento dos efeitos extra partes da técnica de uniformização de jurisprudência permite ainda que os tribunais, diante da constatação da possibilidade de alteração de tese jurídica adotada em enunciado de súmula ou em julgamento de casos repetitivos, façam uso prévio de audiências públicas e da participação de pessoas, órgãos ou entidades que possam contribuir para a rediscussão da tese.

Na *hipótese de alteração de jurisprudência dominante do Supremo Tribunal Federal e dos tribunais superiores* ou *daquela oriunda de julgamento de casos repetitivos*, poderá haver ainda a modulação dos efeitos da alteração em face do interesse social e da segurança jurídica.

Na *hipótese de modificação de enunciado de súmula, de jurisprudência pacificada ou de tese adotada em julgamento de casos repetitivos*, deverá ser observada a necessidade de fundamentação adequada e específica, considerando os *princípios da segurança jurídica*, da *proteção da confiança* e da *isonomia*.

Por fim, os tribunais darão publicidade a seus precedentes, organizando-os por questão jurídica decidida e divulgando-os, preferencialmente, na rede mundial de computadores.

Para fins da técnica de uniformização de jurisprudência, o CPC de 2015 considera julgamento de *casos repetitivos*, seja de questão de direito material ou processual, a decisão proferida em: (i) *incidente de resolução de demandas repetitivas*; e, (ii) no *recurso especial* e no *recurso extraordinário repetitivos* (Art. 928).

Os produtos das técnicas de uniformização de jurisprudência poderão ser utilizados de diversas formas pelos julgadores como, por exemplo: no caso de *improcedência liminar do pedido*, no qual dispensável a fase instrutória e verificada a sua contrariedade a precedente judicial obrigatório (Art. 332 do CPC/2015); nos casos de *negativa de provimento de recurso* contrário a precedente judicial obrigatório (Art. 932, inciso IV, do CPC/2015) ou de *provimento de recurso* se a decisão recorrida for contrária a precedente judicial obrigatório (Art. 932, inciso V, do CPC/2015).

Tais julgamentos não poderão, contudo, se olvidar de observar integralmente os deveres positivos e negativos de fundamentação das decisões judiciais previstos pelo CPC.

No caso da recusa de observação dos precedentes judiciais obrigatórios, a medida jurídica adequada prevista no CPC (Art. 988) consiste na *reclamação* a ser proposta pela parte interessada ou pelo Ministério Público visando: (i) preservar a competência do tribunal; (ii) garantir a autoridade das decisões do tribunal; (iii) garantir a observância de enunciado de súmula vinculante e de decisão do Supremo Tribunal Federal em controle concentrado de constitucionalidade; (iv) garantir a observância de acórdão proferido em julgamento de incidente de resolução de demandas repetitivas ou de incidente de assunção de competência.

A reclamação pode ser proposta perante qualquer tribunal, e seu julgamento compete ao órgão jurisdicional cuja competência se busca preservar ou cuja autoridade se pretenda garantir.

Julgando procedente a reclamação, o tribunal cassará a decisão exorbitante de seu julgado ou determinará medida adequada à solução da controvérsia (Art. 992 do CPC/2015).

15.4 PRESSUPOSTOS DE ADMISSIBILIDADE RECURSAL NOS TRIBUNAIS SUPERIORES

Além do exposto, a interposição de recursos nos tribunais deverá observar os requisitos formais e os pressupostos de admissibilidade previstos em lei, como regra, os *pressupostos subjetivos* (legitimidade e interesse) e os *objetivos* (cabimento, tempestividade e preparo).

As petições deverão ainda conter a exposição fática e jurídica, a demonstração do cabimento do recurso interposto e as razões do pedido de reforma ou de invalidação da decisão recorrida (Art. 1.029 do CPC/2015).

Entretanto, para que os recursos sejam admitidos na esfera dos tribunais superiores, será necessário ainda demonstrar o preenchimento de pressupostos específicos.

No *caso do Supremo Tribunal Federal*, a parte recorrente deverá demonstrar o preenchimento do *pressuposto de natureza constitucional da matéria* e do *pressuposto de repercussão geral*.

A demonstração do pressuposto de natureza constitucional encontra-se vinculada à finalidade precípua do STF que se relaciona à análise de questões sobre a violação dos princípios e dispositivos previstos na Constituição Federal de 1988.

Por sua vez, a finalidade da repercussão geral é restringir a competência do STF para julgar apenas os recursos dotados de matéria constitucional com manifesta *relevância social, política, econômica ou jurídica* cujos efeitos sejam transcendentes aos interesses subjetivos da causa (Art. 1.035 do CPC/2015).

Haverá repercussão geral sempre que o recurso impugnar acórdão que: (i) contrarie súmula ou jurisprudência dominante do STF; ou, (ii) que tenha reconhecido a inconstitucionalidade de tratado ou de lei federal.

Reconhecida a repercussão geral, o relator no STF determinará a suspensão do processamento de todos os processos pendentes, individuais ou coletivos, que versem sobre a questão e tramitem no território nacional.

Com base na demonstração da presença desse pressuposto, o STF poderá se manifestar com a finalidade de uniformizar a interpretação sobre a matéria analisada no plano constitucional conferindo um posicionamento único aplicável a diversos casos que se enquadrem na sua moldura fática e jurídica.

No STF há ainda vedação expressa à análise de recurso fundado exclusivamente na pretensão de mero reexame de prova (Súmula 279), que esteja fundado em pretensão que imponha necessariamente a revisão de interpretação de normas infraconstitucionais nas quais tenha se baseado a decisão recorrida (Súmula 636) ou que pretenda a simples interpretação de cláusulas contratuais (Súmula 454).

No *Superior Tribunal de Justiça*, a parte recorrente deverá demonstrar o *pressuposto da violação de lei federal* e a *necessidade de uniformização* interpretativa sobre a matéria.

A caracterização da violação direta à lei federal é pressuposto imprescindível com o intuito de eliminar a eventual aplicação de normas de abrangência nacional de maneira diversa por tribunais e juízes estaduais e regionais no âmbito da federação.

No STJ também se afasta a análise da matéria que se encontre exclusivamente relacionada à pretensão de mera interpretação de cláusula contratual (Súmula 05) e ao revolvimento de matéria fática ou diretamente relacionada à instrução probatória de competência das instâncias julgadoras inferiores (Súmula 07).

Dessa forma, a pretensão de revisão deverá estar diretamente fundada na interpretação e na aplicação de dispositivo de lei federal que incida diretamente no conteúdo contratual alegado como controverso pelas partes.

Cabe ainda à parte fazer a prova da eventual existência do dissídio jurisprudencial quando um ou alguns dos fundamentos recursais estiverem fundamentados em tal aspecto argumentativo (Art. 1.029 do CPC/2015).

Desse modo, é preciso realizar a demonstração da relevância da apreciação da tese jurídica subjacente controversa e a relevância da sua apreciação pelo STF e pelo STJ a fim de uniformizar a jurisprudência sobre o assunto.

O juízo de admissibilidade recursal será feito primeiramente pela própria corte originária na qual interposto o recurso, o qual poderá ser admitido ou ter o seu seguimento negado em razão da constatação da ausência de preenchimento dos pressupostos comuns e especiais, como, por exemplo, recurso interposto contra acórdão que esteja em consonância ao entendimento manifestado em sede de repercussão geral ou de recursos repetitivos (Art. 1.030 do CPC/2015).

O tribunal de origem poderá ainda realizar o juízo de retratação caso constate que o acórdão recorrido esteja em divergência do entendimento consolidado do STF ou do STJ com base no sistema de repercussão geral ou de recursos repetitivos.

Portanto, como se constata, a possibilidade de admissão de recursos em matérias envolvendo questões jurídicas em matéria securitária e resseguritária encontra-se vinculada a pressupostos limitadores e restritivos de revisão judicial pelas instâncias decisórias do STF e do STJ.

A apresentação das questões jurídicas subjacentes deverá estar devidamente vinculada aos requisitos acima mencionados demonstrando-se de maneira fundamentada, no STF, o dispositivo constitucional violado e a transcendência da matéria ao caso concreto; e, no STJ, o dispositivo de lei federal ou o dissídio jurisprudencial vinculado para fins de reforma por meio da via recursal.

16
MÉTODOS ALTERNATIVOS DE SOLUÇÃO DE CONTROVÉRSIAS

Neste capítulo serão apresentados os métodos alternativos de solução de controvérsias aplicáveis aos litígios envolvendo os contratos de seguro e de resseguro e as vantagens da sua adoção no âmbito securitário e ressecuritário.

16.1 VANTAGENS DOS ADR'S NOS CONFLITOS SECURITÁRIOS E RESSECURITÁRIOS

A adoção de métodos complementares de solução de controvérsias no âmbito das causas relacionadas aos contratos de seguro e resseguro possui inúmeras vantagens porque propicia a solução mais técnica e mais rápida de casos do que a via tradicional dos procedimentos submetidos à apreciação do Poder Judiciário.

Por serem negócios estruturados com base na técnica atuarial e na gestão de riscos, a análise sobre a aplicabilidade de cláusulas contratuais nas relações securitárias e ressecuritárias ganha muito mais precisão quando a decisão é proferida por um profissional especializado na matéria.

Dentre as principais vantagens da adoção dos ADR's em matéria securitária e ressecuritária, podem ser citadas:

(i) confidencialidade sobre o conteúdo litigioso do procedimento extrajudicial;

(ii) redução dos custos relacionados ao processamento do conflito;

(iii) diminuição do tempo de instrução e julgamento da demanda;

(iv) tecnicidade com a qual a questão jurídica conflituosa será analisada.

(v) imparcialidade na direção do processo e no julgamento da causa;

(vi) customização do procedimento e das regras aplicáveis à solução do conflito; e,

(vii) transparência na fixação do procedimento e dos critérios de julgamento.

Em relação à *confidencialidade sobre o conteúdo litigioso do procedimento extrajudicial*, destaca-se que em matéria securitária ou ressecuritária a privacidade das partes sobre uma determinada matéria conflituosa poderá gerar benefícios em relação aos interesses em disputa (Azevedo, 2019, §§ 31.01-09).

A exposição pública de determinadas informações sobre o conflito pode impactar negativamente o conceito de uma das partes perante concorrentes do mercado ou ser explorada como um fato prejudicial em relação a um atributo distintivo veiculado na sua área de atuação.

Além do mais, a privacidade sob a qual tramitará o processo pode incentivar as partes a buscarem uma solução amigável já que os termos e os valores de um acordo para a extinção do litígio permanecerão protegidos pela cláusula de confidencialidade, possibilitando a divulgação apenas do conteúdo compatível aos seus interesses privados.

A respeito da *redução dos custos relacionados ao processamento do conflito*, a adoção de um procedimento alternativo de solução de controvérsias pressupõe que as partes realizem a análise prévia dos valores necessários para a instalação dos procedimentos extrajudiciais a fim de obterem maior vantajosidade financeira com a sua adoção.

A justificativa econômica pode estar atrelada a diversos fatores, como, por exemplo, o valor das taxas de instalação do procedimento extrajudicial em comparação ao procedimento judicial; o cálculo estimativo dos custos relacionados à obtenção de uma decisão definitiva sobre a controvérsia e do seu impacto nas atividades desenvolvidas pelas partes litigantes, dentre outros.

Em relação à *diminuição do tempo de instrução e julgamento da demanda*, a vantagem do procedimento extrajudicial geralmente é mais substancial do que a vista nos meios tradicionais de solução de controvérsias em razão do direito de escolha do rito procedimental e da quantidade reduzida de casos a serem decididos pelos especialistas eleitos pelas partes.

Com base na menor ou na maior complexidade da matéria jurídica ou probatória, as partes poderão escolher o rito procedimental que mais atenda às suas necessidades com o intuito de viabilizar uma instrução célere e um julgamento com uma data predeterminada.

Além disso, a seletividade dos casos julgados pelos árbitros possibilita uma maior dedicação para a análise da disputa e uma maior qualidade da sentença arbitral proferida.

Em relação à *tecnicidade com a qual a questão jurídica conflituosa será analisada*, indubitavelmente, a escolha de especialistas do mercado de seguros e resseguros possibilita a aplicação da melhor solução em consonância às normas adotadas para regular a matéria e aos usos e costumes adotados pelos profissionais do ramo.

A garantia da tecnicidade diminui as assimetrias relacionadas à falta de conhecimento do julgador comum em razão da multiplicidade de matérias decididas cotidianamente sobre os mais diversos assuntos jurídicos submetidos às instâncias judiciárias tradicionais.

O binômio *tecnicidade-especialidade* da análise das causas e do número de processos decididos pelos árbitros possibilita um ganho de precisão e de qualidade das decisões proferidas por meio de procedimentos extrajudiciais.

A respeito da *imparcialidade na direção do processo e no julgamento da causa*, destaca-se que o árbitro normalmente se aterá à análise exclusiva dos aspectos técnicos relacionados à controvérsia securitária e ressecuritária e evitará contaminá-la por aspectos relacionados à sua visão particular ou pessoal sobre a matéria aplicável ao caso concreto.

No procedimento arbitral privilegia-se a tecnicidade e evitam-se os personalismos que costumam prejudicar a própria sistematização adequada das decisões aplicáveis para a solução de controvérsias envolvendo o contrato de seguro e resseguro nas instâncias julgadoras tradicionais.

Nesse contexto, as decisões arbitrais observam os *princípios da confiança e da segurança jurídica*, com base na técnica e nos usos e costumes tradicionalmente respeitados pelos agentes do mercado, com vistas a possibilitar a estabilização do sistema securitário, conferindo-se previsibilidade e diminuindo-se os custos transacionais.

Em relação à *customização do procedimento e das regras aplicáveis à solução do conflito*, as partes poderão previamente estipular qual será a estrutura do processo de solução de controvérsias a ser adotado no caso da instauração do procedimento alternativo.

Neste caso, é possível constatar a existência de diversos modelos especificamente delineados para cada espécie de demanda com base na natureza do direito discutido e na complexidade da matéria probatória.

Por exemplo, se as partes estiverem diante de um caso de valor reduzido e cuja análise probatória não seja dotada de extrema complexidade, elas poderão optar pela escolha de apenas um árbitro para decidir a disputa e até mesmo abrir mão de perícia especializada se já houver material técnico produzido na liquidação do sinistro, fixando o prazo de prolação da sentença em um curto espaço de tempo.

Desse modo, as partes poderão escolher: (i) o árbitro ou árbitros responsáveis pelo julgamento; (ii) o rito procedimental aplicável com base em modelos previamente estabelecidos que possibilitem o julgamento de modo sumário (ex.: *ARIAS fast track arbitration rules* da Sociedade de Arbitragem de Seguros e Resseguros); (iii) o direito substantivo aplicável com base no conjunto normativo da sua preferência e inclusive adotando os Princípios dos Contratos de Seguro e Resseguro ou outro que entenderem mais adequado; e, (iv) o foro de jurisdição competente no qual será instalado e decidido o processo arbitral.

Com isto, reduz-se o espectro de discussão a respeito da eventual correção da aplicação de regras processuais e da interpretação dos dispositivos substantivos incidentes sobre o conflito instaurado com o objetivo de viabilizar a prolação de uma decisão definitiva.

Por fim, destaca-se a *transparência na fixação do procedimento e dos critérios de julgamento*, como aspecto extremamente positivo na direção do processo arbitral, porquanto as partes manifestarão a sua ciência e anuência a respeito do seu conteúdo antecipadamente, podendo adaptá-los caso manifestem sua concordância.

16.2 SISTEMA ALTERNATIVO DE SOLUÇÃO DE CONFLITOS

A transparência na fixação das regras procedimentais e dos critérios de decidibilidade tem por intuito evitar que as partes venham a ser surpreendidas no curso do procedimento com a adoção de medidas desconhecidas ou não aceitas para fins de julgamento do conflito.

16.2 SISTEMA ALTERNATIVO DE SOLUÇÃO DE CONFLITOS

O sistema de métodos alternativos de solução de controvérsias, também denominado de métodos adequados de composição de conflitos, é composto por diversos microssistemas com princípios, regras e funcionalidades próprias.

Dentre os mais destacados cita-se: a *negociação*, a *mediação*, a *conciliação* e a *arbitragem*. Além disso, cada um desses métodos encontra-se submetido a especificidades jurídicas que conferem às partes autonomia para decidir quando e como adotá-los com base na sua conveniência e oportunidade (Bernardina de Pinho e Mazzola, 2019, Item 1.5).

Dos métodos citados, a *negociação*, por exemplo, consiste na alternativa dotada de maior autonomia, pois a liberdade das partes decidirem como ela será realizada é praticamente total, por estar situada exclusivamente no âmbito da autonomia privada dos negociantes (Spengler e Spengler Neto, 2016, Capítulo 1).

Por sua vez, a *mediação*, a *conciliação* e a *arbitragem*, por serem mecanismos que demandam necessariamente a participação de um terceiro imparcial na condução das atividades de autocomposição ou de heterocomposição, possuem normas mínimas visando assegurar que certas regras procedimentais sejam garantidas aos seus participantes.

Além disso, de acordo com a natureza do direito litigioso e do âmbito de instalação dos procedimentos relativos à composição de conflitos, deverão ser observadas regras do ordenamento jurídico interno ou regras do direito internacional aplicáveis à controvérsia.

No âmbito jurídico interno, destaca-se a evolução da legislação processual brasileira no sentido de introduzir mecanismos legais reconhecendo a juridicidade e incentivando a adoção de métodos adequados de composição de conflitos.

A promulgação da *Lei dos Juizados Especiais Cíveis de 1995*, voltada para instituir um procedimento mais simples e de incentivo à conciliação das partes, e, subsequentemente, a *Lei de Arbitragem de 1996*, serviram como marcos legislativos fundamentais para que o foco na solução do conflito se abrisse cada vez mais para o âmbito de atuação das partes litigantes.

A edição da *Resolução 125/2010 do Conselho Nacional de Justiça*, a qual estabeleceu a instalação em todos os tribunais brasileiros dos Núcleos Permanentes de Métodos Consensuais de Solução de Conflitos – NUPEMECs e dos Centros Judiciários de So-

16 • MÉTODOS ALTERNATIVOS DE SOLUÇÃO DE CONTROVÉRSIAS **477**

lução de Conflitos e Cidadania – CEJUSCs, consagrou definitivamente a relevância de se buscar métodos alternativos de solução de controvérsias.

Os NUPEMECs são responsáveis pela coordenação, estruturação e fiscalização das políticas públicas visando à conciliação e à mediação de conflitos e os CEJUSCs consistem nos órgãos de execução no âmbito preventivo e operacional dessas atividades perante os jurisdicionados (Brasil, CNJ, 2020).

Por fim, em sua última e grande etapa de estruturação do sistema, menciona-se a promulgação da *Lei de Mediação de 2015* e do *Código de Processo Civil de 2015*, já plenamente dotados de princípios e regras voltados para incentivar o uso de soluções consensuais com o intuito de conferir maior celeridade e efetividade na busca da satisfação jurídica almejada pelas partes.

16.2.1 O CPC de 2015 e os ADR's

O Código de Processo Civil de 2015 tem como um dos seus nortes principiológicos o incentivo à adoção dos métodos alternativos de solução de controvérsias (*Alternative Dispute Resolutions – ADR's*) visando promover uma maior autonomia das partes na busca pela celeridade e pela efetividade na resolução de conflitos.

Como visto, a modificação de perspectiva adotada pelo CPC consolidou-se em face da constatação de que a tutela jurisdicional tradicionalmente prestada pelo Estado havia se revelado frustrada pelo número elevado de ações judiciais no período posterior à promulgação da CF de 1988 (Cappelletti e Garth, 2002:09-15).

Nessa linha, o CPC de 2015 (Art. 3º) previu de maneira expressa que é permitida a utilização da *arbitragem*, na forma da lei, e que compete ao Estado promover, sempre que possível, a *solução consensual dos conflitos*, incentivando o uso da *conciliação*, da *mediação* e de *outros métodos alternativos de solução de controvérsias*, inclusive no curso do processo judicial.

As normas sobre os conciliadores e os mediadores judiciais encontram-se previstas nos artigos 165 a 175 do CPC de 2015.

O CPC de 2015 (Art. 189, inciso V) reconheceu ainda a possibilidade de tramitação em segredo de justiça dos processos que versem sobre arbitragem, inclusive sobre cumprimento de carta arbitral, desde que a confidencialidade estipulada seja comprovada judicialmente.

No âmbito do *processo judicial*, a *conciliação* e a *mediação* devem ser ainda obrigatoriamente realizadas pelo Poder Judiciário, no início do processo e até mesmo na fase de instrução e julgamento, com o objetivo de encerrar o litígio amigavelmente (Arts. 334 e 359 do CPC/2015).

A conciliação e a mediação também poderão ser realizadas por meio eletrônico e a ausência injustificada da parte à audiência designada caracterizará ato atentatório à dignidade da justiça e será sancionada com multa de até 2% da vantagem econômica pretendida ou do valor da causa, revertida em favor da União ou do Estado (Art. 334, §§ 7º e 8º, do CPC/2015).

A utilização dos métodos de solução de controvérsias por meio de plataformas eletrônicas (*Online Dispute Resolution – ODR*) tem sido avaliada de forma positiva. Os processos eletrônicos, com os recursos de videoconferência e de comunicação escrita em tempo real, possibilitam às partes estabelecerem negociações de qualquer lugar do mundo, com economia de recursos e ganho de eficiência na resolução consensual de conflitos (Gomes, 2023).

Caso a parte contrária tenha ajuizado ação judicial, caberá ao requerido manifestar na contestação, antes de discutir o mérito, o interesse na instalação do processo arbitral, por meio da alegação da existência de convenção de arbitragem (Art. 337 do CPC/2015).

Dessa forma, o Juiz não resolverá o mérito da ação quando acolher a alegação de existência de convenção de arbitragem ou quando o juízo arbitral reconhecer sua competência (Art. 485 do CPC/2015).

A não manifestação da parte interessada no prazo processual adequado implicará aceitação da jurisdição estatal e renúncia ao juízo arbitral. Todavia, tal fato não impede que as partes manifestem posteriormente, de comum acordo, o interesse na utilização de método auxiliar de solução de conflito, porque a prioridade deve ser a solução célere do litígio.

Por fim, a sentença que julgar procedente o pedido de instituição de arbitragem começará a produzir os seus efeitos imediatamente após a sua publicação, salvo se for concedido efeito suspensivo ao recurso de apelação interposto por uma das partes (Art. 1.012 do CPC/2015).

Diante das diversas possibilidades oferecidas pelo microssistema de solução de controvérsias extrajudicial, constata-se que as partes poderão fazer uso de maneira vantajosa dos seus respectivos instrumentos auxiliares com vistas à autocomposição ou a escolha de um terceiro imparcial para julgar os conflitos derivados dos contratos de seguro e resseguro.

Em razão disso, entende-se válido analisar os principais mecanismos disponibilizados às partes levando-se em consideração os seus interesses e a complexidade das matérias técnicas e jurídicas a serem discutidas.

16.3 NEGOCIAÇÃO

A negociação consiste em um método de autocomposição realizado de maneira autônoma pelas próprias partes ou por meio de representantes contratados especificamente para a realização de tal atividade.

A negociação é realizada geralmente em ambiente privado, fora do espaço jurisdicional de competência exclusiva do Poder Judiciário.

A função dos negociadores é a de aproximar as partes a fim de que elas sejam capazes de equalizar os seus interesses na busca de uma solução com vistas à extinção do conflito e a evitar a sua instalação em uma instância arbitral ou judicial.

As regras da negociação são livremente pactuadas pelas partes interessadas, podendo construir um procedimento próprio específico relacionado às particularidades do caso concreto ou adotar procedimento já institucionalizado para situações similares com base em regimentos de câmaras especializadas ou previstos em lei.

Recomenda-se que as seguradoras e resseguradoras instalem em suas estruturas órgãos específicos ou formem colaboradores previamente preparados para lidar com o processo de negociação de conflitos a respeito de coberturas recusadas considerando as suas vantagens de eliminar a eventual discussão no âmbito judicial.

Nesta etapa, as partes envolvidas também poderão fazer uso da negociação como procedimento preparatório para a coleta de novos elementos informativos que visem ratificar os seus posicionamentos ou a modificar estratégias do ponto de vista da solução do conflito.

A instalação da negociação também costuma ser precedida da celebração de cláusula de confidencialidade por meio da qual as partes mantêm o conteúdo das tratativas limitado à sua esfera privada.

Após a celebração do acordo, as partes poderão ainda submetê-lo à homologação judicial com o intuito de obterem um efeito executivo ainda maior do conteúdo estipulado.

16.4 MEDIAÇÃO

A mediação consiste em um método de autocomposição conduzido por uma terceira pessoa neutra e equidistante das partes com o objetivo de fazê-las alcançar de maneira autônoma uma solução consensual para o conflito.

A mediação é realizada em ambiente privado ou público especificamente criado para essa finalidade.

No Brasil, a mediação está prevista na Lei Federal 13.140/2015 (Lei da Mediação), promulgada com o objetivo de prever as normas básicas para a realização desse tipo de procedimento entre particulares como meio de solução de controvérsias e, também, como meio de autocomposição de conflitos na Administração Pública.

De acordo com o artigo 2º da Lei Federal 13.140/2015, a mediação é norteada pelos seguintes princípios: (i) imparcialidade do mediador; (ii) isonomia entre as partes; (iii) oralidade; (iv) informalidade; (v) autonomia da vontade das partes; (vi) busca do consenso; (vii) confidencialidade; e, (vii) boa-fé.

O procedimento possui caráter facultativo e poderá abranger apenas parte ou todo o litígio. Dentre os conflitos passíveis de mediação, encontram-se os relacionados a *direitos* disponíveis ou *direitos indisponíveis que admitam transação*, sendo que estes últimos deverão ser homologados judicialmente, após a manifestação do Ministério Público (Art. 3º).

A mediação poderá contar com a participação de mediadores de tribunais ou câmaras de solução de controvérsias privadas (mediadores extrajudiciais) ou de instituições públicas (mediadores judiciais) que disponibilizem esses profissionais em suas estruturas institucionais.

A mediação realizada por mediadores autorizados pelo Poder Judiciário encontra ainda previsões específicas no Código de Processo Civil de 2015 (Arts. 165-175 e outros).

Dentre os espaços públicos criados para a instalação de procedimentos de mediação podem ser citados os *Centros Judiciários de Solução de Conflitos e Cidadania – CEJUSCs* do Poder Judiciário ou de outras estruturas como a Defensoria Pública, o Ministério Público ou esferas de governos no âmbito federal, distrital, estadual ou municipal.

No âmbito federal, cita-se, por exemplo, a criação da *Câmara de Conciliação e Arbitragem da Administração Federal – CCAF*, no âmbito da Advocacia Geral da União – AGU, com o objetivo de solucionar conflitos entre entes e órgãos federais, e, também, controvérsias envolvendo relações de entes da União Federal com o Distrito Federal e os Estados da federação (Art. 17 do Ato Regimental AGU 05/2007).

Cita-se, ainda, exemplificativamente, a criação da *Câmara de Mediação, Conciliação e Arbitragem – CMCA*, no âmbito da Superintendência Nacional de Previdência Complementar – PREVIC, com o objetivo de solucionar os conflitos entre as suas entidades e agentes participantes do sistema de previdência complementar fechada (Instrução PREVIC 17/2019).

Na hipótese de utilizarem um espaço privado para a realização da mediação, os seguradores, resseguradores e segurados poderão optar pela adoção de ritos e técnicas previamente estabelecidos pelo tribunal ou corte privada escolhida, ou, especificamente previstos nas respectivas condições gerais do contrato.

16.5 CONCILIAÇÃO

A conciliação consiste em um método de autocomposição conduzido por uma terceira pessoa imparcial com o objetivo de fazer com que as partes alcancem uma solução consensual para o conflito no âmbito extrajudicial ou judicial.

A principal diferença entre mediação e conciliação está na característica mais participativa do conciliador.

O conciliador tem um papel ativo na busca de uma solução consensual que possa ser estabelecida entre as partes para pôr fim ao litígio e, também, abrange a composição de *direitos disponíveis* ou *direitos indisponíveis que admitam transação*.

A conciliação geralmente é realizada no âmbito dos *Centros Judiciários de Solução de Conflitos e Cidadania – CEJUSCs* por meio da atuação de conciliadores ou pelos Juízes ou Desembargadores dos Tribunais Judiciários nas esferas de governos no âmbito federal, distrital, estadual ou municipal.

No Brasil, a conciliação também observa as normas previstas na Lei da Mediação (Lei Federal 13.140/2015) e no Código de Processo Civil de 2015 (Arts. 165-175 e outros).

16.6 ARBITRAGEM

A arbitragem consiste em um método de heterocomposição conduzido por um árbitro ou por um painel, costumeiramente, integrado por três árbitros, dotados de imparcialidade, com o objetivo de prover um julgamento para o conflito por meio de uma sentença arbitral com os mesmos efeitos de uma sentença judicial.

A arbitragem é realizada em ambiente privado especificamente criado para essa finalidade, geralmente em tribunais ou câmaras arbitrais cuja escolha é livremente pactuada pelas partes, inclusive, em relação à escolha do árbitro ou do grupo de árbitros que participará do julgamento.

O tribunal ou câmara arbitral caracteriza-se por ser uma esfera decisória alternativa à jurisdição estatal a fim de prover uma decisão dotada de maior especialização diante da natureza técnica da controvérsia e com uma maior agilidade, uma vez que a sentença deverá ser proferida dentro de prazo limitado, em caráter definitivo e com natureza executiva, normalmente, sem a possibilidade de interposição de recursos.

A redução de tempo para a solução da controvérsia também poderá implicar em redução de custos do processamento do litígio levando-se em consideração a existência de inúmeras despesas e acréscimos legais ao saldo devedor exigidos no âmbito judicial.

No Brasil, a arbitragem está prevista na Lei Federal 9.307/1996 (Lei de Arbitragem), promulgada com o objetivo de prever as normas fundamentais relacionadas à instauração e ao desenvolvimento do procedimento arbitral a ser utilizado entre particulares, ou, entes e órgãos da Administração Pública para dirimir conflitos relativos a direitos patrimoniais disponíveis.

As partes definirão se a arbitragem será de *direito* ou de *equidade*, podendo ainda escolher, livremente: (i) as *regras de direito que serão aplicadas*, desde que não impliquem em violação aos bons costumes e à ordem pública; e, se ela será baseada (ii) nos *princípios gerais de direito*, nos *usos e costumes* e nas *regras internacionais de comércio*.

Importante registrar que, em razão da sua natureza jurídica de direito público, a arbitragem para solucionar controvérsias envolvendo a Administração Pública deverá ser sempre de direito e observar o princípio da publicidade.

O procedimento arbitral é eleito por meio da convenção de arbitragem sob duas modalidades:

(i) *cláusula compromissória*, a convenção celebrada em caráter antecedente e pela qual as partes em um contrato comprometem-se a submeter à arbitragem os litígios futuros que possam vir a surgir, relativamente a tal contrato; e,

(ii) *compromisso arbitral*, a convenção celebrada posteriormente e pela qual as partes submetem um litígio à arbitragem de uma ou mais pessoas, podendo ser judicial ou extrajudicial.

Por fim, importante registrar que nos *contratos de adesão*, a cláusula compromissória só terá eficácia se o aderente tomar a iniciativa de instituir a arbitragem ou concordar, expressamente, com a sua instituição, desde que por escrito em documento anexo ou em negrito, com a assinatura ou vista especialmente para essa cláusula.

Como visto, o *Código de Defesa do Consumidor* prevê ainda que são nulas as cláusulas contratuais relativas ao fornecimento de produtos e de serviços que determinam a utilização compulsória de arbitragem.

Tal disposição consiste em mecanismo de proteção da parte hipossuficiente nas relações securitárias com o intuito de garantir que ela seja devidamente cientificada a respeito da existência da cláusula compromissória e de que manifeste anuência prévia e inequívoca em relação à sua aceitação.

De acordo com a jurisprudência do Superior Tribunal de Justiça, há três espécies de regimes de cláusulas compromissórias no Brasil (REsp 1.628.819/MG, rel. Ministra Nancy Andrighi, DJe 15/03/2018):

(i) a *regra geral*, pela qual a celebração da cláusula compromissória pelas partes afasta automaticamente a jurisdição estatal (Art. 2º da Lei de Arbitragem);

(ii) a *regra específica*, pela qual a celebração da cláusula compromissória em contratos de adesão tem a sua eficácia vinculada à iniciativa da parte aderente na instalação da arbitragem ou manifestação da sua concordância expressa por escrito (Art. 4º, § 2º, da Lei de Arbitragem);

(iii) a *regra consumerista*, pela qual a celebração da cláusula compromissória em contratos de consumo será reputada nula, salvo se a parte aderente posteriormente manifestar a sua concordância expressa com a instalação da arbitragem (Art. 51, inciso VII, do CDC).

Além disso, o STJ tem posicionamento consolidado no sentido do reconhecimento da prevalência da cláusula compromissória nos casos em que figurem empresários e o seu objeto seja a discussão de relação tipicamente comercial (AgInt no EREsp 1.598.220/RN, rel. Ministro Antônio Carlos Ferreira, DJe 12/05/2020).

Independentemente dos critérios mencionados, é preciso destacar que a instalação da arbitragem se trata de decisão situada na esfera privada do segurado, portanto, constatado o preenchimento dos requisitos legais deverá ser sempre privilegiada a escolha da instauração do procedimento arbitral, reconhecidamente mais favorável do ponto de vista da tecnicidade e da rapidez no proferimento de uma solução para disputa de controvérsias contratuais.

Ademais, o prestígio à cláusula arbitral também consiste em mecanismo gerador de benefícios para o Poder Judiciário, uma vez que a estrutura estatal poderá concentrar os seus esforços na solução de inúmeros outros conflitos jurídicos relevantes postos sob a sua apreciação jurisdicional.

Entende-se importante mencionar ainda a possibilidade de participação da seguradora na qualidade de assistente litisconsorcial em litígios arbitrais protagonizados pelo segurado e por uma terceira parte a respeito de um evento passível de cobertura securitária como ocorre nos seguros de responsabilidade civil.

Na hipótese da ausência de celebração de cláusula compromissória, entende-se que a seguradora poderá ser admitida a participar do processo arbitral na qualidade de assistente mediante a manifestação da sua concordância com os termos do compromisso firmado pelas partes principais, por meio da sua extensão à parte não signatária (Lemes, 2009:261-276).

Nesse caso, a participação da seguradora deverá ser admitida sob a condição de adesão voluntária, com o objetivo de contribuir para a solução da controvérsia e de cientificar-se das decisões adotadas em relação à cobertura securitária contratada.

Em assim sendo, a admissão da sociedade seguradora nos termos suscitados, na qualidade de parte interessada, justifica-se porque a sentença arbitral poderá irradiar efeitos sobre a sua esfera jurídico-patrimonial.

O ressegurador também poderá ser provocado a integrar o procedimento arbitral, ou, espontaneamente, ciente do valor financeiro envolvido numa cobertura facultativa, deliberar por participar da disputa visando preservar os seus interesses.

A mesma lógica procedimental mencionada aplica-se ao ressegurador. Portanto, faz-se necessária a demonstração de justificativa diretamente relacionada do ponto de vista técnico-jurídico para o deferimento do seu respectivo ingresso na ação arbitral.

A admissão da participação de terceiros deve estar diretamente relacionada à possibilidade de se garantir isonomia de participação na instrução processual, economia na prática dos atos instrutórios e o potencial de pacificação do conflito abrangendo todas as partes interessadas no resultado final da disputa arbitral.

O procedimento sumário e caracteristicamente informal do procedimento arbitral, aliado à celeridade das suas decisões comparativamente à média dos processos de jurisdição comum, pode ser utilizado de maneira eficiente para estender os seus efeitos jurídicos a todas as partes interessadas, eliminando-se a necessidade da adoção de outras medidas processuais conexas no âmbito do Poder Judiciário.

Entretanto, como destacado, a extensão dos efeitos decisórios da decisão arbitral deverá ser objeto de aceitação prévia e expressa das partes interessadas em relação à participação no processo arbitral com vistas à preservação dos seus interesses jurídicos correlacionados.

Ademais, deverão ser resguardados às partes interessadas todos os direitos e garantias inerentes de participação e influência ativa no procedimento paraestatal, sob pena de nulidade da decisão arbitral proferida e de não incidência dos seus efeitos jurídicos à esfera patrimonial das partes prejudicadas.

17
REGIMES ESPECIAIS
DE RECUPERAÇÃO E LIQUIDAÇÃO

Neste capítulo serão apresentados os procedimentos de direção fiscal, de intervenção e de liquidação extrajudicial aplicáveis às sociedades seguradoras e demais entidades com atuação correlata no mercado de seguros bem como sobre o regime falimentar aplicável.

Importante ressaltar que os procedimentos pré-insolvenciais abrangendo o *Plano de Regularização de Solvência* (aplicável às sociedades seguradoras e demais entidades) e os *Procedimentos de Adequação Econômico-Financeira* (aplicáveis às seguradoras do ramo saúde) já foram abordados no Subitem 4.4.1.2, letra *a*, e no Subitem 11.3.3.4, letra c.

Portanto, quando se mostrarem economicamente viáveis e úteis à superação da crise das entidades reguladas, esses mecanismos de controle de solvência deverão ser aplicados como meios preventivos à adoção dos regimes especiais de recuperação e de liquidação extrajudicial.

17.1 CONSIDERAÇÕES INICIAIS

Como visto no Capítulo 4, as sociedades seguradoras devem comprovar o atendimento de fortes padrões de solvabilidade técnico-financeira para a obtenção da autorização inicial de funcionamento.

Mesmo após a obtenção da autorização para funcionamento, as seguradoras permanecerão vinculadas à manutenção dos padrões de solvabilidade das operações nos mercados em que atuam, como forma de garantir aos segurados que elas possuem condições de cumprir todas as obrigações contratuais assumidas.

Todavia, mesmo diante do cumprimento de tais requisitos qualquer atividade estará sujeita aos desafios do mercado no qual ela se encontra inserida e às nuances concorrenciais, econômicas ou tecnológicas que poderão ocasionar o seu insucesso.

Apesar disso, por serem atividades consideradas especiais, constata-se que as *sociedades seguradoras e resseguradoras* assim como as *entidades de previdência complementar privada*, de *planos de saúde privados* e de *capitalização* não estão diretamente sujeitas à falência.

As leis que regulam essas atividades vedam a sua submissão inicial ao processo falimentar e recuperacional: artigo 26 da Lei do Mercado de Seguros Privados (Decreto-lei 73/1966); artigo 48 da Lei de Previdência Complementar (Lei Complementar 109/2001); artigo 23 da Lei dos Planos de Saúde (Lei Federal 9.656/1998); e, artigo 4º da Lei das Sociedades de Capitalização (Dec.-lei 261/1967).

Em razão da relevância das suas atividades do ponto de vista social, elas se submetem primeiramente a *regimes especiais de direção fiscal, intervenção* e *de liquidação extrajudicial* a fim de tentarem recuperar as suas atividades e reduzir os efeitos prejudiciais sistêmicos causados em razão da sua insolvabilidade.

Importante destacar que o tratamento especial concedido a entidades seguradoras e resseguradoras, de previdência complementar, de saúde privada e de capitalização justifica-se em razão do alto de grau de comprometimento de recursos populares arrecadados no desenvolvimento das suas atividades e do risco sistêmico que a insolvência de uma única entidade pode ocasionar para todo o mercado no qual elas se encontram inseridas.

A adoção de medidas antecedentes de direção fiscal, de intervenção e de liquidação extrajudicial tem como fim evitar que medidas de repercussão prejudicial possam inviabilizar definitivamente a sua recuperação e irradiar-se para outras entidades saudáveis do ponto de vista técnico e financeiro, contendo os efeitos negativos da insolvência aos limites da entidade submetida aos regimes especiais (Cappiello, 2003:155-183).

A Lei de Recuperação e Falência de 2005 prevê expressamente a sua não aplicabilidade à:

> Art. 2º. [...]
> II – instituição financeira pública ou privada, cooperativa de crédito, consórcio, entidade de previdência complementar, sociedade operadora de plano de assistência à saúde, sociedade seguradora, sociedade de capitalização e outras entidades legalmente equiparadas às anteriores.

Além disso, a LF de 2005 ainda prevê a proibição de submissão dessas entidades ao processo de recuperação extrajudicial ou judicial:

> Art. 198. Os devedores proibidos de requerer concordata [antiga recuperação] nos termos da legislação específica em vigor na data da publicação desta Lei ficam proibidos de requerer recuperação judicial ou extrajudicial nos termos desta Lei.

De acordo com o artigo 26 do Decreto-lei 73/1966:

> Art. 26. As sociedades seguradoras não poderão requerer concordata e não estão sujeitas à falência, salvo, neste último caso, se decretada a liquidação extrajudicial, o ativo não for suficiente para o pagamento de pelo menos a metade dos credores quirografários, ou quando houver fundados indícios da ocorrência de crime falimentar.

Portanto, como regra, as sociedades mencionadas, constituídas sob a forma de sociedades empresárias e que estejam em situação de insolvência, estarão, num primeiro momento, excluídas da LF de 2005, uma vez que deverão se submeter às normas específicas relacionadas à sua liquidação extrajudicial.

17 • REGIMES ESPECIAIS DE RECUPERAÇÃO E LIQUIDAÇÃO

Salvo quando após a decretação da liquidação extrajudicial for constatada: (i) a insuficiência do seu ativo para o pagamento de no mínimo a metade dos credores quirografários; ou, (ii) a presença de fundados indícios da prática de crime falimentar.

Entretanto, nos casos omissos, são aplicáveis as disposições da legislação falimentar, desde que não contrariem as disposições do Decreto-lei 73/1966 (Art. 107) ou da legislação específica reguladora.

17.2 REGIMES ESPECIAIS

Quando constatada a existência de anormalidades relacionadas à administração e à solvência técnico-financeira das *sociedades seguradoras*, das *entidades abertas de previdência complementar*, de *sociedades de capitalização* e de *resseguradores locais*, compete à SUSEP decretar a instauração dos procedimentos de recuperação ou de liquidação extrajudicial.

A SUSEP tem como uma de suas finalidades atuar de forma eficiente nos regimes especiais de direção fiscal, intervenção, liquidação extrajudicial e demais regimes a que estão sujeitas as instituições subordinadas à sua esfera de regulação e supervisão.

E compete ao Conselho Diretor da SUSEP decretar e encerrar os regimes especiais de recuperação e liquidação extrajudicial, além de autorizar o liquidante a requerer a autofalência da supervisionada.

A Deliberação SUSEP 231/2019, regula o *procedimento administrativo de proposição* dos regimes especiais das entidades supervisionadas com a especificação dos requisitos formais e dos documentos necessários para apreciação do pedido pelo Conselho Diretor da autarquia.

Compete à Resolução CNSP 395/2020, dispor de maneira detalhada sobre os *Regimes Especiais de Direção Fiscal, de Intervenção* e de *Liquidação Extrajudicial* aplicáveis às seguradoras, sociedades de capitalização, entidades abertas de previdência complementar e resseguradores locais.

Os *regimes especiais de recuperação* e de *liquidação extrajudicial* têm por objetivo assegurar a solidez, a estabilidade e o regular funcionamento do Sistema Nacional de Seguros, de Capitalização, de Resseguros e de Previdência Complementar Aberta.

Além disso, esses regimes deverão observar os seguintes princípios:

(i)   *preservação do interesse público*, consubstanciado na adoção de medidas que visem propiciar a transparência necessária na divulgação da situação técnico-financeira da entidade supervisionada e preservar a segurança e a funcionalidade do mercado;

(ii) *adoção tempestiva*, representada pela atuação imediata da SUSEP, logo após a constatação das condições autorizadoras para a intervenção na entidade supervisionada, e da atuação eficiente do liquidante;

(iii) *celeridade*, consistente na adoção de medidas pautadas pela rapidez e efetividade visando à apuração das causas da intervenção e a aplicação das soluções visando superá-las;

(iv) *proteção ao direito do consumidor*, correspondente à adoção de medidas que visem garantir a satisfação das garantias contratadas pelos segurados e à divulgação de informações fidedignas e precisas ao mercado a respeito da evolução da situação técnico-financeira da entidade supervisionada; e,

(v) *zelo pela adequada utilização dos recursos disponíveis*, compreendido como o dever de diligência do liquidante na direção do procedimento de intervenção fiscal e do uso responsável dos recursos materiais e financeiros disponíveis (Art. 2º da Res. CNSP 395/2020).

Importante esclarecer que no *Regime de Direção Fiscal* a sociedade seguradora continuará funcionando normalmente, mas todas as suas atividades técnico-financeiras e administrativas serão submetidas à supervisão do Diretor Fiscal.

Nesse regime, as medidas adotadas terão por intuito sanear a entidade supervisionada para que ela possa continuar a funcionar sem que seja necessária a decretação do encerramento das suas atividades.

No *Regime de Intervenção*, a sociedade continuará funcionando, mas sob a gestão do interventor nomeado para viabilizar a operacionalização das suas atividades em razão da perda do mandato dos administradores e dos membros dos conselhos estatutários. Em tal regime, as medidas adotadas também terão por objetivo o saneamento da entidade com o intuito de possibilitar a recuperação das suas atividades.

Já no *Regime de Liquidação Extrajudicial*, a sociedade será dissolvida compulsoriamente e passará a funcionar exclusivamente para fins de levantamento do seu ativo e do seu passivo com o objetivo de organizar o quadro de credores e de liquidar as dívidas contraídas perante terceiros.

Dessa forma, na liquidação extrajudicial, a sociedade apenas continuará funcionando para fins de extinção regular das suas atividades perante os seus credores ou, na hipótese de o seu ativo não for suficiente para quitar as dívidas com pelo menos 50% dos credores, para fins de decretação da sua falência.

Em relação às *entidades abertas de previdência complementar*, torna-se relevante registrar que elas também observam algumas regras específicas a respeito dos regimes especiais de recuperação e de liquidação previstas na Lei Complementar 109/2001 (Arts. 43-62); e, na Resolução CNSP 395/2020 (Arts. 4º, 14-15; 33-34).

Por sua vez, as *seguradoras especializadas em seguro-saúde e as operadoras de planos de saúde privados* se submetem aos regimes de recuperação e liquidação extrajudicial decretados pela *Agência Nacional de Saúde – ANS* (Arts. 23 a 24-D da LPS de 1998 e Resolução Normativa – RN 522/2022), como será visto no Subitem 17.2.5.

17.2.1 Direção fiscal

A *direção fiscal* consiste em modalidade de regime especial de fiscalização cujo objetivo é promover o saneamento técnico-financeiro da sociedade seguradora com o intuito de recuperar a sua atividade, viabilizar o cumprimento das obrigações assumidas perante terceiros e segurados, evitando-se assim a sua liquidação extrajudicial.

Dentre os regimes especiais existentes, ela consiste na modalidade interventiva sob o *grau mais leve*, tendo em vista que permite o funcionamento da sociedade seguradora e atua no âmbito da fiscalização dos atos praticados pelos administradores da companhia.

A SUSEP poderá nomear diretor fiscal para atuar na fiscalização especial de sociedades seguradoras, de entidade aberta de previdência complementar, de capitalização e resseguradoras locais, por prazo indeterminado, com as atribuições e prerrogativas que lhe forem indicadas pelo Conselho Nacional de Seguros Privados – CNSP.

Mandatório esclarecer que a fixação do prazo do regime de fiscalização especial deverá pautar-se pelo tempo estritamente necessário para a adoção das medidas de recuperação da entidade supervisionada, com base nos princípios da razoabilidade e proporcionalidade e foco na obtenção de resultados eficientes.

Os custos relacionados à execução do regime de fiscalização especial deverão ser suportados pela respectiva entidade supervisionada.

A direção fiscal deverá ser decretada pela SUSEP diante da constatação da presença de determinados fatos que revelem a prática de condutas em desconformidade com as normas de regulação do mercado ou que revelem o desequilíbrio financeiro da entidade para cumprir as obrigações assumidas no exercício das suas atividades.

De acordo com o Art. 89 do Decreto-lei 73/1966, a direção fiscal poderá ser decretada pela SUSEP quando constatada: (i) a insuficiência de cobertura das reservas técnicas por ativos garantidores; ou, (ii) a má-situação econômico-financeira da sociedade fiscalizada.

De acordo com a Resolução CNSP 395/2020 (Art. 5º), a precariedade da situação econômico-financeira da supervisionada ficará caracterizada se constatada: (i) a irregularidade ou insuficiência na constituição das provisões técnicas de forma reiterada; (ii) a aplicação dos ativos garantidores das provisões técnicas de forma inadequada ou em desacordo com as normas vigentes; (iii) a insuficiência de patrimônio líquido ajustado em relação ao capital mínimo exigido; (iv) a não apresentação, o não cumprimento ou a segunda rejeição do Plano de Regularização de Solvência – PRS ou do Plano de Regularização de Cobertura – PRC (Arts. 71 e 72 da Resolução CNSP 432/2021); (v) a aceitação de risco incompatível com as estruturas patrimoniais e de controle interno; (vi) as reiteradas infrações a dispositivos da legislação securitária ou reiteradas práticas de condutas consideradas nocivas, não regularizadas após as determinações da SUSEP.

Entende-se que a SUSEP, ao constatar a existência de um ou mais fatos acima mencionados, deve primeiramente notificar a entidade supervisionada para que apresente justificativa dentro de prazo determinado a respeito do quadro identificado e solução imediata visando superá-lo com o intuito de evitar a decretação do regime de fiscalização.

Esse entendimento tem por objetivo viabilizar administrativamente a solução para os problemas identificados e evitar a instalação do procedimento de fiscalização com as consequentes repercussões financeiras e mercadológicas dele decorrentes.

Nesse contexto, quando técnica e economicamente viável, entende-se também válida a adoção dos métodos alternativos de solução de controvérsias, como os vistos no capítulo anterior (mediação, conciliação e arbitragem), principalmente, nas situações pré-insolvenciais, quando soluções negociadas com os credores possam contribuir para normalizar a situação financeira da entidade supervisionada (Costa, 2022).

Caso a entidade supervisionada não apresente justificativas plausíveis ou medidas eficientes de superação no curto prazo do quadro identificado, a SUSEP deverá promover a instauração do procedimento de fiscalização especial.

O Diretor Fiscal, escolhido dentre servidores ativos da autarquia, será nomeado pelo Superintendente da SUSEP, após manifestação da área técnica responsável pela supervisão dos Regimes Especiais e do Diretor competente, quanto ao preenchimento dos requisitos exigidos em lei.

Dentre as principais competências do Diretor Fiscal cita-se: (i) a representação da SUSEP e a adoção de medidas dirigidas aos administradores da supervisionada que possam viabilizar a regularização e o reestabelecimento da sua normalidade econômica, financeira e atuarial, vetando as propostas contrárias a tais objetivos e às instruções da SUSEP; (ii) submeter à decisão da SUSEP os vetos que apuser aos atos dos diretores da supervisionada e propor, inclusive, o afastamento temporário de qualquer destes; (iii) convocar e presidir Assembleias Gerais e reuniões da Diretoria; (iv) controlar as operações de seguro e o fluxo financeiro da supervisionada; (v) dirigir, coordenar e supervisionar os serviços dos seus dirigentes e dos seus empregados e exercer quaisquer atribuições necessárias ao desempenho de suas funções (Art. 9º da Res. CNSP 395/2020).

O descumprimento de qualquer determinação do Diretor Fiscal acarretará o afastamento do colaborador infrator (ex: diretores, administradores, gerentes, fiscais ou funcionários), sem prejuízo das sanções penais cabíveis.

Os administradores também ficarão suspensos do exercício de suas funções desde que instaurado processo criminal por atos ou fatos relativos à respectiva gestão e perderão o mandato imediatamente na hipótese de condenação (Art. 92 do Decreto-lei 73/1966).

Em relação aos deveres do Diretor Fiscal, podem ser mencionados: (i) o sigilo sobre as informações a que tiver acesso; (ii) a apresentação de informações, relatórios e a prática de atos determinados pela SUSEP; (iii) o cumprimento do *Manual do Diretor Fiscal* (Circular SUSEP 556/2017), dentre outros, sob pena de sua dispensa, sem prejuízo da apuração de responsabilidade administrativa, civil e criminal.

Além da nomeação do Diretor Fiscal, a SUSEP poderá exigir que a entidade supervisionada apresente *Plano de Ações* com o objetivo de solucionar as anormalidades constatadas ou problemas de natureza econômica, financeira, atuarial, de gestão de risco e de governança, no prazo de 30 (trinta) dias.

O Regime Especial de Direção Fiscal poderá ser concluído com:

(i) a *proposta de encerramento do procedimento de fiscalização*, oportunidade na qual, a entidade supervisionada poderá voltar ao seu funcionamento normal; ou,

(ii) a *proposta de encerramento das suas atividades*, com a decretação do Regime de Liquidação Extrajudicial.

A proposta favorável ao encerramento do Regime Especial de Direção Fiscal poderá ser apresentada pelo Diretor Fiscal à SUSEP, mediante relatório fundamentado, quando: (i) forem afastadas as anormalidades que deram causa ao regime; (ii) estiverem presentes as condições de viabilidade e de recuperação da supervisionada; e, (iii) forem sanadas as insuficiências de capital e liquidez.

O Conselho Diretor da SUSEP poderá, desde que fundamentadamente, decidir de forma contrária em função da análise da situação específica da supervisionada (Art. 12 da Res. CNSP 395/2020).

A possibilidade de decisão contrária pela SUSEP quanto à proposta favorável ao encerramento do regime fiscal deverá levar em consideração aspectos de natureza técnico-financeira robustos que evidenciem uma conclusão em sentido contrário.

Imperioso considerar que a decretação dos regimes especiais consiste em medida excepcional e que influencia diretamente o funcionamento e a manutenção das atividades da entidade supervisionada.

Portanto, eles somente devem ser mantidos caso constatada a presença das condições autorizadoras da sua decretação e desde que em consonância aos *princípios da preservação do interesse público*, da *proteção ao direito do consumidor* e de *zelo na adoção dos recursos disponíveis*.

Além disso, deve ser considerado ainda o *princípio da preservação da empresa* como elemento norteador das decisões a serem adotadas pela SUSEP no sentido de viabilizar a manutenção do funcionamento da entidade supervisionada como fator de geração de benefícios e de riquezas para a coletividade (Art. 170, inciso III, da CF/1988, e Arts. 47 e 75 da LF de 2005).

Embora a Resolução CNSP 395/2020 não preveja expressamente, entende-se que a Direção Fiscal também poderá ser concluída com a recomendação de instauração do *Regime de Intervenção* diante da presença de elementos que justifiquem a sua adoção, em conformidade com a legislação em vigor (Art. 90 do Decreto-lei 73/1966, Art. 2º da Lei Federal 6.024/1974 e Art. 43 da Lei Complementar 109/2001).

Por fim, o Diretor Fiscal proporá à SUSEP a decretação da Liquidação Extrajudicial caso constate: (i) a inviabilidade de recuperação da supervisionada; ou, (ii) a ausência de qualquer condição para o seu funcionamento, ainda que tenha sido cumprido o Plano de Ações, verificada a presença das causas para encerramento das atividades da supervisionada.

As mesmas considerações acima apresentadas em relação à preservação da empresa também se aplicam à hipótese relativa à decretação da liquidação extrajudicial.

A ponderação entre os interesses em jogo deverá ser devidamente realizada pela SUSEP antes da sua decretação ou opção pela decretação do regime de intervenção extrajudicial, como será visto a seguir.

17.2.2 Intervenção

A *intervenção* – assim como o *regime de direção fiscal* – também consiste em modalidade de regime especial cujo objetivo é promover o saneamento técnico-financeiro da sociedade seguradora com o intuito de recuperar a sua atividade, evitando-se assim a sua liquidação extrajudicial.

Trata-se de regime especial de *grau de intervenção intermediário*, pois, apesar de conferir ao interventor plenos poderes de gestão com a cessação do mandato dos membros dos órgãos de administração da entidade supervisionada, tem por objetivo recuperá-la para fins de manutenção das suas atividades (Art. 5º da Lei Federal 6.024/1974).

A SUSEP poderá nomear interventor para atuar na gestão temporária de *sociedades seguradoras*, de *capitalização* e *resseguradoras locais*, pelo prazo máximo de 06 (seis) meses, o qual poderá ser prorrogado por uma única vez pelo mesmo período. Os custos da nomeação deverão ser suportados pela respectiva entidade supervisionada (Art. 4º da Lei Federal 6.024/1974).

Em relação às *entidades de previdência complementar aberta*, o regime de intervenção se vincula ao prazo necessário para o exame da situação da entidade e para o encaminhamento de plano destinado à sua recuperação, cessando com a aprovação do plano ou se decretada a sua liquidação extrajudicial (Arts. 45-46 da Lei Complementar 109/2001).

O interventor poderá ser pessoa natural ou jurídica, com poderes de administração e de representação, nomeado pelo Superintendente da SUSEP, após indicação em lista com até 03 (três) pessoas pelo Comitê Técnico de Regimes Especiais, e será investido, de imediato, em suas funções, mediante termo de posse, lavrado no livro Diário da entidade, independentemente da publicação do ato de sua nomeação (Art. 21 da Res. CNSP 395/2020).

O interventor deverá comprovar o preenchimento dos requisitos legais exigidos para o exercício da função e observar as normas constantes do *Manual do Interventor* aprovado pela SUSEP (Circular SUSEP 555/2017).

A remuneração do interventor, custeada pela supervisionada, terá como limite máximo a remuneração dos antigos gestores e será fixada pela SUSEP com base no porte econômico e financeiro da entidade fiscalizada e na complexidade da gestão, e poderá ser composta por uma parcela fixa e por outra variável, esta última limitada até 5% do ativo.

A intervenção deverá ser decretada pela SUSEP diante da constatação da presença das seguintes anormalidades: (i) prejuízos decorrentes da má-administração que sujeitem a riscos os credores; (ii) reiteradas infrações a dispositivos da legislação securitária ou práticas de condutas nocivas não regularizadas após as determinações da SUSEP; (iii) quando constatado fato caracterizador do estado falimentar, existir a possibilidade de evitar-se, a liquidação extrajudicial (Art. 2º da Lei Federal 6.024/1974).

De acordo com o artigo 90 do Decreto-lei 73/1966, a intervenção poderá ser decretada pela SUSEP quando não surtir efeito o Regime de Fiscalização Especial, aplicando-se a essa modalidade as normas previstas na Lei Federal 6.024/1974, para sociedades seguradoras, de capitalização e resseguradores locais, e na Lei Complementar 109/2001, para as entidades de previdência complementar.

A intervenção poderá ser decretada de maneira compulsória pela SUSEP, ou de maneira espontânea, requisitada pelos próprios administradores da entidade supervisionada, desde que possuam autorização estatutária para tanto, com a indicação das causas do pedido e sem prejuízo da responsabilidade civil e criminal em que estes incorrerem, pela indicação falsa ou dolosa.

Todavia, não poderá ser decretada a intervenção se a supervisionada se enquadrar nas hipóteses de decretação de Liquidação Extrajudicial (Art. 16 da Res. CNSP 395/2020).

Diante dessa norma, importante esclarecer que no exercício das suas atividades de supervisão, a SUSEP sempre deverá eleger o regime especial menos oneroso do ponto de vista interventivo diante de evidências concretas da sua adequação e eficiência para a recuperação das atividades da entidade supervisionada. A decretação da Liquidação Extrajudicial deverá ser a última opção dentre as existentes devido à gravidade dos efeitos por ela gerados.

Todos os atos do interventor que impliquem em disposição ou oneração do patrimônio da sociedade, admissão e demissão de pessoal dependerão de prévia e expressa autorização da SUSEP (Art. 5º da Lei Federal 6.024/1974).

A intervenção produzirá, desde a sua decretação, os seguintes efeitos: (i) a suspensão da exigibilidade das obrigações vencidas; e, (ii) a suspensão da fluência do prazo das obrigações vincendas anteriormente contraídas.

A intervenção cessará: (i) se os interessados, apresentando as necessárias condições de garantia, julgadas a critério da SUSEP, tomarem a si o prosseguimento das atividades econômicas da supervisionada; (ii) quando, a critério da SUSEP, a situação da entidade se houver normalizado; (iii) se decretada a liquidação extrajudicial ou a falência da entidade.

17.2.2.1 Deveres e medidas do interventor

Dentre as principais competências do interventor podem ser citadas: (i) administrar a supervisionada sem afetar o curso regular dos negócios nem seu normal funcionamento; (ii) analisar o *Plano de Recuperação*, o qual poderá ser apresentado por qualquer interessado a fim de solucionar as anormalidades constatadas; (iii) representar a supervisionada em Juízo ou fora dele; (iv) convocar e presidir as assembleias gerais de acionistas (Arts. 23 e 31 da Res. CNSP 395/2020).

Ao assumir suas funções, o interventor deverá: (i) arrecadar, mediante termo, todos os livros da entidade e os documentos de interesse da administração; e, (ii) levantar o balanço geral e o inventário de todos os livros, documentos, dinheiro e demais bens da entidade, ainda que em poder de terceiros, a qualquer título.

Os administradores em exercício poderão apresentar, em relação ao balanço geral e ao inventário, em separado, as declarações e observações que julgarem a bem dos seus interesses.

Os ex-administradores da entidade deverão entregar ao interventor, no prazo de 05 (cinco) dias, da sua posse, uma declaração contendo a indicação dos administradores e membros do Conselho Fiscal que atuaram nos últimos 12 meses, dos mandatos outorgados, dos bens móveis e imóveis que não se encontram no estabelecimento e a participação dos administradores e membros do Conselho Fiscal em outras sociedades (Art. 10 da Lei Federal 6.024/1974).

Os administradores, controladores e membros de conselhos da entidade supervisionada sob o regime de Intervenção também se submetem às regras de indisponibilidade de bens descritas no Subitem 17.2.3.8 aplicáveis à Liquidação Extrajudicial.

Além das funções acima mencionadas, o interventor terá como principais deveres: (i) observar as normas vigentes, os princípios da eficiência, economicidade, moralidade e impessoalidade bem como o Manual de Intervenção da SUSEP; (ii) observar as orientações e atender prontamente as requisições da SUSEP e dos demais órgãos públicos; (iii) atender com presteza e com urbanidade a todos os interessados prestando as informações requeridas, ressalvadas as informações protegidas por sigilo; (iv) zelar pela defesa dos direitos e dos interesses da supervisionada, bem como pela boa administração do seu patrimônio.

O interventor deverá apresentar relatório à SUSEP, no prazo de 60 (sessenta) dias, contados de sua posse, prorrogável se necessário, o qual deverá conter: (i) o exame da escrituração, da aplicação dos fundos e disponibilidades, e da situação econômico-financeira da instituição, bem como do Plano de Recuperação, caso apresentado, com antecedência mínima de 15 dias; (ii) a indicação, devidamente comprovada, dos atos e omissões danosos que eventualmente tenha verificado; e, (iii) a proposta justificada da adoção das providências que lhe pareçam convenientes à instituição (Art. 11 da Lei Federal 6.024/1974).

17 • REGIMES ESPECIAIS DE RECUPERAÇÃO E LIQUIDAÇÃO   **495**

O interventor poderá propor a adoção de qualquer providência que lhe pareça necessária e urgente à SUSEP antes da apresentação do relatório.

À vista do relatório ou da proposta do interventor, a SUSEP poderá: (i) determinar a cessação da intervenção, hipótese em que o interventor será autorizado a promover os atos que, nesse sentido, se tornarem necessários; (ii) manter a instituição sob intervenção, até serem eliminadas as irregularidades que a motivaram; (iii) decretar a liquidação extrajudicial da entidade; ou, (iv) autorizar o interventor a requerer a falência da entidade, quando o seu ativo não for suficiente para cobrir sequer metade do valor dos créditos quirografários, ou quando julgada inconveniente a liquidação extrajudicial, ou quando a complexidade dos negócios da instituição ou, a gravidade dos fatos apurados aconselharem a medida (Art. 12 da Lei Federal 6.024/1974).

Não surtindo efeito a intervenção, a SUSEP encaminhará ao CNSP proposta de cassação da autorização para funcionamento da sociedade seguradora (Art. 90 do Decreto-Lei 73/1966).

Das decisões do interventor caberá recurso, sem efeito suspensivo, no prazo de até 10 (dez) dias da respectiva ciência, para a SUSEP, em única instância, sob pena de a decisão assumir caráter definitivo (Art. 13 da Lei Federal 6.024/1974).

O interventor prestará contas à SUSEP, independentemente de qualquer exigência, quando deixar suas funções, ou a qualquer tempo, quando solicitado, e responderá, civil e criminalmente, por seus atos.

O regime especial de Intervenção também observará as mesmas *normas comuns* aplicáveis à Liquidação Extrajudicial a respeito: (i) da *comprovação dos requisitos mínimos para o exercício da função de Interventor e de Liquidante Extrajudicial*; (ii) da *decretação do regime especial por extensão*; (iii) das *regras sobre a indisponibilidade de bens*; e, (iv) da *instalação de Comissão de Inquérito*.

17.2.3 Liquidação extrajudicial

A *liquidação extrajudicial* consiste em modalidade de regime especial cujo objetivo é promover a liquidação das atividades operacionais e das respectivas dívidas contraídas pela sociedade seguradora com a decretação da sua retirada do mercado.

Trata-se do regime especial com o *grau mais alto* de intervenção na sociedade liquidanda, porque o liquidante assume a responsabilidade pela sua gestão, com a respectiva cessação dos mandatos de todos os administradores e membros dos órgãos de administração.

A nomeação do liquidante para a administração da sociedade liquidanda tem por objetivo garantir a adoção das melhores práticas de gestão e a preservação dos interesses dos credores.

A liquidação extrajudicial também deverá ser decretada pela SUSEP quando constatada a presença de fatos violadores das normas de regulação do mercado ou que estejam relacionados à incapacidade técnico-financeira da entidade de satisfazer as suas obrigações.

A *liquidação extrajudicial* possui a natureza de *procedimento de execução coletiva* por meio do qual os credores reúnem os seus direitos de crédito a fim de viabilizar a divisão compartilhada dos ativos da sociedade liquidanda.

A finalidade da liquidação extrajudicial é a de evitar que a corrida individual pela busca de ativos da seguradora insolvente implique em prejuízos ao interesse coletivo dos credores organizados com base nas classes de créditos previstas na legislação em vigor.

Nesse contexto, a ordem de pagamento dos credores é estabelecida de acordo com a natureza do crédito ou da pessoa titular dos seus respectivos direitos, variando conforme a prioridade social e jurídica reconhecidas pelo legislador em face de todos os interesses individuais e coletivos em disputa (Sacramone, 2018).

Os valores devidos aos credores-segurados e beneficiários a título de obrigação, em síntese, poderão decorrer preponderantemente das seguintes situações:

(i) *crédito de indenização securitária*, correspondente ao valor da cobertura contratada cujo direito de recebimento decorre da materialização do fato gerador da pretensão relacionado à ocorrência do evento predeterminado nas condições gerais da apólice; e,

(ii) *crédito de prêmio a ser restituído*, correspondente ao valor pago pela contratação da cobertura securitária, contabilizado após a rescisão da apólice e descontadas as despesas devidas.

Os *segurados e os beneficiários titulares de crédito por indenização e os participantes e os assistidos dos planos de previdência complementar aberta* terão *privilégio especial* sobre os ativos garantidores das provisões técnicas e, caso estes não sejam suficientes para a cobertura dos direitos respectivos, *privilégio geral* sobre as demais partes não vinculadas ao ativo (Art. 86 do Dec.-lei 73/1966 e Art. 50, § 2º, da LC 109/2001).

O valor devido a título de indenização securitária tem a natureza de *crédito com privilégio especial* porque os ativos garantidores são constituídos para a garantia do pagamento das indenizações ou prestações securitárias assumidas pela seguradora em prol dos segurados e dos participantes-beneficiários de planos de previdência complementar privada.

Em razão da sua natureza prioritária, os segurados e os beneficiários credores de indenizações e de importâncias seguradas cujo fato gerador tenha se materializado em conformidade com o que dispõem as condições gerais da apólice terão privilégio de recebimento sobre os demais credores abaixo da sua classe de crédito (ex.: credores quirografários etc.).

De qualquer sorte, o crédito de indenização securitária somente será pago ao segurado após a satisfação dos créditos previstos na ordem de preferência estabelecida pela legislação falimentar: créditos extraconcursais, créditos trabalhistas limitados até

150 salários-mínimos e de acidentes do trabalho, créditos com garantia real, e se houver saldo positivo para tanto (Arts. 83 e 84 da LF).

Os segurados credores de prêmios cujo pagamento tenha sido realizado posteriormente à declaração de liquidação extrajudicial farão jus ao direito de restituição dos valores pagos na qualidade de *créditos extraconcursais*, em razão do cancelamento automático das suas apólices pela decretação do regime de liquidação.

O procedimento de organização dos créditos a serem pagos aos segurados será visto com maiores detalhes no Subitem 17.2.3.11, relativo à formação do Quadro de Credores.

17.2.3.1 Fatos autorizadores da decretação da liquidação extrajudicial

Dentre os fatos que autorizam a decretação da liquidação extrajudicial da entidade supervisionada, podem ser citados: (i) a prática de atos nocivos à Política Nacional de Seguros; (ii) a não formação das provisões técnicas a que esteja obrigada ou a sua desconformidade com as normas vigentes; (iii) a acumulação de obrigações vultosas devidas aos resseguradores; ou, (iv) a configuração da insolvência econômico-financeira (Art. 96 do Decreto-lei 73/1966).

Considera-se *prática de atos nocivos à política de seguros*, dentre outros, aqueles que trazem risco incompatível com as estruturas patrimoniais e de controle interno, práticas de governança corporativa inadequadas, comercialização de produto suspenso, práticas graves ou reiteradas de comercialização sem observância à legislação.

Por sua vez, a *situação de insolvência econômico-financeira* restará caracterizada quando constatada a insuficiência de liquidez ou de patrimônio líquido ajustado em relação ao capital mínimo requerido (Art. 35 da Res. CNSP 395/2020).

17.2.3.2 Decretação da liquidação extrajudicial por extensão

A SUSEP poderá estabelecer idêntico regime especial para as pessoas jurídicas que com as supervisionadas tenham *integração de atividade* ou *vínculo de interesse*, com o objetivo de preservar os interesses dos credores e a integridade do acervo das supervisionadas submetidas à Liquidação Extrajudicial (Art. 86 da Res. CNSP 395/2020).

Caracteriza-se a integração de atividade ou o vínculo de interesse quando as pessoas jurídicas se enquadrarem, especialmente, nas seguintes situações: (i) tiverem entre seus sócios ou acionistas pessoas com participação direta ou indireta, no capital da supervisionada submetida a Regime Especial, superior a 10% (dez por cento); (ii) tiverem entre seus controladores pessoas que sejam cônjuges ou parentes, até o segundo grau, dos controladores, dos administradores ou dos membros de outros órgãos estatutários ou contratuais da supervisionada; ou, (iii) quando as pessoas jurídicas forem devedoras da supervisionada submetida à Liquidação Extrajudicial.

Mandatório registrar que as medidas de decretação da liquidação extrajudicial por extensão deverão ser adotadas com diligência e cuidado pela SUSEP por se tratar de medida extrema e aplicável em situações específicas.

CURSO DE DIREITO DO SEGURO E RESSEGURO • Vinícius Mendonça

Como destacado, devem ser adotadas todas as medidas preventivas visando promover a superação da constatação de eventuais condutas irregulares pelas entidades
supervisionadas, individualmente ou, no caso de grupos econômicos, com atuação no
mesmo ramo de atividade.

Nesse sentido, entende-se que a decretação por extensão não poderá ser realizada
em face de entidade supervisionada que esteja atuando de maneira regular sem a evidência de prática de descumprimento das condições de funcionamento previstas em lei.

Além disso, a decretação da liquidação extrajudicial por extensão somente poderá
ser aplicada à empresa que atue nos limites estritos dos mercados supervisionados pela
SUSEP, ou seja, se a empresa do mesmo grupo econômico atuar em ramo submetido à
supervisão de outra entidade estatal não poderá ser afetada pelas medidas liquidatárias
extensivas adotadas.

Neste ponto, incidem com todo o seu caráter protetivo os *princípios da autonomia
patrimonial* e da *preservação da empresa*, por se tratar de sociedades com personalida-
des jurídicas próprias e atividades específicas que devem ser preservadas de eventuais
medidas prejudiciais desproporcionais que possam colocar em risco a sua existência.

Em várias oportunidades têm se demonstrado muito mais útil e eficaz a manutenção da separação dos efeitos da eventual insolvência de uma empresa que integre um
grupo econômico e a preservação das sociedades com atividades empresariais sadias
do que a decretação da extensão injustificada dos seus efeitos.

Com isto, a possibilidade de preservação das demais atividades e, até mesmo, a
contribuição para que elas possam, nos limites da sua autonomia patrimonial, viabilizar
as medidas de recuperação da empresa insolvente, podem gerar muito mais benefícios
do que submetê-las indistintamente aos seus efeitos liquidatários.

Importante esclarecer que o entendimento ora sustentado de preservação da autonomia e da separação patrimonial de sociedades pertencentes a um mesmo grupo
econômico poderá sofrer mitigação quando comprovada a malversação administrativa
ou o esvaziamento patrimonial.

Para tanto, poderão ser adotadas medidas administrativas ou judiciais, inclusive
de natureza cautelar, visando à preservação dos interesses da entidade liquidanda e
dos seus credores.

17.2.3.3 Efeitos da decretação da liquidação extrajudicial

Como destacado, a liquidação extrajudicial consiste no regime especial com o
grau mais elevado de intervenção e de prejudicialidade para as atividades da entidade
supervisionada, gerando-se diversos efeitos a partir da sua decretação.

A decretação da liquidação extrajudicial produzirá, imediatamente, os seguintes
efeitos: (i) suspensão das ações e execuções judiciais, excetuadas as que tiveram início
anteriormente, quando intentadas por credores com privilégio sobre determinados

bens da sociedade; (ii) vencimento antecipado das obrigações civis ou comerciais; (iii) suspensão de juros, quando a massa liquidanda não for suficiente para o pagamento do principal; (iv) revogação dos poderes dos órgãos de administração; (v) interrupção da prescrição contra ou a favor da sociedade; (vi) não atendimento das cláusulas penais dos contratos vencidos em razão da liquidação; e, (vii) cancelamento de autorização para funcionamento (Art. 98 do Decreto-lei 73/1966.

Os efeitos serão gerados a partir da publicação da decisão que decretar a liquidação extrajudicial no Diário Oficial da União.

17.2.3.4 *Nomeação do liquidante*

O liquidante, pessoa natural ou jurídica, com poderes de administração, de representação e de liquidação, será nomeado pelo Superintendente da SUSEP, após indicação de lista com até 03 (três) pessoas pelo Comitê Técnico de Regimes Especiais, após a comprovação do preenchimento dos requisitos legais.

Os requisitos mínimos a serem preenchidos pelos interessados ao exercício das funções de liquidante encontram-se previstos no Art. 85 da Res. CNSP 395/2020 e, também, se aplicam para o exercício da função de Interventor.

Dentre os principais, podem ser citados: (i) ter formação de nível superior; (ii) comprovação de capacitação técnica e experiência profissional em áreas afins à atividade a ser exercida no Regime Especial; (iii) não ter sido condenado no âmbito criminal em caráter definitivo; (iv) não ter firmado contrato com a entidade supervisionada, suas coligadas ou sócios em período inferior a 04 (quatro) anos antes da nomeação.

No caso de interessado pessoa jurídica, o responsável técnico deverá comprovar o atendimento a todos os requisitos exigidos para a função.

A remuneração do liquidante, custeada pela supervisionada, será fixada pela SUSEP com base no porte econômico e financeiro da entidade fiscalizada e na complexidade da gestão, e poderá ser composta por uma parcela fixa e por outra variável, esta última limitada até 5% do ativo (Art. 49 da Res. CNSP 395/2020).

A SUSEP avaliará anualmente o desempenho do liquidante e a conveniência de substituí-lo, sem prejuízo de fazê-lo a qualquer tempo, caso verifique sua necessidade.

Destaca-se que a Resolução CNSP 395/2020 promoveu profunda alteração na forma de escolha das pessoas responsáveis pelo exercício das funções de interventor e de liquidante extrajudicial no âmbito dos regimes especiais, permitindo a escolha de pessoa natural e de pessoa jurídica sem vínculo funcional com a SUSEP, ampliando-se o leque de profissionais que poderão assumir essas funções.

Antes, na vigência da revogada Resolução CNSP 335/2015 (Art. 25), as funções de interventor e de liquidante apenas poderiam ser exercidas por servidores ativos ou inativos da SUSEP e, na sua falta, por outros servidores ou empregados públicos federais, empregados de empresas estatais, com graduação e experiência em área afim.

Com tal modificação, a SUSEP poderá ainda constituir cadastro de interessados a fim de agilizar os processos de análise e de escolha de candidatos capacitados para o exercício das funções de direção dos procedimentos especiais de Intervenção e de Liquidação Extrajudicial no âmbito do mercado segurador e ressegurador.

17.2.3.5 Competências do liquidante

No exercício das suas atividades de direção, o liquidante deverá adotar uma série de medidas visando preservar os interesses relacionados ao levantamento do ativo e à satisfação do passivo da entidade liquidanda.

Dentre as principais competências do liquidante cita-se: (i) adoção das medidas administrativas necessárias para o funcionamento da supervisionada; (ii) representação da supervisionada em Juízo ou fora dele; (iii) realização dos ativos e liquidação do passivo quando possível; (iv) verificação e classificação dos créditos e elaboração do quadro geral de credores; (v) convocação e presidência das assembleias gerais de acionistas; (vi) levantamento do balancete e das demonstrações contábeis e atuariais necessárias à organização dos bens do ativo e da relação de credores; (vii) requerimento da falência da supervisionada, mediante prévia autorização da SUSEP; (viii) publicação e arquivamento no órgão de registro competente dos atos relativos à dissolução da supervisionada, dentre outras (Art. 99 do Decreto-lei 73/1966).

17.2.3.6 Deveres do liquidante

As atividades de liquidação extrajudicial também devem ser realizadas com base na observância de uma série de deveres vinculativos da atividade do liquidante.

Dentre os principais deveres do liquidante, podem ser mencionados, exemplificativamente, os seguintes: (i) observação das normas legais e regulamentares, bem como os princípios da eficiência, celeridade, economicidade, moralidade e impessoalidade na conclusão do processo de Liquidação Extrajudicial; (ii) esclarecimento das informações requeridas, ressalvadas as informações sigilosas; (iii) zelo pela defesa dos direitos e dos interesses da supervisionada, bem como pela boa administração do seu patrimônio; (iv) observância dos procedimentos descritos no *Manual do Liquidante*, aprovado pela SUSEP, dentre outros, sob pena de dispensa e sem prejuízo de apuração de responsabilidade administrativa, civil e criminal (Art. 47 da Res. CNSP 395/2020).

17.2.3.7 Relatório do liquidante

O liquidante, dentro de 60 (sessenta) dias contados da sua posse, prorrogáveis por igual prazo e a seu pedido, apresentará à SUSEP relatório circunstanciado, que deverá conter uma série de requisitos considerados obrigatórios.

Dentre os requisitos obrigatórios podem ser citados, em especial: (i) *introdução*, com a apresentação da supervisionada; (ii) *providências iniciais*, especificando as medidas acautelatórias, da arrecadação de livros, de bens e de valores e da comunicação aos órgãos públicos; (iii) *exame da escrituração contábil*, da aplicação dos recursos e da situação econômica e financeira da supervisionada; (iv) *indicação das omissões e dos atos danosos* ocorridos antes da liquidação; e, (v) *conclusão*, com sugestão sobre o destino a ser dado à supervisionada.

Com base na análise detalhada do relatório apresentado, a SUSEP poderá autorizar o liquidante a: (i) *prosseguir na Liquidação Extrajudicial*; ou, (ii) *requerer a falência da supervisionada*, quando o seu ativo não for suficiente para cobrir pelo menos a metade do valor dos créditos quirografários, ou quando houver fundados indícios de crimes falimentares (Art. 51 da Res. CNSP 395/2020).

Sem prejuízo do conteúdo do relatório, em qualquer tempo, a SUSEP poderá estudar pedidos de cessação da Liquidação Extrajudicial, formulados pelos interessados, concedendo ou recusando a medida pleiteada, nos termos da legislação vigente, considerando as garantias oferecidas e as conveniências de ordem geral.

No caso de a SUSEP autorizar o prosseguimento da Liquidação Extrajudicial, o liquidante deverá apresentar Plano de Ação, dentro do prazo de 15 (quinze) dias, contendo no mínimo: (i) a forma de disposição dos ativos da massa liquidanda; (ii) a forma de liquidação dos passivos; (iii) as ações e atividades a serem executadas, com a especificação dos seus riscos e planos de contingência.

17.2.3.8 Indisponibilidade de bens

A decretação da Liquidação Extrajudicial implicará a indisponibilidade de todos os bens dos administradores, dos controladores e dos membros de conselhos estatutários da entidade supervisionada, que tenham exercido suas funções nos 12 (doze) meses anteriores, não podendo, por qualquer forma, direta ou indireta, aliená-los ou onerá-los, até a apuração e a liquidação final de suas responsabilidades, com exceção dos bens pessoais considerados inalienáveis ou impenhoráveis pela legislação vigente (Art. 87 da Res. CNSP 395/2020).

A indisponibilidade poderá ser estendida aos bens de pessoas que, nos últimos 12 (doze) meses antes da decretação da liquidação, os tenham adquirido, a qualquer título, das pessoas mencionadas, desde que existam elementos concretos de convicção de que se trata de transferência simulada com o fim de evitar os efeitos da legislação vigente.

O liquidante comunicará a indisponibilidade de bens aos órgãos competentes para os devidos registros e, também, deverá publicar edital informando a indisponibilidade de bens para conhecimento de terceiros.

17.2.3.9 Realização e reavaliação de ativos

A alienação de ativos da entidade supervisionada poderá ser realizada independentemente da organização do quadro geral de credores, pois o objetivo é priorizar, da forma mais célere e eficiente possível, a captação de recursos financeiros necessários para quitar o saldo devedor.

Mas a alienação ou gravame de qualquer bem dependerá de autorização da SUSEP, a qual terá direito à comissão de 5% sobre o ativo realizado nos trabalhos de liquidação (Art. 106 do Decreto-lei 73/1966).

A comissão a ser paga a SUSEP tem por objetivo possibilitar a constituição de fundos necessários para cobrir parte das despesas, inclusive, realizadas em condição de antecipação, para fins da adoção de medidas nos procedimentos de liquidação extrajudicial.

Em relação aos bens imóveis, o liquidante deverá providenciar novos laudos de avaliação quando esses tiverem mais de 05 (cinco) anos, no momento da realização dos ativos ou para o encerramento da liquidação extrajudicial.

17.2.3.10 Ativos de resseguro e de retrocessão

No caso de liquidação extrajudicial da cedente, os resseguradores e os retrocessionários não responderão diretamente perante o segurado, beneficiário, participante ou assistido pelo valor assumido em resseguro e retrocessão, ficando a cedente responsável por cumprir as obrigações securitárias firmadas.

Dessa forma, as responsabilidades do ressegurador em face da massa liquidanda subsistem perante a cedente independentemente do pagamento ou não das indenizações securitárias ou dos benefícios previdenciários.

Ressalva-se a possibilidade de pagamento direto aos credores da cedente pelo ressegurador nas hipóteses de celebração de: (i) *contrato de resseguro facultativo*; ou, (ii) *se houver cláusula expressa de pagamento direto ao segurado*.

Além disso, o liquidante poderá transformar, mediante a autorização da SUSEP, os ativos de resseguro em ativos financeiros, por meio da extinção dos contratos ressecuritários, caso comprovada a vantagem para a massa liquidanda, baseada na análise das provisões técnicas e da mensuração dos riscos aos quais ela esteja exposta (Art. 58 da Res. CNSP 395/2020).

17.2.3.11 Quadro geral de credores

A elaboração do quadro geral de credores está vinculada a um procedimento detalhado voltado para viabilizar a catalogação dos créditos, a apreciação de impugnações e a retificação de eventuais incongruências constatadas, possibilitando, assim, a organização da ordem de pagamento dos credores, conforme abaixo especificado.

a) Publicação do aviso inicial para declaração dos créditos

Primeiramente, após a análise do relatório inicial e a autorização da SUSEP para o prosseguimento na liquidação extrajudicial, o liquidante deverá publicar o aviso aos credores para que declarem os respectivos créditos, dispensados dessa formalidade os *credores por dívida de indenização de sinistro* ou *de restituição de prêmios, por prêmios de cosseguro e de resseguro,* os *subscritores de títulos de capitalização,* os *participantes e os assistidos dos planos de benefícios.*

O aviso para formação do quadro de credores, cujo prazo para a declaração dos créditos não será inferior a 20 (vinte) nem superior a 40 (quarenta) dias, deverá ser publicado no Diário Oficial da União, em jornal de grande circulação do local da sede da supervisionada e no seu sítio eletrônico (Art. 59 da Res. CNSP 395/2020).

Aos credores obrigados à declaração, assegurar-se-á o direito de obterem do liquidante as informações necessárias à defesa dos seus interesses e à prova dos respectivos créditos. Após a análise dos pedidos, os credores serão notificados, por escrito, a respeito da decisão do liquidante, os quais, a contar da data do recebimento da notificação, terão o prazo de 10 (dez) dias para recorrer à SUSEP do ato que lhes pareça desfavorável (Art. 61 da Res. CNSP 395/2020).

b) Publicação do quadro geral de credores

Posteriormente, esgotado o prazo para a declaração de créditos e julgados estes, o liquidante organizará o quadro geral de credores e publicará, na forma acima mencionada, aviso de que o mesmo, juntamente com o balancete, se acha afixado na sede da supervisionada, para conhecimento dos interessados (Arts. 62-65 da Res. CNSP 395/2020).

Após a publicação do quadro geral de credores, qualquer interessado poderá impugnar a legitimidade, o valor, ou a classificação dos créditos dele constantes, por escrito, devidamente justificado e instruído com os documentos julgados convenientes, em 10 (dez) dias, contados da data da sua publicação.

O Decreto-Lei 73/1966 prevê que os interessados deverão impugnar o quadro geral de credores no prazo de 15 (quinze) dias, sob pena de decadência (Art. 101 do Dec.-lei 73/1966).

O titular do crédito impugnado será notificado pelo liquidante e, a contar da data do recebimento da notificação, terá o prazo de 05 (cinco) dias para oferecer as alegações e provas que julgar convenientes à defesa dos seus direitos. O liquidante encaminhará as impugnações com o seu parecer, juntando os elementos probatórios, à decisão da SUSEP.

Após julgadas todas as impugnações, o liquidante fará publicar avisos, na forma mencionada, sobre as eventuais modificações no quadro geral de credores que, a partir desse momento, será considerado definitivo.

Os credores que se julgarem prejudicados, poderão prosseguir nas ações que tenham sido suspensas por força da decretação da Liquidação Extrajudicial, ou propor as que couberem, dando ciência do fato ao liquidante para que este reserve fundos suficientes à eventual satisfação dos respectivos pedidos, direito este que deverá ser exercido em até 30 (trinta) dias, contados da data da publicação do quadro geral definitivo, sob pena de decadência.

Nos casos de descoberta de falsidade, de dolo, de simulação, de fraude, de erro essencial, ou de documentos ignorados na época do julgamento dos créditos, o liquidante ou qualquer credor admitido poderá pedir à SUSEP, até o encerramento da Liquidação Extrajudicial, a exclusão, outra classificação, ou a simples retificação de qualquer crédito.

O titular desse crédito será notificado do pedido e, a contar da data do recebimento da notificação, terá o prazo de 05 (cinco) dias para oferecer as alegações e provas que julgar convenientes, cuja decisão lhe será notificada por escrito, contando-se da data do recebimento da notificação o prazo de decadência para propor ação judicial anteriormente mencionada.

c) Consolidação do quadro geral e ordem de pagamento dos créditos

O liquidante será responsável pela consolidação do quadro geral de credores, o qual mencionará a importância e a classificação de cada crédito na data da decretação da Liquidação Extrajudicial, e levantará o balancete do ativo e do passivo da supervisionada, e organizará:

(i)   a *relação dos ativos* e o *valor dos ativos garantidores* de provisões técnicas;

(ii) a *lista dos credores securitários*, por dívida de indenização de sinistro ou de restituição de prêmios, por prêmios de cosseguro e de resseguro, subscritores de planos de capitalização, e participantes e assistidos dos planos de previdência complementar aberta, com a indicação das respectivas importâncias; e,

(iii) a *relação dos demais credores*, com indicação das importâncias e da procedência dos créditos, bem como sua classificação, de acordo com a lei falimentar.

Como destacado, a classificação dos créditos na Liquidação Extrajudicial obedecerá à ordem de pagamento dos créditos adotada pela legislação falimentar, a qual, em síntese, classifica-os com base em dois grandes grupos considerando a natureza da obrigação:

(i)   os *créditos extraconcursais*, compreendidos como aqueles que são constituídos posteriormente à decretação da falência para a execução das atividades de liquidação, e que, por isso, gozam de prioridade no pagamento em relação aos demais; e,

(ii) os *créditos concursais*, compreendidos como aqueles constituídos antes da decretação da falência, no exercício comum das atividades da entidade insolvente, de acordo com as diferentes classes de credores previstos em lei.

De acordo com a Resolução CNSP 395/2020 (Arts. 67-71), na categoria dos *créditos extraconcursais*, o pagamento deverá observar a seguinte ordem: créditos devidos ao liquidante, seus assistentes, e aos funcionários, fornecedores e prestadores de serviços da liquidanda, adiantamentos feitos pela SUSEP etc.

17 • REGIMES ESPECIAIS DE RECUPERAÇÃO E LIQUIDAÇÃO

Já na categoria dos *créditos concursais*, o pagamento deverá observar a seguinte ordem: (i) *trabalhistas, limitados até 150 salários-mínimos, e de acidente do trabalho*; (ii) *com garantia real*; (iii) *tributários*; (iv) *com privilégio especial*; (v) *com privilégio geral*; (vi) *quirografários*; (vii) *multas contratuais e penas pecuniárias*; e, (viii) *subordinados*.

Destaca-se, mais uma vez, que os segurados e os beneficiários credores de indenização, os participantes e os assistidos dos planos de previdência aberta terão *privilégio especial* sobre os ativos garantidores das provisões técnicas e, caso estes não sejam suficientes para a cobertura dos direitos respectivos, *privilégio geral* sobre as demais partes não vinculadas ao ativo.

Os participantes dos planos de previdência complementar aberta que estiverem recebendo benefícios, ou que tiverem adquirido este direito antes de decretada a Liquidação Extrajudicial, terão *direito de preferência* sobre os demais participantes.

Após o pagamento dos credores vinculados a créditos securitários, o *privilégio especial* citado será conferido às seguradoras e aos resseguradores, nesta ordem, relativamente aos ativos garantidores das provisões técnicas.

O liquidante deverá efetuar o pagamento dos credores pelo valor do crédito apurado e aprovado pela SUSEP, observados os respectivos privilégios e classificação, de acordo com a cota determinada em rateio, no prazo de 06 (seis) meses (Art. 104 do Decreto-lei 73/1966).

Em que pese a ordem de pagamentos prevista na Resolução CNSP 395/2020, registra-se que a Lei Federal 14.112, de 24/12/2020, promoveu alterações na ordem dos créditos prevista no Art. 83 da LF de 2005, com a *supressão* dos créditos com *privilégio especial* e com *privilégio geral* no regime falimentar.

Dessa forma, a partir do início da vigência da Lei Federal 14.112/2020, o que ocorreu após 30 (trinta) dias da sua publicação, os créditos com *privilégio especial* e com *privilégio geral* passaram a ser tratados como *créditos quirografários*, sem qualquer privilégio em relação aos demais créditos comuns, com exceção das multas e dos subordinados (Art. 83, § 6º, da LF de 2005).

Entretanto, entende-se que essa modificação não tem o poder de impactar a ordem de pagamento dos créditos securitários prevista na Resolução CNSP 395/2020, por dois motivos.

O *primeiro motivo* está fundamentado na constatação de que os créditos securitários se submetem a um *sistema de recuperação e de liquidação extrajudicial especial*, o qual apenas deve observância às normas gerais do procedimento falimentar no caso de omissão e naquilo que com ele forem compatíveis (Art. 2º da LF de 2005 c/c Art. 107 do Dec.-lei 73/1966).

Como é sabido, a finalidade dos procedimentos de recuperação e de liquidação extrajudicial é a de possibilitar a proteção do sistema securitário, evitando-se a contaminação de outras entidades congêneres; e, simultaneamente, garantir o pagamento dos créditos devidos aos segurados protegidos por ativos garantidores, especificamente constituídos para satisfazer esse tipo de obrigação contratual.

Nesse sentido, o Art. 86 do Dec.-lei 73/1966 é claro ao prever que:

Art. 86. Os segurados e beneficiários que sejam credores por indenização ajustada ou por ajustar têm *privilégio especial* sobre reservas técnicas, fundos especiais ou provisões garantidoras das operações de seguro, de resseguro e de retrocessão (redação dada pela Lei Complementar 126/2007).

Parágrafo único. Após o pagamento aos segurados e beneficiários mencionados no caput deste artigo, o privilégio citado será conferido, relativamente aos fundos especiais, reservas técnicas ou provisões garantidoras das operações de resseguro e de retrocessão, às sociedades seguradoras e, posteriormente, aos resseguradores (incluído pela Lei Complementar 126/2007).

No mesmo sentido, a Lei Complementar 109/2001 prevê que:

Art. 50. O liquidante organizará o quadro geral de credores, realizará o ativo e liquidará o passivo.

§ 2º Os participantes, inclusive os assistidos, dos planos de benefícios terão *privilégio especial* sobre os ativos garantidores das reservas técnicas e, caso estes não sejam suficientes para a cobertura dos direitos respectivos, *privilégio geral* sobre as demais partes não vinculadas ao ativo.

§ 3º Os participantes que já estiverem recebendo benefícios, ou que já tiverem adquirido este direito antes de decretada a liquidação extrajudicial, terão preferência sobre os demais participantes.

Logo, com base em uma interpretação finalística e sistemática, as normas do regime falimentar comum, o qual apenas será aplicado subsidiariamente, não poderão afetar o regime de recuperação e de liquidação extrajudicial especial dos entes seguradores, no caso da existência de normas próprias e específicas com elas incompatíveis.

O *segundo motivo* está fundamentado na constatação de que o *Decreto-Lei 73/1966* e a *Lei Complementar 109/2001* são *leis complementares*, logo, os benefícios conferidos justificadamente aos segurados com o intuito de diminuir os efeitos relacionados à crise de insolvência dos entes seguradores não poderão sofrer diminuição da sua proteção jurídica por norma cuja natureza é de lei ordinária como a LF de 2005.

Em assim sendo, a natureza especial das normas de liquidação extrajudicial aplicáveis aos créditos securitários e a natureza de normas superiores do Art. 86 do Dec.-lei 73/1966 e do Art. 50, § 2º, da LC 109/2001 deverão prevalecer sobre as modificações impostas à ordem de pagamento dos créditos concursais do Art. 83 da LF de 2005.

Entende-se que essa forma de interpretação é a melhor a ser realizada para a proteção do sistema securitário e dos segurados afetados por crises de insolvência de entes seguradores com vistas a garantir a viabilidade de liquidação extrajudicial de obrigações securitárias.

17.2.3.12 Adiantamento de recursos

A SUSEP poderá adiantar recursos financeiros à supervisionada, submetida à Liquidação Extrajudicial, que não possuir recursos líquidos para custear a execução do regime.

Os recursos adiantados deverão ser devolvidos tão logo haja disponibilidade financeira da entidade liquidanda e serão considerados créditos extraconcursais, não se submetendo ao concurso de credores e terão preferência sobre qualquer classe de créditos inscrita no quadro geral de credores (Arts. 73-75 da Res. CNSP 395/2020).

O adiantamento somente será concedido nos casos de disponibilidade orçamentária da SUSEP e de inexistência de recursos líquidos da supervisionada, e deverá se destinar ao custeio de despesas consideradas: (i) *imprescindíveis*, referentes às providências sem as quais a administração do processo de Liquidação Extrajudicial não poderá ser levada adiante; e, (ii) *inadiáveis*, revestidas de caráter emergencial, exigindo pronta realização, sem admitir qualquer postergação, sob pena de causar prejuízos à supervisionada.

O liquidante ficará obrigado a encaminhar para a SUSEP relatório de prestação de contas e os comprovantes da utilização dos recursos adiantados.

Em caso de decretação de falência da supervisionada, a dívida será considerada vencida, devendo a SUSEP adotar as providências para a inscrição do saldo devedor na Dívida Ativa e para a comunicação do juízo onde tramita o processo falimentar.

17.2.3.13 Encerramento da liquidação extrajudicial

A Liquidação Extrajudicial se encerrará por decisão do Conselho Diretor da SUSEP, nas seguintes hipóteses: (i) pagamento integral dos credores quirografários; (ii) mudança de objeto social da entidade para atividade não supervisionada pela SUSEP; (iii) transferência do controle societário da entidade; (iv) convolação em Liquidação Ordinária; (v) exaustão do ativo da entidade, após a realização e distribuição total; (vi) iliquidez ou difícil realização do ativo remanescente (Art. 76 da Res. CNSP 395/2020).

Além das hipóteses acima, a Liquidação Extrajudicial se encerrará pela decretação da falência da entidade supervisionada.

17.2.3.14 Pedido de falência

O Conselho Diretor da SUSEP poderá autorizar o liquidante a pedir a falência da supervisionada quando, no curso da Liquidação Extrajudicial, forem verificadas uma das seguintes hipóteses: (i) o ativo da supervisionada não for suficiente para o pagamento de pelo menos a metade dos credores quirografários; ou, (ii) houver fundados indícios de ocorrência de crime falimentar (Art. 78 da Res. CNSP 395/2020).

17.2.3.15 Comissão de inquérito

Decretada a Liquidação Extrajudicial, a SUSEP procederá a inquérito, por meio de *Comissão de Inquérito*, a fim de apurar as causas que levaram a supervisionada àquela situação e a responsabilidade de seus administradores, seus controladores e os membros dos demais órgãos estatutários e das pessoas naturais ou jurídicas prestadoras de serviços de auditoria independente (Arts. 89-93 da Res. CNSP 395/2020).

A Comissão de Inquérito será composta por membros designados pelo Superintendente da SUSEP, que indicará, dentre eles, o seu presidente, e poderá examinar quaisquer documentos relativos a bens, a direitos e a obrigações da supervisionada, seus administradores, seus controladores e os membros dos demais órgãos estatutários, tomar depoimentos e solicitar informações para esclarecimento dos fatos.

O liquidante e as pessoas acima mencionadas poderão acompanhar o inquérito, oferecer documentos e indicar diligências.

Concluída a apuração, os *administradores, controladores* e os *membros dos demais órgãos estatutários* e as *pessoas naturais* ou *jurídicas prestadoras de serviços de auditoria independente* serão convidados a apresentar suas alegações, por escrito, dentro do prazo de 05 (cinco) dias, e quando ignorado, incerto ou inacessível o lugar em que se encontrarem, ou em caso de esquiva, o convite poderá ser feito por edital, dispensado o convite quando a apuração concluir pela inexistência de prejuízos.

Transcorrido o prazo, com ou sem a defesa, o inquérito será encerrado com *relatório final*, no qual constarão, em síntese, a situação da supervisionada examinada, as causas da insolvência, o nome, a quantificação e a relação dos bens particulares dos que, nos últimos 05 (cinco) anos, geriram a supervisionada, bem como o montante ou a estimativa dos prejuízos apurados em cada gestão.

Caso a Comissão de Inquérito conclua pela inexistência de prejuízos, será o processo arquivado na SUSEP, que determinará o levantamento da indisponibilidade de bens de que trata o Art. 87.

Concluindo o inquérito pela existência de prejuízos, a SUSEP deverá remetê-lo ao Juiz da Falência competente para as providências cabíveis.

17.2.4 Convolação em liquidação ordinária

A entidade supervisionada poderá requerer a convolação dos procedimentos de Direção Fiscal, Intervenção e Liquidação Extrajudicial em Liquidação Ordinária desde que comprove estarem presentes os pressupostos exigidos pela Resolução CNSP 395/2020.

A Liquidação Ordinária consiste no procedimento dissolutório adotado para a extinção regular das atividades das sociedades supervisionadas por decisão voluntária dos sócios (Art. 94 do Dec.-lei 73/1966).

Os pressupostos da *Direção Fiscal* e da *Intervenção* para a concessão da convolação em Liquidação Ordinária, a partir da deliberação da *Assembleia Geral de Acionistas*, encontram-se previstos no Art. 96 da Res. CNSP 395/2020.

Dentre os principais, cita-se a comprovação da existência de ativos suficientes para pagamento integral de todos os créditos da massa liquidanda e das despesas necessárias, a apresentação de relação detalhada de todos os créditos e respectivos credores, e de cronograma de pagamento, dentro do prazo máximo de 02 (dois) anos, prorrogável uma única vez por até 01 (um) ano.

Além disso, a convolação somente será realizada após o pagamento dos credores cujo direito de recebimento tenha origem em contratos relacionados às operações do mercado supervisionado pela SUSEP.

Os pressupostos da *Liquidação Extrajudicial* para a concessão da convolação em Liquidação Ordinária, a partir da deliberação da *Assembleia Geral de Credores*, encontram-se previstos no Art. 97 da Res. CNSP 395/2020.

Além dos requisitos de pagamento acima mencionados, cita-se a apresentação do quadro geral de credores definitivo com a declaração de concordância dos acionistas controladores com os créditos habilitados, dentre outros específicos.

O descumprimento do cronograma de pagamentos ou o desatendimento posterior de qualquer das condições exigidas poderá ensejar, respectivamente, o retorno do Regime Especial antecedente decretado na supervisionada.

Após o pagamento dos credores e rateado o ativo remanescente, o Liquidante Ordinário nomeado convocará a Assembleia Geral de Acionistas para a prestação final de contas, mediante prévia autorização da SUSEP, com o objetivo da adoção de medidas relacionadas à sua liquidação ou ao funcionamento das suas atividades.

Após a deliberação da Assembleia Geral sobre a prestação de contas, o Liquidante Ordinário apresentará o seu relatório final à SUSEP no prazo de até 30 (trinta) dias, contendo a prestação de contas, valor do ativo remanescente, relação de credores e considerações finais julgadas pertinentes (Arts. 106-108 da Res. CNSP 395/2020).

Satisfeitas as condições exigidas, aprovado o relatório final e a prestação de contas do Liquidante Ordinário, a SUSEP homologará o encerramento da Liquidação Ordinária.

17.2.5 Regimes especiais do mercado de saúde suplementar

Os *regimes de direção fiscal* e de *liquidação extrajudicial* aplicáveis às operadoras e às sociedades seguradoras especializadas em seguro-saúde no âmbito da ANS apresentam semelhanças procedimentais com os regimes especiais instaurados pela SUSEP.

Os regimes de recuperação e de liquidação instaurados na via administrativa sob a supervisão da ANS também representam a última tentativa de salvar a operadora com problemas de gestão e de solvência antes da decretação do encerramento das suas atividades operacionais.

Entretanto, a legislação do mercado de saúde suplementar prevê algumas especificidades que demandam uma análise particularizada dos procedimentos de recuperação e liquidação extrajudicial.

No âmbito legislativo, os regimes de recuperação e de liquidação extrajudicial são regulados pelos Arts. 23-24-D da LPS de 1998. No âmbito da ANS, compete à *Resolu-*

ção Normativa – RN 522/2022, dispor sobre os regimes especiais de direção fiscal e de liquidação extrajudicial das operadoras de planos de assistência à saúde.

Em razão da natureza especial da atividade desenvolvida, as operadoras e as seguradoras especializadas em seguro saúde também não podem requerer a recuperação na via judicial (antiga concordata) nem estão a princípio sujeitas à falência ou à insolvência civil, mas tão somente aos regimes especiais (Art. 23 da LPS de 1998).

Isso significa dizer que, num primeiro momento, constatada a crise de insolvência, as operadoras e as seguradoras especializadas em seguro saúde apenas poderão se submeter aos regimes de recuperação e liquidação extrajudicial sob a supervisão da ANS.

A justificativa para esse tratamento especial está na necessidade de limitar os efeitos sistêmicos causados pela insolvência de uma operadora no mercado de saúde suplementar e na necessidade de um tratamento técnico especializado supervisionado pela ANS como tentativa de recuperar o equilíbrio econômico-financeiro das suas atividades.

As seguradoras e as operadoras somente estarão sujeitas ao regime de falência ou insolvência civil quando, no curso da Liquidação Extrajudicial, forem verificadas uma das seguintes hipóteses (Art. 23, § 1º, da LPS de 1998):

(i) o ativo da massa liquidanda não for suficiente para o pagamento das despesas administrativas e operacionais decorrentes do processamento da liquidação extrajudicial; (ii) o ativo da massa liquidanda não for suficiente para o pagamento de pelo menos 50% (cinquenta por cento) dos créditos quirografários; ou,

(iii) nas hipóteses de fundados indícios da prática de crimes falimentares previstos na LF de 2005.

Portanto, somente após a avaliação conclusiva da ANS a respeito do nível de gravidade da crise de insolvência, das desconformidades legais identificadas e da impossibilidade da sua solução pela via administrativa, é que será autorizada a submissão da operadora ao *regime falimentar*, caso explore a atividade de empresa, ou à *insolvência civil*, caso exerça atividade não empresarial.

A ANS poderá decretar o regime de *direção fiscal* ou de *liquidação extrajudicial* sempre que detectar a insuficiência das garantias do equilíbrio financeiro, anormalidades econômico-financeiras ou administrativas graves que coloquem em risco a continuidade ou a qualidade do atendimento à saúde, podendo, inclusive, determinar a alienação da carteira da entidade supervisionada (Art. 24 da LPS).

17.2.5.1 Direção fiscal

Assim como visto no Subitem 17.2.1, a *direção fiscal* consiste no regime especial com o *grau mais leve* de intervenção, pois os administradores da entidade continuarão a exercer as suas funções, devendo observância às determinações editadas pelo diretor fiscal.

Em síntese, o *regime especial de direção fiscal* aplicável às operadoras de saúde poderá ser decretado quando constatadas anormalidades econômico-financeiras ou administrativas graves que coloquem em risco a qualidade ou a continuidade do serviço de atendimento à saúde.

Dentre as principais hipóteses de anormalidades, exemplificativamente, podem ser citadas as seguintes: (i) totalidade do ativo em valor inferior ao passivo exigível; (ii) inadequação às regras de garantias financeiras e ativos garantidores; (iii) não apresentação, rejeição, cancelamento ou descumprimento dos Procedimentos de Adequação Econômico-Financeira – PAEF's (RN 523/2022); (iv) obstrução ao acompanhamento da situação econômico-financeira; (v) deficiência e inconsistência dos controles internos contábeis que prejudiquem a avaliação da situação econômico-financeira, dentre outras.

A direção fiscal será conduzida por um diretor fiscal, sem poderes de gestão, designado pela ANS, o qual estará obrigado a exercer as competências e a cumprir os deveres de fiscalização previstos nos Arts. 6º-7º da RN 522/2022.

Dentre as *principais competências*, podem ser citadas, exemplificativamente: o levantamento e a auditoria dos documentos e informações necessários para o conhecimento a respeito do atual estado administrativo e econômico-financeiro da operadora fiscalizada, a recomendação do afastamento de diretores, a determinação de medidas administrativas e a recomendação do encerramento da direção fiscal.

Dentre os *principais deveres*, podem ser citados, exemplificativamente: informar à ANS a relação dos administradores da operadora que tenham exercido a função nos 12 (doze) meses anteriores à instauração do regime de fiscalização, comunicar indícios de irregularidades, apresentar relatórios periódicos e prestar as informações solicitadas, e elaborar relatório conclusivo a respeito da análise conjuntural da entidade.

No exercício das suas competências, o diretor fiscal poderá determinar a apresentação de *Programa de Saneamento* pela operadora, de modo a solucionar as anormalidades econômico-financeiras identificadas, com a descrição das ações e metas mensais projetadas para a superação dos problemas identificados (Arts. 8º e 9º da RN 522/2022).

Do ponto de vista da sua apresentação, o Programa de Saneamento assemelha-se ao Plano de Adequação Econômico-Financeira uma vez que o mesmo deverá ser elaborado de acordo com as projeções, condições e vedações aplicáveis ao PLAEF.

As normas reguladoras do processo de estruturação, aprovação, rejeição, cancelamento e descumprimento do Programa de Saneamento estão previstas nos Arts. 9º-11 da RN 522/2022.

Ao seu final, o regime especial de direção fiscal poderá ser encerrado quando alcançados os resultados positivos projetados dentro dos prazos máximos fixados ou quando constatado o insucesso dos resultados necessários para o seu saneamento regulatório e solvencial.

Em relação aos resultados positivos, o procedimento especial poderá ser encerrado pela ANS quando: (i) afastada a gravidade das anormalidades de risco para a continuidade ou a qualidade do atendimento à saúde; (ii) aprovado o Programa de Saneamento;

ou, (iii) cessada a prática do exercício da atividade sem autorização da ANS e se não houver motivo para a decretação da liquidação extrajudicial.

Em relação aos resultados negativos, a direção fiscal também será encerrada pela ANS quando: (i) decretado o regime de liquidação extrajudicial; ou, (ii) cancelada a autorização de funcionamento ou o registro provisório da operadora.

17.2.5.2 Liquidação extrajudicial

Além da direção fiscal, a ANS poderá decretar o *regime especial de liquidação extrajudicial*, o qual poderá ser instaurado, independentemente da decretação do primeiro regime, sempre que a gravidade das anormalidades detectadas implicarem risco iminente à manutenção do atendimento à saúde (Art. 17 da RN 522/2022).

Assim como visto no Subitem 17.2.3, a liquidação extrajudicial consiste no regime especial com o *grau mais alto* de intervenção uma vez que os administradores da entidade serão destituídos das suas funções e ela passará a ser administrada pelo liquidante extrajudicial.

O *regime especial de liquidação extrajudicial* aplicável às operadoras de saúde deverá ser instaurado quando constatado: (i) o não alcance dos objetivos de saneamento das anormalidades graves; (ii) a ausência de substituição de administradores inabilitados ou afastados por determinação da ANS com risco para a continuidade ou a qualidade do atendimento à saúde dos beneficiários; (iii) a aplicação de sanção administrativa de cancelamento da autorização de funcionamento ou do registro provisório; (iv) a violação grave de normas legais e estatutárias e das determinações expedidas pela ANS; ou, (v) os indícios de dissolução irregular.

A liquidação extrajudicial será executada por liquidante designado pela ANS, com amplos poderes de administração e liquidação, especialmente os de levantamento dos ativos e de verificação e classificação dos créditos, podendo admitir e demitir empregados, outorgar e cassar mandatos, propor ações e representar a liquidanda em juízo ou fora dele.

No caso da existência de beneficiários ativos, a decretação da liquidação extrajudicial será precedida *da alienação da carteira da operadora* ou da *portabilidade especial a esses beneficiários*.

A decretação da liquidação extrajudicial produz vários efeitos, dentre os quais podem ser citados exemplificativamente: (i) o cancelamento da autorização de funcionamento ou do registro provisório de operadora; (ii) a perda dos poderes de todos os órgãos de administração da liquidanda; (iii) a suspensão das ações e execuções sobre direitos e interesses relativos ao acervo da liquidanda enquanto durar a liquidação, ressalvadas a propositura de ações para obtenção da certeza e da liquidez do crédito, inclusive de natureza trabalhista, e as ações e execuções para a cobrança da Dívida Ativa da Fazenda Pública; (iv) o vencimento antecipado das obrigações da liquidanda, dentre outros (Art. 21 da RN 522/2022).

Há ainda uma série de procedimentos que deverão ser observados no curso da liquidação extrajudicial como a instauração de *inquérito administrativo*, a fim de apurar as causas que levaram a operadora àquela situação e a responsabilidade de seus administradores; e, a decretação da *liquidação por extensão* das entidades com integração de atividade ou vínculo de interesse com a liquidanda.

O liquidante está vinculado ao cumprimento de uma série de deveres operacionais com o objetivo de viabilizar o levantamento de ativos e a realização do passivo da entidade liquidanda, no âmbito judicial e extrajudicial, conferindo ampla publicidade dos atos praticados, dentre os quais se destacam o relatório conclusivo a respeito da viabilidade ou não de pagamento do passivo contabilizado.

É com base no relatório conclusivo que o liquidante recomendará o prosseguimento da liquidação extrajudicial para o pagamento dos créditos arrolados no curso do procedimento administrativo ou a formalização do pedido de falência ou de insolvência civil da entidade para a apuração dos pagamentos no âmbito judicial, amparado na constatação da inexistência de ativo realizável suficiente para o custeio da liquidação extrajudicial.

O relatório conclusivo recomendará a formalização do pedido de falência ou de insolvência civil quando constatado que: (i) o ativo realizável da liquidanda não é suficiente, sequer, para o pagamento das despesas administrativas e operacionais da liquidação extrajudicial; (ii) o ativo da liquidanda não é suficiente para o pagamento dos créditos extraconcursais, dos créditos preferenciais e de pelo menos a metade dos créditos quirografários; ou, (iii) caracterizados fundados indícios da prática de crimes falimentares, exceto se a liquidanda possuir ativos suficientes para o pagamento dos credores (Art. 34 da RN 522/2022).

Caso a recomendação seja aceita pela ANS, o procedimento servirá para instruir o pedido de falência ou de insolvência civil da entidade no juízo competente.

Constatada a inexistência de causa para o pedido de falência ou de insolvência civil, o liquidante recomendará o prosseguimento da liquidação extrajudicial a fim de promover a realização do ativo e efetuar o pagamento dos credores pelo valor do crédito habilitado com base na ordem legal de classificação e de acordo com a cota apurada em rateio.

Importante relembrar que os créditos decorrentes da prestação de serviços de assistência privada à saúde terão preferência sobre todos os demais, exceto os de natureza trabalhista e tributários (Art. 24-C da LPS de 1998).

Em síntese, o procedimento de pagamento dos credores será composto de três fases:

(i) *declaração dos créditos*, a qual começará com a publicação do aviso aos credores para a declaração dos respectivos créditos, dispensados os beneficiários e prestadores de serviços da rede assistencial, desde que constem dos registros contábeis da liquidanda;

514 | CURSO DE DIREITO DO SEGURO E RESSEGURO • Vinícius Mendonça

(ii) *publicação preliminar do quadro geral de credores*, na qual será apresentada a listagem inicial dos credores devidamente classificados com base no valor e na classe de crédito para pagamento com base no ativo apurado; e,

(iii) *publicação definitiva do quadro geral de credores*, na qual após devidamente apreciados pela ANS as impugnações e os recursos interpostos o liquidante consolidará e publicará o quadro final dos credores para a realização do pagamento.

Tanto o aviso aos credores para declaração de crédito quanto o aviso do quadro geral deverão ser publicados no Diário Oficial da União e em jornal de grande circulação do local da sede da liquidanda, e o interessado que discordar da legitimidade, do valor ou da classificação do crédito poderá apresentar impugnação e interpor recurso dirigido à ANS que aferirá a procedência ou improcedência do pedido de reforma da decisão do liquidante.

Além disso, os credores que se julgarem prejudicados pela decisão proferida na impugnação ou pelo não provimento do recurso interposto poderão prosseguir nas ações que tenham sido suspensas ou propor as que couberem, dando ciência do fato ao liquidante para que este reserve fundos suficientes à eventual satisfação dos respectivos pedidos.

Nos casos de descoberta de falsidade, dolo, simulação, fraude, erro essencial, ou de documentos ignorados na época do julgamento dos créditos, o liquidante ou qualquer credor admitido poderá pedir à ANS, até ao encerramento da liquidação, a exclusão, outra classificação, ou a retificação de qualquer crédito.

A ANS decretará o encerramento do regime especial de liquidação extrajudicial quando: (i) os interessados, apresentando as necessárias condições de garantia, julgadas a critério da ANS, tomarem para si o prosseguimento das atividades da entidade, exceto a operação de planos de assistência à saúde; (ii) aprovada pela ANS a prestação final de contas do liquidante e efetivada a baixa no registro público competente; (iii) decretada a falência ou a insolvência civil da liquidanda; ou, (iv) transformada em Liquidação Ordinária a requerimento dos interessados e a critério da ANS.

Por fim, importante destacar que se aplica à liquidação extrajudicial das operadoras de planos privados de assistência à saúde, no que for compatível com a Lei dos Planos de Saúde de 1998, o disposto nas leis que regulam a liquidação extrajudicial de entidades do mercado financeiro e do mercado segurador, a dissolução de sociedades civis de fins assistenciais e a Lei de Falências de 2005 (Art. 24-D da LPS de 1998).

17.2.5.3 *Indisponibilidade de bens*

Como visto acima, a decretação da *direção fiscal* e da *liquidação extrajudicial* tem o poder de gerar uma série de efeitos restritivos relacionados à gestão, aos negócios e ao exercício dos direitos dos credores da entidade supervisionada na via administrativa e judicial a fim de racionalizar a adoção de medidas visando à sua recuperação econômico-financeira e ao pagamento das suas obrigações contratuais.

A decretação da direção fiscal e da liquidação extrajudicial também tem o poder de causar a *indisponibilidade de todos os bens dos administradores* que tenham exercido suas funções nos 12 (doze) meses anteriores da instauração do regime especial, independentemente da natureza jurídica da operadora, sendo proibido aliená-los ou onerá-los, até apuração e liquidação final de suas responsabilidades (Art. 24-A da LPS de 1998).

A ANS, de ofício ou por recomendação do diretor fiscal ou do liquidante, poderá estender a indisponibilidade patrimonial: (i) aos *bens de gerentes, conselheiros e das pessoas que tenham concorrido*, nos últimos 12 (doze) meses, para a decretação do regime especial; e, (ii) aos *bens adquiridos por terceiros*, nos últimos 12 (doze) meses, desde que configurada fraude na transferência.

Especificamente no regime de direção fiscal, a ANS poderá deliberar, motivadamente, pela não incidência da regra de indisponibilidade de bens dos administradores.

Por outro lado, não serão atingidos pela regra de indisponibilidade: (i) os bens considerados inalienáveis ou impenhoráveis pela legislação em vigor; (ii) nem os bens objeto de contrato de alienação, de promessa de compra e venda, de cessão ou promessa de cessão de direitos levados ao competente registro público, anteriormente à data da decretação da direção fiscal ou da liquidação extrajudicial.

17.2.6 Direito projetado

Em relação ao direito projetado, menciona-se o trâmite do Projeto de Lei Complementar 281/2019 visando regular de maneira uniforme os regimes de recuperação e liquidação extrajudicial das entidades supervisionadas pelo Banco Central, pela Comissão de Valores Mobiliários e pela SUSEP.

Com base nesse projeto, as legislações esparsas que regulam a recuperação e a liquidação extrajudicial de entidades supervisionadas por esses mercados passariam a ser disciplinadas por uma única lei mais moderna e consentânea à evolução da experiência sobre processos insolvenciais no âmbito internacional.

Os regimes de recuperação e liquidação extrajudicial passariam a denominar-se *Regimes de Resolução* e seriam reduzidos a apenas dois: *Regime de Estabilização* e *Regime de Liquidação Compulsória*, com o objetivo de sanear ou liquidar as entidades dos mercados supervisionados pelo BACEN, pela CVM e pela SUSEP.

A promulgação de uma lei uniforme com ritos de recuperação e de liquidação céleres poderá tornar os procedimentos paraestatais mais eficientes com vistas a conferir uma maior probabilidade de superação da crise insolvencial e de liquidação dos passivos contraídos pelas entidades supervisionadas em benefício dos respectivos credores.

REFERÊNCIAS

LIVROS E ARTIGOS

ACHERI, Mario. *The Laws of late medieval Italy (1000-1500)*: foundations for a European legal system. Leida (Holanda): Brill, 2013.

ADAMS, John. *Risk*. Abingdon (Inglaterra): Routledge, 2002.

ADDOBBATI, Andrea. L'assurance a livourne au XVIII e siecle, entre mutualisme et marche concurrentiel, p. 13-30. In: BORSCHEID, Peter. FRAX, Esperanza. PLESSIS, Alain (Org.). *Insurance in industrial societies*: economic role, agents and market from 18th century to today. Proceedings twelfth international economic history congress. Sevilha: Fundación Fomento de La Historia Económica, Fundación El Monte e Universidad de Sevilla, 1998.

AGÊNCIA NACIONAL DE SAÚDE – ANS. *Caderno de informação de saúde suplementar*: beneficiários, operadoras e planos – março de 2019. Ano 13, n. 1, Rio de Janeiro, 2019. Disponível em: <http://ans.gov. br/images/stories/Materiais_para_pesquisa/Perfil_setor/Dados_e_indicadores_do_setor/05-08-cad--info-marco-2019-total.pdf>. Acesso em: 15 ago. 2020.

AGÊNCIA NACIONAL DE SAÚDE – ANS. *Setor fecha 2022 com 50,5 milhões de beneficiários em planos de assistência médica*. 27 fev. 2023. Disponível em: <https://www.gov.br/ans/pt-br/assuntos/noticias/ numeros-do-setor/setor-fecha-2022-com-50-5-milhoes-de-beneficiarios-em-planos-de-assistencia--medica>. Acesso em: 01 mar. 2023.

ALBERT, Michel. L'avenir de l'assurance: modèle alpin ou maritime? In: *Risques*, n. 5, p. 181-195, Paris, Fédération Française de L'assurance, 1991.

ALBERTI, Verena (Coord.). *Entre a solidariedade e o risco*: história do seguro privado no Brasil. Rio de Janeiro: FGV, 2001.

ALEMANHA. Autoridade Supervisora Financeira Federal (*Bundesanstalt für Finanzdienstleistungsaufsicht – BaFin*). Disponível em: <https://www.bafin.de/EN/DieBaFin/AufgabenGeschichte/Versicherungsaufsicht/versicherungsaufsicht_node_en.html>. Acesso em: 29 nov. 2019.

ALLIED MARKET RESEARCH. *Health Insurance Market Outlook – 2026*. Disponível em: <https://www. alliedmarketresearch.com/health-insurance-market>. Acesso em: 15 ago. 2020.

ALVIM, Pedro. *Política brasileira de seguros*. São Paulo: Editora Manuais Técnicos de Seguros, 1980.

ALVIM, Pedro. *O contrato de seguro*. Rio de Janeiro: Forense, 1999.

ALVIM, Pedro. *Política nacional de seguros: neoliberalismo, globalização e Mercosul*. São Paulo: Editora Manuais Técnicos de Seguros, 1996.

ALVIM, Pedro. *O seguro e o novo Código Civil*. Rio de Janeiro: Forense, 2007.

ALMEIDA, J. C. M. *O contrato de seguro no direito português e comparado*. Lisboa: Sá da Costa, 1971.

ALVAREZ, Alejandro Bugallo. Análise econômica do direito: contribuições e desmistificações. In: *Revista Direito, Estado e Sociedade*, Rio de Janeiro, v. 9, n. 29, jul./dez. 2006, p. 49-68. Disponível em: <http:// direitoestadosociedade.jur.puc-rio.br/media/Bugallo_n29.pdf>. Acesso em: 30 jul. 2020.

ANGELI, G. *La riassicurazione. Teoria, pratica e tematiche varie*. Milão: Giuffrè, 1981.

ÂNGULO RODRÍGUEZ, Luiz de. *Consideraciones preliminares sobre el reaseguro*. In: VV.AA., *Estudios sobre el contrato de reaseguro*. Madri: SEAIDA y Musini, 1997.

ÂNGULO RODRÍGUEZ, Luiz de. *La desnaturalización del reaseguro tradicional*. Sevilha: Real Academia Sevillana de Legislación y Jurisprudencia, 1996.

ANNESLEY, Alexander. *A compendium of the law of marine insurances, bottomry, insurance on lives and of insurance against fire*: in wich the mode of calculating averages is defined, and illustrated by examples. Nova Iorque: I. Riley, 1808.

AON BENFIELD. *Weather, climate & catastrophe insight*. Annual report. Disponível em: <http://thoughtle-adership.aonbenfield.com/Documents/20190122-ab-if-annual-weather-climate-report-2018.pdf>. Londres: Aon, 2018. Acesso em: 14 nov. 2019.

AON BENFIELD. *Reinsurance market outlook – June and July 2017 Update*. Londres: Aon Securities Inc., 2017.

AON BENFIELD. *Reinsurance market outlook – January 2020. Orderly renewals despite new market dynamics*. Londres: Aon Securities Inc., 2020.

AON BENFIELD. *Reinsurance market outlook – April 2022*. Londres: Aon Securities Inc., 2022.

ARAÚJO, Nadia de. *Contratos internacionais*: autonomia da vontade, Mercosul e convenções internacionais. Rio de Janeiro: Renovar, 1997.

ARNOLDI, Jakob. *Risk. An introduction*. Cambridge: Polity Press, 2009.

ARSLANIAN, Henri. FISCHER, Fabrice. *The future of finance*: the impact of FinTech, AI, and Crypto on financial services. Londres: Palgrave Macmillan, 2019.

ASCARELLI, Tulio. O conceito unitário do contrato de seguro. In: *Revista da Faculdade de Direito de São Paulo*, v. 36, n. 3, set./dez. 1941, p. 388-437. São Paulo: Faculdade de Direito de São Paulo, 1941.

ASCARELLI, Tulio. O empresário. Trad. Fábio Konder Comparato, dez./1997. In: *Corso di Diritto Commerciale. Introduzione e teoria dell'impresa*. Milão: Giuffrè, 1962, p. 145-160.

ASCARELLI, Tulio. A atividade do empresário. Trad. Erasmo Valladão Azevedo e Novaes e França. In: *Revista de Direito Mercantil, Industrial, Econômico e Financeiro*, v. 132, p. 203-215.

ASCARELLI, Tulio. O contrato plurilateral. In: *Problemas das sociedades anônimas e direito comparado*. São Paulo: Saraiva, 1969, p. 255-312.

ASCARELLI, Tulio. Origem do direito comercial. Trad. Fábio Konder Comparato. *Corso di diritto commerciale. Introduzione e teoria dell'impresa*. Milão: Giuffrè, 1962. In: *Revista de Direito Mercantil, Industrial, Econômico e Financeiro*, nova série, ano XXXV, n. 103, jul.-set. 1996, p. 89-100.

ASCARELLI, Tulio; MIGNOLI, Ariberto. *Letture per un corso di diritto commerciale comparato*. Milão: Giuffrè, 2007.

ASIMOV, Isaac. *I, robot*. Nova Iorque: Gnome Press, 1950.

ASQUINI, Alberto. Profili dell'impresa. In: *Rivista di Diritto Commerciale*, v. 41, Milão, 1943, p. 1-20.

ASQUINI, Alberto. Problemi delle società. I battelli del Reno, p. 618-633. In: ASCARELLI, Tullio (Edit.). *Rivista delle società*, ano IV, 1959. Milão: Casa Editrice Dott. Antonino Giuffrè, 1959.

ASQUINI, Alberto. Perfis de empresa. Trad. Fábio Konder Comparato. In: *Revista de direito mercantil, industrial, econômico e financeiro*, ano XXXV, n. 104, out.-dez. 1996, p. 109-126. São Paulo: Ed. RT, 1996.

ASSOCIAÇÃO ALEMÃ DE SEGURO MARÍTIMO. *German General Rules of Marine Insurance*. Trad. Erdewin Pinckenerlle. Berlim: De Gruytter, 1977.

ASSOCIATION DES PROFESSIONALES DE LA RÉASSURANCE EN FRANCE (APREF). *Le faits marquants de la reassurance en 2016 & 1er semestre 2017*. Paris: APREF, 2017.

ASSOCIAÇÃO INTERNACIONAL DE DIREITO DO SEGURO – SEÇÃO PORTUGAL. Princípios do Direito Europeu do Contrato de Seguro – PDECS. Disponível em: <http://www.aida-portugal.org/pdf/3124d42f2cea4706186d1c2eca95ad37.pdf>. Acesso em: 30 nov. 2019.

ASSOCIAÇÃO INTERNACIONAL DE DIREITO DO SEGURO – SEÇÃO PORTUGAL. *Normative and management characteristics of motor third party liability insurance in the World*. In: XII AIDA World Congress, Paris, 17-20 maio 2010. Disponível em: <http://www.aida.org.uk/pdf/MIWP%20Report.pdf>. Acesso em: 30 nov. 2020.

AUSTRAL RE. *Report – Dezembro 2022, edição n. 40*. Disponível em: <https://www.australre.com/wp-content/uploads/2023/04/Austral-Report_Dezembro-2022.pdf>. Acesso em: 10 mar. 2023.

AUTOMOTIVEBUSINESS. *Frota circulante passará de 60 milhões em 2020*. Disponível em: <https://www.automotivebusiness.com.br/noticia/29128/frota-circulante-passara-de-60-milhoes-em-2020>. Acesso em: 20 jun. 2020.

ÁVILA, Humberto. *Teoria dos princípios*: da definição à aplicação dos princípios jurídicos. 12. ed. São Paulo: Malheiros, 2011.

AZEVEDO, Celso de. International arbitration – insurance and reinsurance. In: NAON, Horacio Grigera. MASON, Paul E. (Edit.). *International commercial arbitration practice*: 21st century perspectives. Londres: LexisNexis, 2019.

AZEVEDO, Gustavo H. W. de. *Seguros, matemática atuarial e financeira*. São Paulo: Saraiva, 2008.

AZEVEDO, Junqueira de. *Negócio jurídico*: existência, validade e eficácia. São Paulo: Saraiva, 2000.

AZEVEDO, Luis Augusto Roux. *A comutatividade do contrato de seguro*. Dissertação (Mestrado em Direito) – Faculdade de Direito, Universidade de São Paulo, São Paulo, 2010.

AZUNI, Domenico Alberto. *Dizionario universale ragionato della giurisprudenza mercantile*. Livorno: Fratelli Vignozzi e Nipote, 1837.

BACAËR, N. Halley's life table (1693). In: *A short history of mathematical population dynamics*. Londres: Springer, 2011.

BALLOW, Henry. *A treatise of equity*. Londres: J.& W.T. Clarke, Law Booksellers, 1920. v. 1.

BALUCH, F. MUTENGA, S. PARSONS, C. Insurance, systemic risk and the financial crisis. In: *Geneva papers on risk and insurance – issues & practice, n. 36*, jan. 2011, p. 126-163.

BAPTISTA, Luiz Olavo. *Empresa transnacional e direito*. São Paulo: Ed. RT, 1987.

BAPTISTA, Luiz Olavo. *Dos contratos internacionais*: uma visão teórica e prática. São Paulo: Saraiva, 1994.

BAPTISTA, Luiz Olavo. *Contratos internacionais*. São Paulo: Lex Editora, 2010.

BAPTISTA, Luiz Olavo. FRANCO DA FONSECA, José Roberto. *O direito internacional no terceiro milênio*. Estudos em homenagem ao professor Vicente Marotta Rangel. São Paulo: LTr, 1998.

BARROSO DE MELLO, Sérgio Ruy. *Contrato de resseguro*. Rio de Janeiro: Funenseg, 2011.

BASEDOW, Jürgen. (Edit.). *Principles of European Insurance Contract Law (PEICL)*. Munique: Sellier European Law Publishers, 2009.

BASSO, Maristela. *Contratos internacionais do comércio*: negociação, conclusão e prática. Porto Alegre: Livraria do Advogado, 1998.

BASSO, Maristela. *Direito internacional privado*. São Paulo: Atlas, 2014.

BAUMAN, Zygmunt. *Medo líquido*. Rio de Janeiro: Zahar, 2008.

BBC. *Cost of global disasters 'jumps to $306bn in 2017'*. Disponível em: http://www.bbc.com/news/business-42435834. Acesso em: 21 dez. 2017.

BEADNALL, Stuart. MOORE, Simon. *Offshore construction: law and practice*. Abingdon (Inglaterra) e Nova Iorque (EUA): Informa Law by Routledge, 2017.

BEATTY, Jeffrey F. SAMUELSON, Susan S. ABRIL, Patricia Sánchez. *Business Law and the legal enviroment*. Boston: Cencage, 2014.

BECHARA, Ricardo. *Direito de seguro no novo Código Civi e legislação própria*. Rio de Janeiro: Forense, 2006.

BECK, Ulrich. *Sociedade de risco*: rumo a uma outra modernidade. São Paulo: Editora 34, 2011.

BÉLANGER, André. *Le contrat d'assurance contemporain et la réification des parties*. In: *McGill law journal – Revue de droit de McGill*, n. 317, 2011, p. 319-348. Montreal: McGill University, 2011.

BÉLANGER, André; TAWALI, Joëlle Manekeng. *Le spectre de la mutualité dans le contrat d'assurance*, p. 297-328. In: *Revue générale de droit*, n. 392, 2009. Ottawa: Université d'Ottawa, 2009.

BÉLANGER, André; BORDELEAU, Anne. Risk, (in)security, regulation and architecture in Nouvelle-France. In: SLATER, Terry R. PINTO, Sandra M. G. *Building regulations and urban form, 1200-1900*. Abingdon (Inglaterra) e Nova Iorque (EUA): Routledge, 2017.

BELL, Caroline Hélène Christiane. *The London market excess of loss spiral*. Tese (Doutorado em Direito) – Universidade de Southampton, Southampton, 2014. Disponível em: <https://eprints.soton.ac.uk/372297/1/Bell%252C%2520Caroline%2520final%2520thesis.pdf>. Acesso em: 17 set. 2017.

BELL, George Joseph. *Inquiries into the contract of sale of goods and merchandise*. Philadelphia: T. & J. W. Johson, Law Booksellers, 1845.

BENNETT, Douglas J. *The art and science of life insurance distribution*. Winsted (EUA): ACTEX Publications, 2014.

BENSA, Enrico. *Il contratto di assicurazione nel medio evo: studio e ricerche*. Genova: Tipografia Marittima Editrice, 1884.

BERNARDINA DE PINHO, Humberto Dalla; MAZZOLA, Marcelo. *Manual de mediação e arbitragem*. São Paulo: Saraiva, 2019.

BERNOULLI, Jacobi. *Ars conjectandi*. Basiléia: Impenfis Thurnisiorum, Fratum, 1713.

BERNSTEIN, Peter L. *Against the Gods. The remarkable story of risk*. Londres: John Willey & Sons, 2012.

BIANCHI DE OLIVEIRA, Diego. *A tutela jurisdicional dos contratos eletrônicos nas relações de consumo*. Belo Horizonte: Editora Dialética, 2020.

BIRDS, John. *Insurance law in the United Kingdom*. Alphen aan den Rijn (Holanda): Kluwer Law International, 2010.

BIRDS, John. *Insurance law in the United Kingdom*. Alphen aan den Rijn (Holanda): Kluwer Law International, 2018.

BIRDS, John. LYNCH, Ben. PAUL, Simon. *MacGillivray on insurance law*. Londres: Sweet & Maxwell, 2015.

BISHOP, Matt. *Computer security: art and science*. Indiana: Pearson Education, 2019.

BITTAR, Calos Alberto. *Contratos comerciais*. Rio de Janeiro: Forense Universitária, 2008.

BLACK, Henry Campbell. *Black's law dictionary*. 5. Ed. Bryan Garner (Edit.). Saint Paul (Minnesota): West Publishing, 1979.

BLACK JR., Samuel P. ROSSI, John P. *Entrepreneurship and innovation in automobile insurance*. Abingdon (Inglaterra): Routledge, 2001.

BLACKSTONE, William. *The commentaries on the laws of England*. v. II. *Of the rights of things*. Atualizado por Robert Malcolm Kerr. Londres: John Murray, 1876.

BOGATYREVA, Anastasia. *England 1660-1720: Corporate or private?* p. 178-203. In: LEONARD, Adrian B (Edit.). *Marine insurance*. Londres: Palgrave Macmillan, 2016.

BORSCHEID, Peter; HAUETER, Niels Viggo (Edit.). *The world insurance*: the evolution of a global risk network. Oxford: Oxford University Press, 2012.

BORSELLI, Angelo. *Smart contracts in insurance: a law and futurology perspective*. In: MARANO, P. NOUSSIA, K. (Edit.). *InsurTech: a legal and regulatory view*. AIDA *Europe Research Series on Insurance Law and Regulation*. Cham, Suíça: Springer, 2020. v. 1.

BOTZEN, W. J. Wouter. *Managing extreme climate change risks through insurance*. Cambridge: Cambridge University Press, 2013.

BRANCHER, Paulo Marcos Rodrigues. Contrato eletrônico. In: CAMPILONGO, Celso Fernandes; GONZAGA, Alvaro de Azevedo; FREIRE, André Luiz (Coords.). *Enciclopédia jurídica da PUC-SP*. COELHO, Fábio Ulhoa; ALMEIDA, Marcus Elidius Michelli de (Coord. de tomo). Tomo: Direito Comercial. 1. ed. São Paulo: Pontifícia Universidade Católica de São Paulo, 2017. Disponível em: <https://enciclopediajuridica.pucsp.br/verbete/259/edicao-1/contrato-eletronico>. Acesso em: 10 set. 2020.

BRASIL. Superintendência de Seguros Privados – SUSEP. *Relatório da Comissão Consultiva de Resseguros, criada pela Resolução n. 322, de 20 de julho de 2015, do Conselho Nacional de Seguros Privados (CNSP), e referendada pela Resolução 325, de 30 de julho de 2015, do CNSP*. Rio de Janeiro: SUSEP, 2016.

BRASIL. *Sistemas de estatística*. Disponível em: http://www2.susep.gov.br/menuestatistica/SES/valoresresmovgrupos.aspx?tipo=premios&id=56. Acesso em: 25 set. 2016.

BRASIL. *Relatório da Comissão Consultiva de Resseguros, criada pela Resolução n. 322, de 20 de julho de 2015, do Conselho Nacional de Seguros Privados (CNSP), e referendada pela Resolução 325, de 30 de julho de 2015, do CNSP*. Rio de Janeiro: SUSEP, 2016.

BRIYS, Eric. BEERST, Didier Joos de ter. *The Zaccaria deal: contract and options to fund a Genoese shipment of alum to Bruges in 1298*. In: *XIV International Economic History Congress*, Helsinki, ago. 2006. Disponível em: <https://www.researchgate.net/profile/Eric_Briys/publication/315688894_THE_ZACCARIA_DEAL_Contract_and_options_to_fund_a_Genoese_shipment_of_alum_to_Bruges_in_1298/links/58dba065aca2725c471726cf/THE-ZACCARIA-DEAL-Contract-and-options-to-fund-a-Genoese-shipment-of-alum-to-Bruges-in-1298.pdf>. Acesso em: 10 jul. 2020.

BROOK, Nigel. England. In: CLYDE & CO. *Insurance & Reinsurance*. Londres: Sweet & Maxwell, 2012.

BROSETA PONT, Manuel. *El contrato de reaseguro*. Madri: Aguilar, 1961.

BRUGGEMAN, Véronique. *Compensating catastrophe victims. A comparative law and economics approach. Energy and enviromental. Law & Policy series*. Alphen aan den Rijn (Holanda): Kluwer Law International, 2010.

BUCKLEY, F. H. (Edit.). *The fall and rise of freedom of contract*. Durham: Duke University Press, 1999.

BUENO, Cassio Scarpinella. *Curso sistematizado de Direito Processual Civil*. São Paulo: Saraiva, 2014. v. 2. t. I.

BUENO, Cassio Scarpinella. Amicus curiae. In: *Enciclopédia jurídica da PUC-SP*. Celso Fernandes Campilongo, Alvaro de Azevedo Gonzaga e André Luiz Freire (Coords.). Tomo: Processo Civil. Cassio Scarpinella Bueno, Olavo de Oliveira Neto (Coord. de tomo). São Paulo: Pontifícia Universidade Católica de São Paulo, 2017. Disponível em: <https://enciclopediajuridica.pucsp.br/verbete/163/edicao-1/amicus-curiae>. Acesso em: 05 jul. 2020.

BULGARELLI, Waldirio. *Contratos mercantis*. São Paulo: Atlas, 1999.

BULOS, Uadi Lamêgo. *Curso de direito constitucional*. São Paulo: Saraiva, 2009.

BUONOCORE, Vincenzo (Org.). Trattato di Diritto Commerciale. Sezione 3. v. III. GIAMPAOLINO, Carlo Felice. *Le assicurazioni*. L'impresa – I contratti. Torino: G. Giappichelli Editore, 2013.

BURRIL, Alexander Mansfield. *A new law dictionary* [publicação original: Nova Iorque: J.S. Voorhies, 1850]. Nova Jersey: *The Lawbook Exchange Ltd.*, 1998.

BUSINESS WIRE. *Global insurtech market (2020 to 2025) – Growth, trends and forecasts*. Disponível em: <https://www.businesswire.com/news/home/20200416005759/en/Global-Insurtech-Market--2020-2025---Growth>. Acesso em: 27 jul. 2020.

BUSSE, Reinhard et al. Statutory health insurance in Germany: a health system shaped by 135 years of solidarity, self-governance, and competition. In: *The Lancet*, 3 jul. 2017, 390:882-97. Disponível em: <https://www.thelancet.com/pdfs/journals/lancet/PIIS0140-6736(17)31280-1.pdf>. Acesso em: 15 ago. 2020.

CALABRESI, Guido. Some thoughts on risk distribution and the Law of torts. In: *Yale Law Journal*, v. 70, n. 4, mar./1961, p. 499-553.

CAMBRIDGE UNIVERSITY. Phg Foundation. *UK moratorium on use of genetic tests by insurers extended*. Disponível em: <https://www.phgfoundation.org/news/uk-moratorium-on-use-of-genetic-tests-by--insurers-extended>. Acesso em: 26 dez. 2019.

CAINES, George. *An enquiry into the Law Merchant of the United States; or, Lex Mercatoria Americana on several heads of commercial importance*. Nova Iorque: Issac Collins & Son, Abraham and Arthur Stansbury, 1802. v. I.

CALVO, Roberto. Il contrato di assicurazione. Fattispecie ed effetti. In: FRANZONI, Massimo (Org.). *Tratatto della responsabilità civile*. Milão: Giuffrè, 2012.

CANARIS, Claus-Wilhelm. *Pensamento sistemático e conceito de sistema na ciência do Direito*. Introdução e tradução A. Menezes Cordeiro. Lisboa: Fundação Galouste Gulbenkian, 2002.

CANOTILHO, José Joaquim Gomes. *Direito constitucional*. Coimbra: Almedina, 1993.

CAPPELLETTI, Mauro. GARTH, Bryant. Acesso à justiça. Trad. e rev. Ellen Gracie Northfleet. Porto Alegre: Sergio Antonio Fabris Editor, 2002.

CAPPELLETTI, Mauro. Processo, ideologias e sociedade. Porto Alegre: Sergio Antonio Fabris Editor, 2008.

CAPPIELLO, Antonella (Org.). *Lineamenti normativi ed economico-tecnici delle imprese assicurative*. Milão: FrancoAngeli, 2003.

CAPPIELLO, Antonella. *Il balancio dell'impresa di assicurazione*. Milão: FrancoAngeli, 2012.

CAPPIELLO, Antonella. *Technology and the insurance industry*. Re-configuring the competitive landscape. Londres: Palgrave Macmillan, 2018.

CARLINI, Angélica. A saúde suplementar no Brasil: importância do *compliance* em todos os segmentos do setor. In: CARLINI, Angélica. SAAVEDRA, Giovani Agostini (Coord.). *Compliance na área da saúde*. Indaiatuba, SP: Editora Foco, 2020.

CARRON, Blaise. BOTTERON, Valentin. *How smart can a contract be?* In: KRAUS, Daniel et al (Edit.). *Blockchains, smart contracts, decentralised autonomous organizations and the Law*. Cheltenham, Reino Unido: Edward Elgar Publishing, 2019.

CARTER, R. L. *Reinsurance*. Dordrecht (Holanda): Springer, 1983.

CARTER, R. L. RALPH, Nigel. LUCAS, Les. *Carter on reinsurance*. Livingston (Inglaterra): Witherby Insurance and Legal, 2013.

CARVALHAES, Amadeu Ribeiro. *Direito de Seguros*. São Paulo: Atlas, 2006.

CARVALHO, Ana Cristina. *Marco civil da internet no Brasil*. Análise da Lei 12.965/2014 e do Direito de Informação. Rio de Janeiro: Alta Books, 2014.

CASCARINO, Richard. *Fraud and internal control*. A framework for prevention. Hoboken (Nova Jersey): Wiley Corporate F&A, 2012.

CASTELLS, Manuel. *A sociedade em rede*. São Paulo: Paz e Terra, 2007.

CENDON, Paolo (Coord.). *Commentario al Codice Civile*: artt. 1882-1986. Milão: Giuffrè Editore, 2010.

CHANNON, Matthew. MCCORMICK, Lucy. NOUSSIA, Kyriaki. *The Law and autonomous vehicles*. Abingdon (Inglaterra): Informa Law from Routledge, 2019.

CHATZARA, Viktoria. FinTech, InsurTech, and the regulators. p. 03-26. In: MARANO, Pierpaolo; NOUSSIA, Kyriaki (Edit.). *InsurTech*: a legal and regulatory view. AIDA Europe research serie on insurance law and regulation 1. Cham, Suíça: Springer Nature, 2020.

CHIRICHIGNO, Gregory C. *Debt-slavery in Israel and the Ancient Near East*. In: *Journal for the study of the Old Testament, suplemment series n. 141*. Sheffield (Inglaterra): Sheffield Academic Press, 1993.

CHESNEAU, A. *La réassurance et la cession de portfeuille*. Lion: Imprimerie Vitte et Perrussel, 1888.

CLARKE, Malcom A. *The law of liability insurance*. Abingdon (Inglaterra) e Nova Iorque (EUA): Informa Law by Routledge, 2017.

COASE, Ronald. *The nature of the firm*. In: *Economica*, new series, v. 4, n. 16, p. 386-405, nov./1937.

COASE, Ronald. *The problem of social cost*. In: *The Journal of. Law & Economics*, v. III, out. 1960, p. 1-44.

COELHO, Fábio Ulhoa. *Curso de direito comercial*. Contratos. São Paulo: Ed. RT, 2016. v. 3.

COMPARATO, Fábio Konder. *O seguro de crédito à exportação*. São Paulo: Ed. RT, 1968.

COMPARATO, Fábio Konder. Notas explicativas ao substitutivo ao capítulo referente ao contrato de seguro no anteprojeto do Código Civil. In: *Revista de Direito Mercantil, Industrial, Econômico e Financeiro*, n. 5, ano XI, São Paulo: Ed. RT, 1972, p. 143-152.

COMPARATO, Fábio Konder. Comentário: Seguro – Cláusula de rateio proporcional – Juridicidade. In: *Revista de Direito Mercantil, Industrial, Econômico e Financeiro*, n. 7, ano XI, São Paulo: Ed. RT, 1972, p. 102-112.

CONFEDERAÇÃO NACIONAL DAS EMPRESAS DE SEGUROS GERAIS, PREVIDÊNCIA PRIVADA E VIDA, SAÚDE SUPLEMENTAR E CAPITALIZAÇÃO (CNSEG). *Mercado segurador brasileiro*. Resultados e perspectivas 2017/2018. Disponível em: <http://cnseg.org.br/publicacoes/mercado-segurador-brasileiro-resultados-e-perspectivas.html>. Acesso em: 16 nov. 2019.

CONFEDERAÇÃO NACIONAL DAS EMPRESAS DE SEGUROS GERAIS, PREVIDÊNCIA PRIVADA E VIDA, SAÚDE SUPLEMENTAR E CAPITALIZAÇÃO (CNSEG). *Caderno de estatísticas do mercado segurador*. Dados até março de 2023. Disponível em: <https://estatisticas.cnseg.org.br/Cadernos/GetPdf/20230522_Caderno_mar23.pdf/>. Acesso em: 01 maio 2023.

CONFEDERAÇÃO NACIONAL DAS EMPRESAS DE SEGUROS GERAIS, PREVIDÊNCIA PRIVADA E VIDA, SAÚDE SUPLEMENTAR E CAPITALIZAÇÃO (CNSEG). *Panorama estatístico*. Até março de 2023. Disponível em: <https://cnseg.org.br/analises-e-estatisticas/panorama-estatistico-8A8AA-8A37A39FA6A017AC49227594A3A.html>. Acesso em: 01 maio 2023.

COSTA, Daniel Cárnio. LOSS, Juliana. Prevenção e solução consensual de conflitos na insolvência empresarial. Capítulo 5. In: COSTA, Daniel Cárnio (Coord.). *Recuperação empresarial e falência*. Londrina: Editora Thoth, 2022.

COSTA, Salustiano O. de Araújo. *Código comercial do Império do Brazil: annotado*. Imprenta: Rio de Janeiro, Eduardo & Henrique Laemmert, 1878.

COUSY, Herman. CLAASSENS, Hubert. Ex post control of insurance in Belgium. In: *The Geneva papers on risk and insurance*, 19, n. 70, jan. 1994, p. 46-59.

COUSY, Herman. Insurance law, p. 408-420. In: SMITS, Jan M. *Elgar encyclopedia of comparative law*. Cheltenham (Reino Unido) e Northampton (EUA): Edward Elgar Publishing Limited, 2012.

COUSY, Herman. The making of the EU internal market for insurance: a clash of cultures? In: *Serbian insurance law in transition to European (EU) insurance law*. Belgrado: Insurance Law Association of Serbia, 2013.

COUSY, Herman. *The place and role of private insurance in the wider landscape of risk management, finance and social protection*. Zurique: Universität Zürich, 2015.

CRANCH, William. *Cases argued and adjudged in the Supreme Court of the United States, in the years 1807 and 1808*. v. IV. Nova Iorque: I. Riley, 1809.

CRETELLA NETO, José. *Contratos internacionais do comércio*. São Paulo: Letz Total Media Creative Projects, 2016.

CRETELLA NETO, José. *Contratos internacionais*: cláusula típicas. Campinas: Millenium Editora, 2001.

CRETELLA NETO, José. *Empresa transnacional e direito internacional*: exame do tema à luz da globalização. Rio de Janeiro: Forense, 2006.

CRISAFULLI BUSCEMI, Salvatore. *La riassicurazione*. Napoli: Dott, 1938.

CROCITTO, Mariantonietta. *Commentario al codice delle assicurazioni private*. Matelica (Italia): Halley Editrice, 2006.

CUMMINS, J. David et al. *The costs and benefits of reinsurance*. Disponível em: https://papers.ssrn.com/sol3/papers.cfm?abstract_id=1142954. Acesso em: 25 set. 2016.

CUMMINS, J. David et al. *Reisurance for natural and man-made catastrophes in the United States*: current state of the market and regulatory reforms, jun. 2007. Disponível em: https://papers.ssrn.com/sol3/papers.cfm?abstract_id=997928&rec=1&srcabs=1142954&alg=1&pos=8. Acesso em: 17 set. 2017.

CUMMINS, J. David. VENARD, Bertrand. (Edit.). *Handbook of international insurance. Between global dynamics and local contingencies. Huebner international series on risk, insurance, and economic security*. Nova Iorque: Springer, 2007.

CUTLER, David M. SUMMERS, Lawrence H. *The Covid-19 pandemic and the $16 trillion virus*. Disponível em: <https://jamanetwork.com/journals/jama/fullarticle/2771764>. Acesso em: 10 nov. 2020.

DAMIANI, Enrico. *Contratto di assicurazione e prestazione di sicurezza*. Milão: Giuffrè, 2008.

DATT, Felipe. Revolução silenciosa redesenha o setor de seguros. *Valor Econômico*, São Paulo, 05 maio 2019. Disponível em: <https://www.valor.com.br/financas/6285973/revolucao-silenciosa-redesenha-o-setor-de-seguros>. Acesso em: 15 nov. 2019.

DEPARTAMENTO NACIONAL DE TRÂNSITO – DENATRAN. Disponível em: <http://www.denatran.gov.br>. Acesso em: 11 nov. 2007.

DESIDERIO, Luigi. *Temi e problemi di diritto delle assicurazioni*. Milão: Giuffrè, 2010.

DICIONÁRIO DE SEGUROS. Vocabulário conceituado de seguros. 3. ed. rev. e ampliada. Rio de Janeiro: Funenseg, 2011.

DIDIER JÚNIOR, Fredie. Os três modelos de direito processual: inquisitivo, dispositivo e cooperativo. In: *Revista de Processo*, Ano 36, v. 198. São Paulo, Ed. RT, 2011, p. 207-217.

DIDIER JÚNIOR, Fredie (Coord.). *Coleção grandes temas do novo CPC*. Precedentes. Salvador: JusPodium, 2016. v. 3. Capítulo 17.

DINIZ, Maria Helena. *Tratado teórico e prático dos contratos*. São Paulo: Saraiva. 1993. v. 4.

DINIZ, Maria Helena. *Tratado teórico e prático dos contratos*. São Paulo: Saraiva, 2013. v. 1.

DINIZ, Maria Helena. *Tratado teórico e prático dos contratos*. São Paulo: Saraiva, 2014. v. 3.

DINIZ, Maria Helena. Fontes do direito. In: CAMPILONGO, Celso Fernandes; GONZAGA, Alvaro de Azevedo; FREIRE, André Luiz (Coords.). *Enciclopédia jurídica da PUC-SP*. CAMPILONGO, Celso Fernandes; GONZAGA, Alvaro de Azevedo; FREIRE, André Luiz (coord. de tomo). Tomo: Teoria Geral e Filosofia do Direito. São Paulo: Pontifícia Universidade Católica de São Paulo, 2017. Disponível em: <https://enciclopediajuridica.pucsp.br/verbete/157/edicao-1/fontes-do-direito>. Acesso em: 04 dez. 2019.

DOLINGER, Jacob. *Direito internacional privado*. Parte geral. Rio de Janeiro: Forense, 2011.

DOLINGER, Jacob. Tiburcio, Carmen. *Direito internacional privado*: arbitragem comercial internacional. Rio de Janeiro: Renovar, 2003.

DONATI, Antigono. PUTZOLU, Giovanna Volpe. *Manuale di diritto de assicurazione*. Milão: Giuffré Editore, 2009.

DONATI, Antigono. *Trattato del diritto delle assicurazioni private*. Milão: Giuffrè, 1952. v. I.

DRECHSLER, Qingyi et al. *Hedge the Hedgers*: usage of reinsurance and derivatives by property and casualty insurance companies. Disponível em: https://papers.ssrn.com/sol3/papers.cfm?abstract_id=1138028&rec=1&srcabs=1142954&alg=1&pos=1. Acesso em: 20 set. 2016.

DUBOIS, P. Contribuição ao estudo do resseguro. In: *Clássicos do resseguro*, Rio de Janeiro: Funenseg, 2011, p. 281-296.

DUER, John. *The law and the practice of marine insurance, deduced from a critical examination of the adjudged cases, the nature and analogies of the subject, and the general usage of commercial nations*. (publicação original: Nova Iorque: J.S. Voorhies, 1845-1846). Nova Jersey: The Lawbook Exchange, Ltd., 2007. v. I.

DUNT, John (Edit.). *International cargo insurance*. Abingdon: Informa Law, 2012.

DUTTON, Paul V. *Origins of the french welfare state. The struggle for social reform in France 1914-1947*. Cambridge: Cambridge University Press, 2004.

DWYER-ARNOLD, Franziska. *Insurable interest and the Law*. Abingdon (Inglaterra): Routledge, 2020.

EDELMAN, Colin. BURNS, Andrew. *The Law of Reinsurance*. Oxford: Oxford University Press, 2013.

EDLIN, Douglas E. *Judges and unjust laws: common law constitucionalism and the foundations of judicial review*. Ann Arbor (EUA): The University of Michigan Press, 2010.

EHRENBERG, Victor. *Versicherungsrecht*. In: BINDING, Karl (Edit.). *Sytematisches handbuch der Deutschen Rechtswissenschaft*. Leipzig: Verlag von Duncker & Humblot, 1898.

EHRENBERG, Victor. *Die rückversicherung*. Hamburgo e Leipzig: Voss, 1885.

ÉMÉRIGON, Balthazard-Marie. *Traité des assurances et des contrats à la grosse aventure*. Marselha: Jean Mossy Imprimeur du Roi, de la Marine & Libraire, 1783. t. I.

ÉMÉRIGON, Balthazard-Marie. Paris: Rennes, Chez Molliex, Libraire-Editeur, 1827.

ESCRICHE, Joaquin. *Dicionario razonado de legislacion y jurisprudencia*. Madri: Imprensa del Colegio Nacional de Sordo-Mudos, 1838. t. I.

EUROPEAN OBSERVATORY ON HEALTH CARE SYSTEMS. *Health care systems in transition: Germany*. Bruxelas: WHO, 2000.

EWALD, François. *L'État providence*. Paris: Grasset, 1986.

EWALD, François. *Insurance and risk*, p. 197-210. In: BURCHELL, G. et. alli (Edit.). *The Foucault effect: studies in governamentality*. Londres: Harvester Wheatsheaf, 1991.

EWALD, François. *Two infinities of risk*, p. 221-228. In: MASSUMI, Brian (Edit.). *The politics of everyday fear*. Minneapolis: University of Minnesota Press, 1993.

EWALD, François et al. *Le principe de précaution*. Paris: Presses Universitaries de France, 2008.

EWALD, François. L'assurantialisation de la société française. In: *Revue le tribune de la santé*, v. 2, n. 31, 2011, p. 23-29. Paris: Presses de Science Po, 2011.

FANTONI, Mário. Resseguros de excedente de responsabilidade e de excedente de danos. In: *Clássicos do resseguro*, Rio de Janeiro: Funenseg, 2011, p. 277-280.

FARENGA, Luigi. *Diritto delle assicurazioni private*. Turim: G. Giappichelli, 2001.

FARENGA, Luigi. *Manuale di diritto delle assicurazioni private*. Torino: G. Giappichelli, 2016.

FARIA, Lauro. Informação assimétrica em seguros. In: *Cadernos de Seguros*, n. 183, Rio de Janeiro, ENS, 2015, p. 50-57.

federação nacional dos corretores de seguros – fenacor. *MP 905/19*: nota de esclarecimento da FENACOR. Disponível em: <https://www.fenacor.org.br/noticias/mp-90519-nota-de-esclarecimento-da-fenacor>. Acesso em: 05 jul. 2020.

federação nacional das empresas DE SEGUROS PRIVADOS – Fenaseg. Disponível em: <http://www.fenaseg.org.br>. Acesso em: 16 nov. 2007.

FEDERAÇÃO NACIONAL DAS EMPRESAS DE RESSEGUROS – FENABER. *Resseguradoras no Brasil*. Disponível em: <http://fenaber.org.br/index.php/pt/institucional/resseguradoras-no-brasil>. Acesso em: 24 mar. 2023.

FERRAZ JÚNIOR, Tércio Sampaio. *Introdução ao estudo do Direito*. Técnica, decisão, dominação. 6. ed., rev. e ampliada. São Paulo: Atlas, 2008.

FITCH RATINGS. *Global reinsurance guide* 2015. Disponível em: http://www.intelligentinsurer.com/media/project_ii/document/global-reinsurance-guide-2015-1-.pdf. Acesso em: 27 set. 2016.

FORD, Robin. A history of insurance regulation in the UK, p. 251-275. In: BURLING, Julian. LAZARUS, Kevin. *Research handbook on international insurance law and regulation*. Cheltenham (Reino Unido) e Northampton (EUA): Edward Elgar Publishing, 2012.

FORGIONI, Paula A. A interpretação dos negócios empresariais no novo Código Civil brasileiro. In: *Revista de Direito Mercantil e Industrial*, n. 130. São Paulo: Malheiros, 2003, p. 7-38.

FORGIONI, Paula A. *Teoria geral dos contratos empresariais*. São Paulo: Ed. RT, 2009.

FORGIONI, Paula A. *A evolução do Direito Comercial brasileiro*. São Paulo: Ed. RT, 2009.

FORNI, Simone. *Assicurazione e impresa*. Milão: Giuffrè Editore, 2009.

FOX, Peter D. KONGSTVEDT, Peter R. A history of managed heath care and health insurance in the United States. In: KONGSTVEDT, Peter R. et al. *Health insurance and managed care*. Burlington (EUA): Jones & Bartlett Learning, 2020.

FRANCO, Vera Helena de Mello. *Contratos. Direito civil e empresarial*. São Paulo: Ed. RT, 2013.

FRIEDEN, Jeffry A. *Capitalismo global. História econômica e política do século XX*. Trad. Vivian Mannheimer. Rio de Janeiro: Jorge Zahar Editor, 2008.

FUNK, Christian. *Law and practice of private health insurance and managed care*. Diplomica VerlagGmbH, 2000.

FUPING, Gao. *Chapter III use of eletronic communications in international contracts*. In: BOSS, Amelia H. KILIAN, Wolfgang. *The United Nations Convention on the Use of Eletrocnic Communications in International Contracts*. Alphen aan den Rijn (Holanda): Kluwer Law International, 2008.

GAGLIANO, Pablo Stolze. PAMPLONA FILHO, Rodolfo. *Manual de Direito Civil*. São Paulo: Saraiva, 2017.

GAMA JÚNIOR, Lauro. *Contratos internacionais à luz dos princípios do UNIDROIT 2004*: soft law, arbitragem e jurisdição. Rio de Janeiro: Renovar, 2006.

GANDA, Cláudio. *Seguro privado*: entre a solidariedade e o risco. Tese (Doutorado em Direito) – Pontifícia Universidade Católica de São Paulo, São Paulo, 2010.

GARICOCHEA, Bernardo. Os testes genéticos: no que eles realmente ajudam no tratamento do câncer. *Revista Veja*, São Paulo, 16 mai. 2019. Disponível em: <https://veja.abril.com.br/blog/letra-de-medico/a-invasao-dos-testes-geneticos-no-que-eles-podem-nos-ajudar/>. Acesso em: 15 jul. 2020.

GAUTIER, Philippe. NGOS and Law of the Sea disputes. In: TREVES, Tullio et al (Coord). *Civil society, international courts and compliance bodies*. Haia (Holanda): T.M.C. Asser Press, 2005. p. 233-242.

GELDERBLOM, Oscar. *Cities of commerce. The institutional foundations of international trade in the Low Countries, 1250-1650*. Princeton & Oxford: Princeton University Press, 2013.

GERATHEWOHL, KLAUS et al. *Reinsurance principles and practice*. Trad. John Christopher La Bonté. Karlsruhe: Verlag Versicherungswirtschaft e. V., 1983. v. II.

GERATHEWOHL, KLAUS et al. *Reinsurance principles and practice*. Trad. John Christopher La Bonté. Karlsruhe: Verlag Versicherungswirtschaft e. V., 2013. v. I.

GERNET, Jacques. *A history of chinese civilization*. Trad. J. R. Foster e Charles Hartman. Cambridge: Cambridge University Press, 1999.

GIANDOMENICO, Giovanni di. RICCIO, Domenico. I contratti speciali. I contratti Aleatori. In: BESSONE, Mario. *Trattato di diritto privato*. Torino: G. Giappichelli Editore, 2005. v. XIV.

GILLESPIE, Alisdair A. *The English legal system*. Oxford: Oxford University Press, 2007.

GRAHAM, Loftin. XIE, Xiaoying. The United States insurance market characteristics and trends, p. 25-145 In: CUMMINS, David. VENARD, Bertrand (Edit.). *Handbook of international insurance*: between global dynamics and local contingencies. Berlim, Heidelberg e Nova Yorque: Springer, 2007.

GICO JR., Ivo. Metodologia e Epistemologia da Análise Econômica do Direito. In: *Economic Analysis of Law Review*, v. 1, n. 1, p. 7-32, jan.-jun. 2010.

GICO JR., Ivo. *Análise econômica do processo civil*. Indaiatuba, SP: Editora Foco, 2020.

GIDDENS, Anthony. *Mundo em descontrole*. Rio de Janeiro: Record, 2007.

GIOVAGNOLI, Roberto. RAVERA, Cristina. *Il contratto di assicurazione. Percorsi giurisprudenziale*. Milão: Giuffrè Editore, 2011.

GLITZ, Frederico E. Z. *Contrato, globalização e lex mercatoria. Convenção de Viena 1980 (CISG), princípios contratuais UNIDROIT (2010) e INCOTERMS (2010)*. São Paulo: Clássica Editora, 2014.

GODARD, B. Raeburn, S. PEMBREY, M. et al. Genetic information and testing in insurance and employment: technical, social and ethical issues. In: *European Journal of Human Genetics*, n. 11, S123–S142 (2003). Disponível em: <https://doi.org/10.1038/sj.ejhg.5201117>. Acesso em: 15 jul. 2020.

GOETZMANN, William N. *Money changes everything. How finance made civilization possible*. Pricenton: Princeton University Press, 2016.

GOLDBERG, Ilan. *Do monopólio à concorrência*. A criação do mercado ressegurador brasileiro. Dissertação (Mestrado em Direito). Universidade Cândido Mendes, Rio de Janeiro, 2007.

GOLDING, Cecil Edward. *The law and practice of reinsurance*. Londres: Witherby & Co., 1987.

GOLDSCHMIDT, Levin. *Storia universale del diritto commerciale*. Trad. Vittorio Pouchain e Antonio Scialoja. Torino: Unione Tipografico – Editrice Torines, 1913.

GOMES, Carla Amado. SARAIVA, Rute Gil. (Edit.). *Actas do colóquio catástrofes naturais*: uma realidade multidimensional. Lisboa: Instituto de Ciências Jurídico-Políticas, Faculdade de Direito, Universidade de Lisboa, 2013.

GOMES, Jean Carlos de A. *Resolução On-line de controvérsias*. Londrina: Editora Thoth, 2023.

GOMES, Orlando. *Contratos*. Rio de Janeiro: Forense, 1997.

GOODE, Roy. *Commercial law in the next millenium. The Hamlyn Lectures forty-ninth series*. Londres: Sweet & Maxwell, 1998.

GONÇALVES, Carlos Roberto. *Direito civil*. São Paulo: Saraiva, 2018. v. 3.

GORSKY, Martin. MOHAN, John. WILLIS, Tim. *Mutualism and health care. British hospital contributory schemes in the twentieth century*. Manchester e Nova Iorque: Manchester University Press, 2013.

GREENE, Sari Stern. *Security program and policies*: principles and practices. Indiana: Pearson Education, 2014.

GROUP OF THIRTY. *Reinsurance and international financial markets*. Washington: Group of Thirty, 2005.

GUEDES-VIEIRA, Manuel. *Introdução aos seguros*. Porto: Vida Económica, 2012.

GUIMARÃES, Antônio Márcio. *Contratos internacionais de seguros*. São Paulo: Ed. RT, 2002.

GUIMARÃES, Antônio Márcio. *Tratados internacionais*. São Paulo: Aduaneiras, 2009.

GUIMARÃES, Antônio Márcio. *Direito do Comércio Internacional*. Notas de aula do mestrado acadêmico em Direito. São Paulo: Pontifícia Universidade Católica de São Paulo, 2016.

GUIMARÃES DA SILVA, Geraldo José. GUIMARÃES, Antônio Márcio. *Manual de direito do comércio internacional*. São Paulo: Ed. RT, 1996.

GÜRSES, ÖZLEM. *Reinsuring clauses*. Abingdon (Inglaterra) e Nova Iorque (EUA): Informa Law by Routledge, 2014.

GÜRSES, ÖZLEM. *Marine insurance law*. Abingdon (Inglaterra) e Nova Iorque (EUA): Informa Law by Routledge, 2016.

GURENKO, Eugene N. (Edit.). Climate change and insurance. Disaster risk financing in developing countries. *Climate policy*, v. 6, issue 6, 2006. Earthscan from Routledge, 2015.

HACKER, Phillip et al. Regulating Blockchain. In: HACKER, Phillip et al. *Regulating Blockchain*: techno-social and legal challenges – an introduction. Oxford: Oxford University Press, 2019. p. 1-26.

HADDAD, Eloïse. *Les notions de contrat d'assurance*. 345 f. Tese (Doutorado em Direito) – Faculdade de Direito da Universidade Paris 1 Pantheón Sorbonne, Paris, 2017.

HADDAD, Marcelo Mansur. *O resseguro internacional*. Rio de Janeiro: FUNENSEG, 2003.

HAGOPIAN, Mikael. LAPARRA, Miguel. *Aspectos teóricos y práticos del reaseguro*. Madri: Mapfre, 1996.

HALL, Kermit L. (Edit.). *The Oxford companion to American Law*. Oxford: Oxford, 2002.

HAMMOND, Mitchell L. *Epidemics and the modern world*. Toronto: Toronto University Press, 2020.

HANSEN, William. *Classical mythology. A guide to the mythical world of the greeks and romans*. Oxford: Oxford University Press, 2004.

HARD, Robin. *The Routledge handbook of greek mythology*. Abingdon (Inglaterra) e Nova Iorque (EUA): Informa Law by Routledge, 2004.

HARTEN, Carlos. *El deber de declaración del riesgo en el contrato de seguro*. Salamanca: Ratio Legis, 2007.

HARTEN, Carlos. *O contrato de seguro visto pelo STJ*. São Paulo: OTE, 2009.

HAU, Caroline S. *The chinese questions*: ethnicity, nation, and region in and beyond the Philippines. Singapura: National University of Singapore Press, 2014.

HAUETER, Neils Viggo. *A history of insurance*. Zurich: Swiss Re, 2017.

HAUETER, Neils Viggo. JONES, Geoffrey (Edit.). *Managing risk in reinsurance. From city fires to global warming*. Oxford: Oxford University Press, 2017.

HARVARD UNIVERSITY. *A catalogue of the officers and students of Harvard University for the academical year of 1835-6*. Cambridge, Massachusetts: James Munroe and Company, 1835.

HARVARD UNIVERSITY. Office of Technology Development. *Startup guide*. As enterpreneur's guide for Harvard University faculty, graduated students and postdoctoral fellows. Cambridge, EUA: Harvard, 2019.

HARVEY, David. *Collisions in the digital paradigm: Law and rule making in the Internet Age*. Oxford: Hart Publishing, 2017.

HAZELWOOD, Steven J. SEMARK, David. *P&I clubs law and practice*. Abingdon (Inglaterra) e Nova Iorque (EUA): Informa Law by Routledge, 2010.

HERTZELL, Daniel. The insurance act 2015: background and the philosophy, p. 01-11. In: CLARKE, Malcolm. SOYER, Baris. *The insurance act 2015. A new regime for commercial and marine insurance law*. Abingdon (Inglaterra) e Nova Iorque (EUA): Informa Law by Routledge, 2017.

HILL PRADOS, Maria Concepción. *El reaseguro*. Barcelona: Bosch, 1995.

HODGES, Susan. *Cases and materials on marine insurance law*. Londres e Sydney: Cavendish Publishing Limited, 1999.

HODGIN, Ray. *Insurance law*: text and materials. Londres, Sydney, Portland: Cavendish Publishing Limited, 2002.

HOLDSWORTH, W. S. The early history of the contract of insurance. In: *Columbia Law Review*, v. 17, n. 2, fev./1917, p. 85-113. Nova Jersey: Columbia Law Review Association, Inc., 1917.

HOLTHÖFER, Ralf. *Contract Law in eletronic commerce*. Diploma Verlag GmbH, 2000.

HOLLAND, David M. A brief history of reinsurance. In: SOCIETY OF ACTUARIES. *Reinsurance News. Special Edition. Newsletter for members of the reinsurance section*, n. 65, fev. 2009, Illinois (EUA).

HOYWEGHEN, Ine Van. *Risks in the making*: travels in life insurance and genetics. Amsterdan: Amsterdan University Press, 2007.

HOWARD, L. S. How to prepare for the next 'black-swan' event? Lloyd's has some suggestions. In: *Insurance Journal*, 2 jul. *2020*. Disponível em: <https://www.insurancejournal.com/news/national/2020/07/02/574177.htm>. Acesso em: 10 nov. 2020.

IAFRATE, Fernando. *Artificial inteligence and big data*. Londres: John Wiley & Sons, 2018.

INGLATERRA. *The cases argued and determined in the Court of Common Pleas, in michaelmas term, in the forty-eighth year of the reign of George III*. Nova Iorque: I. Riley, 1810.

INSTITUTO DE CIÊNCIAS DO SEGURO DA FUNDACIÓN MAPFRE. *Introdução ao resseguro*. Trad. Ricardo Tavares. Madri: Fundación Mapfre, 2011.

INSTITUTO INTERNACIONAL PELA UNIFICAÇÃO DO DIREITO PRIVADO – UNIDROIT. *Princípios do Direito do Contrato de Resseguro* (*Principles of Reinsurance Contract Law*). Disponível em: <https://www.ius.uzh.ch/dam/jcr:cee1db7a-cd36-4f92-a449-1b62490499a2/20200428%20PRICL%201.0%20 2019.pdf>. Acesso em: 27 jun. 2020.

INSTITUTO INTERNACIONAL PELA UNIFICAÇÃO DO DIREITO PRIVADO – UNIDROIT. *Principles of International Commercial Contracts* 2016. Disponível em: <http://www.unidroit.org/instruments/commercial-contracts/unidroit-principles-2016>. Acesso em: 27 dez. 2017.

INSTITUTO NAZIONALE DELLE ASSICURAZIONI. *Assicurazioni*: rivista di diritto, economia e finanza delle assicurazioni private. A. 1, n. 1 (jan.-fev. 1934), Trieste: Generalli.

INSURANCE BUSINESS MAG. *Industry leaders weigh in on true cost of claims*. Disponível em: <https://www.insurancebusinessmag.com/uk/news/breaking-news/industry-leaders-weigh-in-on-true-cost-of-claims-240447.aspx>. Acesso em: 30 nov. 2020.

INSURANCE EUROPE FEDERATION. *European insurance – key facts 2019*. Disponível em: <https://www.insuranceeurope.eu/sites/default/files/attachments/European%20insurance%20%E2%80%94%20 Key%20facts.pdf>. Acesso em: 29 dez. 2019.

INSURANCE EUROPE FEDERATION. *Coronavirus (Covid-19)*. Disponível em: <https://insuranceeurope.eu/covid-19-coronavirus>. Acesso em: 10 nov. 2020.

INSURANCE INFORMATION INSTITUTE. *Financial services fact book*. Disponível em: <http://www.iii.org/financial2/world/world/>. Acesso em: 17 jul. 2008.

INSURANCE INFORMATION INSTITUTE. *Terrorism and insurance*: 13 years after 9/11 the threat of terrorism attack remais real. Disponível em: <https://www.iii.org/press-release/terrorism-and-insurance-13-years-after-9-11-the-threat-of-terrorist-attack-remains-real-090914#Top%2020%20 Costliest%20Terrorist%20Acts%20by%20Insured%20Property%20Losses. Acesso em: 14 nov. 2019.

INSURANCE INFORMATION INSTITUTE. *Background on*: self-driving cars and insurance. Disponível em: <https://www.iii.org/article/background-on-self-driving-cars-and-insurance>. Acesso em: 15 jul. 2020.

INSURANCE INFORMATION INSTITUTE. *Facts + statistics: industry overview*. Disponível em: <https://www.iii.org/fact-statistic/facts-statistics-industry-overview>. Acesso em: 15 ago. 2020.

INSURANCE JOURNAL. *Reinsurance market stabilizing but competition still intense*. Disponível em: http://www.insurancejournal.com/magazines/features/2017/01/23/439507.htm. Acesso em: 10 set. 2017.

INTERNATIONAL ASSOCIATION OF INSURERS SUPERVISORS (IAIS). *Global Insurance Market Report (GIMAR) 2016*. Basel (Suíça): IAIS, 2017.

INTERNATIONAL RISK MANAGEMENT INSTITUTE (IRMI). *Glossary*. Disponível em: https://www.irmi.com/online/insurance-glossary/terms/s/slip.aspx. Acesso em: 20 out. 2016.

IRB BRASIL RE. *Desenvolvimento do mercado de resseguros no Brasil (9/11/2016)*. Rio de Janeiro: IRB Brasil Re, 2016.

ITÁLIA. Instituto de Supervisão Seguradora (Instituto per la Vigilanza sulle Assicurazioni – IVASS). Disponível em: <https://www.ivass.it/homepage/index.html>. Acesso em: 01 dez. 2019.

JARAMILLO, Carlos Ignacio. *Mecanismos de solución alternativa de conflictos derivados de los contratos de seguro y reaseguro en el derecho comparado*. Bogotá: Pontificia Universidad Javeriana, 1998.

JERVIS, Barrie G. *Marine insurance*. Londres: Adlard Coles Nautical, 2005.

JESS, Digby Charles. *The insurance of commercial risks: law and practice*. Londres: Sweet & Maxwell, 2011.

JING, Zhen. *Chinese insurance contracts*. Abingdon (Inglaterra) e Nova Iorque (EUA): Informa Law by Routledge, 2016.

JOILAT, Alphonse Grün. *Traité des assurances terrestres et de l'assurance sur l'avie des hommes*. Paris: Chez les Auteurs et Chez les Principaux Libraries, 1828.

JONAS, Hans. *The imperative of responsibility. In search of an ethics for the technological age*. Chicago: The University of Chicago Press, 1985.

JOPP, Tobias Alexander. *Insurance, fund size and concentration. Prussian miners' Knappschaften in the nineteenth and early twentieth-centuries and their quest for optimal scale*. Berlim: Akademie Verlag, 2013.

JÜRGEN, Basedow. *The law of open societies*: private ordering and public regulation in the conflict of laws. Danvers, Massachussets: Brill and Nijhoff Publishing, 2015.

KNOPPERS, Bartha Maria. GODARD, Béatrice. JOLY, Yann. A comparative international overview. p. 173-194. In: ROTHSTEIN, Mark A. *Genetics and life insurance: medical underwritting and social policy*. Cambridge (EUA): MIT Press, 2004.

KOHN, George C. (Ed.). *Encyclopedia of plague and pestilence: from ancient times to the present*. Nova Iorque: Facts on File, Inc., 2008.

KON, Anita. Contratos de seguros empresariais como instrumento para a tomada de decisão: a ótica da nova economia institucional. In: *Revista Eletrônica do Departamento de Ciências Contábeis & Departamento de Atuária e Métodos Quantitativos da FEA*, São Paulo, v. 5, n. 2. jul-dez. 2018, p. 118-138. Disponível em: <file:///C:/Users/Usu%C3%A1rio/Downloads/40848-114818-2-PB.pdf>. Acesso em: 30 jul. 2020.

KOPF, Edwin W. *Notes on origin and development of reinsurance*. Nova Iorque: Globe Printing Company, 1929.

KORNHAUSER, Lewis A. The new Economic Analysis of Law: legal rules as incentives. p. 27-56. In: MERCURO, Nicolas (Edit.). *Law and economics*. Boston: Kluwer Academic Publishers, 2012.

KOSLOWSKI, Peter. *Comment on Alan Peacock 'The future scope for self-reliance and private insurance'*, p. 109-118. In: GIERSCH, Herbet. (Edit.). *Reforming the welfare state*. Verlag, Berlim, Heidelberg e Nova Iorque: Springer, 1997.

KOZOLCHYK, Boris. *Comparative commercial contracts. Law, culture and economic development. Hornbook series*. Saint Paul (Minnesota): West Academic Publishing, 2014.

KPMG. *Insurtech 10*: trends for 2019. Londres: KPMG e The Digital Insurer, 2019.

LARRAMENDI, I.H. PARDO, J.A. CASTELO, J. *Manual basico de seguros*. Madrid: Editorial Mapfre, 1981.

LA TORRE, Antonio. *Le assicurazioni*. Milão: Giuffrè, 2007.

LA TORRE, Antonio et al. *Enciclopedia del diritto*. Annali I Accertamento – Tutela. Milão: Giuffrè Editore, 2007.

LAUDAGE, Benedikt. *Aufsicht über strukturierte Rückversicherungskonzepte*. Karlsruhe (Alemanha): VVW – Verlag Versicherungswirtschaft GmbH, 2009.

LEAL, Rodrigo Mendes. *O mercado de saúde suplementar no Brasil*: regulação e resultados econômicos dos planos privados de saúde. Disponível em: <https://www.iess.org.br/cms/rep/1lugareconomia_7q-6gy1tn.pdf>. Acesso em: 15 ago. 2020.

LEAL, Sheila do Rocio Cercal Santos. *Contratos Eletrônicos*: validade jurídica dos contratos via Internet. São Paulo: Atlas, 2007.

LEE, Kai-Fu. *Inteligência artificial*. Como os robôs estão mudando o mundo, a forma como amamos, nos relacionamos, trabalhamos e vivemos. Trad. Marcelo Barbão. Rio de Janeiro: Globo, 2019. Capítulo 1.

LEEUWEN, Marco H. D. Van. *Mutual insurance 1550-2015. From guild welfare and friendly societies to contemporary micro-insurers. Palgravel studies in the history of finance*. Londres: Palgrave Macmillan, 2016.

LEFÈVRE, Claude. PICARD, Philippe. SIMON, Matthieu. *Epidemic risk and insurance coverage*. In: *Journal of applied probability*, v. 54, issue 1, mar. 2017, p. 286-303. Disponível em: <https://www.cambridge.org/core/journals/journal-of-applied-probability/article/epidemic-risk-and-insurance-coverage/15FCE-01DDBEC6A0DDA04FF9AD5A91C3E>. Acesso em: 10 nov. 2020.

LEMES, Selma Maria Ferreira. Arbitragem e seguro. p. 261-276. In: *Revista Brasileira de Direito do Seguro e Responsabilidade Civil*, São Paulo, v. 1, n. 2, dez. 2009. Edição Especial. Anais do V Fórum de Direito do Seguro José Sollero Filho.

LEMES, Selma M. Ferreira. MARTINS, Pedro A. Batista. *Aspectos fundamentais da Lei de Arbitragem*. Rio de Janeiro: Forense, 1999.

LEONARD, Adrian B (Edit.). *Marine insurance. Origins and institutions, 1300-1850. Palgrave studies in the history of finance series*. Londres: Palgrave Macmillan, 2016.

LISBOA, José da Silva. *Principios de direito mercantil e leis de marinha*. Tomo. I. Do seguro marítimo. Lisboa: Regia Officina Typografica, 1798.

LOACKER, Leander D. *Informed insurance choice? The insurer's pre-contractual information duties in general consumer insurance*. Cheltenham (Reino Unido) e Northampton (EUA): Edward Elgar Publishing, 2015.

LOBO-GUERRERO, Luis. *Insuring war. Sovereignety, security and risk*. Abingdon (Inglaterra) e Nova Iorque (EUA): Routledge, 2012.

LLOYD'S. *Glossary*. Disponível em: <https://www.lloyds.com/common/help/glossary?page=14>. Acesso em: 15 out. 2016.

LOEVINGER, Lee. Jurimetrics: the methodology of legal enquiries. In: *Law and contemporary problems*, v. 28, issue 1/2, Durham, 1963, p. 5-35.

LORENZEN, Ernest G. *The negotiorum gestio in roman and modern civil law*. In: *Cornell Law Review*, v. 13, issue 2, february 1928. Disponível em: <http://scholarship.law.cornell.edu/cgi/viewcontent.cgi?article=1263&context=clr>. Acesso em: 14 out. 2016.

LOWDEN, J. Alexander. Genetic risks and mortality rates. p. 95-118. In: ROTHSTEIN, Mark A. *Genetics and life insurance: medical underwritting and social policy*. Cambridge (EUA): MIT Press, 2004.

LOWRY, John; RAWLINGS, P. J. *Insurance law*: cases and material. Oxford: Hart Publishing, 2004. Caso 105.

LUHMANN, Niklas. *Sociología del riesgo*. Trad. Javier Torres Nafarrate. México: Universidad Iberoamericana, 2006.

MABBET, Deborah. Mutuality in insurance and social security: retrospect and prospect, p. 118-131. In: BIRCHALL, Johnston (Edit.). *The new mutualism in public policy. Routledge studies in business organizations and networks.* Abingdon (Inglaterra) e Nova Iorque (EUA): Routledge, 2013.

MCADAMS, Richard H. RASMUSEN, Eric B. Norms and the Law. p. 1.573-1.618. In: SHAVELL, Steven. POLINSKY, A. Mitchell (Edit.). *Handbook of law and economics.* v. 2. Amsterdam: Elsevier, 2007.

MACKAAY, Ejan. *Law and economics for civil law systems.* Cheltenham (Reino Unido): Edward Elgar, 2013.

MADEIRA, José Lyra. Alguns aspectos do resseguro. In: *Clássicos do resseguro*, Rio de Janeiro: Funenseg, 2011, p. 263-276.

MADEIRA, José Lyra. Considerações sobre o resseguro nos seguros dos ramos elementares. In: *Clássicos do resseguro*, Rio de Janeiro: Funenseg, 2011, p. 297-306.

MAGILL, Frank N. (editor). *Dictionary of world biography.* The 17 th and 18 th centuries. v. IV. Abingdon (Inglaterra): Routledge, 2013.

MAGNUS, Shulamit S. *Jewish emancipation in a german city*: Cologne, 1798-1871. Stanford studies in jewish history and culture. California: Stanford University Press, 1997.

MAGRANI, Eduardo. *Entre dados e robôs.* Ética e privacidade na era da hiperconectividade. Série pautas em Direito. Porto Alegre: Arquipélago Editorial, 2019.

MANOEL, Sérgio da Silva. *Governança de segurança da informação.* Rio de Janeiro: Brasport, 2014.

MARANO, Pierpaolo. SIRI, Michele (Edit.). *Insurance regulation in the European Union. Solvency II and beyond.* Londres: Palgrave Macmillan, 2017.

MARCONDES, Sylvio. *Problemas de direito mercantil.* São Paulo: Max Limonad, 1970.

MARRELLA, Fabrizio. *La nuova Lex Mercatoria. Principi Unidroit ed usi dei contratti del commercio internazionale.* Padova: CEDAM, 2003.

MARINONI, Luiz Guilherme. AREHART, Sérgio Cruz. MITIDIERO, Daniel. *Novo curso de processo civil.* São Paulo: Ed. RT, 2015. v. 2.

MARSHALL, Samuel. *A treatise on the law of insurance.* Londres: A. Strahan, 1802. v. I.

MARTIN, Frederick. *The history of Lloyd's and of marine insurance in Great Britain.* Londres: Macmillan and Co., 1876.

MARTINS, Fran. *Contratos e obrigações comerciais.* Rio de Janeiro: Forense, 1998.

MARTINS, João Marcos Brito. *Resseguros:* fundamentos técnicos e jurídicos. Rio de Janeiro: Amazon, 2019.

MARTINS-COSTA, Judith. O co-seguro no direito brasileiro: entre a fragilidade da prática e a necessidade de reconstrução do instituto. In: *Revista da Faculdade de Direito da UFRGS*, v. 21, mar./2002, p. 161-178. Porto Alegre: Editora da Universidade Federal do Rio Grande do Sul, 2002.

MARTINEZ, Pedro Romano. *Direito dos seguros.* Cascais: Principia Publicações Universitárias e Científicas, 2006.

MASSACHUSETTS. *The Massachusetts state record and year book of general information of 1848.* Boston: Nahum Capen, 1848. v. II.

MATUTE, Blanca Romero. *El reaseguro.* Bogotá: Pontifícia Universida Javeriana, 2001. v. I.

MATUTE, Blanca Romero. *El reaseguro.* Bogotá: Pontifícia Universida Javeriana, 2001. v. II.

MAULE, George. SELWYN, William. *Reports of cases argued and determined in The Court of King's Bench.* Londres: A. Strahan, 1823. v. V.

MCGUIRE, Thomas G. VAN KLEEF, Richard C (Edit.). *Risk adjustment, risk sharing and premium regulation in health insurance markets*. Londres: Academic Press, 2018.

MELLO, Patrícia Perrone Campos. BARROSO, Luís Roberto. *Trabalhando com uma nova lógica*: a ascensão dos precedentes no direito brasileiro. Disponível em: <https://www.conjur.com.br/dl/artigo-trabalhando-logica-ascensao.pdf>. Acesso em: 12 jun. 2020.

MENDONÇA, Vinícius de Carvalho P. O direito de não contratar no seguro automóvel. *Repertório de Jurisprudência IOB*, São Paulo, n. 03, v. 3, Civil, Processual, Penal e Comercial, p. 91-97, prim. quinzena, fev. 2004.

MENDONÇA, Antônio Penteado. *Resseguro é coisa séria*. In: O Estado de São Paulo. Disponível em: <http://economia.estadao.com.br/noticias/geral,resseguro-e-coisa-seria-2-imp-,664109>. Acesso em: 20 set. 2016.

MENICUCCI, Telma Maria Gonçalves. *Público e privado na política de assistência à saúde no Brasil*. Rio de Janeiro: Editora Fiocruz, 2007.

MERKIN, Robert T. (Edit.). *A guide to reinsurance law. Practical insurance guides*. Londres: Informa Law, 2007.

MERKIN, Robert T. (Edit.). *Insurance law – an introduction. Practical insurance guides*. Abingdon (Inglaterra) e Nova Iorque (EUA): Informa Law by Routledge, 2013.

MERKIN, Robert T. et al. *Marine insurance legislation*. Abingdon (Inglaterra) e Nova Iorque (EUA): Informa Law by Routledge, 2014.

MERKIN, Robert. LOWRY, John. RAWLINGS, Philip. *Insurance law*: doctrine and principles. Oxford: Hart Publishing Ltd, 2011.

MERKIN, Robert. STUART-SMITH, Jeremy. *The Law of motor insurance*. Londres: Sweet & Maxwell, 2004.

MERKOW, Mark S. BREITHAUPT, Jim. *Information security*: principles and practices. Indiana: Pearson Education, 2014.

MICHAELS, Loretta; HOMER, Mattew. Regulation and supervision in a digital and inclusive world. p. 329-346. In: CHUEN, David Lee Kuo; DENG, Robert (Edit). *Handbook of blockchain, digital finance, and inclusion*. Cryptocurrency, InsurTech, and regulation. Londres: Academic Press, 2018. v. 1.

MIDDLETON, Nick. *The global cassino. An introduction to environmental issues*. Abingdon (Inglaterra) e Nova Iorque (EUA): Routledge, 2013.

MISCENIC, Emilia. RACCAH, Aurélien (Edit.). *Legal risks in EU law. Interdisciplinary studies on legal risk management and better regulation in Europe*. Berlim, Heidelberg e Nova Yorque: Springer International Publishing Switzerland, 2016.

MISKIMIN, Harry A. *The economy of early renaissance Europe, 1300-1460*. Cambridge, Londres, Nova Iorque e Melbourne: Cambridge University Press, 2003.

MITCHELL, W. *An essay on the early history of the Law Merchant*. Cambridge: Cambridge University Press, 1904.

MOHUN, Arwen P. *Risk: negotiating safety in american society*. Baltimore: John Hopkins University Press, 2013.

MONASTERSKY, Richard. *Anthropocene: the human age*. In: *Nature*, v. 519, n. 7.542, p. 144-147, 12 mar. 2015. Disponível em: <https://www.nature.com/news/anthropocene-the-human-age-1.17085>. Acesso em: 17 set. 2017.

MOTA, Mauricio. *Mercado de seguros*. São Paulo: Editora Senac, 2019.

MUNICH RE. *A basic guide to facultative and treaty reinsurance*. Princeton: Munich Reinsurance America, Inc., 2010.

MUNICH RE. *Reinsurance contracts. Out of the backroom and into the light of innovation*. Munique: Munich Re, 2016.

MUNICH RE. *Epidemic risk solutions*. Disponível em: <https://www.munichre.com/topics-online/en/business-risks/epidemic-risk-solutions.html>. Acesso em: 10 nov. 2020.

MOTT, Frank Luther. *A history of American magazines*: 1865-1885. Cambridge (EUA): Harvard University Press, 1970.

MURRAY, John E. *Origins of american health insurance. A history of industrial sickness funds*. New Haven (EUA): Yale University Press, 2007.

NACOL, Emily C. *An age of risk. Politics and economy in early modern britain*. Princeton: Princeton University Press, 2016.

NASH, A. *Maritime law, n. XL – Respondentia loans*. In: HUNT, Freeman (Edit.). *The merchant's magazine and commercial review*. v. XV, n. I, jul./dez. 1846, p. 75-80. Nova Iorque: 142 Fulton Street, 1846.

NATIONAL ASSOCIATION OF INSURANCE COMMISSIONERS – NAIC. *McCarran-Ferguson Act*. Disponível em: <https://content.naic.org/cipr_topics/topic_mccarran_ferguson_act.htm>. Acesso em: 26 dez. 2019.

NATIONAL ASSOCIATION OF INSURANCE COMMISSIONERS – NAIC. *Insurance fraud*. Disponível em: <https://content.naic.org/cipr_topics/topic_insurance_fraud.htm>. Acesso em: 02 jul. 2020.

NICKITAS, Donna M. (Edit.). *Policy and politics for nurses and other health professionals*. Burlington (EUA): Jones & Bartlett Learning, 2016.

NICOLETTI, Bernardo. *Insurance 4.0: benefits and challenges of digital transformation*. Londres: Palgrave Macmillan, 2020.

NOUSSIA, Kyriak. *The principle of indemnity in marine insurance contracts. A comparative approach*. Berlim: Springer, 2007.

NOUSSIA, Kyriak. Definition: different common law and civil law approaches to the definition of insurance, p. 33-XX. In: BURLING, Julian (Ed.). *Research handbook on international insurance law regulation*. Cheltenham, Inglaterra: Edward Elgar Publishing, 2012.

NOUSSIA, Kyriak. *Reinsurance arbitrations*. Heildeberg: Springer, 2013.

NUNES, Marcelo Galiciano. *Contrato de resseguro internacional vis-a-vis aos costumes internacionais e ao direito positivo brasileiro*. Dissertação (Mestrado em Direito) – Faculdade de Direito, Pontifícia Universidade Católica de São Paulo, São Paulo, 2011.

NUNES, Marcelo Guedes. *Jurimetria*. São Paulo: Ed. RT, 2000.

OLIVEIRA, Márcia Cicarelli Barbosa. *O interesse segurável*. 2011. 150 f. Dissertação (Mestrado em Direito) – Faculdade de Direito, Universidade de São Paulo, São Paulo, 2011.

ORENGEL, André Dias. *Resseguro e desenvolvimento*: entre estado e mercado, lei e contrato. Dissertação (Mestrado em Direito) – Escola de Direito de São Paulo, São Paulo, 2011.

ORGANIZAÇÃO DAS NAÇÕES UNIDAS PARA A EDUCAÇÃO, A CIÊNCIA E A CULTURA – UNESCO. *Declaração Universal sobre o Genoma Humano e os Direitos Humanos de 1997*. Disponível em: <https://en.unesco.org/themes/ethics-science-and-technology/human-genome-and-human-rights>. Acesso em: 15 jul. 2020.

ORGANIZAÇÃO DAS NAÇÕES UNIDAS PARA A EDUCAÇÃO, A CIÊNCIA E A CULTURA – UNESCO. *Declaração Internacional sobre Dados Genéticos Humanos de 2003*. Disponível em: <https://en.unesco.org/themes/ethics-science-and-technology/human-genetic-data>. Acesso em: 15 jul. 2020.

ORGANIZAÇÃO PARA A COOPERAÇÃO E DESENVOLVIMENTO ECONÔMICO – OCDE. *Automated and autonomous driving: regulation under uncertainty*. Disponível em: <https://cyberlaw.stanford.edu/files/publication/files/15CPB_AutonomousDriving.pdf>. Acesso em: 15 jul. 2020.

OSTRAGER, Barry R. NEWMAN, Thomas R. *Handbook on insurance coverage disputes*. Editado por Elisa Alcabes e Karen Cestari. EUA: Wolters Kluwer, 2015. v. 1.

OUTREVILLE, Jean François. *Theory and practice of insurance*. Dordrecht, Boston e Londres: Kluwer Academic Publishers, 1998.

PAIS DE VASCONCELOS, Pedro. *Contratos atípicos*. Coimbra: Almedina, 2009.

PAMPLONA, Nicola. Sócios dissolvem consórcio que gere o DPVAT e valor do seguro pode zerar em 2021. In: *Folha de São Paulo*, 24 nov. 2020. Disponível em: <https://www1.folha.uol.com.br/mercado/2020/11/socios-dissolvem-consorcio-que-gere-o-dpvat-e-valor-do-seguro-pode-zerar-em-2021.shtml>. Acesso em: 24 nov. 2020.

PAOR, Aisling de. *Genetics, disability and the Law. Towards an EU legal framework*. Cambridge: Cambridge University Press, 2017.

PARIS, Catherine. DUBUSSON, Bernard (Org.). *Actualités en droit des assurances*. Liége: Anthemis, 2008.

PARK, Allan James. *A system of the law of marine insurances, with three chapters on bottomry, on insurance on lives, and on insurance against fire*. Londres: T. Whieldon, 1787.

PEARSON, Robin. YONEYAMA, Takau. *Corporate forms and organizational choice in international insurance*. Oxford: Oxford University Press, 2015.

PECK, Patrícia. *Direito Digital*. São Paulo: Saraiva Educação, 2016.

PECK, Patrícia. *Proteção de dados pessoais*: comentários à Lei 13.709/2018 (LGPD). São Paulo: Saraiva Educação, 2018.

PELLON, Luis Felipe. *O conceito de risco e as declarações do proponente no seguro de automóveis*. Disponível em: <http://www.pellon-associados.com.br/artigos/lfp_br_04.htm>. Acesso em: 23 ago. 2007.

PÉREZ, José Luiz Fernandes. Seguros con matemáticas, p. 89-132. In: Ministério de Educación y Ciência. *Las matemáticas y sus aplicaciones en el mundo social y económico*. Secretaria General de Educacion y Formación Professional: Madrid, 2006.

PEREIRA, Caio Mário da Silva. *Instituições de Direito Civil*. Rio de Janeiro: Forense, 1991.

PEREIRA, Thomaz Henrique Junqueira de Andrade. *Princípios do direito falimentar e recuperacional brasileiro*. 2009. 109 f. Dissertação (Mestrado em Direito) – Faculdade de Direito da Pontifícia Universidade Católica de São Paulo, São Paulo, 2009.

PEREIRA DA SILVA, Gaspar. *Fontes próximas do codigo commercial portuguez. Referencia aos codigos das nações civilisadas e ás obras dos melhores jurisconsultos onde se encontrão disposições ou doutrinas identicas, ou similhantes á legislação do mesmo codigo*. Primeira parte. Porto: Typographia Commercial Portuense, 1843.

PEREIRA DOS SANTOS, Manoel Joaquim. ROSSI, Mariza Delapieve. Aspectos legais do comércio eletrônico: contratos de adesão. In: *Revista de Direito do Consumidor*, n. 36, São Paulo, 2000. p. 106-129.

PFEIFFER, Cristoph. *Introduction to reinsurance*. Colônia: Gabler, 1984.

PHILLIPS, Willard. *A treatise on the law of insurance*. Boston: Wells and Lilly, 1823.

PICARD, Maurice. BESSON, André. *Le assurances terrestres en droit français*. t. I. *Les enterprises d'assurances. Agents – Courtiers – Réassurance – Merche Commun*. Paris: Librairie Générale de Droit et de Jurisprudence, 1977.

PICCINNO, Luisa. *Genoa, 1340-1620: early development of marine insurance*, p. 25-46. In: LEONARD, A. B. *Marine insurance*. Londres: Palgrave Macmillan, 2016.

PINHEIRO, Armando Castelar. SADDI, Jairo. *Direito, economia e mercados*. Rio de Janeiro: Elsevier, 2005.

PIZA, Paulo Luiz de Toledo. *Contrato de resseguro*. Tipologia, formação e direito internacional. São Paulo: Editora Manuais Técnicos de Seguros e Instituto Brasileiro de Direito do Seguro, 2002.

PIZA, Paulo Luiz de Toledo. *Contrato de resseguro*. p. 107-122. In: COELHO, Fabio Ulhoa. *Tratado de Direito Comercial*. São Paulo: Saraiva, 2015. v. 5.

PIZA, Paulo Luiz de Toledo. *Resseguro não é seguro*. Disponível em: <https://www.editoraroncarati.com.br/v2/Artigos-e-Noticias/Artigos-e-Noticias/resseguro-nao-e-seguro.html>. Acesso em: 17 set. 2017.

PLUNKETT, Jack W. *Plunkett's insurance industry almanac*. Houston: Plunkett Research, Ltd., 2007.

POÇAS, Luis. *Problemas e soluções de direito dos seguros*. Coimbra: Almedina, 2019.

POHL, Stefan. IRANYA, Joseph. *The ABC of reinsurance*. Karlsruhe (Alemanha): VVW, 2018.

POLIDO, Walter A. *Resseguro – cláusulas contratuais e particularidades sobre responsabilidade civil*. Rio de Janeiro: Funenseg, 2011.

POLIDO, Walter A. *Arbitragem no contrato de resseguro no Brasil*. Disponível em: <http://www.polidoconsultoria.com.br/textos/Arbitragem%20no%20Contrato%20de%20Resseguro%20no%20Brasil.pdf>. Acesso em: 15 set. 2016.

POLIDO, Walter A. VILLAS BÔAS, Vera Regina. O contrato atípico de resseguro e as discussões contemporâneas sobre a sua natureza jurídica, fontes jurídicas que o fundamentam e função social exercida: garantia do efetivo equilíbrio do mercado segurador e do resseguro. In: *Revista de Direito Privado*, n. 61. Ano 16, jan.-mar., p. 193-230. São Paulo: Ed. RT, 2015.

PONTES DE MIRANDA, Francisco Cavalcanti. *Comentários ao Código de Processo Civil*. Tomo X. Rio de Janeiro: Editora Forense, 1976.

PONTES DE MIRANDA, Francisco Cavalcanti. *Tratado de Direito Privado*. Direito das obrigações. Tomo XLV. São Paulo: Ed. RT, 2012.

POSNER, Richard. *Economic analysis of law*. Nova Iorque: Wolters Kluwer Law & Business, 2014.

POTHIER. *Traitè du contrat d'assurance*. Marselha: Roux-Rambert, 1810.

POTHIER. *Trattato del contratto di assicurazione*. 2. ed. Napoli: Tipografia di Gio: Battista Seguin, 1821. v. I.

POTTER, D.T.; POTTER, L. H. (Edit.). *Insurance law journal*. Saint Louis, Potter, D.T. & Potter L. H., v. I. sept. 1871 to aug. 1872.

POWELL, Lawrence et al. *Internal versus external capital markets in the insurance industry: the role of reinsurance*. Disponível em: <https://papers.ssrn.com/sol3/papers.cfm?abstract_id=664626&rec=1&srcabs=1142954&alg=1&pos=4>. Acesso em: 20 set. 2016.

PROSPERETTI, Marco. APICELLA, Ennio A. *La riassicurazione*. Milão: Giuffré, 1994.

QUAMMEN, David. *Spillover: animal infections and the next pandemic*. Nova Iorque: W. W. Norton & Company, 2012.

QUICK, Jonathan. *The end of epidemics*. Nova Iorque: St. Martin's Press, 2018.

RAITHBY, John. *The statutes relating to the admiralty, navy, shipping, and navigation of The United Kingdom, from 9 Hen.* III to 3 Geo. IV, inclusive. Collected and arranged, under the authority of the Lords Comissioners of the Admiralty. Londres: George Eyre e Andrew Strahan, 1823.

RÁO, VICENTE. *O direito e a vida dos direitos.* São Paulo: Ed. RT, 2004.

RATING DE SEGUROS CONSULTORIA. Francisco Galiza (Coord.). *Análise econômica do mercado de resseguro do Brasil.* Rio de Janeiro: Rio de Janeiro, 2015.

REBOUÇAS, Rodrigo Fernandes. *Contratos eletrônicos*: formação e validade: aplicações práticas. São Paulo: Almedina, 2018.

RECHSTEINER, Beat Walter. *Direito internacional privado*: teoria e prática. São Paulo: Saraiva, 2013.

REGO, Lima Margarida. *Temas de direito dos seguros.* Coimbra: Almedina, 2016.

REINO UNIDO. Banco da Inglaterra. *What is the Prudential Regulation Authority?* Disponível em: <https://www.bankofengland.co.uk/knowledgebank/what-is-the-prudential-regulation-authority-pra>. Acesso em 28 dez. 2019.

REINO UNIDO. *Autoridade de Conduta Financeira – ACF* (Financial Conduct Authority – FCA). Disponível em: <https://www.fca.org.uk/firms/authorisation>. Acesso em: 27 dez. 2019.

REINO UNIDO. *Autoridade de Regulação Prudencial – ARP* (Prudential Regulation Authority – PRA). Disponível em: <https://www.bankofengland.co.uk/prudential-regulation>. Acesso em: 27 dez. 2019.

REINO UNIDO. *Insurance contract law: post contract duties and other issues. The Law Comission consultation paper n. 201 and the Scottish Law Comission discussion paper n. 152.* Londres: The Stationery Office Limited, 2011.

REINO UNIDO. *Insurance contract law: insurable interest. Extract from LCCP 201/SLCDP 152 (post contract duties and other issues), mar. 2015. Scottish Law Comission.* Disponível em: <https://s3-eu-west-2.amazonaws.com/lawcom-prod-storage-11jsxou24uy7q/uploads/2015/06/cp201_extract_insurable_interest.pdf>. Acesso em: 18 set. 2017.

REINO UNIDO. *Code on genetic testing and insurance.* Disponível em: <https://www.gov.uk/government/publications/code-on-genetic-testing-and-insurance>. Acesso em: 26 dez. 2019.

REIS, Eric. *A startup enxuta.* Trad. Alves Calado. Rio de Janeiro: Sextante, 2019.

REIS, Eric. *O estilo startup.* Trad. Carlos Zslak. Rio de Janeiro: Sextante, 2019.

RENTE, Eduardo Santos. A competência internacional da justiça brasileira e o Projeto de Lei 3.555/2004. In: *Revista [SYN]THESIS,* Rio de Janeiro, v. 5, nº 2, 2012, p. 221-231.

RENTE, Eduardo Santos. *O resseguro no direito internacional.* Cadernos de seguro: teses, v. 17, n. 38. Rio de Janeiro: Funenseg, 2014.

REUTERS. *Insurance rates jump for Ukraine war-exposed business.* 31 maio 2022. Disponível em: <https://www.reuters.com/markets/financials/insurance-rates-jump-ukraine-war-exposed-business-sources-say-2022-05-30/>. Acesso em: 12 dez. 2022.

REVISTA APÓLICE. *Supremo derruba MP 904 que suspendia o seguro DPVAT.* Disponível em: <https://www.revistaapolice.com.br/2019/12/supremo-derruba-mp-904-que-suspendia-seguro-dpvat/>. Acesso em: 16 jun. 2020.

REVISTA DE SEGUROS. *O resseguro no Brasil.* Ano 90, n. 892, jan./fev./mar. 2015, p. 14. Rio de Janeiro: Confederação Nacional das Empresas de Seguros Gerais, Previdência Privada e Vida, Saúde Suplementar e Capitalização (CNSEG), 2015.

RICARD, Samuel. *Traité général du commerce. Des observation sur le commerce des principaux etats de l'Europe*. t. II. Amsterdam: Chez E. Van Harrevelt, 1781.

RICCIARDI, Valentino. InsurTech definition as its own manifesto. p. 06-09. In: VANDERLINDEN, Sabine L. B. et al (Edit.). *The Insurtech book. The insurance technology handbook for investors, enterpreneurs and FinTech visionaries*. Chichester (Inglaterra): Wiley & Sons Ltd., 2018.

ROCCUS, Francesco. *A treatise on ships and freight and a treatise on insurance*. Traslated from the latin of Roccus by Joseph Reed Ingersoll. Philadelphia: Hopkins and Earle, Fry and Kamarer Printers, 1809.

RICHARDSON, Katherine. STEFFEN, Will. LIVERMAN, Diana (Edit.). *Climate change: global risks, challenges and decisions*. Cambridge: Cambridge University Press, 2011.

RIOS DA ROCHA, Dinir Salvador. FERNANDES, Lincoln da Matta. SEARLE, Olivia. *Cedentes, está na hora de pensar sobre as recuperações de resseguro*. Disponível em: <https://www.editoraroncarati.com.br/v2/Artigos-e-Noticias/Artigos-e-Noticias/Cedentes-esta-na-hora-de-pensar-sobre-as-recupera-coes-de-resseguro.html>. Acesso em: 05 jul. 2020.

RODAS, João Grandino (Coord.). *Contratos internacionais*. São Paulo: Ed. RT, 1995.

RÖDER, Tilmann J. *From industrial to legal standardization, 1871-1914. Transnational insurance law and the Great San Francisco Earthquake*. Trad. Frederik Heinemann. Leiden e Boston: Martinus Nijhoff Publishers, 2012.

ROPPO, Enzo. *O contrato*. Trad. Ana Coimbra e M. Januário C. Gomes. Coimbra: Almedina, 2009.

ROPPO, Enzo. *Il contratto*. In: IUDICA, Giovanni. ZATTI, Paolo. *Trattati di diritto privato*. Milão: Giuffrè, 2011.

ROPPO, Enzo. *Il contratto del duemila*. Torino: G. Giapichelli Editore, 2011.

ROSANVALLON, Pierre. *The new social question. Rethinking the welfare state*. Trad. Barbara Harshaw. Princeton: Princeton University Press, 2000.

ROSE, Francis D. *Marine insurance: law and practice*. Abingdon (Inglaterra) e Nova Iorque (EUA): Informa Law from Routledge, 2013.

ROSSI, Guido. *Insurance in Elizabeth England. The London Code. Cambridge Studies in English legal history*. Cambridge: Cambridge University Press, 2016.

ROSSNER, Frederico. FLORENTINO, Américo Mateus. *O resseguro visto por Crisafulli Buscemi*. In: *Clássicos do resseguro*, Roberto L. M. de Castro e Antonio Salvador Dutra (Coord.), p. 245-253. Rio de Janeiro: Funenseg, 2010.

RUYSSCHER, Dave de. *Antwerp 1490-1590. Insurance and speculation*, p. 78-105. In: LEONARD, A. B. *Marine insurance*. Londres: Palgrave Macmillan, 2016.

S&P GLOBAL RATINGS. *Global reinsurance highlights 2016 edition*. Londres: Intelligent Insurer, 2017.

S&P GLOBAL RATINGS. *Setor brasileiro de resseguros permanece resiliente frente a desafios econômicos e políticos*. Brasil. 15. mar. 2017. São Paulo: S&P Global, 2017.

SACRAMONE, Marcelo Barbosa. *Comentários à lei de recuperação de empresas e falência*. São Paulo: Saraiva, 2018.

SALAMA, Bruno Meyerhof. Análise econômica do direito. In: CAMPILONGO, Celso Fernandes; GON-ZAGA, Alvaro de Azevedo; FREIRE, André Luiz (Coords.). *Enciclopédia jurídica da PUC-SP*. CAM-PILONGO, Celso Fernandes; GONZAGA, Alvaro de Azevedo; FREIRE, Luiz Freire (Coord. de tomo). Tomo: Teoria Geral e Filosofia do Direito. 1. ed. São Paulo: Pontifícia Universidade Católica de São

Paulo, 2017. Disponível em: <https://enciclopediajuridica.pucsp.br/verbete/41/edicao-1/analise-economica-do-direito>. Acesso em: 30 jul. 2020.

SANTOS, Maria Celeste Cordeiro Leite dos. Bioética. In: CAMPILONGO, Celso Fernandes; GONZAGA, Alvaro de Azevedo; FREIRE, Luiz Freire (Coords.). *Enciclopédia jurídica da PUC-SP*. CAMPILONGO, Celso Fernandes; GONZAGA, Alvaro de Azevedo; FREIRE, Luiz Freire (Coord. de tomo). Tomo: Teoria Geral e Filosofia do Direito. 1. ed. São Paulo: Pontifícia Universidade Católica de São Paulo, 2017. Disponível em: <https://enciclopediajuridica.pucsp.br/verbete/53/edicao-1/bioetica>. Acesso em: 17 jul. 2020.

SASSIAN, Maria. *2017 sets record for highest insured disaster losses*. Jan. 2018. Disponível em: <https://www.iii.org/insuranceindustryblog/2017-sets-record-for-highest-insured-disaster-losses/>. Acesso em: 14 nov. 2019.

SCHICH, Sebastian. Insurance Companies and the Financial Crisis. In: *OECD Journal: financial market trends*, v. 2009, issue 2, p. 1-31. Disponível em: <https://www.oecd.org/pensions/insurance/44260382.pdfhttps://www.oecd.org/pensions/insurance/44260382.pdf>. Acesso em: 20 nov. 2020.

SCHREIBER, A.C. *Lord Mansfield – the father of insurance law*. In: *Insurance Law Journal*, v. 1960, n. 12, dez. 1960, p. 766-770.

SCHWEPCKE, Andreas. *Reinsurance principles and state of the art*. Munique: Swiss Re Germany AG, 2004.

SEATZU, Francesco. *Insurance on Private International Law*. Oxford: Hart Publishing, 2003.

SERPA LOPES, José Maria. *Curso de direito civil*. Rio de Janeiro: Freitas Bastos, 1996. v. III.

SHAVELL, Steven. *Foundations of economic analysis of law*. Cambridge (EUA): Harvard University Press, 2004.

SHEPPARD, Steve (Edit.). *The history of legal education in the United States*. Commentaries and primary sources. v. I. Pasadena, California: Salem Press, Inc., 1999.

SHUMAKER, Walter A. LONGSDORF, George Foster. *The cyclopedic dictionary of law*. Saint Paul (Minnesota): Keefe-Davidson Law Book Co., 1901.

SILVA, Ivan de Oliveira. *Curso de Direito do Seguro*. São Paulo: Saraiva, 2008.

SILVA, Wilney Magno de Azevedo. Observações sobre competência jurisdicional. In: *Revista da EMERJ*, Rio de Janeiro, v. 4, n. 16, 2001, p. 225-235.

SPENGLER, Fabiana Marion; SPENGLER NETO, Theobaldo. *Mediação, conciliação e arbitragem*. Rio de Janeiro: FGV Editora, 2016.

SOLLERO, Marcos Portella. Da interpretação dos contratos. Estudo de um caso concreto. In: *Clássicos do resseguro*, Rio de Janeiro: Funenseg, 2011, p. 477-479.

SONG, Robert. *Genética humana*: fabricando o futuro. São Paulo: Loyola, 2005.

SORENSEN, Mads P. CHRISTIANSEN, Allan. *Ulrich Beck. An introduction to the theory of second modernity and the risk society*. Abingdon (Inglaterra) e Nova Iorque (EUA): Routledge, 2013.

SOUZA, Thelma de Mesquita G. *O dever de informar e sua aplicação ao contrato de seguro*. 2012. 258 f. Tese (Doutorado em Direito) – Faculdade de Direito da Universidade de São Paulo, São Paulo, 2012.

SOUZA, Valdomiro José de. *Projeto genoma humano*. São Paulo: Loyola, 2004.

SOYER, Baris. *Warranties in marine insurance*. Londres: Cavendish Publishing Limited, 2006.

SPOONER, Frank C. *Risks at sea*: Amsterdam insurance and maritime Europe, 1766-1780. Cambridge: Cambridge University Press, 2002.

SPRY, Jonathan. Non-life insurance securization: market overview, background and evolution. Cap. 2. In: LUCA, Albertini; BARRIEU, Pauline. *The handbook of Insurance-linked securities*. Hoboken (EUA): Wiley & Sons, Inc., 2010.

STEGEMANN, Ekkehard W. STEGEMANN, Wolfgang. *História social do protocristianismo*. Os primórdios no judaísmo e as comunidades de Cristo no mundo mediterrâneo. São Paulo: Paulus, 2004.

STIGLITZ, Rubén Saul. *Derecho de Seguros*. Buenos Aires: Abeledo-Perrot, 2001. t. I.

STRAIN, Robert W. *Reinsurance*. Nova Iorque: The College of Insurance, 1980.

STRAUMANN, Tobias. The discret charm of hidden reserves: how Swiss Re survived the Great Depression. In: CLEMENT, Piet. JAMES, Harold. VAN DER WEE, Herman. *Financial innovation, regulation and crises in history*. Abingdon (Inglaterra) e Nova Iorque (EUA): Informa Law by Routledge, 2016.

STRECK, Lenio Luiz et al (Org.). *Comentários ao Código de Processo Civil*. São Paulo: Saraiva, 2016.

STRENGER, Irineu. *Contratos internacionais do comércio*. São Paulo, LTr, 1986.

STRYDOM, Moses John; BUCKLEY, Shreyl Beverly. Big data intelligence and perspectives in Darwinian disruption. p. 1-43. In: STRYDOM, Moses John; BUCKLEY, Shreyl Beverly (Edit.). *AI and Big Data's potential for disruptive innovation*. Advances in computational intelligence and robotics (ACIR) book series. Hershey (EUA): IGI Global, 2020.

SUNDFELD, Carlos Ari. VIEIRA, Oscar Vilhena (Coord.). *Direito global*. São Paulo: Max Limonad, 2001.

SUPERINTENDÊNCIA DE SEGUROS PRIVADOS – SUSEP. Coordenação de apoio à gestão estratégica. *7º Relatório de análise de acompanhamento dos mercados supervisionados* (ano de 2018). 30 mai. 2019, Rio de Janeiro. Disponível em: <http://www.susep.gov.br/menuestatistica/SES/Relat_Acomp_Merca-do_2019.pdf>. Acesso em: 16 nov. 2019.

SUPERINTENDÊNCIA DE SEGUROS PRIVADOS – SUSEP. *Seguro de danos*. Disponível em: <http://www.susep.gov.br/menu/informacoes-ao-publico/planos-e-produtos/seguros/seguro-de-danos>. Acesso em: 10 fev. 2020.

SUPERINTENDÊNCIA DE SEGUROS PRIVADOS – SUSEP. Coordenação de apoio à gestão estratégica. *10º Relatório de análise de acompanhamento dos mercados supervisionados* (ano de 2021). 30 mai. 2022, Rio de Janeiro. Disponível em: <https://www.gov.br/susep/pt-br/central-de-conteudos/dados-estatisticos/Relat_Acomp_Mercado_2022.pdf>. Acesso em: 16 nov. 2022.

SUPERINTENDÊNCIA DE SEGUROS PRIVADOS – SUSEP. *Síntese mensal: dezembro/2022*. Disponível em: <https://www.gov.br/susep/pt-br/arquivos/arquivos-dados-estatisticos/sinteses-mensais/2022/SinteseDezembro2022_v3CRAQ_CL_PM_final.pdf>. Acesso em: 15 jan. 2023.

SZTAJN, Rachel. Notas sobre o conceito de empresário e empresa no código civil brasileiro. In: *Revista Pensar*, Fortaleza, v. 11, p. 192-202, fev. 2006.

SWISS RE. *Financial report of reinsurances life and health and non-life*. Disponível em: <https://reports.swissre.com/2019/servicepages/downloads/files/2019_financial_report_swissre_ar19.pdf>. Acesso em: 24 jun. 2020.

SWISS RE. *Understanding reinsurance: how reinsurers create value and manage risk*. Zurique: Swiss Reinsurance Company, 2004.

SWISS RE. *A history of UK insurance*. Zurique: Swiss Reinsurance Company, 2017.

SWISS RE. *Financial report 2022*. Disponível em: <https://reports.swissre.com/2022/downloads/>. Acesso em: 02 abr. 2023.

SWISS RE INSTITUTE. *Seeing the future? How genetic testing will impact life insurance*. Zurique: Swiss Re Centre for Global Dialogue, 2017.

SWISS RE INSTITUTE. *Sigma*. World insurance: the great pivot east continues, n. 3/2019. 5 jun. 2019, Zurich. Disponível em: <https://www.swissre.com/dam/jcr:b8010432-3697-4a97-ad8b-6cb6c0aece33/sigma3_2019_en.pdf>. Acesso em: 15 nov. 2019.

SWISS RE INSTITUTE. *Can life insurance pass the genetic test?* Zurique: Swiss Re Centre for Global Dialogue, 2019.

SWISS RE INSTITUTE. *Sigma*. World insurance: inflation risks front and centre, n. 4/2022. 12 jun. 2022, Zurich. Disponível em: <https://www.swissre.com/dam/jcr:4500fe30-7d7b-4bc7-b217-085d7d87a35b/swiss-re-institute-sigma-4-2022.pdf>. Acesso em: 10 dez. 2022.

TANG, Zheng Sophia. *Electronic consumer contracts in the conflict of Law*. Oxford: Hart Publishing, 2015.

TAVARES, Leandro Reis et al. A saúde suplementar do Brasil e a Agência Nacional de Saúde Suplementar (ANS). In: INSTITUTO BRASILEIRO DE GOVERNANÇA CORPORATIVA – IBGC. *Governança corporativa em saúde*: conceitos, estruturas e modelos. São Paulo: Saint Paul Editora, 2019.

TAUNTON, William Pyle. *Cases argued and determined in the Court of Common Pleas and other courts*. v. II. Nova Iorque: C. Wiley, 1812.

TEIXEIRA, Tarcísio. *Marco civil da internet e regulamentação do comércio eletrônico*. In: Migalhas de Peso, 17 nov. 2014. Disponível em: <https://www.migalhas.com.br/depeso/211308/marco-civil-da-internet-e-regulamentacao-do-comercio-eletronico>. Acesso em: 15 set. 2020.

TEIXEIRA, Tarcísio. *Comércio eletrônico*: conforme o Marco Civil da Internet e a regulamentação do e-commerce no Brasil. São Paulo: Saraiva, 2015.

TEIXEIRA, Tarcísio. *Marco civil da internet: comentado*. São Paulo: Almedina, 2016.

TEIXEIRA, Tarcísio. *Direito digital e processo eletrônico*. São Paulo: Saraiva, 2020.

TERRA BRASIS RESSEGUROS. *Terra Report. Relatório do mercado brasileiro de resseguros. Dezembro 2016*. Edição 22, 19 abr. 2017. Rio de Janeiro: Terra Brasis Re, 2017.

THE ASSOCIATION OF BRITISH INSURERS – ABI. *Automated and electric vehicles bill: legislating for the future of driving*. Disponível em: <https://www.abi.org.uk/news/blog-articles/2018/07/automated-and-electric-vehicles-bill-legislating-for-the-future-of-driving/>. Acesso em: 15 jul. 2020.

THE GENEVA ASSOCIATION. *Genetics and life insurance: a view into the microscope of regulation*. Jun. 2017. Disponível em: <https://www.genevaassociation.org/sites/default/files/research-topics-document--type/pdf_public//ga2017_globalageing_genetics_and_life_insurance.pdf>. Acesso em: 15 jul. 2020.

THE NEW YORK TIMES. *Top executives changed by Equity Funding Corp*, p. 59, 03 abr. 1973. Disponível em: <http://www.nytimes.com/1973/04/03/archives/top-executives-changed-by-equity-funding-corp-a-3man-body-replaces.html>. Acesso em: 24 jul. 2017.

THE WORLD BANK. *The World Bank primer on reinsurance*. Disponível em: https://papers.ssrn.com/sol3/papers.cfm?abstract_id=604980&rec=1&srcabs=1138028&alg=1&pos=2. Acesso em: 20 set. 2016.

TIMM, Luciano Benetti. ALVES, Francisco Kümmel. Custos de transação no contrato de seguro: proteger o segurado é socialmente desejável? In: *Conselho Nacional de Pesquisa e Pós-Graduação em Direito – CONPEDI*, Manaus, 2007. Disponível em: <http://www.publicadireito.com.br/conpedi/manaus/arquivos/anais/bh/francisco_kummel_ferreira_alves.pdf>. Acesso em: 29 jul. 2020.

TRENERRY, Charles Farley. *The origin and early history of insurance: including the contract of bottomry*. Londres: P.S. King & Son, Ltd., 1926.

TURNPENNY, Peter D. ELLARD, Sian. *Emery's elements of medical genetics*. Philadelphia (EUA): Elsevier, 2012.

TZIRULNIK, Ernesto. *Regulação de sinistro*. São Paulo: Max Limonad, 2000.

TZIRULNIK, Ernesto. CAVALCANTI, Flávio de Queiroz B. PIMENTEL, Ayrton. *O contrato de seguro*. São Paulo: Ed. RT, 2003.

UNIÃO EUROPEIA. Parlamento Europeu. *The principles of european insurance contract law: optional instrument?*. Bruxelas: Parlamento Europeu, 2010. Disponível em: <http://www.europarl.europa.eu/document/activities/cont/201004/20100430ATT73919/20100430ATT73919EN.pdf>. Acesso em: 30 nov. 2019.

UNIÃO EUROPEIA. *Insurance contract rules*. Rules regarding buying and selling insurance contracts in EU countries. Disponível em: <https://ec.europa.eu/info/business-economy-euro/doing-business-eu/contract-rules/insurance-contracts/insurance-contract-rules_en>. Acesso em: 30 nov. 2019.

UNIÃO EUROPEIA. Comissão Europeia. *Withdrawal of the United Kingdom and EU rules in the field of insurance/reinsurance*. Disponível em: <https://ec.europa.eu/info/sites/info/files/brexit_files/info_site/insurance_en.pdf>. Acesso em: 30 nov. 2020.

UNIÃO EUROPEIA. Comissão Europeia *EU-UK Trade and Cooperation Agreement*. A new relationship, with big changes. Disponível em: <https://ec.europa.eu/info/sites/info/files/eu-uk_trade_and_cooperation_agreement-a_new_relationship_with_big_changes-brochure.pdf>. Acesso em: 31 dez. 2020.

UNITED STATES CENSUS BUREAU. *Health insurance coverage in the United States: 2018*. Disponível em: <https://www.census.gov/library/publications/2019/demo/p60-267.html>. Acesso em: 01 set. 2020.

UNIVERSIDADE DE LONDRES. *Direito do Seguro Comercial Internacional*. Disponível em: <https://london.ac.uk/courses/international-commercial-insurance-law>. Acesso em: 04 dez. 2019.

UNIVERSIDADE DE LONDRES. *Insurance Law LLM*. Disponível em: <https://www.qmul.ac.uk/postgraduate/taught/coursefinder/courses/insurance-law-llm/>. Acesso em: 04 dez. 2019.

VALADÃO, Haroldo. *Direito internacional privado*. Rio de Janeiro: Freitas Bastos, 1970.

VALOR ECONÔMICO. *Depois de dez anos, mercado conquista competitividade*. Disponível em: <https://www.pressreader.com/brazil/valor-econ%C3%B4mico/20170321/282312499890731>. Acesso em: 21 mar. 2017.

VAN DER MERWE, C.G. DU PLESSIS, Jacques E (Edit.). *Introduction to the Law of South Africa*. Haia (Holanda): Kluwer Law International, 2004.

VAN HUYSSTEEN, Louis F. VAN DER MERWE, Schalk W. J. MAXWELL, Catherine J. *Contract law in South Africa*. Alphen aan den Rijn (Holanda): Kluwer Law International, 2010.

VAN NIEKERK, J. P. *The development of the principles of insurance law in the Netherlands from 1500 to 1800*. v. I. Cidade do Cabo: Juta & Co, Ltd., 1998.

VANCE, W. R. *The contract of reinsurance*. In: *Virginia Law Register*, v. VII, fev./1902, n. 10, p. 669-679.

VAUGHAN, Emmet J. VAUGHAN, Therese. *Fundamentals of risk and insurance*. Hoboken (EUA): John Wiley & Sons, Inc., 2008.

VENOSA, Silvio de Salvo. *Direito civil*. São Paulo: Atlas, 2004. v. 3.

VIGLIOTTI, Maria Grazia. JONES, Haydn. *The executive guide to Blockchain*. Londres: Palgrave Macmillan, 2020.

VILRET, Karine. *Droit de l'assurance-vie luxembourgeoise. Aspects contractuels, régulatoires et financiers*. Windhof (Luxemburgo): Proculture Larcier, 2017.

VIVANTE, Cesare. *Il contratto di assicurazione*. v. I. Milão: 1885.

VIVANTE, Cesare. Le imprese di assicurazione sulla vitta. In: SCHUPFER, F. FUSINATO, G. (Edit.). *La revista italiana per le scienze giuridiche*, v. I, fascicolo I, p. 03-34, 20 dez./1930. Cittá di Castello, Stabilimento S. Lapi 1886.

VIVANTE, Cesare. *Trattato di diritto commerciale*. Torino: Fratelli Bocca Editori, 1896.

VOIGT, Paul; VON DEM BUSSCHE, Axel. *The EU General Data Protection Regulation (GDPR)*. A practical guide. Cham (Suíça): Springer, 2017.

VOLLANS, Tim. ASQUITH, Glenn. *English legal system*. Oxford: Oxford University Press, 2011.

WALD, Arnoldo. *Obrigações e contratos*. São Paulo: Ed. RT, 1994.

WANG, Wallace Hsin-Chun. *Reinsurance regulation. A contemporary and comparative study*. Londres, Haia e Nova Iorque: Kluwer Law International, 2003.

WATTERSON, Stephen. *Carter v. Boehm (1766)*, p. 59-118. In: MITCHELL, Charles. MITCHELL, Paul. *Landmark cases in the law of contract*. Oxford e Portland: Hart Publishing Ltd, 2008.

WEHRHAHN, Rodolfo. *Introduction to reinsurance*. Washington: The World Bank, 2009.

WENDELL, John. *Report of cases argued and determined of the Supreme Court of Judicature and in the Court for the Correction of Errors of the State of New-York*. Albany: WM. & A. Gould & Co. and Gould, Banks & Co. Law Booksellers, 1838. v. XVII.

WHITMAN, Michael E. MATTORD, Herbert J. *Principles of information security*. Boston: Thomson, 2009.

WIEACKER, Franz. *História do direito privado moderno*. Trad. A. M. Botelho Hespanha. Lisboa: Fundação Calouste Gulbenkian, 2004.

WORLD ECONOMIC FORUM. *Fighting Covid-19 could cost 500 times as much as pandemic prevention measures*. Disponível em: <https://www.weforum.org/agenda/2020/08/pandemic-fight-costs-500x--more-than-preventing-one-futurity/>. Acesso em: 10 nov. 2020.

WORLD HEALTH ORGANIZATION. *Private health insurance: implications for developing countries. Discussion paper* n. 3/2004. Disponível em: <https://www.who.int/health_financing/documents/dp_e_04_3-private_h_insurance.pdf>. Acesso em: 15 ago. 2020.

YAN, Tan Choon; SCHULTE, Paul; CHUEN, David Lee Kuo. InsurTech and FinTech: banking and insurance enablement. p. 249-282. In: CHUEN, David Lee Kuo; DENG, Robert (Edit). *Handbook of blockchain, digital finance, and inclusion*. Cryptocurrency, InsurTech, and regulation. Londres: Academic Press, 2018. v. 1.

ZATZ, Mayana. Projeto genoma humano e ética. In: *São Paulo em Perspectiva*, São Paulo, v. 14, n. 3, p. 47-52, jul. 2000. Disponível em: <http://www.scielo.br/scielo.php?script=sci_arttext&pid=S0102-88392000000300009&lng=en&nrm=iso>. Acesso em: 17 jul. 2020.

ZIEGLER, Alexander von. The 'utmost good faith' in marine insurance law on the continent, p. 21-30. In: HUYBRECHTS, Marc (Edit.). *Marine insurance at the turn of the millenium*. v. 2. *The European Institute of Maritime and Transport Law*. Antuérpia: Intersentia, 2000.

ZIMMERMAN, Reinhard. *The law of obligations. Roman foundations of the civilian tradition*. Oxford: Clarendon Paperbacks e Oxford University Press, 1996.

ZIMMERMANN, Reinhard. VISSER, Daniel (Org.). *Southern cross. Civil law and common law in South Africa*. Oxford: Oxford University Press, 1996.

ZUBOFF, Shoshana. *The age of surveillance capitalism*: the fight for a human future at the new frontier of power. Londres: Profile Books, 2019.

LEGISLAÇÃO

ALEMANHA. *Código Civil alemão de 1896* (Bürgerliches Gesetzbuch – BGB, 24/08/1896). Disponível em: <https://www.gesetze-im-internet.de/englisch_bgb/>. Acesso em: 29 nov. 2019.

ALEMANHA. *Código Comercial alemão de 1897* (Handelsgesetzbuch – HGB, de 10/05/1897). Disponível em: <http://www.gesetze-im-internet.de/englisch_hgb/>. Acesso em: 29 nov. 2019.

ALEMANHA. *Lei do Contrato de Seguro de 2007* (Versicherungsvertragsgesetz – VVG, de 23/11/2007). Disponível em: <https://www.gesetze-im-internet.de/englisch_vvg/>. Acesso em: 29 nov. 2019.

ALEMANHA. *Lei de Reforma da Lei do Contrato de Seguro de 2007* (Gesetz zur Reform des Versicherungs-vertragsrechts). Disponível em: <http://dipbt.bundestag.de/extrakt/ba/WP16/90/9011.html>. Acesso em: 29 nov. 2019.

ALEMANHA. *Lei de Supervisão das Empresas de Seguros de 2016* (Versicherungsaufsichtsgesetz – VAG). Disponível em: <https://www.gesetze-im-internet.de/vag_2016/>. Acesso em: 29 nov. 2019.

ALEMANHA. *Oitava lei de reforma do Código de Trânsito de 2017* (*Achtes Gesetz zur Änderungen des Straßenverkehrsgesetzes*). Disponível em: <https://www.bmvi.de/SharedDocs/EN/Documents/DG/eight-act-amending-the-road-traffic-act.pdf?__blob=publicationFile>. Acesso em: 15 jul. 2020.

BÉLGICA. *Lei de Seguros Terrestres belga de 1992* (Loi sur Le Contrat D'Assurance Terrestre, du 25/06/1992). Disponível em: <http://www.ejustice.just.fgov.be/cgi_loi/change_lg.pl?language=fr&la=F&table_name=loi&cn=1992062532>. Acesso em: 27 nov. 2019.

BRASIL. Advocacia Geral da União – AGU. *Ato Regimental AGU 05, de 27/09/2007.* Disponível em: <http://www.consultaesic.cgu.gov.br/busca/dados/Lists/Pedido/Attachments/458612/RESPOSTA_PEDIDO_Ato%20Regimental%20n%2005%20-%20AGU.pdf>. Acesso em: 05 jun. 2020.

BRASIL. Congresso Nacional. *Código Comercial de 1850* (Lei 556, de 25/06/1850). Disponível em: <http://www.planalto.gov.br/ccivil_03/Leis/LIM/LIM556compilado.htm>. Acesso em: 15 mar. 2020.

BRASIL. *Código Civil de 1916* (Lei Federal 3.071, de 01/01/1916). Disponível em: <http://www.planalto.gov.br/ccivil_03/leis/L3071.htm>. Acesso em: 24 jun. 2020.

_____. *Código de Defesa do Consumidor de 1990* (Lei Federal 8.078, 11/09/1990). Disponível em: <https://www.planalto.gov.br/ccivil_03/leis/l8078compilado.htm>. Acesso em: 25 jun. 2020.

BRASIL. *Código Civil de 2002* (Lei Federal 10.406, de 10/01/2002). Disponível em: <http://www.planalto.gov.br/ccivil_03/leis/2002/l10406.htm>. Acesso em: 24 jun. 2020.

BRASIL. *Código de Processo Civil de 1973* (Lei Federal 5.869, de 11/01/1973). Disponível em: <http://www.planalto.gov.br/ccivil_03/leis/l5869impressao.htm>. Acesso em: 15 jun. 2020.

BRASIL. *Código de Processo Civil de 2015* (Lei Federal 11.103, de 06/03/2015). Disponível em: <http://www.planalto.gov.br/ccivil_03/_Ato2015-2018/2015/Lei/L13105.htm>. Acesso em: 15 jun. 2020.

BRASIL. *Decreto Federal n. 294, de 05/09/1895.* Disponível em: <https://www2.camara.leg.br/legin/fed/decret/1824-1899/decreto-294-5-setembro-1895-540724-publicacaooriginal-41573-pl.html#:~:text=Disp%C3%B5e%20sobre%20as%20companhias%20estrangeiras,funccionam%20no%20territorio%20do%20Brazil.>. Acesso em: 15 jun. 2020.

BRASIL. *Decreto Federal 4.270, de 10/12/1901.* Disponível em: <https://www2.camara.leg.br/legin/fed/decret/1900-1909/decreto-4270-10-dezembro-1901-523118-republicacao-108661-pe.html>. Acesso em: 20 jun. 2020.

BRASIL. *Decreto Federal 5.072, de 12/12/1903.* Disponível em: <https://www2.camara.leg.br/legin/fed/decret/1900-1909/decreto-5072-12-dezembro-1903-523155-republicacao-107859-pe.html>. Acesso em: 20 jun. 2020.

BRASIL. *Decreto Federal 14.593, de 31/12/1920.* Disponível em: <https://www2.camara.leg.br/legin/fed/decret/1920-1929/decreto-14593-31-dezembro-1920-512324-norma-pe.html>. Acesso em: 20 jun. 2020.

BRASIL. *Decreto Federal 16.738, de 31/12/1924.* Disponível em: <https://www2.camara.leg.br/legin/fed/decret/1920-1929/decreto-16738-31-dezembro-1924-512559-norma-pe.html>. Acesso em: 20 jun. 2020.

BRASIL. *Decreto Federal 60.459, de 13/03/1967.* Disponível em: <http://www.planalto.gov.br/ccivil_03/decreto/Antigos/d60459.htm#:~:text=DECRETO%20No%2060.459%2C%20DE,28%20de%20fevereiro%20de%201967.>. Acesso em: 20 jun. 2020.

BRASIL. *Decreto Federal 2.423, de 16/12/1997.* Disponível em: <https://legislacao.presidencia.gov.br/atos/?tipo=DEC&numero=2423&ano=1997&ato=b73oXVq50MJpWT784>. Acesso em: 20 jun. 2020.

BRASIL. *Decreto-Lei 1.186, de 03/04/1939.* Cria o Instituto de Resseguros do Brasil. Disponível em: http://www.planalto.gov.br/ccivil_03/decreto-lei/1937-1946/Del1186.htm. Acesso em: 06 set. 2017.

BRASIL. *Decreto-Lei 2.063, de 07/03/1940.* Regulamenta sob novos moldes as operações de seguros privados e sua fiscalização. Disponível em: http://www.planalto.gov.br/ccivil_03/decreto-lei/1937-1946/Del2063.htm. Acesso em: 06 set. 2017.

BRASIL. *Decreto-Lei 9.735, de 04/09/1946.* Consolida a legislação relativa ao Instituto de Resseguros do Brasil e dá outras providências. Disponível em: http://www.planalto.gov.br/ccivil_03/decreto-lei/Del9735.htm#art46. Acesso em: 06 set. 2017.

BRASIL. *Decreto-Lei 73, de 21/11/1966.* Dispõe sobre o Sistema Nacional de Seguros Privados, regula as operações de seguros e resseguros e dá outras providências. Disponível em: <http://www.planalto.gov.br/ccivil_03/decreto-lei/Del0073.htm>. Acesso em: 15 jun. 2020.

BRASIL. *Estatuto do Idoso* (Lei Federal 10.741, de 01/10/2003). Dispõe sobre o Estatuto da Pessoa Idosa e dá outras providências. Disponível em: <http://www.planalto.gov.br/ccivil_03/leis/2003/l10.741.htm>. Acesso em: 20 ago. 2020.

BRASIL. *Estatuto da Pessoa com Deficiência de 2015* (Lei Federal 13.146, de 06/07/2015). Institui a Lei Brasileira de Inclusão da Pessoa com Deficiência (Estatuto da Pessoa com Deficiência). Disponível em: <http://www.planalto.gov.br/ccivil_03/_ato2015-2018/2015/lei/l13146.htm>. Acesso em: 29 ago. 2020.

BRASIL. *Lei Complementar 126, de 15/01/2007.* Disponível em: <http://www.planalto.gov.br/CCiVil_03/Decreto-Lei/1937-1946/Del1608.htm>. Acesso em: 15 jun. 2020.

BRASIL. *Lei de Execução Fiscal* (Lei Federal 6.830, de 22/09/1980). Disponível em: <http://www.planalto.gov.br/ccivil_03/leis/l6830.htm#:~:text=LEI%20No%206.830%2C%20DE,P%C3%BAblica%2C%20e%20d%C3%A1%20outras%20provid%C3%AAncias.>. Acesso em: 15 jun. 2020.

BRASIL. *Lei de Prevenção à Lavagem de Dinheiro de 1998* (Lei Federal 9.613, de 03/03/1998). Disponível em: <https://www.planalto.gov.br/ccivil_03/Leis/L9613.htm#:~:text=L9613&text=LEI%20N%C2%BA%209.613%2C%20DE%203%20DE%20MAR%C3%87O%20DE%201998.&text=Disp%C3%B5e%20sobre%20os%20crimes%20de,COAF%2C%20e%20d%C3%A1%20outras%20provid%C3%AAncias.>. Acesso em: 30 jun. 2020.

BRASIL. *Lei de Propriedade Industrial de 1996* (Lei Federal 9.279/1996). Regula direitos e obrigações relativos à propriedade industrial. Disponível em: <https://www2.camara.leg.br/legin/fed/lei/1996/lei-9279-14-maio-1996-374644-norma-pl.html>. Acesso em: 15 set. 2020.

BRASIL. *Lei dos Planos de Saúde de 1998* (Lei Federal 9.656, de 03/06/1998). Disponível em: <http://www.planalto.gov.br/ccivil_03/leis/L9656compilado.htmhttp://www.planalto.gov.br/ccivil_03/leis/l9656.htm - :~:text=L9656&text=LEI%20N%C2%BA%209.656%2C%20DE%203%20DE%20JUNHO%20DE%201998.&text=Disp%C3%B5e%20sobre%20os%20planos%20e%20seguros%20privados%20de%20assist%C3%AAncia%20%C3%A0%20sa%C3%BAde.&text=%C2%A7%205o%20%C3%89%20vedada,privado%20de%20assist%C3%AAnci>. Acesso em: 20 ago. 2020.

BRASIL. *Lei de Arbitragem* (Lei Federal 9.307, de 23/09/1996). Disponível em: <https://www.planalto.gov.br/ccivil_03/leis/l9307.htm#:~:text=LEI%20N%C2%BA%209.307%2C%20DE%2023,Disp%-C3%B5e%20sobre%20a%20arbitragem.&text=Art.,relativos%20a%20direitos%20patrimoniais%20dispon%C3%ADveis.>. Acesso em: 30 jun. 2020.

BRASIL. *Lei das Sociedades Anônimas* (Lei Federal 6.404, de 15/12/1976). Disponível em: <https://www.planalto.gov.br/ccivil_03/leis/l6404consol.htm#:~:text=L6404consol&text=LEI%20No%206.404%2C%20DE%2015%20DE%20DEZEMBRO%20DE%201976.&text=Disp%C3%B5e%20sobre%20as%20Sociedades%20por%20A%C3%A7%C3%B5es.&text=Art.%201%C2%BA%20A%20companhia%20ou,das%20a%C3%A7%C3%B5es%20subscritas%20ou%20adquiridas.>. Acesso em: 30 jun. 2020.

BRASIL. *Lei de Defesa da Concorrência de 2011* (Lei Federal 12.529, de 30/11/2011). Estrutura o Sistema Brasileiro de Defesa da Concorrência; dispõe sobre a prevenção e repressão às infrações contra a ordem econômica. Disponível em: <http://www.planalto.gov.br/ccivil_03/_ato2011-2014/2011/lei/l12529.htm#:~:text=1%C2%BA%20Esta%20Lei%20estrutura%20o,consumidores%20e%20repres-s%C3%A3o%20ao%20abuso>. Acesso em: 15 set. 2020.

BRASIL. *Lei de Documentos Eletrônicos de 2012* (Lei Federal 12.682, de 09/07/2012). Dispõe sobre a elaboração e o arquivamento de documentos em meios eletromagnéticos. Disponível em: <http://www.planalto.gov.br/ccivil_03/_Ato2011-2014/2012/Lei/L12682.htm>. Acesso em: 15 set. 2020.

BRASIL. *Lei de Liberdade Econômica de 2019* (Lei Federal 13.874, de 20/09/2019). Institui a Declaração de Direitos de Liberdade Econômica; estabelece garantias de livre mercado. Disponível em: <http://www.planalto.gov.br/ccivil_03/_ato2019-2022/2019/lei/L13874.htm>. Acesso em: 15 set. 2020.

BRASIL. *Lei do Marco Civil da Internet* (Lei Federal 12.965, de 23/04/2014). Estabelece princípios, garantias, direitos e deveres para o uso da Internet no Brasil. Disponível em: <http://www.planalto.gov.br/ccivil_03/_ato2011-2014/2014/lei/l12965.htm>. Acesso em: 10 set. 2020.

BRASIL. *Lei do Seguro DPVAT* (Lei Federal 6.194, de 19/12/1974). Dispõe sobre Seguro Obrigatório de Danos Pessoais causados por veículos automotores de via terrestre, ou por sua carga, a pessoas transportadas ou não. Disponível em: <http://www.planalto.gov.br/ccivil_03/leis/l6194.htm>. Acesso em: 20 jul. 2020.

BRASIL. *Lei Geral de Proteção de Dados de 2018* (Lei Federal n. 13.709, de 14/08/2018). Disponível em: <http://www.planalto.gov.br/ccivil_03/_ato2015-2018/2018/lei/L13709.htm#:~:text=LEI%20N%C2%BA%2013.709%2C%20DE%2014%20DE%20AGOSTO%20DE%202018.&text=Disp%C3%B5e%20sobre%20a%20prote%C3%A7%C3%A3o%20de,(Marco%20Civil%20da%20Internet)>. Acesso em: 15 jun. 2020.

BRASIL. *Lei das Agências Reguladoras de 2019* (Lei Federal 13.848, de 25/06/2019). Dispõe sobre a gestão, a organização, o processo decisório e o controle social das agências reguladoras. Disponível em: <http://www.planalto.gov.br/ccivil_03/_ato2019-2022/2019/lei/l13848.htm>. Acesso em: 01. fev. 2020.

BRASIL. *Lei Federal 9.491, de 09/09/1997*. Disponível em: <http://www.planalto.gov.br/ccivil_03/leis/l9491.htm#:~:text=LEI%20N%C2%BA%209.491%2C%20DE%209%20DE%20SETEMBRO%20DE%201997.&text=Altera%20procedimentos%20relativos%20ao%20Programa,1990%2C%20e%20d%-C3%A1%20outras%20provid%C3%AAncias.>. Acesso em: 01 jul. 2020.

BRASIL. *Lei Federal 9.932, de 20/12/1999*. Disponível em: <http://www.planalto.gov.br/ccivil_03/leis/L9932.htm#:~:text=LEI%20No%209.932%2C%20DE%2020%20DE%20DEZEMBRO%20DE%201999.&text=Disp%C3%B5e%20sobre%20a%20transfer%C3%AAncia%20de,SUSEP%2C%20e%20d%C3%A1%20outras%20provid%C3%AAncias.&text=Par%C3%A1grafo%20%C3%BAnico.>. Acesso em: 27 jun. 2020.

BRASIL. *Lei Federal 9.482, de 13/08/1997*. Disponível em: <http://www.planalto.gov.br/ccivil_03/leis/L9482.htm#:~:text=LEI%20N%C2%BA%209.482%2C%20DE%2013%20DE%20AGOSTO%20DE%201997.&text=Disp%C3%B5e%20sobre%20a%20administra%C3%A7%C3%A3o%20do,a%C3%A7%C3%-B5es%2C%20e%20d%C3%A1%20outras%20provid%C3%AAncias.>. Acesso em: 27 jun. 2020.

BRASIL. *Lei Federal 9.961, de 28/01/2000*. Cria a Agência Nacional de Saúde Suplementar – ANS e dá outras providências. Disponível em: <https://www2.camara.leg.br/legin/fed/lei/2000/lei-9961-28-janeiro-2000-369733-norma-pl.html>. Acesso em: 05 jul. 2020.

BRASIL. *Lei Federal 10.185, de 12/02/2001*. Dispõe sobre a especialização das sociedades seguradoras em planos privados de assistência à saúde e dá outras providências. Disponível em: <http://www.planalto.gov.br/ccivil_03/Leis/LEIS_2001/L10185.htm>. Acesso em: 05 jul. 2020.

BRASIL. *Lei Federal 7.853, de 24/10/1989*. Dispõe sobre o apoio às pessoas portadoras de deficiência, sua integração social, sobre a Coordenadoria Nacional para Integração da Pessoa Portadora de Deficiência – Corde, institui a tutela jurisdicional de interesses coletivos ou difusos dessas pessoas, disciplina a atuação do Ministério Público, define crimes, e dá outras providências. Disponível em: <http://www.planalto.gov.br/ccivil_03/leis/L7853.htm>. Acesso em: 28 ago. 2020.

BRASIL. *Lei Federal 10.850, de 25/03/2004*. Atribui competências à Agência Nacional de Saúde Suplementar – ANS e fixa as diretrizes a serem observadas na definição de normas para implantação de programas especiais de incentivo à adaptação de contratos anteriores à Lei nº 9.656, de 3 de junho de 1998. Disponível em: <http://www.planalto.gov.br/ccivil_03/_Ato2004-2006/2004/Lei/L10.850.htm>. Acesso em: 20 ago. 2020.

BRASIL. *Lei Federal 14.430, de 03/08/2022*. Disponível em: <https://www.planalto.gov.br/ccivil_03/_ato2019-2022/2022/Lei/L14430.htm>. Acesso em: 20 dez. 2022.

BRASIL. *Projeto de Lei 29, de 2017*. Dispõe sobre normas de seguro privado. Disponível em: <https://www25.senado.leg.br/web/atividade/materias/-/materia/128831>. Acesso em: 20 jun. 2020.

BRASIL. *Projeto de Lei 10.329/2018*. Dispõe sobre requisitos para uma associação civil realizar rateio de despesas ocorridas exclusivamente entre seus associados. Disponível em: <https://www.camara.leg.br/proposicoesWeb/fichadetramitacao?idProposicao=2177145>. Acesso em: 22 nov. 2019.

BRASIL. *Projeto de Lei Complementar 281/2019*. Dispõe sobre Regimes de Resolução. Disponível em: <https://www.camara.leg.br/proposicoesWeb/fichadetramitacao?idProposicao=2236186>. Acesso em: 10 jun. 2020.

BRASIL. Poder Executivo. *Decreto Federal 4.044, de 06/12/2001*. Disponível em: <https://www2.camara.leg.br/legin/fed/decret/2001/decreto-4044-6-dezembro-2001-424947-norma-pe.html>. Acesso em: 07 dez. 2021.

BRASIL. *Decreto Federal 10.236, de 11/02/2020*. Disponível em: <http://www.planalto.gov.br/ccivil_03/_ato2019-2022/2020/decreto/D10236.htm>. Acesso em: 05 jul. 2020.

BRASIL. *Decreto Federal 10.167, de 10/12/2019*. Dispõe sobre o limite máximo de cessão a resseguradores eventuais de que trata o § 1º do art. 8º da Lei Complementar nº 126, de 15 de janeiro de 2007. Disponível em: <https://www2.camara.leg.br/legin/fed/decret/2019/decreto-10167-10-dezembro--2019-789553-publicacaooriginal-159606-pe.html>. Acesso em: 27 jun. 2020.

BRASIL. *Decreto Federal 61.687, de 11/12/1967*. Regulamenta os seguros obrigatórios previstos no artigo 20 do Decreto-lei nº 73, de 21 de novembro de 1966, e dá outras providências. Disponível em: <http://www.planalto.gov.br/ccivil_03/decreto/1950-1969/D61867.htm>. Acesso em: 12 jun. 2020.

BRASIL. *Decreto Federal 953, de 29 dez. 1902*. Orça a receita geral da República dos Estados Unidos do Brazil para o exercício de 1903, e dá outras providências. Disponível em: http://www2.camara.leg.br/legin/fed/decret/1900-1909/decreto-953-29-dezembro-1902-585389-publicacaooriginal-108408-pl.html. Acesso em: 06 set. 2017.

BRASIL. *Decreto Federal 18.871, de 13/08/1929* (Código Internacional de Direito Privado, de 20/02/1928). Dispõe sobre normas de Direito Privado Internacional. Disponível em: <https://www2.camara.leg.br/legin/fed/decret/1920-1929/decreto-18871-13-agosto-1929-549000-publicacaooriginal-64246-pe.html>. Acesso em: 14 jul. 2020.

BRASIL. *Decreto Federal 21.810, de 04/09/1946.* Reforma os estatutos do Instituto de Resseguros do Brasil. Disponível em: http://www2.camara.leg.br/legin/fed/decret/1940-1949/decreto-21810-4-setembro--1946-341731-publicacaooriginal-1-pe.html. Acesso em: 07 mar. 2017.

BRASIL. *Decreto Federal 60.459, de 13/03/1967.* Regulamenta o Decreto-Lei 73, de 21 nov. 1966, com as modificações introduzidas pelos Decretos-Lei 168, de 14 fev. 1967, e 296, de 28 fev. 1967. Disponível em: http://www.planalto.gov.br/ccivil_03/decreto/D60459.htm. Acesso em: 15 jun. 2015.

BRASIL. *Decreto Federal 60.460, de 13/03/1967.* Reforma os estatutos do Instituto de Resseguros do Brasil. Disponível em: http://legis.senado.gov.br/legislacao/ListaTextoIntegral.action?id=92092&norma=117313. Acesso em: 07 mar. 2017.

BRASIL. *Decreto Federal 61.589, de 23/10/1967.* Retifica as disposições do Decreto 60.459, de 13 mar. 1967, no que tange a capitais, ao início da cobertura do risco e emissão da apólice, à obrigação do pagamento do prêmio e da indenização e à cobrança bancária. Disponível em: http://www.planalto.gov.br/ccivil_03/decreto/Antigos/D61589.htm. Acesso em: 15 jun. 2015.

BRASIL. *Decreto Federal 2.594, de 15/05/1998.* Disponível em: <http://www.planalto.gov.br/ccivil_03/decreto/d2594.htm#:~:text=DECRETO%20N%C2%BA%202.594%2C%20DE%2015,Desestatiza%C3%A7%C3%A3o%20e%20d%C3%A1%20outras%20provid%C3%AAncias.>. Acesso em: 30 jun. 2020.

BRASIL. *Decreto Federal 10.465, de 18/08/2020.* Institui o Comitê de Regulação e Fiscalização dos Mercados Financeiro, de Capitais, de Seguros, de Previdência e Capitalização. Disponível em: <http://www.planalto.gov.br/ccivil_03/_ato2019-2022/2020/Decreto/D10465.htm>. Acesso: 05 set. 2020.

BRASIL. *Medida Provisória 904, de 11/11/2019.* Disponível em: <http://www.planalto.gov.br/ccivil_03/_Ato2019-2022/2019/Mpv/mpv904.htm>. Acesso em: 16 jun. 2020.

BRASIL. *Medida Provisória 905, de 11/11/2019.* Disponível em: <https://legis.senado.leg.br/sdleg-getter/documento?dm=8037394&ts=1648219437815&disposition=inline>. Acesso em: 16 jun. 2020.

BRASIL. *Medida Provisória 955, de 20/04/2020.* Disponível em: <http://www.planalto.gov.br/ccivil_03/_ato2019-2022/2020/Mpv/mpv955.htm#:~:text=MEDIDA%20PROVIS%C3%93RIA%20N%C2%BA%20955%2C%20DE%2020%20DE%20ABRIL%20DE%202020&text=Revoga%20a%20Medida%20Provis%C3%B3ria%20n%C2%BA,que%20lhe%20confere%20o%20art.>. Acesso em: 30 jun. 2020.

BRASIL. *Regulamento do Comércio Eletrônico de 2013* (Decreto Federal 7.962, de 15/03/2013). Regulamenta a Lei nº 8.078, de 11 de setembro de 1990, para dispor sobre a contratação no comércio eletrônico. Disponível em: <http://www.planalto.gov.br/ccivil_03/_Ato2011-2014/2013/Decreto/D7962.htm>. Acesso em: 10 set. 2020.

BRASIL. Agência Nacional de Saúde Suplementar – ANS. *Resolução Regimental ANS 01, de 17/03/2017. Institui o Regimento Interno da ANS.* Disponível em: <http://www.ans.gov.br/component/legislacao/?-view=legislacao&task=PDFAtualizado&format=raw&id=MzM5MA==>. Acesso em: 05 jul. 2020.

BRASIL. *Resolução Regimental ANS 21, de 26/01/2022. Dispõe sobre o Regimento Interno da Agência Nacional de Saúde Suplementar – ANS.* Disponível em: <https://www.ans.gov.br/component/legislacao/?view=legislacao&task=textoLei&format=raw&id=NDEyNA==>. Acesso em: 31 jan. 2022.

BRASIL. *Resolução Normativa – RN 63, de 22/12/2003.* Define os limites a serem observados para adoção de variação de preço por faixa etária nos planos privados de assistência à saúde contratados a partir de 1º de janeiro de 2004. Disponível em: <http://www.ans.gov.br/component/legislacao/?view=legislacao&task=TextoLei&format=raw&id=NzQ>. Acesso em: 20 ago. 2020.

BRASIL. *Resolução Normativa – RN 64, de 22/12/2003.* Dispõe sobre o Programa de Incentivo à Adaptação de Contratos de que trata a Medida Provisória nº 148, de 15 de dezembro de 2003. Disponível em: <http://

www.ans.gov.br/component/legislacao/?view=legislacao&task=TextoLei&format=raw&id=NzUx>. Acesso em: 20 ago. 2020.

BRASIL. *Resolução Normativa – RN 85, de 07/12/2004*. Dispõe sobre a concessão de Autorização de Funcionamento das Operadoras de Planos de Assistência à Saúde, e dá outras providências. Disponível em:<http://www.ans.gov.br/component/legislacao/?view=legislacao&task=TextoLei&format=raw&id=ODgx>. Acesso em: 10 ago. 2020.

BRASIL. *Resolução Normativa – RN 124, de 30/03/2006*. Dispõe sobre a aplicação de penalidades para as infrações à legislação dos planos privados de assistência à saúde. Disponível em: <http://www.ans.gov.br/component/legislacao/?view=legislacao&task=TextoLei&format=raw&id=Nzkw>. Acesso em: 20 nov. 2020.

BRASIL. *Resolução Normativa – RN 191, de 08/05/2009*. Institui o Fundo Garantidor do Segmento de Saúde Suplementar (FGS) pelas Operadoras de Planos de Saúde. Disponível em: <http://www.ans.gov.br/component/legislacao/?view=legislacao&task=TextoLei&format=raw&id=MTQyNQ==>. Acesso em: 03 set. 2020.

BRASIL. *Resolução Normativa – RN 195, de 14/07/2009*. Dispõe sobre a classificação e características dos planos privados de assistência à saúde, regulamenta a sua contratação, institui a orientação para contratação de planos privados de assistência à saúde e dá outras providências. Disponível em: <http://www.ans.gov.br/component/legislacao/?view=legislacao&task=TextoLei&format=raw&id=MTQ1O-A==#art9>. Acesso em: 29 ago. 2020.

BRASIL. *Resolução Normativa – RN 254, de 05/05/2011*. Dispõe sobre a adaptação e migração para os contratos celebrados até 1º de janeiro de 1999 e altera as Resoluções Normativas nº 63, de 22 de dezembro de 2003, que define os limites a serem observados para adoção de variação de preço por faixa etária nos planos privados de assistência à saúde contratados a partir de 1º de janeiro de 2004; e nº 124, de 30 de março de 2006, que dispõe sobre a aplicação de penalidades para as infrações à legislação dos planos privados de assistência à saúde. Disponível em: <http://www.ans.gov.br/component/legislacao/?view=legislacao&task=TextoLei&format=raw&id=MTczOA==>. Acesso em: 20 ago. 2020.

BRASIL. *Resolução Normativa – RN 307, de 22/10/2012*. Dispõe sobre os procedimentos de adequação econômico-financeira das operadoras de planos privados de assistência à saúde de que trata a alínea "e" do inciso XLI do artigo 4º da Lei nº 9.961, de 28 de janeiro de 2000; revoga a RN nº 199, de 07 de agosto de 2009; e dá outras providências. Disponível em: <http://www.ans.gov.br/component/legislacao/?view=legislacao&task=TextoLei&format=raw&id=MjI4MQ==>. Acesso em: 30 nov. 2020.

BRASIL. *Resolução Normativa – RN 316, de 30/11/2012*. Dispõe sobre os regimes especiais de direção fiscal e de liquidação extrajudicial sobre as operadoras de planos de assistência à saúde e revoga a RDC nº 47, de 3 de janeiro de 2001, e a RN nº 52, de 14 de novembro de 2003. Disponível em: <http://www.ans.gov.br/component/legislacao/?view=legislacao&task=TextoLei&format=raw&id=MjMxNA==#:~:text=-Disp%C3%B5e%20sobre%20os%20regimes%20especiais,14%20de%20novembro%20de%202003>. Acesso em: 30 nov. 2020.

BRASIL. *Resolução Normativa – RN 259, de 17/06/2011*. Dispõe sobre a garantia de atendimento dos beneficiários de plano privado de assistência à saúde e altera a Instrução Normativa – IN nº 23, de 1º de dezembro de 2009, da Diretoria de Normas e Habilitação dos Produtos – DIPRO. Disponível em: <http://www.ans.gov.br/component/legislacao/?view=legislacao&task=TextoLei&format=raw&id=MTc1OA==>. Acesso em: 20 ago. 2020.

BRASIL. *Resolução Normativa – RN 372, de 30/03/2015*. Dispõe sobre a celebração do Termo de Compromisso de Ajuste de Conduta – TCAC previsto no artigo 29 da Lei 9.656, de 03 de junho de 1998. Disponível em:<http://www.ans.gov.br/component/legislacao/?view=legislacao&task=TextoLei&format=raw&id=Mjk0OQ==>. Acesso em: 20 nov. 2020.

BRASIL. *Resolução Normativa – RN 384, de 04/09/2015*. Dispõe sobre oferta pública de referências operacionais e cadastro de beneficiários – OPRC, estabelecendo requisitos para habilitação e condições especiais para as operadoras com proposta autorizada e altera a Resolução Normativa – RN nº 112, de 28 de setembro de 2005; a RN nº 186, de 14 de janeiro de 2009, e a RN nº 316, de 30 de novembro de 2012. Disponível em: <http://www.ans.gov.br/component/legislacao/?view=legislacao&task=Texto-Lei&format=raw&id=MzA2Ng==>. Acesso em: 29 ago. 2020.

BRASIL. *Resolução Normativa – RN 388, de 25/11/2015*. Dispõe sobre os procedimentos adotados pela Agência Nacional de Saúde Suplementar – ANS para a estruturação e realização de suas ações fiscalizatórias. Disponível em: <http://www.ans.gov.br/component/legislacao/?view=legislacao&task=TextoLei&format=raw&id=MzEzNg==>. Acesso em: 20 nov. 2020.

BRASIL. *Resolução Normativa – RN 400, de 25/02/2016*. Dispõe sobre os parâmetros e procedimentos de acompanhamento econômico-financeiro das operadoras de planos privados de assistência à saúde e de monitoramento estratégico do mercado de saúde suplementar. Disponível em: <https://www.ans.gov.br/component/legislacao/?view=legislacao&task=textoLei&format=raw&id=MzIwNQ==>. Acesso em: 28 ago. 2020.

BRASIL. *Resolução Normativa – RN 428, de 07/11/2017*. Atualiza o Rol de Procedimentos e Eventos em Saúde, que constitui a referência básica para cobertura assistencial mínima nos planos privados de assistência à saúde, contratados a partir de 1º de janeiro de 1999; fixa as diretrizes de atenção à saúde; e revoga as Resoluções Normativas – RN nº 387, de 28 de outubro de 2015, e RN nº 407, de 3 de junho de 2016. Disponível em: <http://www.ans.gov.br/component/legislacao/?view=legislacao&task=TextoLei&format=raw&id=MzUwMg==>. Acesso em: 28 ago. 2020.

BRASIL. *Resolução Normativa – RN 430, de 07/12/2017*. Dispõe sobre as operações de compartilhamento da gestão de riscos envolvendo operadoras de plano de assistência à saúde. Disponível em: <https://www.ans.gov.br/component/legislacao/?view=legislacao&task=TextoLei&format=raw&id=MzUyMQ==>. Acesso em: 01 set. 2020.

BRASIL. *Resolução Normativa – RN 433, de 27/06/2018*. Dispõe sobre os Mecanismos Financeiros de Regulação, como fatores moderadores de utilização dos serviços de assistência médica, hospitalar ou odontológica no setor de saúde suplementar. Disponível em: <http://www.ans.gov.br/component/legislacao/?view=legislacao&task=TextoLei&format=raw&id=MzU5NA==#:~:text=Disp%C3%B5e%20sobre%20os%20Mecanismos%20Financeiros,no%20%C3%A2mbito%20da%20sa%C3%BAde%20suplementar%2C>. Acesso em: 31 ago. 2020.

BRASIL. *Resolução Normativa – RN 434, de 03/09/2018*. Revoga a Resolução Normativa – RN nº 433, de 27 de junho de 2018, que dispõe sobre os mecanismos Financeiros de Regulação, como fatores moderadores de utilização dos serviços de assistência médica, hospitalar ou odontológica no setor de saúde suplementar. Disponível em: <http://www.ans.gov.br/component/legislacao/?view=legislacao&task=TextoLei&format=raw&id=MzYxMg==>. Acesso em: 31 ago. 2020.

BRASIL. *Resolução Normativa – RN 438, de 03/12/2018*. Dispõe sobre a regulamentação da portabilidade de carências para beneficiários de planos privados de assistência à saúde, revoga a Resolução Normativa – RN nº 186, de 14 de janeiro de 2009, que dispõe sobre a regulamentação da portabilidade das carências previstas no inciso V do art. 12 da Lei 9.656, de 3 de junho de 1998, e sem a imposição de cobertura parcial temporária, e revoga os artigos 1º, 3º, 4º e 7º e o §2º do artigo 9º, todos da RN nº 252, de 28 de abril de 2011, que dispõe sobre as regras de portabilidade e de portabilidade especial de carências. Disponível em: <http://www.ans.gov.br/component/legislacao/?view=legislacao&task=TextoLei&format=raw&id=MzY1NA==>. Acesso em: 28 ago. 2020.

BRASIL. *Resolução Normativa – RN 443, de 25/01/2019*. Dispõe sobre adoção de práticas mínimas de governança corporativa, com ênfase em controles internos e gestão de riscos, para fins de solvência das operadoras de plano de assistência à saúde. Disponível em: <http://www.ans.gov.br/component/legislacao/?view=legislacao&task=TextoLei&format=raw&id=MzY3MQ==>. Acesso em: 20 ago. 2020.

BRASIL. *Resolução Normativa – RN 451, de 06/03/2020*. Dispõe sobre os critérios para definição do capital regulatório das operadoras de plano de assistência à saúde. Disponível em: <http://www.ans.gov.br/component/legislacao/?view=legislacao&task=TextoLei&format=raw&id=Mzg2MA==>. Acesso em: 20 ago. 2020.

BRASIL. *Resolução Normativa – RN 462, de 19/11/2020*. Revoga expressamente os atos com conteúdo normativo já revogados tacitamente, cujos efeitos tenham se exaurido no tempo ou que se encontrem vigentes, mas cuja necessidade ou significado não puderam ser identificados, nos termos do artigo 8º do Decreto nº 10.139, de 28 novembro de 2019. Disponível em: <http://www.ans.gov.br/component/legislacao/?view=legislacao&task=TextoLei&format=raw&id=Mzk5Mg==>. Acesso em: 29 nov. 2020.

BRASIL. *Resolução Normativa – RN 464, de 29/12/2020*. Dispõe sobre os procedimentos para o funcionamento do processo administrativo eletrônico na Agência Nacional de Saúde Suplementar – ANS. Disponível em: <http://www.ans.gov.br/component/legislacao/?view=legislacao&task=TextoLei&format=raw&id=NDAxMg==>. Acesso em: 31/12/2020.

BRASIL. *Resolução Normativa – RN 465, de 24/02/2021*. Atualiza o Rol de Procedimentos e Eventos em Saúde que estabelece a cobertura assistencial obrigatória a ser garantida nos planos privados de assistência à saúde contratados a partir de 1º de janeiro de 1999 e naqueles adaptados conforme previsto no artigo 35 da Lei 9.656, de 3 de junho de 1998; fixa as diretrizes de atenção à saúde; e revoga a Resolução Normativa – RN nº 428/017, a Resolução Normativa – RN 453, de 12 de março de 2020, a Resolução Normativa – RN 457, de 28 de maio de 2020 e a RN 460, de 13 de agosto de 2020. Disponível em: <https://www.in.gov.br/en/web/dou/-/resolucao-normativa-rn-n-465-de-24-de-fevereiro-de-2021-306209339>. Acesso em: 25 fev. 2021.

BRASIL. *Resolução Normativa – RN 483, de 29/03/2022*. Dispõe sobre os procedimentos adotados pela Agência Nacional de Saúde Suplementar – ANS para a estruturação e realização de suas ações fiscalizatórias. Disponível em: <https://www.ans.gov.br/component/legislacao/?view=legislacao&task=textoLei&format=raw&id=NDE0Mw==>. Acesso em: 10 abr. 2022.

BRASIL. *Resolução Normativa – RN 489, de 29/03/2022*. Dispõe sobre a aplicação de penalidades para as infrações à legislação dos planos privados de assistência à saúde. Disponível em: <https://www.ans.gov.br/component/legislacao/?view=legislacao&task=textoLei&format=raw&id=NDE0OQ==>. Acesso em: 10 abr. 2022.

BRASIL. *Resolução Normativa – RN 522, de 29/04/2022*. Dispõe sobre os regimes de direção fiscal e de liquidação extrajudicial sobre as operadoras de planos de assistência à saúde. Disponível em: <https://www.ans.gov.br/component/legislacao/?view=legislacao&task=textoLei&format=raw&id=NDIxNQ==>. Acesso em: 15 mai. 2022.

BRASIL. *Resolução Normativa – RN 523, de 29/04/2022*. Dispõe sobre os procedimentos de adequação econômico-financeira das operadoras de planos privados de assistência à saúde de que trata a alínea "e" do inciso XLI do artigo 4º da Lei nº 9.961, de 28 de janeiro de 2000. Disponível em: <https://www.ans.gov.br/component/legislacao/?view=legislacao&task=textoLei&format=raw&id=NDIxOA==>. Acesso em: 15 mai. 2022.

BRASIL. *Resolução Normativa – RN 526, de 29/04/2022*. Dispõe sobre os critérios para definição do capital regulatório das operadoras de plano de assistência à saúde. Disponível em: <https://www.ans.gov.br/component/legislacao/?view=legislacao&task=textoLei&format=raw&id=NDIyMQ==>. Acesso em: 10 mai. 2022.

BRASIL. *Resolução Normativa – RN 532, de 02/05/2022*. Dispõe sobre os parâmetros e procedimentos de acompanhamento econômico-financeiro das operadoras de planos privados de assistência à saúde e de monitoramento estratégico do mercado de saúde suplementar. Disponível em: <https://www.ans.gov.br/component/legislacao/?view=legislacao&task=textoLei&format=raw&id=NDIyNg==>. Acesso em: 15 mai. 2022.

BRASIL. *Súmula Normativa 03, de 21/09/2001*. Dispõe sobre a análise dos contratos com cláusulas de aumento por faixa etária ainda não aprovadas. Disponível em: <http://www.ans.gov.br/component/legislacao/?view=legislacao&task=TextoLei&format=raw&id=NDM1 >. Acesso em: 20 ago. 2020.

BRASIL. *Súmula Normativa 13, de 03/11/2010*. Dispõe sobre a manutenção do vínculo de cobertura dos dependentes mesmo após o encerramento do prazo de remissão contratual. Disponível em: <http://www.ans.gov.br/component/legislacao/?view=legislacao&task=TextoLei&format=raw&id=MTU3Nw==>. Acesso em: 28 ago. 2020.

BRASIL. *Súmula Normativa 19, 28/07/2011*. Dispões sobre a vedação à discriminação por idade, condição de saúde ou deficiência de planos privados de assistência à saúde. Disponível em: <http://www.ans.gov.br/component/legislacao/?view=legislacao&task=TextoLei&format=raw&id=MTc4Mw==>. Acesso em 28 ago. 2020.

BRASIL. *Súmula Normativa 27, de 10/06/2015*. Disponível em: <https://pesquisa.in.gov.br/imprensa/jsp/visualiza/index.jsp?jornal=1&pagina=26&data=11/06/201>. Acesso em: 30 ago. 2020.

BRASIL. *Resolução CONSU 01, de 03/11/1998*. Dispõe sobre o Regimento Interno do Conselho de Saúde Suplementar. Disponível em: <http://www.ans.gov.br/component/legislacao/?view=legislacao&task=PDFAtualizado&format=raw&id=MzIz>. Acesso em: 05 jul. 2020.

BRASIL. *Resolução CONSU 06, de 03/11/1998*. Dispõe sobre critérios e parâmetros de variação das faixas etárias dos consumidores para efeito de cobrança diferenciada, de limite máximo de variação de valores entre as faixas etárias definidas para planos e seguros de assistência à saúde. Disponível em: <http://www.ans.gov.br/component/legislacao/?view=legislacao&task=TextoLei&format=raw&id=MzEy>. Acesso em: 20 ago. 2020.

BRASIL. *Resolução CONSU 08, de 03/11/1998*. Dispõe sobre mecanismos de regulação nos Planos e Seguros Privados de Assistência à Saúde. Disponível em: <https://www.ans.gov.br/component/legislacao/?view=legislacao&task=TextoLei&format=raw&id=MzA3>. Acesso em: 31 ago. 2020.

BRASIL. Comissão de Valores Mobiliários – CVM. *Instrução CVM 30, de 11/05/2021*. Dispõe sobre o dever de verificação da adequação dos produtos, serviços e operações ao perfil do cliente. Disponível em: <https://conteudo.cvm.gov.br/legislacao/resolucoes/resol030.html>. Acesso em: 15 jan. 2023.

BRASIL. Conselho Monetário Nacional – CMN. *Resolução CMN 4.444, de 13/11/2015*. Dispõe sobre as normas que disciplinam a aplicação dos recursos das reservas técnicas, das provisões e dos fundos das sociedades seguradoras, das sociedades de capitalização, das entidades abertas de previdência complementar e dos resseguradores locais, sobre as aplicações dos recursos exigidos no País para a garantia das obrigações de ressegurador admitido e sobre a carteira dos Fundos de Aposentadoria Programada Individual (Fapi). Disponível em: <https://www.bcb.gov.br/estabilidadefinanceira/exibenormativo?-tipo=Resolu%C3%A7%C3%A3o&numero=4444>. Acesso em: 30 nov. 2020.

BRASIL. *Resolução CMN 4.993, de 24/03/2022*. Dispõe sobre as normas que disciplinam a aplicação dos recursos das reservas técnicas, das provisões e dos fundos das sociedades seguradoras, das sociedades de capitalização, das entidades abertas de previdência complementar e dos resseguradores locais, sobre as aplicações dos recursos exigidos no País para a garantia das obrigações de ressegurador admitido e sobre a carteira dos Fundos de Aposentadoria Programada Individual (Fapi). Disponível em: <https://www.bcb.gov.br/estabilidadefinanceira/exibenormativo?tipo=Resolu%C3%A7%C3%A3o%20CMN&numero=4993>. Acesso em: 30 nov. 2020.

BRASIL. Conselho Nacional de Desestatização – CND. *Resolução CND 03, de 07/04/2011*. Retomada do processo de desestatização do IRB – Brasil Resseguros S.A, suspenso pela Resolução CND nº

32/2000 e aprovação do modelo de desestatização. Disponível em: <https://www.jusbrasil.com.br/diarios/25932940/pg-16-secao-1-diario-oficial-da-uniao-dou-de-08-04-2011>. Acesso em: 24/06/2020.

BRASIL. *Resolução CND 03, de 16/01/2013*. Dispõe sobre o aumento de capital, o preço das ações de emissão do IRB-Brasil Re para fins de subscrição no aumento de capital, a oferta de ações aos empregados, conforme prevê o Art. 28 da Lei nº 9.491/97, inclui preceito à Resolução CND nº 3/2011, de 07.04.2011, e dá outras providências. Disponível em: <https://www.editoraroncarati.com.br/v2/Diario-Oficial/Diario-Oficial/resolucao-cnd-no-3-de-16012013.html>. Acesso em: 24/06/2020.

BRASIL. Conselho Nacional de Justiça – CNJ. *Resolução CNJ 125, de 29/11/2010*. Dispõe sobre a Política Judiciária Nacional de tratamento adequado dos conflitos de interesses no âmbito do Poder Judiciário e dá outras providências. Disponível em: <https://atos.cnj.jus.br/atos/detalhar/atos-normativos?documento=156>. Acesso em: 24/06/2020.

BRASIL. *Política Judiciária Nacional, NUPEMECs e CEJUSCs*. Disponível em: <https://www.cnj.jus.br/programas-e-acoes/conciliacao-e-mediacao/perguntas-frequentes-7/politica-judiciaria-nacional-nupemecs-e-cejuscs/>. Acesso em: 05 jun. 2020.

BRASIL. Conselho Nacional de Seguros Privados – CNSP. *Minuta consulta pública resolução CNSP sandbox*. Disponível em: <http://www.susep.gov.br/setores-susep/seger/copy_of_normas-em-consulta-publica/MINUTA%20DE%20RESOLUCaO%20sandbox.pdf/view?searchterm=SEGURADORA>. Acesso em: 29 dez. 2019.

BRASIL. *Resolução CNSP 107, de 16/01/2004*. Altera e consolida as normas que dispõem sobre estipulação de seguros, responsabilidades e obrigações de estipulantes e seguradoras. Disponível em: <https://www2.susep.gov.br/safe/scripts/bnweb/bnmapi.exe?router=upload/4095>. Acesso em: 24/06/2020.

BRASIL. *Resolução CNSP 111, de 07/05/2004*. Aprova o novo Regimento Interno do Conselho Nacional de Seguros Privados – CNSP, e dá outras providências. Disponível em: <https://www2.susep.gov.br/safe/scripts/bnweb/bnmapi.exe?router=upload/4206>. Acesso em: 20 jun. 2020.

BRASIL. *Resolução CNSP 117, de 22/12/2004*. Altera e consolida as regras de funcionamento e os critérios para operação das coberturas de risco oferecidas em plano de seguro de pessoas, e dá outras providências. Disponível em: <https://www2.susep.gov.br/safe/scripts/bnweb/bnmapi.exe?router=upload/5273>. Acesso em: 24/06/2020.

BRASIL. *Resolução CNSP 168, de 17/12/2007*. Dispõe sobre a atividade de resseguro, retrocessão e sua intermediação e dá outras providências. Disponível em: <https://www2.susep.gov.br/safe/scripts/bnweb/bnmapi.exe?router=upload/22933>. Acesso em: 27 jun. 2020.

BRASIL. *Resolução CNSP 249, de 15/02/2012*. Dispõe sobre a atividade dos corretores de seguros de ramos elementares e dos corretores de seguros de vida, capitalização e previdência, bem como seus prepostos. Disponível em: <https://www2.susep.gov.br/safe/scripts/bnweb/bnmapi.exe?router=upload/9999>. Acesso em: 05 jul. 2020.

BRASIL. *Resolução CNSP 264, 05/10/2012*. Dispõe sobre a vedação da cobrança do custo de emissão de apólice, fatura e endosso apartado do prêmio. Disponível em: <https://www2.susep.gov.br/safe/scripts/bnweb/bnmapi.exe?router=upload/10596>. Acesso em: 30 jul. 2020.

BRASIL. *Resolução CNSP 294, de 06/09/2013*. Dispõe sobre a utilização de meios remotos nas operações relacionadas a planos de seguro e de previdência complementar aberta. Disponível em: <https://www2.susep.gov.br/safe/scripts/bnweb/bnmapi.exe?router=upload/11355>. Acesso em: 30 jul. 2020.

BRASIL. *Resolução CNSP 315, de 26/09/2014*. Dispõe sobre as regras e os critérios para operação do seguro viagem. Disponível em: <https://www2.susep.gov.br/safe/scripts/bnweb/bnmapi.exe?router=upload/13017>. Acesso em: 24/06/2020.

REFERÊNCIAS **555**

BRASIL. *Resolução CNSP 321, de 15/07/2015*. Dispõe sobre provisões técnicas, ativos redutores da necessidade de cobertura das provisões técnicas, capital de risco baseado nos riscos de subscrição, de crédito, operacional e de mercado, patrimônio líquido ajustado, capital mínimo requerido, plano de regularização de solvência, limites de retenção, critérios para a realização de investimentos, normas contábeis, auditoria contábil e auditoria atuarial independentes e Comitê de Auditoria referentes a seguradoras, entidades abertas de previdência complementar, sociedades de capitalização e resseguradores. Disponível em: <https://www2.susep.gov.br/safe/scripts/bnweb/bnmapi.exe?router=upload/14295>. Acesso em: 14 jun. 2020.

BRASIL. *Resolução CNSP 330, de 09/12/2015*. Dispõe sobre os requisitos e procedimentos para constituição, autorização para funcionamento, cadastro, alterações de controle, reorganizações societárias e condições para o exercício de cargos em órgãos estatutários ou contratuais das entidades que especifica. Disponível em: <https://www2.susep.gov.br/safe/scripts/bnweb/bnmapi.exe?router=upload/15420>. Acesso em: 14 jun. 2020.

BRASIL. *Resolução CNSP 332, de 09/12/2015*. Dispõe sobre os danos pessoais cobertos, indenizações, regulação dos sinistros, prêmio, condições tarifárias e administração dos recursos do Seguro Obrigatório de Danos Pessoais Causados por Veículos Automotores de Via Terrestre, ou por sua Carga, a Pessoas Transportadas ou não – Seguro DPVAT. Disponível em: <https://www2.susep.gov.br/safe/scripts/bnweb/bnmapi.exe?router=upload/15423>. Acesso em: 14 jun. 2020.

BRASIL. *Resolução CNSP 335, de 09/12/2015*. Dispõe sobre os Regimes Especiais de Direção Fiscal e de Liquidação Extrajudicial e Ordinária. Disponível em: <https://www2.susep.gov.br/safe/scripts/bnweb/bnmapi.exe?router=upload/15427>. Acesso em: 10 jun. 2020.

BRASIL. *Resolução CNSP 348, de 25/09/2017*. Altera e consolida as regras de funcionamento e os critérios para operação da cobertura por sobrevivência oferecida em plano de seguro de pessoas e dá outras providências. Disponível em: <https://www2.susep.gov.br/safe/scripts/bnweb/bnmapi.exe?router=upload/18574>. Acesso em: 16 jun. 2020.

BRASIL. *Resolução CNSP 349, de 25/09/2017*. Altera e consolida as regras de funcionamento e os critérios para operação da cobertura por sobrevivência oferecida em plano de previdência complementar aberta e dá outras providências. Disponível em: <https://www2.susep.gov.br/safe/scripts/bnweb/bnmapi.exe?router=upload/18577>. Acesso em: 16 jun. 2020.

BRASIL. *Resolução CNSP 365, de 31/10/2018*. Dispõe sobre as regras e critérios para operação do seguro prestamista e dá outras providências. Disponível em: <https://www2.susep.gov.br/safe/scripts/bnweb/bnmapi.exe?router=upload/20454>. Acesso em: 24/06/2020.

BRASIL. *Resolução CNSP 374, de 28/08/2019*. Dispõe sobre o Regimento Interno da SUSEP. Disponível em: <https://www2.susep.gov.br/safe/scripts/bnweb/bnmapi.exe?router=upload/18319>. Acesso em: 10 jun. 2020.

BRASIL. *Resolução CNSP 380, de 04/03/2020*. Altera a Resolução CNSP nº 168, de 17 de dezembro de 2007. Disponível em: <https://www2.susep.gov.br/safe/scripts/bnweb/bnmapi.exe?router=upload/21952>. Acesso em: 01 set. 2020.

BRASIL. *Resolução CNSP 393, de 30/10/2020*. Dispõe sobre sanções administrativas no âmbito das atividades de seguro, cosseguro, resseguro, retrocessão, capitalização, previdência complementar aberta, de intermediação e auditoria independente; disciplina o inquérito administrativo, o termo de compromisso de ajustamento de conduta e o processo administrativo sancionador no âmbito da Superintendência de Seguros Privados – Susep das entidades autorreguladoras do mercado de corretagem e dá outras providências. Disponível em: <https://www2.susep.gov.br/safe/scripts/bnweb/bnmapi.exe?router=upload/23758>. Acesso em: 10/11/2020.

BRASIL. *Resolução CNSP 395, de 11/12/2020*. Dispõe sobre os Regimes Especiais de Direção Fiscal, de Intervenção e de Liquidação Extrajudicial e Ordinária aplicáveis às seguradoras, às sociedades de capitalização, às endades abertas de previdência complementar e aos resseguradores locais. Disponível em: <https://www2.susep.gov.br/safe/scripts/bnweb/bnmapi.exe?router=upload/24007>. Acesso em: 20/12/2020.

BRASIL. *Resolução CNSP 399, de 29/12/2020*. Dispõe sobre as regras e os critérios para operação do seguro obrigatório de danos pessoais causados por veículos automotores de via terrestre, ou por sua carga, a pessoas transportadas ou não – seguro DPVAT, referentes aos sinistros ocorridos até 31 de dezembro de 2020. Disponível em: <https://www.in.gov.br/en/web/dou/-/resolucao-cnsp-n-399-de-29-de-dezembro-de-2020-296898372>. Acesso em: 29 dez. 2020.

BRASIL. *Resolução CNSP 400, de 29/12/2020*. Dispõe sobre a gestão e a operacionalização das indenizações referentes ao Seguro Obrigatório de Danos Pessoais causados por Veículos Automotores de Via Terrestre, ou por sua Carga, a Pessoas Transportadas ou não (seguro DPVAT), visando garantir a continuidade do pagamento das indenizações previstas na Lei nº 6.194, de 19 de dezembro de 1974, relativos aos sinistros ocorridos a partir de 1º de janeiro de 2021. Disponível em: <https://www.in.gov.br/en/web/dou/-/resolucao-cnsp-n-400-de-29-de-dezembro-de-2020-296884283>. Acesso em: 29 dez. 2020.

BRASIL. *Resolução CNSP 408, de 30/06/2021*. Dispõe sobre a utilização de meios remotos nas operações de seguro, previdência complementar aberta e capitalização. Disponível em: <https://www2.susep.gov.br/safe/bnportal/internet/pt-BR/search/49811?exp=294%2Fnumero%20%22%7B2013-%7D%22%-2Fanodoc>. Acesso em: 01 jul. 2021.

BRASIL. *Resolução CNSP 413, de 30/06/2021*. Dispõe sobre a contratação de seguros por meio de bilhete. Disponível em: <https://www.legisweb.com.br/legislacao/?id=106722>. Acesso em: 01 jul. 2021.

BRASIL. *Resolução CNSP 422, de 11/11/2021*. Dispõe sobre a autorização da Susep para funcionamento, início das operações no país, exercício de cargos em órgãos estatutários ou contratuais, integralização de capital e transferência de carteira e sobre condições de estrutura de controle societário das entidades que especifica. Disponível em: <https://www2.susep.gov.br/safe/scripts/bnweb/bnmapi.exe?router=upload/25487>. Acesso em: 01 dez. 2021.

BRASIL. *Resolução CNSP 428, de 12/11/2021*. Dispõe sobre o Regimento Interno da Susep. Disponível em: <https://www2.susep.gov.br/safe/scripts/bnweb/bnmapi.exe?router=upload/25489>. Acesso em: 01 dez. 2021.

BRASIL. *Resolução CNSP 432, de 12/11/2021*. Dispõe sobre provisões técnicas, ativos redutores da necessidade de cobertura das provisões técnicas, capitais de risco, patrimônio líquido ajustado, capital mínimo requerido, planos de regularização, limite de retenção, critérios para a realização de investimentos, normas contábeis, auditoria contábil e auditoria atuarial independentes e Comitê de Auditoria aplicáveis a sociedades seguradoras, entidades abertas de previdência complementar, sociedades de capitalização e resseguradores. Disponível em: <https://www2.susep.gov.br/safe/scripts/bnweb/bnmapi.exe?router=upload/25971>. Acesso em: 01 dez. 2021.

BRASIL. *Resolução CNSP 434, de 17/12/2021*. Dispõe sobre estipulação de seguros e responsabilidades e obrigações de estipulantes e sociedades seguradoras em contratações de seguros por meio de apólices coletivas. Disponível em: <https://www2.susep.gov.br/safe/scripts/bnweb/bnmapi.exe?router=upload/25615>. Acesso em: 20 dez. 2021.

BRASIL. *Resolução CNSP 453, de 19/12/2022*. Dispõe sobre a emissão de Letra de Risco de Seguro por meio de Sociedade Seguradora de Propósito Específico e dá outras providencias. Disponível em: <https://www2.susep.gov.br/safe/scripts/bnweb/bnmapi.exe?router=upload/26914>. Acesso em: 15 jan. 2023.

BRASIL. Procuradoria Geral da Fazenda Nacional. Portaria PGFN nº 164, de 27 de fevereiro de 2014. Disponível em: <http://www.pgfn.fazenda.gov.br/servicos-e-orientacoes/servicos-da-divida-ativa--da-uniao-dau/legislacao/portaria-pgfn-n-164_2014.pdf/view>. Acesso em: 05 jul. 2020.

BRASIL. Superintendência de Seguros Privados – SUSEP. *Caixa Econômica Federal é o novo gestor do DPVAT*. Disponível em: <http://novosite.susep.gov.br/noticias/caixa-economica-federal-e-o-novo-gestor-do--dpvat/>. Acesso em: 20 jan. 2021.

BRASIL. *Contrato firmado entre Susep e Caixa Econômica Federal para gestão do DPVAT é prorrogado por mais um ano*. Disponível em: <http://novosite.susep.gov.br/noticias/contrato-firmado-entre-susep-e-caixa--economica-federal-para-gestao-do-dpvat-e-prorrogado-por-mais-um-ano/>. Acesso em: 20 fev. 2022.

BRASIL. *Circular SUSEP 10, de 16/06/1995*. Aprova as Condições Gerais e o Certificado de Apólice Única, para o Seguro de Responsabilidade Civil do Proprietário e/ou conduta de Veículos Terrestres (automóvel de passeio particular ou de aluguel) não Matriculados no País de Ingresso em Viagem Internacional – Danos Causados a Pessoas ou Objetos não Transportados (Seguro Carta Verde – Mercosul). Disponível em: <https://www2.susep.gov.br/safe/scripts/bnweb/bnmapi.exe?router=upload/209>. Acesso em: 20 jun. 2020.

BRASIL. *Circular SUSEP 251, de 15/04/2004*. Dispõe sobre a aceitação da proposta e sobre o início de vigência da cobertura, nos contratos de seguros e dá outras providências. Disponível em: <https://www2.susep.gov.br/safe/scripts/bnweb/bnmapi.exe?router=upload/4187>. Acesso em: 20 nov. 2019.

BRASIL. *Circular SUSEP 256, de 16/06/2004*. Dispõe sobre a estruturação mínima das Condições Contratuais e das Notas Técnicas Atuariais dos Contratos de Seguros de Danos e dá outras providências. Disponível em: <https://www2.susep.gov.br/safe/scripts/bnweb/bnmapi.exe?router=upload/4245>. Acesso em: 20 nov. 2019.

BRASIL. *Circular SUSEP 269, de 30/09/2004*. Estabelece, altera e consolida as regras e critérios complementares de funcionamento e de operação dos contratos de seguros de automóveis, com inclusão ou não, de forma conjugada, da cobertura de responsabilidade civil facultativa de veículos e/ou acidentes pessoais de passageiros. Disponível em: <https://www2.susep.gov.br/safe/scripts/bnweb/bnmapi.exe?router=upload/5015>. Acesso em: 20 nov. 2019.

BRASIL. *Circular SUSEP 302, de 19/09/2005*. Dispõe sobre as regras complementares de funcionamento e os critérios para operação das coberturas de risco oferecidas em plano de seguro de pessoas, e dá outras providências. Disponível em: <https://www2.susep.gov.br/safe/scripts/bnweb/bnmapi.exe?router=upload/5852>. Acesso em: 24/06/2020.

BRASIL. *Circular SUSEP 317, de 12/01/2006*. Dispõe sobre as regras complementares de funcionamento e os critérios para operação das coberturas de risco oferecidas em planos de seguros coletivos de pessoas, e dá outras providências. Disponível em: <https://www2.susep.gov.br/safe/scripts/bnweb/bnmapi.exe?router=upload/6160>. Acesso em: 24/06/2020.

BRASIL. *Circular SUSEP 445, de 02/07/2012*. Dispõe sobre os controles internos específicos para a prevenção e combate dos crimes de "lavagem" ou ocultação de bens, direitos e valores, ou os crimes que com eles possam relacionar-se, o acompanhamento das operações realizadas e as propostas de operações com pessoas politicamente expostas, bem como a prevenção e coibição do financiamento ao terrorismo. Disponível em: <https://www2.susep.gov.br/safe/scripts/bnweb/bnmapi.exe?router=upload/10330>. Acesso em: 16/06/2020.

BRASIL. *Circular SUSEP 477, de 30/12/2013*. Dispõe sobre o Seguro Garantia, divulga Condições Padronizadas e dá outras providências. Disponível em: <https://www2.susep.gov.br/safe/scripts/bnweb/bnmapi.exe?router=upload/11370>. Acesso em: 24/06/2020.

BRASIL. *Circular SUSEP 547, de 23/02/2017*. Dispõe sobre o Termo de Compromisso de Ajustamento de Conduta – TCAC no âmbito das atividades relacionadas aos mercados de seguros, capitalização, previdência complementar aberta, resseguros e corretagem de seguros. Disponível em: <https://www2.susep.gov.br/safe/scripts/bnweb/bnmapi.exe?router=upload/17736>. Acesso em: 16/06/2020.

BRASIL. *Circular SUSEP 555, de 06/07/2017*. Dispõe sobre o Manual do Interventor. Disponível em: <https://www2.susep.gov.br/safe/scripts/bnweb/bnmapi.exe?router=upload/18315>. Acesso em: 10 jun. 2020.

BRASIL. *Circular SUSEP 556, de 10/07/2017*. Dispõe sobre o Manual do Diretor Fiscal. Disponível em: <https://www2.susep.gov.br/safe/scripts/bnweb/bnmapi.exe?router=upload/18319>. Acesso em: 10 jun. 2020.

BRASIL. *Circular SUSEP 592, de 26/08/2019*. Dispõe sobre a estruturação de planos de seguros com vigência reduzida e/ou com período intermitente. Disponível em: <https://www2.susep.gov.br/safe/scripts/bnweb/bnmapi.exe?router=upload/21270>. Acesso em: 03 set. 2020.

BRASIL. *Circular SUSEP 563, de 23/12/2017*. Altera e consolida regras e critérios complementares de funcionamento e de operação da cobertura por sobrevivência oferecida em planos de previdência complementar aberta e dá outras providências. Disponível em: <https://www2.susep.gov.br/safe/scripts/bnweb/bnmapi.exe?router=upload/19139>. Acesso em: 16/06/2020.

BRASIL. *Circular SUSEP 564, de 24/12/2017*. Altera e consolida regras e critérios complementares de funcionamento e de operação da cobertura por sobrevivência oferecida em planos de seguro de pessoas e dá outras providências. Disponível em: <https://www2.susep.gov.br/safe/scripts/bnweb/bnmapi.exe?router=upload/19143>. Acesso em: 16/06/2020.

BRASIL. *Circular SUSEP 605, de 28/05/2020*. Estipula prazo para guarda de documentos e dispõe sobre armazenamento de documentos das operações de seguro, cosseguro, resseguro, capitalização, retrocessão, previdência complementar aberta e intermediação. Disponível em: <https://www2.susep.gov.br/safe/scripts/bnweb/bnmapi.exe?router=upload/22297>. Acesso em: 01 jan. 2020.

BRASIL. *Circular SUSEP 612, de 18/08/2020*. Dispõe sobre a política, os procedimentos e os controles internos destinados especificamente à prevenção e combate aos crimes de "lavagem" ou ocultação de bens, direitos e valores, ou aos crimes que com eles possam relacionar-se, bem como à prevenção e coibição do financiamento do terrorismo. Disponível em: <https://www2.susep.gov.br/safe/scripts/bnweb/bnmapi.exe?router=upload/25911>. Acesso em: 30 nov. 2020.

BRASIL. *Circular SUSEP 614, de 11/09/2020*. Dispõe sobre o seguro de responsabilidade civil do proprietário e/ou condutor de veículos terrestres da categoria de automóvel de passeio, particular ou de aluguel, matriculados e/ou registrados no Brasil, que ingressarem, em viagem internacional, em países membros do Mercosul, por danos causados a pessoas ou objetos não transportados (seguro Carta Verde). Disponível em: <https://www2.susep.gov.br/safe/scripts/bnweb/bnmapi.exe?router=upload/23567>. Acesso em: 31 dez 2020.

BRASIL. *Circular SUSEP 619, de 04/12/2020*. Dispõe sobre a política de segurança e sigilo de dados e informações das entidades registradoras credenciadas a prestar o serviço de registro de operações de seguros, previdência complementar aberta, capitalização e resseguros. Disponível em: <https://www2.susep.gov.br/safe/scripts/bnweb/bnmapi.exe?router=upload/23958>. Acesso em: 31 dez 2020.

BRASIL. *Circular SUSEP 621, de 12/02/2021*. Dispõe sobre as regras de funcionamento e os critérios para operação das coberturas dos seguros de danos. Disponível em: <https://www2.susep.gov.br/safe/scripts/bnweb/bnmapi.exe?router=upload/24274>. Acesso em: 10 set. 2021.

BRASIL. *Circular SUSEP 639, de 09/08/2021*. Dispõe sobre as regras e os critérios para operação de seguros do grupo automóvel. Disponível em: <https://www2.susep.gov.br/safe/scripts/bnweb/bnmapi.exe?router=upload/25177>. Acesso em: 10 set. 2021.

BRASIL. *Circular SUSEP 642, de 20/09/2021*. Dispõe sobre a aceitação e a vigência do seguro e sobre a emissão e os elementos mínimos dos documentos contratuais. Disponível em: <https://www2.susep.gov.br/safe/scripts/bnweb/bnmapi.exe?router=upload/25884>. Acesso em: 10 out. 2021.

BRASIL. *Circular SUSEP 662, de 11/04/2022*. Dispõe sobre o seguro garantia. Disponível em: <https://www2.susep.gov.br/safe/bnportal/internet/pt-BR/search/50959?exp=477%2Fnumero>. Acesso em: 20 abr. 2022.

BRASIL. *Deliberação SUSEP 231, de 12/11/2019*. Disciplina o procedimento administrativo de propositura de regime especial em supervisionada da Susep. Disponível em: <https://www2.susep.gov.br/safe/scripts/bnweb/bnmapi.exe?router=upload/21523>. Acesso em: 10 jun. 2020.

BRASIL. *Minuta de Resolução SUSEP 09 de 2020*. Dispõe sobre os Regimes Especiais de Direção Fiscal, Intervenção e de Liquidação Extrajudicial e Ordinária aplicáveis às seguradoras, sociedades de capitalização, entidades abertas de previdência complementar e resseguradores locais. Disponível em: <http://www.susep.gov.br/setores-susep/seger/minuta-de-resolucao.pdf>. Acesso em: 10 jun. 2020.

BRASIL. *Portaria SUSEP 2.797, de 24/12/2007*. Concede a Seguradora Líder dos Consórcios do Seguro DPVAT S.A., autorizacao para operar com seguros de danos e de pessoas, especializada em seguro DPVAT, em todo o território nacional. Homologa, na integra, as deliberacoes tomadas pelos acionistas e conselheiros, na Assembleia Geral de Constituicao realizada em 10.10.07 e nas Reuniões do Conselho de Administração realizadas em 10.10.07 e 21.11.07. Disponível em: <https://www2.susep.gov.br/safe/scripts/bnweb/bnmapi.exe?router=upload/7429>. Acesso em: 16 jun. 2020.

BRASIL. *Portaria SUSEP 6.964, de 25/07/2017*. Constitui Comissão Especial de Inovação e Insurtech. Disponível em: <http://www2.susep.gov.br/bibliotecaweb/docOriginal.aspx?tipo=1&codigo=40880>. Acesso em: 29 dez. 2019.

BRASIL. *SUSEP abre consulta pública para as regras de sandbox*. Disponível em: <http://www.susep.gov.br/setores-susep/noticias/noticias/susep-abre-consulta-publica-para-as-regras-de-sandbox>. Acesso em: 29 dez. 2019.

BRASIL. Superintendência Nacional de Previdência Complementar – PREVIC. *Instrução 17, de 13/09/2019*. Disponível em: <http://www.previc.gov.br/regulacao/normas/instrucoes/instrucoes-previc/2019-1/instrucao-no-17-de-13-de-setembro-de-2019-instrucao-no-17-de-13-de-setembro-de-2019-dou--imprensa-nacional.pdf/view>. Acesso em: 05 jun. 2020.

BRASIL. Tribunal Superior do Trabalho – TST. *Ato Conjunto TST/CSJT/CGJT n. 01, de 16/10/2019*. Dispõe sobre o uso do seguro garantia judicial e fiança bancária em substituição a depósito recursal e para garantia da execução trabalhista. Disponível em: <http://www.normaslegais.com.br/legislacao/ato--conjunto-tst-csjt-cgjt-1-2019.htm>. Acesso em: 10 nov. 2020.

CANADÁ. *Código Civil de Quebec de 1991* (Code Civil du Québec, du 18/12/1991). Disponível em: <http://legisquebec.gouv.qc.ca/fr/showdoc/cs/CCQ-1991>. Acesso em: 27 nov. 2019.

ESPANHA. *Código de Comércio espanhol de 1885* (Real Decreto de 22/08/1885). Disponível em: <https://www.boe.es/buscar/doc.php?id=BOE-A-1885-6627>. Acesso em: 27 nov. 2019.

ESPANHA. *Código Civil espanhol de 1889* (Real Decreto de 24/07/1889). Disponível em: <https://www.boe.es/buscar/doc.php?id=BOE-A-1889-4763>. Acesso em: 27 nov. 2019.

ESPANHA. *Lei do Seguro de Crédito à Exportação* (Ley 10, de 04/07/1970). Disponível em: <https://www.boe.es/buscar/doc.php?id=BOE-A-1970-738>. Acesso em: 27 nov. 2019.

ESPANHA. *Lei de Seguros de 1980* (Ley 50, de 08/10/1980). Disponível em: <https://www.boe.es/buscar/act.php?id=BOE-A-1980-22501>. Acesso em: 27 nov. 2019.

ESPANHA. *Direção Geral de Seguros e Fundos de Pensões – DGSFP*. Disponível em: <http://www.dgsfp.mineco.es/en/Paginas/Iniciocarrousel.aspx>. Acesso em: 27 dez. 2019.

ESPANHA. *Lei de Ordenação, Supervisão e Solvência das Entidades Seguradoras e Resseguradoras* (Lei 20, de 14/07/2015). Disponível em: <https://www.boe.es/buscar/act.php?id=BOE-A-2015-7897>. Acesso em: 27 dez. 2019.

ESTADOS UNIDOS DA AMÉRICA. Congresso Nacional. *Lei de Portabilidade do Seguro de Saúde de 1996* (Health Insurance Portability and Accountability Act of 1996). Disponível em: <https://www.congress.gov/bill/104th-congress/house-bill/3103>. Acesso em: 15 jul. 2020.

ESTADOS UNIDOS DA AMÉRICA. *Lei de Não-Discriminação de Informações Genéticas de 2008* (The Genetic Information Nondiscrimination Act of 2008, Public Law 110-223). Disponível em: <https://www.govinfo.gov/content/pkg/PLAW-110publ233/pdf/PLAW-110publ233.pdf>. Acesso em: 15 jul. 2020.

ESTADOS UNIDOS DA AMÉRICA. Estado da Califórnia. Código de Seguros de 1935 do estado da Califórnia (Insurance Code – INS 1935). Disponível em: <http://leginfo.legislature.ca.gov/faces/codes-TOCSelected.xhtml?tocCode=INS&tocTitle=+Insurance+Code+-+INS>. Acesso em: 22 nov. 2019.

ESTADOS UNIDOS DA AMÉRICA. Estado de Nova Iorque. *Codigo de Seguros* (Insurance Code). Disponível em: <https://www.nysenate.gov/legislation/laws/ISC>. Acesso em: 26 nov. 2019.

FRANÇA. *Código de Seguros de 1976* (Décret 76-666, du 16/07/1976). Disponível em: <https://www.legifrance.gouv.fr/affichCode.do?cidTexte=LEGITEXT000006073984>. Acesso em: 27 nov. 2019.

FRANÇA. *Código Civil de 1804* (Code Civil des français, du 21 mars 1804). Disponível em: <http://data.legilux.public.lu/file/eli-etat-leg-memorial-1804-5-fr-pdf.pdf>. Acesso em: 27 nov. 2019.

FRANÇA. *Código do Comércio de 1807* (Code de Commerce du 1807). Disponível em: <https://www.legifrance.gouv.fr/affichCode.do?cidTexte=LEGITEXT000005634379>. Acesso em: 27 nov. 2019.

FRANÇA. *Código da Mutualidade de 1955* (Code de la Mutualité du 1955). Disponível em: <https://www.legifrance.gouv.fr/affichCode.do?cidTexte=LEGITEXT000006074067>. Acesso em: 27 nov. 2019.

ITÁLIA. *Código Civil italiano de 1942* (Regio Decreto 262, 16/03/1942). Disponível em: <https://www.normattiva.it/uri-res/N2Ls?urn:nir:stato:regio.decreto:1942-03-16;262>. Acesso em: 01 dez. 2019.

ITÁLIA. *Código de Seguros Privados italiano de 2005* (Decreto legislativo 209, 13/10/2005). Disponível em: <https://www.normattiva.it/uri-res/N2Ls?urn:nir:stato:decreto.legislativo:2005-09-07;209>. Acesso em: 01 dez. 2019.

ITÁLIA. *Código de Navegação de 1942* (Regio Decreto nº 327, de 30/03/1942). Disponível em: <https://www.gazzettaufficiale.it/sommario/codici/navigazione>. Acesso em: 29 dez. 2019.

ITÁLIA. *Código de Consumo de 2012* (Decreto Legislativo 206, 06/09/2005). Disponível em: <https://www.gazzettaufficiale.it/sommario/codici/consumo>. Acesso em: 29 dez. 2019.

MERCADO COMUM DO SUL – MERCOSUL. *Resolução 120/1994.* Dispõe sobre o seguro de responsabilidade civil do proprietário e/ou condutor de veículos terrestres (automóvel passeio – particular ou de aluguel) não matriculdos no país de ingresso em viagem internacional – danos causados a pessoas ou objetos não transportados. Disponível em: <https://www.sgt4.mercosur.int/pt-br/Documents/Res_120_1994.pdf>. Acesso em: 26 dez. 2019.

MERCADO COMUM DO SUL – MERCOSUL. *Protocolo de Buenos Aires sobre Jurisdição Internacional em Matéria Contratual*, de 05/08/1994 (Decreto Federal 2.095, de 17/12/1996). Dispõe sobre normas de Direito Internacional em matéria contratual. Disponível em: <https://www2.camara.leg.br/legin/fed/decret/1996/decreto-2095-17-dezembro-1996-437295-publicacaooriginal-1-pe.html>. Acesso em: 14 jul. 2020.

NAÇÕES UNIDAS – ONU. *Convenção sobre o Uso de Comunicações Eletrônicas em Contratos Internacionais das Nações Unidas de 2005.* Disponível em: <https://uncitral.un.org/en/texts/ecommerce/conventions/electronic_communications>. Acesso em: 15 set. 2020.

NAÇÕES UNIDAS – ONU. Comissão de Direito do Comércio Internacional – UNCITRAL. *Lei Modelo de Comércio Eletrônico de 1996*. Disponível em: <https://uncitral.un.org/en/texts/ecommerce/modellaw/electronic_commerce>. Acesso em: 15 set. 2020.

NAÇÕES UNIDAS – ONU. *Lei Modelo de Assinaturas Eletrônicas de 2001*. Disponível em: <https://uncitral.un.org/en/texts/ecommerce/modellaw/electronic_signatures>. Acesso em: 15 set. 2020.

NAÇÕES UNIDAS – ONU. *Lei Modelo de Registros Eletrônicos Transferíveis de 2017*. Disponível em: <https://uncitral.un.org/en/texts/ecommerce/modellaw/electronic_transferable_records>. Acesso em: 15 set. 2020.

PORTUGAL. *Autoridade de Supervisão de Seguros e Fundos de Pensões*. Disponível em: <https://www.asf.com.pt/NR/exeres/97C24D91-5FD7-4874-9D7D-FFE049D206D9.htm>. Acesso em: 26 dez 2019.

PORTUGAL. *Lei de Seguros de 2008* (Decreto-lei 72, de 16/04/2008). Disponível em: <http://www.pgdlisboa.pt/leis/lei_mostra_articulado.php?nid=2657&tabela=leis&so_miolo=>. Acesso em: 26 nov. 2019.

REINO UNIDO. *Lei de Seguros Marítimos de 1906* (Marine Insurance Act 1906). Disponível em: <https://www.legislation.gov.uk/ukpga/Edw7/6/41/contents>. Acesso em: 22 nov. 2019.

REINO UNIDO. *Lei dos Terceiros Beneficiados por Seguros de Responsabilidade Civil de 2010* (Third Parties Rights against Insurers 2010). Disponível em: <http://www.legislation.gov.uk/ukpga/2010/10/contents>. Acesso em: 22 nov. 2019.

REINO UNIDO. *Lei de Consumidores de Seguro de 2012* (Insurance Consumers Act 2012). Disponível em: <http://www.legislation.gov.uk/ukpga/2010/10/contents>. Acesso em: 22 nov. 2019.

REINO UNIDO. *Lei de Seguros de 2015* (Insurance Law 2015). Disponível em: <http://www.legislation.gov.uk/ukpga/2010/10/contents>. Acesso em: 22 nov. 2019.

REINO UNIDO. *Lei dos Direitos dos Consumidores 2015* (Consumers Rights Act 2015). Disponível em: <http://www.legislation.gov.uk/ukpga/2015/15/contents/enacted>. Acesso em: 22 nov. 2019.

REINO UNIDO. *Lei do Seguro de Vida de 1774* (Life Assurance Act 1774). Disponível em: <https://www.legislation.gov.uk/apgb/Geo3/14/48/contents>. Acesso em: 10 out. 2020.

REINO UNIDO. *Lei dos Serviços e dos Mercados Financeiros de 2000* (*Financial Services and Markets Act 2000*). Disponível em: <http://www.legislation.gov.uk/ukpga/2000/8/contents>. Acesso em: 27 dez. 2019.

REINO UNIDO. *Lei dos Veículos Elétricos e Autônomos de 2018* (*Automated and Electric Vehicles Act 2018*). Disponível em: <https://www.legislation.gov.uk/ukpga/2018/18/contents/enacted>. Acesso em: 15 jul. 2020.

UNIÃO EUROPEIA. Conselho Europeu. *Convenção sobre Direitos Humanos e Biomedicina de 1997 (Convention for the Protection of Human Rights and Dignity of the Human Being with Regard to the Applications of Biology and Medicine)*. Disponível em: <https://www.coe.int/en/web/conventions/full-list/-/conventions/treaty/164>. Acesso em: 15 jul. 2020.

UNIÃO EUROPEIA. *Recomendação do Conselho de Ministros CM/Rec(2016)8*. Dispõe sobre o processamento de dados pessoais de saúde para propósitos securitários, incluindo dados resultantes de testes genéticos. Disponível em: <https://search.coe.int/cm/Pages/result_details.aspx?ObjectId=09000016806b2c5f>. Acesso em: 15 jul. 2020.

UNIÃO EUROPEIA. *Acordo de Comércio e Cooperação entre a União Europeia e a Comunidade Europeia da Energia Atómica, por um lado, e o Reino Unido da Grã-Bretanha e da Irlanda do Norte, por outro*. Disponível em: <https://eur-lex.europa.eu/legal-content/PT/TXT/PDF/?uri=CELEX:22020A1231(01)&from=EN>. Acesso em: 31 dez. 2020.

JURISPRUDÊNCIA

BRASIL. Superior Tribunal de Justiça. *Recurso Especial 8.770/SP*. Relator Ministro Athos Gusmão Carneiro. DJ 13/05/1991.

BRASIL. Superior Tribunal de Justiça. *Recurso Especial 1.419.731/PR*. Relator Ministro Ricardo Villas Bôas Cueva. DJe 09/09/2014.

BRASIL. Superior Tribunal de Justiça. *Recurso Especial 1.738.247/SC*. Relator Ministro Ricardo Villas Bôas Cueva. DJe 10/12/2018.

BRASIL. Superior Tribunal de Justiça. *Recurso Especial 1.170.057/MG*. Relator Ministro Ricardo Villas Bôas Cueva. DJe 13/02/2014.

BRASIL. Superior Tribunal de Justiça. *Recurso Especial 1.416.786/PR*. Relator Ministro Ricardo Villas Bôas Cueva. DJe 09/12/2014.

BRASIL. Superior Tribunal de Justiça. *Recurso Especial 1.361.354/RS*. Relator Ministro Ricardo Villas Bôas Cueva. DJe 25/06/2018.

BRASIL. Superior Tribunal de Justiça. *Recurso Especial 1.691.748/PR*. Relator Ministro Ricardo Villas Bôas Cueva. DJe 17/11/2017.

BRASIL. Superior Tribunal de Justiça. *Recurso Especial 1.340.100/GO*. Relator Ministro Ricardo Villas Bôas Cueva. DJe 08/09/2014.

BRASIL. Superior Tribunal de Justiça. *Recurso Especial 1.63.3275/SC*. Relator Ministro Ricardo Villas Bôas Cueva. DJe 14/11/2016.

BRASIL. Superior Tribunal de Justiça. *Agravo Interno no Agravo no Recurso Especial 1.290.510/SP*. Relator Ministro Ricardo Villas Bôas Cueva. DJe 21/03/2019.

BRASIL. Superior Tribunal de Justiça. *Recurso Especial 1.568.244/RJ*. Rel. Ministro Ricardo Villas Bôas Cueva. DJe 19/12/2016.

BRASIL. Superior Tribunal de Justiça. *Recurso Especial 1.471.569/RJ*. Rel. Ministro Ricardo Vilas Bôas Cueva. DJe 07/03/2016.

BRASIL. Superior Tribunal de Justiça. *Recurso Especial 831.952/SP*. Relator Ministro Jorge Scartezzini. DJ 06/11/2006.

BRASIL. Superior Tribunal de Justiça. *Recurso Especial 743.125/MG*. Relator Ministro Humberto Gomes de Barros. DJ 20/02/2006.

BRASIL. Superior Tribunal de Justiça. *Recurso Especial 392.435/PR*. Relator Ministro Barros Monteiro. DJ 28/03/2005.

BRASIL. Superior Tribunal de Justiça. *Recurso Especial 1.330.567*. Relator Ministro Luis Felipe Salomão. DJe 19/12/2014.

BRASIL. Superior Tribunal de Justiça. *Recurso Especial 1.733.013/PR*. Rel. Ministro Luis Felipe Salomão. DJe 20/02/2020.

BRASIL. Superior Tribunal de Justiça. *Recurso Especial 1.756.283/SP*. Rel. Ministro Luis Felipe Salomão. DJe 03/06/2020.

BRASIL. Superior Tribunal de Justiça. *Agravo Interno nos Embargos de Declaração no Recurso Especial 1.792.214/SP*. Rel. Ministro Luis Felipe Salomão. DJe 13/08/2020.

BRASIL. Superior Tribunal de Justiça. *Embargos de Divergência no Recurso Especial 1.886.929/SP*. Rel. Ministro Luis Felipe Salomão. DJe 04/05/2021.

BRASIL. Superior Tribunal de Justiça. *Embargos de Divergência no Recurso Especial 1.889.704/SP*. Rel. Ministro Luis Felipe Salomão. DJe 29/06/2021.

BRASIL. Superior Tribunal de Justiça. *REsp 1.303.374/ES*. Relator Ministro Luis Felipe Salomão. DJe 16/12/2021.

BRASIL. Superior Tribunal de Justiça. *Agravo Regimental no Agravo 1.388.490*. Relator Ministro Raul Araújo. DJ 05/08/2011.

BRASIL. Superior Tribunal de Justiça. *Embargos de Divergência no Recurso Especial 1.707.526/PA*. Relator Ministro Rel. Ministro Raul Araújo. DJe 01/06/2020.

BRASIL. Superior Tribunal de Justiça. *Recurso Especial 1.230.060/PR*. Relatora Ministra Maria Isabel Gallotti. DJe 29/08/2014.

BRASIL. Superior Tribunal de Justiça. *Recurso Especial 1.814.452/SC*. Relatora Ministra Maria Isabel Gallotti. DJe 28/05/2020.

BRASIL. Superior Tribunal de Justiça. *Agravo Interno no Agravo no Recurso Especial 1.537.439/AM*. Relatora Ministra Maria Isabel Gallotti. DJe 28/05/2020.

BRASIL. Superior Tribunal de Justiça. *Medida Cautelar 15.398/RJ*. Relatora Ministra Nancy Andrighi. DJe 23/04/2009.

BRASIL. Superior Tribunal de Justiça. *Embargos de Divergência no Recurso Especial 1.121.719/SP*. Relatora Ministra Nancy Andrighi. DJe 04/04/2014.

BRASIL. Superior Tribunal de Justiça. *Recurso Especial 1.231.123/SP*. Relatora Ministra Nancy Andrighi. DJe 30/08/2012.

BRASIL. Superior Tribunal de Justiça. *Recurso Especial 1.441.620/ES*. Relatora Ministra Nancy Andrighi. DJe 23/10/2017.

BRASIL. Superior Tribunal de Justiça. *Recurso Especial 1.628.819/MG*. Relatora Ministra Nancy Andrighi. DJe 15/03/2018.

BRASIL. Superior Tribunal de Justiça. *Recurso Especial 988.044/ES*. Relatora Ministra Nancy Andrighi. DJe 02/02/2010.

BRASIL. Superior Tribunal de Justiça. *Recurso Especial 1.675.012/SP*. Rel. Ministra Nancy Andrighi. DJe 14/08/2017.

BRASIL. Superior Tribunal de Justiça. *Agravo Regimental no Conflito de Competência 127.626/DF*. Rel. Ministra Nancy Andrighi. DJe 17/06/2013.

BRASIL. Superior Tribunal de Justiça. *Questão de Ordem no REsp 1.882.957/SP*. Relatora Ministra Nancy Andrighi. DJe 10/02/2023.

BRASIL. Superior Tribunal de Justiça. *REsp 2.034.482/SP*. Relatora Ministra Nancy Andrighi. DJe 23/03/2023.

BRASIL. Superior Tribunal de Justiça. *Agravo Interno no Agravo no Recurso Especial 928.835/SP*. Relator Ministro Marco Aurelio Bellizze. DJe 03/02/2017.

BRASIL. Superior Tribunal de Justiça. *Recurso Especial 1.749.954/RO*, Rel. Ministro Marco Aurelio Bellizze, DJe 15/03/2019.

BRASIL. Superior Tribunal de Justiça. *Recurso Especial 1.803.251/SC*. Relator Ministro Marco Aurelio Bellizze. DJe 08/11/2019.

BRASIL. Superior Tribunal de Justiça. *Agravo Interno no Agravo no Recurso Especial 1.559.077/RJ*. Relator Ministro Marco Aurélio Bellizze. DJe 06/04/2020.

BRASIL. Superior Tribunal de Justiça. *Agravo Interno no Recurso Especial 1.662.767/RS*. Rel. Ministro Marco Aurélio Bellizze. DJe 20/02/2020.

BRASIL. Superior Tribunal de Justiça. *Agravo Interno no Agravo no Recurso Especial 1.041.369/PR*. Relator Ministro Lázaro Guimarães. DJe 27/08/2018.

BRASIL. Superior Tribunal de Justiça. *Embargos de Divergência no Recurso Especial 973.725/SP*. Relator Ministro Lázaro Guimarães. DJe 02/05/2018.

BRASIL. Superior Tribunal de Justiça. *Agravo Regimental no Agravo no Recurso Especial 545.318*. Relator Ministro Marcos Buzzi. DJ 26/11/2014.

BRASIL. Superior Tribunal de Justiça. *Recurso Especial 1.280.211/SP*. Rel. Ministro Marco Buzzi. DJe 04/09/2014.

BRASIL. Superior Tribunal de Justiça. *Agravo Interno no Agravo no Recurso Especial 1.567.127/SP*. Rel. Ministro Marco Buzzi. DJe 25/11/2019.

BRASIL. Superior Tribunal de Justiça. *Recurso Especial 1.823.077/SP*. Rel. Ministro Marco Buzzi. DJe 03/03/2020.

BRASIL. Superior Tribunal de Justiça. *Recurso Especial 1.761.045/DF*. Relator Ministro Paulo Sanseverino, DJe 11/11/2019.

BRASIL. Superior Tribunal de Justiça. *Agravo Interno no Recurso Especial 1.448.660/MG*. Rel. Ministro Paulo Sanseverino. DJe 10/04/2017.

BRASIL. Superior Tribunal de Justiça. *Agravo Regimental no Agravo no Recurso Especial 536.851/SP*. Relator Ministro Luis Felipe Salomão. DJe 30/09/2014.

BRASIL. Superior Tribunal de Justiça. *Recurso Especial 1.848.372/SP*. Rel. Ministro Ministro Luis Felipe Salomão. DJe 11/03/2021.

BRASIL. Superior Tribunal de Justiça. *Agravo Interno no Agravo no Recurso Especial 1.598.220/RN*. Relator Ministro Antônio Carlos Ferreira. DJe 12/05/2020.

BRASIL. Superior Tribunal de Justiça. *Agravo Regimental no Agravo Regimental na Medida Cautelar 22.986/RJ*. Relator Ministro Og Fernandes. DJe 10/09/2014.

BRASIL. Superior Tribunal de Justiça. *Recurso Especial 1.508.171*. Relator Ministro Herman Benjamin. DJe 06/04/2015.

BRASIL. Superior Tribunal de Justiça. *Recurso Especial 1.116.287/SP*. Relator Ministro Luiz Fux. DJe 04/02/2010.

BRASIL. Superior Tribunal de Justiça. *Recurso Especial Repetitivo 1.184.765/PA*. Relator Ministro Luiz Fux. DJe 03/12/2010.

BRASIL. Superior Tribunal de Justiça. *Recurso Especial 1.272.827/PE*. Relator Ministro Mauro Campbell Marques. DJe 31/05/2013.

BRASIL. Superior Tribunal de Justiça. *Sentença Estrangeira Contestada 3.932/EX*. Relator Ministro Felix Fischer. DJe 11/04/2011.

BRASIL. Superior Tribunal de Justiça. *Súmula 5*. Segunda Seção. DJ 21/05/1990.

BRASIL. Superior Tribunal de Justiça. *Súmula 7*. Segunda Seção. DJ 03/07/1990.

BRASIL. Superior Tribunal de Justiça. *Súmula 31*. Segunda Seção. DJ 18/10/1991.

BRASIL. Superior Tribunal de Justiça. *Súmula 61*. Segunda Seção. DJ 20/10/1992.

BRASIL. Superior Tribunal de Justiça. *Súmula 101*. Segunda Seção. DJ 05/05/1994.

BRASIL. Superior Tribunal de Justiça. *Súmula 229*. Segunda Seção. DJ 08/10/1999.

BRASIL. Superior Tribunal de Justiça. *Súmula 246*. Segunda Seção. DJ 17/04/2001.

BRASIL. Superior Tribunal de Justiça. *Súmula 257*. Segunda Seção. DJ 29/08/2001.

BRASIL. Superior Tribunal de Justiça. *Súmula 278*. Segunda Seção. DJ 16/06/2003.

BRASIL. Superior Tribunal de Justiça. *Súmula 302*. Segunda Seção. DJ 22/11/2004.

BRASIL_. Superior Tribunal de Justiça. *Súmula 402*. Segunda Seção. DJe 24/11/2009.

BRASIL. Superior Tribunal de Justiça. *Súmula 405*. Segunda Seção. DJe 24/11/2009.

BRASIL. Superior Tribunal de Justiça. *Súmula 426*. Segunda Seção. DJe 13/05/2010.

BRASIL. Superior Tribunal de Justiça. *Súmula 465*. Segunda Seção. DJe 25/10/2010.

BRASIL. Superior Tribunal de Justiça. *Súmula 469*. Segunda Seção. DJe 06/12/2010.

BRASIL. Superior Tribunal de Justiça. *Súmula 470*. Segunda Seção. DJe 15/06/2015.

BRASIL. Superior Tribunal de Justiça. *Súmula 473*. Segunda Seção. DJe 19/06/2012.

BRASIL. Superior Tribunal de Justiça. *Súmula 474*. Segunda Seção. DJe 19/06/2012.

BRASIL. Superior Tribunal de Justiça. *Súmula 529*. Segunda Seção. DJe 18/05/2015.

BRASIL. Superior Tribunal de Justiça. *Súmula 537*. Segunda Seção. DJ 15/06/2015.

BRASIL. Superior Tribunal de Justiça. *Súmula 573*. Segunda Seção. DJe 27/06/2016.

BRASIL. Superior Tribunal de Justiça. *Súmula 540*. Segunda Seção. DJe 15/06/2015.

BRASIL. Superior Tribunal de Justiça. *Súmula 544*. Segunda Seção. DJe 31/08/2015.

BRASIL. Superior Tribunal de Justiça. *Súmula 580*. Segunda Seção. DJe 19/09/2016.

BRASIL. Superior Tribunal de Justiça. *Súmula 597*. Segunda Seção. DJe 20/11/2017.

BRASIL. Superior Tribunal de Justiça. *Súmula 608*. Segunda Seção. DJe 17/04/2018.

BRASIL. Superior Tribunal de Justiça. *Súmula 609*. Segunda Seção. DJe 17/04/2018.

BRASIL. Superior Tribunal de Justiça. *Súmula 610*. Segunda Seção. DJe 07/05/2018.

BRASIL. Superior Tribunal de Justiça. *Súmula 616*. Segunda Seção. DJe 28/05/2018.

BRASIL. Superior Tribunal de Justiça. *Súmula 620*. Segunda Seção. DJe 17/12/2018.

BRASIL. Superior Tribunal de Justiça. *Súmula 632*. Segunda Seção. DJe 13/05/2019.

BRASIL. Superior Tribunal de Justiça. *Tema 952*. Segunda Seção. DJe 19/12/2016.

BRASIL. Superior Tribunal de Justiça. *Tema 989*. Segunda Seção. DJe 24/08/2018.

BRASIL. Superior Tribunal de Justiça. *Tema 990*. Segunda Seção. DJe 26/11/2018.

BRASIL. Superior Tribunal de Justiça. *Tema 1.016*. Segunda Seção. DJe 26/06/2019.

BRASIL. Superior Tribunal de Justiça. *Tema 1.032*. Segunda Seção. DJe 21/10/2019.

BRASIL. Superior Tribunal de Justiça. *Tema 1.034*. Segunda Seção. DJe 05/11/2019.

BRASIL. Superior Tribunal de Justiça. *Tema 1.045*. Segunda Seção. DJe 21/02/2020.

BRASIL. Superior Tribunal de Justiça. *Tema 1.047*. Segunda Seção. DJe 26/03/2020.

BRASIL. Superior Tribunal de Justiça. *Tema 1.067*. Segunda Seção. DJe 27/10/2021.

BRASIL. Superior Tribunal de Justiça. *Tema 1.082*. Segunda Seção. DJe 01/08/2022.

BRASIL. Superior Tribunal de Justiça. *Tema 1.112*. Segunda Seção. DJe 10/03/2023.

BRASIL. Superior Tribunal de Justiça. *Tema de Incidente de Assunção de Competência 2*. Segunda Seção. DJe 16/12/2021.

BRASIL. Supremo Tribunal Federal. *Arguição de Descumprimento de Preceito Fundamental 532*. Relatora Ministra Carmen Lúcia. DJe 03/08/2018.

BRASIL. Supremo Tribunal Federal. *Ação Direta de Inconstitucionalidade 1.931*. Relator Ministro Marco Aurélio. DJe 08/06/2018.

BRASIL. Supremo Tribunal Federal. *Ação Direta de Inconstitucionalidade 6.262*. Relator Ministro Edson Fachin. DJe 22/04/2020.

BRASIL. Supremo Tribunal Federal. *Recurso Extraordinário 948.634*. Relator Ministro Ricardo Lewandowski.

BRASIL. Supremo Tribunal Federal. *Ação Direta de Inconstitucionalidade 7.088*. Relator Ministro Roberto Barroso. DJe 10/01/2023.

BRASIL. Supremo Tribunal Federal. *Ação Direta de Inconstitucionalidade 7.265*. Relator Ministro Roberto Barroso. DJe 17/11/2022.

BRASIL. Supremo Tribunal Federal. *Súmula 105*. Sessão Plenária: 13/12/1963.

BRASIL. Supremo Tribunal Federal. *Súmula 188*. Sessão Plenária: 13/12/1963.

BRASIL. Supremo Tribunal Federal. *Súmula 279*. Sessão Plenária: 13/12/1963.

BRASIL. Supremo Tribunal Federal. *Súmula 335*. Sessão Plenária: 13/12/1963.

BRASIL. Supremo Tribunal Federal. *Súmula 454*. Sessão Plenária. DJ 08/10/1964.

BRASIL. Supremo Tribunal Federal. *Súmula 636*. Sessão Plenária. DJ 09/10/2003.

BRASIL. Supremo Tribunal Federal. *Tema 123*. Sessão Plenária. DJe 25/02/2016.

BRASIL. Tribunal de Contas da União. *Processo 032.178/2017-4*. Acórdão 70/2021 – Plenário. Data da Sessão: 20/01/2021. Ministro Rel. Raimundo Carreiro. Sessão: 20/01/2021.

BRASIL. Tribunal de Justiça do Estado de São Paulo. *Apelação Cível 0201682-85.2009.8.26.0100*. Rel. Desembargador Paulo Ayrosa. Registro em 26/02/2015.

BRASIL. Tribunal de Justiça do Estado do Rio Grande do Sul. *Agravo de Instrumento 70079875001*. Rel. Desembargador Jorge Corssac. Julgamento: 27/03/2019.

BRASIL. Tribunal de Justiça do Estado do Rio Grande do Sul. *Agravo de Instrumento 70084817428*. Rel. Desembargador Jorge Corssac. Julgamento: 15/04/2021.

BRASIL. Tribunal de Justiça do Estado de Minas Gerais. *Agravo de Instrumento 1.0241.18.000993-8/001*. Rel. Desembargador Ramom Tácio. Súmula: 15/03/2019.

BRASIL. Tribunal de Justiça do Estado de Minas Gerais. *Agravo de Instrumento 1.0517.10.000720-5/001*. Rel. Desembargador Arnaldo Maciel. Publicação: 07/11/2014.

BRASIL. Tribunal de Justiça do Estado de Minas Gerais. *Agravo de Instrumento 1.0000.20.468921-0/001*. Rel. Desembargador Marcos Brant. Julgamento: 14/10/2020.

BRASIL. Tribunal de Justiça do Estado de Minas Gerais. *Agravo de Instrumento 1.0000.21.106150-2/001*. Rel. Desembargador Domingos Coelho. Julgamento: 22/11/2021.

BRASIL. Tribunal de Justiça do Distrito Federal. *Apelação Cível 20160110043326*. Rel. Desembargador Mario-Zam Belmiro. Data da publicação: 07/11/2016.

BRASIL. Tribunal de Justiça do Distrito Federal. *Agravo de Instrumento 20140020043202*. Rel. Desembargador Alfeu Machado. Data de publicação: 30/04/2014.

BRASIL. Tribunal de Justiça do Rio de Janeiro. *Agravo de Instrumento 0049214-23.2021.8.19.0000*. Rel. Desembargador Carlos Santos. Julgamento: 27/09/2021.

ESTADOS UNIDOS DA AMÉRICA. Suprema Corte Norte-Americana. *Paul v. Virginia (1869, 75 US 8 Wall. 168)*. Disponível em: <https://supreme.justia.com/cases/federal/us/75/168/>. Acesso em: 27 dez. 2019.

ESTADOS UNIDOS DA AMÉRICA. Suprema Corte Norte-Americana. *United States v. South-Eastern Underwriters Association (322 US 533 – 1944)*. Disponível em: <https://supreme.justia.com/cases/federal/us/322/533/>. Acesso em: 27 dez. 2019.

FRANÇA. Suprema Corte de Cassação. *Recurso 2.306*. 1ª Câmara Cível. Presidente M. Battestini. Publicação: 31/01/1956. Boletim Cível 52, de 1956. Disponível em: <https://www.legifrance.gouv.fr/affichJuriJudi.do?idTexte=JURITEXT000006953233>. Acesso em: 29 nov. 2019.

REINO UNIDO. Suprema Corte. *Carter v Boehm [1766]*. Disponível em: <http://swarb.co.uk/carter-v-boehm-1766/>. Acesso em: 05 nov. 2017.

REINO UNIDO. *Lucena v Craufurd: [1806] HL*. Disponível em: <http://swarb.co.uk/lucena-v-craufurd--hl-1806/>. Acesso em: 05 nov. 2017.

REINO UNIDO. *Hamilton v Mendez [1761]*. Disponível em: <http://swarb.co.uk/hamilton-v-mendes--8-jun-1761/>. Acesso em: 05 nov. 2017.

REINO UNIDO. *Prudential Insurance Co. v. Inland Revenue Comissioners [1904]*. Disponível em: <https://swarb.co.uk/prudential-insurance-co-v-inland-revenue-commissioners-1904/>. Acesso em: 01 nov. 2017.

REINO UNIDO. Corte de Apelação. *Balfour v. Beaumont [1984] 1 Lloyd's Rep. 272*. Disponível em: <https://www.i-law.com/ilaw/browse_lawreports.htm?name=Lloyd%27s%20Law%20Reports&year=1984>. Acesso em: 09 jul. 2020.

REINO UNIDO. *General Reinsurance Corporation and Ors v Forsakringsaktiebolaget Fennia Patria [1983] 2 Lloyd's Rep. 287*. Disponível em: <https://www.i-law.com/ilaw/doc/view.htm?id=148249>. Acesso em: 09 jul. 2020.